Fonctions RH

Politiques, métiers et outils des ressources humaines

4e édition

Maurice Thévenet (Cnam, Essec Business School)
Cécile Dejoux (Cnam)
Anne-Françoise Bender (Cnam)
Bérangère Condomines (Cnam)
Éléonore Marbot (École universitaire de management de l'université d'Auvergne)
Étienne Normand (Cnam)
Antoine Pennaforte (Cnam)
François Silva (Cnam, Kedge Business School)
Patrick Storhaye (Cnam, Flexity)

Pearson

Pearson France a apporté le plus grand soin à la réalisation de ce livre afin de vous fournir une information complète et fiable. Cependant, Pearson France n'assume de responsabilités, ni pour son utilisation, ni pour les contrefaçons de brevets ou atteintes aux droits de tierces personnes qui pourraient résulter de cette utilisation.

Publié par Pearson France
Immeuble Terra Nova II
74 rue de Lagny
93100 Montreuil
Tél : + 33 (0)1 43 62 31 00

Mise en pages : IDT

ISBN : 978-2-3260-0094-0

Biographies des auteurs

Maurice Thévenet est professeur au Conservatoire national des arts et métiers, titulaire de la chaire de Gestion des ressources humaines et membre du LIRSA. Il est également professeur à Essec Business School. Il est l'auteur d'une vingtaine d'ouvrages en GRH et Management ainsi que de très nombreux articles. Il a été président de l'Association francophone de gestion des ressources humaines.

Cécile Dejoux est docteur en sciences de gestion et habilitée à diriger des recherches. Elle est maître de conférences au Cnam, responsable opérationnel du Master RH et professeur affilié à l'ESCP. Conceptrice du MOOC « *Du manager au leader* » (1er sur la plateforme FUN avec plus de 36 000 auditeurs en 2014), elle donne également des conférences en entreprise en relation avec ses thèmes de recherche : gestion des talents, management, concevoir un MOOC, la culture digitale. Elle a publié entre autres *Management et leadership* (Dunod, 2014). Toutes ses activités et publications sont sur : http://ceciledejoux.com

Anne-Françoise Bender est maître de conférences en sciences de gestion au Cnam Paris. Ses recherches portent sur la gestion des carrières – les carrières nomades –, l'égalité professionnelle et la gestion de la diversité. Elle est membre du laboratoire LISE CNRS Cnam et anime le groupe thématique « Genre et diversité » au sein de l'AGRH – association de recherche francophone en GRH. Elle a écrit de nombreux articles et chapitres d'ouvrages sur ces sujets.

Bérangère Condomines, est maître de conférences, codirectrice du titre RNCP (Répertoire national des certifications professionnelles) Responsable ressources humaines et enseigne la GRH au Cnam. Spécialiste de la gestion des compétences et des performances, ses recherches actuelles portent sur la gestion des carrières ainsi que sur la gestion territoriale des RH (LIRSA). Son dernier ouvrage (coécrit avec E. Hennequin, *Le Processus de recrutement*, Economica, 2014) présente les différentes phases du processus de recrutement en prodiguant de nombreux conseils tant pour le recruteur que pour le postulant.

Éléonore Marbot, maître de conférences à l'École universitaire de management de l'université d'Auvergne, elle enseigne la GRH et le management. Ses recherches et publications portent sur la diversité, la gestion et le management des âges au travail. Elle intervient en entreprise en tant que consultante RH et formatrice. Elle a écrit plusieurs ouvrages et articles dont *Les DRH face au choc démographique* (Éditions d'Organisation, 2005).

Étienne Normand a réalisé l'essentiel de son parcours professionnel à la direction des ressources humaines d'entreprises du bâtiment, de l'informatique et des télécoms. Il a été confronté aux changements continus induits par la mondialisation et les nouvelles technologies dans ces secteurs. Faire le lien entre dialogue social, culture et transformations des organisations et systèmes de GRH est devenu le centre de son activité. Professeur associé au Cnam, c'est l'objet de son enseignement. Il est également cofondateur de Holodis, cabinet spécialisé notamment dans l'accompagnement des projets de transformation des organisations.

Antoine Pennaforte est maître de conférences au Cnam, chercheur au LISE-CNRS UMR3320, coresponsable de la licence GRH du Cnam et responsable de la licence Management de l'École Vaucanson. Spécialisé sur les questions de formation-emploi, d'entrée dans l'emploi, de soutien managérial et de performances en France et à l'international, il a publié, avec S. Pougnet, *Alternance, cultivons les talents de demain* (Dunod, 2012) et est l'auteur de plusieurs entrées du *Dictionnaire des risques psychosociaux* (P. Zawieja, F. Guarnieri, PUF, 2014). Lauréat de la bourse Fnege Junior Professor Award en 2013, il mène actuellement un large projet de recherche comparatif France-Canada (WatCace, University of Waterloo) sur les liens entre formation-emploi, capital humain et performance. Il intervient également dans les organisations sur les questions de management RH.

François Silva est professeur à Kedge Business School et rattaché au laboratoire DICEN (Dispositifs d'information et de communication à l'ère du numérique) – Cnam. Il effectue des recherches et enseignements sur l'évolution de la fonction RH à l'ère du numérique, les conséquences du numérique pour l'entreprise et les nouvelles pratiques managériales. Il est animateur de la Commission nationale numérique – SIRH de l'ANDRH et membre du bureau de l'Association référence RH.

Patrick Storhaye est président du cabinet de conseil Flexity. Fondateur de *RH info*, il a été en charge de la stratégie RH d'ADP France, président cofondateur de Shared Value et DRH chez Groupama et CPR. Professeur associé au Cnam, il donne des conférences et intervient dans les milieux académiques, notamment à HEC Executive Education, Toulouse Business School, l'université d'Angers et l'université de Lille 1. Il est l'auteur et le coauteur de nombreux ouvrages dont *Le Plaisir d'entreprendre* (Éditions EMS, 2012), *Le SIRH* (Dunod, 2013), *Knowledge Management : Vade Mecum* (Éditions EME - ESF, 2002), *Pratiques RH au quotidien* (Dunod, 2011) et *Le Travail à distance* (Dunod, 2013).
Son blog : http://RH.by.storhaye.com

Table des matières

Partie III RH pour le RRH

Chapitre 12
Les métiers des RH et le RRH

Chapitre 13
Administrer le personnel

Tables des Focus et des Exemples

Table des Focus

Table des Exemples

Introduction (à la 4e édition)

À tous les utilisateurs de cet ouvrage – enseignants, étudiants, professionnels – les auteurs souhaitent des moments riches et féconds de compagnonnage avec les bases de la gestion des ressources humaines présentées dans ce manuel.

Celui-ci est l'œuvre d'enseignants ; il part du principe que les RH peuvent s'apprendre. Cela paraît évident pour des références juridiques ou les aspects pratiques de tel ou tel outil. Au-delà de ceux-ci, l'apprentissage passe par un déplacement de ses certitudes et convictions, de son expérience, pertinente mais toujours partielle. Les sujets humains – les RH en particulier – ont cette particularité de paraître évidents au plus grand nombre. Rien de ce qui est humain ne nous est étranger et chacun a son opinion définitive sur l'emploi, la compétence, la motivation ou les RPS, sans même ressentir le besoin d'apprendre. En ouvrant cet ouvrage, les lecteurs témoignent de ce besoin.

L'équipe d'enseignants du Cnam veut partager avec eux des approches, des manières d'aborder les questions RH sous des angles différents. C'est ce qui justifie une structuration du livre selon les différentes fonctions chargées des ressources humaines aux différents niveaux de l'institution. Cette édition a renforcé encore, pour mieux l'équilibrer, une approche par fonctions qui répond aux attentes du plus grand nombre de ceux qui se destinent à la profession des ressources humaines.

La fonction RH a la particularité de s'interroger régulièrement sur ses enjeux, sa place et ses missions. Par rapport aux éditions précédentes, ceux-ci ne nous paraissent pas avoir beaucoup changé : la question centrale demeure celle de la performance, c'est-à-dire la contribution aux objectifs de l'institution. Évidemment, les évolutions législatives (l'évolution du droit de la formation par exemple), le développement de nouveaux modes de travail ensemble (la collaboration) avec les outils numériques ou encore l'éclatement des frontières de l'institution, et donc du champ d'exercice de la fonction sociale (la GRH et les territoires), suscitent des mises à jour, des approfondissements et des compléments dans cette édition.

Toutefois, ce manuel affirme que la fonction RH doit surtout être traditionnelle. La tradition, c'est à la fois des fondements solides et une forte capacité d'évolution, c'est une capacité d'évolution grâce à ces racines solides, ce sont des racines solides pour mieux évoluer. Dans une édition mise à jour, le lecteur trouve les ajustements nécessaires de ses connaissances, il repère aussi dans le choix des chapitres, dans les références des auteurs, dans la présentation des connaissances, la confirmation et la répétition des trois racines ou piliers majeurs de la fonction RH.

Le premier concerne la performance, individuelle et collective, que les pratiques RH sont censées susciter. Le deuxième pilier est celui de la personne, de son développement, de ses comportements : la fonction RH a ceci de particulier que les personnes dont elle s'occupe ne peuvent jamais être réduites à des moyens, des ressources, des coûts ou des compétences ; même si elles sont tout cela, elles ne sont pas que cela. Le troisième pilier est celui de la pérennité, car les RH ont, plus que toute autre fonction, la nécessité de prendre en compte le temps pour honorer les cultures développées dans le passé, tout autant que l'avenir qu'il faut préparer en dépit des exigences de l'immédiat.

Maurice Thévenet

Partie I – RH pour l'entreprise

Chapitre 1

Gérer les ressources humaines

Maurice Thévenet

Ce chapitre aborde les questions suivantes :

- Pour quelles raisons faut-il appréhender les ressources humaines en termes de gestion ?
- Comment apprécier les caractéristiques des ressources humaines comme une fonction de l'entreprise ?
- Quelles sont les principales facettes de l'écosystème des ressources humaines aujourd'hui ?

1. Les ressources humaines et la gestion

1.1. Les ressources humaines, une fonction de gestion[1]

En 1988, le Premier ministre Michel Rocard imposa à toutes les formations administratives d'inclure un enseignement de « gestion des ressources humaines ». C'était une consécration de la dénomination et de la fonction. Parler à propos des ressources humaines d'une fonction de gestion peut revêtir deux significations.

La première est de la reconnaître comme une fonction parmi d'autres, au même titre que le commerce, la production, la *supply chain* ou la finance. La fonction dispose de son budget, de ses objectifs de contribution à la réalisation des objectifs globaux. Son titulaire figure dans le comité de direction et, parfois, dans un comité exécutif.

La seconde est de considérer qu'il est possible de gérer les RH comme on gère son budget, des immobilisations, un risque, etc. La notion de gestion évoque un processus.

Focus 1.1

Ce que gérer veut dire

- **Analyser-diagnostiquer.** Constater une situation, ses caractéristiques, son potentiel d'évolution, ses risques, etc.
- **Décider.** Choisir.
- **Contrôler.** Vérifier la pertinence et l'efficacité des choix.

La gestion est un processus puisque le contrôle modifie en retour l'analyse et les choix futurs.

Il y a gestion dès que ce processus est présent. C'est le cas pour la gestion d'un ménage, d'un pays, d'une entreprise. C'est sans doute à ce dernier niveau que la gestion est

1. Allouche *et al.* (éd.), *Encyclopédie des ressources humaines*, 3e éd., Vuibert, 2012.

évidente et s'applique aussi bien aux finances qu'aux clients, ou plus largement aux risques. Mais la gestion ne suppose pas des aspects financiers comme on le croit trop souvent. On peut gérer son sommeil ou son réseau social pour autant qu'il y ait analyse, choix et mesure des conséquences. La gestion évoque l'optimisation des ressources, c'est-à-dire les moyens d'en faire un meilleur usage, plus efficient ou plus frugal : celles-ci sont multiples ; l'optimisation signifie aussi la frugalité de leur meilleur usage.

En matière de RH

Analyser

C'est prendre en considération les informations disponibles dans l'entreprise (bilan social, rapports sur l'égalité professionnelle, comptes rendus de réunions des instances représentatives, rapports annuels, etc.). C'est observer les comportements : au premier regard, le professionnel peut souvent repérer les spécificités de fonctionnement d'un atelier, d'un service administratif ou d'un magasin.

Le second niveau d'analyse consiste à connaître les activités et les besoins en personnel, quantitatifs et qualitatifs : dans une entreprise de haute technologie ou dans une industrie de main-d'œuvre, les besoins sont différents, tout comme la dépendance de l'organisation vis-à-vis de ses ressources humaines.

On peut ensuite regarder la composition de l'effectif, par catégorie de qualification, d'âge, de sexe. Une information capitale est la part des frais liés au personnel sur le total des charges. Une entreprise pour laquelle ce taux est de 10 % ou de 65 % ne peut aborder les questions de GRH ou son business de la même manière…

On recense enfin les politiques de personnel : emploi, recrutement et sélection, évaluation des performances, rémunérations ou gestion des carrières.

On met en évidence les représentations comme celles des droits et devoirs réciproques de la personne et de l'institution : cela constitue toujours un trait de culture important.

Les résultats d'enquêtes d'opinions ou de baromètres sociaux donnent enfin un instantané du climat social.

Décider

Gérer, c'est décider et agir. Le champ des décisions en la matière est étendu. Il concerne l'ensemble de l'entreprise quand on met en place une organisation ou quand on transforme les conditions de travail. Il concerne les groupes au moment de former des équipes ou les personnes quand on touche à leur rapport au travail ou à leur situation personnelle.

Ces décisions relèvent de différentes échelles de temps : elles répondent à des besoins immédiats (pourvoir un poste, sélectionner un candidat, fixer une rémunération). À plus long terme, c'est construire un parcours de carrière et de formation, développer une politique de formation, mettre en place une gestion prévisionnelle des compétences, adapter les systèmes d'informations.

La décision suppose un processus de prise de décision incluant un comité de direction, l'encadrement, les représentants du personnel et les personnes elles-mêmes.

Contrôler

Gérer, c'est mesurer et suivre les résultats des choix. Cela concerne le respect des règles, des procédures ou des politiques. C'est aussi mesurer la contribution aux stratégies de l'entreprise : par exemple, dans quelle mesure une campagne de recrutement a permis de remplir les objectifs de croissance ou de remplacement des générations sortantes. Il faut contrôler les frais de personnel, les effets des décisions sur les personnes, leurs stratégies, leur développement, leur satisfaction. Enfin, un dernier niveau de contrôle concerne l'efficacité de la fonction RH elle-même.

1.2. Définition

La gestion du personnel peut être abordée à trois niveaux : l'activité, les personnes et le temps (voir figure 1.1).

Figure 1.1 – La gestion du personnel

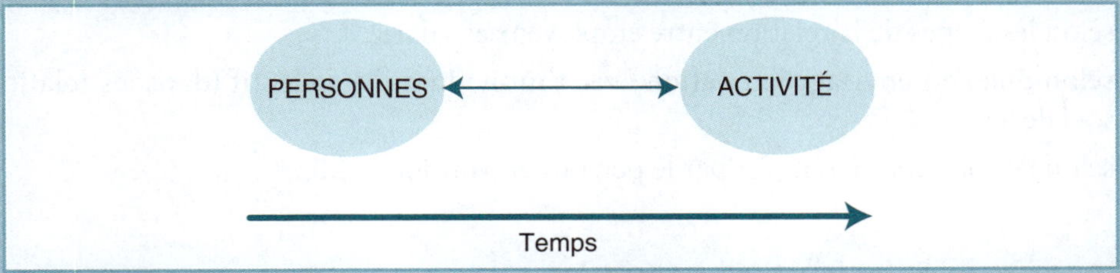

L'activité

Il y a gestion du personnel quand une activité nécessite la contribution des personnes. Sans activité, il n'y a plus de gestion du personnel. Mais il peut y avoir des activités sans employés.

L'activité à réaliser par les personnes est la base de la gestion du personnel comme la comptabilité pour la finance. Cette activité est traduite en tâches, qualifications et compétences, organisations, structures, règles, procédures, processus, projets.

Gérer les ressources humaines revient à agir à ces différents niveaux (voir aussi focus 1.2) :

- organiser le travail ;
- améliorer les conditions de travail ;
- faire évoluer les structures ;
- constituer des équipes et des groupes de projet ;
- améliorer les *process*.

Focus 1.2

La GRH doit-elle s'occuper d'organisation ?

L'importance prise par l'organisation et les systèmes d'informations a conduit à faire de la GRH une fonction particulière du fait que les technologies de l'information requéraient des compétences très spécifiques.

Pourtant, une organisation n'existe pas sans les personnes. Organiser, c'est définir le cadre des activités de chacun, et la performance en dépend. Beaucoup de responsables des RH ont donc pris en charge cette mission au fur et à mesure que les technologies étaient mieux maîtrisées. Organisation et personnes devenaient évidemment indissociables.

Donner de l'importance à l'activité permet de mettre en lumière que :

- Les personnes ne font pas que se soumettre aux organisations : celles-ci sont aussi flexibles et s'adaptent aux personnes.
- Personnes et activités ne peuvent être abordées séparément. Des accords de gestion des compétences insistent sur le lien entre compétences et évolution des organisations.

Les personnes

C'est l'aspect le plus visible de la gestion des ressources humaines :

- Sélectionner et recruter, affecter, contrôler, rémunérer, assurer les conditions de vie au travail, gérer la carrière, former, licencier, assurer les relations sociales, évaluer.

Cette liste non limitative peut se structurer de différentes manières :

- selon les étapes de la relation entre employeur et salarié ;
- selon que l'on envisage la relation avec l'individu ou le collectif (dans les relations sociales) ;
- selon les fonctions à remplir par le personnel (voir focus 1.3).

Focus 1.3

Approche selon les fonctions principales

Staffing. Disposer quantitativement et qualitativement des ressources humaines nécessaires à l'activité.

Motivation. Créer les conditions psychologiques d'une activité efficace.

Rétribution. Honorer un aspect central du contrat de travail, reconnaître le travail et la personne.

Les relations au quotidien sont une part moins visible de la GRH alors que le service du personnel est souvent un lieu où les personnes viennent évoquer leurs problèmes.

D'autres acteurs que le service RH contribuent à la fonction, comme les managers de proximité.

« S'occuper des personnes » est une manière d'évoquer la gestion des ressources humaines. Mais ce verbe recouvre une grande variété de sens. C'est :

- comprendre la complexité du comportement humain sur les plans individuel et collectif ;
- prendre des décisions concernant les personnes ;
- contrôler l'activité des personnes, formellement (entretien annuel) ou plus informellement.

Le temps

C'est la troisième dimension de la gestion du personnel. Traiter de l'activité et des personnes doit se faire dans une perspective temporelle (voir tableau 1.1) : d'une part, on gère à différentes échéances temporelles ; d'autre part, la GRH relève d'une temporalité particulière.

D'abord, se présentent les exigences de « l'immédiat ». C'est s'assurer que tous les postes sont tenus, contrôler les horaires et la présence. Affecter le travail, remplacer une personne absente, résoudre des problèmes de conflit, réagir à un accident du travail illustrent le court terme du quotidien.

Vient ensuite le temps des résultats, rythmé par la nécessité de reporter : préparer un plan de formation, évaluer des performances, établir un contrat de travail, une fiche de paie…

Le troisième temps est celui des personnes, celui de l'apprentissage ou du développement personnel. C'est gérer une carrière, faire de la gestion prévisionnelle, élaborer des référentiels de compétences.

Le quatrième temps est celui de l'institution, de la culture par exemple.

Tableau 1.1 – Les quatre temps de la GRH

	Immédiat	Les résultats	Les personnes	L'entreprise
Caractère	L'exigence du quotidien	Le rythme des reports	Le temps de la personne humaine	Le temps de l'institution
Illustrations	Assurer les postes de travail Gestion administrative des dossiers personnels	Plan de formation Gestion du budget de personnel Établissement des contrats de travail	Gestion de carrière Apprentissage des compétences	Renforcer les valeurs positives Assurer l'équité des pratiques Honorer les obligations de la responsabilité sociale de l'entreprise

La notion de stratégie a été associée à la GRH pour plusieurs raisons :

- D'une part, les RH mettent en œuvre une partie de la stratégie (adaptation des effectifs, des compétences, évolution des organisations, etc.).
- D'autre part, on doit avoir une vision stratégique des pratiques de GRH en s'interrogeant sur la portée des actions prises : impact d'un *stop-and-go* pour le recrutement par exemple.
- Enfin, les ressources humaines sont un domaine stratégique en elles-mêmes. Les entreprises peuvent se fixer des objectifs et organiser leurs pratiques selon ces lignes directrices.

Outre les différentes échéances temporelles, un second aspect du temps caractérise la GRH : la différence de temporalité entre la GRH et les autres fonctions de la vie de l'entreprise. Le temps des personnes n'est pas celui des marchés ; le temps des carrières, des apprentissages, de la motivation ou du changement n'est pas celui des *reportings* trimestriels ou des mouvements de concurrence.

1.3. La GRH et la performance

La fonction personnel a ses propres critères de performance même si le domaine humain qui est le sien rend les mesures difficiles. Elle a pourtant des activités et un budget, et il est donc nécessaire d'évaluer son action. Examinons diverses manières de procéder.

La contribution aux objectifs de l'entreprise

La GRH doit contribuer aux objectifs de l'entreprise et à la mise en œuvre de sa stratégie. Des objectifs de rentabilité, de croissance, de développement se traduisent par une adaptation de la main-d'œuvre quantitativement ou qualitativement.

Quand on décline un objectif en termes de moyens et ressources nécessaires pour l'atteindre, cela concerne aussi les ressources humaines, dont on peut vérifier, *a posteriori*, la contribution.

La création de valeur

On évalue aussi les conséquences d'une politique RH en mesurant la valeur créée. Par exemple, une politique de recrutement a été menée dans une entreprise aux forts besoins de personnel, difficiles à satisfaire. On peut mesurer l'efficacité des mesures prises et évaluer ce que ce personnel embauché a permis de faire. Cette évaluation n'est donc pas uniquement financière.

Le respect des politiques et processus de GRH

Puisqu'une organisation se fixe des politiques de personnel en matière de recrutement/sélection, d'évaluation des performances, de rémunération, de gestion des compétences, il est nécessaire d'évaluer la mise en œuvre effective de ces politiques.

L'approche des personnes

Une autre manière d'évaluer la performance est de regarder comment l'entreprise traite les personnes. On observe à cet effet les conditions de travail et le bien-être. On peut aussi évaluer des taux de promotion, de développement des compétences permettant d'éclairer la progression des personnes dans l'entreprise.

La responsabilité vis-à-vis de la société

La fonction RH est centrale pour mettre en œuvre ce qui est nécessaire et souhaitable par une société à une époque donnée. En matière d'égalité de traitement (sexe, générations), de recrutement de certaines catégories de personnes (handicapés), de non-discrimination (pour âge, origine sociale ou culturelle), elle est souvent au centre des mesures qui peuvent être prises.

1.4. Histoire

L'ouvrage de Jean Fombonne est la meilleure référence pour aborder l'historique de la fonction personnel (voir focus 1.4). Il propose le regard d'un professionnel et d'un chercheur. Le plan de son ouvrage illustre l'évolution des problématiques de GRH.

Focus 1.4

Une synthèse de l'évolution de la fonction avec J. Fombonne

Partie 1 : La fonction personnel SANS chef du personnel (1830-1916)

- L'organisation des pouvoirs dans les sociétés par actions et le fonctionnement des décisions de personnel
- Les secrétaires généraux et les premiers services du personnel
- Le recrutement
- La vie dans l'entreprise
- Les relations collectives : recherche de politiques d'intégration

Focus 1.4 (suite)

Partie 2 : Les dirigeants professionnels des ressources humaines (1917-1990)

- Le travail et la santé du personnel
- La fonction personnel AVEC des services du personnel
- Le courant de l'action sociale
- Le personnel et l'organisation
- La formation technique et humaine dans l'entreprise
- Trois thèmes structurants de la fonction personnel (1945-1990) : le juridique dans la gestion du personnel, l'évaluation des postes et des hommes, des instances de relations collectives
- Les hommes de la fonction

Source : Fombonne J., Personnel et DRH, Paris, Vuibert, 2001. (Ouvrage publié avec l'aide de l'AGRH – Association francophone de gestion des ressources humaines.)

D'une part, l'histoire révèle un mouvement de professionnalisation faite d'autonomisation, d'émergence de préoccupations propres, de techniques et d'outils, de constitution d'une profession de « spécialistes ».

D'autre part, la fonction concerne la vie collective dans l'entreprise, avant de progressivement s'attacher à adapter activités et personnes.

Enfin, il faut noter la mention particulière du « service du personnel ». À l'époque où les RH n'ont pas de dénomination plus statutaire, cela marque moins un manque de pouvoir ou de considération qu'un positionnement décalé du « personnel ». Dans certaines entreprises, on y voyait le seul moyen[2] d'avoir une entité dédiée au personnel, un porte-parole auprès de la direction. En ne participant pas aux comités de direction, il n'était pas lié par leurs décisions. Le service du personnel pouvait ainsi jouer le rôle de « contrepoids » pour les représentants du personnel et les organisations syndicales.

Quelques profils

On a souvent présenté l'histoire de la fonction à travers une évolution des profils ou des compétences clés. Même si cette succession de profils est une reconstitution artificielle, elle traduit l'émergence de nécessités et de visions relatives à la fonction, à ses objectifs et aux problèmes auxquels elle était progressivement confrontée.

Quatre profils principaux de professionnels RH associés à leur discipline emblématique peuvent être notés : la discipline, le droit, la psychologie et la gestion.

La discipline

Elle est illustrée par le profil de l'ancien militaire. Il est difficile de mesurer l'importance réelle du phénomène, mais il est certain que la seconde carrière des militaires dans les RH après leur retraite de l'armée a un sens qui mérite d'être souligné.

La gestion du travail requiert de l'organisation, de la discipline et de la rigueur. La question disciplinaire dans les préoccupations du monde du travail était primordiale jusque dans les années 1970. La question du « sabotage » au travail – pour reprendre le titre

2. Ulrich D., *Human Resource Champions: The Next Agenda for Adding Value and Delivering Results*, Harvard Business School Press, 1997.

d'un ouvrage du sociologue Jean Dubois dans les années 1970 – était très étudiée : elle ne recouvrait pas seulement les problèmes classiques de l'absentéisme, mais plus largement ceux du sabotage de l'outil de production, du vol, de l'utilisation des outils à des fins personnelles et des différents modes de perturbation de la production. Ces domaines d'intérêt ont temporairement disparu à l'exception de l'absentéisme et du turnover.

Les questions d'hygiène et de sécurité ont redonné de l'importance à la préoccupation de discipline étant donné le risque pour les personnes et pour l'entreprise.

Le droit

De nouvelles exigences apparaissent avec la complexité croissante des relations de travail, tant sur le plan individuel que collectif (diversification des contrats et des formes de travail, émergence de comportements et attitudes nouveaux au travail, préoccupations sociétales nouvelles liées au travail, judiciarisation croissante des relations de travail). Le juriste est de plus en plus nécessaire au fur et à mesure que le droit se développe. L'émergence du droit concerne le contrat de travail dans ses différents aspects mais aussi les rapports collectifs (représentations, obligations, négociations), ainsi que la gestion des retraites, de la prévoyance et toutes les obligations administratives afférentes.

La psychologie

La prise en compte de questions relevant de la psychologie est réelle dès que la personne est vue comme une source de performance. Les différences interindividuelles prises en compte concernent les compétences, les aptitudes, mais aussi les motivations, les traits de personnalité – c'est-à-dire les manières de réagir aux situations, d'analyser des problèmes, d'interagir avec les autres. L'importance prise par la question des risques psychosociaux renforce encore le poids des psychologues.

La gestion

L'apparition du gestionnaire répond à plusieurs logiques. Premièrement, il s'agit de mieux comprendre et d'intégrer les RH dans le fonctionnement de l'entreprise et de ses activités. La notion de gestion évoque aussi le souci de valorisation des RH en termes de coût, d'investissement, de rentabilité. Enfin, il s'agit de considérer les RH comme un domaine de décision exigeant des politiques, une anticipation et une compréhension de leur fonctionnement et de leur « principe actif » dans l'entreprise.

Cette présentation de l'histoire en quelques profils ne traduit qu'imparfaitement la réalité. Les responsables de la fonction sont toujours très divers ; leur arrivée dans ce milieu est aussi liée à la culture de l'entreprise, à l'affinité et la complicité avec d'autres dirigeants. La compatibilité des membres d'un comité de direction, leur approche commune du business mais aussi du travail collectif sont en effet une clé du succès.

Les questions subsidiaires de l'histoire

L'histoire ne devrait pas appréhender la fonction comme s'il existait un noyau stable de problèmes (le social) traité de manière différente selon les époques. En fait, l'histoire du contexte est tout aussi importante à considérer pour comprendre celle de la fonction.

Les relations humaines dans la société

L'entreprise est un groupe humain et le sens de la fonction ne peut être disjoint de la conception de la personne humaine dans la société. Les premiers temps de l'industrie – et donc d'une gestion souvent disciplinaire des RH – ne peuvent être considérés sans prendre en compte le fait que les salariés n'avaient ni culture industrielle, ni expérience du travail dans des collectivités avec des règles de travail en commun, des contraintes de gestion du temps et une attitude par rapport à l'outil et à la matière correspondant aux exigences de la vie industrielle.

De la même manière, dans des époques agitées de l'histoire, les débats politiques rejaillissent sur le fonctionnement de l'entreprise : les relations sociales deviennent donc importantes, tout comme les aspects juridiques. L'arrivée au pouvoir d'une nouvelle majorité se traduit souvent par de profondes modifications du droit et des relations sociales.

La place de l'entreprise dans la société

La place de l'entreprise dans la société est un facteur important d'évolution de la fonction personnel. On ne peut aborder le paternalisme de certaines entreprises sans référence à un contexte où l'État ne prenait pas en charge les services assumés aujourd'hui. Au tournant du millénaire, quand le marché des « talents » devenait tendu, on a vu réapparaître les offres de service à la personne (conciergerie, crèches, etc.) pour attirer les jeunes professionnels.

Quand la question multiculturelle se pose à la société française, on se tourne vers les entreprises pour voir comment leurs pratiques d'embauche pourraient contribuer à résoudre le problème ; quand se posent des problèmes d'égalité entre femmes et hommes, cela se traduit par des obligations nouvelles pour la fonction personnel.

Au moment du passage aux 35 heures à la fin du siècle dernier, on parlait de fin du travail, de développement personnel à travers la vie privée, la vie associative et les loisirs. La vie professionnelle dépendait de la vie personnelle, et non l'inverse. Autant de considérations sur la société et ses valeurs dont les responsables des RH durent tenir compte dans l'organisation du travail et la gestion des personnes au quotidien.

Le périmètre de la fonction

Celui-ci évolue aussi, en intégrant ou non l'organisation, la communication, l'administration, la formation.

2. Les ressources humaines et l'organisation en fonction

2.1. Les dénominations

La fonction « ressources humaines » a connu différentes dénominations (voir exemple 1.1), à la différence d'autres fonctions comme la production, la commercialisation ou la finance.

Exemple 1.1

Quelques dénominations de la fonction sociale

- Personnel
- Affaires sociales
- Administration du personnel
- Gestion du personnel
- Relations sociales
- Relations industrielles

Exemple 1.1 (suite)

- Gestion des ressources humaines
- Gestion des personnes
- Gestion des relations humaines
- Développement social/humain
- Gestion des emplois et des compétences
- Etc.

Chacune de ces dénominations tient non seulement au vocabulaire propre à l'entreprise, mais aussi à la position occupée par la fonction dans l'organigramme comme nous le verrons dans une prochaine section.

Les logiques de ces dénominations

L'histoire

La première relève de l'histoire. Il y aurait une évolution continue des dénominations depuis l'antique service du personnel jusqu'à l'actuelle gestion des personnes ou direction des relations humaines. Le personnel renverrait à une approche plus administrative du collectif de travail dont il faut vérifier en permanence l'ajustement aux besoins de l'activité. À partir des années 1970, la notion de « ressources humaines » évoque une approche plus « gestionnaire ».

L'émergence de la gestion signifiait trois évolutions :

- On aborde les RH comme d'autres ressources avec le souci de les connaître, de les développer, de les ajuster au mieux de l'activité de l'entreprise. Les RH ne sont donc plus appréhendées comme un « stock » de force de travail, mais comme des ressources auxquelles il faut prêter attention.
- On doit pouvoir mesurer, mettre en valeur, développer, éviter la « dépréciation » des ressources humaines comme de toute autre ressource : il est donc nécessaire de développer des outils, des méthodes spécifiques. Dans ce domaine, on n'est plus dans la seule rigueur administrative de la fiche de paie ou dans la vague référence à « l'humain » dont on ne pourrait rien dire (excellente raison pour ne rien faire).
- En accédant à ce statut de « gestion », les RH rejoignent les autres fonctions au comité de direction et participent à la stratégie de l'entreprise.

Il ne faut pas avoir la naïveté de penser que l'émergence des ressources humaines, par rapport au « personnel », signifie qu'aucune des directions du personnel ne s'occupait des personnes. Mais le mouvement marque une inflexion, traduisant une plus grande intégration des approches des problèmes sociaux, comme des problèmes d'organisation et d'optimisation des moyens.

Certes, une approche historique doit inclure le contexte des époques étudiées. L'émergence de la GRH traduit une valorisation de la fonction : c'est le temps où l'on commence à faire de ce domaine une fonction dotée de ses méthodes, techniques et approches propres, en un mot de son professionnalisme.

Au fil de l'histoire sont également apparues des fonctions nouvelles alors que d'autres ont disparu ou perdu en importance. C'est le cas de l'administration ou des « relations industrielles ». Ces dénominations renvoyaient à l'industrie, marquée par des relations sociales parfois difficiles qui constituaient une part importante des problèmes posés à la fonction. Cette préoccupation est devenue moins présente dans les activités de service, et même dans l'industrie, où les taux de syndicalisation et de conflits ont baissé. Par ailleurs, l'établissement de relations sociales pacifiées par une forte réglementation ne justifiait plus une telle importance. On peut toutefois se demander si cette éclipse est durable.

En revanche, d'autres fonctions apparaissent, comme le développement social (années 1980), la gestion des compétences (années 1990) ou la gestion des talents (années 2000).

La taille

Dans les PME on parlera souvent de « personnel » ou de « ressources humaines » alors qu'au fur et à mesure que la taille augmente, les dénominations vont exprimer plus précisément une politique ou une fonction pilote dans les RH, comme les relations sociales ou la gestion des compétences.

Le secteur d'activité

Sans doute le secteur industriel démontre-t-il le plus d'expérience et de sophistication en matière de GRH. Il a souvent connu des relations sociales difficiles qui ont exigé de travailler sur les ressources humaines. Au-delà du secteur d'activité, un facteur déterminant de la GRH d'une organisation est la part de frais de personnel dans l'ensemble des charges : quand ces frais constituent 10 % ou 60 % de l'ensemble des charges, l'importance, les marges de manœuvre, les enjeux et les risques de la GRH ne peuvent être les mêmes. Les enjeux des modes de production se traduisent par une plus ou moins grande importance des problèmes de compétences, formation, organisation du travail. Souvent parties prenantes des programmes de changement, les RH regroupent dans ce secteur les quatre traits dominants d'Ulrich, qui se sont imposés comme la référence en matière de GRH (voir focus 1.5).

Focus 1.5

Les quatre traits dominants des ressources humaines selon Ulrich

- Stratège
- Expert fonctionnel
- Agent de changement
- Avocat des salariés
- Développeur du capital humain
- Leader

Source : Ulrich D., HR from the Outside In: Six Competencies for the Future of HR, McGraw-Hill Professional, 2012.

Le secteur industriel a pu développer tous les rôles. Depuis le défenseur du personnel dans des antiques services du personnel jusqu'à la mise en œuvre des politiques de changement de ces dernières décennies, en passant par le soutien du business et évidemment l'administration du personnel fortement impactée par le développement de systèmes d'informations.

Dans les services, on observe le même phénomène selon les particularités du secteur. Dans le transport par exemple, les salariés ont de grandes possibilités de nuire au fonctionnement de l'entreprise par leurs arrêts de travail ; les relations sociales sont traditionnellement importantes, parfois au détriment de la sophistication des tâches de GRH.

Dans des secteurs plus récents comme la grande distribution ou l'hôtellerie-restauration, la fonction RH est encore fortement marquée par le soutien au business : ce sont des secteurs très opérationnels avec un grand nombre de salariés sur le terrain et proches des clients. De plus, le rôle des managers opérationnels est suffisamment important pour que les RH deviennent les soutiens des managers opérationnels dans leur activité quotidienne.

À partir de la fin des années 1980, en France, la politique de l'administration et du secteur public dans son ensemble vise à développer la GRH : les formations aux emplois d'administrateur ont dû intégrer le sujet et les services changer leur dénomination. Le but de cette transformation apparemment assez superficielle était de sensibiliser les décideurs à la nécessité de prendre en compte les personnes et d'anticiper les évolutions en matière de personnel.

Dans les secteurs plus récents du logiciel, de l'économie numérique, le rôle de développeur de capital humain sera plus déterminant.

Vers de nouvelles dénominations

Si la notion de « GRH » est la plus commune, on peut s'interroger sur sa pérennité. En effet, il n'est pas rare d'entendre préciser aujourd'hui que la mention « ressources humaines » ne signifie pas que les personnes sont des ressources et qu'elles devraient donc être « exploitées » comme telles, mais plutôt qu'elles ont des ressources à mettre en valeur. Cette réserve montre à quel point le sens des mots évolue dans le temps en fonction des circonstances et des contextes de pensée. Les « ressources humaines » des années 1970 valorisent les personnes et, quatre décennies plus tard, la notion de « ressources » évoque ce que l'on cherche à « exploiter »...

Il faut donc être prudent avec les dénominations. Certes, il existe des différences importantes entre les notions de « personnel » et de « ressources humaines », mais la différence varie d'un contexte ou d'une personne à l'autre. Derrière ces combats sémantiques s'expriment souvent des positions personnelles liées à l'expérience des interlocuteurs et à leurs valeurs. Si l'on peut retracer dans l'histoire quelques logiques d'évolution, cela ne signifie pas que ces tendances permettent de comprendre chaque situation en particulier. Il y a quelques années, « personnel » signifiait simplement une administration de la situation des personnes, alors que la GRH donnait l'idée d'outils et de techniques sophistiqués permettant de prendre en compte les personnes et leur développement. Aujourd'hui, la GRH apparaît parfois comme une approche trop technocratique de la gestion du social ne prenant pas suffisamment en compte les situations et les désirs des personnes...

Quelles seront les dénominations de la fonction sociale demain ? Quatre remarques peuvent être faites.

Premièrement, on va retrouver l'importance de la prise en compte des situations personnelles. Les préoccupations de relations collectives de travail, d'équilibre entre vie personnelle et professionnelle, le bien-être au travail peuvent redevenir des questions importantes de discussion, de conflit mais aussi simplement des réponses aux problèmes des personnes au travail surtout quand les marchés du travail sont tendus pour certaines populations de « talents ». Émerge aussi l'idée que la GRH ne peut pas simplement concerner le bon ajustement entre des personnes et une activité, limité aux aspects de compétences et de comportements. La relation de la personne à son travail et à son entreprise est plus globale : elle touche à son équilibre de vie, aux relations dans et par rapport au travail. Évidemment, dans le rapport de force entre employeurs et salariés, il peut s'avérer plus ou moins important de s'occuper d'aspects plus périphériques. Quand les conditions sociales deviennent plus difficiles (crise sociale par exemple) ou quand les marchés du travail sont plus tendus (manque de main-d'œuvre du fait des bouleversements démographiques ou du manque de compétences et de professionnalisme dans certains domaines), il redevient indispensable d'élargir le champ de préoccupations et d'intervention de la fonction personnel.

Deuxièmement, on note l'apparition de la notion de « gestion des personnes ». Cette dénomination traduit la nécessité d'individualiser les pratiques de GRH. On le voit avec la notion de compétence qui tient compte de tous les savoirs spécifiques de la personne et pas seulement de ses qualifications ou de ses connaissances techniques. On le voit aussi dans l'évolution des pratiques de rémunération liée à la contribution de chacun. On le voit enfin dans la gestion des carrières et des parcours professionnels, forcément plus individualisés quand les filières toutes faites n'existent plus et quand les organisations changeantes requièrent des adaptations d'effectifs permanentes.

La « gestion des personnes » traduit aussi une réalité sociale nouvelle où les situations de travail sont de moins en moins généralisables. Ce qui caractérise un collectif de travail aujourd'hui, c'est l'extrême diversité de ce que travailler signifie. Ainsi, la principale difficulté des ressources humaines est de gérer des situations personnelles alors que le sens même de l'activité de travail revêt une signification différente pour chacun (voir focus 1.6).

Focus 1.6

Ce que travailler veut dire

Le travail recouvre aujourd'hui des significations diverses qui peuvent varier :

En fonction de l'entreprise

- Selon la taille de l'entreprise
- Selon la taille de l'unité de travail
- Selon le type d'entreprise (publique, familiale, cotée)
- Selon la réputation et l'image de l'entreprise

En fonction du secteur d'activité

- Différence entre industrie et service
- Différence entre service en relation directe ou non avec le client
- Secteurs porteurs et secteurs plus anciens

En fonction du lien juridique

- Selon le contrat de travail, plus ou moins stable
- Selon que la personne travaille pour son employeur, pour elle-même comme un indépendant ou pour un prestataire

Focus 1.6 (suite)

En fonction de la personne

- Selon ses compétences
- Selon sa personnalité
- Selon ses motivations
- Selon sa stratégie
- Selon ses systèmes de représentation concernant le travail, sa relation aux autres, sa vie personnelle
- Selon sa vie hors travail

Ainsi la gestion des personnes considère cette diversité parce qu'il ne peut y avoir de gestion du personnel ou de politique sans prise en compte des personnes concernées. La gestion des personnes crée des difficultés pour l'adaptation des systèmes d'informations et des outils, mais aussi en termes de compétences des agents de la fonction personnel. Un dernier facteur majeur doit être retenu, celui du partage des missions de la fonction personnel entre la DRH au sens large et les managers en charge des personnes parce qu'une gestion individualisée doit être assumée au niveau le plus proche de la personne, c'est-à-dire celui de l'entité de travail.

Troisièmement, on voit émerger l'idée d'une « direction des relations humaines ». La notion met l'accent sur un point important de la gestion du personnel. La qualité des relations est centrale dans la vie au travail, elle fonde l'implication, la satisfaction et la qualité de la vie au travail. Mettre l'accent sur les relations humaines au travail permet de considérer que le travail n'est pas seulement défini par les procédures et les processus.

Quatrièmement, la gestion des ressources humaines devra s'ajuster aux évolutions de la notion d'entreprise et de ses frontières. Le développement d'une économie collaborative, les problématiques de GRH sur un territoire sont autant d'évolutions qui ne généreront pas une nouvelle GRH, mais plutôt un ensemble de pratiques dont il faudra assumer les tensions puisqu'elles ressortissent à des conceptions de la personne, de l'institution et du travail diverses.

2.2. La structure de la fonction

La fonction RH s'est structurée autour de différentes compétences et fonctions. L'efficacité de la fonction se mesure souvent en prenant le pourcentage de personnes employées dans la fonction RH comparé à l'effectif total. Il est donc nécessaire de voir ce qui se fait dans une fonction RH.

Les fonctions à remplir

Au fur et à mesure que la GRH se développe, de nouvelles fonctions apparaissent (voir focus 1.7). Assez normalement, chaque nouvelle problématique génère ses spécialistes et ses structures propres pour progressivement s'intégrer de manière optimale.

Les principales fonctions de la GRH

Focus 1.7

Cette longue liste reste incomplète, tant les conjonctures, évolutions législatives, conditions spécifiques génèrent des demandes dans la gestion des personnes.

- Embauche
- Organisation du travail
- *Staffing* : s'assurer que l'activité dispose bien en quantité et en qualité des personnels nécessaires
- Gestion administrative des dossiers individuels
- Élaboration et suivi des contrats de travail
- Rémunérations, gestion de la paie
- Contrôle et discipline
- Relations sociales : relations avec les salariés, les représentants, les organismes représentatifs
- Formation
- Recrutement/sélection
- Statistiques, bilan social, études de climat social, suivi des thèmes sociétaux
- Gestion du temps de travail, des aménagements d'horaires, des congés, des absences, des retards, etc.
- Gestion des contentieux
- Description de postes, de fonctions
- Gestion des compétences
- Gestion des carrières
- Évaluation des performances
- Gestion de la mobilité
- Services sociaux à la personne
- Gestion des systèmes d'informations
- Organisation du travail
- Gestion du changement
- Communication interne
- Déontologie
- Etc.

Plusieurs regroupements sont possibles et proposés dans la plupart des manuels de GRH.

Le *regroupement par fonctions* :

- recrutement/sélection ;
- gestion de l'emploi et des compétences ;
- rémunérations et avantages sociaux ;
- formation ;
- relations sociales.

Il classe les tâches de GRH de manière assez équilibrée en termes de charge de travail. Cette structuration s'explique par le développement de technicités spécifiques à chaque domaine.

De la même manière, la question des rémunérations tend à se séparer entre une activité de gestion de paie proprement dite – travail administratif marqué par la maîtrise du droit et des réglementations sociales, d'une part, et par la maîtrise des systèmes d'informations, d'autre part – et aussi, surtout dans les grandes entreprises, une fonction de *compensation and benefits* intégrant toutes les modalités de la rétribution, afin d'apporter un équilibre entre la rémunération directe et indirecte, immédiate et différée, etc.

Le *regroupement par grands domaines stratégiques* :

- *staffing* ;
- *compensating* ;
- *motivating.*

Cette structuration anglo-saxonne insiste sur trois grands domaines politiques. Issue des démarches de reengineering ou du management de la performance, elle résume les actions de GRH. Une telle approche se justifie moins par une homogénéité « technique » ou théorique propre à chaque domaine. Ce qui justifie le regroupement, c'est plutôt la référence à un processus de travail permettant de relier les objectifs stratégiques et décliner des critères de performance, indicateurs de succès en lien avec la stratégie.

Le *staffing* correspond au *process* de base de mise à disposition des opérateurs nécessaires à l'activité. Il couvre le recrutement et la sélection, la définition des emplois, la gestion des compétences, la gestion des carrières, la simulation des *succession plannings*, la gestion prévisionnelle des emplois et compétences, la formation. Aborder le *process* de cette manière conduit à mettre en perspective et en cohérence l'actuel et le prévisionnel, le qualitatif et le quantitatif, l'approche du marché externe et du marché interne du travail.

Le *motivating* distingue une approche moins organisationnelle et plus humaine de la GRH en mettant en regard tout ce qui conduit la personne à être plus performante : organisation du travail, réponse aux besoins et attentes individuels.

Le *compensating* oblige à regarder comme un *process* à part tout ce qui relève de la compensation du travail pour le salarié, donc la rémunération, mais aussi la prévoyance, la retraite, etc. Cela conduit à regarder les modes de rétribution variable, et donc l'atteinte des objectifs individuels et collectifs, la part du variable et du fixe, les modalités de calcul de ce variable, etc.

Un autre mode de structuration doit être évoqué à la suite des travaux des principaux référents américains sur la question. De la même manière que le marketing s'est dissocié du commercial comme une fonction de décision, tout comme la finance à partir de la comptabilité, les RH pourraient aussi connaître cette scission. Il existerait d'un côté une fonction de gestion de flux (entrée, gestion de carrière et sortie) et de prévention du risque juridique lié au personnel ; de l'autre côté émergerait une fonction plus décisionnelle et stratégique en charge par exemple de la gestion des talents ou des transformations.

Dans le cadre des grandes organisations actuelles, une autre structuration apparaît avec trois niveaux :

- le niveau du RRH de proximité (à une entité ou une population particulière) ;

- des centres de compétences (formation, gestion des compétences) qui traitent de ces problèmes spécifiques sur une zone géographique donnée ;
- des services partagés pour l'ensemble de l'entreprise (paie, suivi des dossiers individuels).

Les postes de la fonction personnel

Le (la) DRH est la figure emblématique de la fonction. C'est généralement un membre du comité de direction qui dirige la fonction et préside le comité d'entreprise. Il (elle) est responsable des politiques de personnel et de la contribution des ressources humaines au succès de l'entreprise.

Il existe les profils de spécialistes avec leur domaine d'expertise. Ce sont les juristes, les psychologues, le spécialiste des emplois et des compétences, le responsable des études.

Des spécialités se sont constituées (voir exemple 1.2). Cela a été le cas en France autour de la formation. Il existe un « marché » des responsables de la formation, un domaine qui représente une importance stratégique, ainsi que des investissements financiers considérables.

Il faut enfin accorder une mention spéciale au spécialiste des relations sociales. Souvent la direction du personnel mentionnait ce domaine dans sa dénomination. La faible conflictualité constatée dans le secteur privé depuis plus de 20 ans semble faire passer au second plan ces préoccupations. Cependant, avec la crise économique et ses conséquences possibles sur le plan social, les relations sociales reviennent sur le devant de la scène. Dans certains secteurs aussi, la judiciarisation des relations de travail, voire des évolutions comportementales de certaines catégories de personnels comme les jeunes professionnels, fait réapparaître l'enjeu des relations sociales.

Exemple 1.2

De nouveaux spécialistes dans la fonction

- **Le responsable de SIRH** (systèmes d'informations en GRH). Il s'occupe des besoins en la matière, conçoit un schéma directeur, établit les cahiers des charges, assure la maintenance et le développement régulier des systèmes d'informations. Dans une grande entreprise du CAC 40, le responsable de ces systèmes peut occuper un poste de direction reportant directement au DRH.
- **Le responsable d'université d'entreprise.** De nombreuses entreprises ont développé des universités internes pour développer leurs propres formations, souvent à destination de leurs cadres, de leurs clients ou de salariés, dans des domaines d'expertise particuliers. Il s'agit d'une profession nouvelle, à la fois spécialiste de la formation et des RH, avec des compétences requises de diplomatie et de sens politique.
- **Le responsable des talents.** Il est chargé de détecter, sélectionner, développer et gérer les talents.
- **Le RRH de proximité.** Il est en charge d'une population particulière dans une situation de grande proximité physique.

Toutefois, l'évolution des organisations a également conduit les entreprises à définir des responsabilités de GRH à différents niveaux.

- **L'établissement.** Au niveau de chaque établissement quelqu'un doit prendre en charge les RH. Il le fait dans le cadre de la politique définie, avec des outils communs aux entités de l'entreprise. Les systèmes d'informations sont partagés, mais c'est lui qui recrute, intègre les nouveaux, suit l'exécution des contrats de travail, relève les absences, les congés, le temps de travail. Il tient à jour les dossiers du personnel, actualise les éléments de la rémunération. Au niveau de l'établissement, il tient les réunions de délégués du personnel et préside le comité d'établissement. La dénomination de RRH (responsable des ressources humaines) s'impose pour décrire ce poste de généraliste des RH qui tient finalement tous les aspects de la fonction sans être l'initiateur des politiques, des systèmes d'informations et des objectifs. Sa marge d'initiative reste cependant importante pour développer un climat social, parfaire la mise en œuvre des politiques, soutenir les managers opérationnels dans l'exercice de leur mission managériale à destination des salariés (voir parties III et IV de l'ouvrage).
- **Le métier.** Dans certaines entreprises, il existe des problématiques importantes de métiers. Par exemple dans une entreprise industrielle, on a les métiers de la fabrication, du commercial, de l'engineering ou du tertiaire. Chaque catégorie requiert des approches spécifiques en matière de recrutement, de formation, de gestion des carrières et de parcours professionnels. Il va alors être important de bien connaître, sur l'ensemble du groupe, les compétences disponibles et d'établir des parcours internationaux pour utiliser au mieux ces compétences, leur permettre de toujours être à la pointe et d'« irriguer » l'ensemble des entités de l'entreprise.

  Pour ce faire, les DRH ont créé ces responsables par métier au fait des évolutions des compétences de leur secteur ; ils connaissent les entités et possèdent une vision globale des parcours professionnels.
- **Le pays.** L'internationalisation conduit à disposer dans chaque pays d'une coordination des politiques de personnel. Quel que soit le degré d'intégration régionale (comme en Europe), le droit social, les relations professionnelles, les cultures restent suffisamment différentes pour que l'on ait besoin d'une coordination au niveau national. Ces responsables sont souvent d'ailleurs des nationaux puisque la maîtrise de la langue et de la culture s'avère cruciale.
- **Les *business units*.** Beaucoup d'entreprises se sont organisées par *business units* ou divisions. Résultant du découpage de l'activité de l'entreprise en domaines d'activité stratégique, ces entités sont organisées autour d'une ligne de produit, d'une technologie ou d'un produit/marché. Leurs frontières sont celles de l'activité et non celles de la géographie. Si l'entreprise fixe des objectifs spécifiques à ces entités, celles-ci requièrent la maîtrise des moyens, au rang desquels les ressources humaines ne sont pas les moins importantes. Les divisions développent leur propre responsabilité RH. Elles suivent les talents dans l'ensemble de la division, font leur gestion de carrière pour optimiser l'utilisation des compétences dans la division.
- **Le *corporate*.** Ce niveau de la DRH centrale dans un grand groupe devient une fonction à part entière. En matière de GRH, un groupe doit définir ce qu'il veut de commun.

  Certaines missions doivent être pilotées depuis le *corporate* comme la gestion des dirigeants et de certains hauts potentiels. Pour cette raison, des outils de détection et de formation des potentiels existent au niveau central. C'est le cas aussi de la gestion des carrières de certaines populations. En matière d'outils et de politiques de rémunération, de recrutement, de gestion des carrières, des principes communs peuvent exister que le *corporate* est chargé de coordonner.

2.3. Les problèmes d'organisation de la fonction GRH

La fonction RH rencontre deux problèmes majeurs.

Le premier est banal à toutes les fonctions : *associer spécialisation et coordination.* Il est nécessaire d'avoir suffisamment de spécialisation pour disposer des compétences adéquates. Mais plus on dispose de spécialistes, plus il est difficile d'assurer leur coordination. C'est la difficulté des entreprises qui ont investi en gestion prévisionnelle des emplois et des compétences et qui peinent à agir de manière cohérente avec ceux qui recrutent, organisent le travail ou évaluent les performances.

De plus, il est difficile de faire évoluer la structure de la fonction personnel tout en maintenant suffisamment de stabilité dans les politiques et les actions. Ainsi, les structures de la fonction évoluent au fil des réorganisations sans que le moment soit forcément opportun pour les politiques entreprises.

Enfin, il est nécessaire et utile d'avoir un minimum de compétition entre les différents niveaux de responsabilité RH pour s'assurer de la qualité des décisions. Mais il peut être aussi problématique qu'un responsable RH de division ne gère les talents qu'en fonction des besoins de sa division. Par ailleurs, les responsables RH par pays doivent moduler les initiatives politiques de tel ou tel spécialiste qui pourraient se révéler inappropriées pour le pays. Cette compétition doit aussi permettre une forte coopération, sur des projets par exemple.

Le second problème est plus spécifique aux RH. Dans les grandes entreprises où ces niveaux de responsabilité, par domaine de spécialité ou secteur, sont pertinents, il faut *coordonner les actions de chacun.* En matière de GRH, la cohérence des politiques est capitale. Plus on multiplie le nombre d'acteurs et de niveaux de responsabilité, plus celle-ci est difficile dans les politiques ou le respect de valeurs communes. On sait combien de mêmes valeurs ou de mêmes procédures (d'évaluation par exemple ou de recrutement) peuvent être comprises, interprétées et appliquées de manière différente. Le problème majeur des fonctions de GRH est de savoir qui décide quoi et où !

Certaines solutions existent comme dans cette grande entreprise de l'équipement automobile. Cette entreprise internationale a des divisions de produits, de nombreux sites de production et, bien entendu, une grande interdépendance entre pays et divisions. Quelques spécialistes au niveau *corporate* suivent certains domaines comme les conditions de travail, la formation ou les relations sociales. Quand on regarde l'organigramme de la fonction, toutes les « cases » existent par pays, division, métier, site et spécialité. Mais, à y regarder de plus près, on s'aperçoit que chaque personne couvre plusieurs domaines. Par exemple, un responsable de pays est aussi responsable d'un site, voire d'une division ou d'une spécialité. Ainsi le groupe RH européen ne compte qu'une quinzaine de personnes qui se réunissent régulièrement et peuvent ainsi maintenir une forte cohérence dans leurs actions. Chaque responsable ayant plusieurs perspectives (division, site, pays ou spécialité), il est plus sensible aux autres perspectives dès qu'il agit.

3. Les ressources humaines et leur écosystème

3.1. Sociologie

Les profils

Nous avons présenté dans la section « Histoire » (voir section 1.4) la théorie des profils. L'examen de divers échantillons de responsables des ressources humaines montre une plus grande diversité (voir focus 1.8).

Focus 1.8

Les profils de formation des DRH du CAC 40

- Business : 35 %
- Ingénieurs/scientifiques : 29 %
- Droit : 20 %
- Sciences humaines : 10 %
- Autres : 6 %

Source : Bournois F., Point S., Rojot J. et Scaringella J.-L., RH – Les meilleures pratiques des entreprises du CAC 40/SBF 120, Paris, Éditions d'Organisation, 2007.

On remarque l'importance des formations à la gestion, mais aussi la présence presque équivalente des ingénieurs et scientifiques. En fait, près des deux tiers ont suivi une formation généraliste dans le domaine opérationnel. Les spécialistes (droit et sciences humaines) ne représentent que moins d'un tiers. Pour compléter ces profils de formation, il faudrait connaître les parcours professionnels. Sur un autre échantillon[3], il apparaît qu'une minorité seulement des responsables de personnel ont fait leur carrière dans la fonction uniquement.

Les parcours et carrières

Ces parcours sont divers. On peut en décrire plusieurs parmi les plus classiques (voir aussi chapitre 12, « Les métiers des RH et le RRH »).

- **L'opérationnel.** Il a exercé dans un domaine très opérationnel comme la fabrication ou le commercial. Il a pu diriger un établissement, une division ou toute autre entité avec une responsabilité globale de gestion. Il accède à des responsabilités de GRH grâce à sa connaissance de l'entreprise et ses activités.
- **Le professionnel des ressources humaines.** Il est entré jeune dans la fonction. Il y a exercé des fonctions de spécialiste dans le recrutement, l'analyse des postes. Il a occupé des fonctions de généraliste dans une usine ou un établissement, en tant que responsable RH. Il accède à une responsabilité plus importante par son professionnalisme des ressources humaines.
- **L'administratif.** C'est l'assistant de direction ou le comptable/financier/responsable administratif. Il s'occupe du personnel parmi d'autres tâches ; ses missions de gestion de personnel deviennent plus importantes et il en vient à ne plus se consacrer qu'à cette fonction.

3. Thévenet M., *La Gestion des personnes : la parole aux DRH*, Paris, Liaisons, 2004.

- ***L'outsider*****.** C'est le conseiller de l'entreprise. Il était consultant dans un domaine connexe de la gestion du personnel (avocat, conseil en management, coach…). La direction générale lui demande d'intégrer l'entreprise à plein temps.

Pour compléter cette liste de profils, il faut noter l'émergence de la carrière de DRH professionnel. Il existe un marché pour ce genre de postes. Arrivés à ce niveau de responsabilité, les DRH, comme le montrent les rubriques « Nominations » des journaux économiques, poursuivent leur carrière en passant d'une entreprise à l'autre.

Nous ne disposons pas de suffisamment de recul pour évaluer les carrières de tous les professionnels des RH titulaires de formations spécialisées dans la fonction (les titulaires de master professionnel de GRH par exemple). La question est de savoir si, au niveau le plus élevé de la fonction, c'est la compétence technique qui va primer sur l'expérience du terrain et la proximité de culture avec la direction générale. Il existe des signes allant dans ce sens avec un plus grand nombre de DRH issus de formations de gestion et de GRH. À voir l'évolution des profils des dirigeants, on peut parier que les plus hautes responsabilités de la fonction leur seront ouvertes. En effet, l'analyse des profils des dirigeants montre que, en quelques années, la formation à la gestion s'est fortement développée, qu'elle ait été acquise en formation initiale ou complémentaire.

Le plaisir de la fonction

Qu'est-ce qui fait courir les DRH ? Ils ne sont pas parmi les plus grands héros du management, ni parmi les mieux rémunérés. On en entend généralement parler en cas de problème, de plan social ou de licenciement. Quand les entreprises vont bien, on n'attribue pas le succès aux RH. Dans notre étude[4], les sources de satisfaction sont :

- **Le plaisir de créer.** Pour beaucoup de DRH, leur plus grande satisfaction est venue de la création de la fonction quand il s'agissait de tout construire.
- **Le plaisir de la mise en œuvre et du projet.** Satisfaction voisine de la précédente, elle est liée à la mise en place des projets, à la participation à des changements.
- **Le plaisir du business.** Le plus grand signe de reconnaissance pour les DRH interrogés est de voir reconnaître leur action par les responsables opérationnels du business.
- Le plaisir de la relation avec le président ou le directeur général.
- **Le plaisir du travail accompli.** Les DRH expriment leur satisfaction à mesurer les effets de leurs actions sur le développement des personnes.
- **Le plaisir des « secrets de bureau ».** C'est la satisfaction des rencontres personnelles fortes, des conversations qui ne sont pas portées dans un dossier, quand quelqu'un vous remercie, etc.

Une dernière question à se poser sur les professionnels RH : ont-ils quelque chose de particulier pour s'occuper des personnes ?

On trouve parmi les DRH des personnes dotées d'une grande sensibilité humaine, c'est-à-dire une capacité à comprendre les personnes, à interagir avec elles, à intervenir dans les situations sociales. On retrouve parfois dans les origines sociales ou les parcours une traduction concrète de cette orientation dans des engagements personnels. Toutefois, ce n'est pas une généralité. Par ailleurs, on observe cette caractéristique aussi dans d'autres fonctions.

4. Thévenet M., *Gestion des personnes : la parole aux DRH*, Paris, Liaisons, coll. « Liaisons sociales », 2004.

Le plus frappant dans l'étude, c'est que les responsables RH apparus avec la plus forte sensibilité humaine sont aussi les plus anciens et les plus âgés. On peut se demander si c'est une question de formation de la profession ou, plus simplement, un effet de l'ancienneté et de la maturité, capitales pour atteindre la bonne distance vis-à-vis des questions humaines.

3.2. Les disciplines de base pour occuper la fonction

L'exercice de la GRH requiert des connaissances dans des domaines différents. Dans une formation, on apprendra toutes les techniques de la fonction pour percevoir toutes les contingences de la GRH, c'est-à-dire les modes de gestion qui correspondent aux situations d'entreprise.

Au-delà de ces pratiques, l'apprentissage de la fonction sollicite des disciplines de base qui nourrissent les actions et décisions de la fonction. La GRH traite du travail, de l'économie et de la gestion, des comportements humains, des liens entre l'entreprise et le salarié. Ces domaines relèvent d'approches, de problématiques, de modes de connaissances pas toujours reliés, si ce n'est dans cette discipline.

Quatre disciplines principales sont sollicitées par la GRH.

- **L'organisation et l'ergonomie.** L'organisation s'attache à concevoir des modes de travail collectifs et l'ergonomie permet de décrire les activités. L'organisation et l'ergonomie intègrent aujourd'hui les questions de santé et de risques psychosociaux.
- **L'économie et la gestion.** La fonction RH concerne les organisations, les administrations et les entreprises. Ces dernières sont des agents économiques. Puisque les RH sont une fonction de l'entreprise, il faut en évaluer le coût, le « retour sur investissement », la contribution au résultat collectif.
- **Le droit.** Les salariés sont liés à l'entreprise par un contrat de travail ; les rapports individuels et collectifs sont réglés par la loi et la jurisprudence. Même si le droit du travail est d'une telle complexité que l'entreprise doit s'adjoindre les services de conseils spécialisés, ses responsables doivent maîtriser un minimum de logique juridique.
- **Les sciences sociales.** Les RH concernent les personnes, leurs comportements et leurs attitudes au travail. La maîtrise de la fonction exige des connaissances en psychologie, sociologie ou autres sciences sociales qui aident à comprendre les êtres humains.

Le spécialiste des RH doit être un généraliste. À défaut de maîtriser chacun des domaines requis, au moins l'apprenti DRH peut-il prendre la mesure des questions qui se posent à lui. Ce regard généraliste lui épargnera de ne considérer qu'un des aspects de la fonction : les techniques ou l'un des quatre domaines énumérés ci-dessus, tous pertinents mais insuffisants à donner une compréhension totale des problématiques de la fonction.

Organisation et ergonomie

L'ergonomie donne les clés, les concepts et les méthodes pour décrire le travail. L'organisation permet de combiner les activités individuelles.

Organisation

Depuis Taylor, l'organisation du travail est une discipline en soi. Il s'agit d'analyser une activité, de la découper en sous-activités de base combinées entre elles de manière optimale, d'associer des personnes à ces différentes sous-activités. De la même manière que la logique de l'ergonomie est de prendre en compte l'interaction personne-tâche, celle de l'organisation est l'efficience, c'est-à-dire le meilleur rapport possible entre production et ressources nécessaires pour l'accomplir.

La préoccupation de base de Taylor, comme celle de ses prédécesseurs en économie, était de réduire les temps perdus, d'optimiser la production avec le minimum de temps et d'effort. L'organisation industrielle a profondément évolué avec l'introduction des méthodes venues du Japon (le « toyotisme »), qui ont transformé les concepts de base du taylorisme.

Un autre facteur d'évolution a été l'informatisation, l'automatisation et aujourd'hui la numérisation.

Dans les années 1990, on voit apparaître un autre facteur d'évolution des organisations. Il devient important de réduire les coûts, de diminuer le nombre de niveaux hiérarchiques et d'amincir les structures. On observe une tendance à rapprocher le plus grand nombre possible d'agents du niveau opérationnel de la constitution des résultats. Enfin, le raccourcissement nécessaire des temps de création et de mise sur le marché exige des modes d'organisation différents : à l'inverse de l'approche traditionnelle séquentielle et verticale des activités, il s'agit de faire travailler ensemble, le plus tôt possible, des activités et compétences complémentaires. Groupes de projet, équipes transversales, *task forces* sont autant de modes de travail qui exigent d'autres modes de coopération.

Les conséquences sur la GRH sont donc importantes. Faire travailler ensemble, c'est repérer des compétences techniques et relationnelles, manager les personnes, penser des carrières et des parcours dans des organisations moins linéaires. Au-delà de la formalisation des activités dans le cadre de structures, le RH est responsable des ajustements organisationnels qui permettent l'activité.

Ergonomie

Faire de la GRH, c'est maîtriser les bases de l'ergonomie pour répondre à quelques questions :

- Comment décrire un poste ? Avec quelles variables représenter le travail : pénibilité, postures, charge mentale, etc. ?
- Comment décrire l'activité ?
- Comment repérer les interactions activité-personne avec leurs risques potentiels pour la personne (TMS, RPS) ?

Des évolutions importantes ont été observées ces 50 dernières années, pas seulement du fait de la diminution régulière des activités industrielles. La technologie a permis de travailler plus rapidement et avec plus de fiabilité. Aujourd'hui, connaître et comprendre le travail, c'est aussi s'interroger sur ses risques, donc sur des aspects plus difficilement mesurables.

Nous pouvons citer trois conséquences en matière de GRH :

- La définition des compétences nécessaires à la maîtrise du poste.
- Le pesage des activités pour les classer, les valoriser, les rémunérer.
- La définition de bases pour établir des lignages entre ces différents postes, des modes de passage d'un poste à l'autre, des évolutions d'une compétence vers une autre. Cela permet de penser non seulement des filières professionnelles mais aussi des parcours de formation.

Économie et gestion

Dans GRH, il y a « gestion ». Le domaine des RH requiert une analyse des situations, des choix et un contrôle de l'efficacité de ces choix :

- Premièrement, les professionnels des RH sont une fonction support pour les fonctions de l'entreprise. Pour répondre à leurs attentes, le professionnel des RH a besoin d'une « intelligence » des affaires, c'est-à-dire d'une compréhension du fonctionnement de l'activité, des logiques de la gestion globale de l'entreprise et de chaque fonction. Cette intelligence concerne les mécanismes de marché, des secteurs d'activité et de la stratégie. Les RH en constituent une des variables et un moyen de sa mise en œuvre.
- Deuxièmement, les professionnels des RH doivent maîtriser les éléments financiers pertinents pour la fonction, comme les coûts liés au travail. Le sujet du coût du travail est suffisamment débattu pour que l'on en mesure l'importance (voir focus 1.9). Outre les rémunérations, les charges sociales et la formation sont autant de coûts liés au personnel qui peuvent représenter une part parfois majeure des charges de l'entreprise. Le contrôle de la gestion des coûts de personnel est crucial : par exemple les règles de l'analyse d'écarts sur masse salariale (voir chapitre 9, « Rémunérer le travail »).
- Un troisième aspect de la GRH consiste à planifier, anticiper, simuler les évolutions possibles. Pyramides des âges, cartographies de compétences, *succession planning*, formalisation de parcours souples de carrières sont autant d'activités de simulation qui aident à la décision.
- Le quatrième aspect concerne le chiffrage de toute action de GRH. Si la valorisation du social est difficile, elle doit néanmoins être tentée en permanence. Gérer les hauts potentiels, développer des programmes de formation, la sécurité ou le management de proximité nécessitent une évaluation financière pour mesurer le retour sur investissement.

Focus 1.9

Les coûts cachés

La valorisation et la comptabilisation du social ont toujours été des préoccupations en GRH. L'approche socio-économique d'Henri Savall et de l'équipe de l'Iseor (université Lyon III) en est une illustration.

Sur des sujets comme l'absentéisme ou les conditions de travail, on peut mesurer au plus près les coûts liés au social. Dans le cas de l'absentéisme, on mesure le coût complet du phénomène de manière à évaluer les économies créées par une politique d'amélioration des conditions de travail censée le réduire.

On distingue ainsi :

- des coûts directs de remplacement de l'absent, voire d'indemnisation de l'absence ;
- des coûts cachés comme la formation du remplaçant, le différentiel de productivité du fait du remplacement, etc.

Cette démarche conduit à approcher les incidences financières du dysfonctionnement. Elle éclaire la prise de décision en matière d'amélioration des conditions de travail si on fait l'hypothèse que celles-ci peuvent réduire l'absentéisme.

Source : Travaux de H. Savall et de l'Iseor, en particulier : Savall H. et Zardet V., Maîtriser les coûts et les performances cachés, Paris, Economica, 2003.

Droit

Les relations de travail entre employeur et salarié sont précisées par des règles, lois et procédures nouvelles. Le Code du travail est le domaine du droit qui s'est le plus développé ces dernières décennies, tout comme la jurisprudence en la matière.

À la base de la GRH, il y a le lien juridique sis dans le contrat entre l'entreprise et le salarié. Le salarié appartient à un collectif de travail auquel ont été reconnus des droits de représentation et d'intervention. Les conflits du travail sont aussi réglementés. Plus encore, l'entreprise est soumise à des obligations concernant les rémunérations directes mais aussi les contributions liées à l'emploi, à diverses assurances pour le salarié, sa formation, le logement social, etc.

Finalement, les premières tâches de GRH auxquelles se trouve confrontée la nouvelle entreprise peuvent sembler se résumer à des obligations légales et administratives, concernant la conclusion des contrats, l'inscription aux différents organismes sociaux et les diverses déclarations.

Dans le monde du conseil lié aux RH, le droit est le domaine auquel les entreprises font le plus appel quelle que soit leur taille. Ce conseil est fourni par des consultants, des avocats mais aussi par les syndicats professionnels qui fournissent un service adapté au secteur. Étant donné la complexification croissante des rapports de travail, la variété des situations d'entreprise mais aussi la judiciarisation des rapports sociaux, le droit du travail devient un monde d'expertise.

Focus 1.10

Le vade-mecum en droit

- Le contrat de travail, sa conclusion, ses principales modalités, sa fin
- Les rapports collectifs de travail, représentations, élections, principaux comités, conflits
- La documentation de base en matière de droit social : principaux recueils, sources de publication des nouveautés en matière réglementaire et jurisprudentielle
- La Sécurité sociale, les obligations de prévoyance, retraite, etc.
- Les principales déclarations et le calendrier des obligations légales en matière sociale
- Les prud'hommes

Sciences humaines

La GRH concerne les comportements des personnes. Il est difficile d'agir sur les comportements et de les influencer, mais cela reste le cœur de la GRH. Au sens étymologique du terme, le professionnel des RH devrait être un anthropologue (d'*anthropos*, homme) de façon à saisir la personne humaine dans son identité et ses interactions avec le monde extérieur.

La psychologie n'est pas la seule science humaine à fournir des clés de compréhension des comportements humains, comme les succès de librairie pourraient le laisser penser. La sociologie, l'ethnologie, l'anthropologie, la philosophie peuvent aussi être sollicitées par le professionnel des RH.

Le niveau de la personne

Gérer des personnes, c'est comprendre leurs aptitudes, motivations, personnalité, attitudes. C'est savoir définir, mesurer, développer une compétence qui est connaissance mais aussi savoir-faire et savoir-être. Le professionnel des RH ne peut être un psychologue érudit, mais il doit au moins disposer de la culture nécessaire pour savoir ce que cette science peut lui apporter. La psychologie est riche d'approches théoriques et de méthodes. Il n'est pas inutile de disposer du minimum de connaissances en psychologie différentielle pour comprendre les tests et leurs limites. On peut s'intéresser aux différentes mesures de l'intelligence pour se repérer dans les différentes aptitudes. On peut étendre sa connaissance des théories de la motivation pour voir que Maslow, dans son approche bien connue, n'épuise pas le sujet (voir chapitre 16, « Manager au quotidien et gérer des équipes »).

La question de la satisfaction a aussi beaucoup occupé les spécialistes de la GRH. Ils ont essayé de prouver le lien entre satisfaction au travail et performance, justifiant par là des actions sur les conditions de travail, le bien-être des salariés ou les services rendus aux employés. Quant aux théories de l'implication, elles cherchent à clarifier le lien entre la personne et sa situation de travail.

Aujourd'hui, l'intérêt pour la personne semble marqué par deux grandes questions. La première concerne la dimension émotionnelle des comportements. Un second courant concerne les pathologies, déviances, perversités diverses qui ne manquent pas d'apparaître dans la nature humaine. Les difficultés humaines dans le travail sont souvent explicitées en termes de « personnalités difficiles » ou de « caractériels » : une vaste littérature permet de caractériser des pathologies, de donner des conseils aux personnes (managers ou managés) pour les repérer et les « gérer ».

Enfin, il faut noter que la réflexion sur les aspects individuels de la GRH rejoint une tendance à aborder tous les problèmes de manière individuelle et personnalisée : on en voit la traduction dans le leadership, l'analyse des dysfonctionnements (absentéisme, RPS et turnover) [voir focus 1.11].

Focus 1.11

Les caractéristiques de la personne à prendre en compte dans la gestion des ressources humaines

Cette grille clarifie les caractéristiques personnelles et les organise pour un entretien individuel, par exemple. Elle permet aussi d'éviter de tomber dans le piège de ne considérer qu'un aspect de la personne pour décrire le tout.

- **Les aptitudes, qualifications, compétences.** Ce que la personne est capable de faire, les fameux savoirs, savoir-faire, savoir-être.
- **La personnalité.** Ce qui caractérise la personne et la distingue des autres dans sa manière de se comporter, de réagir aux événements, de résoudre les problèmes, d'aborder les situations.
- **Les représentations.** Les schémas de pensée développés dans les différents contextes sociaux dans lesquels la personne a évolué : parmi ces représentations on peut s'interroger sur ce que travailler signifie pour la personne.
- **Les stratégies.** Elles renvoient au projet, plus ou moins explicite, de la personne.

Le niveau de la relation interpersonnelle

Pour beaucoup de professionnels, la GRH c'est mener des entretiens pour le recrutement, la mobilité, l'évaluation des performances ou le conseil. Ces mêmes professionnels passent beaucoup de temps en face à face dans le secret de leur bureau pour traiter des problèmes.

La conduite d'un entretien s'apprend : les deux personnes ont leur vision, leurs objectifs et leurs réactions et, comme chacun l'a expérimenté, il ne se passe jamais dans un entretien ce que l'on a prévu.

Toutes les théories de la communication éclairent ce niveau de compréhension des comportements : on y retrouve les notions d'écoute, de repérage des styles de communication.

Le niveau du groupe

Les entreprises ont beaucoup développé l'apprentissage des phénomènes de groupe et de leur dynamique. Conduite de réunion et leadership sont des thèmes récurrents des formations au management. Les situations de groupe génèrent des comportements originaux et le groupe a été utilisé comme mode de management, dans les nombreuses situations d'équipes censées améliorer le fonctionnement des organisations. Créativité, résolution de problème, amélioration de la qualité ou management participatif sont autant de problématiques de management qui sont censées bénéficier de la dynamique des groupes.

Le leader est une bonne illustration d'un fonctionnement de groupe. Même si la notion recouvre de nombreuses significations différentes, on entend par leader celui que les autres suivent parce qu'ils ont intérêt à le faire (voir chapitre 16, « Manager au quotidien et gérer des équipes »). L'observation des groupes, dans le travail ou ailleurs, fait aussi apparaître le type du meneur. Le leader a donc bien été « produit » par le groupe.

Il est un autre personnage produit par le groupe que le management a moins mis en valeur : le bouc émissaire. Sans doute les ouvrages et théories populaires du management évitent-ils une figure emblématique, décalée par rapport aux visions hagiographiques du management. Le bouc émissaire, d'après René Girard[5], est une figure universellement présente dans les grands textes de l'humanité, qu'ils appartiennent à la tradition littéraire ou religieuse. Dans un état d'indifférenciation de la communauté, un responsable est trouvé parmi ceux qui présentent des signes victimaires. Une fois supprimé, le bouc émissaire permet au groupe de se reconstituer, mais aussi, une fois qu'il s'est rendu compte de son erreur, de se reconstruire en sacralisant la figure immolée. Les boucs émissaires sont nombreux dans l'entreprise comme dans toute société humaine.

Les grandes démarches d'évolution du management de ces dernières décennies, des cercles de qualité aux *team organizations*, parient toutes sur le groupe, son potentiel de développement de créativité, d'appropriation des décisions par les membres pour développer l'efficacité.

Le niveau intergroupe

Ce niveau permet d'envisager les situations où des groupes interagissent dans les organisations : projets, équipes, services, *task forces* , *business units*. Dans des organisations moins hiérarchiques où l'on a voulu développer et étendre au niveau organisationnel tous

5. Girard R., *Le Bouc émissaire*, Paris, Le Livre de Poche, 1986.

les avantages du fonctionnement en groupe apparaissent les problèmes d'interaction entre des groupes avec les conflits d'appartenance qui leur sont associés.

En effet, on a tous expérimenté la constitution d'une forte loyauté vis-à-vis des groupes auxquels on appartient. Celle-ci peut s'opposer à une loyauté vis-à-vis de l'organisation dans son ensemble. On le remarque dans les groupes de projet quand ils ont du mal à s'intégrer dans des objectifs plus globaux de l'entreprise ; au sein de *business units*, l'atteinte des objectifs de l'entité peut aussi dériver et se faire en concurrence coûteuse avec les autres *business units*.

Le niveau de l'organisation, de l'entreprise ou de l'institution

Ce dernier niveau de compréhension des comportements concerne l'organisation ou l'entreprise. On considère que cette entité existe et que, au-delà du niveau des personnes, il se produit des phénomènes éclairants sur les comportements humains.

En parlant de culture, on met en évidence que des références utilisées par la personne pour évoluer dans un contexte social sont partagées avec les autres membres du système. Comme il n'est rien de plus naturel que la culture, ces référentiels se forment à tous les niveaux de la société donc à celui de l'institution. Le professionnel des RH doit pouvoir détecter ces références, d'autant plus qu'elles influent sur la conception de la personne dans l'organisation.

Ce débat sur les caractéristiques de la culture, de l'organisation ou du système est intéressant en matière de GRH, car il permet de contrebalancer une approche trop individuelle de la performance par le biais des compétences ou des RPS par exemple. On sait que ce sont aussi les systèmes, les valeurs partagées, la capacité à travailler ensemble qui font la performance : le sport est là pour nous le rappeler régulièrement.

Résumé

Dans ce chapitre nous avons précisé l'écosystème des ressources humaines dans une institution. Il a été défini ce que gérer veut dire. La GRH est apparue comme une fonction de l'entreprise avec son histoire, ses profils, ses compétences requises. Le large champ des domaines utiles à sa maîtrise a été également souligné pour que la lecture de ce manuel soit une ouverture vers l'acquisition de plus de connaissances et non une fin.

Activités

Questions

1. Gérer, c'est analyser, décider, contrôler. Trouvez des domaines d'application de cette notion en dehors des domaines traditionnels des fonctions de l'entreprise.
2. La question de la dénomination de la fonction RH se pose régulièrement. Qu'évoquerait la notion de « direction des relations humaines » ?
3. Quel est l'enjeu des différentes dénominations de la fonction RH ?
4. Pourquoi est-il nécessaire d'avoir une connaissance élargie des sciences humaines pour être un bon professionnel RH ?

Étude de cas

La GRH et l'entreprise

Brandon vient de trouver un stage dans une petite entreprise industrielle de 275 personnes au cœur de ce Sud-Ouest qu'il apprécie tant. Sensibilisé à la question de la localisation des entreprises qui permettent à ces territoires de se développer, il cherche à se faire une idée de la situation, des enjeux et des opportunités de l'entreprise à travers sa situation sociale. Comme l'entreprise n'est pas obligée de réaliser un bilan social, il glane quelques informations éparses.

La fonction RH est occupée par une personne qui a fait toute sa carrière dans l'entreprise, dans différents emplois administratifs, avant de se consacrer entièrement à la fonction. Elle est épaulée par un assistant sur les questions de paie et d'administration. Le titulaire de la fonction va partir en retraite, suivi de peu par son assistant.

Effectif :

- atelier 1 : 72 ;
- atelier 2 : 64 ;
- atelier 3 : 94 ;
- personnel administratif et commercial : 45.

Répartition de l'effectif par classes d'âge :

	Total	Atelier 1	Atelier 2	Atelier 3	Comm. et adm.
20-30 ans	34	7	15	2	10
31-40 ans	80	15	16	34	15
41-50 ans	83	23	17	38	5
> 50 ans	78	27	16	20	15

Résultats d'absentéisme de courte durée :

	Total	Atelier 1	Atelier 2	Atelier 3	Comm. et adm.
2008	6 %	9 %	5 %	6 %	2,6 %
2009	3 %	4 %	3 %	2,5 %	2,45 %
2010	4 %	6 %	3 %	3,8 %	2,8 %
2011	6 %	9 %	4 %	7 %	2 %

Niveau de salaire 100 en 2008 :

	Total	Atelier 1	Atelier 2	Atelier 3	Comm. et adm.
2008	100	100	100	100	100
2009	101,36	102	100,3	102	100,5
2010	102,99	104	101	104	101,5
2011	106,15	107,1	104,3	107,3	104,5

La direction vous donne également le pourcentage d'entretiens annuels effectués et le pourcentage d'atteinte des objectifs :

	Total	Atelier 1	Atelier 2	Atelier 3	Comm. et adm.
Pourcentage d'entretiens annuels		57 %	78 %	52 %	82 %
Pourcentage d'atteinte des objectifs collectifs		82 %	98 %	84 %	100 %

Questions

1. Quels constats intéressants pouvez-vous effectuer à partir de ces données ?
2. De quelles informations aimeriez-vous disposer pour aller plus loin dans votre analyse ?
3. Dans quels domaines vous paraîtrait-il opportun d'agir ?
4. Quels sont les choix à faire par la direction de l'entreprise pour savoir comment s'organiser après le départ en retraite des deux personnes chargées de la fonction RH ?

Chapitre 2

GRH et performance

Maurice Thévenet

Ce chapitre aborde les questions suivantes :

- Quelle est la contribution de la GRH à quelques grandes fonctions de l'entreprise ?
- Quelle est la place de la GRH dans quelques grandes problématiques du management de l'entreprise ?
- Quelles sont les tendances actuelles de la question du travail, au cœur de la GRH ?
- Quels sont les modèles de pratiques de GRH ?

1. La GRH et les grandes fonctions de l'entreprise

L'utilité de la gestion du personnel peut être abordée en examinant ses connexions avec d'autres fonctions de l'entreprise, dont elle est censée être le soutien ou le partenaire.

Par souci de simplicité, nous examinerons les autres connexions à travers quatre fonctions.

1.1. Les ressources humaines et la production

Par production, nous entendons celle de biens ou de services. La partie manufacturière des emplois concerne aujourd'hui moins du quart des emplois. Dans le service, on produit en collaboration avec le client. Aujourd'hui, les centres d'appels, la construction de logiciels, de jeux vidéo ou le service à la personne sont des activités de production.

Le contexte de la fonction production

Quelques grandes évolutions concernent cette fonction, par exemple :

La technologie

Ses évolutions ont bousculé tous les secteurs de l'économie. Technologies de l'information, robots et automates en sont le signe le plus évident. Elles ne se traduisent pas seulement par le changement de mode opératoire pour les salariés, elles concernent aussi la manière de concevoir la production de manière répartie et intégrée dans l'espace dans le cadre de *supply chains* de plus en plus efficaces.

L'internationalisation de l'activité

Cela ne concerne pas que la globalisation des modes de production, mais aussi la rupture avec l'exigence de proximité entre opérateurs et clients. L'extension du commerce international, d'une part, et la délocalisation des activités de production et de service, d'autre part, en sont les signes.

L'exigence croissante des clients

De nouvelles attentes de la société

Les besoins de localisation, de sécurité pour l'environnement et ceux qui travaillent en sont les illustrations.

Des impératifs de production difficiles à concilier

Les trois contraintes de coût, de délai et de qualité sont difficiles à tenir ensemble. Elles s'insèrent dans un contexte d'exigence des consommateurs et de la société vis-à-vis tant des produits que des conditions de production.

Quelques conséquences pour la gestion des ressources humaines

Comme fonction support de la production, la fonction RH peut donc agir à différents niveaux :

- l'affectation des personnels, en compétences et en effectif, en fonction des exigences de qualité, de volume et de temporalité de la production ;
- la gestion des compétences pour adapter les personnels aux organisations : ces compétences concernent les savoir-faire ou les savoir-être quand le travail collectif, ou la production du service, exige des qualités relationnelles, une capacité d'écoute, une maîtrise des émotions (dans le contact avec les usagers ou les clients par exemple) ;
- l'évolution des organisations de travail ;
- l'attention aux questions d'ambiance et de climat dans les équipes de travail ;
- la gestion de la flexibilité ;
- les problèmes de rémunération posés quand une production peut être associée à la personne.

1.2. Les ressources humaines et la commercialisation

Depuis le consumérisme des années 1970-1980 jusqu'aux périodes de crise de la fin des années 2000 et début des années 2010, la préoccupation du client reste centrale. Elle a servi d'aiguillon aux démarches qualité ; elle s'est plus récemment nourrie de toutes les possibilités des « big data » ou du développement de centres de relation client de plus en plus sophistiqués.

La fonction commerciale demeure cependant diverse selon les secteurs et tailles d'entreprises. Ses emplois sont également très divers quant aux activités requises et aux compétences nécessaires (voir exemple 2.1).

Exemple 2.1

Quelques emplois de la fonction commerciale

- Le vendeur dans un magasin : en contact direct avec le client, il informe, conseille, procède à la vente.
- Le représentant itinérant : il démarche, gère les commandes.
- Le visiteur médical : il informe les médecins sur les produits et suggère la prescription.
- L'« administrateur » des ventes : il suit les dossiers de commandes et de clients, l'avancée des commandes et les règlements.

Exemple 2.1 (suite)

- Le commercial dans les produits de grande consommation : il traite avec la grande distribution. Il est vendeur mais surtout logisticien, *merchandiser* (conseil en organisation du lieu de vente), financier (notamment gestion du budget avec l'enseigne et des conditions financières).
- Le technico-commercial dans des secteurs fortement techniques : il vend, adapte techniquement la solution, met en œuvre.
- Le conseiller de CRM (*Customer Relationship Management*).
- Etc.

Au-delà de la négociation avec un prospect, commercialiser peut couvrir des tâches très différentes :

- informer ;
- organiser le lieu de vente ;
- assurer le marketing (participation à la conception du produit, à l'établissement de son prix, de sa distribution et de sa promotion) ;
- négocier les conditions financières.

Cela consiste également à :

- Travailler à une meilleure connaissance des clients existants et potentiels (leurs attentes et leurs besoins), par l'écoute et des moyens plus sophistiqués comme la segmentation, qui cherche à mettre en regard des besoins spécifiques par catégories de clientèle (comme le font les banques par exemple).
- Assurer une veille de son secteur : besoins, produits concurrents, changements sociétaux, etc.
- Coopérer de manière étroite avec les autres fonctions de l'entreprise. De plus en plus, les entreprises intègrent les problématiques commerciales le plus en amont possible dans la conception d'un produit.

En matière de RH se posent des problèmes de compétences. Elles sont relationnelles, organisationnelles, financières ou logistiques. Le problème de la motivation des commerciaux est également central ; c'est pour cette raison que de nombreux travaux traitent de leur mode de rémunération (voir chapitre 9, « Rémunérer le travail », et chapitre 16, « Manager au quotidien et gérer des équipes ») : quels sont les enjeux de la rémunération variable ? Quelle doit être sa part ? D'autres problèmes concernent la formation et la fidélisation.

1.3. Les ressources humaines et la recherche et développement

Soulignons cinq traits majeurs de cette fonction.

Importance stratégique

La fonction R/D revêt une grande importance dans de nombreux secteurs : pharmacie, automobile, informatique, agroalimentaire, services informatiques, etc. La recherche et le développement d'aujourd'hui sont l'innovation de demain et les profits d'après-demain.

Dans l'importance stratégique de l'innovation, il faut distinguer deux niveaux. Le premier est conjoncturel : les entreprises passent par des phases de croissance, d'investissement, de redressement de bilan, puis de nouveau d'investissement, dans l'innovation par exemple. Même si des entreprises ont des politiques, voire des cultures, de recherche et développement et investissent continûment, on remarque une évolution sinusoïdale quand les besoins de recherche se font cycliquement ressentir, du fait du vieillissement des gammes, de concurrences nouvelles et des disponibilités financières.

Le second niveau est plus structurel quand des secteurs d'activité requièrent plus d'innovation que d'autres.

Exemple 2.2

Nestlé

Créée dans les années 1860 à Vevey en Suisse par un pharmacien, Henri Nestlé, l'entreprise s'est toujours caractérisée par un fort investissement en recherche. L'importance symbolique attachée à la profession du fondateur en témoigne. Pharmacien, Henri Nestlé était, comme tous ses confrères de l'époque, un inventeur de produits. Il a inventé la farine lactée pour bébés afin de répondre aux besoins alimentaires de jeunes enfants.

D'ailleurs, si on reprend l'histoire de l'entreprise, des efforts importants ont toujours été menés pour l'innovation et la découverte de nouveaux modes d'alimentation plutôt que de produits alimentaires. Quand Nestlé reprend Maggi et ses Bouillon Kub®, ce n'est pas d'un produit alimentaire qu'il s'agit mais d'une façon d'améliorer les plats ordinaires avec un produit économique, léger et ne nécessitant pas de réfrigérateur. Quand l'entreprise lance le Nescafé en 1938, ce n'est pas de café qu'il s'agit mais d'une manière de prendre le café qui permet de pallier les difficultés pratiques de fonctionnement des vieilles cafetières. D'ailleurs, le principal concurrent de Nescafé sera la machine à café électrique parce qu'elle rend un service pratique. En voulant adapter le principe des nouilles frites asiatiques, Nestlé crée Bolino et c'est encore de la R/D sur le plan du marketing mais aussi des processus de fabrication qu'il faut assumer pour aller au bout de ces idées.

La recherche permanente de nouveaux modes d'alimentation visant à suivre ou à créer des besoins en matière d'alimentation exige donc, même dans ce secteur qui cherche à satisfaire les besoins « primaires » des personnes, une recherche et un développement permanents.

Importance financière

La recherche et le développement coûtent cher. Dans certaines entreprises (pharmacie, production de logiciels, exploration pétrolière), l'investissement en R/D atteint une part importante du chiffre d'affaires :

- Coûts humains importants : le personnel est qualifié et donc cher.
- Coûts en matériel.
- Coûts à supporter sur de longues périodes.
- Coûts « à risque » puisque l'on n'est jamais certain du retour sur investissement.
- Coûts (et gains) difficiles à mesurer. Des projets avortés permettent souvent d'en faire avancer d'autres.

Omniprésence de la R/D

La recherche et développement ne concerne pas seulement les scientifiques en blouse blanche manipulant des éprouvettes dans un laboratoire. Tous les domaines de l'entreprise peuvent être concernés, l'innovation de nouveaux produits ne représentant que la partie émergée de l'iceberg.

Donnons quelques exemples d'autres domaines :

- **Le marketing.** L'innovation peut concerner la recherche de concepts de produits. Les recherches sur les consommateurs deviennent de plus en plus sophistiquées avec l'utilisation du CRM qui traque les comportements, segmente les clientèles, anticipe des besoins, fidélise des consommateurs.
- **Les *process*.** Un bon produit doit pouvoir être fabriqué à un coût convenable. Il s'agit d'imaginer des *process* de fabrication permettant de satisfaire aux exigences de qualité, de sécurité et de coût.
- **La circulation des flux.** La rapidité, la fiabilité et la réduction des coûts exigent une maîtrise des flux de façon que chacun dispose en temps voulu des ressources nécessaires à son activité sans perte de temps (et donc d'argent) et sans immobilisation inutile de ressources.

Questions de sous-traitance

La recherche et développement pose également des questions de sous-traitance. L'entreprise a besoin de R/D, mais doit-elle la faire elle-même ? Le principe de collaboration en la matière existe depuis longtemps. Par exemple, on note dans certains pays une forte collaboration entre l'entreprise et l'université.

Aujourd'hui, la question de la R/D se pose différemment. Faut-il investir dans ce domaine avec des risques évidents de retour sur investissement ou faut-il développer l'activité de veille et des relations privilégiées avec des laboratoires, universités ou autres entités, de façon à « saisir » au bon moment les innovations pertinentes, quitte à les payer très cher ?

Questions d'organisation

Enfin, la R/D pose de vraies questions d'organisation. L'organisation du travail de la connaissance a des effets sur son efficacité. Mais quelle organisation optimale mettre en place ? On sait que des équipes doivent être régulièrement renouvelées, mais avec quelle fréquence et selon quelles modalités ? Quelle est la taille optimale des entités de recherche ? Une grande taille permet de rassembler de nombreuses et diverses compétences, mais elle peut aussi rendre la communication difficile. La R/D ne doit pas être trop éloignée des opérations, mais on a aussi besoin de rassembler les chercheurs pour créer des synergies.

On note aujourd'hui dans les grandes entreprises internationales différents mouvements dans ce domaine. Certaines concentrent leur recherche dans un endroit central et protégé : cela semble être aujourd'hui la stratégie des entreprises japonaises qui rapatrient sur l'archipel toutes leurs activités stratégiques de recherche. D'autres essaient de rapprocher la R/D de leurs grands centres de production. C'est le cas de l'automobile et des équipementiers (pour poursuivre l'exemple de Renault, c'est ce que précise Carlos Ghosn sur l'évolution de l'entreprise qui créera des centres de développement dans plusieurs régions du monde).

Conséquences en matière de GRH

Plusieurs problématiques de gestion des ressources humaines sont à considérer.

Premièrement, il faut attirer et fidéliser ces personnels aux compétences souvent spécifiques et peu interchangeables. Ce secteur est donc spécialement concerné par toutes les questions de gestion des talents.

Deuxièmement, il se pose des problèmes de gestion des carrières de professionnels souvent très spécialisés, dont le temps de la créativité et de la production n'est pas forcément synchrone avec celui d'une carrière administrative. Par exemple se pose dans ce secteur le problème de la gestion des experts : comment faire évoluer leurs postes, leur statut hiérarchique, leur rémunération, leur zone de responsabilité ?

Troisièmement, il se pose des problèmes de conditions de travail : les activités de recherche et développement ne sont pas soumises aux mêmes contraintes de cadences et de temps que les activités opérationnelles de fabrication. On peut alors s'interroger sur les conditions de travail et d'environnement qui s'adaptent à ce genre d'emplois, voire suscitent ou favorisent de la performance.

Quatrièmement, il se pose des problèmes de constitution et de gestion d'équipes : l'activité de recherche et développement n'est pas isolée, elle doit au contraire s'exercer en étroite collaboration avec les autres fonctions de l'entreprise.

1.4. Les ressources humaines et la finance

La finance est centrale puisque l'entreprise est un agent économique dont l'activité s'exprime en termes financiers, avec l'unité monétaire. Le rôle de la fonction financière est d'assurer à l'entreprise les moyens financiers de son activité : lui permettre de disposer des matériels, matières, ressources nécessaires. La fonction valorise l'activité : elle la traduit en unités monétaires. Un dernier aspect doit être noté : les finances commandent le démarrage et la fin de l'entreprise : une société n'est constituée qu'avec un capital, et c'est l'incapacité de l'entreprise à honorer ses dettes qui scelle sa fin.

Les liens entre les finances et la GRH sont importants et plus subtils qu'il n'y paraît. Depuis des décennies, on essaie de valoriser l'humain en termes financiers pour traduire le plus fidèlement possible ce que coûtent et rapportent les ressources humaines, afin qu'elles n'apparaissent pas seulement comme des charges mais aussi des produits potentiels. Créer cette comptabilité sociale n'est pas chose aisée du fait des problèmes de valorisation. L'effort de valorisation a la vertu de s'interroger en termes de coûts et bénéfices sur les aspects humains. On n'imagine pas y parvenir totalement, mais ainsi on n'écarte pas non plus cette référence fondamentale pour un agent économique, pour lequel l'euro investi quelque part n'est pas investi ailleurs…

La valorisation du social se fait par l'évaluation des coûts liés au personnel. Salaires et charges sociales constituent dans certains secteurs une part importante de l'ensemble des charges. Il existe aussi des coûts moins visibles liés au personnel. C'est la notion de coût caché. Par exemple, de mauvaises conditions de travail peuvent entraîner de l'absentéisme et du turnover, qui ont un coût (direct et indirect). Les politiques ou l'absence de politiques de personnel peuvent avoir un ensemble de coûts cachés, invisibles dans un compte de résultat.

La troisième question sur les rapports entre finances et ressources humaines a trait à la manière de considérer les RH. Dans les comptes, les frais de personnel sont des charges, c'est-à-dire des consommations propres à une annuité comptable. Le système a l'avantage de la facilité, de la clarté et de la simplicité. Mais les coûts de personnel représentent aussi un investissement, et les compétences, des ressources disponibles pour l'avenir. C'est le raisonnement des *capital-riskers* qui évaluent un projet pour lui apporter un éventuel financement : les financiers sont alors de véritables responsables de ressources humaines, ils évaluent les compétences des porteurs du projet, la qualité et la solidité des équipes. Au-delà de l'idée et du *business plan*, c'est la qualité des hommes qui fait souvent la différence pour investir ou non.

Les RH pourraient aussi se situer au passif, comme un potentiel de dettes de l'entreprise vis-à-vis de ces personnes.

2. La GRH et les grandes problématiques de la gestion

Une autre manière de décrire le champ et la portée de la gestion des ressources humaines consiste à observer son rôle et son importance dans quelques grandes problématiques de management. Nous verrons la problématique de l'internationalisation dans un chapitre ultérieur et nous nous concentrerons sur les fusions, acquisitions ou restructurations qui sont parmi les événements d'entreprise qui font la une de l'actualité (voir focus 2.1). On en parle quand elles menacent les emplois. Mais elles permettent aussi aux entreprises de se développer et de gagner de nouvelles activités et possibilités de profits et rentrées fiscales.

Focus 2.1

Différents cas de « mouvements »

- **Fusion.** Deux entreprises décident de n'en faire qu'une (exemple : Total avec Fina puis Total-Fina avec Elf, en France).
- **Alliance.** Deux entreprises mettent en commun une stratégie, créent éventuellement une structure nouvelle qui les chapeaute, échangent des actions mais conservent une certaine autonomie (exemple : Renault avec Nissan).
- **Absorption, rachat.** Une entreprise décide d'en absorber une autre par rachat de ses actions ou une opération financière plus compliquée. Au final, il ne reste qu'une entreprise, dans laquelle le pouvoir est détenu par l'absorbeur (projet Mittal-Arcelor).
- **Restructurations.** Ce sont des transformations profondes des structures de l'entreprise, soit par changement de statut, soit par réorganisation ou abandon d'activités, soit par substitution d'activités (on peut prendre pour ces dernières années les exemples de France Telecom en France ou d'IBM aux États-Unis).

2.1. Les caractéristiques de ces mouvements

Ces mouvements ont trois caractéristiques importantes : ils sont normaux, nécessaires et traumatisants.

Mouvements normaux

Ils font partie de la vie normale de tout organisme vivant. Les grandes entreprises, qui paraissent si banales dans le paysage, sont le résultat de telles transformations. Beaucoup des fleurons actuels du Dow Jones n'existaient pas il y a peu. Que dire de Google, Facebook ou Cisco dont l'existence est finalement assez récente et qui sont devenues des marques universellement connues ?

Plus encore, l'évolution des marchés, des technologies ou des besoins conduit à l'émergence et à la disparition d'empires industriels, dont les soubresauts sont toujours douloureux quand ils disparaissent, toujours heureux quand ils se traduisent par d'importantes créations d'emplois. En France, par exemple, la libéralisation de l'activité téléphonique s'est traduite par le développement d'entreprises comme Bouygues Telecom, SFR ou Free qui emploient des milliers de personnes.

Mouvements nécessaires

Ces mouvements correspondent à des choix stratégiques, voire à des nécessités :

- faire croître l'activité de façon à diminuer les coûts ;
- faire disparaître un concurrent ;
- acquérir de la masse critique pour amortir les investissements par exemple ;
- acquérir des compétences dont on ne dispose pas ;
- adapter les structures à une plus grande taille ou à des conditions de marché différentes ;
- pénétrer des marchés ou des zones géographiques sur lesquels on n'est pas implanté.

Mouvements traumatisants

Ces mouvements sont toujours traumatisants. Ils provoquent de l'incertitude, donc de la crainte. Dans ces situations, l'information n'est jamais parfaite et ne peut pas l'être. Ce sont souvent des moments propices aux procès d'intention, aux doutes, à la méfiance. Les besoins de base de sécurité ne sont plus satisfaits, la tension est souvent forte. Certes, les acteurs de ces changements sont sous la pression de l'urgence et des résultats, mais les autres subissent aussi la pression du changement tout en devant honorer leur rôle et leur fonction (voir focus 2.2). En effet, il faut continuer de servir les clients et demeurer attentif à la qualité du travail accompli.

Focus 2.2

Fusions et émotions

En cas de fusion, l'incertitude est aggravée pas trois formes de pression.

La pression de l'extérieur

L'entreprise a des « parties prenantes ». Les plus traditionnelles sont les salariés, les actionnaires et les clients, mais on peut y ajouter les fournisseurs, les collectivités territoriales ou l'État. Ces parties prenantes sont concernées par la fusion et attendent de la clarté et de premiers résultats rapidement. Les analystes financiers veulent fournir aux actionnaires et investisseurs une information utile : ils voudront savoir le plus tôt possible si le choix effectué est pertinent et si les résultats suivent. On sait que la fusion prend du temps, que les équipes, les organisations et les *process* mettent du temps à s'harmoniser, mais ce n'est pas le temps des marchés, qui réclament

Focus 2.2 (suite)

très tôt des signes de réussite tangibles. Les opérationnels sont donc sous pression pour faire apparaître ces signes avant-coureurs.

La pression des dirigeants

Une décision de fusion est importante pour l'avenir de l'entreprise et de ceux qui l'engagent dans une voie dont ils ne peuvent être certains des effets. La confidentialité oblige les dirigeants à avancer dans l'analyse de la situation dans le secret des discussions avec les conseils, les banquiers et quelques administrateurs. On peut imaginer le poids de la décision qui pèse sur les épaules des dirigeants, la situation de forte émotion qui est la leur à un moment important pour l'entreprise et pour leur carrière personnelle. Il n'est pour s'en convaincre que de se souvenir des échanges par médias interposés entre MM. Pébereau et Bouton (présidents de la BNP et de la Société générale) en 1999 au moment des tentatives de rapprochement impliquant la BNP, la Société générale et Paribas : ils exprimaient certes la confrontation de projets économiques rationnels mais aussi de fortes émotions personnelles.

Une fois l'opération décidée et étant donné l'engagement et le risque personnels pris par les dirigeants, ceux-ci mettent la pression sur l'ensemble de l'entreprise pour qu'elle se mette rapidement en ordre de bataille et les conforte dans la pertinence de leur décision. Là encore, le temps de la fusion n'est pas synchrone avec leurs attentes personnelles compréhensibles.

La pression « d'en bas »

Ce troisième niveau de pression s'ajoute, pour tout responsable, à son sentiment d'insécurité personnelle. Tout responsable est sollicité par ceux qui veulent légitimement savoir ce qui va leur arriver. Parfois, le responsable le sait mais ne peut le dire : c'est une première source de tension. Souvent il ne le sait pas, le dit, mais n'est pas cru.

2.2. Les problèmes de gestion des ressources humaines posés par les fusions

Fusionner ou restructurer n'est pas qu'une opération juridique ou organisationnelle. C'est un changement important dans les manières de travailler. La GRH est forcément concernée par de telles actions.

Définir une nouvelle politique de ressources humaines : le minimum

Dans un périmètre modifié, la GRH doit s'adapter et se redéfinir. Plus l'entreprise est grande, plus il faut coordonner, définir des structures pour animer l'ensemble. Il en va de même au niveau de la GRH. Lorsqu'elle grandit, l'entreprise revoit ses systèmes d'information pour faire face aux obligations d'information légale sur le nouvel effectif.

On peut également imaginer que le nouvel ensemble nécessite de nouvelles politiques de recrutement, de gestion des carrières ou des hauts potentiels. Quelques principes peuvent être imaginés pour garantir un minimum d'équité dans les politiques menées.

Dans une position plus maximaliste, on peut définir de nouvelles politiques, harmoniser les politiques de rémunération, de formation ou de conditions de travail. L'élaboration des organigrammes est une mission difficile puisqu'il ne s'y joue pas seulement la définition des fonctions et le positionnement des fonctions ; dans une situation de changement, la nouvelle structure est le signe tangible des nouveaux équilibres de pouvoir qui font écho à toutes les craintes et incertitudes générées par la restructuration.

Recherche de productivité

Une restructuration concerne également les fonctions « supports » au service du business. Généralement, la taille de ces fonctions ne croît pas linéairement avec l'effectif ou la taille de l'entreprise. La fonction RH elle-même est remise en cause dans son dimensionnement.

Le processus de changement

Les RH sont concernées par la gestion du processus de changement lui-même. Toute restructuration s'accompagne de formation, de communication, d'actions permettant de faire l'apprentissage de la nouvelle structure.

Par exemple, on souligne souvent, lors d'une fusion, la nécessité de développer des groupes de travail mixtes. Cette démarche permet de prendre en compte la culture et les références de travail des autres, de construire de nouvelles modalités de fonctionnement et de développer ainsi de la confiance. Ces processus trop brièvement décrits requièrent beaucoup de rigueur, de persévérance et de cohérence, et c'est une mission de la GRH de piloter le processus.

3. Les trois modèles de GRH

Lawler *et al.*[1] proposent, au milieu des années 2000, un vaste panorama de la manière dont les entreprises et les institutions gèrent les ressources humaines et le travail pour plus de performance. Nous retrouvons au fil de leur ouvrage de nombreux phénomènes bien connus comme la diversification croissante de la force de travail, la multiplication des liens juridiques entre employeur et employé, la nécessité d'un apprentissage tout au long de la vie, la complexification croissante des formes organisationnelles ou encore la tendance à un fonctionnement en équipe. De manière plus intéressante, les auteurs avaient fait la même étude 30 ans auparavant ; ils nous permettent donc de mesurer le chemin parcouru entre les années 1970 et les années 2000. Pour eux, rien n'a changé en 30 ans, tout a éclaté en des modèles de gestion des ressources humaines très différents qui procèdent d'une conception de l'entreprise, de la personne et du travail collectif radicalement différentes. Alors que sociologues, journalistes et politiciens s'évertuent à parler du salarié, de l'entreprise et du travail au singulier, ils nous décrivent plutôt une réalité plurielle représentée en trois modèles principaux de pratiques RH.

3.1. Le modèle *low-cost*

Nous n'entendons pas les entreprises aux produits ou services *low-cost*, mais plutôt l'ensemble des pratiques qui procède d'une minimisation du coût lié au travail et aux ressources humaines. Nous pouvons en dégager trois principales facettes.

1. Lawler E.E. III et O'Toole J., *The New American Workplace*, New York, Palgrave Macmillan, 2006.

Le coût direct

Cela concerne évidemment les rémunérations et charges afférentes. Dans une économie qui ne fonctionne pas bien, il est assez aisé de maintenir des politiques de rémunérations faibles : il y a effectivement une corrélation entre une forte croissance économique et une augmentation des rémunérations. Au plan microéconomique, les politiques de délocalisation (à l'international ou parfois au sein même du territoire national) ou d'externalisation permettent de réduire le coût du travail de l'entreprise. L'actualité économique fournit de nombreux exemples de ces mouvements. Au plan individuel, il n'est pas rare, quand le marché du travail n'est pas favorable aux salariés, d'observer des professionnels qui retrouvent un emploi à des conditions de rémunération inférieures à celles de leur précédent emploi.

Le coût du risque

C'est un autre aspect du coût du travail. Pourquoi le travail intérimaire est-il si important, pourquoi constitue-t-il le signe avant-coureur d'une amélioration de l'économie alors que son coût horaire est bien supérieur à celui que supporterait l'entreprise en employant directement une personne ? Évidemment, l'employeur considère le risque, et le travail intérimaire lui permet d'employer quelqu'un juste pour la tâche qui est à effectuer. Le coût en est élevé mais le gestionnaire maîtrise exactement ce qu'il sera.

Il y a quelques décennies, seuls les assureurs parlaient de risque alors que cette notion a envahi tous les domaines du management et donc, légitimement, celui des RH. On peut se demander quel est le risque associé à la formation. Il est évident qu'il faut former les collaborateurs mais il existe un risque associé à ce coût : le salarié pourra-t-il utiliser les compétences acquises, risque-t-il de faire bénéficier un concurrent de l'investissement formation ?

Quel est le risque d'employer quelqu'un ? On se demande alors ce qui se passe quand il n'y a plus assez d'activité : les conditions conventionnelles de la rupture de contrat, le risque de contentieux, la tendance des tribunaux à statuer en faveur de l'employeur ou du salarié.

Quel est le risque d'avoir des travaux pénibles étant donné les nouvelles mesures issues de la loi sur les retraites de 2013 qui créent un compte pénibilité pour le salarié, vraisemblablement payé par les entreprises ? Faut-il maintenir ces emplois, les transformer, sous-traiter les activités pénibles ?

Quel est le risque de maintenir des activités dans des pays où les salaires augmentent fortement d'année en année sans réel contrôle de la part de l'entreprise ? Une entreprise industrielle installée en Chine a ainsi décidé de relocaliser son activité parce que les dernières demandes d'augmentation atteignaient 30 % et que la situation – même à taux horaire encore bas – devenait trop incertaine.

La prise en compte du risque conduit ainsi à développer des politiques RH à court plutôt qu'à moyen et à long terme.

Des organisations du travail peu dépendantes des personnes

Ressortissent également à ce modèle *low-cost* toutes les organisations du travail qui sont peu dépendantes de l'engagement des personnes et, en définitive, de l'originalité de ces dernières. C'est, finalement, affirmer sous d'autres mots des principes tayloriens selon lesquels la source de la performance réside dans les systèmes et les *process* plutôt que dans l'originalité et l'engagement personnel.

De telles formes d'organisation se justifient par souci de coût, par nécessité de pouvoir ajuster la taille du dispositif productif (dans le domaine de l'industrie ou du service) à un flux de travail parfois très fluctuant (dans les restaurants ou les centres d'appels par exemple).

Ce modèle *low-cost* fonctionne dans de nombreux secteurs, il correspond plus à un ensemble de pratiques de GRH plutôt qu'à des entreprises dans leur ensemble. Il s'ajuste également à une situation de la société. Dans la plupart des pays, il existe des personnes percevant des salaires extrêmement bas : c'est le phénomène des travailleurs pauvres dans les pays développés. Évidemment ils préféreraient de meilleures conditions, mais ils n'ont d'autre choix que d'occuper ces emplois. De nombreux salariés, parmi les plus jeunes, ne sont pas forcément concernés par des politiques de moyen ou long terme. Quant à l'implication, elle ne constitue pas un besoin, surtout quand on a développé du travail une vision uniquement négative.

3.2. Le modèle de l'individualisation

Il correspond au développement progressif mais constant de pratiques de GRH de plus en plus individualisées. Évidemment ce mouvement est en phase avec cette évolution de la société conduisant à toujours plus de reconnaissance des identités et spécificités individuelles. Les historiens parleront d'un mouvement de fonds vers toujours plus d'individualisme ou de singularisme[2]. Au-delà de ces vagues considérations sociologiques, le modèle de l'individualisation rompt progressivement avec l'hypothèse implicite sur laquelle s'est construite la gestion des ressources humaines. Implicitement, le travail dans une institution (entreprise, administration ou association) suppose un contrat tacite entre l'institution et la personne : du seul fait de son appartenance et sans considération personnelle, le salarié bénéficie de droits dans l'institution qui ne sont pas liés à sa personne, mais seulement à cette appartenance. En contrepartie il doit une certaine loyauté, traditionnellement assez peu formellement définie. Aujourd'hui, on voit se multiplier les formes de lien juridique entre l'institution et la personne ; des personnes collaborent (travaillent ensemble) à une activité sans avoir le même employeur ou les mêmes modalités contractuelles.

Ce mouvement n'est pas radical mais progressif. Alors que l'institution traditionnelle était un continent, elle devient un continent plus petit mais avec un archipel de liens et modalités individualisées de gestion autour.

Une première illustration nous est donnée par le succès récent aux États-Unis, auprès des spécialistes de GRH[3], d'un ouvrage qui propose aux gestionnaires des ressources humaines d'exercer leur fonction comme les spécialistes du marketing. Ceux-ci segmentent leur marché pour ajuster leur offre de produits ou services. Il devrait ainsi en aller de même pour les professionnels des RH qui découperaient leur effectif en catégories afin d'ajuster des politiques de RH à leurs caractéristiques distinctives. Nous connaissons déjà des pratiques de gestion des hauts potentiels, des jeunes, des

2. Martuccelli D., *La Société singulariste*, Armand Colin, 2010.
3. Cantrell S. et Smith D., *Workforce of One: Revolutionizing Talent Management through Customization*, Harvard Business Review Press, 2010.

femmes, des ingénieurs, des handicapés : l'idée n'est donc pas nouvelle. L'originalité se situe ailleurs. Les auteurs ne proposent pas moins de 18 critères de segmentation. Cela revient, avec les combinaisons possibles, à gérer chaque personne spécifiquement… On comprend que cela puisse répondre à une demande sociale forte de reconnaissance des identités, mais comment est-il alors possible de maintenir le principe d'équité exigé pour le fonctionnement de toute société humaine ? Le second point à noter est le succès rencontré par l'ouvrage : cette approche correspond donc bien à la manière actuelle d'aborder les questions sociales dans les institutions.

Focus 2.3

Les critères de segmentation selon Cantrell

- Critères démographiques : âge, stade de vie, sexe, origine ethnique, type de formation
- Relation avec l'entreprise : ancienneté, catégorie professionnelle, niveau
- Résidence géographique
- Rôles de travail : nature du travail (connaissance), profession
- Valeur pour l'entreprise : potentiel, résultat, critique pour le succès de l'entreprise, niveau de rareté sur le marché du travail
- Personnalité : types de MBTI, *Myers Briggs Type Indicator* (ou d'une autre grille), forces, style relationnel
- Santé : mentale, physique
- Valeurs et comportement : implication, valeur du travail, risque de départ, mobilité

Une seconde illustration de ce mouvement d'individualisation se retrouve dans l'importance prise par la gestion des talents depuis une quinzaine d'années. Même si tous les utilisateurs de la notion ne mettent pas le même sens derrière le mot, la notion, culturellement et historiquement, évoque l'originalité de la personne. Dans le cadre de la gestion des compétences, on a développé des référentiels qui permettent de positionner les personnes sur le même référentiel ; c'est donc un outil de comparaison. En matière de talent, il n'en va pas de même. On peut préférer un artiste talentueux à un autre, mais il n'est pas possible de les comparer. Si le talent était définissable par une compétence, celle-ci serait inopérante pour une autre personne.

Ces pratiques d'individualisation ne sont pas nouvelles : l'évaluation des performances, la rémunération, la formation ou la gestion de carrière sont individualisées pour de nombreuses populations depuis longtemps. Les auteurs notent que le mouvement s'amplifie du fait de trois facteurs principaux. Le premier concerne la capacité des systèmes d'informations à nourrir des bases de données individuelles faciles d'accès ; le deuxième facteur correspond à la demande sociale de singularisme ; le troisième facteur a trait aussi à une approche de la performance où l'originalité de la compétence et des caractéristiques personnelles semble plus importante que la durée et le collectif.

3.3. Le modèle à forte implication

Deux caractéristiques principales relèvent de ce troisième modèle.

La première concerne l'importance accordée au vécu des personnes au travail. Dans les années 1970-1980, on parlait de conditions de travail, un domaine qui s'est progressivement élargi des caractéristiques particulières du poste, pour englober progressivement son environnement. Dans les années 1990 apparaît la qualité de la vie au travail qui intègre encore plus largement les horaires et la manière de vivre. Les années 2000 ont été celles de l'équilibre ou de l'harmonie entre vie personnelle et vie professionnelle. Nous en arrivons maintenant au bien-être, qui intègre dans l'approche du travail ce qui est lié à la santé.

Cette caractéristique ne peut être dissociée d'une seconde tenant à l'engagement dans le travail. Dans ce troisième modèle, l'engagement est une composante essentielle puisqu'il est nécessaire pour le succès de l'entreprise, ou simplement pour que celle-ci puisse honorer sa raison d'être.

En effet, l'engagement dans le travail peut être abordé de différentes manières. Premièrement, on peut légitimement considérer qu'il relève d'une certaine idéologie du travail : ce que celui-ci devrait être. Dans cet ordre de pensée, les personnes « devraient » pourvoir de l'intérêt, du plaisir dans leur travail ; celui-ci serait un lieu d'identification normal et les RH auraient comme mission de lever les obstacles pour que ce besoin latent puisse s'épanouir. Cette éthique du travail est finalement assez largement partagée, du moins dans les discours. Dans ce modèle, l'approche de l'engagement est différente sans être incompatible avec la précédente. Ici, il apparaît comme une condition nécessaire de l'efficacité, comme une composante du *business model* : dans certaines activités, à certains moments de la vie de l'organisation et dans des situations critiques, les institutions doivent disposer de l'engagement de leurs membres.

3.4. Conclusion sur les trois modèles

Ce sont des modèles de pratiques RH et pas des modèles d'entreprise. Au sein d'une même entreprise peuvent cohabiter plusieurs types de pratiques ; l'enjeu devient alors de les maintenir en tension alors qu'elles relèvent d'approches différentes. En effet, la conception de la personne, de l'institution, du travail, du lien entre employeur et employé sont radicalement différentes d'un modèle à l'autre.

Ces modèles ont un lien fort avec le secteur et la stratégie de l'entreprise. Ils relèvent à la fois d'un impératif du business (comme dans le modèle du fort engagement), de décisions managériales et, dans la réalité, d'un subtil dosage entre les deux. Ils ont donc l'intérêt d'illustrer la nécessité de ne plus pouvoir considérer les ressources humaines en dehors de considérations stratégiques de l'entreprise. Après la nécessité de voir les RH comme une fonction stratégique, l'injonction d'en faire un *business partner*, cette approche conduit à une vision plus concrète et réaliste de la contribution des RH au fonctionnement des institutions.

Ces modèles peuvent correspondre à des systèmes de valeurs différents. Chacun peut se trouver idéologiquement plus proche de l'un ou de l'autre. Ils ont donc le mérite d'enseigner les différences possibles d'approches, sans les caricaturer, en ayant l'intelligence de comprendre leur cohérence interne.

4. Perspectives

Tous ces aspects généraux permettent d'ouvrir quelques perspectives. La première concerne l'existence même de la fonction. Dans son édition du 19 avril 2006, le *Financial Times* évoquait le pourcentage important de dirigeants d'entreprises britanniques qui ne trouvaient pas vraiment indispensable la fonction RH. Si tant est qu'il faille de la GRH, plusieurs perspectives s'ouvrent quant à son périmètre et aux compétences nécessaires.

4.1. A-t-on besoin d'un DRH ?

Externalisation

Le mouvement d'externalisation touche aussi la fonction RH. Il existe des fonctions traditionnellement externalisées auprès :

- des juristes ;
- des spécialistes de l'administration de la paie ;
- des formateurs ;
- des agences de recrutement ;
- des agences de travail temporaire devenues de véritables prestataires en gestion de l'emploi ;
- des conseils spécialisés pour les rémunérations (études de rémunération, aide à la gestion des expatriés), le management, la gestion des carrières, les systèmes d'informations, etc. ;
- des coachs.

L'innovation la plus importante est sans doute aujourd'hui celle de l'administration même de la gestion du personnel auprès de prestataires chargés de la gestion des dossiers individuels (les temps de travail, les congés, les maladies). Certaines entreprises utilisent des centres d'appels extérieurs que les salariés consultent à propos de leur situation.

On commence à voir la sous-traitance de la gestion de leurs entretiens annuels, voire même de la confection de cahiers des charges pour d'autres prestations…

La question de l'externalisation est toujours de définir ses limites. En externalisant trop, l'entreprise peut perdre son cœur de métier et devenir dépendante de ses prestataires. De même, on peut se demander à partir de quand la fonction personnel ne joue plus son rôle de lien social en étant le relais entre salarié et entreprise.

Internet

Internet modifie le rapport entre le salarié et la fonction RH. Comme le client qui fait lui-même ses opérations de réservation d'avion ou de virement bancaire – diminuant d'autant les tâches administratives de son prestataire –, le salarié gère lui-même administrativement sa situation. Depuis longtemps, il le fait avec le temps de travail en « badgeant ». Maintenant, il gère ses congés à partir de son ordinateur.

Dans ces situations, l'intervention d'un professionnel des RH de l'entreprise n'est nécessaire qu'en cas de difficulté. Avant la généralisation de l'externalisation de la paie et des tâches administratives, on évaluait à 80 % le personnel de la fonction consacré aux tâches administratives. Si celles-ci disparaissent en partie, on peut se demander si une fonction RH est nécessaire ou s'il ne suffirait pas de quelques professionnels traitant l'exception.

Management de proximité

Un autre discours affirme que le « véritable » gestionnaire de personnel est le manager de proximité (voir chapitre 16, « Manager au quotidien et gérer des équipes »). Le destin des RH serait de disparaître au profit du manager, plus proche des personnes pour s'en occuper convenablement. On imaginerait ainsi une entreprise où le manager est responsable de l'atteinte de ses objectifs et des moyens pour y parvenir. Il le ferait évidemment dans le cadre de *process* définis et avec l'aide de professionnels sur les aspects les plus techniques de l'opération. Cette aide apportée par un service extérieur à l'entreprise ne ferait pas de différence.

Les DRH croient peu à cette perspective. Ils considèrent qu'il ne suffit pas de demander aux responsables opérationnels de s'occuper des questions de personnel pour qu'ils le fassent. L'idée du partage de la fonction est fondée sur l'hypothèse que les partageurs font une faveur. Les managers ne l'entendent pas ainsi, car ils rencontrent de la difficulté et des risques dans l'exercice de cette mission de GRH. Selon les DRH, il est toujours nécessaire d'avoir quelqu'un qui s'occupe de la cohérence de ce qui est fait par les managers et s'assure que les tâches sont bien réalisées.

Il y aurait donc quatre arguments majeurs pour contester le risque de la disparition de la fonction.

Premièrement, les managers ne veulent pas/ne savent pas forcément faire le travail de GRH. Il y a donc un risque d'incohérence à long terme. En effet, comment s'assurer que les règles de rémunération sont appliquées avec équité pour tous ? Comment s'assurer que l'on va gérer des carrières au bénéfice de l'ensemble de l'entreprise et pas seulement de l'entité où se trouvent la personne et son manager ?

Deuxièmement, à trop externaliser on perd la maîtrise des choses. On doit s'interroger sur le cœur de métier, les compétences distinctives à conserver absolument dans l'entreprise en matière de personnel. En fait partie le lien quotidien entre une personne et son entreprise à travers les opérations banales de sa situation de travail où se tisse le lien social, plus étroitement que dans un *assessment center.*

Troisièmement, des fonctions nouvelles échoient aux DRH. On note le retour des questions d'organisation, longtemps accaparées par l'informatique, mais aussi les questions du développement durable ou de la diversité.

Quatrièmement, ces velléités de disparition apparaissent quand tout va bien, mais le besoin d'un DRH se fait sentir quand les conjonctures sont moins favorables.

4.2. Des évolutions de contenu

Évolution du périmètre

Pourquoi les DRH ne s'occuperaient-elles pas de l'organisation puisque ce ne sont là que des questions de personnes ? Comment expliquer qu'elles ne s'occupent pas de communication interne ?

Ce périmètre peut aussi évoluer en fonction d'exigences nouvelles. Les problèmes d'égalité professionnelle, de diversité, de développement durable concernent les RH au premier chef. La question de l'équilibre entre vie professionnelle et vie privée devient de plus en plus importante. À partir du moment où cette perception d'équilibre est corrélée avec l'implication dans l'entreprise ou l'engagement dans le travail, cela devient un problème de GRH à aborder.

La gestion des personnes

Le second aspect concerne la gestion des personnes. Dans la traduction de ce que les Anglo-Saxons appellent *people management*, cette dénomination pourrait convenir à la GRH. La gestion des personnes met l'accent sur la nécessité de prendre en compte les situations individuelles, d'adapter des modes de gestion, de répondre aux caractéristiques individuelles qui requièrent un traitement particulier.

4.3. De nouvelles compétences ?

Sans doute cela demande-t-il des savoir-faire nouveaux ou complémentaires à ceux que nous avons évoqués dans le chapitre précédent.

Savoir évaluer son action

Des travaux comme ceux de J. Pfeffer[4], aux États-Unis, montrent que le facteur humain est crucial pour le succès des entreprises. On peut donc légitimement investir dans les RH parce que cela renforce plutôt que ne diminue les chances de succès globales. Mais pour affiner son action et maintenir sa crédibilité jamais acquise, le professionnel des RH doit travailler à mesurer l'efficacité de son action. Il ne sera jamais possible de chiffrer (quelle que soit l'unité) les politiques de personnel, leur coût et leur bénéfice. Toutefois, ce n'est pas une raison pour ne pas essayer de contourner cette limite. La mesure n'a pas pour but de figer la réalité mais plutôt de la questionner. Les professionnels des RH ont besoin de le faire tout en abandonnant l'illusion d'y parvenir un jour (voir chapitre 5, « Diriger les RH dans une perspective stratégique »).

Développer une sensibilité humaine

Enfin, on attend des professionnels des RH une sensibilité humaine. Il faut entendre par là une certaine intelligence sociale, une capacité de relation et un goût pour les personnes. Sans doute cette dernière notion est-elle la plus délicate ; les ouvrages de management ne savent pas – n'osent pas – l'aborder. Il paraît pourtant inimaginable d'agir dans ce domaine de l'entreprise sans un minimum de goût pour les choses humaines.

Dans des structures de plus en plus maigres, des entreprises où l'on transforme tout en processus désincarnés, il est vain de vouloir expulser les questions humaines. Dans l'expérience de travail, la dimension relationnelle est centrale. Gageons que les DRH auront de plus en plus à s'en occuper. Cela exigera cette sensibilité pour répondre aux attentes de l'activité et des personnes.

5. L'enjeu des évolutions du travail

Il n'y a de GRH que si des gens travaillent dans une organisation. La description du travail, des compétences, des postes ou des emplois constitue la base de la discipline, comme la comptabilité est la base de la finance.

---

4. Pfeffer J., *The Human Equation: Building Profits by Putting People First*, Harvard Business School Press, 1998 ; Pfeffer J. et Sutton R.I., *Hard Facts, Dangerous Half-truths, and Total Nonsense: Profiting from Evidence-based Management*, Harvard Business School Press, 2006.

Le travail a beaucoup évolué au fil des âges et encore plus ces 40 dernières années. Mais plutôt qu'un changement, c'est la notion d'éclatement qui représente mieux les évolutions récentes[5] :

- Ces évolutions n'existent pas partout avec la même intensité, ni le même rythme de diffusion.
- Ces évolutions ne vont pas toutes dans la même direction : amélioration ici ; détérioration ailleurs.

Aussi, le but ici est-il de présenter des conséquences en matière de GRH issues de certaines de ces évolutions, sans imaginer qu'elles dessinent un tableau exhaustif des situations de travail actuelles ou de la GRH dans son ensemble.

Plusieurs remarques générales sont alors nécessaires.

Le « travail » n'est pas un facteur de production « en apesanteur ». Son étude et sa prise en compte ne peuvent être détachées des évolutions de la société dans laquelle il s'insère. Réciproquement, les évolutions des mentalités, l'évolution de la démographie ne peuvent être séparées d'une réflexion sur le travail. S'il est courant d'observer des critiques sévères du travail, on ne peut imaginer qu'elles lui soient seulement destinées, sans concerner d'autres formes d'expériences humaines.

Le travail joue aussi un rôle dans la société. Cette activité humaine de base qui crée la valeur d'une collectivité représente un moyen de la changer, de la transformer.

Le travail est une activité qui doit se décrire, voire se mesurer. D'un simple examen des conditions physiques d'un poste ou d'un emploi, on est passé aux investigations organisationnelles (la manière dont il se relie au reste de l'organisation), aux TMS (troubles musculo-squelettiques), à la charge mentale, au stress (RPS). Le « travail » en 2015 ne se décline plus selon les mêmes critères qu'auparavant et ne se décrit pas plus dans les mêmes termes.

Enfin, on peut admettre que le travail est pour l'opérateur une activité influencée par les représentations qu'il y associe. En ce sens, « ce que travailler veut dire » varie d'une personne à l'autre, et ce, sur le même lieu de travail. En GRH, cette diversité induit des modes opératoires.

Dans la suite de cette section nous examinerons quelques formes d'évolution du **travail**[6].

5.1. Le poids de la technologie

Des secteurs comme les télécommunications voient leurs *business models* régulièrement bouleversés depuis 25 ans. Les conséquences pour la GRH sont considérables, en termes de gestion d'effectifs, de développement des compétences et d'évolution d'organisations.

La technologie envahit le contenu même du travail. Les outils utilisés, liés à la technologie, permettent de travailler plus rapidement, de diminuer la pénibilité, d'accroître la précision. Ils transforment le contenu de l'activité quand ils réduisent la fabrication proprement dite, afin d'augmenter les activités de réglage et de contrôle. Dans les conditions de travail, on a ainsi vu croître les préoccupations de charge mentale de stress, d'attention, même si elles ne sont pas la conséquence universelle et imparable du

5. Thévenet M. *Le travail, ça s'apprend*, Eyrolles, 2011.
6. Ilgen D.R. et Pulakos E.D. (éd.), *The Changing Nature of Performance*, Jossey-Bass, 1999.

développement des technologies. Une des conséquences que noteront probablement les historiens, c'est, pour un nombre croissant de travailleurs, un processus de dématérialisation, de distance grandissante entre l'opérateur et la matière.

La technologie permet aussi de contrôler le travail de manière plus étroite en permettant une traçabilité qui concerne les opérateurs et pas seulement les objets.

5.2. La notion d'emploi remise en cause

Le monde du travail, des organisations professionnelles de salariés ou d'employeurs a été organisé par grandes filières professionnelles (métallurgie, chimie, banque…). Celles-ci étaient fondées sur une identité de métier avec des compétences et des qualifications spécifiques.

Ces organisations ont permis de constituer les structures de base de la GRH. C'est au niveau des professions que sont élaborées les conventions collectives, les grandes classifications ; on discute à ce niveau de certaines modalités du temps de travail ou de certaines règles de rémunération.

Même si ces grandes organisations existent toujours et rendent encore à la GRH ce service de structuration d'un cadre conventionnel, en fournissant des libellés et des classifications de postes, des règles d'organisation du travail et des lieux de négociation entre les partenaires sociaux, le contexte a beaucoup changé. En effet, l'unité des emplois ou des métiers ressortissant à une même convention s'est beaucoup édulcorée.

De nouveaux secteurs ont dû s'intégrer dans des cadres conventionnels : les emplois n'y ont souvent aucun lien avec les filières traditionnelles, et, au sein de chaque secteur, la variété des emplois s'accroît.

Au sein même des secteurs traditionnels, les évolutions technologiques entraînent une grande diversification des emplois. On a de moins en moins de mécaniciens dans la mécanique, mais plus d'électroniciens dont les référentiels professionnels et les compétences de base sont éloignés de la mécanique traditionnelle.

Cela a de grandes conséquences sur la GRH. Traditionnellement, un opérateur pouvait progresser au sein de sa filière : entre l'apprenti et l'ingénieur, il existait un parcours d'acquisition de compétences linéaire permettant de progresser. C'est de moins en moins vrai et la lisibilité des parcours devient plus complexe. Changer d'emploi au cours d'une carrière, se former tout au long de la vie, cela revient à exprimer cette déstructuration des filières traditionnelles d'emplois.

5.3. Différents types de contrats

Le débat social est souvent consacré à la forme des contrats de travail. Les évolutions prolongent en fait la longue liste des innovations légales qui ont créé des liens juridiques multiples entre la personne et l'entreprise (ou l'organisation) : souvenons-nous des emplois-jeunes, des TUC, des contrats de qualification, des contrats nouvelle embauche, des contrats de génération, etc.

À cette diversité des contrats de travail, il faut ajouter d'autres formes de lien juridique : le temps partiel, les intérimaires, les travailleurs indépendants, les salariés d'une autre entreprise.

Tous ces liens particuliers induisent des représentations du travail spécifiques, c'est-à-dire des conceptions des droits et devoirs respectifs de l'employeur et de la personne.

Exemple 2.3

Différents types d'emplois dans une situation de travail : l'exemple de l'hypermarché

- Les personnels d'encadrement, avec des contrats à durée déterminée, faisant de longues heures de travail exigées par le commerce
- Les nombreux employés, manutentionnaires, avec des CDI, qui constituent les effectifs permanents de l'entreprise
- Les salariés à temps partiel aux caisses, dont le nombre doit s'adapter au flux de clientèle
- Les salariés en « extra » à certaines périodes de l'année (les fêtes ou la rentrée des classes), quand l'activité est plus importante
- Les démonstrateurs ou autres personnels travaillant sur la surface de vente mais juridiquement employés par des fournisseurs
- Les salariés de prestataires comme les agents de sécurité ou les personnels de ménage

5.4. Une remise en cause du leadership traditionnel

La notion de « chef » ou de « supérieur hiérarchique » s'est beaucoup transformée. Elle évoquait la relation hiérarchique entre un supérieur et un subordonné et supposait plusieurs constantes :

- Le « chef » était d'un niveau hiérarchique supérieur ; il avait le pouvoir de commander, de contrôler, d'organiser, d'animer et de sanctionner.
- Le « chef » était, par définition, plus compétent que ses collaborateurs.
- Le « chef » occupait une position que tout collaborateur devait pouvoir occuper dans le futur.
- Même si les relations n'étaient jamais aussi simples et efficaces qu'on pouvait le rêver, la fonction s'exerçait dans le cadre du respect d'une autorité légitime.

Or, aujourd'hui, ces quelques hypothèses implicites sont remises en cause. C'est le cas dans des équipes transversales ou dans des projets.

Le responsable du « collectif » peut être amené à coordonner des professionnels dont il ne maîtrise pas le domaine de spécialité. La légitimité de la responsabilité n'est plus assise sur la compétence technique. Du coup, la maîtrise des règles et la nomination comme responsable ne suffisent pas à pallier ce manque de distance en termes de compétence professionnelle.

Dans le cadre de structures rétrécies, avec moins de niveaux hiérarchiques, le « chef » occupe une position à laquelle ses coordonnateurs ne sont pas forcément destinés. Les mobilités s'effectuent certes au gré des profils de compétences, mais surtout au rythme des changements de structure.

La notion d'autorité s'est profondément obscurcie. Elle renvoyait à la reconnaissance chez celui qui l'exerce d'une source de pouvoir qui le dépasse. Cette définition de l'autorité puisée chez les philosophes anciens n'est plus de mise ; il suffit d'observer l'évolution de l'école, de la famille ou de la politique.

Multiplicité des modes d'exercice de l'autorité, difficultés de légitimation, réticences à exercer le pouvoir, désir d'autonomie sont autant de composantes organisationnelles et sociologiques remettant en cause des manières d'exercer le pouvoir et la responsabilité dans des organisations qui demeurent des hiérarchies où la différenciation des rôles et des fonctions est nécessaire.

5.5. Le travail en équipe

L'organisation du travail est traditionnellement centrée sur des postes individuels. À ces postes on rattache des tâches, un résultat, des compétences ou qualifications. Cette approche est bien en ligne avec les aspects les plus pratiques de la GRH. C'est la personne qui contracte avec l'entreprise, c'est elle qui est rémunérée et c'est sa carrière qui est gérée.

Il existe des organisations en équipes où le travail est réparti entre des équipes dotées d'objectifs de production, d'un standard de compétences, d'un mode de représentation, etc. C'est ce qu'illustre la généralisation des projets, des équipes transversales, des équipes autonomes de production dans l'industrie ou des groupes de travail multiples dans lesquels les salariés passent beaucoup de temps (en cas de fusion par exemple).

Ce développement des équipes n'est pas total :

- Les personnes conservent un contrat de travail, elles ont une position dans une classification, reçoivent une rémunération personnelle et doivent être gérées individuellement.
- Cette participation à des équipes est partielle et provisoire : partielle parce que l'on continue parallèlement d'avoir un poste individuel, provisoire parce que ces équipes ont souvent la durée de vie du projet ou de la mission.

Plusieurs raisons expliquent ce développement :

- On est plus efficace à plusieurs qu'avec une somme d'individualités.
- On a besoin de rassembler des compétences différentes en travaillant simultanément (et pas séquentiellement) sur une tâche.
- L'équipe permet la flexibilité : chacun peut travailler sur les tâches des autres en fonction des besoins.

Le développement de ce mode de travail en équipe a donc des conséquences sur la gestion du personnel :

- L'évaluation des performances doit se faire collectivement alors que le contrat de travail, les conditions de carrière et de rémunération restent individuelles : on pourra voir se développer du variable « collectif » pour apprécier la performance collective.
- Il ne suffit pas de mettre ensemble des compétences complémentaires pour que cela fonctionne : il y a donc des besoins de management, de constitution des équipes pour que les caractéristiques personnelles s'ajustent comme les compétences techniques.
- Les compétences à travailler en équipe deviennent un nouvel et important aspect des compétences à intégrer dans des référentiels de la gestion prévisionnelle des compétences et dans les politiques de formation (voir chapitre 7, « Gérer les compétences et les carrières »).

5.6. L'importance du consommateur

Le travail était défini par un rapport à la matière, à la hiérarchie, aux collègues et au collectif de travail. Progressivement, un autre rapport devient central, celui de l'opérateur et du client. En voici plusieurs illustrations :

- le développement du service, où une grande part de la qualité perçue de ce qui est payé par le consommateur se joue dans la relation avec un agent en contact (banque, hôtellerie-restauration) ;
- le développement des activités de soins et services à la personne, qui n'est qu'un cas particulier de la catégorie précédente (l'essence de l'activité y est de produire une relation avec le « client ») ;
- la généralisation de la notion de « client » au sein des organisations pour redéfinir les activités de chacun (chaque activité est un service rendu à un « client » interne).

Dans toutes ces situations, trois caractéristiques du travail sont mises en évidence. D'une part, le travail consiste en une relation avec le consommateur. D'autre part, le critère d'évaluation du travail se fait par et en fonction du consommateur. Enfin, c'est le consommateur qui contrôle le travail.

Cette situation a quelques conséquences fortes sur la GRH :

- L'importance de la relation au consommateur exige de redéfinir les compétences.
- Les difficultés de la relation au consommateur doivent être prises en compte, mesurées, traitées.
- L'évaluation de l'activité et de la performance doit intégrer cette dimension.

5.7. L'apprentissage permanent

Le travail exigeait un apprentissage initial. On pouvait ensuite exercer son activité et transmettre ses compétences. Les grilles de classification étaient construites sur la base d'une progression possible tout au long d'une filière professionnelle. Le système de formation professionnelle accélérait ce processus d'apprentissage pour que la personne, à la fin de son apprentissage, puisse exercer.

Les compétences peuvent aujourd'hui devenir obsolètes. Au milieu de leur carrière, des personnes occupent des postes qu'elles peuvent ne plus maîtriser.

Tout salarié devrait à l'avenir changer d'emploi plus souvent que dans le passé. Les connaissances acquises à l'école lors d'un premier apprentissage ne seront pas suffisantes pour faire face à toutes les situations professionnelles qu'il rencontrera. Il y a 20 ans, Internet ne concernait guère que quelques férus de nouvelles technologies et le monde universitaire. Aujourd'hui, c'est l'outil central de communication et les processus administratifs ont été complètement bouleversés, sans que les salariés ne l'aient appris à l'école.

Cette évolution pèse sur la GRH puisque les entreprises doivent intervenir dans un contexte d'acquisition régulière de compétences nouvelles.

5.8. Les limites des évolutions du travail

Ces évolutions ne sont pas présentes dans tous les secteurs ou toutes les entreprises. Il ne faut jamais oublier qu'une des variables les plus déterminantes du mode d'organisation d'activité est la taille de l'organisation. Il ne faut pas non plus imaginer que ces évolutions suivent un rythme uniforme, linéaire, selon une quelconque théorie du progrès. Les évolutions ont lieu dans toutes les directions. Il n'y a guère que les technologies dont on puisse dire qu'elles se répandent progressivement dans tous les secteurs.

Résumé

Dans ce chapitre, nous avons repéré différentes manières d'aborder les liens entre GRH et performance en regardant successivement les liens entre cette fonction et les principales fonctions de l'entreprise, en questionnant les facettes de GRH présentes dans toute grande problématique de management. Nous avons présenté plusieurs modèles de pratiques de GRH relevant de plusieurs approches de la performance. Enfin, nous avons montré quelques évolutions du travail dont la GRH est concernée par l'efficacité.

Activités

Questions

1. Peut-on dire que le travail a changé ou éclaté ?
2. Pourquoi doit-on s'intéresser au consommateur quand on parle du travail ?
3. Pourquoi peut-on dire que le collectif est la compétence de base pour travailler dans une institution (administration, entreprise, association) ?
4. Quels sont les enjeux de GRH en matière de gestion de projets ?

Étude de cas

Travail

Le travail serait de plus en plus éclaté. On parle de diversification de la population active, d'éclatement des formes contractuelles, d'explosion des filières professionnelles traditionnelles. Toutes ces évolutions sont pertinentes, comme celle des formes d'entreprises et d'organisations du travail.

Il existe un autre moyen de sentir cette évolution du travail, en regardant la composition de l'emploi sur une période de vingt ans.

Dans le tableau suivant, vous disposez par grandes masses, de l'évolution des secteurs d'emploi pendant vingt ans. Cela regroupe l'agriculture, l'industrie, la construction, les services, les activités scientifiques et techniques, les emplois des administrations (nationales, territoriales et de santé) ainsi que l'emploi non salarié.

	1989	1989	1994	1999	2004	2009
Agriculture	212,1	0,90 %	1 %	1,10 %	1 %	0,90 %
Industrie	4 550,4	19,70 %	17,70 %	16,30 %	14,80 %	12,90 %
Construction	1 352,9	5,90 %	5,30 %	4,90 %	5,10 %	5,50 %
Services	5 621	24,40 %	25 %	25,80 %	26,60 %	26,60 %
Activités scientifiques et techniques	1 630,9	7,10 %	7,90 %	9,60 %	10,50 %	10,60 %
Administrations	5 871,1	25,50 %	28,20 %	28,10 %	28,20 %	29 %
Autres services	718,8	3,10 %	3,90 %	4,80 %	4,90 %	5,30 %
Total de l'emploi salarié	19 957,2	86,60 %	89 %	90,60 %	91 %	90,80 %
Emploi non salarié	3 087,8	13,40 %	11 %	9,40 %	9 %	9,20 %
Emploi total	23 045		22 843,6	24 372,9	25 516,2	25 993,7

	1989	1989	1994	1999	2004	2009
Évolution de l'emploi total par rapport à la période précédente			– 0,87 %	6,69 %	4,69 %	1,87 %

Données INSEE.

Questions

1. En analysant ce tableau, quelles conclusions pouvez-vous tirer de la composition du monde du travail et de ses évolutions ?
2. Cette catégorisation vous paraît-elle encore pertinente ? Comment devrait-elle évoluer ?
3. Si l'on ne peut plus représenter le monde du travail par l'usine fumante, quelle devrait être aujourd'hui l'image représentative du travail ?

Chapitre 3

Responsabilité sociale de l'entreprise, santé des salariés et gestion de la diversité

Anne-Françoise Bender

Ce chapitre aborde les questions suivantes :

- Quels sont les impacts de la notion de responsabilité sociale de l'entreprise – RSE – en GRH ?
- Quelles sont les obligations de l'employeur en matière de santé des salariés ?
- Comment identifier et prévenir les risques psychosociaux et le stress au travail ?
- Quelles sont les pratiques de gestion de la diversité et de prévention des discriminations au travail ?

Introduction : les pratiques RH relevant de la RSE[1]

Depuis 30 ans, les évolutions des sociétés démocratiques en matière de droits humains ont entraîné un accroissement des obligations juridiques – *hard law* – envers les entreprises et des attentes normatives de leurs actionnaires, clients et salariés, et plus généralement des sociétés dans lesquelles elles opèrent. Initialement, la notion de développement durable ou soutenable a été définie par les Nations unies (Bruntland, 1987) comme « un développement apte à répondre aux besoins des générations présentes sans compromettre les capacités des générations futures à répondre aux leurs ». Les entreprises se sont emparées de cette notion à la fin des années 1990 *via* le concept de responsabilité sociale de l'entreprise (RSE ou *Corporate Social Responsability*, CSR), diffusé par la Commission européenne (Livre vert, 2001). Cette dernière définit la RSE comme l'intégration volontaire par les entreprises d'objectifs sociaux et environnementaux dans leurs activités commerciales et dans leurs relations avec les parties prenantes (*soft law*).

Selon la théorie économique des parties prenantes, l'entreprise est soumise aux demandes des actionnaires, des clients, des fournisseurs, des salariés et des États et collectivités publiques. Sa responsabilité est de satisfaire aux intérêts, parfois en tensions, de ces parties prenantes. Au-delà des obligations juridiques – mais en les reconnaissant pleinement –, les objectifs des pratiques de RSE sont économiques, financiers et stratégiques : attirer les investisseurs, améliorer l'image de l'entreprise et accroître le volume d'affaires, augmenter l'implication des salariés.

Des attentes croissantes de respect des droits humains – droit à la santé, à un travail décent, à la non-discrimination – s'expriment par les actions conjuguées des Nations unies – Bureau international du travail, Pacte mondial des Nations unies –, de l'OCDE (Organisation de coopération et de développement économiques), de la Communauté européenne – directives, Livres verts –, mais aussi de certains actionnaires qui pratiquent

1. Je remercie ma collègue Eléonore Marbot pour ses apports dans cette partie.

l'investissement socialement responsable et se fondent sur le *rating* social[2], et d'autres membres de la société civile : ONG, syndicats, associations de consommateurs.

Exemple 3.1

La norme ISO 26000

La norme ISO 26000 donne des lignes directrices aux organisations, à but lucratif ou non, pour opérer de manière socialement responsable, c'est-à-dire de manière éthique et en contribuant au bien-être de la société. Elle ne donne pas lieu à certification, car elle ne formule pas d'exigences mais des recommandations. Les actions des entreprises doivent concerner sept domaines relatifs à la gouvernance, à l'éthique, au respect des droits humains – dont la discrimination –, des consommateurs, des communautés locales, de l'environnement et à des pratiques d'emploi socialement responsables – dont la santé et la sécurité des travailleurs.

Source : Site de l'Afnor – http://www.afnor.org/profils/centre-d-interet/dd-rse-iso-26000/apercu-de-la-norme-iso-26000 ; voir également http://www.iso.org/iso/fr/discovering_iso_26000.pdf

En France, les pratiques de GRH traditionnellement favorisées par les « entreprises citoyennes » concernent le dialogue social et la gestion prévisionnelle des emplois et des compétences (voir chapitres 4 et 7). Des thèmes plus récents, moins centraux historiquement dans les missions RH, ont pris de l'importance depuis 10 ans, à savoir les enjeux de santé physique et psychique des salariés ainsi que la lutte contre les discriminations au travail.

1. Agir sur les conditions de travail et prévenir les risques psychosociaux

1.1. Agir sur les conditions physiques de travail

Maladies professionnelles et accidents du travail

Bien que les conditions de travail aient peu évolué objectivement en Europe depuis 20 ans[3], les indicateurs disponibles pour la France (CNAMTS, Caisse nationale de l'assurance maladie des travailleurs salariés, 2012) sont à la baisse : les accidents du travail avec arrêt ont baissé de 4,3 % sur un an pour s'établir à 640 891 pour 18,3 millions de salariés, les maladies professionnelles (54 000) de 1,9 % et les accidents de trajet (90 000) de 9,9 %. Avec 40 136 accidents avec incapacité permanente, le nombre des accidents graves baisse de 2,1 %, tandis que les décès restent quasiment stables à 558 cas.

Néanmoins, le coût individuel et collectif demeure élevé, et les pouvoirs publics alertent de plus en plus les employeurs sur l'augmentation des TMS – troubles musculo-squelettiques – notamment. Les TMS constituent la première cause de maladies professionnelles indemnisées et la première cause de journées de travail perdues du fait des arrêts de travail. Les spécialistes parlent d'une véritable « épidémie » de TMS, alors même que ces pathologies demeurent sous-déclarées (INVS). Ces pathologies touchent les tissus mous

2. Pratique de notation du comportement social, sociétal et environnemental des entreprises, par des agences spécialisées.

3. Enquête européenne sur les conditions de travail, 2010.

des articulations, à l'exemple du syndrome du canal carpien et des tendinites. Outre les douleurs, elles génèrent des incapacités de mouvement et peuvent entraîner un handicap. Par ailleurs, le vieillissement de la population pose de manière plus pressante la question de l'adaptation des conditions de travail afin de permettre le maintien des salariés en bonne santé dans l'emploi.

Dans ce contexte et face à l'augmentation des troubles liés aux risques psychosociaux – sur lesquels nous revenons plus loin –, le management de la sécurité et de la santé au travail prend une importance accrue. La loi du 20 juillet 2011 relative à l'organisation de la médecine du travail a réformé le dispositif en le recentrant sur l'employeur. Ce dernier est l'acteur principal de la prévention des risques. Il est chargé de préserver la santé physique et mentale de ses salariés. Pour ce faire, il s'appuie sur différents acteurs dans l'entreprise (Abord de Chatillon, 2005)[4] :

- la direction des ressources humaines ;
- l'encadrement, avec les différents niveaux de responsables d'équipes ;
- les salariés et leurs représentants (membres du CHSCT ou délégués du personnel).

Le médecin du travail est en charge du suivi médical des salariés et conseille l'employeur dans la mise en œuvre de mesures de prévention. Il peut être salarié de l'entreprise ou appartenir à un service interentreprises. Le service de santé au travail doit désormais composer une équipe pluridisciplinaire et peut s'appuyer sur des intervenants en prévention des risques professionnels.

L'employeur peut également faire appel aux services de prévention des caisses régionales de l'assurance maladie et à divers partenaires, dont le réseau Anact. L'INRS rappelle que l'efficacité de la prévention repose sur la coopération et la communication entre tous ces acteurs, internes et externes à l'entreprise.

Focus 3.1

Les obligations de l'employeur : articles L. 4121-1 et 2 du Code du travail

L'employeur est tenu envers ses salariés d'une obligation de résultat relative à la protection de leur sécurité physique et mentale. Il doit notamment respecter les principes de précaution énoncés dans les articles L. 4121-1 et suivants du Code du travail :

Article L. 4121-1

L'employeur prend les mesures nécessaires pour assurer la sécurité et protéger la santé physique et mentale des travailleurs. Ces mesures comprennent :

1. des actions de prévention des risques professionnels ;
2. des actions d'information et de formation ;
3. la mise en place d'une organisation et de moyens adaptés.

L'employeur veille à l'adaptation de ces mesures pour tenir compte du changement des circonstances et tendre à l'amélioration des situations existantes.

4. Abord de Chatillon E., « DRH : les nouveaux managers de la santé et la sécurité au travail ? », *Management et Avenir*, n° 4, mars 2005.

Focus 3.1 (suite)

Article L. 4121-2

L'employeur met en œuvre les mesures prévues à l'article L. 4121-1 sur le fondement des principes généraux de prévention suivants :

1. éviter les risques ;
2. évaluer les risques qui ne peuvent pas être évités ;
3. combattre les risques à la source ;
4. adapter le travail à l'homme, en particulier en ce qui concerne la conception des postes de travail ainsi que le choix des équipements de travail et des méthodes de travail et de production, en vue notamment de limiter le travail monotone et le travail cadencé et de réduire les effets de ceux-ci sur la santé ;
5. tenir compte de l'état d'évolution de la technique ;
6. remplacer ce qui est dangereux par ce qui n'est pas dangereux ou par ce qui est moins dangereux ;
7. planifier la prévention en y intégrant, dans un ensemble cohérent, la technique, l'organisation du travail, les conditions de travail, les relations sociales et l'influence des facteurs ambiants, notamment les risques liés au harcèlement moral, tel qu'il est défini à l'article L. 1152-1 ;
8. prendre des mesures de protection collective en leur donnant la priorité sur les mesures de protection individuelle ;
9. donner les instructions appropriées aux travailleurs.

Organiser la prévention dans l'entreprise

L'employeur doit tout d'abord évaluer les risques pour la santé et la sécurité des travailleurs. Selon l'INRS, l'évaluation des risques professionnels consiste à identifier les dangers et analyser les risques :

- Identifier les facteurs susceptibles de causer un dommage à la santé des salariés. Ils peuvent être liés à un équipement, un agent chimique ou biologique généré par les activités ou utilisé dans les procédés de fabrication.
- Étudier les conditions d'exposition du personnel à ces dangers et aux différents facteurs de pénibilité[5] identifiés dans l'entreprise.

L'évaluation porte sur la conception des lieux, sur les installations et les équipements de travail, sur les substances chimiques et sur les situations de travail. Étudier les situations de travail permet d'être au plus près de l'activité réelle des salariés et de leur degré d'autonomie.

Les risques identifiés devront ensuite être classés, ce qui permettra de définir des plans d'action cohérents.

L'employeur doit faire une synthèse des risques et proposer des solutions dans le document unique, document obligatoire pour toutes les entreprises (secteur public et privé) et mis à jour au minimum chaque année. Il comprend un inventaire des risques

5. Voir plus loin la définition de la pénibilité.

identifiés, le classement des risques ainsi que les propositions d'actions à mettre en place (voir chapitre 13, « Administrer le personnel »).

Au-delà de l'identification des risques, l'employeur doit mettre en œuvre les actions de prévention ainsi que les méthodes de travail et de production garantissant un meilleur niveau de protection de la santé et de la sécurité des travailleurs. Ces actions doivent être intégrées dans les missions de tous les encadrants.

Focus 3.2

Les principales familles de risques

- Le risque routier : les accidents routiers pendant des déplacements professionnels représentent plus du tiers des décès au travail en France.
- Le risque manutentions manuelles – avec des pathologies lourdes – et TMS (voir ci-dessus).
- Le risque produits dangereux : lié aux produits classés CMR (cancérigènes, mutagènes et reprotoxiques), qui peuvent avoir des effets toxiques même à petites doses répétées.
- Le risque machines, susceptible de causer des accidents graves.
- Le risque de chute de hauteur, qui concerne certes le BTP mais aussi d'autres secteurs.
- Les risques techniques (électricité, incendie, explosion…).
- Les risques d'ambiance physique (éclairage, bruit, thermique) : le bruit et les troubles auditifs associés sont la deuxième cause de déclaration de maladies professionnelles.
- Les risques psychosociaux (voir ci-après).

Source : Aravis.

Mesures spécifiques pour la prévention de la pénibilité au travail

La loi du 9 novembre 2010 portant réforme des retraites prévoit, pour les entreprises d'au moins 50 salariés et celles employant plus de 50 % de salariés exposés à des facteurs de pénibilité, une obligation de négocier un **accord collectif** ou de mettre en place **un plan d'action relatif à la prévention de la pénibilité au travail**. Une sanction financière sous forme de pénalité de 1 % sur les rémunérations ou gains versés sera applicable aux entreprises qui se verront mises en demeure par l'Inspection du travail.

Pénibilité. La pénibilité au travail se caractérise par une exposition à un ou plusieurs facteurs de risques professionnels susceptibles de laisser des traces durables, identifiables et irréversibles sur la santé (article L. 4121-3-1 du Code du travail).

Ces facteurs de risques, définis dans le Code du travail (article D. 4121-5), sont les suivants :

Contraintes physiques marquées :

- manutentions manuelles de charges ;
- postures pénibles ;
- vibrations mécaniques.

Environnement physique agressif :

- agents chimiques dangereux, y compris les poussières et les fumées ;
- activités exercées en milieu hyperbare ;
- bruit ;
- températures extrêmes.

Rythmes de travail :

- travail de nuit dans certaines conditions ;
- travail en équipes successives alternantes ;
- travail répétitif caractérisé par la répétition d'un même geste, à une cadence contrainte.

Les entreprises de 50 salariés ou plus (ou appartenant à un groupe d'au moins 50), dont la moitié de l'effectif est exposée à un facteur de pénibilité, ont l'obligation de négocier un accord ou d'élaborer un plan d'action pour diminuer la pénibilité de certaines situations de travail (Code de la Sécurité sociale, articles L. 138-29 et L. 138-30). L'accord ou le plan d'action d'entreprise ou de groupe est d'une durée maximale de trois ans et doit être renouvelé à son terme. Il doit prendre en compte des thèmes ainsi que des exemples **d'indicateurs** utilisables, précisés dans une circulaire de la Direction générale du travail[6].

Voici des exemples d'indicateurs utilisables dans les accords ou plans d'action en faveur de la pénibilité :

- nombre de postes équipés d'un dispositif de captage des poussières ou de machines dont le niveau sonore a été atténué ;
- nombre de salariés ayant bénéficié d'une mesure d'allègement de poste ;
- nombre de salariés ayant bénéficié d'un dispositif de retour temporaire en horaire de jour ou de sortie du travail de nuit.

Enfin, la loi prévoit la mise en place d'une traçabilité des expositions aux facteurs de pénibilité. Pour chaque salarié exposé au-delà de certains seuils, l'employeur doit établir une « fiche de prévention des expositions », qui mentionne :

- **les conditions habituelles d'exposition,** appréciées à partir du document unique, ainsi que les événements particuliers survenus ayant eu pour effet d'augmenter l'exposition et d'en faire un facteur de pénibilité ;
- **la période** au cours de laquelle cette exposition est survenue ;
- **les mesures de prévention** (organisationnelles, collectives ou individuelles) mises en œuvre pour faire disparaître ou réduire les facteurs de risques durant cette période.

Cette fiche remplace depuis le 1er février 2012 la fiche d'exposition des travailleurs exposés aux agents chimiques dangereux (ACD). Elle est mise à jour lors de toute modification des conditions d'exposition pouvant avoir un impact sur la santé du travailleur, puis communiquée au service de santé au travail. Elle est tenue à tout moment à la disposition du travailleur.

Compensations liées à la pénibilité. La loi prévoit la mise en place d'un « compte pénibilité », qui permettra aux salariés exposés de partir en retraite à 60 ans, lorsqu'ils auront atteint un certain taux d'incapacité permanente partielle (IPP) reconnue au titre d'une

6. Circulaire DGT, n° 8 du 28 octobre 2011 – http://www.travailler-mieux.gouv.fr/IMG/pdf/circulaire_DGT_penibilite_28_10_2011_penibilite.pdf

maladie professionnelle ou d'un accident du travail ayant entraîné des lésions identiques à celles indemnisées au titre d'une maladie professionnelle (articles L. 351-1-4 et D. 351-1-9 et suivants). Ils pourront aussi travailler à temps partiel ou partir en formation pour se reconvertir.

La loi a privilégié la prise en compte de la pénibilité physique des postes de travail. Un facteur important à l'origine de maladies professionnelles et d'absentéisme du personnel est toutefois le stress professionnel et ce qu'on appelle plus généralement les risques psychosociaux.

1.2. Identifier et prévenir les risques psychosociaux

Définitions

Les risques psychosociaux (RPS) désignent un ensemble de risques visant l'intégrité psychique (et donc physique) des sujets impliqués dans une relation de travail comprenant une relation de dépendance. Ces risques naissent à la rencontre du sujet, du collectif et de l'organisation du travail (dont la clientèle). Les principales catégories de RPS sont : le stress (ou surstress), les conflits, la violence et les agressions (internes, externes), le mal-être au travail, le harcèlement (moral, sexuel, racisme), le *burn-out* (épuisement professionnel) et la dépression[7]. Nous développons ici plus spécifiquement le phénomène de stress ou surstress, car il est à l'origine des autres RPS ou tout au moins en augmente la fréquence.

Selon P. Légeron (2003), la réaction de stress est l'ensemble des manifestations (physiques et psychologiques) qui s'opèrent en nous à la suite de l'action du stresseur.

Trois éléments sont en jeu : les stresseurs => la réaction de stress => les conséquences.

La réaction de stress est un processus physiologique « normal » d'adaptation à une situation perçue comme stressante. Selon P. Légeron, il faut plutôt parler de « niveau de la réponse de stress » : c'est l'excès de stress qui est néfaste. Un état de stress (excessif) survient lorsqu'il y a un déséquilibre entre la perception qu'une personne a des contraintes que lui impose son environnement et la perception qu'elle a de ses propres ressources pour y faire face[8].

Les signes de stress comprennent des réactions physiologiques et émotionnelles, cognitives et comportementales telles que : insomnies, hypertension, maux de dos, troubles digestifs, maux de tête, déprime, anxiété et difficulté à se concentrer, à prendre des décisions, attitudes négatives ainsi qu'une augmentation de l'irritabilité, de l'agressivité ou de l'apathie.

Le surstress entraîne des conséquences qui peuvent être graves :

- pour l'individu :
  - troubles psychologiques (anxiété, dépression, tendance suicidaire) ;
  - troubles musculo-squelettiques – accentués par le stress – et maladies psychosomatiques ;
  - alcoolisme, prise de stupéfiants ;
  - *burn-out* : épuisement physique et psychologique, fatigue, détachement émotionnel.

---

7. *Source :* Site de l'INRS ; consulté le 7 juillet 2014.
8. Définition de l'Agence européenne pour la santé et la sécurité au travail – https://www.osha.europa.eu/fr/topics/stress/definitions_and_causes ; consulté le 7 juillet 2014.

- pour l'organisation :
  - absentéisme ;
  - accidents du travail ;
  - instabilité/turnover ;
  - épuisement nerveux, violence dans l'entreprise ;
  - dégradation de la productivité et de la qualité.

En France, le coût total du stress au travail (dépenses de soins, celles liées à l'absentéisme, aux cessations d'activité et aux décès prématurés) a été estimé en 2007 entre 2 et 3 milliards d'euros[9]. Il s'agit d'une évaluation *a minima*. En effet, cette étude prend essentiellement en compte le *job strain* ou « situation de travail tendue » (combinaison d'une forte pression et d'une absence d'autonomie dans la réalisation du travail ; voir modèle de Karasek ci-dessous). Or, ce type de situations représente moins d'un tiers des situations de travail fortement stressantes. D'autre part, les pathologies retenues sont restreintes aux plus classiques : maladies cardiovasculaires (infarctus, maladies cérébro-vasculaires, hypertension…), dépression et certains troubles musculo-squelettiques[10].

Focus 3.3

Quels indicateurs pour dépister les RPS ?

On peut étudier les indicateurs RH classiques liés au fonctionnement collectif :

- taux d'absentéisme, en particulier de courte durée ;
- taux de turnover, soldes entrées/départs, départs mettant en cause l'organisation du travail ;
- nombre de congés pris.

Il y a en outre des indicateurs spécifiques en santé et sécurité, comme :

- accidents du travail et maladies professionnelles ;
- visites au service de santé au travail, inaptitudes prononcées par ce service ;
- plaintes pour violences et harcèlement moral ;
- phénomènes d'addictions et de *burn-out*.

Source : Inist (Institut de l'information scientifique et technique), « Dépister les RPS ».

Les principaux facteurs de stress

Les spécialistes distinguent les facteurs liés au contenu du travail de facteurs plus environnementaux.

Facteurs liés au contenu même du travail à effectuer

- Fortes exigences quantitatives (charge de travail, pression temporelle, masse d'informations à traiter…).
- Fortes exigences qualitatives (précision, qualité, vigilance).
- Caractéristiques de la tâche (monotonie, absence d'autonomie, fragmentation…).

9. *Source :* Étude INRS et Arts et Métiers ParisTech.
10. *Source :* INRS – http://www.inrs.fr/accueil/risques/psychosociaux/stress/consequence-entreprise.html ; consulté le 9 juillet 2014.

- Risques inhérents à l'exécution même de la tâche (erreur, accident…).
- Facteurs liés à l'organisation du travail.
- Imprécision des missions confiées (Qu'attend-on de moi ? Comment dois-je m'y prendre ?).
- Contradiction entre les exigences du poste.
- Inadaptation des horaires de travail et fortes contraintes sur la vie privée.
- Nouveaux modes d'organisation (flux tendu, polyvalence…).
- Instabilité des contrats de travail.

Facteurs psychosociaux (liés aux relations de travail)

- Manque d'aide de la part des collègues et/ou des supérieurs hiérarchiques, conflits.
- Management autoritaire, déficient… absence de reconnaissance du travail accompli.
- Relations difficiles avec les clients (agressions, manque de reconnaissance).
- Facteurs liés à l'environnement physique et technique.
- Nuisances physiques au poste de travail (bruit, chaleur, humidité…).
- Mauvaise conception des lieux et/ou des postes de travail (manque d'espace, éclairage…).
- Facteurs liés à l'environnement socio-économique de l'entreprise.

Chaque situation de travail est spécifique. Chaque direction générale ou DRH doit donc réaliser un diagnostic précis des facteurs de RPS en fonction de ses métiers et des situations de travail. Elle peut faire appel à un consultant ou elle-même utiliser divers questionnaires répondant à des conditions scientifiques (de validité et de fiabilité ; voir chapitre 19, « Les études RH »).

Focus 3.4

Quelques modèles scientifiques utilisés pour le diagnostic des RPS

Les modèles les plus utilisés pour analyser les situations de stress sont :

- **Le modèle de Karasek (1979)** [demande psychologique/latitude décisionnelle]. Il est utilisé dans l'enquête Sumer (surveillance médicale des expositions aux risques professionnels), réalisée par les ministères du Travail et de la Santé. L'intérêt de ce modèle est de proposer une explication du stress au travail, en croisant deux types de facteurs :
  - la demande psychologique, associée aux contraintes liées à l'exécution de la tâche (quantité de travail, complexité, contraintes de temps, etc.) ;
  - la latitude décisionnelle, qui recouvre :
    - d'une part, le contrôle que l'on a sur son travail, c'est-à-dire la plus ou moins grande autonomie dont on dispose ;
    - d'autre part, l'utilisation de ses compétences : possibilité d'utiliser ses qualifications, capacité à développer de nouvelles compétences.

Le modèle souligne l'importance de la variable médiatrice du soutien social (du supérieur et des collègues). La situation pathogène est celle qui combine à la fois une demande psychologique élevée et une faible latitude décisionnelle, avec un soutien social faible (par exemple, aide-soignante en charge de personnes âgées, employé du service client taylorisé).

Focus 3.4 (suite)

- **Le modèle du déséquilibre efforts/récompenses de Siegrist (1990).** L'état de stress survient lorsqu'il y a déséquilibre entre les efforts qu'une personne consent à fournir dans son travail et les récompenses qu'elle reçoit en retour. Dans ce modèle, deux types d'efforts sont considérés :
  - Les efforts extrinsèques correspondent aux exigences psychologiques développées dans le modèle de Karasek (contraintes de temps, interruptions, responsabilités, heures supplémentaires, charge physique, augmentation de la demande).
  - Les efforts intrinsèques représentent des investissements psychologiques (sens du devoir, besoin de se dépasser, souci du travail bien fait).

Les récompenses peuvent être de trois sortes : les gains monétaires (salaires, primes, etc.), l'estime reçue de la part des collègues et des supérieurs et le degré de contrôle sur son statut professionnel (perspectives de promotion, sécurité de l'emploi).

Prévention des RPS

État et partenaires sociaux ont reconnu l'urgence d'agir en la matière dans l'accord national interprofessionnel du 2 juillet 2008 sur le stress au travail. Plusieurs prestataires, dont l'Agence nationale pour l'amélioration des conditions de travail, peuvent accompagner les entreprises dans leur démarche de prévention. Outre les approches par questionnaires, des enquêtes qualitatives effectuées par des ergonomes, psychologues ou sociologues du travail apportent des analyses plus complètes des situations de travail.

Pour prévenir l'occurrence de RPS, la direction de l'entreprise et la DRH peuvent agir à différents niveaux :

- Au niveau individuel, en initiant des programmes de gestion du stress, de relaxation, de développement personnel (régulation des émotions), mais ce niveau relève du curatif ou de l'accompagnement pour gérer le stress, il ne met pas véritablement en œuvre de prévention.
- Au niveau de l'organisation du travail et du management (niveau collectif) : en travaillant à l'amélioration des conditions de travail – charge de travail physique et mentale, de l'organisation du travail et des activités, de l'ergonomie des situations de travail, des relations entre services et dans les équipes, pratiques de management, etc.

Exemple 3.2

Enquête Anact (mars 2011) : seules 20 % des entreprises ont un plan d'action

Près de la moitié des entreprises intègrent la prévention du stress et des risques psychosociaux (dépression, violences, etc.) dans leur politique de santé, mais seules 20 % ont mis en place un plan d'action spécifique en la matière.

Parmi ces dernières :

- 63 % ont mis en place un processus pour détecter les signes précurseurs de stress, l'analyse des risques portant principalement sur l'organisation du travail et les facteurs sociaux.
- 55 % des groupes interrogés disent également analyser régulièrement les facteurs de risque.
- 49 % indiquent avoir défini des indicateurs d'évaluation.

Selon les recherches en psychologie sociale, les risques psychosociaux sont accentués quand il y a perte de sens au niveau du travail que l'on doit effectuer. La construction de sens et la réappropriation du travail par les personnes qui l'exercent passent par la discussion sur le travail au sein des équipes et la résolution de problèmes, avec le soutien des pairs et de la hiérarchie. Ces préoccupations ont été intégrées dans les récents accords d'entreprises sur la qualité de vie au travail (QVT). Les développements récents sur les notions de QVT ou de bien-être au travail s'inscrivent dans une dynamique impulsée par la Communauté européenne, relayée en France par les pouvoirs publics (rapport Lachmann, Larose et Pennicaud ; voir focus 3.5) – et les partenaires sociaux *via* l'accord national interprofessionnel du 19 juin 2013 vers une politique d'amélioration de la qualité de vie au travail et de l'égalité professionnelle.

Focus 3.5

Les recommandations du rapport « Bien-être et efficacité au travail », de H. Lachmann, C . Larose et M. Pennicaud (2010)

10 propositions pour améliorer la santé psychologique au travail

1. L'implication de la direction générale et de son conseil d'administration est indispensable. L'évaluation de la performance doit intégrer le facteur humain, et donc la santé des salariés.
2. La santé des salariés est d'abord l'affaire des managers, elle ne s'externalise pas. Les managers de proximité sont les premiers acteurs de santé.
3. Donner aux salariés les moyens de se réaliser dans le travail. Restaurer des espaces de discussion et d'autonomie dans le travail.
4. Impliquer les partenaires sociaux dans la construction des conditions de santé. Le dialogue social, dans l'entreprise et en dehors, est une priorité.
5. La mesure induit les comportements. Mesurer les conditions de santé et de sécurité au travail est une condition du développement du bien-être en entreprise.
6. Préparer et former les managers au rôle de manager. Affirmer et concrétiser la responsabilité du manager vis-à-vis des équipes et des hommes.
7. Ne pas réduire le collectif de travail à une addition d'individus. Valoriser la performance collective pour rendre les organisations de travail plus motivantes et plus efficientes.
8. Anticiper et prendre en compte l'impact humain des changements. Tout projet de réorganisation ou de restructuration doit mesurer l'impact et la faisabilité humaine du changement.
9. La santé au travail ne se limite pas aux frontières de l'entreprise. L'entreprise a un impact humain sur son environnement, en particulier sur ses fournisseurs.
10. Ne pas laisser le salarié seul face à ses problèmes. Accompagner les salariés en difficulté.

Une autre catégorie de droits humains est à prendre en compte de manière croissante par les employeurs, le droit à l'égalité de traitement dans l'emploi et la carrière ou égalité des chances[11], qui relève de la lutte contre les discriminations (déclarations du BIT).

11. Traduction de *equal employment opportunities*, adoptée dans les documents de la Communauté européenne.

2. Gérer la diversité, promouvoir l'égalité de traitement et l'inclusion dans l'entreprise

2.1. Des concepts parfois flous

Diversité, égalité, lutte contre les discriminations… il y a eu de nombreux débats autour de ces notions (Barth et Falcoz, 2007), certains auteurs prenant soin de différencier en particulier gestion de la diversité et égalité de traitement. Nous rejoindrons ici les chercheurs et praticiens qui rapprochent ces notions tout en leur reconnaissant des philosophies et des rhétoriques parfois divergentes, dans la mesure où les pratiques de management et de GRH qui s'en réclament diffèrent dans les entreprises, au-delà des dénominations[12].

En effet, dans sa version originelle, conceptualisée et pratiquée aux États-Unis, la gestion de la diversité constitue une approche stratégique et intégrée de l'égalité des chances au service de la performance de l'entreprise. Elle est née du constat des limites des politiques d'égalité positive[13], qui, si elles ont augmenté la présence des groupes discriminés – femmes et minorités – dans les hiérarchies d'entreprises américaines, ont eu des effets pervers tels que la stigmatisation et un « retour de bâton » de la part des autres groupes (sous forme d'ironie, de dénigrement de compétences, de résistance à des discours qualifiés de « politiquement correct », etc.). Les politiques de discrimination positive reposaient sur l'hypothèse que les groupes minoritaires s'intégreraient sans difficulté dans la culture existante. Or, une cohabitation mal préparée peut conduire à des conflits préjudiciables pour la performance. Selon les promoteurs de la gestion de la diversité, l'entreprise ne doit pas s'arrêter aux seuls objectifs quantitatifs de recrutement et de promotion, mais viser une culture plus ouverte et inclusive.

La gestion de la diversité est une approche qui met l'accent sur l'individu et ce qu'il peut apporter à l'entreprise. Elle est méritocratique et orientée « business » : l'enjeu est éthique mais aussi économique. C'est en cela qu'il s'agit d'un sujet stratégique, qui doit être traité comme tel par le management.

S'engager dans une gestion inclusive de la diversité présuppose que la direction sensibilise son encadrement et ses salariés aux enjeux juridiques et éthiques de la diversité et de la lutte contre les discriminations. La direction doit également insister sur les enjeux de performance pour l'organisation. Des équipes diverses apportent par conséquent une certaine diversité des compétences et talents. Elles favoriseraient l'innovation et une meilleure qualité de prise de décision, dans la mesure où la diversité des expériences vécues peut contribuer à une pluralité de points de vue et permettre, si l'avis de l'équipe est sollicité, de mieux étudier tous les aspects d'un problème avant la décision[14].

12. Voir Bender A.-F., « Approches anglo-saxonnes », dans Barth I. et Falcoz C., 2007.
13. Politiques « EEO-AA » aux États-Unis ou « Equal Employment Opportunity & Affirmative Action », qui n'ont pas d'équivalent en droit français.
14. Voir l'étude d'Hélène Garner-Moyer pour l'Association française des managers de la diversité, « Réflexions autour du concept de diversité », juin 2012 – accessible sur http://www.afmd.fr/IMG/pdf_AFMD-CONCEPT-DIVERSITE.pdf ; consulté le 10 juillet 2014.

Exemple 3.3

Une gestion de la diversité en PME : Convers Télémarketing à Nice

Afin de fidéliser ses téléopérateurs, la société Convers Télémarketing a mis en place une politique RH innovante pour attirer et fidéliser de nouveaux profils, plus expérimentés. Son dispositif de temps choisi permet aux salariés de déterminer chaque semaine les heures de travail qu'ils souhaitent réaliser la semaine suivante et, deux fois par an, de changer leur nombre d'heures mensuelles contractuelles. Le salarié a la possibilité de se mettre en « indisponibilité » (par exemple, en période de vacances scolaires) en dehors de ses congés payés. Cette politique de flexibilité a permis d'attirer deux nouvelles populations : les mères en retour à l'emploi et les seniors. Convers compte aujourd'hui 10 % d'étudiants, 30 % de seniors et 8 à 12 % de travailleurs handicapés.

La société a ainsi limité le turnover et amélioré la performance des salariés et *in fine* la satisfaction client. En 2009, Convers a été sacré « Champion de la performance » par les dirigeants commerciaux de France et a obtenu le label Responsabilité sociale des « centres de relations clients externalisés ».

Source : IMS Entreprendre – http://www.imsentreprendre.com/content/ n-dispositif-de-temps-choisi-favorisant-la-diversite

2.2. Quelles pratiques RH ?

Une direction ou DRH peut agir selon trois axes : communication et évolution des représentations, refonte ou amélioration des pratiques de GRH, mise en place d'environnements de travail flexibles et aides catégorielles.

Une politique écrite est le signe visible d'une volonté de s'engager dans cette voie. Elle définit ce que l'entreprise entend par diversité et établit un lien avec les objectifs globaux. Contractualiser cette politique dans le cadre d'un accord d'entreprise en renforce la portée.

La formation des managers et des salariés est un volet indispensable. Les Anglo-Saxons parlent d'éducation plutôt que de formation. Plusieurs séances sont nécessaires, échelonnées dans le temps.

Devront être abordés :

- Les enjeux de la diversité : enjeux juridiques de non-discrimination, de prévention du harcèlement, enjeux éthiques et économiques de performance des équipes, dans un discours adapté à l'entreprise.
- La clarification de la position de l'entreprise (quelle définition de la diversité, quels comportements souhaités, quels résultats attendus ?), en lien avec ses métiers et sa stratégie. La meilleure formule est le dialogue avec la direction.
- La prise de conscience des stéréotypes et biais sous-jacents à nos comportements. La forme conseillée est l'approche inductive par des jeux de rôles ou des témoignages.
- Des formations à l'encadrement d'équipes hétérogènes.

Les conditions de réussite sont classiques mais s'imposent encore plus sur un sujet aussi complexe : l'implication de la direction générale, la répétition des séances, leur caractère obligatoire pour le management – une intégration transversale dans les séminaires de leadership est souhaitable – et la généralisation à tous les salariés. En cohérence avec l'enjeu stratégique, la gestion de la diversité doit être présente dans les critères d'évaluation des managers.

L'entreprise qui s'engage dans une politique d'égalité de traitement et de gestion de la diversité peut candidater à l'obtention des labels Égalité et/ou Diversité. Cela lui permettra d'une part de mobiliser ses équipes en interne sur le changement de pratiques et d'autre part de signaler son engagement en externe.

Focus 3.6

Les labels Égalité et Diversité en France

Le Label Égalité professionnelle, créé en 2005 à l'initiative des pouvoirs publics avec les partenaires sociaux, est décerné par l'Afnor aux organisations qui ont mis en place des pratiques de management favorisant l'égalité entre les hommes et les femmes. Une quarantaine d'entreprises est labellisée actuellement, qui représenteraient près de 900 000 salariés.

Le label Diversité, lui, a été une initiative de l'ANDRH soutenue par l'État. Il a été lancé en 2008 pour fournir un cadre d'action aux entreprises souhaitant s'engager concrètement dans la lutte contre les discriminations et pour l'égalité des chances, à la suite des engagements de la charte de la diversité. Plus de 300 grandes entreprises et collectivités publiques sont labellisées, ce qui témoigne de son attractivité. 3 % de la population active seraient couverts, soit près de 900 000 personnes également. Ces labels sont accordés pour trois ans mais avec une évaluation à mi-parcours au bout de 18 mois, qui conditionne le maintien du label.

Audit et amélioration des pratiques de GRH

Les politiques de ressources humaines doivent être non discriminatoires, même de manière indirecte[15], et méritocratiques. Elles doivent permettre l'expression de différences en n'imposant pas un profil culturel unique (Kandola et Fullerton, 2004).

Un diagnostic préalable doit rechercher les causes directes ou indirectes de sous-représentation de certains groupes ou de difficultés rencontrées par ces derniers dans leur évolution professionnelle. Ce diagnostic, effectué par des groupes de travail, objective l'analyse et favorise une prise de conscience. Il faut ensuite repérer les pratiques qui peuvent directement ou indirectement pénaliser certaines personnes. Ainsi, recruter par

15. « Constitue **une discrimination indirecte** une disposition, un critère ou une pratique neutre en apparence, mais susceptible d'entraîner, pour l'un des motifs prohibés par la loi, un désavantage particulier pour des personnes par rapport à d'autres personnes, à moins que cette disposition, ce critère ou cette pratique soit objectivement justifié par un but légitime et que les moyens pour réaliser ce but soient nécessaires et appropriés. La discrimination indirecte s'intéresse au *résultat* discriminatoire que produit une mesure et non à *l'intention* discriminatoire ou non qu'avait son auteur. [...] Par exemple, la pratique qui consiste à classer un travailleur handicapé à un niveau inférieur à celui correspondant à son diplôme, au motif que celui-ci a été obtenu dans le cadre d'une formation en centre de rééducation professionnelle (CRP), et donc délivré par le ministère de l'Emploi et de la Solidarité, et non par le ministère de l'Éducation nationale, constitue une discrimination indirectement fondée sur le handicap. En effet, même si le critère de différenciation est lié à l'autorité qui a délivré le diplôme et non au handicap, cette disposition a pour résultat, à qualification équivalente, de défavoriser spécifiquement les personnes handicapées, étant donné qu'elles sont majoritaires dans les formations en CRP. »
Source : http://www.defenseurdesdroits.fr/connaitre-son-action/la-promotion-de-legalite/quest-rep-dpde/discrimination/q1-1-3

cooptation favorise la reproduction sociale ; fixer des limites d'âge pour le repérage des potentiels pénalise les femmes qui ont des enfants et les personnes des minorités ou de moindre niveau de diplôme qui ont des débuts de carrière moins rapides, etc.

Recrutement et intégration. L'entreprise doit attirer des profils divers en nombre et qualités suffisants pour diversifier l'encadrement sans abaisser le niveau de compétences. Pour cela, elle doit engager des actions de communication, de relations avec de nouvelles écoles ou des intermédiaires plus en contact avec certains profils (personnes handicapées, jeunes « des quartiers », seniors). Elle peut diversifier les diplômes recherchés et privilégier les aptitudes aux diplômes ou aux expériences professionnelles (voir chapitre 6, « Apprécier le travail, la section sur les méthodes d'évaluation par simulation). Il faut veiller à la non-discrimination tout au long du processus. Le recrutement doit être effectué en fonction de critères liés au poste, par des évaluateurs formés à des méthodes de sélection non biaisées – en évitant une sélection qui privilégie inconsciemment un capital social ou culturel – et si possible par un comité d'évaluation incluant des personnes des groupes minoritaires. La socialisation peut être difficile dans une culture homogène. Un processus d'intégration comprenant un suivi RH, la présence d'un mentor et des séminaires collectifs doit favoriser l'inclusion.

Évaluation et gestion des carrières. Un bon système d'appréciation doit être pertinent au regard de la fonction exercée et être perçu comme juste par les salariés (voir les notions d'équité et de justice procédurales développées dans le chapitre 16, « Manager au quotidien et gérer des équipes »). Ces critères n'en sont que plus impératifs pour une gestion de la diversité, avec de plus une exigence de souplesse. Les auteurs recommandent en effet une fixation participative des objectifs dans une vision élargie des manières de les atteindre.

La gestion des carrières doit lutter contre le *plancher collant* ou le *plafond de verre* que rencontrent les personnes de certains groupes. Cela passe par :

- une égalité d'accès à la formation, en combattant les normes d'âge et en limitant les contraintes d'horaires ou de localisation ;
- un encouragement des profils qui se signalent peu habituellement, tels que les salariés plus âgés ou moins qualifiés, à suivre des formations ;
- la constitution de groupes diversifiés lors des formations pour faire évoluer les représentations.

Les entreprises peuvent en outre adopter les mesures suivantes :

- Fixer des critères de rémunération et de promotion fondés sur les résultats et les compétences, en faisant attention aux critères sexués dans les référentiels managériaux : il est conseillé de mêler des critères qui évoquent des traits féminins et des traits masculins.
- Supprimer les critères entraînant une discrimination directe et indirecte (voir plus haut), tels que les mentions d'âge ou de mobilité internationale ; lutter contre une culture de présentéisme qui pénalise les parents de jeunes enfants.
- Mettre en place la mixité et la diversité dans les comités de rémunération et de carrière.
- Organiser un suivi individuel de ces « talents divers » afin de limiter les départs.

Ainsi, gérer la diversité passe par l'amélioration de la gestion RH. Pour que cela ne reste pas lettre morte, il est nécessaire de faire un suivi de la situation des groupes concernés dans l'entreprise[16]. L'ANDRH a travaillé récemment avec l'Afnor sur une norme de mesure de la diversité.

Focus 3.7

La norme Afnor sur la mesure de la diversité

La norme Afnor NF X50-902 de mai 2013 spécifie dans un document « les principes et méthodes de mesure de la politique de diversité en matière de ressources humaines. Il propose des exemples d'indicateurs, ainsi que des outils permettant de mesurer la diversité pour tout organisme, quelle que soit sa taille ou sa forme juridique (entreprises, services publics, administrations, associations, etc.) ». Cette norme complète la norme X50-784 publiée en 2008 sur laquelle s'appuie le label Diversité.

Le document donne des exemples de mesures pour chaque domaine de la fonction ressources humaines (recrutement, formation, composition des effectifs, etc.) ainsi que des fiches méthodes (sur les *testings*, le diagnostic diversité) et des références législatives.

Des mesures de soutien

En complément des mesures RH précédentes, les entreprises peuvent adopter des actions de soutien pour certaines personnes, telles que :

- des formations spécifiques ou du coaching pour certains groupes, à l'exemple de conseils de gestion de carrière pour les femmes ou des entretiens de carrière pour les seniors ;
- un mentorat de ces personnes par des cadres supérieurs, pour leur donner accès aux réseaux informels qui leur manquent ;
- des groupes de soutien ou des réseaux internes (réseaux féminins, réseaux LGBT [lesbiennes, gays, bi et transexuels]) dans le même objectif.

Ces pratiques ne concernent pas que les cadres. Certaines entreprises dispensent des cours de langue aux salariés étrangers et organisent des cycles d'alphabétisation pour des publics moins qualifiés.

L'autre moyen de tenir compte des différences – de condition physique, de contraintes familiales ou personnelles – repose sur la flexibilité des conditions de travail. L'entreprise peut ainsi promouvoir des organisations du travail flexibles en élargissant les plages d'horaires variables et le télétravail ou aménager des postes en fonction des besoins – santé, handicap, âge… Elle peut également accorder des aides financières pour le soutien aux personnes dépendantes ou l'accès à des services pour gérer le quotidien (il est conseillé d'élargir le cercle des bénéficiaires afin de ne pas alimenter de perceptions d'iniquité entre groupes). Elle peut enfin développer une gestion des carrières qui tienne compte des périodes de la vie et autorise la prise de congés personnels ou le temps partiel sans sanctions sur la carrière.

---

16. Actuellement, le suivi statistique des origines ethniques est interdit en France. L'entreprise peut néanmoins faire effectuer des enquêtes de perception de discrimination, anonymes. Les conditions sont encadrées. Consulter le rapport émis par le défenseur des droits et la Cnil sur ce sujet : « Mesure pour progresser, vers l'égalité des chances » – accessible sur http://www.defenseurdesdroits.fr/sites/default/files/upload/promotion_de_%20legalite/progress/fiches/ldd_cnil_interactif.pdf ; consulté le 10 juillet 2014.

Résumé

Les obligations juridiques en matière de santé et de sécurité au travail, tant physique que psychique, s'imposent à l'employeur. Au-delà de cet impératif légal et moral, l'entreprise qui respecte les lois et adopte des pratiques socialement responsables – qui peuvent être labellisées ou signalées aux parties tierces par la norme ISO 26000 citée précédemment – ainsi que des pratiques de gestion de la diversité est généralement plus performante. De fait, ces entreprises rassurent les investisseurs et ont également tendance à être mieux valorisées en Bourse.

Bibliographie

Abord de Chatillon E., Bachelard O. et Carpentier S. (coord.), *Risques psychosociaux, santé et sécurité au travail : une perspective managériale*, Vuibert, AGRH, 2012.

Barth I. et Falcoz C., *Le Management de la diversité : enjeux, fondements et pratiques*, L'Harmattan, 2007.

Cornet A. et Warland P., *GRH et gestion de la diversité*, Dunod, coll. « Les topos », 2008.

Douillet P., *Prévenir les RPS : méthodes pour réguler le travail*, Anact, 2013.

Kandola et Fullerton, *Diversity in Action: Managing the Mosaic*, 1998.

Légeron P., *Le Stress au travail*, Odile Jacob, 2003.

Activités

Questions

1. Quelles sont les principales obligations de l'employeur en matière de santé des salariés ?
2. Le stress est une source majeure de dégradation de la santé des salariés. Citez les principales causes de surstress au travail.
3. En quoi les pratiques de gestion de la diversité rejoignent-elles les « bonnes pratiques » de gestion des ressources humaines ?

Étude de cas

L'établissement « Les Magnolias » (cas fictif)

Mme Julien vient d'être nommée cadre intermédiaire dans un établissement accueillant des personnes âgées dépendantes (EHPAD). Elle est notamment chargée d'encadrer l'équipe intervenant dans l'unité fermée auprès de personnes atteintes de la maladie d'Alzheimer.

Depuis quelques semaines, lors de la lecture des transmissions, elle note plusieurs faits significatifs : des toilettes retardées par la tension entre soignants et personnes âgées, une personne âgée mise à l'écart durant le temps de repas du fait de sa violence verbale envers d'autres résidents…

En outre, Mme Julien a reçu des remarques émanant des familles des personnes accueillies : linge sale, toilette non faite, chambre négligée… Enfin, elle relève des arrêts maladie courts mais fréquents touchant les membres de l'équipe.

Questions

1. Quelle analyse peut-elle faire de la situation ?
2. Quelles initiatives peut-elle entreprendre ?

Chapitre 4

GRH, transformations de l'entreprise et dialogue social

Étienne Normand

Ce chapitre aborde les questions suivantes :

- Quels sont les caractéristiques et les enjeux actuels du dialogue social en France ?
- Quels sont ses liens avec le changement organisationnel ?
- Quelle contribution attendre de la GRH dans l'efficience des organisations par le dialogue social ?

Croissance, décroissance et transformations sont les facettes d'une même réalité : celle du changement. Accompagner celui-ci est une des missions du DRH. La difficulté est double. Le DRH doit, d'une part, piloter un processus d'adaptation des personnes et de l'organisation et, d'autre part, modifier les règles et les procédures relatives aux ressources humaines. L'enjeu est que l'ajustement des règles rende compte de la transformation acquise et permette à chacun de retrouver une place respectable dans le changement institué. Acteur de cette évolution, le corps social réagit directement et à travers ses représentants. Les partenaires sociaux sont donc une clé de succès dans cette adaptation selon qu'ils sont associés à ce processus d'adaptation, que ce dernier soit choisi par la direction ou imposé par l'environnement. Il ne s'agit pas seulement du cadencement d'un changement planifié. La question de la place des partenaires sociaux dans les transformations de l'entreprise contient trois dimensions que le DRH doit conjuguer dans le « bon ordre » pour rendre effectif le changement :

- **Une dimension légale.** Il s'agit du respect des obligations d'information et de consultation des partenaires. L'historique des relations sociales en France a conduit à alourdir et à complexifier cette dimension. Le DRH est toujours à la merci d'un délit d'entrave (Cass. Crim., 5 avril 1973).
- **Une dimension stratégique.** Elle porte sur la manière de conduire le changement : est-il concerté ou imposé ? S'il est concerté, avec qui ? Le management seul ? Le management et les salariés ? Tous, y compris les représentants des salariés ? La communication sur le changement est déterminante. À quel moment et comment les partenaires sont-ils invités comme acteurs des transformations ?
- **Une dimension très pratique.** Elle porte sur l'adaptation des outils et pratiques de ressources humaines. Elle agit sur l'organisation du travail, au plus proche des managers et des salariés, des rôles et des compétences, des profils des personnes, des parcours professionnels et des systèmes de reconnaissance.

Ce chapitre interroge la place du dialogue social et de la DRH dans les efforts d'adaptation des entreprises. Représenter les salariés n'a jamais été aussi difficile dans les démocraties. Les fédérer autour de vecteurs mobilisateurs de construction est une gageure. Il y a dans ce contexte un risque de repli corporatiste du syndicalisme dans les pays européens. En même temps apparaît le besoin d'une coordination européenne renforcée du syndicalisme pour négocier là où se font les règles. Au moment où le syndicalisme est le plus faible, il a tragiquement besoin des leaders les plus forts. Sur une histoire difficile du dialogue social en France se construit un rattrapage rapide de pratiques de négociation (section 1). Ce progrès reste à consolider et demeure fragile (section 2). Il appelle de nouvelles pratiques de gestion du changement de la part des entreprises et des partenaires (section 3).

1. Un dialogue social traditionnellement difficile

1.1. Un historique de pratique de « négociation manifestation »

Selon Christian Morel[1], la pratique française de la négociation sociale exprime une difficulté historique au compromis, lequel est par définition une part de gain et d'abandon par les deux parties à la négociation. D'où le terme de « négociation manifestation », qu'il utilise et oppose à « négociation contrat ». Cela a peu à voir avec le degré de conflictualité (la grève, la colère, la violence), mais touche plutôt à une représentation de la relation de négociation dans laquelle les jeux seraient à sommes nulles (négociation distributive). Cela tient également à l'histoire des relations sociales en France et, plus particulièrement, à la loi Le Chapelier de 1791 qui interdisait l'action professionnelle collective et qui condamnait pénalement le « meneur ». Dans l'industrie naissante et jusqu'en 1919, puisqu'il faut attendre cette date pour reconnaître aux syndicats le droit de négocier, cet historique structure une relation de contestation de l'ordre établi politique et social, de l'autorité et du pouvoir. « Ce qui caractérise notre modèle social, c'est la fréquence, l'intensité et la cohérence des pratiques de négociation manifestation », résume Christian Morel. Un modèle qui utilise la communication comme moyen de pression et non d'ajustement réciproque, qui résiste au « donnant-donnant », au nom du profit comme en celui des droits acquis.

Focus 4.1

La conflictualité en France

Une évaluation difficile

La Dares (Direction de l'animation de la recherche, des études et des statistiques au ministère du Travail, de l'Emploi et de la Santé) consolide les données du secteur privé à travers les inspecteurs du travail. Il n'existe pas d'obligation de déclaration des mouvements de grève de la part des entreprises. Il s'agit donc d'observations par le réseau des inspecteurs. La DGAFP (Direction générale de l'administration et de la fonction publique au ministère de la Fonction publique) produit les chiffres pour le secteur public sans comptabiliser la fonction hospitalière et la fonction territoriale. La Poste et France Telecom ne sont suivies par aucune institution. L'évaluation globale est donc approchée. L'expression de la conflictualité se fait en jours non travaillés (JNT) pour 1 000 salariés. Selon la Dares[2], 128 JNT ont été perdus en 2007.

---

1. Morel M., *La Grève froide*, 2de éd., Octarès Éditions, 1998.
2. Carlier A. et Naboulet A., « Négociations collectives et grèves dans les entreprises du secteur marchand en 2007 », *Premières synthèses*, n° 18.2, 2009.04.

Focus 4.1 (suite)

En hausse par rapport aux deux années précédentes, ce niveau s'explique par les grèves importantes dans les transports en 2007. Sur une longue période, hors grands mouvements nationaux comme en 1995 ou 2010, le secteur public inclus, les chiffres seraient stables et atteindraient 100 JNT pour 1 000 salariés par an, soit, moins de 45 minutes de grève par salarié et par an. La grève permanente en France est une idée reçue. Selon une autre étude de la Dares[3], le nombre de conflits augmente mais leur durée est plus courte. La France se place au troisième rang à date de l'étude de la Dares, de la conflictualité en Europe, derrière le Danemark et l'Espagne.

Des formes nouvelles

Les formes de conflits se transforment conjointement aux évolutions des façons de travailler et des comportements au travail. Le conflit s'exprime davantage par de courts débrayages lors d'un changement d'équipe dans les usines, des rassemblements à la prise de poste, en fin d'équipe ou aux heures des repas, le port de brassards affichant une solidarité de contestation, le zèle dans l'application des règles de sécurité ou encore la multiplication de blogs contestataires. Ces formes nouvelles visent à obtenir la médiatisation maximale tout en en intégrant la réticence générale à s'engager dans l'arrêt collectif de travail. On revoit aussi des formes anciennes telles que les « coordinations » éruptives (intermittents du spectacle et plus récemment « bonnets rouges ») ou les séquestrations. Elles sont des symptômes difficiles à gérer de la déliaison sociale.

Un rôle modifié de gestion du collectif par les DRH et RRH

Ils doivent repérer des signaux faibles, épars et protéiformes puis leur donner sens. Ces mouvements sont plus difficiles à analyser et surtout à gérer car ils fonctionnent comme un réseau dont les flux sont imprévisibles. Précédemment, la grève obéissait à des règles et suivait des étapes codifiées permettant une régulation, une négociation et une sortie de crise. Or, ces formes nouvelles obligent à l'anticipation, à la gestion des durées ainsi que des réponses globales. L'enjeu est de qualifier cette dimension globale pour qu'elle parle aux acteurs (bien-être au travail par exemple) et d'animer l'écoute terrain par le réseau de la fonction RH pour passer du global au traitement de questions concrètes par la négociation.

1.2. Les obligations d'information et de consultation du comité d'entreprise

Ce marquage historique se prolonge après la mise en place des comités d'entreprise en 1945. La guerre froide conduit à répondre au contexte de radicalisation des relations par des obligations très codifiées d'information et de consultation des partenaires sociaux. Le DRH devient dans l'entreprise celui qui immanquablement « retarde la mise en œuvre des transformations » au nom des obligations préalables vis-à-vis des partenaires. Il faut attendre 1968 pour que la section syndicale « passe la porte de l'entreprise ». Cette spécificité des relations sociales françaises aura trois conséquences :

- L'émiettement syndical du fait de concurrence intersyndicale.

3. Carlier A. et Tenret E., « Des conflits du travail plus nombreux et plus diversifiés », *Premières synthèses*, n° 08.1, 2007.

- Une perte de cohésion sociale accompagnée d'un individualisme rampant car la conflictualité, malgré la dimension parfois festive de la grève, ne remplace pas un projet collectif.
- Une place prééminente de l'État dans le dispositif de dialogue social. La loi se substitue à des négociations non abouties ou politiquement récupérées. 1969, 1986, 2003 et 2005 cadencent la difficulté d'adaptation des partenaires – employeurs et employés – à la « négociation contrat ».

En France, la force des obligations légales domine le dialogue. L'obligation ne pouvant donner sens au changement, les DRH ont été conduits à administrer le respect des obligations légales en supportant les coûts induits par la représentation, sans grande valeur ajoutée, mais dans le contrôle du risque de sanctions administratives. Pourtant, c'est la qualité du dialogue avec les partenaires qui permet de déplacer l'objet de la négociation sur la transformation de l'entreprise elle-même. Les relations sociales de ces 30 dernières années sont celles de cet apprentissage, douloureux le plus souvent, par des plans sociaux d'autant plus lourds que tardifs, émaillés de temps à autre de réelles réussites exemplaires.

Sans reprendre la liste des obligations d'information et de consultation au comité d'entreprise « sur l'organisation, la gestion et la marche générale de l'entreprise », selon les termes de l'ordonnance du 22 février 1945, soulignons que ces obligations ont vocation à un partage de connaissances de nature à « donner à voir » ce qui change. La qualité de la relation rend opératoire ou non un changement concerté, négocié, imposé selon le cas :

- **au plan de l'information** (c'est-à-dire donner à savoir) : situation économique et financière, rémunération, formation, emploi et qualification, méthodes de production, bilan social, égalité professionnelle, médecine du travail, travailleurs handicapés, formation à la sécurité, recherche et développement technologique et, depuis 2005, information triennale sur la stratégie de l'entreprise ;
- **au plan de la consultation** (c'est-à-dire obtenir un avis) sachant qu'il ne peut y avoir consultation sans information préalable : marche générale de l'entreprise, emploi, modifications de l'organisation économique ou juridique de l'entreprise, conditions de travail et d'emploi des salariés, règlement intérieur, orientation de la formation et plan de formation, apprentissage...

1.3. La mutation en cours

L'apprentissage de la concertation

Ce développement progressif de la concertation s'est réalisé à travers un long apprentissage à partir des années 1970. Trois domaines principaux sont concernés : la formation, les salaires et l'amélioration des conditions de travail.

La formation

Au rythme d'une loi tous les 10 ans à partir de 1971, la formation est le domaine par lequel les organisations syndicales salariées ont fortement contribué à la réalisation des changements de pratiques de négociation. La dernière démonstration de ces avancées est contenue dans l'ANI (accord national interprofessionnel) du 14 décembre 2013, qui réussit à la fois une réforme des financements, une réorientation des fonds de la formation et une individualisation accrue du droit à la formation par le CPF (compte personnel de formation).

Ainsi se structure progressivement un dispositif par lequel les partenaires, d'une part, sont consultés et négocient dans le champ de l'entreprise et, d'autre part, se concertent dans des instances paritaires régionales et par branche. La transcription en loi de l'ANI de décembre 2013 organise une étape de décentralisation des investissements de formation.

Les salaires

L'obligation annuelle de négocier (ou NAO pour négociation annuelle obligatoire) marque une étape importante dans la structuration des rôles respectifs des comités d'entreprise (CE) et des organisations syndicales (OS). La loi de 1982 qui l'organise complète l'obligation d'information et de consultation des comités d'entreprise sur les salaires, l'organisation du temps de travail, l'emploi et l'égalité professionnelle hommes-femmes, par une obligation de négociation annuelle avec les OS sur ces thèmes. La loi n'impose pas d'obligation de conclure, et les procès-verbaux de désaccord témoignent d'un apprentissage difficile par les deux parties. Cette législation a largement contribué à institutionnaliser la négociation d'entreprise.

Organisation du travail, qualification et classification

C'est à travers les consultations prévues à ce titre qu'ont été impulsés les apprentissages les plus riches et parfois les plus difficiles pour les chefs d'entreprise. Deux domaines sont particulièrement concernés : les modifications de l'organisation économique et les introductions de technologies employées dans l'entreprise (y compris les moyens et techniques permettant un contrôle des salariés). Il s'agit pour les ressources humaines de ce que fait le collectif, de la façon dont il s'organise pour le faire, des compétences utiles, de la manière de les acquérir. C'est sur ce terrain que se tisse une fonction d'anticipation des transformations par les relations sociales. Prendre l'obligation de consultation comme une opportunité de pédagogie sur les transformations est certainement le bon angle d'attaque. Cette posture permet de rechercher le dialogue et d'affirmer à la fois son écoute et son pouvoir de direction. Au contraire, venir devant le CE avec un objectif d'avis favorable conduit à dire des vérités successives sans se donner les moyens de la pédagogie. L'avis favorable est un résultat et non un objectif, l'avis défavorable n'est pas en soi le signe de relations sociales conflictuelles.

Émergence de pratiques d'anticipation

L'objectif d'une gestion anticipée des transformations est présent dès l'ordonnance de 1945 sur les comités d'entreprise. Elle se précise par un ANI du 10 février 1969, qui porte sur la sécurité de l'emploi en incitant les entreprises à « préparer les solutions permettant de réduire les licenciements, notamment *par un effort de formation facilitant les mutations internes* ». Puis la loi du 2 août 1989, relative à la prévention du licenciement économique et au droit de conversion, crée des obligations plus précises d'information et de consultation du CE sur « l'évolution passée et prévisionnelle de l'emploi et des qualifications ».

Ces deux textes précèdent des chocs économiques qui produisent une montée du chômage et vont centrer l'attention sur les plans sociaux. À intervalles réguliers (1975, 1981-1982, 1984 et 1989), des aménagements facilitateurs ou contraignants viennent encadrer la négociation sociale sur les transformations de l'entreprise. La période est marquée par les débats très émotionnels sur l'autorisation administrative de licenciement et sa suppression. Les textes et les accords, les échecs de la négociation qui font place à la loi sont surtout intéressants par le fait qu'ils témoignent du changement progressif d'attitude des partenaires face aux transformations. Elle prend la forme, d'une part, d'un partage plus équilibré de l'information et d'un accompagnement des mutations et, d'autre part, côté salariés et dans le secteur privé au moins, d'un abandon progressif de la « négociation manifestation ». Elle subsiste dans les situations dramatisées par un bassin d'emploi sans perspective ou des fermetures brutales et arrogantes.

De cette période résultent quelques accords phares dont le plus connu reste celui d'Usinor, dit accord « À cap 2000 », qui mettait en place avec une cible à 10 ans le développement et la reconnaissance des compétences. On pourrait en citer d'autres chez Renault, Thomson, devenu Thalès, Merlin Gérin, Péchiney par exemple. Ces accords viennent structurer un langage et des pratiques de GPEC concertée.

La loi du 18 janvier 2005 sur l'obligation triennale de négocier consolide le chemin parcouru par les partenaires au cours des 30 dernières années et marque un nouveau départ à travers l'obligation de négocier avec les délégués syndicaux sur les modalités d'information des élus du comité d'entreprise. Pour faire simple, les délégués désignés cadrent la relation des délégués élus à l'employeur. Cette novation ouvre un champ de progrès de l'articulation entre les représentants élus et les représentants désignés, et donc du droit des CE à l'information et du droit des syndicats à négocier. Le texte concerne les entreprises ou les groupes en France de plus de 300 salariés et les groupes de dimension européenne de plus de 150 salariés en France. On parle donc de près de 50 % des salariés.

Les obligations créées sont de trois ordres :

- Négociation sur les modalités d'information et de consultation du CE sur la stratégie et ses conséquences prévisibles sur l'emploi et les salaires. Les organisations syndicales et l'entreprise ont dans cet ordre à définir les règles et les méthodes, à cadrer les contenus de ce qui fera l'objet de l'information-consultation au CE. La première question est évidemment de définir entre eux ce qui relève de la stratégie et n'en relève pas, puis à quoi cela engage et comment l'apprécier.
- Négociation de la mise en place d'un dispositif de GPEC (gestion prévisionnelle de l'emploi et des compétences). Dans cet ensemble, chaque mot est important mais le plus novateur est certainement *dispositif* qui évoque de façon large l'ensemble des mesures constituant un plan. Comme le souligne le rapport Rouilleault[4], « Il ne s'agit pas de négocier la GPEC mais de négocier les modalités liant dans la durée un processus gestionnaire de la GPEC et le dialogue social sur la GPEC. » Novation, car elle ouvre à la négociation le champ des arbitrages dynamiques entre les politiques RH. Ainsi, quelle part de mobilité interne introduire pour sécuriser les parcours au prix de quelle politique de formation et quelle conséquence salariale ? L'intention est de se donner les moyens de négocier sur les interactions entre les politiques et non plus de faire une transaction ponctuelle à l'intérieur d'une politique. Cela paraîtra d'évidence au technicien des ressources humaines, mais la loi ne prévoyait jusqu'alors que des négociations ponctuelles sur des champs cloisonnés. L'obligation triennale fait entrer la gestion dynamique des ajustements dans le champ de la négociation.
- Négociation enfin des conditions d'accès et de maintien dans l'emploi et d'accès à la formation professionnelle des salariés âgés. L'obligation avait pour objectif d'arrêter une pratique historique de départs anticipés à la retraite au lieu de faire face aux impératifs de l'allongement de la vie professionnelle. Les contrats de génération prolongent cette ambition.

4. Rouilleault H., « Anticiper et concerter les mutations. L'obligation triennale de négocier », *Rapport de mission*, La Documentation française, 2007.

L'accélération

L'obligation triennale de négocier conjuguée à la réforme de la représentativité des organisations salariés en 2008 ont enrichi les négociations d'entreprise et contribué à modifier les postures syndicales, lesquelles ont un effet sur les négociations de branches et interprofessionnelles. Pour la première fois, en 2013, le syndicalisme réformiste (le plus ouvert à la négociation intégrative) domine le syndicalisme de contestation. Les accords de compétitivité médiatisés dans les grands groupes et nombreux ailleurs, ainsi que l'ANI sur la compétitivité de janvier 2013 en sont des exemples. La démarche du « pacte de responsabilité » engagée par le président Hollande début 2014 a ouvert une étape incertaine, mais logique au regard des expériences menées ces 15 dernières années. Elle consisterait à négocier par branche professionnelle les modalités d'une baisse de charges sociales au profit des entreprises en échange de contreparties sur l'emploi, tandis que les administrations aideraient aux équilibres de la protection sociale et de la redistribution par des baisses de la dépense publique. Pour ce faire, on n'échappera pas à une simplification des branches professionnelles[5] et à la réforme de la représentativité patronale[6]. Au terme du processus, les règles du dialogue social auront été complètement refondées.

2. Des fragilités sources d'incertitudes

Pour apprécier les chances de succès d'une pratique plus opérante du dialogue social en France à partir de ces règles refondées, il faut sortir du cadre français et de son temps court politique.

2.1. Des consolidations nécessaires

Les novations sociales imposées par de grandes lois sociales (les 35 heures fortes en symboles à ce titre) ne correspondent plus à la pratique actuelle. L'État est ainsi moins présent depuis 2005 dans le dialogue puisque le politique, le plus souvent, se contente de reprendre par la loi les contenus d'accords nationaux interprofessionnels. Cette pratique semble faire ses preuves, elle gagnerait à être clarifiée au travers d'une dynamique d'expertise des fonctionnaires de la direction du travail et des orientations du ministre du Travail. L'administration joue ainsi dans la durée un rôle de médiation et le politique un rôle d'impulsion de plus court terme.

Le principe de contingence qui fonde la GRH suppose des espaces de négociation à plusieurs niveaux, géographique et de branche et au plus près de l'entreprise. Cette gestion est difficile dans l'état actuel du nombre de branches et des faibles ressources des appareils syndicaux en négociateurs. Un axe de consolidation nécessaire passe par la réduction drastique du nombre de branches professionnelles (948 conventions collectives en France contre une quinzaine en Allemagne).

La loi de 2008 sur la représentativité des organisations salariées est une avancée importante. Concrétisée en 2013, elle exerce une pression sur chaque organisation dans chaque branche pour rester ou devenir présent à la table de négociation. Il convient de la prolonger par une réforme de la représentativité (en cours) du patronat. Une concurrence

5. Rapport Poisson, 2010. L'objectif serait de passer de 948 conventions collectives à environ 250 en 10 ans.
6. Rapport Combrexelle, octobre 2013.

claire est en train de s'établir entre la CGPME et le Medef. On sort progressivement d'un flou qui devrait faire apparaître des intérêts différents au sein du patronat entre les artisans, les PME et les grands groupes mondialisés. Ces derniers devraient à terme renforcer la négociation de groupe, les autres prendre en compte par la négociation de branche et de territoire leurs spécificités.

2.2. Des fragilités à surveiller

Elles sont de deux ordres : sociologiques et structurelles. Au plan sociologique, le basculement générationnel entraînera dans les courtes années à venir un profond renouvellement des représentants. Rien ne permet d'affirmer qu'une génération nouvelle soit préparée à la relève. Au lieu d'une représentation organisée à travers les syndicats, on pourrait avoir à faire face à une perte d'influence encore plus forte de ceux-ci. On assisterait alors à des explosions sporadiques sur des intérêts corporatistes beaucoup plus difficiles à gérer par les DRH que des relations sociales structurées.

Les pays européens dont les deux principales organisations syndicales représentent plus de 50 % des voix ont une capacité d'adaptation plus rapide que les autres (Allemagne, Italie, pays nordiques). Ce n'est pas le cas de la France. Cette fragilité française est porteuse de risques au moment où le scepticisme à l'égard de la construction européenne augmente. Le syndicalisme a besoin d'une dynamique européenne pour influencer la création de règles structurantes. La compétition intersyndicale avec des références et des pratiques principalement nationales pourrait jouer comme force centrifuge conduisant les efforts de dialogue social au dialogue de sourds.

3. La gestion des transformations

Puisque les uns et les autres souhaitent cette GRH à la fois anticipatrice et concertée, quelle pourrait être la façon de faire, la méthode d'une gestion des transformations conduisant à la fois la préparation du corps social au changement et la négociation sociale de sa mise en œuvre ? Et, contrainte supplémentaire, le tout sans mettre les partenaires salariés dans une situation de cogestion de fait dont personne ne veut ? C'est l'objet de cette partie.

3.1. Pour une nouvelle approche des transformations longues

L'approche des spécialistes de l'accompagnement du changement, toutes écoles confondues, a longtemps tenu les relations sociales à l'écart de la démarche. Le DRH faisait son affaire des partenaires sociaux, et imposait parfois un ralentissement du processus de changement pour « mettre à niveau » les partenaires. Quelques spécialistes des relations sociales, dans une approche différente et sur des contextes explosifs, calaient le changement sur la négociation, la gestion des conflits et la façon de les désamorcer.

Les méthodes qui reconnaissent le fait syndical sans associer les partenaires à la transformation touchent leurs limites dans le changement continu. Elles placent les organisations syndicales et les élus dans une position d'observateurs critiques ou, pire, de résistance. Elles poussent à une surenchère de communication contradictoire émaillée d'avis négatifs de CE. Le nombre d'hésitants augmente, les opposants radicalisent leurs positions, les « appartenants » dénient le changement et les mercenaires attendent leur heure pour ramasser l'indemnisation du préjudice de rupture.

La gestion des ressources humaines a besoin de cohésion sociale ou, à défaut, de systèmes de règles et de processus forts. L'émiettement syndical nuit à la cohésion de la même façon que les virages stratégiques à 180° qu'imposent les mouvements de concentration des entreprises nuisent à la cohérence des systèmes de règles. On cherche une approche du changement qui gérerait de façon conjointe un processus de transformation du corps social et la négociation des accords définissant les règles en œuvre au terme de cette transformation. Ce serait plus efficace quoique certainement plus lent. Dans cette approche, la démarche de changement et le processus de négociation sociale seraient intégrés. Hubert Landier[7] en décrit le modèle dans son ouvrage. Henri Rouilleault[8], dans son rapport « Anticiper et concerter les mutations. L'obligation triennale de négocier », l'appelle de ses vœux.

Cette approche peut se résumer selon le schéma de la figure 4.1.

Figure 4.1 – Gestion coordonnée du dialogue social et du changement organisationnel

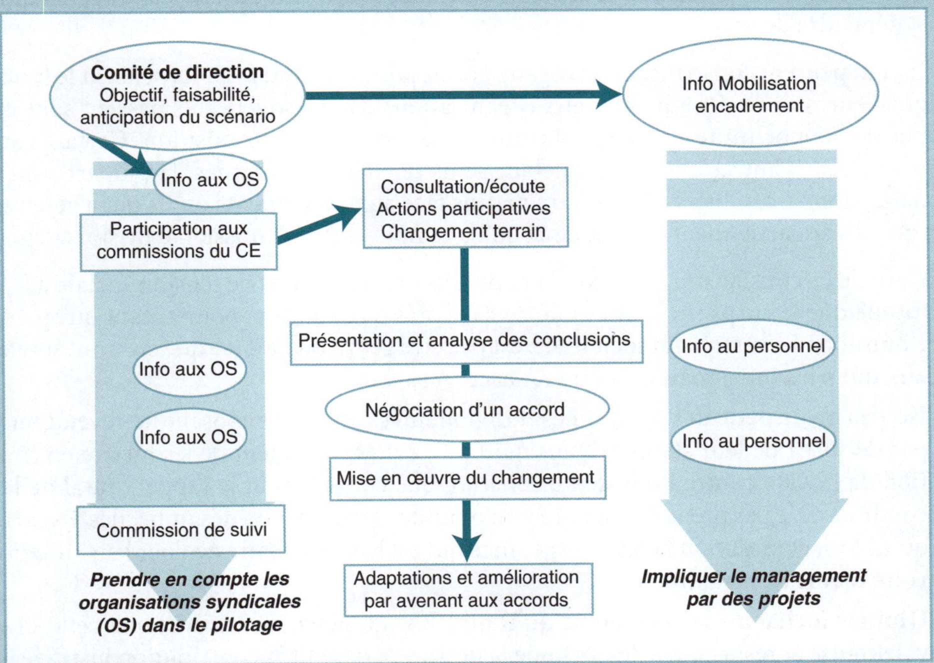

Source : D'après Hubert Landier.

Les approches sociodynamiques du changement consistent à rendre possible et acceptable le changement par le contournement progressif des opposants et des hésitants. Elles sont toujours utiles dans la gestion de terrain. Mais la sociodynamique touche ses limites pour réaliser la vraie transformation, celle qui consiste à faire changer de logique un corps social (à déplacer des fondamentaux culturels, comme disent les approches anthropologiques du changement). C'est en prenant le corps social comme un tout, y

7. Landier H., *Le Guide des relations sociales dans l'entreprise*, Eyrolles - Éditions d'Organisation, 2007.
8. *Op. cit.*

compris avec ses représentants salariés, qu'une démarche de changement réel a le plus de chance d'aboutir. Les représentants salariés sont en effet souvent les plus appartenants à l'organisation, les plus dépendants de celle-ci. Au-delà de leur rôle, ils sont à travers leurs attitudes des éléments frein ou moteur de la transformation du corps social.

3.2. La méthode

Le monde du travail se répartit entre ceux qui pensent et ceux qui font.

Ceux qui font ne sont pas dupes de leur place et l'acceptent pour autant qu'ils ne soient pas rappelés à la soumission que contient cet état. Plus qu'ailleurs, cette soumission est « honteuse » en France, pour des raisons compliquées issues de la naissance de la Troisième République au sortir de la Commune. Il en résulte de l'émotion quand ceux qui font sont rappelés à leur position. Cette position est dite de « dépendance » ; elle peut renvoyer certains au fait d'être non libres, « soumis ». C'est ce qui se passe quand ils se sentent humiliés par ceux qui pensent. Ils SONT l'entreprise au sens où ils « sont des Renault » par exemple. Si on enlève à celui qui fait son appartenance à l'entreprise, il lui reste son statut de « soumis » et la colère contre ce sentiment de « ne pas s'appartenir », de « dépendre de ».

Ceux qui pensent construisent les organisations pour ceux qui font. Ils pensent le monde depuis leur monde. Ils adhèrent aux organisations dans lesquelles ils passent sans être dupes de l'opportunité ou de la contrainte que représente leur position. Certains sont mercenaires, d'autres cyniques, quelques-uns deviennent infatués, la plupart sont de bons gestionnaires. Ils essaient d'être malins face aux événements qu'ils ont à gérer. On dit qu'ils « appartiennent ». C'est ainsi qu'ils remplissent leur mission d'organisateur.

Partant de ce constat simple, il convient de gérer les situations de tension sociale avec la certitude que le corps social est doué de capacités d'adaptation pour autant qu'on évite de l'humilier. La gestion du social, ce n'est pas être gentil ou naïf (ce que croiront souvent « ceux qui pensent ») mais c'est être efficace. À savoir :

- **Ne pas avoir peur des foules.** Les individualités qui les composent ne revendiquent pas de sortir de leur statut de gens qui font ; éviter seulement de les mettre en situation de révolte contre l'injuste humiliation que constituerait le rappel brutal de leur condition. Ne pas prendre ceux qui font pour des ignorants ou des imbéciles, ils savent qu'ils font et mesurent la faible espérance qui est la leur de faire évoluer leur situation, voire même de la maintenir.
- **Donner à chacun le sentiment qu'il a sa bonne place au travail**, que celle-ci est valeureuse et respectable dès lors que la personne remplit la contribution justifiée par le salaire reçu. Être très ferme sur les obligations et les interdits relatifs aux nécessaires équilibres économiques de l'organisation. Les personnes fuient moins le travail que le déni par autrui de leur bonne place au travail.
- **Faire crédit à ceux qui font qu'ils pensent aussi**, suffisamment et avec justesse, pour apprécier ceux qui pensent au filtre des standards du métier qu'ils pratiquent et connaissent. Quand ceux qui pensent sont crédibles dans le métier, ils peuvent construire avec ceux qui font (pour autant qu'ils respectent aussi les deux premiers principes ci-dessus). L'expérience montre que l'essentiel des conflits résulte d'un déni de la façon de faire le métier telle que perçue par le corps social. Non que celui-ci ait systématiquement raison, loin s'en faut, mais que ceux qui pensent n'ont pas pris le temps de l'ajustement des représentations sur la façon actualisée de faire le métier. C'est

bien là l'étape d'anticipation que devraient démontrer ceux qui pensent. Elle consiste à consacrer l'énergie suffisante à rendre légitime le changement qu'ils ont pour cible.

La culture des entreprises est presque toujours constituée d'une fierté de métier, même si la sociologie nous montre que la notion a perdu beaucoup de son sens originel. Cette fierté est fondée ou non, ce n'est pas l'objet, les salariés ont un sentiment d'appartenance à quelque chose qui doit être compris et reconnu. D'autre part, dans les situations difficiles de transition, il apparaît que les organisations concernées échappent depuis longtemps à la sanction des réalités économiques malgré les pertes, les erreurs de gestion et les plans sociaux. Les salariés n'ont plus de référence pour se représenter les normes d'efficacité attendues dans leur contexte.

Soit nous canalisons l'élément positif de l'entreprise qu'est la fierté métier, et les salariés peuvent alors entendre de nouvelles règles de gestion. Ils ne demandent pas à rêver, mais à pouvoir être fiers de participer à quelque chose qui marche, sécuriser leur emploi et s'y développer.

Soit on les prend par surprise, en les mettant devant le fait accompli en les prenant pour des imbéciles qu'on pourrait faire rêver, comme avant la crise, aux reconversions, aux développements des compétences et aux parcours professionnels, voire à une solide indemnité, et on crée alors les conditions de la révolte (pas une colère transitoire mais une révolte désespérée).

Se fonder sur la fierté d'appartenance pour conduire le changement requiert quatre étapes :

1. Préannonce : donner un temps d'avance aux encadrants placés dans leur responsabilité et préparés pour cela. Ne pas le faire, c'est radicaliser la coupure entre ceux qui pensent et ceux qui font. C'est réduire les encadrants au rôle de surveillants de ceux qui font ; on sait que cela conduit le surveillant à toutes les lâchetés. Prendre donc le temps d'en faire les relais d'une raison d'être sur laquelle se réalise la production.
2. Annoncer aux partenaires l'orientation du mode de gestion attendu à l'occasion d'un premier changement volontairement fondateur. C'est ce qu'on appelle « l'instant de voir »[9] une forme d'électrochoc au cours duquel toutes les questions s'imposent sans que les salariés n'aient de réponse, bien qu'ils entrevoient fugitivement les conséquences d'une forme de commencement.
3. Prendre le « temps pour comprendre » avec les partenaires ce que ce commencement change et ne change pas. C'est palabrer, s'appuyer sur ce qui ne change pas pour partager la compréhension de l'activité dans son nouveau contexte et ses conditions de succès.
4. Accélérer le basculement quand c'est le « moment de conclure ». Cette étape correspond à la mise en place effective de nouvelles règles d'organisation du travail et de GRH. Tout cela prend quelques mois. C'est un temps suspendu mais de construction.

Trop souvent, ce qui est mené par ceux qui pensent est une double peine pour les salariés : rappel de leur condition de soumis et déni de leur intelligence à participer à ce qui change. Ces modes de pensée n'ont rien intégré de la crise, ne tirent aucune conséquence du mépris des élites que renvoie la société actuellement. C'est ce que nous devons faire évoluer par des méthodes de changement appropriées. Elles traitent d'abord des représentations des dirigeants avant d'invoquer les résistances du corps social.

9. Lebally M. et Simon A., *Pour une anthropologie de l'entreprise*, Pearson, 2009.

3.3. Les situations de crise

Cessions, acquisitions, fusions, changements de produits ou de marché peuvent intervenir brutalement avec des conséquences sociales immédiates et non préparées. C'est par définition le contexte inapproprié pour réaliser les changements, ce que tendent à démontrer les études récurrentes sur l'incertaine efficacité économique de ces opérations. Cette situation de crise s'invite pourtant largement dans la pratique des DRH. Le nombre de plans de sauvegarde de l'emploi (PSE) notifié à l'administration au cours de 2013 est de 950 et représenterait de 3 à 7 % des entrées à Pôle Emploi sur les dernières années. Ce n'est pas le lieu ici de décrire les étapes à parcourir ni les obligations légales à respecter. Puisque l'imprévisible fait une irruption régulière dans le quotidien du DRH, autant s'y préparer. C'est l'objet des accords de méthode initiés par une la loi du 3 janvier 2003 et repris par la loi de cohésion sociale du 18 janvier 2005.

Anticipation par accord de méthode

Les DRH sont habitués aux accords de méthode qui viennent organiser un processus de négociation (art. L. 1233-21 du Code du travail). Il s'agit dans ce sens de définir une feuille de route pour aboutir à une négociation qui s'ouvre. On balise ainsi la composition de l'équipe de négociation, le cadencement des réunions, la gestion de l'information, la comptabilisation des heures passées, etc. L'accord de méthode peut avoir ce sens ; il peut aussi prévoir, dans le cadre de la GPEC cette fois, comment se déroulerait le PSE s'il devait s'imposer un jour. C'est un accord dérogatoire au droit commun qui simplifie le processus, le sécurise et en contrepartie engage l'employeur sur des garanties aux salariés. Il se signe environ 200 accords de ce type chaque année.

Ces accords recueillent un réel succès : les directions d'entreprise parce que cela permet de sécuriser la procédure ; les organisations syndicales parce que cela permet de sécuriser l'accompagnement des personnes dans le plan.

On parle alors d'accords de méthode à chaud (qui encadrent le déroulement d'un PSE décidé) ; à tiède (qui encadrent des mesures de départ volontaire ou de mobilité interne) ; à froid enfin. Ceux-ci sont les plus intéressants car ils tendent à organiser par anticipation des réponses alternatives aux licenciements secs.

3.4. Vers une méthode de gestion continue du changement

Dans une précédente édition, on insistait sur le pouvoir des préambules aux accords. La production d'un document initial par la direction oblige à des prises de position, à des demandes de garanties de part et d'autre pour entrer réellement en négociation. C'est bien la phase préparatoire au changement. Elle consiste à révéler le champ du changement, à partager une approche commune de ses causes, à lever les réticences autour des intentions. On traite à travers le préambule la part d'imaginaire des partenaires sur les intentions (« en fait ce qu'ils veulent dans cette négociation, c'est surtout revenir sur tel avantage ou obtenir telle concession »). On traite aussi la part de symbolique de tout changement (« c'est impossible car on n'a jamais fait comme cela dans l'entreprise »). Dans le même esprit, mais hors du champ du dialogue social, tend à s'organiser de plus en plus une gestion de projet de changement sur la base de l'intelligence collective[10]. Elle consiste en l'interaction de la diversité des opinions, organisée en controverses, dans la

10. D'Herbemont O., *Booster l'intelligence collective*, Gallimard, 2012.

construction de solution. Le changement est action, il traite un problème de fond d'une certaine façon à l'insu de tous. On travaille sur ce qui change et, à cette occasion, parce qu'on est impliqué dans l'action on découvre qu'on a « bien avancé ». Le changement est dans l'interaction des acteurs plus que dans l'objet de la négociation.

Pour que cette démarche devienne le mode de traitement habituel des situations complexes, il faudra probablement lever quelques tabous dans les années à venir sur lesquels s'accordent les différents rapports et clubs de réflexion en France[11] :

Ainsi peut-on durablement financer une représentation sociale sans rendre obligatoire l'adhésion à une organisation ? Sauf à faire bénéficier les adhérents de droits supérieurs à ceux qui refusent de s'engager ?

Peut-on garantir la bonne place de la représentation salariale dans l'entreprise sans demander aux potentiels les mieux formés de l'entreprise d'y prendre une place à un moment de leur parcours professionnel ? Dans les plus grandes écoles de commerce, le « stage ouvrier » a été remplacé par une séquence dans une ONG au bout du monde. En Allemagne cette mobilité de représentation existe. À quoi correspondrait-elle dans le contexte français ? Quel regard nouveau serait porté sur les « élites » en France si nous y réussissions ?

Peut-on traiter séparément la compétitivité coût du travail entre les partenaires, la dépense publique et la fiscalité par l'État, la compétitivité hors coût par les dirigeants, l'insertion sociale par les territoires ? Évidemment non ! Les interactions entre les domaines sont telles que c'est dans le périmètre d'un secteur d'activité ou d'un enjeu territorial que l'ensemble doit être traité entre l'État, les partenaires, les dirigeants et le territoire. Il convient de segmenter les négociations pour adapter au contexte précis la concrétisation d'accords réellement novateurs. Un indice de cette tendance est contenu dans l'ANI du 14 décembre sur la formation. La cotisation obligatoire est ramenée à 1 %, mais les abondements d'entreprise au CPF seront imputés sur ce taux dans la limite de 0,2 %. Évolution plus importante qu'il n'y paraît : ainsi le minimum légal n'est plus un seuil à partir duquel se met en place une politique d'entreprise, mais un niveau qui suppose une politique.

Résumé

La France a la réputation bien fondée de démontrer un modèle de relations sociales décalé par rapport aux pratiques européennes. Ce chapitre montre les tentatives successives d'un rattrapage difficile qui n'adresse pas seulement la place de l'État dans la négociation. Plus profondément, derrière cette place de l'État, des symboles profondément ancrés dans la culture des relations au travail sont en cause. Amener les salariés à s'exprimer par rapport à des transformations à travers un « suis-je capable de faire ?» plutôt que « suis-je autorisé à faire ? » est l'enjeu essentiel des réformes à venir. Il s'agit en effet de remettre l'individualité au cœur de la négociation collective. Curieuse façon de refonder l'action collective ? Non. Le pacte de responsabilité relève de cette démarche en offrant l'opportunité de relever des défis au croisement de métiers, de territoires, d'enjeux d'emplois et de compétitivité. Le changement par action est de cet ordre. Ceux qui pensent tels qu'ils ont été décrits seront déterminants du succès ou de l'échec. Le critère d'évaluation de leur contribution pourrait être la mesure de leur capacité à servir un besoin et non plus servir leur expertise de gestionnaire.

11. ANDRH, 2012 ; Institut Montaigne, 2012 ; Terra Nova, 2012 ; Barthélemy, 2012 ; Commission parlementaire Goodyear, 2013.

Bibliographie

Commission européenne, « Le dialogue social », dans *Guide de l'Europe sociale*, vol. 2, 2012.

Descolonges M. et Saincy B., *Les Nouveaux Enjeux de la négociation sociale internationale*, Paris, La Découverte, 2006.

Hindley D et Aparisi P., *GPEC et PSE*, Paris, éditions d'Organisation, 2007.

Landier H., *Le Guide des relations sociales en entreprise*, Paris, Eyrolles – éditions d'Organisation, 2007.

Lebailly M. et Simon A., *Pour une anthropologie de l'entreprise*, Paris, Village Mondial, 2007.

Offerlé M., *Les Patrons des patrons*, Paris, Odile Jacob, 2013.

Tixier P.E., *Ressources humaines pour sortie de crise*, Paris, SciencesPo – Les Presses, 2010.

Activités

Questions

1. Le taux de syndicalisation est-il un indicateur pertinent de la puissance ou du déclin syndical ?
2. Que signifie la décentralisation du dialogue social ?

Étude de cas

Un accord mondial a été signé le 2 juillet 2013 entre la direction du groupe Renault, IndustriAll Global Union[12] et le comité de groupe monde de Renault. L'accord concerne 20 pays (dans les pays émergents, latino-américains, Maghreb, Asie et Europe).

Cet accord couvre cinq domaines :

1. Le respect des droits sociaux fondamentaux. Conformément à la déclaration de l'OIT de 1998, cet article concerne le respect des droits fondamentaux relatifs au travail des enfants, au recours au travail forcé, à la discrimination en matière d'emploi et enfin à la liberté d'association et à la reconnaissance de la négociation.
2. La responsabilité sociale vis-à-vis des salariés, qui s'exerce à travers :
   - le dialogue social, notamment dans la représentativité syndicale au sein de chaque entité, la liberté syndicale et le rôle réaffirmé du comité de groupe ;
   - la politique santé et sécurité dans une démarche de prévention déployée dans l'ensemble du groupe ;
   - la gestion de l'emploi et des compétences dans une dynamique d'anticipation des évolutions des métiers ;
   - la gestion des rémunérations et de la protection sociale, et la promotion de la diversité intégrant le respect de la mixité, la prise en compte du handicap et du vieillissement.
3. La responsabilité sociétale dans les territoires où le groupe Renault est implanté, exprimée notamment par le soutien à des projets éducatifs, des actions d'insertion des jeunes dans l'univers automobile et la promotion de la sécurité routière.
4. Les relations avec les fournisseurs et les sous-traitants, à savoir un engagement formalisé des fournisseurs dans leur contrat sur le respect des droits fondamentaux, le non-respect pouvant conduire à la radiation du panel des fournisseurs du groupe Renault.

---

12. IndustriALL Global Union représente 50 millions de travailleurs des secteurs miniers, de l'énergie et de la manufacture dans 140 pays. Fondée le 19 juin 2012, cette nouvelle organisation rassemble les affiliées des anciennes fédérations mondiales syndicales : la Fédération internationale des organisations de travailleurs de la métallurgie (FIOM), la Fédération internationale des syndicats des travailleurs de la chimie, de l'énergie, des mines et industries diverses (Icem) et la Fédération internationale des travailleurs du textile, de l'habillement et du cuir (FITTHC).

5. La réduction de l'empreinte environnementale, par des actions de réduction, voire de suppression, des nuisances, rejets nocifs, tant à l'intérieur des sites que dans leur environnement ainsi qu'à des actions de communication et de formation allant du poste de travail à la compréhension des grands enjeux écologiques.

Toutes les unités du groupe sont concernées. L'accord s'appliquera dans toutes les entités du groupe Renault à compter de sa signature. La direction et les membres du comité de groupe Renault veilleront conjointement à sa mise en œuvre, en lien avec IndustriALL Global Union. Ils en feront un suivi régulier. Tous les trois ans, les signataires effectueront un bilan global de l'application de l'accord et examineront les mesures d'ajustement éventuellement nécessaires.

Questions

1. Listez les questions (vous êtes évalué sur la pertinence de vos questions et non la démonstration d'un savoir) que vous vous posez immédiatement autour des trois thèmes suivants :
   a. la représentation au sein du syndicat IndustriALL Global Union ;
   b. l'intérêt pour le groupe Renault d'un tel engagement ;
   c. les difficultés de la mise en œuvre et du contrôle d'un tel accord.
2. Qu'apporte, selon vous, le fait que cet accord soit signé à la fois par le comité de groupe monde de Renault et le syndicat IndustriALL Global Union ? Répondez d'abord du point de vue de l'entreprise Renault, puis de celui des partenaires sociaux du comité de groupe monde.
3. Vous êtes le DRH d'une usine Renault en France. Vous devez décliner cet accord dans votre usine. Comment établissez-vous les priorités d'action avec les partenaires sociaux de votre usine ? (Répondez de façon synthétique en quelques actions exprimées en style télégraphique.)

Partie II – RH pour le DRH

Chapitre 5
Diriger les RH dans une perspective stratégique

Patrick Storhaye

Ce chapitre aborde les questions suivantes :

- Quelle est la contribution de la fonction RH à la stratégie de l'entreprise ?
- Comment se décline la perspective stratégique dans l'ensemble des activités de la fonction RH ?
- Quels sont les principaux enjeux auxquels la fonction RH est confrontée ?

Poser la question de la « perspective stratégique » de la fonction RH consiste pour l'essentiel à s'interroger sur sa contribution à la stratégie de l'entreprise, dans sa conception comme dans sa mise en œuvre. En effet, la fonction RH n'est pas « *stratégique* » au motif que son rôle est essentiel ou que le (la) titulaire du poste de DRH est membre du comité de direction. La question n'est pas, par conséquent, de savoir si la fonction RH est stratégique, mais bien de s'interroger sur l'essence même de son rôle et de sa contribution.

Focus 5.1

Regard sur la gouvernance RH dans les grandes entreprises en France

Le conseil d'administration « ne dispose pas d'une cartographie des risques RH ni *a fortiori* du plan de suivi des politiques RH. Il est patent aujourd'hui que, dans la majorité des groupes, le conseil n'y joue pas un rôle décisif et ne s'est pas du tout emparé du sujet ».

Source : Deloitte/Misceo, « Le baromètre 2012 de la gouvernance RH. Quelle gouvernance RH dans les grandes entreprises françaises ? », février 2012.

1. La stratégie et la fonction RH

1.1. L'importance du facteur humain

L'entreprise peut être considérée comme une entité dont la finalité est de créer de la valeur, c'est-à-dire de générer durablement des profits. Cette capacité à créer des profits durables dépend, d'une part, de son habileté à adopter un positionnement qui lui permet de capter des sources de revenus et, d'autre part, de son aptitude à s'organiser pour que ce qu'elle produit génère une marge. Quel que soit le modèle d'affaires retenu, sa capacité à capter des sources de revenus est soumise à une intensité concurrentielle qui exige qu'elle maintienne sa compétitivité. Assurer durablement cette compétitivité suppose de conserver (rendre « inimitable ») ou renouveler (« innover ») ses avantages concurrentiels. Elle dispose alors schématiquement de deux[1] types de stratégies possibles (Porter, 1998) : délivrer la même chose que ses concurrents mais à des coûts inférieurs (« leadership par les coûts ») ou produire un service qui offre une valeur supérieure à celle délivrée par ses concurrents (« différenciation »). Schématiquement, choisir l'une ou l'autre de ces deux orientations stratégiques renvoie à privilégier une des deux postures suivantes (March, 1991) :

- **Une posture d'exploitation.** Elle repose sur l'efficience de l'entreprise parce que la génération du profit passe par une exploitation efficace des ressources existantes.
- **Une posture d'exploration.** Elle repose sur la capacité à explorer de nouvelles ressources et inventer de nouvelles configurations.

Or, ces postures, souvent considérées comme antagonistes (Burns et Stalker, 1961), ont en commun l'importance du rôle qu'y joue le facteur humain.

- L'exploitation optimale de ressources existantes repose sur l'efficacité de l'organisation qui dépend des hommes qui la mettent en œuvre :
  - en premier lieu par l'adéquation de leurs compétences individuelles et collectives aux besoins de l'activité : *le bon nombre de compétences au bon endroit* ;
  - en deuxième lieu par leur engagement, c'est-à-dire leur capacité à faire un effort pour la réussite du projet collectif : *des compétences mobilisées et impliquées* ;
  - en troisième lieu par l'enjeu financier qu'ils représentent (il suffit de considérer le poids de la masse salariale chargée par rapport au résultat d'exploitation) : *dont le coût est maîtrisé* ;
  - en quatrième lieu par leur capacité à imaginer des solutions pour améliorer en permanence cette exploitation : *qui améliorent leur façons de faire* ;
  - enfin, en cinquième lieu par leur capacité à coopérer pour diminuer les effets négatifs que les organisations en silos produisent inévitablement : *en coopérant.*
- L'exploration repose sur les qualités de flexibilité et d'innovation de l'entreprise pour lesquelles le facteur humain joue un rôle essentiel :
  - par sa capacité collective à remettre en cause ses représentations et ses modèles en permanence pour les adapter à la réalité d'un environnement sans cesse changeant : *des compétences et des comportements qui s'adaptent* ;
  - par sa capacité de coopération et de collaboration face à des situations incertaines et complexes : *en faisant preuve d'intelligence collective* ;
  - par sa culture et ses valeurs – plus ou moins bien relayées par les actes de management au quotidien – qui sont déterminantes dans la capacité à créer un terreau favorable au changement et à l'innovation : *incarnées dans le management au quotidien* ;
  - par la capacité de ses décideurs et managers à privilégier l'intérêt collectif aux jeux de pouvoirs qui contraignent les acteurs à explorer des voies nouvelles : *au travers du leadership des managers* ;
  - par la richesse et le potentiel qu'il représente, en tant qu'ensemble de connaissances, expertises, comportements individuels et collectifs, gages d'une capacité d'innovation permanente : *pour tirer profit de la richesse humaine.*

En outre, au-delà des postures qui traduisent des orientations stratégiques, l'entreprise est une aventure collective qui mobilise des hommes pour poursuivre un but partagé. Son

1. On peut aussi évoquer les stratégies dites de « niche », qui consistent à investir des segments de marché délaissés par les autres, mais la question est alors moins celle de l'avantage compétitif (puisque ces marchés sont délaissés) que celle de la capacité à dresser des barrières à l'entrée.

succès est indissociable, d'une part, de la capacité de chacun à consentir un effort individuel et de le mettre au service de cette ambition collective et, d'autre part, de la capacité de tous à coopérer (« co-opérer » ou « agir ensemble ») dans cette même perspective.

1.2. Comprendre la « perspective stratégique »

De nombreux termes jalonnent la pratique professionnelle autour du thème de la stratégie : réflexion stratégique, prospective, plan à trois ans, *business model*, stratégie, plan stratégique, *business plan*, politique d'entreprise, etc. Ces termes peuvent recouvrir des réalités plus ou moins proches. Toutefois, au-delà des mots et des disciplines, il convient surtout d'en saisir la logique d'ensemble.

Or, le terme « stratégie » appartient à ces expressions du langage des affaires couramment employées de façon abusive. Les représentations parfois erronées qui en résultent nuisent à la compréhension du rapport qui existe entre stratégie et RH. Notre objet n'est pas ici d'apporter une contribution sur la notion de stratégie en entreprise, mais d'aider à éviter les confusions les plus fréquentes en la matière en tentant de clarifier certaines notions.

Focus 5.2

Quelques définitions utiles autour de la prospective et de la stratégie

- **Prospective.** Anticipation pour éclairer l'action.
- **Prévision.** Estimation sur le futur assortie d'un degré de confiance.
- **Planification.** « La planification consiste à concevoir un futur désiré ainsi que les moyens réels d'y parvenir. » (R.L. Ackoff.)
- **Stratégie.** Ensemble des règles de conduite d'un acteur lui permettant d'atteindre ses objectifs et de réaliser son projet.
- **Tactique(s).** Presque toujours au pluriel, puisqu'il s'agit des voies et moyens pour parvenir aux objectifs de la stratégie en fonction des circonstances.

Source : Godet M., « Prospective stratégique – Problèmes et méthodes », Cahiers du Lipsor, 2007.

Figure 5.1 – La perspective stratégique

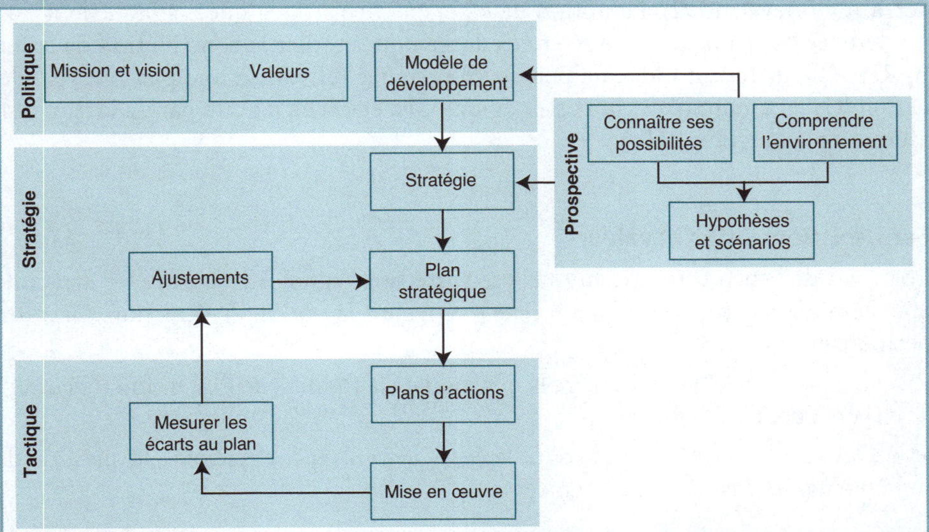

La perspective stratégique peut être résumée de la façon suivante :

- La politique d'entreprise, par nature pérenne :
  - L'entreprise a une finalité (une raison d'être, ce pour quoi elle existe) au regard de laquelle elle se donne une ambition durable (voir focus 5.3) et un ensemble de principes et de valeurs pour la réaliser.
  - Dans un contexte donné, cette vision se traduit par le choix d'un modèle de développement, c'est-à-dire la manière dont l'entreprise créera durablement de la valeur. Les praticiens emploient fréquemment le terme de *business model*.
- La stratégie, constante mais adaptable :
  - La mise en œuvre de ce modèle de développement est soumise à un système de contraintes internes et externes sans cesse changeant. La *réflexion prospective* vient alors formuler des hypothèses sur ses *évolutions* pour éclairer la décision quant à l'orientation stratégique *à retenir* parmi plusieurs scénarios possibles.
  - Cette option stratégique doit ensuite être déclinée et formalisée. Il s'agit alors de définir et d'orchestrer la manœuvre d'ensemble et les ressources que l'entreprise mobilise pour la mettre en œuvre. Il s'agit de la stratégie en tant qu'elle constitue « l'ensemble des règles de conduite d'un acteur lui permettant d'atteindre ses objectifs et son projet » (Godet, 2007).
  - Pour être en mesure de mettre en œuvre cet ensemble, l'entreprise se donne alors un horizon (généralement trois ans) auquel elle estime pouvoir raisonnablement formuler des prévisions. Elle se fixe alors des objectifs dans le temps et alloue des ressources pour y parvenir. C'est le plan stratégique.
- La tactique, par nature changeante :
  - La manière dont ce plan stratégique sera mis en œuvre demande de décrire les actions concrètes que l'on va mener, les ressources qu'elles vont mobiliser et la manière dont on les emploie pour un résultat escompté. Il s'agit du plan d'action.

La stratégie s'inscrit comme « la conjugaison de la pensée et de l'action parce qu'elle se situe entre la politique qui lui fixe ses finalités et la tactique qui réalise l'action sur le terrain » (Fievet, 1992). La notion de « perspective stratégique » à laquelle il est ici fait référence offre un cadre de référence large pour étudier la contribution de la fonction RH. Elle introduit l'idée de perspective, ce qui renvoie, d'une part, au rôle de la fonction RH en amont d'un choix stratégique déjà établi et, d'autre part, à la dimension politique de la fonction RH.

Focus 5.3

Sens, mission, vision et valeurs

Le projet de l'entreprise est en quelque sorte sa raison d'être ou ce que d'aucuns appelleraient le « sens ». Le mot « sens » renvoie à la notion de direction. Or, cette dernière est double :

- « *où allons-nous ?* », c'est-à-dire la question de la finalité, de l'intention (la *vision*), ce vers quoi l'on se dirige ;
- « *d'où venons-nous ?* », ce qui dans le cadre de l'entreprise renvoie à la question de la *mission* et des *valeurs* de l'entreprise.

Les Anglo-Saxons utilisent une trilogie « vision, mission et valeurs » (Collins et Porras, 1996) qui recouvre un espace conceptuel très proche :

- La mission de l'entreprise correspond à sa raison d'être.
- La vision définit son intention (*purpose*) dans la conduite de cette mission et l'ambition (*goals*) qu'elle se donne.
- Les valeurs (*values*) sont celles sur lesquelles l'entreprise s'appuie dans la conduite de sa mission.

Focus 5.3 (suite)

1.3. La contribution de la fonction RH à la stratégie

Le cadre général

La « perspective stratégique » de la fonction RH peut s'appréhender selon deux grandes dimensions :

- une dimension politique : le rôle de la fonction RH au regard de la mission, de l'ambition et des valeurs de l'entreprise, qui constituent en quelque sorte ses fondamentaux ;
- une dimension stratégique : le rôle de la fonction RH en amont et en aval de la stratégie décidée, cette stratégie étant contrainte par les fondamentaux de la politique, qui forment son cadre de référence pérenne.

Dans la pratique, la réalité de l'exercice de la fonction RH dans ces deux dimensions – l'une pérenne, l'autre circonstanciée – dépend de la conception qu'ont les dirigeants de la fonction RH et de sa place. Certains auront tendance à la cantonner à un rôle d'exécution RH des décisions politico-stratégiques là où d'autres attendront d'elle une implication proactive en amont de ces décisions.

Exemple 5.1

Le cas d'une entreprise du secteur électronique

Cette PME industrielle, spécialisée dans l'électronique de pointe sur des très petites séries, doit être en mesure de répondre à des cahiers des charges très exigeants pour satisfaire aux conditions posées par ses clients, essentiellement des grands groupes mondiaux. La pérennité de la qualité de sa production est un facteur important de sa compétitivité et ses clients exigent pour s'en assurer une approche qualité irréprochable. Pour y répondre, l'entreprise adopte une stratégie d'excellence qui s'inscrit dans la durée.

La direction des RH contribue à la mise en œuvre durable de cette stratégie d'excellence de plusieurs manières, notamment :

- en mettant en place une politique privilégiant le long terme au court terme ;
- en accordant une vigilance particulière aux compétences ;
- en développant une politique d'ajustement du temps de travail favorisant simultanément la flexibilité exigée par une production variable de petites séries tout en répondant au mieux aux attentes des collaborateurs ;
- en investissant de façon importante sur la formation des équipes ;
- en se dotant d'un SIRH performant.

Au-delà de ces contingences, trois contributions de la fonction RH à la stratégie peuvent être étudiées :

- faire vivre et respecter les fondamentaux politiques : *mission, vision, valeurs* ;
- alimenter la réflexion stratégique de l'entreprise : *prospective RH* ;
- décliner les choix stratégiques de l'entreprise : *alignement stratégique*.

Figure 5.2 – Décliner la stratégie de l'entreprise jusqu'à la RH

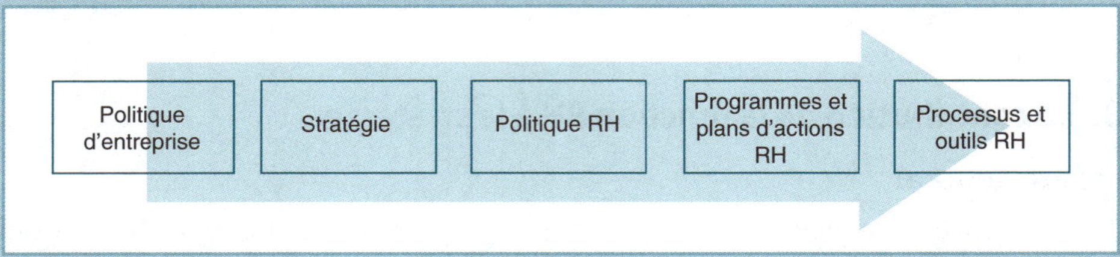

Faire vivre les fondamentaux de l'entreprise

Les fondamentaux de l'entreprise sont constitués de son projet au sens entrepreneurial du terme et des valeurs qui l'animent pour le réaliser. Pour la fonction RH, faire vivre ces fondamentaux consiste pour l'essentiel à s'assurer que les processus qu'elle conçoit et met en œuvre concourent à :

- faire en sorte que l'ensemble des parties prenantes comprennent et intègrent le projet de l'entreprise ainsi que la déclinaison qui en est faite de façon circonstanciée dans son plan stratégique ;
- créer un sentiment d'appartenance à une communauté d'intérêt en favorisant l'adhésion interne à cette ambition collective et au plan de route qui lui est assorti ;
- faire vivre et évoluer la culture de l'entreprise en fonction des exigences du projet et de la réalité des faits en garantissant le respect des valeurs fondamentales de l'entreprise.

Au-delà de la représentation de l'entreprise comme une simple combinaison de facteurs de production (*inputs*) pour produire des biens et des services (*outputs*), l'entreprise peut aussi être comprise comme un ensemble de « contraintes informelles (sanctions, tabous, coutumes, traditions et codes de conduite) et de règles formelles (constitutions, lois, droits de propriété) » (North, 1991) formant ainsi un « système de croyances partagées » (Aoki, 2006). Ce que l'on désignera comme la culture d'entreprise – en cela qu'elle constitue un ensemble de croyances, d'habitudes, de règles informelles et formelles, de valeurs, communs à un groupe – constitue ce que Durkheim appelait « l'âme de la collectivité ». Cette « âme », soumise à une multitude d'influences externes, construit des systèmes de représentations sur lesquels reposent la plupart de ses principes d'actions. Or, ces représentations, par nature toujours en retard sur la réalité qu'elles traduisent, conditionnent la faisabilité de la stratégie (voir figure 5.3) par les croyances qu'elles imposent. Cet aspect sera développé à la section 2 de ce chapitre sous l'angle de la « transformation », qui s'impose comme un défi contemporain pour de nombreuses entreprises. Il souligne néanmoins que le domaine de la culture d'entreprise, tant dans son agilité dans l'action que dans sa capacité à lire son environnement, doit être investi par les praticiens de la fonction RH car il conditionne la faisabilité de la stratégie.

Focus 5.4

Les fondamentaux d'une entreprise en tant que *bien commun*

La notion de *bien commun* (Thomas d'Aquin) n'est pas la mise en commun de biens, mais la singularité et les effets d'un « système » qui fait qu'un individu se sent pleinement partie d'un Tout qui le transcende, ce qui contribue ainsi à réduire l'antagonisme potentiel entre les intérêts individuels et collectifs. Dans le cadre d'une entreprise, cette idée du bien commun peut se matérialiser au travers de quatre fondamentaux :

- Une raison d'être, c'est-à-dire ce que l'entreprise en tant que personne morale est destinée à apporter à son environnement.
- Une perspective qui fédère et transcende les intérêts particuliers. Elle peut s'inscrire dans la symbolique schumpétérienne de l'entrepreneur. Le projet est en quelque sorte « l'aventure », suffisamment durable, dans laquelle chacun peut se reconnaître.
- Des valeurs. C'est en quelque sorte la philosophie et les principes qui présideront à son action pour mener à bien l'aventure collective dans laquelle elle s'engage.
- Une discipline ou les règles de vie qui traduisent ces valeurs et dont la formalisation s'apparente à une constitution. Dans l'entreprise, cela se traduit par des chartes éthiques et des règlements internes. Il est intéressant de se rappeler l'origine latine du mot, *disciplina*, qui signifie « action d'apprendre » et qui renvoie à la notion de disciple (celui qui suit les préceptes et les enseignements de quelqu'un).

Figure 5.3 – L'institution comme croyance partagée

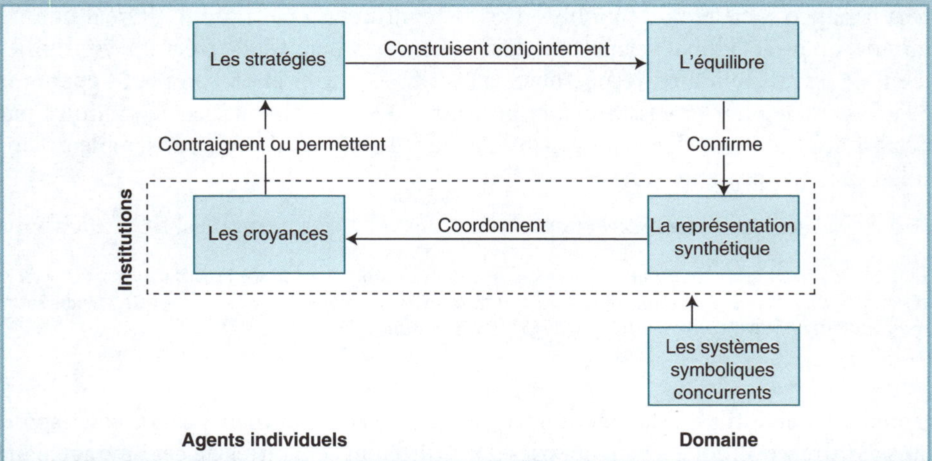

Source : Masahiko Aoki, *Fondements d'une analyse institutionnelle comparée*, Paris, Albin Michel, 2006.

L'investigation de ce champ de la culture d'entreprise par la fonction RH peut prendre trois directions complémentaires :

- « Apprendre » : contribuer à faire en sorte que l'entreprise, vraisemblablement à des degrés divers selon les populations, dispose des capteurs lui permettant de nourrir sa vision du monde, en veillant à limiter les effets des influences monolithiques et autres filtres déformants d'une profession ou d'une appartenance. Nourrir cette « conscience du changement » passe par une exposition plus large, plus sensible et plus intime à la réalité telle qu'elle est. Or, cette forme d'ouverture et de conscience commence par favoriser la diversité sous toutes ses formes et fait écho à des dispositions légales très concrètes (parité hommes/femmes, diversité, etc.) comme à des pratiques RH précises (par exemple, équité). Elle concerne également des domaines comme ceux de la rémunération ou de l'évaluation.

- « Comprendre » : contribuer à développer les connaissances et les mécanismes permettant à l'entreprise d'intégrer intimement cette conscience de l'environnement pour faire évoluer ses croyances et ses représentations sans renier ses valeurs. De nombreux sujets, de l'organisation apprenante au management des connaissances, ont cette ambition. La fonction RH doit y jouer un rôle prépondérant. Cette dimension se retrouve également dans des pratiques RH très concrètes, de la formation au *digital* ou aux réseaux sociaux d'entreprise par exemple.
- « *Entreprendre* » : faire en sorte que cette capacité d'adaptation des modèles de pensée se traduise concrètement dans les actions. Cette dimension touche aussi à de nombreux sujets RH, en particulier le management de la performance et les méthodes de management par objectifs sur lesquelles il s'appuie fréquemment, car elles sont significativement questionnées lorsque la complexité et l'incertitude deviennent les seules certitudes.

Exemple 5.2

L'exemple de L'Oréal

« L'objectif de conquête de L'Oréal d'un milliard de nouveaux consommateurs s'appuie sur une stratégie originale d'universalisation, qui s'adresse aux consommateurs du monde entier dans le respect des différences et des cultures. En matière de performance sociale, notre ambition est de continuer à bâtir, pour L'Oréal dans le monde, un projet global permettant d'incarner nos valeurs et de créer un environnement de travail solidaire, respectueux, attentif aux autres et où l'on peut s'épanouir à la fois sur le plan professionnel et personnel. Concrètement, cela se traduira par l'élaboration d'un socle social garanti sur le plan mondial pour l'ensemble de nos collaborateurs présents dans 65 pays. »

Jérôme Tixier, directeur général des relations humaines, L'Oréal Groupe

Source : Mouvement pour un nouveau pacte social fondé sur la confiance et la performance, « Et si la performance sociale insufflait une autre dynamique de croissance », juin 2013 – http://www.suez-environnement.fr/wp-content/uploads/2013/06/Livre-Blanc_31.05.2013.pdf

Les méthodes et outils que la fonction RH met en œuvre pour mener à bien ces responsabilités d'ordre « politique » sont abordés dans différents chapitres de cet ouvrage. Parmi les principaux domaines concernés, on peut par exemple citer :

- La RSE dans toutes ses dimensions (voir chapitre 3) avec l'ensemble des sujets connexes qu'elle implique (diversité, par exemple). Il s'agit de faire la « pédagogie » du projet de l'entreprise et de la stratégie qu'elle développe auprès de toutes les parties prenantes, et ce, dans une perspective élargie (voir chapitre 21). Il s'agit également des valeurs de l'entreprise qui irriguent la manière dont l'approche de la RSE est abordée ainsi que l'ensemble des pratiques qui en découlent.

- Le dialogue social (voir chapitre 4), d'autant plus essentiel que les défis contemporains (voir ci-après) imposent des changements vitaux et importants qui touchent au plus intime du travail.
- Le thème du leadership qui, comme le rappelle Maurice Thévenet, « ne peut être déconnecté d'un projet, d'une vision d'avenir, de l'affirmation et de l'affermissement de valeurs, propres à l'entreprise, qui sont indispensables pour la coopération ».
- La marque employeur dont le fondement comme la déclinaison opérationnelle sont intimement liés à l'identité et les valeurs d'entreprise (Verrier, 2012).
- Le SIRH (voir chapitre 20) dont les propriétés intrinsèques peuvent plus ou moins bien incarner les valeurs et la culture de l'entreprise et contribuer ainsi à les faire vivre, notamment sous l'angle du contrôle et des marges de manœuvre données aux acteurs.
- Au travers des règles internes formelles et des usages devenus règles informelles qui traduisent une forme de discipline au sens du « vivre ensemble » (voir focus 5.4).
- Et dans chacun des processus verticaux de la fonction RH au regard de la manière dont ils soutiennent et incarnent les valeurs (recrutement, rémunération, etc.).

L'apport prospectif de la fonction RH

L'un des aspects fondamentaux de la stratégie réside dans la réflexion prospective que sa conception exige. Les outils de type SWOT, devenus si habituels en entreprise, nous rappellent à chaque instant de la vie professionnelle que l'efficacité des décisions dépend quand même en grande partie de la pertinence de la lecture et la compréhension que l'on a d'une situation donnée et de la manière dont celle-ci peut être amenée à évoluer.

L'apport prospectif de la fonction RH peut être entendu de trois manières :

- D'abord, sa capacité à lire son propre environnement et à anticiper ses évolutions probables et les contraintes que cela lui posera, et ce, de façon à faire évoluer ses propres modèles et pratiques. Il s'agit d'abord d'une lecture des principaux défis externes auxquels elle peut être confrontée comme ceux évoqués à la section 3 (démographie, digital, sens). Il s'agit également de la lecture qu'elle fait de ses propres limitations ou influences, en un mot sa lucidité sur son *habitus* qui n'est pas nécessairement adapté aux contingences contemporaines. L'émergence du mot *talent* (voir chapitre 11) dans le vocabulaire managérial depuis le début des années 2000 en est une illustration concrète, comme la prise de conscience plus récente de l'importance du *digital* par les praticiens de la fonction RH.
- Ensuite, la fonction RH doit contribuer à ce que l'entreprise prenne conscience des évolutions de son environnement et des conséquences qu'elles peuvent avoir sur des domaines qui relèvent de son légitime territoire d'intervention. Il s'agit d'un rôle « d'éveilleur de consciences », lorsque c'est nécessaire, notamment à destination des décideurs opérationnels. Le thème des RPS en est l'un des exemples les plus significatifs, en cela que la violence de la prise de conscience des conséquences dans certaines entreprises a pu progressivement conduire certaines d'entre elles à réinterroger des principes d'organisation et de management devenus pathogènes (Dupuy, 2011). Il s'agit également d'un rôle de pédagogue dès lors qu'il est question de contribuer à ce que l'ensemble des parties prenantes, et plus particulièrement salariés, managers et partenaires sociaux, comprenne intimement les évolutions dont il s'agit, les conséquences potentielles et les choix qui en résultent.

- Enfin, sur un plan opérationnel, la fonction RH doit être en mesure de fournir des éléments de prospective RH à chaque étape clé du processus de réflexion et de décision de l'entreprise (réflexion sur le *business model*, construction du plan stratégique, déclinaison budgétaire annuelle, etc.). Ces éléments de prospective couvrent tous les sujets RH, internes comme externes, qui sont susceptibles de conditionner la réflexion et les choix stratégiques :
  - des facteurs environnementaux (concernant par exemple la sécurité des personnes dans un pays, les évolutions de contraintes légales ou sectorielles, la disponibilité et le niveau de main-d'œuvre dans un contexte international, la nature d'un contexte social local, les pratiques des concurrents en matière de *dumping social*, etc.) ;
  - des facteurs internes (par exemple l'exposition aux risques RH de l'entreprise et ses conséquences pénales, l'impact sur les engagements financiers d'une décision sur des avantages sociaux, la déformation d'une pyramide des âges sur des pertes de compétences clés, l'inadaptation d'une culture à des évolutions de modèles de service, des projections de besoins collectifs en compétences et leur traduction financière, etc.).

Exemple 5.3

Les limites du benchmark avec l'exemple concret de la paie

Adopter une posture prospective ne peut en aucun cas se limiter à se comparer à d'autres, quand bien même leurs pratiques sont-elles performantes. Deux points sont à souligner dans cette optique :

- d'une part, la performance d'une pratique n'est pas duplicable en l'état car les pratiques RH sont contingentes (voir section 2.1 de ce chapitre) ;
- d'autre part, les indicateurs qui résultent d'un *benchmark* recouvrent nécessairement des réalités par nature différentes.

L'exemple fréquent est celui des études comparatives sur la productivité d'un département paie dans une perspective de décision d'externaliser cette activité. Habituellement focalisées sur un nombre moyen d'ETP (équivalent temps plein) géré par un gestionnaire paie (indicateur fréquemment utilisé) comme seul juge de paix de la performance, les décisions occultent trop souvent :

- La complexité des activités réelles qui peut parfois conduire à ce qu'une valeur moins bonne en apparence que la moyenne du marché traduise en réalité une performance supérieure.
- La nécessité de comprendre en amont la manière dont ledit indicateur se constitue pour en comprendre la signification. Sans ce type d'hygiène du raisonnement, on oublie ainsi facilement, par exemple, qu'il est judicieux d'harmoniser ses réglementaires de paie avant d'externaliser la fonction.
- Les indicateurs avancés qui sont de nature à anticiper des taux d'erreurs ou d'inefficacité en bout de chaîne.

Pour mener à bien ces exigences, la fonction RH dispose d'outils :

- Le diagnostic RH, photo à un instant *t* de la réalité d'une situation. Celui-ci peut être utilement nourri de comparaisons externes (*benchmarks*) tant sur le plan des pratiques (*best practices*) que sur celui des indicateurs, dès lors qu'ils ne sont pas interprétés comme des normes ou des impératifs mais comme des points de repère (voir exemple 5.3).

- Des outils d'analyse et de simulation, essentiellement à l'aide d'un SIRH performant (voir chapitre 20), tant en ce qui concerne les outils d'analyse (outils d'analyse des écarts de compétences en volume par exemple dans une perspective de type gestion prévisionnelle des emplois et des compétences « GPEC ») que des outils de simulation (simulations sur la masse salariale par exemple).
- Des indicateurs de performance sur les principaux processus dont elle a la responsabilité, notamment pour être en mesure d'identifier les écarts entre une situation espérée et la réalité. Là encore, le SIRH joue un rôle essentiel, notamment au travers de ce que le marché appelle la *business intelligence*.

L'alignement stratégique de la fonction RH

Les praticiens utilisent fréquemment le terme d'« *alignement stratégique* », ce qui revient à définir et mettre en œuvre une politique RH qui permette de réaliser la stratégie de l'entreprise (voir figure 5.2). Il est d'abord question de cohérence entre les programmes et plans d'action de chacun des domaines de la fonction RH – qu'ils soient verticaux (recrutement, rémunération, etc.) ou transverses (SIRH, juridique, etc.) – et les choix stratégiques de l'entreprise.

Cela pose également la question de la stratégie de la fonction RH en tant que telle. Si la fonction RH contribue à rendre possible la stratégie de l'entreprise, elle est également soumise à un environnement instable et doit par conséquent élaborer une stratégie lui permettant de réaliser son projet de politique RH.

La politique RH comme déclinaison de la stratégie de l'entreprise

Le processus RH d'ensemble fait généralement l'objet dans la pratique d'un double découpage en macroprocessus (voir figure 5.4) :

- Un découpage vertical qui correspond à un découpage de la fonction comme l'on segmenterait une chaîne de valeur, celui qui suit le cycle de vie des salariés.
- Un découpage horizontal qui correspond aux domaines d'activités qui irriguent l'ensemble des processus verticaux. C'est par exemple le cas de l'informatique qui sert de support à l'ensemble des activités ou du dialogue social, par nature, global.

Focus 5.5

La notion de processus

On peut concevoir un processus comme les étapes de production d'un service, ce qui implique un flux (des étapes successives), des acteurs (RH, managers, collaborateurs, etc.), des informations (qui circulent et sont transformées à chaque étape), et enfin des activités et des droits (ce que les acteurs font et selon quelles règles à chaque étape). Le chapitre 20 décrit les processus et ce qu'ils impliquent en détail. Un processus peut être considéré comme une version moderne de la division des tâches.

Chacun de ces processus est pensé pour délivrer un service. La nature et l'ambition de celui-ci sont définies par les objectifs stratégiques.

Figure 5.4 – Les processus RH

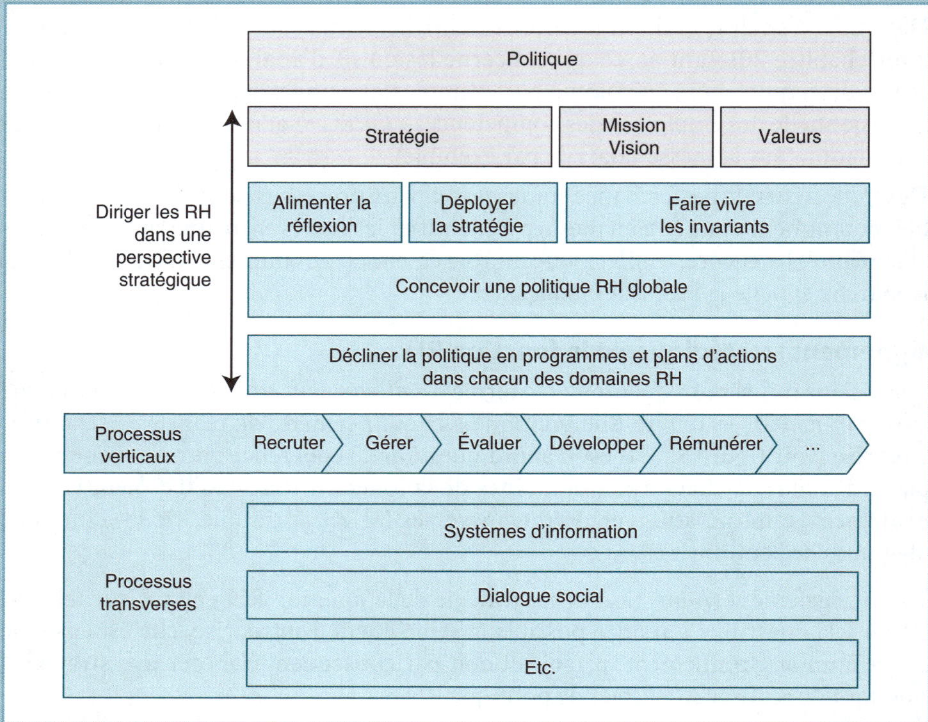

Dans cette optique, la notion d'alignement stratégique implique :

- La définition des objectifs poursuivis pour chacun des processus, c'est-à-dire ce qu'ils doivent produire, pour qui et selon quel degré d'exigence, notamment en termes de qualité/coûts/délais. Il convient pour chacun d'entre eux d'étudier en quoi ils servent la stratégie décidée.
- La capacité de chacun d'entre eux à délivrer les résultats attendus au regard de ceux qui en sont les destinataires, ce qui pose en corollaire la question de la mesure de leur performance.
- La cohérence des processus entre eux, de manière que leurs objectifs et configurations respectifs servent l'ambition d'ensemble dans le respect des fondamentaux et orientations politiques. Cela est d'autant plus difficile que chacun d'entre eux utilise souvent des concepts communs aux autres, comme la notion de poste ou de compétence.

Si l'on considère que la mission de la fonction RH se décompose en activités et horizons dont la portée est à plus ou moins long terme (voir figure 5.5), il est aisé de comprendre que l'alignement stratégique doit viser les objectifs ci-dessous :

- faire en sorte que les décisions de court terme, souvent liées à l'urgence des opérations, ne compromettent pas la réalisation des ambitions à long terme, et ce, afin d'assurer une cohérence entre les décisions à long terme et les activités immédiates ;

- veiller à ce que l'articulation entre les concepts, les méthodes et les outils soit logique et cohérente (voir exemple 5.4) ;
- s'assurer de la cohérence entre les processus RH, ce qui dépend en grande partie du partage d'un langage commun et d'une déclinaison transverse logique des concepts clés sur lesquels ces processus s'appuient (exemple de l'articulation entre la notion de compétences et la notion de talents).

Figure 5.5 – La fonction RH mène des activités de nature et de portée différentes

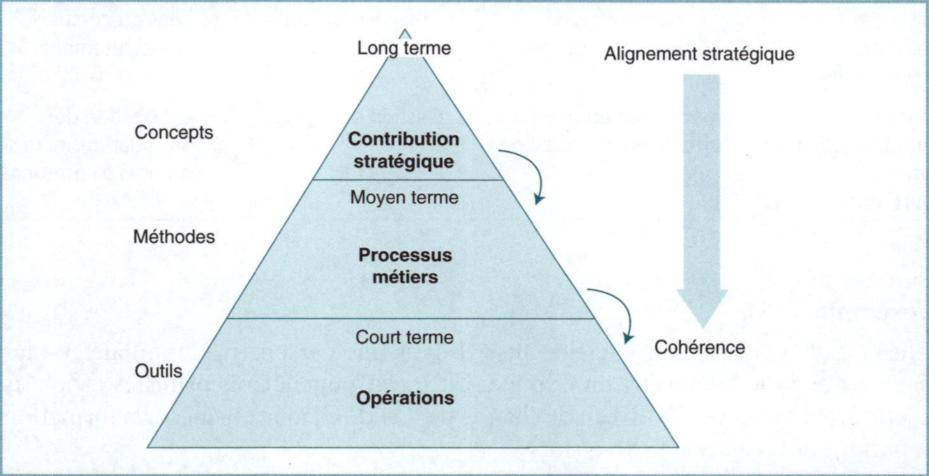

Exemple 5.4

Le SIRH

Le SIRH peut être considéré comme un outil au service d'une politique. Toutefois, ses propriétés intrinsèques en tant que système peuvent être plus ou moins en harmonie avec les orientations politiques. Un SIRH intégré, centralisé et très modélisé, par exemple, conviendra moins à la politique RH d'un groupe qui vise à laisser une grande autonomie aux acteurs locaux qu'un SIRH composite, décentralisé et offrant de fortes capacités de paramétrage.

L'ensemble des pratiques professionnelles qui relèvent de la gestion de ces processus est décrit dans cet ouvrage : évaluation, gestion des compétences et des carrières, formation, rémunération, administration, recrutement, dialogue social, etc. La lecture des chapitres qui suivent montrera, d'une part, que la dimension stratégique irrigue chacun d'entre eux et, d'autre part, que l'alignement stratégique est affaire de cohérence entre sous-domaines RH. Dans cette optique, le tableau 5.1 illustre, de façon résumée au travers de trois sous-domaines, à la fois la portée politique dans un processus RH ainsi que sa décomposition en enjeux de portées différentes.

Tableau 5.1 – Illustration de la dimension stratégique dans trois processus RH verticaux

Dimension	Processus verticaux		
	Évaluer	**Rémunérer**	**Recruter**
Stratégique Quoi ? Pour quoi ? Concepts Long terme	Valeurs et comportements qui font l'objet des évaluations	Quelles valeurs récompense-t-on au travers de la politique de rémunération ?	Adéquation des profils visés aux valeurs et à la culture
Gestion Comment ? Méthodes Moyen terme	Quels sont les référentiels de compétences utilisés ?	Gestion et pilotage de la masse salariale	Gestion intégrée des processus de recrutement
Opérationnelle Combien ? Quand ? Outils Court terme	Administration des formulaires d'évaluation	Gestion de la paie	Gestion des candidatures et des parcours d'entretiens

Exemple 5.5

L'exemple de GE

Chez GE, la performance sociale s'inscrit dans une perspective mondiale et « fait partie intégrante de l'ADN du Groupe. [...] Le Groupe a trois priorités affichées, déclinées et mesurées au niveau de chaque pays et de chaque business : la formation, le partage des talents et la diversité ».

Source : Mouvement pour un nouveau pacte social fondé sur la confiance et la performance, « Et si la performance sociale insufflait une autre dynamique de croissance », juin 2013 – http://www.suez-environnement.fr/wp-content/uploads/2013/06/Livre-Blanc_31.05.2013.pdf

La stratégie RH pour réussir l'ambition de la politique RH

La fonction RH peut être appréhendée comme un processus global en trois étapes :

- **Analyser.** Comprendre en quoi les RH doivent contribuer à l'activité et à la mise en œuvre du plan stratégique.
- **Décider.** Choisir les orientations pour l'ensemble de la fonction comme dans ces sous-domaines et traduire ces choix en actes.
- **Contrôler.** Mesurer la contribution des décisions prises au regard des résultats que l'on en attendait.

Pour mettre en œuvre ce processus dans la pratique, la fonction RH est confrontée à des contraintes dont elle doit tenir compte. Or, comme tout processus de production d'un service, celui-ci peut être étudié sous les angles du quoi, qui, combien, comment, quand (voir figure 5.6).

En résumé, pour chaque processus, il convient de se demander concrètement ce qu'il délivre comme résultat, pour qui, dans quelles conditions de qualité/coûts/délais et ce qui est fait pour l'améliorer. Les exemples du tableau 5.2 illustrent concrètement la manière de décliner cette approche dans la pratique.

Figure 5.6 – Les dimensions de la performance des processus RH

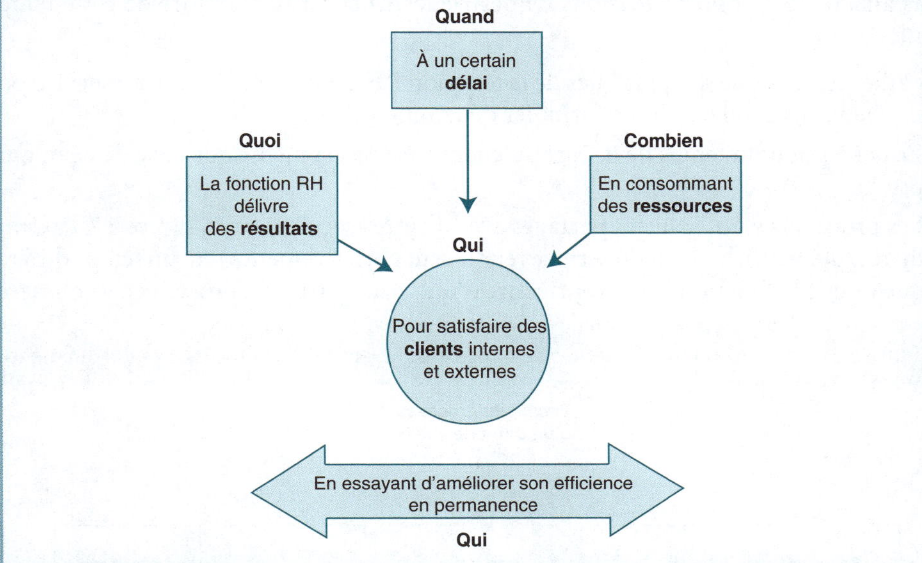

Tableau 5.2 – Analyse des processus RH, exemples du recrutement et de la formation

Macroprocessus	Quoi/Quand ? *Exemple de ce que la fonction RH produit*	Pour qui ? *Exemple de ce que les clients attendent*	Combien ? *Exemple de ressources consommées*	Comment ? *Exemple de ce qui peut être fait pour s'améliorer*
Recrutement	Un volume d'offres d'emploi, d'entretiens et de contrats de travail pour les candidats embauchés	La bonne personne (profil, compétences…) dans les meilleurs délais, réussissant son intégration	Coût moyen d'un recrutement, nombre de recrutements par ETP, pérennité des recrutements (taux de départs en fin de période d'essai)	Mieux cerner la demande et le besoin opérationnel, améliorer l'image de l'employeur, développer la notoriété auprès de certaines cibles
Formation	Des stages, des stagiaires et des contenus de formation	Une meilleure adéquation des compétences aux besoins opérationnels	Coût moyen de la formation, productivité du service formation, efficience des formations	Mieux identifier les besoins en amont, adéquation des contenus, etc.

L'axe temps est particulier pour la fonction RH pour la raison simple que le temps de l'homme n'est pas nécessairement celui qu'exigerait la réalité des affaires. Le temps d'adaptation individuel et collectif, par exemple, est plus lent que ce que les réponses à une situation concurrentielle demanderaient dans l'idéal. Contraint par des limites biologiques et psychologiques, l'homme met du temps à prendre conscience, à apprendre, à comprendre, à ajuster ses façons de penser et d'agir. Les praticiens de la fonction doivent intégrer cette temporalité dans la manière dont ils déclinent la politique RH en programmes et plans d'action. Le rythme des exercices cycliques de l'entreprise (plan à trois ans, budget annuel, révisions trimestrielles…) constitue le cadre de cette temporalité.

Par ailleurs, chacune des pratiques de la fonction RH est censée délivrer un service pour des « clients », ce qui conduit à formuler deux remarques :

- La perception du temps de la part du client n'est pas la même que celle de celui qui le produit.
- Les processus étant souvent partagés avec d'autres services (voir, figure 5.7, l'exemple du recrutement), le client du service rendu peut objectivement vivre un temps différent que ce que la fonction RH, propriétaire d'une seule partie du processus, y consacre.

Figure 5.7 – Les perceptions différentes du temps avec l'exemple d'un processus de recrutement

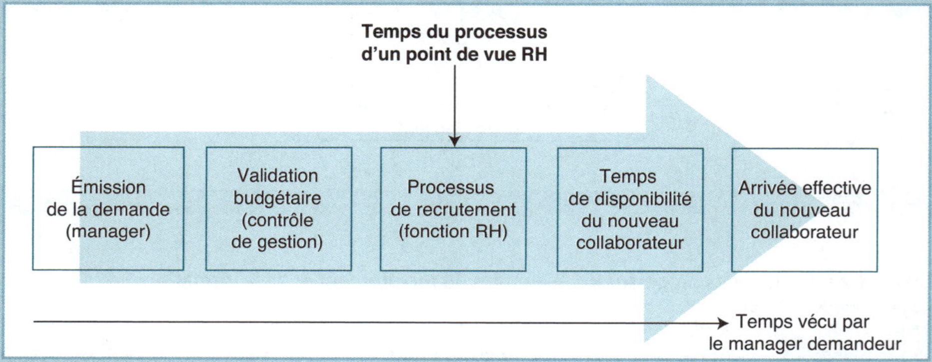

2. Contingence, modèles et transformation

2.1. Les pratiques de la fonction RH sont contingentes

La théorie de la contingence (Burns et Stalker, 1961) livre l'enseignement qu'il n'y a pas de bonnes pratiques professionnelles indépendamment du contexte dans lequel elles sont mises en œuvre ; les concepts, les méthodes et les outils utilisés par les praticiens de la fonction RH également. Il n'y a pas de pratiques RH universelles, mais bien des pratiques professionnelles plus ou moins efficaces dans des situations données.

En synthèse, on peut considérer que les pratiques de la fonction RH ne sont qu'une déclinaison circonstanciée liée à des contraintes environnementales (lois, normes, etc.) et à des choix organisationnels et managériaux. Or, ces derniers eux-mêmes constituent des réponses contingentes. La stratégie d'une entreprise est une réponse, à un moment précis de son histoire, aux caractéristiques de l'environnement auquel elle est confrontée. La nature de la stratégie estimée comme pertinente, pour répondre à ses caractéristiques, conditionne les choix organisationnels et managériaux qui permettent de la mettre en œuvre. La fonction RH décline ces choix, dans la même dynamique contingente.

Contingence et modèles de représentation

Il n'est pas rare d'observer que les réponses stratégiques, organisationnelles, et donc leur déclinaison managériale et RH, sont très comparables d'une entreprise à l'autre à un moment donné.

Cela provient d'abord du fait que les entreprises sont pour l'essentiel confrontées aux mêmes macrocontraintes : en particulier la stabilité et la prévisibilité du contexte, les grandes tendances macroéconomiques ou sociologiques, etc. Cela les amène donc à adopter des postures dont les grandes caractéristiques sont logiquement comparables.

La similarité de ces postures est en outre renforcée par le fait que, dans un domaine professionnel donné, les représentations collectives sont souvent homogènes car elles s'appuient sur des cultures assez proches. Les acteurs sont alors « inféodés » à ces représentations et développent ainsi presque tous des comportements typiques et similaires.

Des modèles organisationnels ou managériaux deviennent alors dominants au point que de nombreux acteurs les considèrent alors comme des évidences universelles, oubliant leur caractère contingent, jusqu'au moment où une crise, quelle qu'en soit la nature, les oblige à prendre conscience du décalage entre leurs modèles et la réalité des situations qui a évidemment changé.

Les facteurs de contingence de la fonction RH sont nombreux (voir figure 5.8). À commencer par les facteurs internes à l'entreprise : la stratégie qu'elle développe, ses choix organisationnels, les croyances partagées qui fondent sa culture à un moment donné, l'homogénéité de ces croyances au sein du corps social, etc., mais aussi de nombreux facteurs externes (démographie, lois, etc.). Par ailleurs, les facteurs environnementaux rendent contingentes les structures de l'organisation. Mintzberg a ainsi proposé cinq grands types de facteurs de contingence susceptibles d'influencer les caractéristiques d'une organisation : son âge, sa taille, son système technique, son environnement, ses relations de pouvoir (Mintzberg, 1994).

Deux facteurs de contingence environnementaux jouent vraisemblablement un rôle particulier qu'il convient de souligner : la stabilité de l'environnement et son degré de prévisibilité. En effet, plus la stabilité d'un environnement est grande, moins les choix réalisés à un moment donné ont besoin de changer, ce qui conduit inévitablement à ce que le degré de formalisme des structures soit plus important car leur « rigidité » n'est pas en soi un frein majeur à leur efficacité (Lawrence et Lorsch, 1967). En outre, plus l'environnement est imprévisible, moins il est possible de formuler des prévisions (un seul futur possible). Cela rend l'exercice de la stratégie encore plus délicat et impose une véritable approche prospective et la capacité à penser des scénarios (plusieurs futurs possibles). C'est ce qui impose une réelle flexibilité de l'entreprise, tant dans sa capacité à imaginer ces futurs que dans sa capacité à se réorganiser dès lors que les hypothèses posées ne sont pas avérées ou que les choix ne produisent pas les résultats attendus.

Figure 5.8 – Un modèle contingent

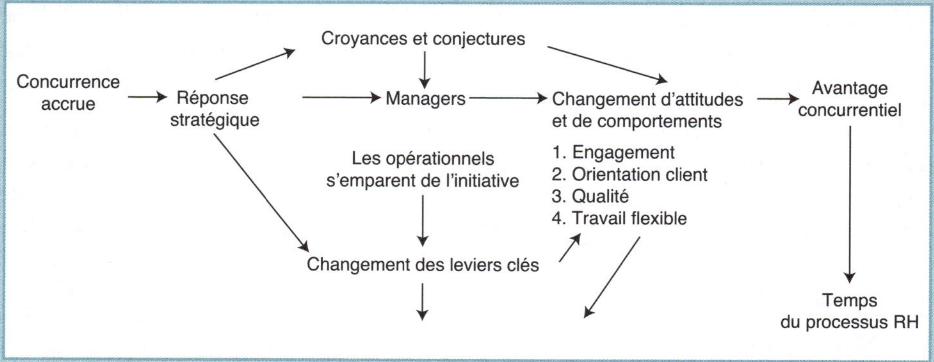

Source : Storey J., *Encyclopédie des RH*, 2013.

Il n'y a par conséquent pas de modèles RH universels dès qu'on parle de pratiques professionnelles. Cela inclut certains concepts clés qui forgent ces pratiques, comme le concept de poste (voir focus 5.7), qui sont des objets conceptuels pensés pour rendre possible la mise en œuvre d'un modèle contingent.

2.2. Modèles de représentation

À l'interface de la stratégie et de la fonction RH se trouve l'organisation, comme « la somme totale des moyens employés pour diviser le travail entre tâches distinctes pour ensuite assurer la coordination nécessaire entre ces tâches » (Mintzberg, 1994).

Figure 5.9 – La cohérence des modèles de représentation

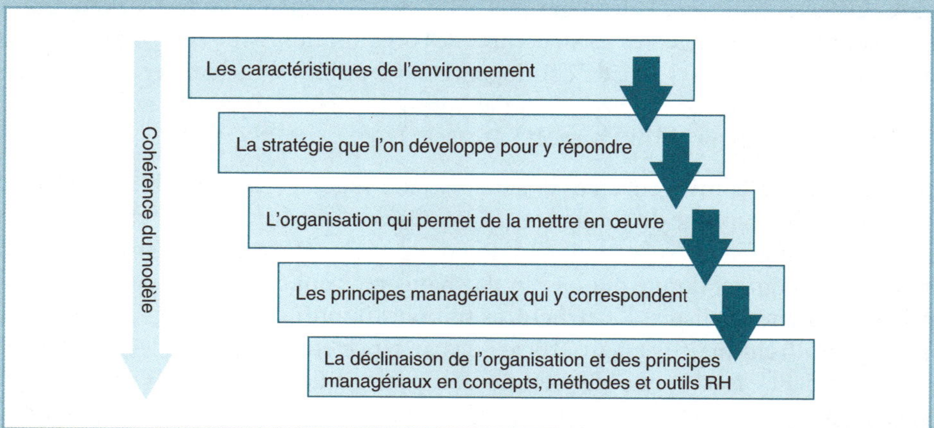

Or, pour l'essentiel, les choix organisationnels renvoient en substance à quelques dimensions fondamentales qui structurent en profondeur les types de pratiques RH qui y correspondent :

- l'unité organisationnelle de référence (voir focus 5.7) ;
- la marge de manœuvre qu'on laisse aux acteurs individuels ;
- et, par conséquent, la nature et l'intensité du contrôle qu'on exerce sur eux.

Le modèle de représentation le plus répandu dans les entreprises est encore celui d'une organisation inspirée du taylorisme, qu'il n'est plus nécessaire de décrire en détail tant il est ancré dans les représentations collectives. Ce modèle, dès son origine, présentait une forte cohérence d'ensemble (voir tableau 5.3) entre les caractéristiques majeures de l'environnement des entreprises, la stratégie qu'elles développaient et les principes organisationnels y répondant.

Tableau 5.3 – La cohérence originelle des modèles inspirés du taylorisme

Environnement	Stratégie	Organisation	Ressources humaines
Stable et prévisible Rapport de force en faveur du producteur Faible intensité concurrentielle L'entreprise s'organise en fonction de ses contraintes internes de production	Courbe d'expérience appliquée au système de production Stratégie de leadership par les coûts Posture d'optimisation des ressources existantes	Optimisation de toutes les ressources employées Organisation scientifique du travail Division des tâches et processus Faible autonomie des acteurs et contrôle élevé	Optimisation des compétences comme ressources Déclinaison de l'organisation scientifique du travail avec le concept de poste Structuration des pratiques RH à partir de ce concept

← COHÉRENCE DU MODÈLE →

La plupart des principes fondateurs des pratiques RH en vigueur dans les entreprises sont issus de ce modèle. Les pratiques RH sont en effet très souvent structurées autour d'une notion centrale : le poste et les compétences requises pour l'exercer. Cette notion, issue du taylorisme (voir focus 5.7), irrigue de très nombreuses pratiques RH, telles que :

- les politiques de rémunération qui s'appuient sur une logique de classification, résultante de méthodes d'évaluation de poste (voir chapitre 9, « Rémunérer le travail ») ;
- la gestion des carrières qui établit des chemins possibles sur les mêmes principes de compétences requises pour exercer un poste, voire même en normalisant les sauts possibles entre emplois-repères pour limiter les chances de promotion.

Mintzberg a décrit les principales configurations structurelles des organisations (Mintzberg, 1994) ainsi que leurs propriétés (structure simple, bureaucratie mécaniste, bureaucratie professionnelle, structure en divisions et adhocratie). Or, en termes de pratiques RH, on peut constater que deux grandes tendances se dégagent :

- Les structures simples ou « adhocratiques » dans lesquelles les pratiques RH sont souvent moins formalisées. En outre, lorsqu'elles introduisent certaines d'entre elles, elles s'appuient sur les concepts, méthodes et outils dominants qui sont très fortement teintés des caractéristiques fondamentales des autres types de configurations structurelles.
- Les autres types de structures, quand bien même présentent-elles des variations notamment en termes de mécanismes de régulation et de principes de contrôle, mettent en œuvre dans les grandes lignes des pratiques RH très comparables et exploitant les mêmes concepts fondamentaux.

Focus 5.7

Le concept de poste découle d'un modèle d'organisation spécifique

En tant que tel, le concept de poste correspond à la plus petite unité de création de valeur. Il est le grain le plus fin d'un découpage de la chaîne de valeur, schématiquement en métiers puis fonctions. Comme toute entité productrice de valeur, il est constitué d'*inputs*, d'une activité décrite dans une description de poste et réalisée par un titulaire et d'*outputs*, la différence de valeur entre les *outputs* et les *inputs* donnant la valeur ajoutée du poste ou autrement dit sa contribution à la création de richesse.

Figure 5.10 – Le concept de poste

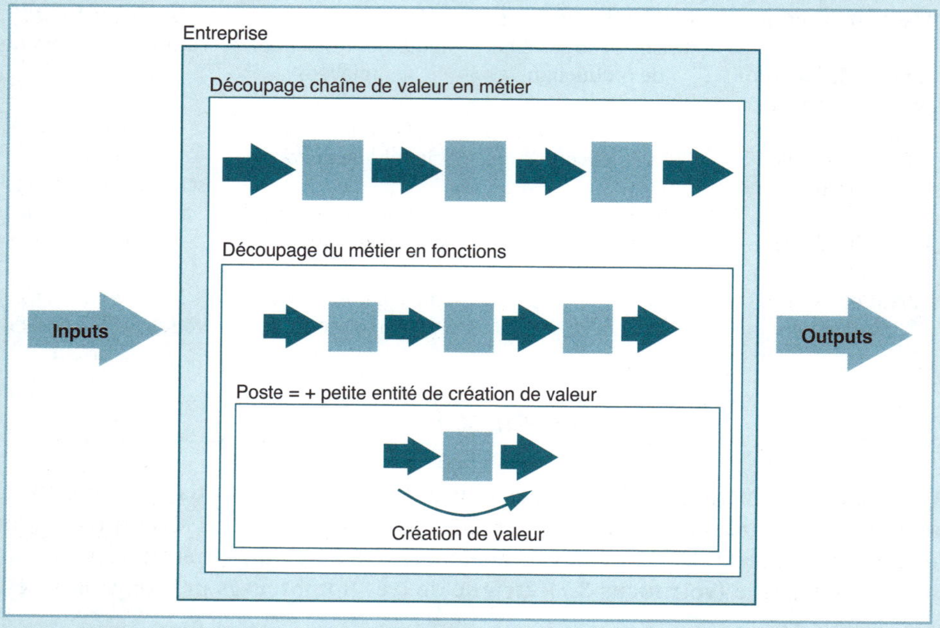

Le concept de poste est une déclinaison RH concrète des principes de la division du travail.

2.3. L'enjeu de la transformation

Le caractère plutôt stable et prévisible de l'environnement des entreprises occidentales qui a forgé le socle de leur modèle de compétitivité depuis la fin de la Seconde Guerre mondiale a clairement laissé place à la complexité, l'incertitude, l'instabilité et à une compétition globale et sans merci. La conjugaison des effets de la désindustrialisation des économies occidentales (Cohen, 2006), de « l'hypercompétition » (D'Aveni, 1994), de la mondialisation et de la financiarisation de l'économie a placé l'innovation au centre de toutes les préoccupations, avec son corollaire d'exigences d'adaptation et de flexibilité pour les entreprises et leur organisation. L'entreprise du XXIe siècle est ainsi confrontée à une double exigence, de nature antagoniste, là où celle du XXe siècle pouvait encore les « mettre en série » : renouveler en permanence ses « monopoles temporaires » en s'adaptant à un contexte sans cesse changeant (Boyer et Scouarnec, 1999) ; tout en gardant un haut niveau de productivité et d'efficacité sur le plan de la maîtrise des coûts car les conditions de compétition sont telles qu'il ne suffit pas d'innover en lançant régulièrement de nouvelles offres.

Cette nécessité de combiner simultanément deux exigences contradictoires pour survivre durablement dans un environnement ultracompétitif ne pose pas en réalité une problématique nouvelle. La notion d'entreprises « ambidextres » introduite par Duncan au milieu des années 1970 l'évoquait déjà (Duncan, 1976). En revanche, la prise de conscience de cette nécessité comme condition essentielle de compétitivité au début des années 2000 a été accélérée à la fin de la même décennie sous les effets conjugués :

- de la crise financière, puis économique, qui a joué un rôle de prise de conscience du changement des équilibres macroéconomiques dans le monde ;
- de l'observation du développement massif du désengagement des collaborateurs dans de très nombreux pays et auprès de toutes les catégories, y compris des décideurs (Dupuy, 2005) ;
- du développement des RPS qui montraient à quel point les modèles traditionnels d'organisation en silos devenaient inadaptés aux réalités contemporaines et pathogènes pour les collaborateurs (Dupuy, 2011) ;
- de la démocratisation massive du digital dans la société civile et son corollaire d'évolutions comportementales et sociales.

Cette accélération de la prise de conscience que les modèles organisationnels et managériaux traditionnels atteignaient leurs limites sur le plan des résultats opérationnels et sur celui des effets sur les collaborateurs a incité à ce que le thème de la « transformation » émerge dans le vocabulaire contemporain. Nombre de courants, depuis des années, s'inscrivent dans cette volonté de trouver les moyens de rendre les organisations plus flexibles : le courant du *self-management*, de l'*holacratie* ou de l'entreprise libérée (Getz et Carney, 2012) par exemple, mais aussi l'entreprise apprenante, l'intelligence collective, l'entreprise agile ou le management des connaissances (*knowledge management*) ou enfin les équipes semi-autonomes des années 1970 (Cleland, 1996).

Ces réflexions relèvent, *in fine*, de la même question : comment réussir à faire en sorte qu'un collectif de travail s'adapte intelligemment à des contraintes sans cesse changeantes dans un contexte où la compétition fait rage et où la survie exige d'être efficace ? Or, cette question renvoie à plusieurs débats qui impliquent tous la fonction RH :

- Le sens (voir plus loin le défi du sens), question essentielle de la dimension politique de la fonction RH.
- La manière de faire vivre ce sens en permanence dans le cœur des hommes qui composent l'entreprise, ce qui mobilise des thèmes comme celui du leadership, la manière d'évaluer le travail (voir chapitre 6) ou de le récompenser (voir chapitre 9).
- Le type d'organisation du travail qui offre cette dualité entre efficacité et souplesse, ce qui impose une réflexion sur la nature et l'intensité du contrôle qui en résulte. Un thème qui renvoie à la manière de concevoir l'autonomie donc aux styles de management, aux évaluations mais aussi au thème de la confiance, donc des RPS en toile de fond.
- La panoplie de l'outillage des pratiques RH qui repose sur un modèle sévèrement remis en cause sans pour autant que les concepts d'un nouveau modèle ne soient véritablement stabilisés.

- Le champ entier des connaissances et des comportements lorsque le développement de l'autonomie et du discernement des acteurs individuels questionne inévitablement les pratiques de domaines de l'information (SIRH, digital), de la culture ou de la formation.

Tableau 5.4 – L'émergence d'un modèle postindustriel

Environnement	Stratégie	Organisation	Ressources humaines
Instable et imprévisible Rapport de force en faveur des clients Hypercompétition L'entreprise s'organise en fonction de contraintes externes	Logiques d'adaptation permanente tournées vers la valeur d'usage pour le client Place centrale de l'innovation Posture de valorisation des ressources qui font la différence	Valorisation et développement des ressources distinctives Adaptation collective Flexibilité Coopération Transversalité *Empowerment* des acteurs	Management des talents Intelligence collective Concepts clés et méthodes de déploiement opérationnel encore peu stabilisés
← COHÉRENCE DU MODÈLE ? →			

3. Les défis contemporains

On vient de le voir, les pratiques RH sont contingentes. S'il est impossible de dresser un panorama exhaustif des facteurs environnementaux dont la fonction RH doit tenir compte, trois faits majeurs doivent être soulignés.

3.1. La démographie

Focus 5.8

Le papy-boom français

- « D'ici 2020, une majorité des seniors ayant un emploi en 2009 cesserait de travailler, ainsi qu'une partie des quadragénaires qui auront alors atteint la cinquantaine. [...] 31 % des actifs ayant un emploi en 2009 devraient mettre fin à leur carrière professionnelle d'ici 2020, soit près de 8 millions de personnes. »
- « Ces départs constituent un enjeu à la fois pour l'équilibre financier du système de retraite et pour le renouvellement de la main-d'œuvre dans les régions et les métiers les plus concernés. »
- « Le risque d'appauvrissement en capital humain consécutif à ces départs est à considérer avec soin, les salariés les plus âgés étant souvent, du fait de leur ancienneté, les plus expérimentés. »

Source : Insee Première, « Dans toutes les régions, des départs massifs de fin de carrière d'ici 2020 », n° 1508, juillet 2014.

La réalité du problème démographique n'est plus à démontrer, notamment dans les sociétés occidentales, et peut se résumer au vieillissement de la population dans son ensemble et à une raréfaction de la main-d'œuvre. En France (voir focus 5.8), notamment, le départ à la retraite des baby-boomers a des conséquences importantes sur les équilibres financiers et sur l'emploi.

Cette réalité pose d'abord le défi de la raréfaction de la ressource externe. Or, cela suppose de revisiter non seulement la manière dont la fonction RH conçoit la notion de main-d'œuvre dans ses processus de gestion (ne pas la limiter aux seuls salariés mais l'étendre à une notion élargie de la main-d'œuvre), mais également la manière dont elle recrute et gère ses compétences internes (gestion de la pyramide des âges et GPEC). Cela constitue également un risque significatif d'appauvrissement du capital humain : la pérennisation des savoirs clés peut être en jeu et imposer une réflexion sur le transfert de connaissances. L'étendue des conséquences des faits démographiques est ainsi vaste et touche à de nombreux sujets RH :

- Une dimension culturelle lorsque l'on considère que les entreprises seront inévitablement confrontées à l'obligation de rompre avec certaines pratiques de gestion des âges (départs anticipés à la retraite, difficultés à intégrer des jeunes, etc.).
- Une évolution des pratiques et des compétences de la fonction RH avec le développement de l'externalisation et le recours à une main-d'œuvre flexible (*contingent workforce*) pour à la fois compenser la raréfaction de la ressource et répondre au besoin de souplesse de l'entreprise. Ces évolutions impliquent le besoin de compétences nouvelles dans les directions des RH (gestion de prestataires, complexification des relations contractuelles et des aspects juridiques qui y sont liés, etc.).
- Des problématiques techniques, notamment au regard des conditions de travail qu'il faudra inévitablement adapter aux besoins de populations de salariés plus âgés.
- Une dimension financière ne serait-ce qu'avec le coût des *benefits* et des engagements sociaux (indemnités de départs à la retraite, article 39, etc.).
- Une dimension managériale, tant en ce qui concerne les politiques de rémunération qui devront s'adapter à la coexistence de classes d'âge aux attentes très différentes que sur le plan des styles de management.

3.2. Le défi digital

La démocratisation du numérique a modifié en profondeur les comportements des citoyens comme ceux des salariés. Au-delà des engouements parfois hâtifs ou des rejets rétrogrades, certaines des conséquences de la vague numérique sont irréversibles. Le digital contribue à reconstruire différemment le rapport au monde de chacun, tant sur les plans du temps, de l'espace, de l'identité ou de l'appartenance. Les transformations profondes qui en résultent constituent des défis pour les praticiens de la fonction RH, et ce, sous deux angles complémentaires :

- Le digital est un facteur d'évolution importante des comportements sociaux et affecte par conséquent les pratiques de la fonction RH, qui doit en tenir compte et s'y adapter. On peut à cet effet parler de « transformations subies ».
- Le digital constitue également un levier, c'est-à-dire un ensemble de solutions utiles aux transformations que la fonction RH devra mener pour contribuer à soutenir la compétitivité de l'entreprise.

Le débat sur l'importance des technologies de l'information comme déterminant de l'organisation et de son efficacité est ancien (Woodward, 1965). On peut néanmoins affirmer sans prendre de risques que les thèmes de l'information, de l'organisation et du contrôle forment un ensemble dont les liens sont intimes, surtout si l'on estime qu'une organisation peut être comprise comme un système d'informations (Galbraith, 1974).

Ainsi, au-delà de facteurs de contingence nouveaux liés à la démocratisation du numérique, ce que certains appellent la « révolution digitale » interroge inévitablement la fonction RH sur différents plans :

- Sur le plan de l'information, donc de la connaissance et de la culture : l'augmentation de la masse d'informations et la démocratisation de son accès ne sont pas des garanties du développement de la culture et des connaissances.
- Sur les formes de travail que les technologies rendent possibles, par exemple le nomadisme et le travail à distance, jusqu'à un point où les frontières physiques et informationnelles de l'entreprise deviennent floues et changeantes.
- Sur le plan de la collaboration et de la coopération : le *knowledge management* des années 1990 avait déjà livré l'enseignement que les technologies sont insuffisantes pour développer la coopération, quand bien même y contribuent-elles.
- Sur le plan de la gouvernance et des territoires internes, enfin, en particulier avec la fonction informatique.

Au regard de ces différents plans, la fonction RH est confrontée à trois exigences :

- une exigence d'accompagnement de la maturité numérique de l'entreprise : à la croisée de ces chemins qui mêlent numérique et humain, la fonction RH a un rôle à jouer pour que l'entreprise puisse collectivement apprendre à s'adapter et à tirer profit des opportunités qui s'offrent à elle ;
- une exigence d'adaptation des pratiques RH : elle est directement concernée par les évolutions comportementales dont le numérique est à l'origine et qui constituent de nouveaux champs d'opportunité et de menaces dont elle doit tenir compte dans son regard prospectif comme dans ses pratiques opérationnelles ;
- une exigence d'intégration du numérique dans sa stratégie : à la fois comme levier de transformation du corps social au regard des enjeux de coopération évoqués précédemment, mais aussi comme levier de sa propre efficience.

3.3. Le défi du sens

Le panorama sociologique dans les pays occidentaux de la fin des années 2000 est caractérisé par un désengagement important des salariés, et ce, toutes catégories confondues. Les risques psychosociaux se sont développés de façon importante sur un terreau social anxiogène, particulièrement en France, où les enquêtes relatent régulièrement le pessimisme d'une population qui ne croirait plus en son avenir.

Il n'est pas ici question de brosser un tableau des multiples causes de cette réalité. On peut bien sûr évoquer le réalisme de citoyens européens face à une perspective économique que la crise de 2008 a révélé aux yeux de tous. Conscients de la brutale réalité d'un monde qui change, habités d'un sentiment d'impuissance quant aux chances d'infléchir le cours des choses, ils développent un pessimisme que certains ne cessent de relater, en nourrissant une représentation manichéenne de l'entreprise, du travail et de l'humain. Mais on peut aussi supposer que cette défiance puise son origine dans une perte de repères collectifs et un besoin de sens plus universel : « l'Homme occidental de ce début de XXIe siècle est de moins en moins en demande de certitudes et de réponses toutes faites, mais n'a pas renoncé pour autant, bien au contraire, à s'interroger sur le sens de l'existence et les moyens de vivre en harmonie avec soi-même, avec l'autre et avec le monde » (Lenoir et Tardan-Masquelier, 2005).

Lorsque 87 % des salariés français ne partagent pas l'idée selon laquelle « les intérêts des entreprises et des salariés vont dans le même sens »[2], c'est cette absence de perspective collective qui donne sens au travail qu'ils soulignent. Il serait néanmoins erroné de loger toutes les entreprises à la même enseigne, tant il est impossible de comparer une start-up dans laquelle la force du projet initial est motrice ou une coopérative agricole dont le rapport au temps n'est pas comparable à celui d'un groupe coté en Bourse.

Sans préjuger des causes de ce manque de perspective collective dans de nombreuses entreprises, il est certain qu'il est à l'origine d'une baisse d'efficacité collective, qu'il produit des effets pathogènes sur les salariés et qu'il crée un terreau peu propice pour relever les défis d'agilité si vitaux pour la compétitivité, donc la survie, de nombreuses entreprises.

La fonction RH est face à un enjeu que l'on peut résumer en trois points :

- Donner du sens au travail, ce qui revient à donner une perspective collective. Il s'agit là d'une dimension qui touche au cœur même du projet de l'entreprise (voir la dimension politique de la fonction RH précédemment évoquée), mais aussi à la capacité à réhabiliter le travail aux yeux de tous (voir focus 5.9). Tous les domaines d'activité de la fonction RH sont alors concernés comme le démontrent les chapitres de cet ouvrage.
- Veiller à la cohérence, ce qui suppose deux orientations clés :
  - La première relève de la nécessité pour la fonction RH de « réinvestir » le terrain de l'organisation, courroie essentielle entre la stratégie et les principes clés du management. En l'absence de cet investissement des praticiens RH, la fonction informatique portée par la vague numérique et la culture du processus en sera « propriétaire », avec les risques d'effets pathogènes que l'on connaît déjà.
  - La seconde réside dans la nécessité de réduire les risques de contradiction entre le discours et les actes, car le décalage entre les valeurs affichées par l'entreprise et celles que les salariés vivent au quotidien (Argyris et Schön, 2002) a des conséquences redoutables sur le plan de la confiance, donc de la coopération.
- Veiller à la cohésion, ce qui suppose une réflexion de fond sur l'équité, sur le plan des politiques de rémunération (veiller à la reconnaissance des personnes, rééquilibrer les excès de l'individualisation, etc.) comme sur celui des principes d'évaluation.

Focus 5.9

L'origine des mots…

Le mot « travail » a pour origine *tripalium*, qui désigne un instrument de torture mais aussi un outil pour ferrer les chevaux. Deux symboliques très différentes qui conduisent Maurice Thévenet à nous rappeler qu'il est aisé pour « chacun d'y aller d'un clin d'œil étymologique et culturel pour figer le travail dans un sens qui l'arrange »*.

Deux autres mots latins sont en rapport direct avec le travail : *labor*, qui signifie « effort », et *opus*, qui signifie « œuvre ». Travailler (*tripalium*) exige un effort de chacun (*labor*) qu'il fournit dans une perspective collective (collaborer : *co* et *labor*), c'est-à-dire la réalisation d'une œuvre (*opus*) collective. On peut résumer qu'en l'absence de cette perspective collective qui fait sens pour celui qui fournit un effort, cet effort devient souffrance.

** Thévenet M., « Le travail avant le travail », RH Info, 12 août 2013.*

2. *Source :* Sondage TNS Sofres/Publicis Consultants, « Le moral économique des Français », septembre 2010.

Résumé

- Le facteur humain est essentiel dans la réussite de la stratégie d'une entreprise, que celle-ci adopte une stratégie de leadership par les coûts ou de différenciation.
- La fonction RH n'est pas stratégique en tant que telle mais contribue à la stratégie selon trois principales directions :
  - faire vivre les fondamentaux politiques de l'entreprise, c'est-à-dire sa mission, sa vision et ses valeurs ;
  - alimenter la réflexion stratégique d'une veille prospective, notamment au regard de défis externes et internes, par exemple la démographie, la révolution digitale ou le besoin de sens ;
  - décliner la stratégie de l'entreprise en politique et plans d'action RH pour la mettre en œuvre.
- La fonction RH est un processus qui produit des résultats à un certain niveau de qualité/coûts/délais pour satisfaire des clients au rang desquels les dirigeants, les représentants du personnel, les managers et les collaborateurs.
- La variable temps est une contrainte fondamentale de la fonction RH.
- Les pratiques RH sont contingentes. Elles dépendent d'un contexte car :
  - Les pratiques RH sont une déclinaison de choix d'organisation et de principes de management.
  - Ces choix d'organisation et de principes de management dépendent eux-mêmes d'une stratégie de réponse aux caractéristiques d'un environnement.
- Les concepts clés sur lesquels reposent de nombreuses pratiques RH correspondent à la déclinaison d'un modèle d'organisation issu du taylorisme qui montre ses limites pour répondre aux exigences de compétition contemporaine.
- Ces exigences imposent aux entreprises d'être à la fois efficientes et innovantes, ce qui suppose des organisations flexibles capables de s'adapter en permanence à un contexte incertain et complexe.
- La fonction RH a un rôle important à jouer dans cette « transformation » des organisations et l'ensemble de ses pratiques est concerné.

Bibliographie

Aoki M., *Fondements d'une analyse institutionnelle comparée*, Albin Michel, 2006.

Boyer L. et Scouarnec A., *Les Nouveaux Marchands*, Éditions EMS, 1999.

Burns T. et Stalker G., *The Management of Innovation*, Tavistock, 1961.

Cleland D., *Strategic Management of Teams*, New York, John Wiley & Sons Inc., 1996.

Cohen D., *Trois Leçons sur la société post-industrielle*, Seuil, 2006.

Collins J.C. et Porras J.I., « Building your company's vision », *Harvard Business Review*, septembre-octobre 1996.

D'Aveni R.A., *Hypercompetition, Managing the Dynamics of Strategic Maneuvering*, Free Press, 1994.

Duncan R., « The ambidextrous organization: Designing dual structures for innovation », *The Management of Organization*, 1976, p. 167-188.

Dupuy F., *La Fatigue des élites : le capitalisme et ses cadres*, Seuil, 2005.

Dupuy F., *Lost in management : la vie quotidienne des entreprises au* XXIe *siècle*, Seuil, 2011.

Fievet G., *De la stratégie militaire à la stratégie d'entreprise*, InterÉditions, 1992.

Galbraith J., « Organizational design: An information processing view », *Interfaces*, 4-3, 1974, p. 28-36.

Getz I. et Carney B.M., *Liberté & Cie – Quand la liberté des salariés fait le bonheur des entreprises*, Fayard, 2012.

Godet M., *Prospective stratégique – Problèmes et méthodes*, Cahiers du Lipsor, 2007.

Halévy M., *Petit Traité de management post-industriel*, Éditions Dangles, 2010.

Lawrence P. et Lorsch J., *Organization and Environment: Managing Differentiation and Integration*, Boston, Harvard Business School Press, 1967.

Lenoir F. et Tardan-Masquelier Y., *Le Livre des sagesses. L'aventure spirituelle de l'humanité*, Bayard Jeunesse, 2005.

March J.G., « Exploration and exploitation in organizational learning », *Organization Science*, 2(1), 1991, p. 71-87.

Michaels E., Axelrod B. et Handfield-Jones H., *The War for Talent*, Harvard Business School Press, 2001.

Mintzberg H., *Structure et dynamique des organisations*, Éditions d'Organisation, 1994.

North D., « Institutions », *Journal of Economic Perspectives*, 1991.

Porter M.E., *Competitive Advantage: Creating and Sustaining Superior Performance*, Free Press, 1998.

Verrier G., *Stratégie et RH, l'équation gagnante*, Dunod, 2012.

Woodward J., *Industrial Organisation: Tehory and Practice*, Oxford, Oxford University Press, 1965.

Activités

Questions

1. Décrivez succinctement la manière dont la fonction RH contribue à la stratégie de l'entreprise.
2. Décrivez en quoi consiste l'alignement stratégique de la fonction RH.
3. Expliquez pourquoi les pratiques RH sont contingentes.
4. Pourquoi parle-t-on de transformation ?
5. Expliquez dans quelle mesure la fonction RH est concernée par la « révolution digitale ».

Étude de cas

L'entreprise Thévenouille est une SSII créée en 1975. Ses fondateurs ont construit son essor sur une activité de développement informatique à façon, essentiellement à destination d'une clientèle de PME locales. Le berceau de l'entreprise est à la Roche-sur-Yon. Alors peu concurrencée, l'entreprise observa un développement important jusqu'à atteindre une centaine de salariés en 1990, pour l'essentiel des développeurs informatiques et des chefs de projets, tous issus de la région. Son développement s'est ensuite accéléré dans les années 1990 avec la création d'une activité logicielle destinée à mieux rentabiliser une clientèle régionale fidèle. Thévenouille entreprit alors une stratégie de croissance fondée sur une diversification de son *core business* dans deux directions : viser une clientèle d'entreprises de taille plus importante et d'envergure nationale ; développer les services (conseil amont, maintenance, formation, etc.). Depuis le début des années 2000, elle n'a eu de cesse de faire progresser son logiciel de gestion comptable et financière, devenu phare sur le segment des entreprises du *mid-market*. Malgré ces efforts consentis en R&D, l'entreprise voit son *business model*, centré sur le logiciel, concurrencé par des acteurs internationaux qui commercialisent depuis 2006 des solutions ultracompétitives en mode SAAS. Ayant fait entrer un investisseur financier en 2003 et forts de ce constat, les dirigeants ont engagé depuis 2008 un virage stratégique visant à transformer progressivement le *business model* en une activité de service, grâce à la commercialisation de son logiciel en mode SAAS et au développement d'une activité d'externalisation de gestion comptable. Ce virage stratégique s'inscrit, d'une part, dans une logique défensive face à des concurrents qui rognent régulièrement les parts de marché de Thévenouille et, d'autre part, dans la volonté affichée de rendre les revenus de l'entreprise plus réguliers. En 2014, Thévenouille regroupe 300 salariés avec un CA composé à 50 % de la vente de licences, 30 % d'activités de maintenance, 20 % de divers services (formation, conseil, etc.).

Sa culture d'entreprise, imprimée par les fondateurs, a été fondée sur trois principes : la rigueur d'analyse en amont des projets de manière à estimer avec précision la charge de travail, une culture et une expertise technique importantes, une volonté permanente d'investir en R&D pour faire évoluer les fonctionnalités de ses produits.

Elle est composée d'une population expérimentée dont la moyenne d'âge se situe aux alentours de 45 ans, avec, d'une part, des chefs de projets et ingénieurs seniors et, d'autre part, des développeurs plus jeunes, habitués à une culture informatique plus agile mais moins rompus à la gestion de projets clients.

Questions

1. En quoi les valeurs fondatrices de la culture de l'entreprise constituent-elles un atout ou une faiblesse au regard du virage stratégique amorcé en 2008 ?
2. Donnez un exemple concret de la manière dont ce virage stratégique peut être accompagné par une évolution des pratiques de la fonction RH.

Chapitre 6
Apprécier le travail

Bérangère Condomines et Antoine Pennaforte

Ce chapitre aborde les questions suivantes :

- Quels sont les attentes, les résistances et les enjeux rattachés au processus d'appréciation ?
- Quels sont les rôles des acteurs organisationnels dans le processus d'évaluation ?
- Comment mesurer le travail et, plus particulièrement, les réalisations des collaborateurs ?
- Quelles sont les méthodes d'évaluation ?
- Comment repenser le processus d'appréciation du personnel pour répondre aux attentes des parties prenantes ?

L'évaluation – action d'évaluer, de déterminer la valeur de quelque chose – est omniprésente dans notre quotidien et, plus particulièrement, dans celui des organisations. Les systèmes (scolaire, sportif ou organisationnel) reposant sur une culture de la performance inscrivent l'évaluation au cœur de la quête du perfectionnisme faisant écho à la devise « toujours plus, toujours mieux »[1]. Dans cette continuité, au sein des organisations, le triptyque « ressource – mesure – performance » implique de déterminer la contribution des ressources (humaines, financières, matérielles) à la performance organisationnelle. Concernant la mesure de la contribution humaine, le terme appréciation – action d'estimer approximativement un phénomène mesurable ou chiffrable – sera privilégié[2]. Ainsi, se situant au cœur d'un système social, le processus d'appréciation du personnel cristallise des tensions et des attentes. Ce chapitre aborde respectivement le rôle des acteurs de l'appréciation (section 1), le choix des mesures (section 2), les méthodes d'appréciation (section 3) et enfin les tensions et les enjeux liés au processus d'appréciation (section 4).

1. Heilbrunn B., Aubert N. et Dubet F., *La Performance, une nouvelle idéologie ? Critiques et enjeux*, Paris, La Découverte, 2004, 275 p.
2. En pratique, les termes « évaluation » et « appréciation » (en anglais : *evaluation vs appraisal*) ne sont guères distincts. Or, ce choix n'est pas neutre. L'appréciation contrairement à l'évaluation appréhende le processus dans son ensemble et mentionne sa subjectivité (choix des appréciateurs, choix de la mesure, jugement…).

Figure 6.1 – La construction du processus d'appréciation du personnel

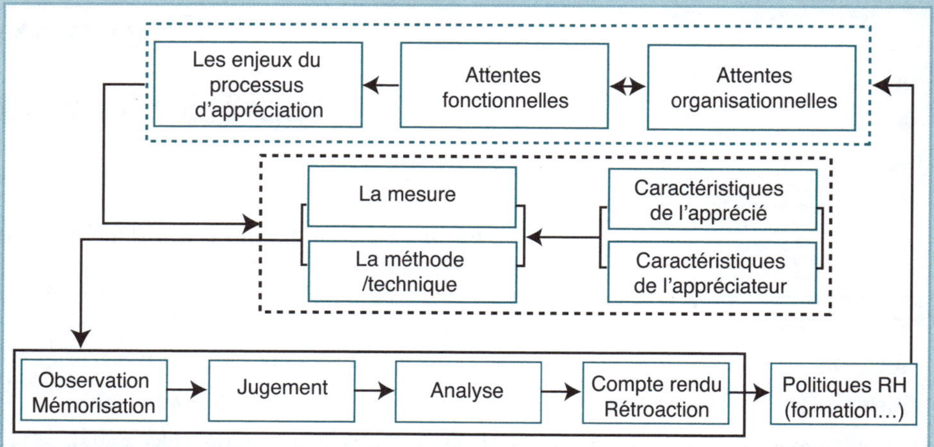

Source : Adaptée de Landy et Farr, 1983, p. 94.

1. Les acteurs de l'appréciation

De nombreux acteurs participent au processus d'évaluation dans une chaîne de communication et de fonctionnement montante et descendante entre direction et DRH, management, partenaires sociaux et individus. Quels sont leurs rôles différenciés ?

1.1. Direction et DRH

La direction et la DRH jouent un rôle stratégique au travers de la création d'un processus juste et équitable et du pilotage du dispositif au quotidien. Premièrement, d'un point de vue stratégique, direction et DRH s'accordent sur :

- l'étendue et le périmètre de l'appréciation : pour tous les collaborateurs ? pour certaines catégories ?
- la temporalité : annuelle, pluriannuelle, calendrier périodique ;
- les éléments de redistribution pour chaque catégorie de collaborateurs : formations, augmentation, mobilité…
- les sanctions ;
- les échelles de décision en fonction des éléments à distribuer.

Ces questions essentielles doivent être arrêtées pour que la DRH procède à un pilotage fluide et transparent de l'évaluation des collaborateurs. En effet, effectuées par le manager, les appréciations reposent sur des outils définis et élaborés par la DRH – grille d'entretien, grille d'autoévaluation – qui se doivent d'être lisibles et faciles à appliquer. Il est donc important de créer des outils en lien avec toute la chaîne des acteurs de l'organisation – DRH, management, individus, partenaires sociaux – et d'inclure des experts externes pour vérifier que les outils capturent bien ce que le management souhaite mesurer. La DRH doit également vérifier que ses outils s'inscrivent en cohérence avec la culture de l'organisation et son reliés aux autres pratiques RH de l'organisation. Enfin, la DRH doit former le management aux techniques et pratiques d'évaluation.

Tableau 6.1 – Appréciation et pratiques de GRH

Pratiques RH impactées		Acteurs
Évaluation	Classification	DRH/Management/IRP
	Rémunération	DRH/Management/IRP/Individus
	Mobilité et carrière	DRH/Management/Individus
	Fiche de poste	DRH/Management
	Sanctions	DRH/Management/Individus
	Comportements organisationnels	DRH/Management/Individus

1.2. Management

Ayant connaissance des attentes fonctionnelles et organisationnelles, le supérieur hiérarchique ($N + 1$), responsable d'unité, d'un département, d'une division est considéré comme le mieux à même d'appréhender l'atteinte des objectifs ou la mise en œuvre des comportements opportuns (compétence, performance). En pratique, l'enquête de WorldatWork & Sibson (2010) énonce que le $N + 1$ est la première source d'appréciation (81 %). Or, la qualité de son appréciation dépend fortement de ses « facultés », de ses opportunités d'observation et de la dyade subordonné/supérieur hiérarchique. Certaines recherches démontrent ainsi l'effet des caractéristiques sociodémographiques sur l'appréciation (effet similitude/dissimilitude, effet d'amitié). Par exemple, les managers âgés sont plus favorablement évalués par les jeunes managers que par ceux de leur âge. Dès lors, pour pallier ce biais, les pairs, les parties prenantes externes ainsi que l'évalué lui-même peuvent être considérés comme des appréciateurs. Généralement, l'apprécié, le supérieur hiérarchique, les subordonnés et/ou les pairs constituent les appréciateurs du 360° feedback. Le terme 540° feedback est usité lorsque les appréciations des clients externes et/ou des fournisseurs s'inscrivent dans le processus. Cette méthode multiappréciateurs postule qu'il existe des divergences de vues entre les sources d'appréciation. Les recherches démontrent effectivement une faible convergence entre l'autoappréciation et les autres sources (superviseur, pair). En revanche, l'appréciation formulée par le supérieur hiérarchique est proche de celle des pairs même si les premiers se focalisent davantage sur l'exécution des tâches et les seconds sur les relations interpersonnelles.

Le management est en première ligne lors de l'évaluation. Il doit connaître ses équipes, les modalités d'appréciation en vigueur dans l'organisation, les biais et écueils de l'appréciation ainsi que l'importance pour les individus de cette pratique qui peut développer la motivation des collaborateurs ou au contraire décupler une insatisfaction et une démotivation en cas d'une évaluation non préparée et non professionnelle. Que doit réaliser le management pour inscrire sa pratique de l'évaluation dans l'objectif de performance de l'organisation ?

- se former aux enjeux, pratiques et techniques d'évaluation ;
- se connaître émotionnellement et agir avec humilité ;
- maîtriser les techniques de communication ;
- se focaliser sur les faits et les activités professionnelles et non sur les personnes ;
- agir avec équité ;
- préparer ses évaluations ;
- faire remonter les besoins de ses équipes.

1.3. Partenaires sociaux

Les partenaires sociaux sont parties prenantes des dispositifs d'évaluation dans leur participation à la validation des éléments à évaluer chez les collaborateurs.

1.4. Individus

Les individus doivent s'inscrire dans une posture analytique (fonction, tâches, rôles, compétences) qui tend à impacter leurs comportements organisationnels à venir. L'évaluation, pour l'individu, est un important moment de remise en cause de sa pratique professionnelle et d'interrogation sur son rapport au travail passé et à venir. Elle permet à l'individu de se questionner, et donc impacte sa motivation, sa satisfaction, son implication, sa confiance et *in fine* sa performance. Alors que le management doit accompagner l'individu dans la compréhension de ce rapport au travail remis en cause, l'individu doit réfléchir à ses souhaits d'évolution dans l'organisation et la conservation de son employabilité. Il doit également préparer son évaluation sans se fier à sa mémoire mais en se focalisant sur les faits. Les individus étant en partie à la source de la performance des organisations, l'évaluation doit enfin veiller à favoriser les conditions de comportements positifs pour l'organisation.

2. Les mesures opérationnelles et/ou observées : comment choisir ?

En théorie comme en pratique, on différencie les mesures opérationnelles, dites *hard*, des mesures observées, dénommées *soft* (Viswesvaran, 2008)[3].

2.1. Les mesures opérationnelles

Trois types de mesures opérationnelles sont distinguées (Murphy et Cleveland, 1995 ; Bernatchez, 2005) :

1. **Les mesures fonction de la production** impliquent l'analyse des quantités, du temps ou de la qualité. Elles se réfèrent aux dimensions du rendement (le rapport entre la production obtenue et le temps consacré à son obtention), de la productivité du travail en valeur (le rapport entre la valeur de la production obtenue et le volume du travail mis en œuvre) ou de l'économie des ressources. Par exemple, le travail à la chaîne sera apprécié au regard du nombre de quantités produites en pourcentage du temps, du nombre d'erreurs par heure travaillée ou du taux de pièces défectueuses.
2. **Les mesures se référant à des données personnelles** telles que le turnover, l'absentéisme, le retard, le débrayage, les accidents ou le nombre de promotions connaissent un regain d'intérêt avec les démarches d'audit social et, plus précisément, les analyses micro de la performance sociale et économique (voir tableaux de bord sociaux). Ces critères reflètent davantage les comportements de retrait liés à la personne et/ou à la situation. Cependant, certaines organisations ont recours à ces données pour mesurer la performance individuelle.

3. Dans le cadre de ce chapitre, nous privilégions cette distinction à celle opposant les critères objectifs aux critères subjectifs.

3. **Les mesures se référant à l'atteinte des objectifs** impliquent une mise en perspective des résultats obtenus à la norme de réussite. Cette norme est déterminée ou codéterminée en amont du processus d'appréciation au travers de la définition des indicateurs, des délais, des moyens et des ressources.

Ces mesures constituent le modèle *classique* ou *traditionnel* fortement répandu dans la pratique. L'enquête menée par WorldatWork & Sibson (2010)[4] met en évidence que 53 % des répondants utilisent ces critères. En France, 63 % des répondants déclarent apprécier les résultats par rapport aux objectifs prédéfinis lors des entretiens (Ientile-Yalenios et Roger, 2010)[5]. Or, les changements relatifs à la nature du travail suggèrent que ces mesures sont de moins en moins appropriées pour apprécier la performance des travailleurs. *Quid* de la façon dont les résultats sont obtenus ? Ces mesures peuvent ainsi favoriser des comportements contraires aux attentes organisationnelles ou des comportements contre-productifs sur le long terme (par exemple, *one shot* pour un commercial, c'est-à-dire une technique commerciale qui permet une conclusion rapide de la vente mais qui nuit à une relation sur le long terme avec le client). De surcroît, ces mesures ne favorisent pas les comparaisons intra et interindividus : d'une part, elles différencient faiblement les individus les uns par rapport aux autres (voir distribution des individus, répartition des évalués sur les différents niveaux de l'échelle de mesure) ; d'autre part, elles prennent en compte des facteurs situationnels non contrôlés par l'apprécié tels que les conditions socioéconomiques (par exemple, secteur d'activité), les contraintes fonctionnelles (par exemple, équipement, collègue, supérieur hiérarchique), les politiques stratégiques (par exemple, prix), les politiques RH (par exemple, promotions) ou la technologie (par exemple, recherche et développement).

Figure 6.2 – L'iceberg de la performance : du comportement performant au résultat

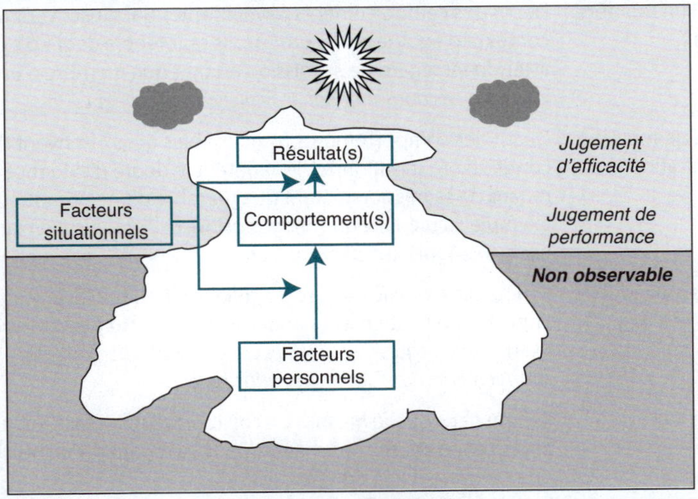

Source : Condomines, 2012.

4. WorldatWork & Sibson, « The state of performance management », octobre 2010.
5. Ientile-Yalenios J. et Roger A., « Quoi de neuf dans les systèmes d'appréciation du personnel ? », *XXI*e Congrès de l'AGRH, Saint-Malo, novembre 2010.

Enfin, contrairement à la croyance populaire, les mesures opérationnelles ne sont pas nécessairement objectives. Ainsi, elles impliquent une dimension subjective lors du choix de la mesure, de sa définition, de son analyse et de son interprétation (Campbell, 1990 ; Motowidlo, 2003).

2.2. La mesure observée ou « *judgemental* »

Ces mesures appréhendent la compétence et la performance comme un prisme de comportements. Trois types de mesures sont distingués (Landy et Farr, 1983 ; Viswesvaran, 2008) :

1. **Les mesures relatives à des critères (*ratings*)** se fondent sur l'évaluation des diverses dimensions comportementales de la performance de l'individu sur une période donnée. Ainsi, elles s'inscrivent dans une évaluation *critériée* qui fait référence à une liste de comportements attendus et valorisés. Le jugement repose sur l'adéquation des comportements aux attentes fonctionnelles et organisationnelles (Motowidlo, 2003).

Focus 6.1

L'approche comportementale de la performance avec un extrait de l'échelle de Griffin *et al.* (2007), WRP (*Work Role Performance*)

Types	Définitions
Technicité individuelle	Décrit des comportements qui peuvent être formalisés et qui ne sont pas intégrés dans un contexte social. Ils reflètent le degré de technicité et d'expertise attendu d'un collaborateur au regard de sa mission. Exemple : *a accompli de façon adéquate ses principales tâches en utilisant les procédures standard.*
Technicité d'un membre d'une équipe	Décrit des comportements formalisables qui s'inscrivent dans un contexte d'équipe ou de groupe. Ils reflètent le degré d'exigence attendu au regard de sa mission en tant que membre d'une équipe. Exemple : *a coordonné son travail avec ses collègues.*
Technicité d'un membre d'une organisation	Décrit des comportements formalisables qui s'inscrivent dans un contexte organisationnel. Ils reflètent le degré d'exigence attendu au regard de sa mission en tant que membre d'une organisation. Exemple : *a présenté une image positive de l'organisation aux autres personnes (par exemple, aux clients).*
Adaptabilité individuelle	Reflète dans quelle mesure un collaborateur fait face, réagit et/ou apporte son soutien au changement au regard de sa mission. Exemple : *a acquis de nouvelles capacités afin de s'adapter aux changements dans ses tâches principales.*
Adaptabilité d'un membre d'une équipe	Reflète dans quelle mesure un collaborateur fait face, réagit et/ou apporte son soutien au changement au regard de sa mission en tant que membre d'une équipe. Exemple : *s'est impliqué(e) efficacement dans les changements affectant son équipe (un nouveau membre).*
Adaptabilité membre d'une organisation	Reflète dans quelle mesure un collaborateur fait face, réagit et/ ou apporte son soutien au changement au regard de sa mission en tant que membre d'une organisation. Exemple : *fait face aux changements relatifs au fonctionnement de l'organisation.*

Focus 6.1 (suite)

Types	Définitions
Proactivité individuelle	Dans une perspective de changement, décrit des comportements tournés vers l'avenir, impliquant une prise d'initiative et une anticipation dans le cadre de sa mission. Exemple : *a apporté des changements concernant la façon dont les tâches sont effectuées.*
Proactivité d'un membre d'une équipe	Décrit dans quelle mesure un collaborateur est tourné vers l'avenir, prend des initiatives et anticipe. Ces comportements sont favorables au changement au sein d'une situation collective ou dans la façon de travailler de l'équipe. Exemple : *a proposé des façons de rendre plus efficace l'équipe.*
Proactivité d'un membre d'une organisation	Décrit dans quelle mesure un collaborateur est tourné vers l'avenir, prend des initiatives et anticipe. Ces comportements sont favorables au changement au sein de son organisation. Exemple : *a été force de proposition afin d'accroître l'efficacité au sein de l'organisation.*

2. **Les mesures relatives à des normes (*rankings*)** impliquent l'établissement d'un classement des comportements mis en œuvre par le collaborateur apprécié (intra-individuel) ou un classement des collaborateurs les uns par rapport aux autres selon leurs niveaux de performance (interindividuel). Le classement peut reposer sur les comportements plus ou moins observés (voir focus 6.2).

Focus 6.2

Extrait d'une grille d'appréciation de la performance managériale utilisée par une collectivité territoriale

Mme X – novembre 2013				
Comportements		○	◑	●
○	Organisation et planification	A organisé et hiérarchisé son travail par ordre de priorités	–	–
○ ◑	Prise de décisions	A pris rapidement des décisions basées sur une analyse de la situation	A proposé une solution en la formulant de façon précise	–
◑ ●	Délégation et contrôle	–	A demandé un avis auprès d'experts qualifiés et a vérifié la transmission des informations et des consignes A coordonné son travail avec ses collaborateurs	A délégué à ses collaborateurs en prenant en considération leurs capacités ou les ressources
●	Anticipation	–	–	A anticipé les problèmes A fait face aux changements (évolution procédure)

3. **Les mesures relatives à des normes avec distribution forcée** (***forced ranking*** ; voir focus 6.3) impliquent la répartition des collaborateurs selon leur niveau de performance (par exemple, excellent, bon, médiocre et insatisfaisant). La proportion de personnes pour chaque catégorie est prédéfinie. Ainsi, postulant que la performance suit une loi normale, une minorité des appréciés constitue les extrémités (environ 10 % pour le niveau le plus faible et 20 % pour le niveau le plus élevé), et la grande majorité s'inscrit autour de la moyenne (70 %). En 2001, le magazine *Fortune* indiquait que 25 % des entreprises s'appuyaient sur cette démarche (par exemple, 3M, Caterpillar, Cisco Systems, Enron, Ford, General Electric, Goodyear, Hewlett Packard, Microsoft, PepsiCo, Sun Microsystems). En 2010, seulement 12 % des entreprises déclaraient l'utiliser (WorldatWork & Sibson). Cette baisse peut s'expliquer par l'évolution jurisprudentielle américaine et française (voir ci-après section 2.3, « Le choix de la mesure »).

L'enquête menée par WorldatWork & Sibson (2010) met en évidence que 76 % des répondants basent l'évaluation de la performance sur les comportements. En France, 73 % des répondants évaluent la conformité au poste au regard des comportements prédéfinis (Ientile-Yalenios et Roger, 2010). Cette approche permet d'appréhender un large éventail de comportements attendus tant sur le plan fonctionnel (tâche) que collectif (équipe) ou organisationnel. Citons en exemple les comportements citoyens, prosociaux, contre-productifs, adaptatifs ou proactifs. Cette diversité des comportements observés dans pléthore de situations favorise la discussion entre l'apprécié et l'appréciateur. Elle permet également les comparaisons intra et interindividus (voir forte capacité à différencier). Quant à l'effet des facteurs situationnels, il est moindre (voir figure de l'iceberg ; figure 6.2). En revanche, l'appréciation des mesures observées s'inscrit dans un contexte social, émotionnel, cognitif, politique et relationnel complexe. Dès lors, de nombreuses erreurs de mesure sont observées au niveau de la perception, du jugement, du processus cognitif de stockage, du processus cognitif de traitement de l'information ainsi que du processus d'attribution de causalité.

Tableau 6.2 – Biais cognitifs

Biais	Description
	Biais de perception, mémorisation et notation
Effet de halo	Élaborer une impression générale d'une personne ou d'une situation en se basant sur une seule de ses caractéristiques.
Perception sélective	Privilégier une lecture de la réalité qui correspond à ses propres besoins, attentes, valeurs et attitudes amenant à n'observer que certains aspects de la situation ou de la personne.
Effet de projection	Attribuer à autrui les caractéristiques propres à soi-même (attentes, besoins ou convictions).
Effet de prophétie (effet Pygmalion ou effet Rosenthal)	Perception sélective d'informations allant dans le sens d'une impression que l'on cherche à confirmer.
Effet de contraste	Au niveau interindividuel : impacte de façon positive ou négative l'apprécié précédent (par exemple, si l'apprécié précédent a été jugé performant, l'apprécié suivant sera jugé par comparaison à ce niveau de performance, ce qui peut amener à sous-estimer sa performance réelle). Au niveau intra-individuel : impacte la qualité du contexte qui mettra en exergue certains comportements qui contrastent avec ce contexte (par exemple, un contexte défavorable souligne les comportements performants).

Biais	Description
Effet de récence (effet de flash)	Être obnubilé par des événements récents (positifs ou négatifs).
Effet de faible différenciation	La distinction des comportements et leur accessibilité (plus ou moins observable) impactent la capacité à évaluer.
Biais de disponibilité	Tendance à privilégier les informations immédiatement disponibles.
Effet d'indulgence ou à l'inverse de sévérité	Donner plus ou moins d'importance et de signification aux éléments appréciés et aux niveaux atteints. Par nature, l'appréciateur peut être plus ou moins sévère, ce qui impacte sa distribution par rapport à la moyenne.
Effet de tendance centrale (biais de rétrécissement)	Centrer les notes autour des propositions moyennes.
Effet Posthumus	D'une année sur l'autre, l'appréciateur ajuste son appréciation afin de conserver une distribution similaire.
Biais spécifique à l'autoappréciation	
Effet de Dunning-Kruger	Les moins compétents dans un domaine ont tendance à surestimer leur compétence, alors que les plus compétents ont tendance à sous-estimer la leur, la conscience de ses propres limites dépendant de la capacité à prendre du recul elle-même intimement liée au niveau de connaissance du domaine.
Désirabilité sociale	Les réponses formulées par les appréciés sont orientées par une norme de référence.

Source : Adapté de Condomines B. et Hennequin E., *Le Processus de recrutement* : *pour le candidat et le recruteur*, Paris, Economica, 2014.

Le choix et la formation des appréciateurs sont un élément central. Plus particulièrement, la formation tend à réduire les erreurs de jugement et à développer un cadre de référence limitant le recours à son idéal type de performance.

2.3. Le choix de la mesure

Quid de la pertinence du critère ?

Dans son article intitulé « Explaining the weak relationship between job performance and ratings of job performance », Murphy (2008) conclut que la relation entre la performance et sa mesure semble être faible, voire incertaine. Ainsi, la pertinence du critère choisi doit être questionnée : « Est-ce que le critère choisi représente uniquement l'ensemble des éléments attendus en termes de performance pour ce poste et pour cette organisation ? » *Autrement dit, le critère* néglige-t-il certains éléments relatifs à la performance (déficience) ? *A contrario*, le critère inclut-il des éléments étrangers à la performance (contamination) tels que des biais d'opportunité (par exemple, *défaillances des équipements, différences en termes de zone géographique) ou des erreurs systématiques* (par exemple, appréciateur plus sévère) ?

Figure 6.3 – Le critère pertinent

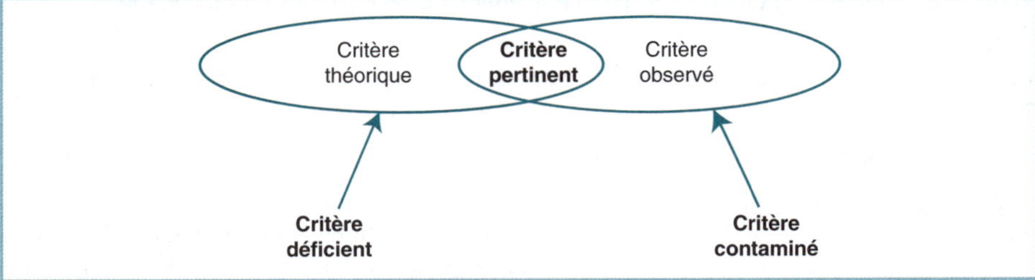

Source : Adaptée de Campbell, 1990.

Quid du *criterion problem* ?

Le *criterion problem* met en évidence une pluralité de questionnements :

- **Faut-il se référer à un critère opérationnel ou à un critère comportemental ?** Bien évidemment, le choix dépend de ce que l'on souhaite mesurer : un résultat (opérationnel), une compétence (comportementale) ou une performance (comportementale).
- **Faut-il privilégier l'utilisation de plusieurs mesures (un ensemble de résultats ou de comportements) ?** À partir de 1960, les recherches préconisent d'adopter une mesure opérationnelle/multidimensionnelle considérant que les différents critères appréhendent les divers aspects de la performance. En outre, Seashore (1963, cité par Lévy-Leboyer, 2007) recommande l'utilisation conjointe de la productivité, du nombre d'accidents, de l'efficacité, de l'absentéisme et du taux d'erreurs. À partir des années 1990, les chercheurs recommandent l'approche comportementale/multidimensionnelle afin de prendre en compte les différents comportements et leurs possibles indépendances, la dynamique dans le temps et l'individualité. Dans tous les cas, l'utilisation conjointe de plusieurs mesures est recommandée.
- **Faut-il se référer à des mesures statiques ou dynamiques (sur une période) ?** Les mesures opérationnelles comme les mesures comportementales appréhendent les évolutions sur une période donnée (une année, un projet…). Cependant, les mesures opérationnelles constituent davantage une photographie à un moment donné et dans un contexte organisationnel donné (Amadieu et Rojot, 1996 ; Motowidlo, 2003).

Tableau 6.3 – Mesure opérationnelle *vs* mesure observée[6]

	Appréciation/Mesure opérationnelle	Appréciation/Mesure observée
La mesure	Appréciation du résultat	Appréciation des comportements (compétence, performance)
	Ne prend pas en considération la manière d'obtenir le résultat	Considère qu'il existe différentes manières d'obtenir le résultat

6. Myres M.L., « Grades are no longer just for students: Forced ranking, discrimination, and the quest to attain a more competent workforce », *Seton Hall Law Review*, vol. 33, 3, 2003.

	Appréciation/Mesure opérationnelle	Appréciation/Mesure observée
Le positionnement temporel	Photographie à un moment donné Conséquences dans le temps non considérées	Se fonde sur une période Conséquences dans le temps considérées
La constance de la mesure	Caractère instable	Caractère stable
La pertinence du critère	Critère déficient Biais d'opportunités (effet environnement)	Critère saturé Effet de halo, perception sélective, effet de projection, effet de prophétie, effet de contraste, effet de récence, indulgence/sévérité, tendance centrale
Le caractère discriminant de la mesure (différenciation)	Discriminant mis à part les données personnelles	Discriminant mis à part les mesures normées
L'effet de la position de l'appréciateur	Non démontré	Démontré
L'effet des caractéristiques sociodémographiques de l'appréciateur	Oui	Oui mais inconsistant
L'impact du contexte évaluatif	Faible	Important
La position juridique	L'exigence d'un lien direct et nécessaire La pertinence L'objectivité La transparence du critère La finalité d'apprécier l'aptitude du salarié	*Idem* Précision : *l'évaluation des comportements est licite si l'exercice de la fonction l'exige et si les critères sont clairement définis.*

Source : Condomines, 2012.

Quid du positionnement juridique ?

Concernant le choix du critère, il doit être établi un « lien direct et nécessaire », d'une part, au regard de la nature de la tâche à accomplir et, d'autre part, proportionné au but recherché (L. 1121-1 du Code du travail). De ce fait, l'employeur ne peut qu'apprécier des aptitudes professionnelles requises par l'exercice de la fonction dans une organisation donnée (L. 1222-2 du Code du travail). Cette appréciation des aptitudes doit se faire sur la base de « critères objectifs et présentant un lien direct et nécessaire avec l'emploi occupé » (Cnil, 13 janvier 2005 n° 2005-002). Les résultats individuels ou les objectifs peuvent être fixés unilatéralement par l'employeur dans le cadre de son pouvoir de direction. Cependant, le juge vérifiera le caractère raisonnable de l'objectif fixé, peu importe que le (la) salarié (e) ait accepté les conditions. Ainsi, selon la Cour de cassation, « l'employeur tient de son pouvoir de direction né du contrat de travail, le droit d'évaluer le travail de ses salariés et d'apprécier leurs capacités professionnelles à partir de critères objectifs et transparents, sous réserve de ne pas mettre en œuvre un dispositif d'évaluation qui n'a pas été porté à la connaissance des salariés » (Cass. Soc., 10 juillet 2002, n° 00-42368).

Concernant l'évaluation des comportements performants, le TGI de Nanterre rappelle, dans un arrêt du 5 septembre 2008 (n° 08-05737, Wolters Kluwer) que « le focus client, la création de valeur, l'intégrité, le travail en équipe, l'innovation ou la responsabilité » nécessitent une définition précise. Pour le TGI, les critères sont flous quand ils « ne permettent pas de savoir si ce sont des compétences et des objectifs concrets qui sont jugés ou si ce sont des comportements qui sont évalués, avec le risque de subjectivité d'une notation basée sur les comportements du salarié devant adhérer à des valeurs de l'entreprise ». Dans cette continuité, la cour d'appel de Toulouse (21 septembre 2011, SAS Airbus) indique que la procédure d'évaluation « Performance & Développement » est illicite. Cette procédure intégrait des critères comportementaux comme « agir avec courage » ou « développer l'innovation » qui impliquaient le « partage par le salarié de la vision à long terme au travers notamment du critère "décisions justes et courageuses dans l'intérêt d'Airbus" qui nécessite un jugement trop subjectif et une recherche qui peut s'avérer difficile en termes de vision à long terme et d'intérêt d'Airbus ». De plus, les termes usités par Airbus « "assumer la pleine responsabilité de leurs conséquences" laissent entendre que l'évaluation pourrait avoir une finalité disciplinaire étrangère à la finalité de l'évaluation ». Enfin, les CHSCT n'ont pas été préalablement informés. Cependant, le TGI de Nanterre précise, dans un arrêt en date du 20 novembre 2009 (n° 09-09717, Alstom Power System), que demander à un cadre de mieux communiquer avec son équipe constitue un critère licite car il répond aux qualités exigées dans l'exercice de sa fonction. Autrement dit, les critères d'évaluation comme « l'initiative, la décision, la créativité, la planification, l'organisation, l'orientation vers le résultat, l'animation d'équipe, l'esprit d'équipe, le relationnel et la communication » constituent des critères comportementaux licites dans le cadre de l'évaluation du personnel d'encadrement. Dans cette perspective, le TGI de Versailles (n° 10-00270, General Electric) a considéré, le 28 octobre 2010, que le comportement fait partie intégrante des qualités attendues pour certaines catégories professionnelles comme les salariés devant travailler en équipe ou en mode projet et les salariés exerçant une fonction d'animation ou d'encadrement. En résumé, réaffirmant l'exigence d'un lien direct et nécessaire, la pertinence, l'objectivité et la transparence du critère et la finalité d'apprécier l'aptitude du salarié, la jurisprudence précise que l'évaluation des comportements est licite si l'exercice de la fonction l'exige et si les critères sont définis.

Focus 6.3

Le positionnement jurisprudentiel concernant la distribution forcée ou le *forced ranking*

Eu égard aux diverses polémiques juridiques, de nombreuses organisations ont cessé d'appliquer cette méthode (par exemple, Ford, GM, Motorola).

En premier lieu, la jurisprudence souligne son caractère discriminatoire[6]. Ainsi, il semblerait que les salariés les plus âgés, ceux de retour d'un arrêt maladie ou d'un congé maternité ainsi que les salariés d'une origine ethnique différente de celle de l'appréciateur soient classés dans les catégories les plus basses. Entre 2005 et 2009, 20 % des actions juridiques de l'EEOC concernent la discrimination selon l'âge dans le *forced ranking*.

En second lieu, la méthode remettrait en cause la loyauté de l'évaluation *via* la pertinence du critère (L. 1222-3 du Code du travail). Ainsi, la cour d'appel de Grenoble (n° 02/02794, Hewlett Packard) a jugé, le 13 novembre 2002, le classement – ou le *ranking* – comme un système licite des augmentations salariales à trois conditions : s'il a été porté à la connaissance des intéressés, s'il n'est pas fondé sur des éléments subjectifs ou discriminatoires et s'il ne s'inscrit pas dans une logique disciplinaire. Autrement dit, il doit permettre de fixer les augmentations de rémunération en fonction du positionnement des salariés selon des critères préétablis, objectifs, connus et contrôlables. Il doit également s'inscrire dans une optique d'adaptation permanente du personnel aux exigences de l'entreprise *via* la formation. Toutefois, la cour d'appel de Versailles (n° 10/00567, Hewlett Packard) a jugé, dans un arrêt du 8 septembre 2011, le *forced ranking* ou *ranking par quotas* illicite. Ce système impose au notateur le classement des salariés en cinq groupes (K, P+, P, P–, I). Ce classement s'effectue selon des pourcentages prédéterminés et non des critères objectifs. Un courriel en interne préconise au maximum 5 % de I, 20 % de P et 20 % de K. Eu égard à ces éléments, pour la cour d'appel, « l'évaluation par quotas qui ne repose pas uniquement sur l'analyse des compétences et du travail mais contraint le notateur à classer au moins 5 % dans le dernier groupe, y compris dans l'hypothèse où tous les salariés ont rempli leurs objectifs et ont donné satisfaction […] est illicite dans la mesure où elle n'est pas fondée sur des critères objectifs et transparents ».

Focus 6.3 (suite)

2.4. Le choix des échelles de mesure

Entre 1960 et 1970, de nombreux formats d'échelles censés endiguer les erreurs de jugement sont développés. Nous allons présenter les formats les plus usités.

Les GRS (*Graphic Rating Scale*) permettent d'apprécier le niveau de performance pour chaque dimension en fonction d'un label générique. Elles s'appuient sur une échelle de Likert généralement en cinq points. Hormis le gain de temps, ce format permet d'effectuer des comparaisons intra-individuelles et interindividuelles.

Construites par Smith et Kendall en 1963, les BARS (*Behaviorally Anchored Rating Scales*) reposent sur la méthode des incidents critiques de Flanagan. Des experts (hiérarchie et personne en exercice ou ayant exercé) définissent les aspects essentiels de la fonction. Un autre groupe d'experts valide ces descriptions en graduant les comportements constituant l'échelle. Ces comportements caractéristiques différencient les personnes exerçant de manière satisfaisante, moyenne ou négligeable. Des variantes de cette échelle ont été développées comme le BSS (*Behavior Summary Scale*) de Borman (1979).

Concernant les BOS (*Behavioral Observations Scales*) de Latham et Wexley (1981), elles prennent en compte la fréquence des comportements définis avec davantage de précisions afin d'inférer les comportements envisagés dans des situations.

Les MSS (*Mixed Standard Scales*) ont été développées par Blanz et Ghiselli (1972). Pour chaque description comportementale, des exemples de comportements efficaces, moyennement efficaces ou inefficaces sont précisés. De ce fait, l'évaluateur indique le niveau d'efficacité pour chaque dimension (+, 0, –).

Les FCS (*Forced-Choice Rating Scales*) comprennent des facteurs composés d'un ensemble de comportements qui, en pratique, sont jugés performants et non performants. Par facteur, l'appréciateur doit donner l'ensemble des notes possibles. Ainsi, si le facteur comprend quatre comportements, ces derniers doivent être obligatoirement classés de A à D (voir exemple collectivité territoriale).

En 2001, Borman et ses collègues développent un nouveau format : le CARS (*Computerized Adaptative Rating Scale*). Cette échelle informatisée permet à l'appréciateur d'organiser les comportements observés et de les traduire en termes de niveau d'efficacité. Elle simplifie le processus cognitif de l'évaluateur. Ainsi, elles présentent deux comportements qui décrivent la même dimension (par exemple, leadership, aide interpersonnelle) mais selon un niveau d'efficacité différent. L'appréciateur doit choisir le comportement le plus caractéristique. Chaque choix conduit à une paire de comportements définis en fonction du choix effectué précédemment.

Le guide de l'EEOC (*Employment Selection of the Equal Employment Opportunity Commission*) ainsi que la justice américaine préconisent l'utilisation des BARS, des BOS, des MSS et des CARS. Ainsi, ces échelles offrent un cadre de référence limitant certains biais cognitifs. Cependant, elles sont fortement dépendantes du contexte fonctionnel et organisationnel. Dès lors, leur développement et leur mise à jour impliquent un investissement conséquent. En France, l'étude de Ientile-Yalenios et Roger (2010) démontre que des échelles graduées sont utilisées par la majorité des répondants appréciant des comportements prédéfinis (58 répondants). Des champs libres peuvent compléter ce processus d'appréciation (30 répondants). Cependant, les auteurs précisent que les échelles de type BARS ne sont pas usitées, confirmant qu'elles n'ont pas « bonne presse en France » (Cadin *et al.*, 2007, p. 389).

2.5. Le choix de l'échelonnement

Il est préférable que les différenciateurs sémantiques ne reflètent pas un jugement de valeurs du type « excellent, moyen, insuffisant ». Nous recommandons les différenciateurs neutres : « jamais observé, très rarement, parfois, souvent, toujours ».

Tableau 6.4 – Avantages et inconvénients

	Avantages	Inconvénients
Trois points	La simplicité limite l'interprétation	Restriction du champ des réponses
Quatre points	Favorise la variabilité des scores (différencier les options de réponses)	Obligation de prendre position (positivement ou négativement)
Cinq points	Favorise l'expression de l'incertitude ou l'absence d'options	Difficultés à différencier les options de réponses et à interpréter le point neutre

Il n'existe pas un échelonnement optimal, tout dépend des visées de l'appréciation. Les échelles à cinq points favorisant l'échange entre l'apprécié et l'appréciateur s'inscrivent davantage dans un enjeu de développement (par exemple, formation, mobilité...).

3. Les méthodes d'appréciation

Concernant la méthode ou la technique d'évaluation, le Code du travail stipule qu'elle doit être pertinente au regard de la finalité poursuivie (L. 1222-3 du Code du travail).

3.1. Les différents modèles d'évaluation

Les systèmes d'appréciation demeurant de plus en plus présents au sein des organisations, plusieurs modèles sont utilisés par les DRH pour fixer différents objectifs d'évaluation (Tessier *et al.*, 2008) :

- Le modèle de la **rationalité scientifique** vise l'adéquation de l'individu au poste de travail. Son objectif est d'éliminer toute subjectivité dans le jugement porté par le management. Les notations, classements, analyses de poste sont privilégiés. Ce modèle de mesure a été repris par le management par objectifs (DPO, Drucker, 1952) où l'évaluation est centrée sur la fixation d'objectifs et l'analyse de l'atteinte totale, partielle ou inexistante de ces derniers.
- Le modèle des **relations humaines** positionne l'individu au cœur de la démarche d'évaluation et place l'accent sur les comportements organisationnels (motivation, engagement) en analysant le potentiel, les compétences, le développement personnel ou la participation de l'individu à son évaluation.
- Le modèle **néoparticipatif** ou **centré sur les compétences** prône un enrichissement du travail en se référant à des référentiels de compétences et en visant le perfectionnement du métier et l'évolution professionnelle des individus.

À l'heure actuelle, ces différents modèles se chevauchent (Trépo *et al.*, 2002). Les processus combinent évaluation des compétences, des objectifs et des comportements dans le dessein d'accroître la performance individuelle, collective et organisationnelle, mais également de permettre aux individus d'être acteurs de leur développement professionnel.

3.2. Les méthodes d'évaluation

Afin d'atteindre ces objectifs d'évaluation, le DRH dispose de plusieurs méthodes à diffuser auprès du management pour évaluer les individus.

Les méthodes déclaratives

L'autoévaluation

L'autoévaluation est un exercice réflexif qui consiste à demander à un collaborateur de rédiger quelques paragraphes sur le degré de réalisation de ses objectifs et sur la manière dont il a atteint ces derniers. Travail préparatoire à l'entretien avec le management, l'autoévaluation permet de réfléchir en amont sur la maîtrise de son stock de compétences et d'identifier les faiblesses dans son rapport au travail sur les compétences, l'atteinte des objectifs et son comportement au travail.

180°/360°/540°

Les méthodes d'évaluation plurielles visent à poser les mêmes questions concernant une seule personne à plusieurs individus. Ces méthodes sont rares car coûteuses, notamment en temps. Elles visent à évaluer principalement les comportements et ciblent les cadres ou le management supérieur. Un 180° interroge l'individu, les pairs et le supérieur. Un 360° questionne en sus les collaborateurs de l'individu. Enfin, un 540° incorpore les clients ou parties prenantes externes en lien avec l'évalué.

Les méthodes dialogiques

L'entretien annuel d'appréciation/d'évaluation

L'entretien annuel d'évaluation (EAE) est la méthode d'évaluation la plus utilisée au sein des organisations. Il est le complément obligatoire de toutes les autres méthodes explicitées dans ce chapitre, car il permet de creuser les éléments nodaux pour l'individu et de clarifier des points d'incompréhension. Classiquement, un entretien annuel d'évaluation suit le cheminement suivant :

- 15/21 jours avant l'entretien : la DRH et le management définissent un rendez-vous avec l'individu.
- L'entretien : effectué dans un lieu non chargé de symboles, il est réalisé sans interruption par des appareils numériques. Il se déroule comme suit :
  - rappel par le manager des objectifs (contingents) de l'entretien et mise en confiance des deux parties ;
  - retour sur l'année $N - 1$ par l'individu puis par le manager ;
  - discussion et fixation des objectifs de l'année $N + 1$ selon trois méthodes :
    - définis en amont par la DRH et imposés par le management ;
    - définis par le management et imposés ;
    - codéfinis par le management et l'individu.
  - remplissage de la grille d'entretien ;
  - clôture par le management ; veiller à :
    - ne pas laisser d'aigreur à l'individu ;
    - créer les conditions d'une motivation importante pour l'année à venir ;
    - s'engager sur des engagements tenables.
- à l'issue de la période des entretiens, connaître la date de retour de la DRH et/ou du management en fonction des demandes individuelles.

L'entretien annuel d'évaluation est donc un moment d'échange privilégié entre le manager et l'individu, qui vise à actualiser le profil de l'individu, ses compétences et à définir des perspectives de travail motivantes pour l'année à venir.

Les entretiens collectifs

Lors de la présence d'équipes projet ou d'organisation de type matricielle, les entretiens collectifs permettent de revenir sur le travail effectué en présence du chef de projet et/ou du manager en charge de l'équipe. L'aspect collectif de l'entretien vise à obtenir le retour sur le travail de tous les membres de l'équipe et de permettre à chacun d'exprimer son accord ou son désaccord. La finalité de ce type d'entretien consiste à obtenir un premier jet d'évaluation à croiser obligatoirement avec les entretiens individuels.

Les entretiens de coconstruction du parcours

À côté des mesures de la performance existent des méthodes pour évaluer les parcours professionnels – et principalement les compétences – des individus. Ces méthodes – entretien de deuxième partie de carrière, entretien professionnel, entretien d'orientation ou de carrière – sont explicitées dans le chapitre 8 « Développer la formation ».

Les méthodes de mise en situation

Le centre d'évaluation (assessment center)

Le centre d'évaluation permet une évaluation standardisée des comportements grâce à plusieurs techniques, dont des exercices de simulation spécifiquement développés. Plusieurs observateurs formés à la méthode complètent les grilles comportementales récapitulant les attendus par exercices. Ces expertises sont mises en commun dans le cadre d'une réunion entre les assesseurs ou par un processus d'intégration statistique. La discussion d'intégration permet enfin de rédiger les comptes rendus transmis aux appréciés. Ces derniers appréhendent ainsi les comportements mis en œuvre et à développer.

Appréciation et rémunération

Souvent, évaluation rime avec rémunération pour les collaborateurs, mais les pratiques démontrent une confusion dans les attentes associées à la rémunération pendant l'évaluation. Sur des réelles rémunérations à la performance (voir chapitre 9 « Rémunérer le travail »), le score final de l'évaluation a un impact sur le bonus (ou non) associé à la performance. En revanche, l'EAE est rarement le lieu idoine pour négocier une augmentation. Il demeure préférable d'effectuer cette négociation lors d'un entretien dédié.

Focus 6.4

4. Tensions et enjeux liés au processus d'appréciation du personnel

Primo, en référence à la sociologie interactionniste[7], l'appréciation du personnel peut être considérée comme la « mise en scène » d'interactions où les acteurs « jouent », voire « surjouent ». Cette situation de représentations centralise des tensions pouvant engendrer le déploiement de stratégies de résistances. *Secundo*, en tant que processus de décision, l'appréciation du personnel exige de questionner sa finalité ou ses enjeux.

4.1. Trois tensions de base

La prise en compte des parties prenantes externes

Les parties prenantes externes sont à l'origine d'une première tension et leur rôle dans l'appréciation n'est pas à négliger. Les attentes des actionnaires, clients, fournisseurs ou ONG peuvent être prises en compte dans le contenu apprécié. *A contrario*, les comportements « négligents » de ces partenaires impactent directement l'appréciation (par exemple, retard de livraison du fournisseur, boycott des clients).

La prise en compte des parties prenantes extérieures constitue l'un des éléments d'une appréciation responsable du personnel (voir conclusion).

7. Strauss A., *La Trame de la négociation : sociologie qualitative et interactionnisme*, Paris, L'Harmattan, 1992 ; Goffman E., *Strategic Interaction*, Philadelphie, University of Pennsylvania Press, 1969.

Les intérêts individuels

Une deuxième tension trouve son origine chez les individus, qui sont évalués pour mesurer le degré de leur contribution à la performance collective (équipe) et organisationnelle. Ces derniers suivent également des intérêts stratégiques propres – développement personnel, formation, rémunération ou carrière – qui impactent le processus. Autrement dit, l'appréciation repose sur un équilibre à trouver entre les besoins et les attentes des individus et les besoins et les attentes des organisations, selon la notion d'échange social (Blau, 1964) et du ratio contribution/rétribution (Simon et March, 1958). En sus de répondre à la stratégie de l'organisation, l'évaluation doit également suivre les intérêts et attentes des individus, maîtres d'œuvre de la performance attendue. Car mécontenter trop fréquemment ou maladroitement les attentes des individus entraîne des attitudes de retrait, de l'insatisfaction, de la démotivation, voire des actions de nuisance au sein des équipes.

Un management formé et engagé

Ici, le management entre en jeu dans l'application d'un processus d'évaluation créé et développé par la DRH. Connaissant les enjeux et les modalités d'évaluation pour la DRH et l'organisation, ainsi que les enjeux et attentes des individus, le management est garant de l'équilibre entre une demande d'augmentation de la performance individuelle et une réponse favorable de l'organisation aux demandes des individus. La DRH doit ainsi s'appuyer sur un management formé à ces pratiques, connaissant la stratégie d'évaluation de l'organisation, et soucieux de garantir le maximum d'équité dans les équipes. Il s'agit également de piloter efficacement l'évaluation en répondant aux demandes du management et en proposant des modalités de réponses aux individus, rapides et ancrées dans le réel.

Figure 6.4 – Les tensions

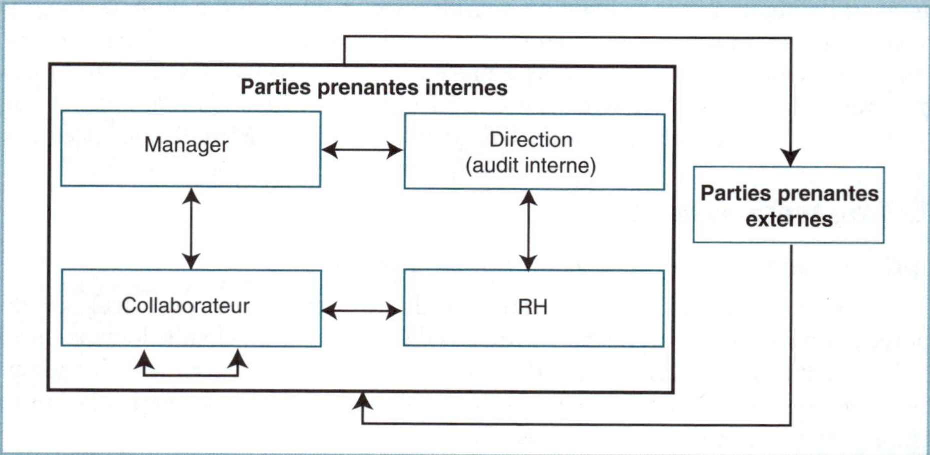

Source : Adaptée de Kerssens-Van Drongelen I. et Fisscher O., « Ethical dilemmas in performance measurement », *Journal of Business Ethics*, 45, 2003, p. 51-63.

Ces trois tensions sont à prendre en compte par la DRH dans la mise en place d'un processus d'évaluation pour éviter le risque d'être paralysé par les résistances et stratégies de défenses.

4.2. Les stratégies de défense

De nombreuses résistances à l'évaluation existent au sein des organisations, pour la DRH, le management et les individus.

Au niveau RH

Il est évident que la DRH n'est pas résistante au regard du processus d'évaluation, mais elle peut se retrouver dans des situations de rapport de force quand le management répète une même demande pour les équipes et que la réponse positive à cette demande demeure hors processus. Garante de la politique de GRH, la DRH se doit d'être ferme au regard de son propre canevas stratégique pour asseoir une équité de processus.

Au niveau managérial

Au niveau managérial, plusieurs résistances peuvent se développer en lien avec le processus d'évaluation :

- **Le temps.** La préparation, la réalisation et le retour sur les évaluations nécessitent un temps non négligeable pour le management. À titre d'exemple, préparer convenablement un entretien annuel d'évaluation d'une heure nécessite deux heures de travail spécifique (reprise de l'ancienne grille d'évaluation, collecte des données, préparation des propositions pour l'année $N + 1$). Ici, la DRH se doit d'étaler sur une période d'un à trois mois la série des évaluations pour permettre au management d'équilibrer évaluation et pilotage de la performance quotidienne.
- **L'absence de savoir-faire.** Le management doit se former à l'évaluation et connaître ce qu'il peut proposer à ses collaborateurs.
- **La difficulté à évaluer négativement.** Dire que le travail réalisé est en dessous des espérances peut être difficile au regard des réactions des individus. Cependant, il est important de spécifier les points d'amélioration car le travail s'apprend.
- **La crédibilité.** Le management se doit d'être exemplaire dans son travail de manager – et non fondamentalement dans l'expertise de son équipe – afin d'asseoir sa crédibilité et la confiance avec ses équipes, notamment lorsque des différentiels d'âge sont en jeu.
- **L'équité.** Le management doit évaluer ses collaborateurs selon les mêmes critères et en se protégeant des tentatives d'influence individuelle.
- **La DRH.** Les relations entre DRH et management peuvent quelquefois gripper le processus d'évaluation quand les attentes managériales ne sont pas satisfaites ou quand des incompréhensions demeurent de part et d'autre.

Au niveau individuel

Enfin, au niveau individuel, les résistances éprouvées par le management sont immédiatement perceptibles si elles ne demeurent pas jugulées. Mais d'autres résistances sont en jeu :

- **Difficulté à se remettre en cause.** Les individus acceptent quelquefois difficilement le travail de réflexivité et de travail sur soi demandé dans un processus d'évaluation.
- **Difficulté à accepter les remarques** négatives sur le travail.
- **Difficulté à gérer ses émotions.**
- **Processus dévoyé.** Quand l'évaluation devient plus une discussion qu'un réel travail sur la performance attendue.
- « **Usine à gaz** ». Quand l'évaluation consiste uniquement à remplir des documents.

- ***Big brother.*** Quand l'évaluation s'inscrit dans des jeux politiques internes où toutes actions et paroles exprimées lors de l'année $N + 1$ constitue la base de règlements de compte internes.
- **Confiance.** Quand la confiance avec le manager n'est pas encore établie (nouveau management, nouvelle équipe) ou a disparu (désaccord, iniquité…).

Ainsi, mettre en œuvre un processus d'évaluation requiert de s'appuyer sur des acteurs formés et informés, et oblige la DRH à répondre à de nombreuses questions fondamentales pour mettre en place ce processus.

4.3. Les enjeux pour l'organisation

L'appréciation du personnel sous-tend plusieurs enjeux pour l'organisation. Tout d'abord, conformément à la démarche de contrôle de gestion, le personnel constitue l'un des facteurs de production exigeant la mesure de la contribution de chaque collaborateur à la valeur ajoutée de l'entreprise. Dans cette continuité, ce suivi de la réalisation des objectifs organisationnels permet de communiquer régulièrement aux salariés autour de la stratégie et de sa traduction opérationnelle. Sur le plan de la culture organisationnelle, rappelons que le processus d'appréciation du personnel est un outil d'expression du système de valeurs organisationnelles. Ensuite, implémentant les dispositifs d'audit social, l'appréciation du personnel contribue au suivi des coûts sociaux (par exemple, rémunération, formation). Ce processus offre également une photographie à un instant *t* des compétences détenues et requises à plus ou moins long terme. Il permet ainsi d'appréhender, *via* la compétence individuelle, collective et organisationnelle (voir chapitre 7, « Gérer les compétences et les carrières »). Enfin, le système d'appréciation tend à faire apparaître les dysfonctionnements structurels, que ce soit en termes de règles, de procédures, de découpage des activités ou de coordination hiérarchique.

Focus 6.5

Le processus d'appréciation du personnel, un rite symbolique

Événement vecteur de la culture organisationnelle, le processus d'appréciation du personnel peut être appréhendé comme un rite symbolique. Le contenu, comme la méthode, détient une signification profonde. Plus particulièrement, cet événement temporalise la relation managériale. Ainsi, les deux parties en réaffirmant le cadre relationnel confirment les valeurs de base au fondement de leur contrat.

Le processus d'appréciation du personnel peut également être perçu comme un champ laissé au développement des stratégies individuelles et collectives. Ainsi, selon Crozier et Friedberg (1977), l'acteur développe des stratégies sur la base de sa perception des opportunités et de ses capacités d'acteur. Le pouvoir – en tant que capacité d'influencer le comportement des autres – est moteur, voire un objectif premier de ces stratégies. Citons en exemple le manager qui adapte ou développe son propre processus d'appréciation pour affirmer son pouvoir.

Source : Thévenet M., « L'appréciation du personnel », dans L'Encyclopédie du management, Vuibert, 1992.

4.4. Les enjeux pour le management

L'appréciation du personnel est considérée comme un support, en ce sens qu'elle structure tous les actes de management. Plus ou moins formalisés, ces échanges permettent de temporaliser la relation en établissant un bilan, de définir ou codéfinir un cadre (par exemple, objectifs), de reconnaître/considérer le collaborateur et de construire ou coconstruire le parcours professionnel (par exemple, formation, carrière). Plus particulièrement, un processus formalisé de rétroaction (feedback) contribue au développement de la compétence et de la performance tant au niveau individuel que collectif (performance d'équipe). Dans ce contexte, rappelons que le manager détient plusieurs rôles (Quinn *et al.*, 1996) :

- innovateur (favorise le changement) ;
- négociateur (négocie l'engagement) ;
- producteur (favorise un environnement favorable) ;
- directeur (planifie, organise, délègue) ;
- coordinateur (organise de manière cohérente) ;
- contrôleur (contrôle) ;
- facilitateur (construit les équipes et gère le conflit) ;
- conseiller (développe les subordonnés).

Dès lors, le processus d'appréciation du personnel tend à questionner la légitimité du supérieur hiérarchique tant au niveau de ses connaissances des enjeux organisationnels et fonctionnels que de sa *faculté* à juger ses collaborateurs (voir biais cognitifs). Ainsi, l'appréciation « est une posture avant d'être une technique » (Marbot, 2012)[8].

4.5. Les enjeux pour la GRH

Par définition, la GRH est « l'ensemble des activités qui permettent à une organisation de disposer des ressources humaines correspondant à ses besoins en quantité [effectif] et en qualité [compétences] » (Cadin *et al.*, 2007). Conséquemment, la place de l'appréciation du personnel est centrale dans le système de GRH permettant de caractériser l'emploi et les compétences, de mettre en adéquation les ressources aux besoins, de contrôler les contributions plutôt que de les rétribuer. Les éléments mis en exergue par le processus d'appréciation se déclinent ainsi dans l'ensemble des politiques RH : recrutement, rémunération, formation, emplois-compétences, carrière-mobilité, sécurité-conditions de travail et dialogue social.

8. Marbot E., « Évaluer le travail », dans Thévenet M., *Fonctions RH*, Paris, Pearson, 2012.

Figure 6.5 – Les enjeux pour la GRH

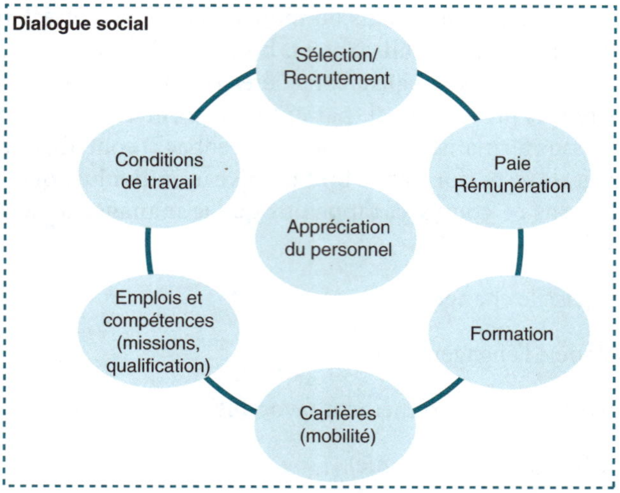

4.6. Les enjeux pour l'apprécié

Les enjeux pour l'apprécié sont de deux ordres. Premièrement, dans une logique donnant-donnant, le processus d'appréciation du personnel permet au salarié d'appréhender le rapport entre sa contribution au fonctionnement de l'organisation et sa rétribution contractuelle comme informelle. Cette mise en tension s'inscrit au fondement du développement d'un sentiment d'équité ou d'iniquité. Deuxièmement, dans une logique partenariale (type gagnant-gagnant), le processus d'appréciation du personnel est considéré comme un outil de développement. Il va de soi que l'appréciation au travers de la rétroaction sur le réalisé est source d'apprentissage pour l'apprécié. Elle favorise également la construction d'un projet personnel et professionnel conformément à la législation relative à la formation professionnelle tout au long de la vie. Ainsi, le processus d'appréciation permet au salarié considéré comme *coresponsable* de son *employabilité* dans sa dimension interne (organisation) et externe de formaliser les compétences mises en œuvre et la finalité de son travail. En ce sens, l'appréciation constitue un socle à de nombreuses démarches comme la VAE (validation des acquis de l'expérience). Dans cette continuité, le salarié appréhendant les enjeux organisationnels et fonctionnels au travers de l'appréciation, il est à même d'exprimer sa propre analyse du fonctionnement et de proposer un plan de formation adapté.

Ces tensions et enjeux impactent les stratégies RH. Pour ce faire, la construction du processus d'appréciation du personnel exige une réflexion en termes d'acteurs de l'appréciation, de mesure et de méthodes.

Tout appréciateur se trouve confronté à une injonction paradoxale qui sous-tend l'exigence de développer une appréciation circonstanciée (précise, détaillée, argumentée…) tout en sachant que son processus cognitif menace de biaiser son jugement et, conséquemment, l'objectivité et l'équité de la démarche. Il en va de même pour l'apprécié considéré comme *coresponsable* de son appréciation à qui on demande de s'exprimer librement sur ses réalisations sachant que l'ultime juge (évaluation) et/ou décideur (certification, formation, mobilité) sera l'appréciateur. Dans ce contexte, nous encourageons le développement d'une appréciation responsable[9] du personnel s'inscrivant dans une logique traditionnelle individualiste (différenciant), productive, formative et intégratrice (voir communication), mais également dans une logique justicielle (voir justesse, équité) et partenariale (voir dialogue, guidage). Pour ce faire, le processus d'appréciation doit être :

Verticalement

1. Au fondement de la GRH, il différencie les contributions (niveaux intra-individuel et interindividuel).
2. Facilitant la circulation de l'information (organisation/apprécié ; organisation/appréciateur ; appréciateur/apprécié).
3. Permettant de prendre une décision équitable, fondée et justifiée.
4. Négocié avec les partenaires (DRH, appréciateur, apprécié, partenaires sociaux).

Horizontalement

5. Adapté continuellement aux enjeux organisationnels et fonctionnels.
6. Servant au pilotage, il est suivi d'effets (par exemple, MAJ fiche emploi, formation, rémunération…). En soi, il constitue une source de développement.
7. Propre à une organisation (système de valeurs) et, plus particulièrement, à une fonction.

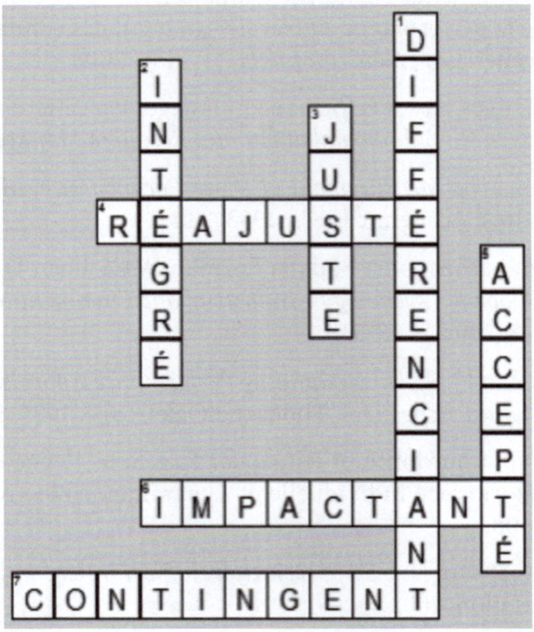

9. Condomines B., « L'évaluation de la performance individuelle au travail confrontée à la logique partenariale et justicielle de la RSE », 2011 – http://prism.univ-paris1.fr/New/cahiers/2011/CR11-04.pdf

Résumé

Ce chapitre a permis d'appréhender les enjeux et problèmes récurrents associés aux stratégies d'appréciation du travail au sein des organisations. L'appréciation nécessite une grande anticipation et une vigilance au quotidien de toutes les parties prenantes pour une mise en œuvre garantissant l'accroissement des performances individuelle et organisationnelle.

Bibliographie

Amadieu J.-F. et Rojot J., *Gestion des ressources humaines et relations professionnelles*, Paris, Litec, 1996, 187 p.

Bernatchez J.-C., *L'Appréciation des performances au travail : de l'individu à l'équipe*, Sainte-Foy, Presse de l'Université du Québec, 2005, 172 p.

Borman W.C. et Motowidlo S.J., « Task and contextual performance: The meaning for personnel selection research », *Human Performance*, vol. 10, n° 2, 1997, p. 99-109.

Campbell J.P., « Modeling the performance prediction problem in industrial and organizational psychology », dans Dunnette M.D. et Hough L.M. (éd.), *Handbook of Industrial and Organizational Psychology*, Palo Alto, Consulting Psychologists Press, vol. 1, 1990, p. 687-732.

Campbell C.H., Ford P., Rumsey M.G., Pulakos E.D., Borman W.C., Felker D.B., De Vera M.V. et Riegelhaupt B.J., « Development of multiple job performance measures in a representative sample of jobs », *Personnel Psychology*, 43, 1990, p. 277-300.

Charles-Pauvers B., Commeiras N., Peyrat-Guillard D. et Roussel P., « Les déterminants psychologiques de la performance au travail : un bilan des connaissances et proposition de voies de recherche », *Notes du LIRHE*, n° 436, 2006.

Haines V. et Saint-Onges S., « Performance management effectiveness: Practices or context? », *The International Journal of Human Resource Management*, 23, 6, 2012.

Landy F.J. et Farr J.L., *The Measurement of Work Performance: Methods, Theory, and Applications*, Londres, Academic Press, 1983, 342 p.

Motowidlo S.J., « Job performance », dans Borman W.C., Ilgen D.R., Klimoski R.J. et Weiner I.B., *Handbook of Psychology – Industrial and Organizational Psychology*, New York, Wiley, vol. 12, 2003, p. 39-53.

Murphy K.R. et Cleveland J.N., *Understanding Performance Appraisal: Social, Organizational and Goal-based Perspectives*, Thousand Oaks, Sage, 1995, 502 p.

Tessier N., Vercher C., Bourdon I. et Palpacuer F., « Sous l'épée de Damoclès, l'évaluation, entre performance individuelle et dynamique collective », *29e Congrès de l'AGRH*, Dakar, 2008.

Trépo G., Estellat G. et Oiry E., *L'Appréciation du personnel : mirage ou oasis*, Paris, Éditions d'Organisation, 2002.

Viswesvaran C., « Assessment of individual job performance: a review of the past century and a look ahead », dans Anderson N. et Ones D.S. (éd.), *Handbook of Industrial, Work and Organizational Psychology*, Thousand Oaks, Sage, 2008, p. 110-126.

Activités

Questions

1. Citez trois grandes résistances à l'évaluation pour le management et les individus.
2. Quelles sont les différences entre évaluation observée et évaluation opérationnelle ?
3. Citez les avantages et les inconvénients d'évaluer *via* un centre d'évaluation.
4. Quelles sont les trois grands domaines évalués par les organisations ?

Étude de cas

Cas Bench

Bench est une entreprise française du secteur bancaire, spécialisée dans les prêts aux petits porteurs, organisée en réseaux de succursales régionales dont le siège est situé à Paris. Entreprise plus que centenaire, Bench possède un organigramme très écrasé, avec seulement quatre niveaux de management entre le salarié de succursale et la direction exécutive. Entièrement renouvelée l'année dernière, la DRH s'est lancée dans un projet ambitieux de refonte des processus et pratiques existants avec un message clair de la direction exécutive : « OK pour remettre à plat la gestion des ressources humaines de l'organisation, mais prenez votre temps, je ne veux pas de problèmes sociaux et je veux que tout le monde y trouve son compte. Mais oubliez la possibilité de toucher à la rémunération, nous ne pouvons pas nous le permettre. Objectif final : une performance accrue ! »

Suivant ces indications, la DRH décide de s'attaquer au levier directement en lien avec la performance, l'évaluation. Un nouveau processus est mis en œuvre, avec un nouvel outil, demandant aux collaborateurs d'accroître leur performance. À force de conviction, la DRH réussit à convaincre la direction exécutive de légèrement modifier la structure de rémunération, en proposant un salaire de performance individuel associé à un bonus de performance d'équipe.

Les outils créés, la DRH diffuse par e-mail au management le nouveau processus d'évaluation et demande de choisir, dans chaque équipe, un ou deux collaborateurs les plus méritants, susceptibles de recevoir le bonus d'équipe.

Questions

1. Critiquez la manière de procéder de la DRH.
2. Comment imaginez-vous la réaction du management ?
3. Vous êtes consultants en RH. Que préconisez-vous à la DRH pour répondre aux objectifs fixés par la direction ?

Chapitre 7

Gérer les compétences et les carrières

Bérangère Condomines

Ce chapitre aborde les questions suivantes :

- Gérer LA compétence individuelle ou des compétences ?
- Gérer LA carrière ou des carrières ?
- Quels sont les outils à ma disposition pour répondre à cette exigence de gestion élargie ?

En 2014, la gestion prévisionnelle des emplois et des compétences (GPEC) se situe au deuxième rang des priorités pour la fonction RH après le dialogue social (baromètre ANDRH-*Entreprises & Carrières*). Elle est ainsi perçue comme l'un des défis à relever pour la fonction RH afin, d'une part, de maintenir la compétitivité de l'entreprise dans un environnement incertain et, d'autre part, de sécuriser les parcours professionnels des collaborateurs.

Cependant, sous l'influence, entre autres, de la loi de sécurisation de l'emploi du 14 juin 2013 et de la loi relative à la formation professionnelle, à l'emploi et à la démocratie sociale du 5 mars 2014, les accords GPEC tendent à se focaliser sur la gestion de trajectoires professionnelles. En découlent une forte imbrication entre la gestion des compétences et la gestion des carrières ainsi qu'un élargissement du champ d'action passant d'une gestion de la compétence individuelle à une gestion des compétences (par exemple, compétence individuelle, collective, territoriale) et d'une gestion de la carrière organisationnelle, dite traditionnelle, à une gestion des carrières (par exemple, mobilité intra- et extra-organisationnelle).

1. De la compétence individuelle à une gestion élargie des compétences

Dans une perspective étymologique, le mot compétence (n. f., XVe siècle) vient du bas-latin *competentia* (proportion, rapport exact) et du latin *competere* (s'accorder avec). Ainsi, l'homme compétent (*competens*) est reconnu comme ayant une habileté dans la matière. Cependant, dans le langage courant et dans le discours de l'entreprise, la compétence revêt un sens diffus. G. Le Boterf, en paraphrasant H. Von Foerster, souligne que la compétence est « un caméléon conceptuel » qu'il convient de définir en amont.

1.1. Définition de LA compétence individuelle

Pour Zarifian (2004), la compétence individuelle repose sur « une initiative (ou un ensemble d'initiatives) prise en fonction du résultat et des problèmes pour les affronter avec succès » (p. 87). Cette définition évoque, d'une part, la mobilisation dans l'action et, d'autre part, l'efficacité. Le Boterf (2010) ajoute qu'on « reconnaîtra qu'une personne sait agir avec compétence si elle : sait combiner et mobiliser un ensemble de ressources appropriées personnelles (connaissances, savoir-faire, comportement...) et de son environnement (banques de données, collègues, experts, autres métiers...), pour gérer un ensemble de situations professionnelles, afin d'obtenir des résultats (produits, services) satisfaisant à certains critères de performance pour un destinataire (client, patient, usager...) » (p. 104). Cette approche met en évidence, d'une part, la combinaison d'un ensemble de ressources *en vue de...* et, d'autre part, la reconnaissance d'autrui. Dans cette continuité, pour Dietrich *et al.* (2010), la compétence « renvoie aux multiples manières de concevoir et de définir les capacités individuelles ou collectives de mobilisation dans l'action, des connaissances, savoir-faire et comportements qui assurent l'efficacité de l'activité humaine en situation de travail » (p. 1). Pour conclure, Defélix *et al.* (2006) identifient un « relatif accord sur ce qu'est une compétence individuelle [...] une combinaison de multiples ressources – liées à l'expérience ou à la formation de la personne, mais aussi à la situation de travail dans laquelle elle se trouve – qui rend une personne au travail "capable de...", dans un contexte précis » (p. 2). De ces différentes acceptions émerge un ensemble de propriétés intrinsèques (voir tableau 7.1).

Tableau 7.1 – Propriétés intrinsèques communes

Une nature contingente (contextualisée)	Elle ne peut être séparée de ses conditions de mise en œuvre. Lévy-Leboyer (2009) précise que la compétence permet de « mener à bien une mission complexe [aspect fonctionnel] dans le cadre de l'entreprise qui en a chargé l'individu, et dans l'esprit de ses stratégies et de sa culture [aspect organisationnel] » (p. 22).
Un principe de l'énaction	L'énaction renvoie au fait que la compétence naît de l'interaction dynamique avec la situation et les facteurs personnels. Elle est toujours celle d'un acteur en situation. Pour Zarifian, la compétence ne se manifestant que dans l'activité pratique (actions), c'est de l'activité que pourra découler l'évaluation des compétences mises en œuvre à cette occasion.
Une construction de nature combinatoire	Différentes ressources sont mobilisées et assemblées en vue de s'adapter à la situation et à l'objectif. La compétence est donc une construction structurée : « une architecture cognitive particulière [...] une imbrication de multiples ingrédients qui auront été triés à bon escient » (Le Boterf, 2010, p. 66). Selon Le Boterf (2010) combiner, « c'est aussi savoir ne pas utiliser toutes les ressources disponibles ; c'est savoir discerner celles qui sont les plus utiles dans un contexte donné » (p. 106). Cette combinaison constitue une boîte noire.
Le principe de finalité	La compétence est consubstantielle à une finalité puisqu'elle est liée à un objet prédéfini pouvant être une mission déterminée par l'organisation. La compétence se définit par son caractère opératoire, c'est-à-dire que la compétence est organisée en vue d'obtenir un résultat déterminé.
Une démarche engageante	Zarifian précise que la compétence est une prise de responsabilité qui résulte d'une démarche propre de l'individu qui accepte de prendre en charge la situation.

Un processus d'apprentissage	La compétence s'inscrit dans un processus évolutif dont l'apprentissage en est la clé de voûte. La compétence désigne davantage un processus qu'un état de ressources (Le Boterf, 2010).
Une reconnaissance	La preuve sous-tend une mise à l'épreuve : l'analyse de l'action ou de la manifestation en situation. La validation exige « l'assentiment (explicite ou implicite) des autres » (Zarifian, 2004, p. 59). En tant que construit social, la compétence inscrit également l'individu dans une communauté d'appartenance. De ce fait, la compétence est objectivable au travers des référentiels (Oiry, 2005) qui varient en fonction des conventions et des points de vue.

Dans une perspective définitionnelle, la compétence exige une mise en perspective avec la classification et la qualification (Oiry, 2005).

Tableau 7.2 – Modèles de la qualification et de la compétence

Premier modèle de la qualification (Q1)	Deuxième modèle de la qualification (Q2)	Troisième modèle de la qualification (Q3)	Premier modèle de la compétence (C1)	Second modèle de la compétence (C2)
Attachée au poste de travail	Attachée au poste de travail	Détachée du poste de travail (fonction, ETED, mission)	Détachée du poste de travail (compétence)	Détachée du poste de travail (compétence)
Négation de l'individu	Prise en compte de la qualification de l'individu	Accent sur le sujet	Attribut de l'individu	Accent sur le sujet
Critères présentés comme objectifs	Mélange ambigu de critères techniques et de Normes sociales	Englobe le savoir-être	Englobe le savoir-être	Englobe le savoir-être
Abstraite	Contextualisée au niveau de la branche	Contextualisée	Contextualisée	Contextualisée
Rigide	Évolutive	Dynamique	Dynamique	Dynamique
Scientifique, donc non négociée	Négociée	Négociée	Scientifique, donc non négociée	Négociée

Critères divergents entre les modèles.

Source : Adapté de Oiry E., « Qualification et compétence : deux sœurs jumelles ? », *Revue française de gestion*, 2005, p. 25.

La classification correspond à l'évaluation des emplois dans le but de parvenir à leur hiérarchisation, quelle que soit la manière par laquelle ceux-ci sont conçus ou définis (branche professionnelle, entreprise). Elle est ainsi représentée comme un prescripteur des qualités requises par l'emploi occupé.

À l'inverse, la qualification peut être appréhendée comme un descripteur ayant trait aux éléments les plus saillants de l'emploi (Q1 et Q2) ou de la personne exerçant la fonction (Q3). Ce dernier modèle de la qualification se fonde sur les compétences détenues, mises en œuvre et requises pour exercer la fonction (diplômes, certificats, expériences validées). En cela, il se rapproche du second modèle de la compétence (C2) à la différence que C2 intègre les compétences détenues non utilisées dans l'emploi actuel (voir méthodes traditionnelles *vs* stratégiques de repérage des compétences).

Focus 7.1

Méthodes de repérage des compétences

Approches traditionnelles : quoi ? (qu'est-ce que l'on accomplit ? quelles sont les tâches qui constituent le poste/l'activité ?)

Cette approche vise à décrire, circonscrire et comprendre l'ensemble des éléments pertinents de façon à définir le contenu à mesurer :

- L'analyse centrée sur le travail rassemble un nombre important d'informations permettant de souligner les missions essentielles et les critères de performance du poste (par exemple, analyse de documents internes et/ou externes).
- L'analyse centrée sur le travailleur concerne les conduites opératoires et les règles de fonctionnement de l'opérateur (par exemple, observation des tâches).
- L'analyse conjointe du travail et du travailleur permet de mesurer les caractéristiques du poste en les reliant aux caractéristiques humaines (par exemple, *Job Analysis Questionnaire* [PAQ], *Fleishman's Job Analysis* [F-JAS]).

Approche par modélisation des compétences : comment ? (comment j'accomplis mes missions ? comment je perçois mon rôle ?)

Cette approche vise à appréhender le processus intégrant la combinaison de ressources (internes et externes), la mise en œuvre dans l'action, la contribution au vu des attentes fonctionnelles et organisationnelles et le(s) destinataire(s) en termes de clients internes ou externes :

- L'analyse exhaustive permet de lister/répertorier l'ensemble des compétences utilisées à l'instant *t* et requises à plus ou moins long terme. Elle implique une mise en perspective des différentes sources : autodescription (par exemple, journaux de bord, entretiens), observation en situation, modèles (modèles génériques de compétences, fichier Rome, base O*Net, enquêtes métiers...).
- L'analyse situationnelle permet de développer des faits ainsi que leurs causes et leurs conséquences. Certaines approches se concentrent sur la description des aléas/dysfonctionnements (par exemple, incidents critiques de Flanagan) et/ou des événements majeurs (par exemple, *behavioral event interview*).

Toutes ces méthodes connaissent des limites liées au phénomène de verbalisation, d'autodescription ou d'observation.

1.2. Différentes approches de la compétence individuelle en fonction des politiques RH

Les travaux relatifs au caractère multidisciplinaire de la compétence (Dejoux, 2013 ; Condomines, 2012) permettent d'identifier différentes approches en fonction des politiques RH (voir figure 7.1).

La première approche, dite de certification des compétences, se fonde sur un jugement de conformité. Elle photographie les ressources possédées à un moment donné et dans un cadre donné (fonctionnel et/ou organisationnel) pour les comparer aux ressources escomptées. Autrement dit, elle fait référence à une norme interne (par exemple, référentiel métiers) ou externe (par exemple, validation des acquis professionnels). Cette approche est généralement observée au niveau des politiques de formation, de gestion des carrières ou de conditions de travail.

Figure 7.1 – Les approches de la compétence individuelle

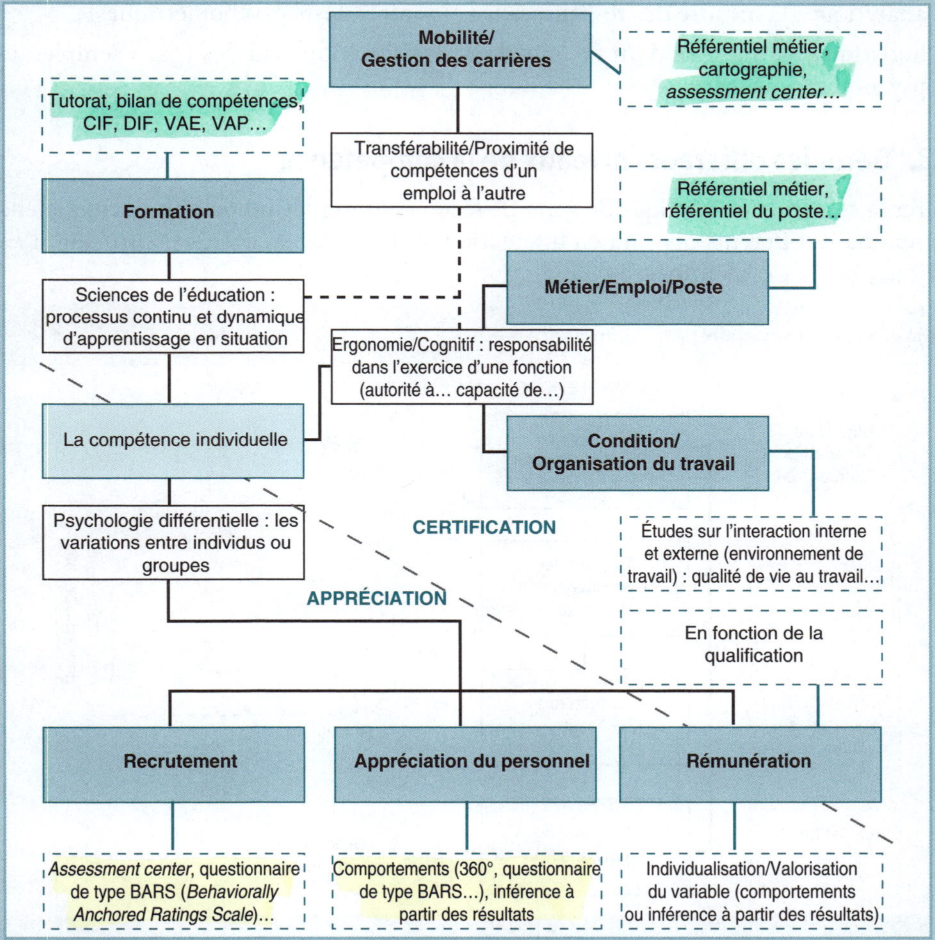

La seconde approche, dite d'appréciation des compétences, implique un jugement d'utilité (résultat/contribution) et de beauté (mise en œuvre des ressources) permettant d'étudier les variations entre individus. Ainsi, conformément à Lévy-Leboyer (2009), la comparaison interindividuelle se fonde sur l'observation des ressources mises en œuvre afin de mener à bien la mission confiée à un moment donné et dans un cadre donné (fonctionnel et organisationnel). Cette observation repose sur les comportements et leurs résultats lors de situations tests (par exemple, *assessment center*) ou de l'exercice de la fonction (par exemple, 360°)[1]. Cette approche est généralement appliquée dans le cadre du recrutement ou de l'appréciation du personnel.

1. Voir chapitre 6, « Apprécier le travail ».

Concernant la rémunération, elle s'inscrit dans les deux approches : appréciation (par exemple, résultats individuels) et certification (qualification).

En synthèse, le modèle Danah développé par Bernaud (1999) permet d'inventorier ces différentes approches :

- déclaratif : la **déclaration** en situation de travail (par exemple, entretiens) ;
- analogique : l'**observation** en situation de travail (par exemple, 360°, *assessment center*) ;
- analytique : la **mesure** des ressources (par exemple, tests psychométriques) ;
- holistique : la **mesure** d'un facteur dans des situations variées (par exemple, tests psychométriques)[2].

1.3. Gérer les différents niveaux de la compétence

Gérer la compétence implique de gérer de façon coordonnée un prisme de compétences comprenant différents niveaux en interaction les uns avec les autres (Nordhaug, 1993 ; Dejoux, 2013 ; Condomines, 2012).

Figure 7.2 – Les niveaux de la compétence

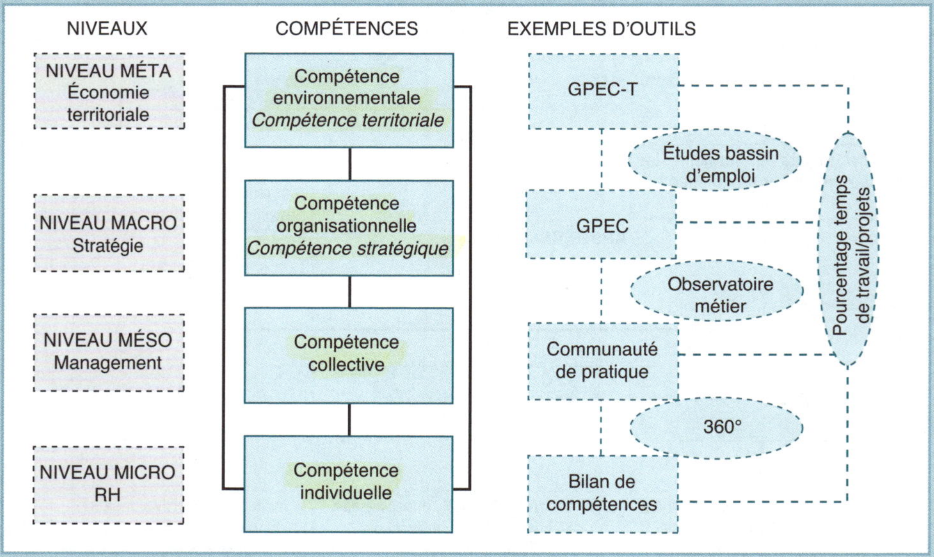

Note : Une communauté de pratique est constituée d'un groupe d'individus qui collaborent régulièrement sur une période donnée en vue de répondre à des besoins ou des objectifs organisationnels clairement identifiés (par exemple, la culture d'entreprise lors d'une fusion). *In fine*, elle tend à favoriser le développement des compétences opérationnelles rattachées à un métier ou à un projet.

Le micro niveau correspond aux compétences individuelles. Son articulation avec les compétences stratégiques (niveau macro) peut être observée au sein des référentiels[3] ou des dispositifs tels que le « *temps libre pour l'innovation* » de Google.

2. Voir chapitre 6, « Apprécier le travail ».
3. Exemples de référentiels articulant les deux niveaux, dans Evelyne Rouby *et al.*, « Un référentiel pour articuler les compétences stratégiques et individuelles », *Management et Avenir*, 7, n° 57, 2012, p. 37-56.

Exemple 7.1

Un pourcentage de son temps de travail pour développer des projets…

3M comme Google donnent l'opportunité de consacrer un pourcentage de son temps de travail à des projets dits *personnels* ou *indépendants*. Cette pratique peut être appréhendée comme un moyen de favoriser les interactions entre les différents niveaux de compétences.

« En France, comme dans les 65 pays où le groupe est implanté, 3M alimente un flux incessant de technologies dont la vocation est de faciliter la vie quotidienne de chaque entreprise et de chaque foyer. Le management de l'innovation est une véritable culture d'entreprise chez 3M, au cœur du modèle de réussite de la société depuis 1902, date de sa création aux États-Unis (Saint Paul, Minnesota). La R&D bénéficie donc d'investissements significatifs, de l'ordre de 6 % du chiffre d'affaires annuel. Et pour favoriser l'esprit d'initiative de ses ingénieurs, 3M a érigé la règle des 15 % : chaque chercheur peut consacrer à des projets d'innovation personnels 15 % de son temps professionnel. »

Les ingénieurs Google sont encouragés à consacrer 20 % de leur temps de travail pour des projets personnels. Dénommée « *temps libre pour l'innovation* », cette pratique aurait permis le développement de la moitié des nouveaux produits.

Sources : www.solutions.3mfrance.fr ; consulté le 28 avril 2014 ; Poundstone W., Êtes-vous assez intelligent pour travailler chez Google ?, Paris, JC Lattès, 2013.

Le niveau méso implique une gestion de la compétence collective définie comme un savoir-faire opérationnel propre à un groupe (pas une simple addition de compétences individuelles) ou comme une création collective qui se traduit opérationnellement lors des actions individuelles. Ces deux premiers niveaux sont naturellement en interaction, l'un nourrissant l'autre. Par exemple, lors d'un débriefing d'équipe projet, le 360° peut être utilisé à des fins de développement tant individuel que collectif.

Focus 7.2

La compétence collective

Retour et Krohmer (2006) identifient quatre attributs constitutifs de la compétence collective :

- l'existence d'un référentiel commun (patrimoine partagé) structurant l'action collective, fruit de la confrontation entre expériences et représentations des acteurs ;
- un langage commun (partagé) et un vocabulaire particulier permettant aux acteurs une économie cognitive dans l'action tout en contribuant à l'émergence d'une identité commune ;
- une mémoire collective (déclarative, procédurale et de jugement) à la fois trace des apprentissages passés et orientant les apprentissages ultérieurs ;
- un engagement subjectif (coopérative de résolution de problèmes) des acteurs orientés vers l'entreprise commune et participant d'un traitement « événementiel » de l'activité (par exemple, gestion des incidents ou des crises).

Source : Adapté de Retour D. et Krohmer C., « La compétence collective, maillon clé de la gestion des compétences », dans Defélix C., Klarsfeld A. et Oiry E., Nouveaux Regards sur la gestion des compétences, Paris, Vuibert, 2006, p. 149-184.

Le niveau macro[4] intègre les compétences organisationnelles (la capacité de l'organisation à exécuter une tâche avec succès) et stratégiques (la capacité d'obtenir un avantage concurrentiel). Le métaniveau d'analyse appréhende les compétences présentes au sein du réseau externe de l'organisation, c'est-à-dire les compétences territoriales. Ce niveau implique une gestion, d'une part, des compétences individuelles à l'échelle d'un territoire (par exemple, mobilité territoriale) et, d'autre part, des compétences propres à un territoire (par exemple, bassin d'emploi). Ainsi, ce niveau est intimement lié à la compétence individuelle et organisationnelle. Pour illustrer ces interactions, donnons en exemple la mise en place d'un pôle de mobilité régionale. Nous invitons le lecteur à se reporter au chapitre 21, « La DRH, des frontières poreuses » pour approfondir ces questions.

Focus 7.3

De la gestion des compétences au management par les compétences

D'après Dietrich *et al.* (2010), « la gestion par les compétences est la forme la plus aboutie qui ne se limite pas au cadre de la GRH mais intègre en amont la stratégie de l'entreprise et en aval le management des équipes » (p. 48).

Pour Le Boterf (2000, p. 193-194), le passage d'une gestion des compétences à une gestion par les compétences souligne « un renversement de perspective qui est total et ambitieux ». Il poursuit en précisant que « les compétences et les hommes qui les construisent et les portent ne seraient plus alors considérés comme uniquement des ressources mais comme des richesses » ou « des sources de création de valeurs ».

Dès lors, « il n'est pas impossible que la notion de ressources humaines soit peu à peu remplacée par celle de richesses humaines » (Le Boterf, 2010, p. 53).

Sous l'influence, entre autres, de la loi de sécurisation de l'emploi du 14 juin 2013 et de la loi relative à la formation professionnelle, à l'emploi et à la démocratie sociale du 5 mars 2014, la GRH tend à se focaliser sur la gestion de trajectoires professionnelles impliquant une forte imbrication entre la gestion des compétences et la gestion des carrières.

2. De LA carrière traditionnelle à une gestion élargie des carrières

La gestion des carrières vise à favoriser l'équilibre entre, d'une part, les besoins de l'entreprise qui évoluent en fonction de nombreux facteurs et, d'autre part, les compétences et aspirations du personnel.

2.1. Gérer LA carrière traditionnelle et/ou les *nouvelles* carrières

La notion de carrière appréhendée comme la succession des emplois occupés par un individu sur une période donnée a progressivement évolué vers une cogestion de parcours idiosyncratiques (Cadin, Bender et de Saint-Giniez, 2003)[5].

4. Prévot F., Brulhart F., Guieu G. et Maltese L., « Perspectives fondées sur les ressources », *Revue française de gestion*, 204, 2010, p. 87-103.
5. Le parcours est le reflet d'une tendance propre à chaque individu. Les individus appréhendent ainsi de manière différente les facteurs extérieurs (par exemple, marché du travail) en fonction de leurs dispositions particulières (par exemple, cognitives, affectives).

La carrière *traditionnelle*, *organisationnelle* ou *bureaucratique* correspond à une relation d'emploi sur le long terme intégrant une promotion généralement verticale intimement liée aux règles édictées par l'organisation. La carrière se déroule ainsi le long de filières de progression valorisant l'avancement, la position hiérarchique et l'implication tant organisationnelle que fonctionnelle.

À partir du milieu des années 1990, les évolutions conjointes des formes organisationnelles (réduction des niveaux hiérarchiques, travail en équipe ou en projet) et des formes de mobilité (horizontale, interentreprises) donnent naissance à la cogestion[6] de trajectoires individuelles ou de parcours idiosyncratiques. Dans cette perspective émergent de nouvelles approches de la carrière qualifiée de *protéenné* par D.T. Hall, de *sans frontières* (*boundaryless*) par M.B. Arthur ou de *nomade* par L. Cadin, A-F. Bender et V. de Saint-Giniez (2003). En opposition au modèle de la carrière organisationnelle, la carrière nomade met l'accent sur les mobilités professionnelles et, plus particulièrement, la mobilité extra-organisationnelle. Plusieurs types de carrières nomades sont identifiés.

Tableau 7.3 – Les types de carrières

Les sédentaires	Les migrants	Les itinérants	Les frontaliers	Les sans-frontières
Un seul employeur	Un seul employeur avec un marché interne diversifié	Plusieurs employeurs	Plusieurs employeurs et autoemploi	Plusieurs employeurs et autoemploi
Succession de mobilités verticales ou horizontales dans des métiers proches	Plusieurs métiers	Articulation autour d'un métier, d'un secteur d'activité	Articulation autour d'un métier, d'un secteur d'activité	Plusieurs transitions et interruptions (métiers et/ou statuts)
Souhait de ne pas changer d'employeur	Sentiment d'avoir opéré des transitions professionnelles importantes	Logique identitaire rattachée à un métier ou un secteur	Sentiment d'autogestion de son parcours autour d'une logique identitaire	Sentiment d'avoir opéré des transitions professionnelles importantes
Carrière organisationnelle traditionnelle	**Carrière organisationnelle étendue**	**Carrière nomade professionnelle (métier ou secteur)**	**Carrière nomade entrepreneuriale (métier ou secteur)**	**Carrière nomade étendue**

Source : Adapté de Cadin L., Bender A-F. et de Saint-Giniez V., *Les Carrières nomades*, Paris, Vuibert, 2003, p. 100 et s.

Dès lors, ces types de carrières appréhendent les formes de mobilité comme un moyen d'élargissement des compétences et, plus particulièrement, des compétences de carrière (*knowing*) :

- *knowing-how* : dimension cognitive de la compétence intégrant le savoir/savoir-faire, la capacité d'apprentissage et la capacité à transférer les acquis dans de nouvelles situations ;

6. Dans cette perspective, le salarié est appréhendé comme coresponsable du développement de ses compétences au travers des différentes expériences éducatives ou professionnelles (salarié-entrepreneur pour Zarifian).

- *knowing-whom* : dimension relationnelle de la compétence (interpersonnelle/réseau) ;
- *knowing-why* : dimension personnelle de la compétence (compétence identitaire).

Gérer les carrières sous-tend ainsi une *gestion élargie des compétences* (Cadin, 2003) ainsi qu'une gestion conjointe des carrières dites traditionnelles et nomades.

2.2. Gérer différemment en fonction des stades de carrière ?

Conformément à l'approche psychologique (différentielle et interactionniste), les caractéristiques individuelles jouent un rôle fondamental (intérêts vocationnels, besoins, valeurs, styles cognitifs) durant le processus de développement de carrière.

Dans une première perspective, l'individu est considéré comme un être en développement suivant différentes phases plus ou moins prévisibles. Ces stades de carrière sont définis en fonction des phases de vie (âge de l'individu) et/ou de l'ancienneté (poste, organisation, fonction). Différents modèles ont été développés (par exemple, Super et Hall, 1978). Globalement, quatre étapes sont identifiées (voir tableau 7.4).

Tableau 7.4 – Les stades de carrière

1 **L'exploration**	2 **La maîtrise ou l'établissement**	3 **La maintenance ou la stabilisation**	4 **Le désengagement**
Intimement liée à la construction de l'identité, cette étape est une phase riche en apprentissage/essai où le nouveau collaborateur se confronte à la réalité.	Se caractérise par une forte intimité entre le salarié et son environnement (sentiment d'utilité, durabilité des relations) qui favorise, entre autres, un élargissement des compétences.	Se caractérise par la confrontation à de nouveaux choix, notamment en termes d'investissement professionnel. Les différences individuelles sont très marquées : progression *vs* maintien ; développement des compétences *vs* sentiment d'atteinte du potentiel maximum.	S'inscrit dans un processus de désengagement et de détachement *via* la préparation du départ.

Cependant, cette approche par étapes prévisibles et ordonnées est quelque peu remise en cause en faveur d'une seconde approche dite systémique dans laquelle l'apprentissage tout au long de la vie (voir législation relative à la formation professionnelle) constitue le point d'ancrage.

Cette approche systémique des parcours à l'aune des variables environnementale, organisationnelle et individuelle impacte la gestion des carrières en favorisant la porosité entre les différents niveaux (métier, organisation, environnement) ainsi que la valorisation de l'apprentissage tout au long de la carrière. Conséquemment, la gestion des carrières des seniors n'est plus uniquement appréhendée comme une gestion du désengagement mais comme une valorisation de la fin de carrière.

Figure 7.3 – Approche systémique de la carrière

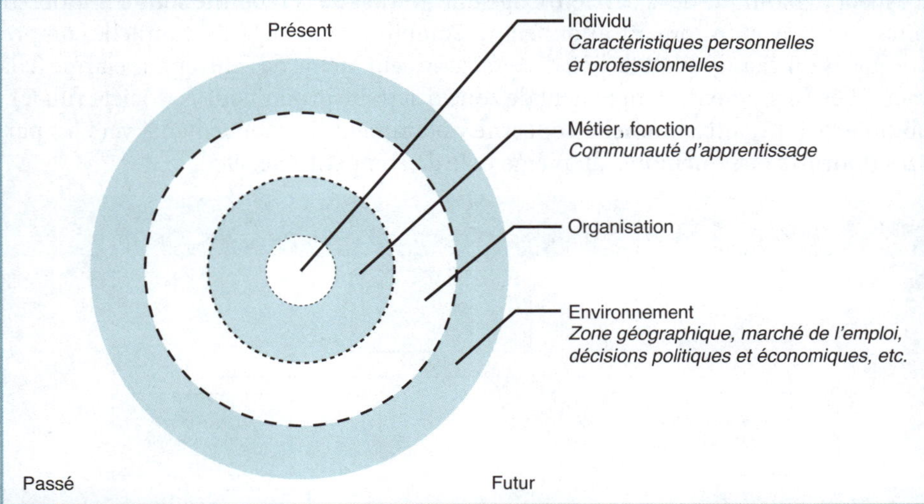

Source : Adapté des modèles de Patton et McMahon (1999, 2006).

Exemple 7.2

La gestion des carrières des seniors, l'exemple du groupe Thalès

Extraits de l'accord sur l'emploi des seniors au sein du groupe Thalès (signé le 18 décembre 2009) :

Point carrière pour les salariés âgés de 45 ans et plus ou après 25 années d'activité. Ce point carrière sera proposé par Thalès Université. L'objectif de cette session collective consistera à proposer aux employés de consacrer du temps à l'analyse de leurs expériences passées, de leurs forces et de leurs motivations et à structurer leur réflexion sur la façon d'organiser le dernier tiers de leur parcours professionnel. Avant la session, un questionnaire complet de retour d'expérience à 360° permettra aux participants de mieux comprendre la façon dont leurs pairs, dirigeants, collègues perçoivent leur profil professionnel. À l'issue de la formation, une session de coaching téléphonique personnalisée leur permettra également de s'entretenir avec un coach externe afin d'examiner plus à fond leur situation et leur éventuel développement professionnel.

Temps partiel senior à 80 %. Au plus tôt trois ans avant l'âge auquel ils pourront faire valoir leurs droits à retraite à taux plein, les salariés pourront solliciter une réduction de leur temps de travail afin d'exercer leur activité à 80 %, rémunérée à 85 %.

Source : http://www.anact.fr/portal/pls/portal/docs/4712413/11184380.PDF
Pour approfondir, consulter l'accord « Valorisation de l'expérience et la gestion des fins de carrière » (AVEC) du groupe Thalès et Thalès Electron Devices.

2.3. Gérer les différentes formes de mobilité

Cet aspect dynamique de la carrière exige une gestion de la mobilité sous ces différentes formes : intra- et extra-organisationnelle. La mobilité intra-organisationnelle comprend entre autres un changement de lieu d'exercice au sein même de l'entreprise élargie (changement d'établissement, changement de zone d'activité produits/pays, société filiale). La mobilité extra-organisationnelle concerne notamment les mouvements vers les partenaires (fournisseurs, membres du même pôle de compétitivité, etc.).

Figure 7.4 – Les formes de mobilité

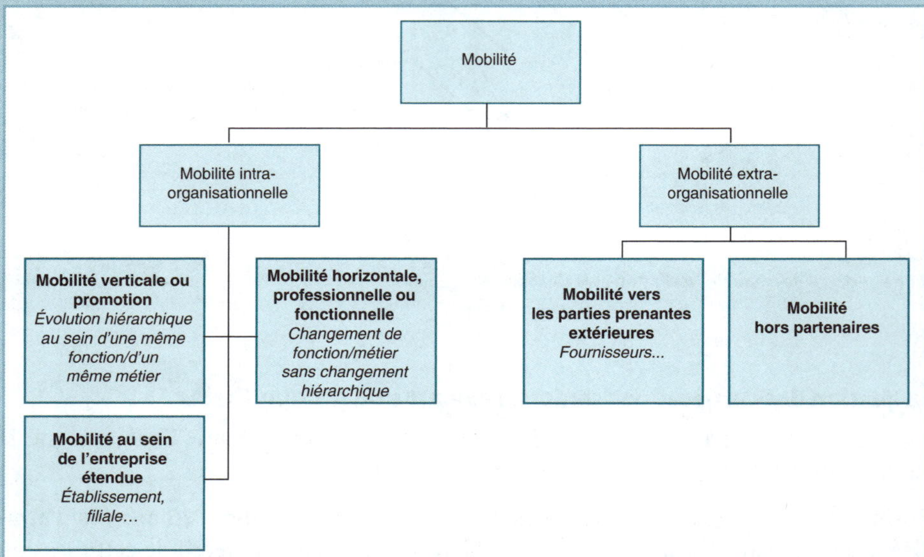

L'absence de perspective de mobilité est dénommée plateau de carrière ou plafonnement de carrière. Deux approches permettent d'appréhender ce phénomène : les plateaux objectifs et les plateaux subjectifs. Le premier concerne la stabilité dans la position actuelle en termes de poste ou de niveau hiérarchique au cours des années précédentes, alors que le second correspond au sentiment d'être bloqué dans son évolution de carrière pour les années à venir. Plus particulièrement, trois types de plateaux sont identifiés :

- **Le plafonnement structurel** intimement lié aux normes organisationnelles en la matière reflète l'absence de mobilité verticale et horizontale.
- **Le plafonnement de contenu** concerne l'emploi et, plus particulièrement, sa maîtrise.
- **Le plateau salarial** correspond à la stagnation de son positionnement sur l'échelle de salaire.

Ce plafonnement peut être considéré comme un stade de carrière et, plus particulièrement, comme un stade de transition. Cependant, il s'accompagne généralement d'une charge émotionnelle et de comportements de retrait. Dans cette perspective, la loi sur la sécurisation de l'emploi du 14 juin 2013 vise à « instaurer **un nouvel équilibre entre la sécurité nécessaire pour les salariés et les possibilités d'adaptation indispensables aux entreprises** ».

Focus 7.4

Trois points de la loi sur la sécurisation de l'emploi du 14 juin 2013 (ANI du 11 janvier 2013)

Un conseil en évolution professionnelle : article L. 6314-3 du Code du travail (abrogé par la loi n° 2014-288 du 5 mars 2014)

Tout salarié bénéficie d'un conseil en évolution professionnelle dont l'objectif prioritaire est d'améliorer sa qualification. Cet accompagnement, mis en œuvre au niveau local dans le cadre du service public de l'orientation prévu à l'article L. 6111-3, lui permet :

1. d'être informé sur son environnement professionnel et l'évolution des métiers sur le territoire ;
2. de mieux connaître ses compétences, de les valoriser et d'identifier les compétences utiles à acquérir pour favoriser son évolution professionnelle ;
3. d'identifier les emplois correspondant aux compétences qu'il a acquises ;
4. d'être informé des différents dispositifs qu'il peut mobiliser pour réaliser un projet d'évolution professionnelle.

Chaque salarié est informé, notamment par son employeur, de la possibilité de recourir à cet accompagnement.

Nota : Ces dispositions sont abrogées à compter du 1er janvier 2015 sous réserve de l'entrée en vigueur des dispositions relevant de la loi de finances prévues au I de l'article 27 de la loi n° 2014-288 du 5 mars 2014 conformément au paragraphe II dudit article.

Un compte personnel de formation : article L. 6111-1 du Code du travail (modifié par la loi n° 2014-288 du 5 mars 2014)

Afin de favoriser son accès à la formation professionnelle tout au long de la vie, chaque personne dispose dès son entrée sur le marché du travail, indépendamment de son statut, d'un compte personnel de formation. Le compte personnel de formation est comptabilisé en heures et mobilisé par la personne lorsqu'elle accède à une formation à titre individuel, qu'elle soit salariée ou demandeuse d'emploi. Il est intégralement transférable en cas de changement ou de perte d'emploi et ne peut en aucun cas être débité sans l'accord exprès de son titulaire. Le service public de l'orientation mentionné à l'article L. 6111-3 est organisé pour assurer l'information, le conseil et l'accompagnement des personnes qui envisagent de mobiliser leur compte personnel de formation. Le compte est alimenté :

1. chaque année selon les modalités prévues aux articles L. 6323-1 à L. 6323-5 ;
2. par des abondements complémentaires, notamment par l'État ou la Région, en vue de favoriser l'accès à l'une des qualifications mentionnées à l'article L. 6314-1, en particulier pour les personnes qui ont quitté le système scolaire de manière précoce ou qui, à l'issue de leur formation initiale, n'ont pas obtenu de qualification professionnelle reconnue.

Peuvent être mobilisés en complément du compte les autres dispositifs de formation auxquels son titulaire peut prétendre.

Focus 7.4 (suite)

Une mobilité volontaire sécurisée : article L. 1222-12 du Code du travail

Dans les entreprises et les groupes d'entreprises, au sens de l'article L. 2331-1, d'au moins trois cents salariés, tout salarié justifiant d'une ancienneté minimale de vingt-quatre mois, consécutifs ou non, peut, avec l'accord de son employeur, bénéficier d'une période de mobilité volontaire sécurisée afin d'exercer une activité dans une autre entreprise, au cours de laquelle l'exécution de son contrat de travail est suspendue. Si l'employeur oppose deux refus successifs à la demande de mobilité, l'accès au congé individuel de formation est de droit pour le salarié, sans que puissent lui être opposées la durée d'ancienneté mentionnée à l'article L. 6322-4 ou les dispositions de l'article L. 6322-7.

2.4. Gérer les carrières des différentes parties prenantes internes

Les cadres

Selon les données de l'enquête « Mobilité » menée par l'Apec (2013), la plupart des cadres n'ont connu aucun changement de situation professionnelle durant l'année écoulée (74 %). Pour les 26 % restants, la mobilité intra-organisationnelle est la forme la plus observée (19 %) et, plus particulièrement, au travers d'un changement de poste (9 %). Quant à la mobilité extra-organisationnelle, elle n'a concerné que 7 % des cadres ayant connu un changement de situation professionnelle. Majoritairement, elle résulte de l'initiative du salarié (65 %) ou d'une concertation (14 %).

Figure 7.5 – La mobilité des cadres

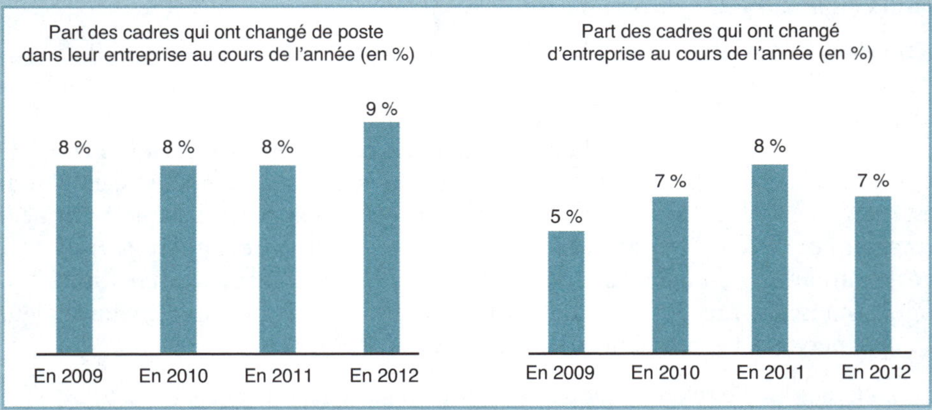

Source : Apec, Enquête « Mobilité », 2013.

La mise en perspective de ces résultats à l'aune des travaux sur la carrière nomade tend à confirmer l'importance du choix individuel dans le parcours professionnel. Cependant, la mobilité intra-organisationnelle et l'ancrage dans un métier/secteur prédominent.

Les femmes cadres

Les enquêtes menées par l'Apec (2012) démontrent que le taux de mobilité (interne et externe) des femmes et des hommes cadres est comparable. Toutefois, les femmes sont moins nombreuses à connaître une augmentation de leur rémunération suite à cette mobilité (54 % *vs* 62 %), à conserver ou à augmenter leur niveau de responsabilités hiérarchiques (mobilité externe : 57 % *vs* 67 % ; mobilité interne 32 % *vs* 46 %) et à bénéficier d'une promotion hiérarchique dans le cadre de mobilité interne volontaire (36 % *vs* 43 %).

Figure 7.6 – La mobilité des cadres par âge et par sexe

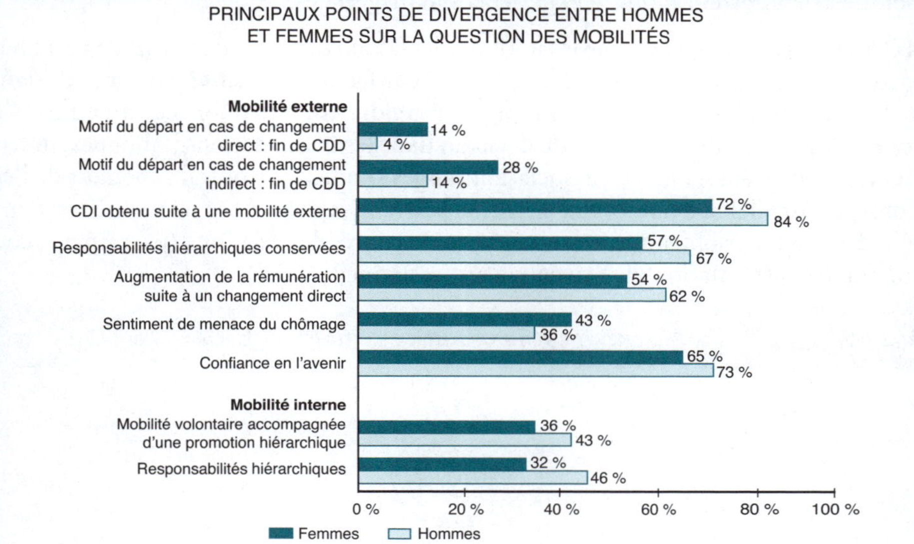

RÉPARTITION DES CADRES MOBILES EN INTERNE PAR ÂGE ET PAR SEXE

	Mobilité involontaire		Mobilité volontaire		Mobilités internes	Cadres non mobiles		
	Hommes	Femmes	Hommes	Femmes		Hommes	Femmes	Total
Moins de 30 ans	10 %	14 %	19 %	23 %	17 %	10 %	13 %	11 %
30 - 40 ans	25 %	33 %	37 %	38 %	33 %	29 %	32 %	30 %
40 - 50 ans	37 %	31 %	29 %	25 %	31 %	31 %	30 %	31 %
50 ans et +	28 %	22 %	15 %	14 %	19 %	30 %	25 %	28 %
Total	100 %	100 %	100 %	100 %	100 %	100 %	100 %	100 %

Sources : Apec, « Mobilité professionnelle des cadres : les écarts entre les hommes et les femmes », 2012 ; Apec, « Femmes cadres et hommes cadres : des inégalités professionnelles qui persistent », 2011.

Conjointement à ces spécificités en termes de mobilité, des différences quant aux fonctions exercées sont également observées. L'analyse des inégalités professionnelles effectuée par l'Apec (2011) démontre que plus de quatre femmes sur dix exercent une fonction dans le domaine administration et gestion (par exemple, RH) contre moins de deux hommes sur dix. De surcroît, un écart en termes de niveau de responsabilité est observé en défaveur des femmes (direction générale ou direction de département). Ce dernier se creuse à partir de 40 ans. Plus précisément, une étude menée par l'ORSE et l'IFA (2009) sur *l'accès et la représentation des femmes dans les organes de gouvernance d'entreprise* démontre qu'en France, les conseils d'administration des entreprises du Cac 40 ne comprennent que 57 femmes (10 %, 12e rang mondial). En 2009, BNP Paribas (28,5 %), Michelin (25 %), L'Oréal (21,4 %) et Pernod Ricard (21,4 %) se démarquaient positivement. Les recherches menées par R. Dang, A-F. Bender et M.-J. Scotto[7] permettent d'expliciter ce constat. Les auteurs soulignent une hétérogénéité en termes de capital humain et social (SBF 120). Ainsi, ces femmes sont plus jeunes que leurs homologues masculins. L'analyse de l'expérience professionnelle et du statut révèle également des différences (par exemple, les femmes démontrent moins d'expériences managériales).

Ces éléments mettent en exergue les notions de plafond de verre, de parois de verre ou de plancher collant. Le plafond de verre est défini par Jacqueline Laufer comme l'ensemble des obstacles visibles et invisibles qui peuvent rendre compte d'une certaine rareté des femmes en position de pouvoir et de décision dans les organisations publiques, dans les entreprises, mais aussi dans les associations ou les syndicats (Conseil supérieur de l'égalité professionnelle). De nombreux éléments peuvent expliquer ces phénomènes comme le rôle des diplômes obtenus, des stéréotypes de genre, des relations (parrainage, cooptation) ou de l'articulation vie privée/vie professionnelle.

Figure 7.7 – Les notions de plafond de verre, de parois de verre et de plancher collant

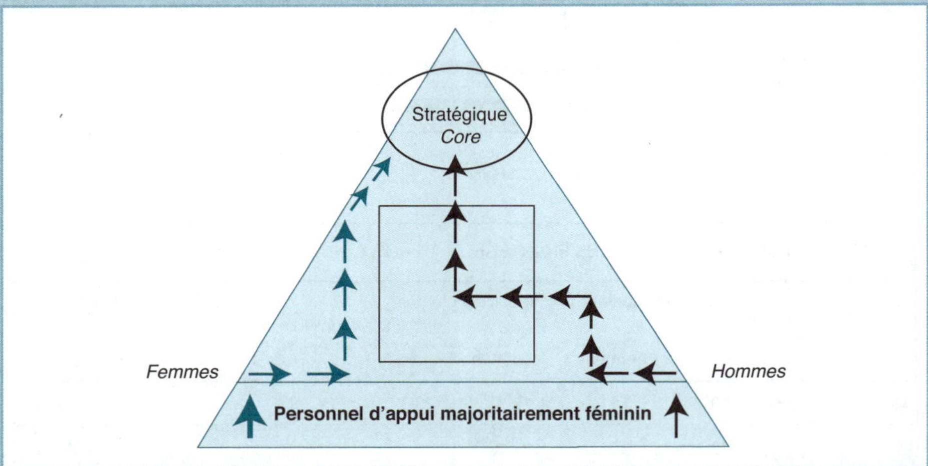

Source : Adapté de l'Orse, « Étude », n° 5, 2004, p. 11.

Les experts

À partir des années 1960-1970, la logique de promotion visant à orienter vers des fonctions managériales semble en inadéquation avec les attentes exprimées par les experts/spécialistes techniques. Ainsi, cette logique de promotion reflète un élargissement du périmètre de compétences ou de responsabilités (techniques et managériales). Or, les experts souhaitent l'élaboration de filières de spécialisation reflétant leur montée en compétence ou en expertise. Dès lors, des outils de gestion se sont développés et, plus particulièrement, la double échelle visant à symétriser les carrières scientifiques/techniques et les carrières managériales en vue de les rendre tout autant attractives.

Cet exemple organisationnel met en exergue certaines conditions de réussite de la mise en place de la double échelle. Elle implique tout d'abord une cohérence avec la stratégie organisationnelle afin que la filière d'expertise ne soit pas considérée comme une voie secondaire moins

7. Dang R., Bender A.-F. et Scotto M.-J., « Women on French corporate board of directors: How do they differ from their male counterparts? », *The Journal of Applied Business Research*, 30, 2, 2014, p. 489-508.

prestigieuse. Elle ne doit pas annihiler la coordination et les passerelles entre les deux parcours. Elle s'accompagne enfin d'une gestion par les compétences (*people reviews*, par exemple).

Exemple 7.3

La gestion des experts chez Thalès

Thalès emploie de très nombreux spécialistes et experts dans des domaines très divers. À peu près 95 % des 2 000 recrutements annuels du groupe concernent des ingénieurs.

« Dans les années 2000, [...] il devenait important d'unifier davantage les systèmes de gestion des ressources humaines en créant des outils et des processus communs, notamment par l'introduction d'une double échelle de carrière constituée de 12 niveaux avec une branche pour les managers et une pour les experts et spécialistes. »

« Des outils qui permettent de développer et piloter des parcours individualisés [comme] par exemple des *people reviews* annuelles. Il faut souligner également le rôle très important joué par l'université d'entreprise qui ne dispense pas de formations techniques mais plutôt managériales et de développement personnel. Non seulement les experts et les managers ont leurs programmes spécifiques mais des passerelles sont organisées entre ceux-ci pour qu'ils puissent se retrouver dans certaines sessions communes : ils font ainsi l'apprentissage d'un travail de collaboration qui est de plus en plus nécessaire pour la réussite concrète de nos activités. De plus pour favoriser la mobilité nous avons défini des itinéraires entre les 62 familles professionnelles du groupe. »

Source : Extrait de Basso O. et Thévenet M., « La gestion des experts chez Thalès : entretien avec Yves Barou », Revue française de gestion, n° 168-169, 2006, p. 221-224.

Les ouvriers

Les données DADS (déclaration annuelle de données sociales) croisées au sondage effectué par TNS Sofres en 2009 sur les mobilités professionnelles démontrent qu'à part égale, les ouvriers s'inscrivent dans une carrière organisationnelle (traditionnelle/étendue) et nomade. Plus particulièrement, ce nomadisme est, d'une part, professionnel avec absence de changement hiérarchique et, d'autre part, territorial mais avec un attachement au bassin d'emploi. Or, les ouvriers déclarent davantage subir cette mobilité comparée aux autres CSP.

Figure 7.8 – La mobilité des ouvriers

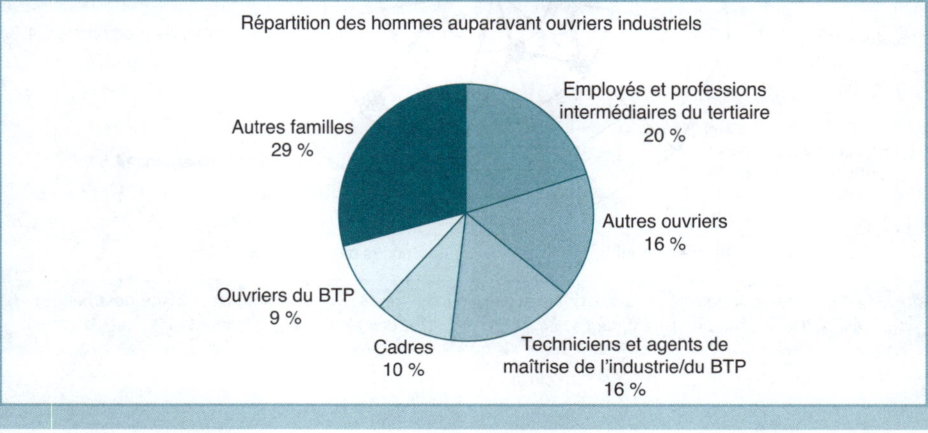

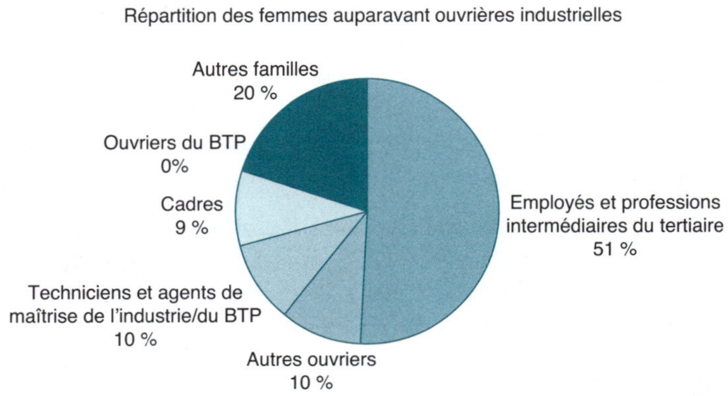

Source : Insee, Dads, 2003-2004.

Ces éléments tendent à démontrer que la GRH se focalise sur le besoin de reconnaissance objectif des ouvriers (augmentation salariale, promotion). Or, lorsque E. Hennequin (voir figure 7.9) étudie la perception du succès de carrière chez les ouvriers, on s'aperçoit que la dimension succès matériel est moins évoquée que les dimensions succès psychologique et succès social. Conséquemment, la GRH doit prendre davantage en considération ces aspirations.

Figure 7.9 – La perception du succès de carrière chez les ouvriers

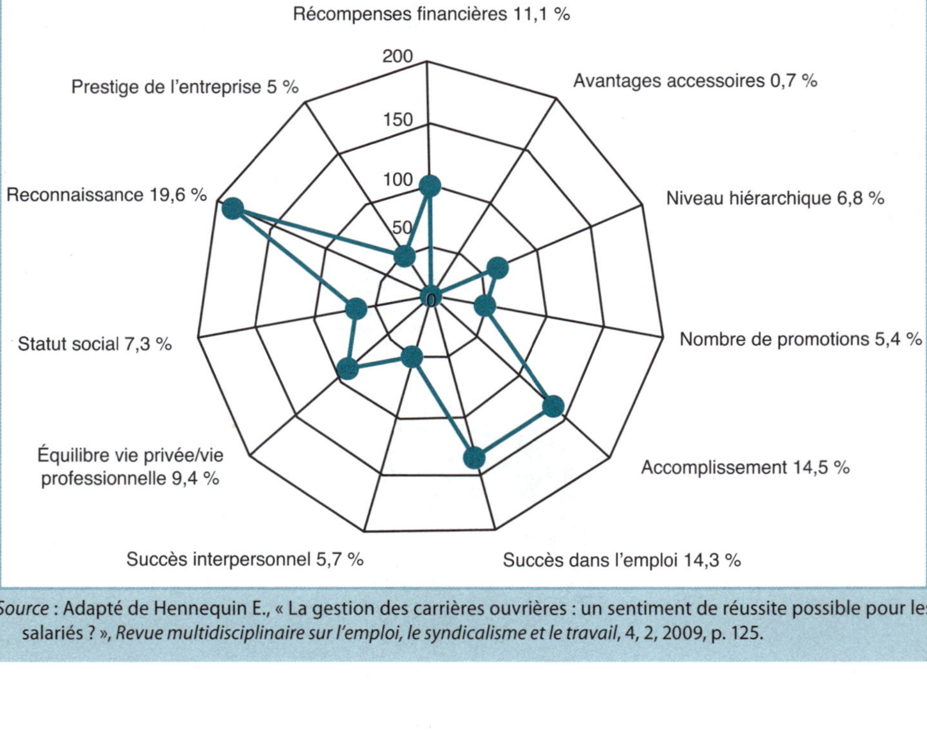

Source : Adapté de Hennequin E., « La gestion des carrières ouvrières : un sentiment de réussite possible pour les salariés ? », *Revue multidisciplinaire sur l'emploi, le syndicalisme et le travail*, 4, 2, 2009, p. 125.

3. La gestion prévisionnelle

La gestion élargie des compétences et des carrières exige une anticipation des évolutions organisationnelles afin d'adapter ses ressources humaines au contexte économique, social, légal et technique.

3.1. Définition et enjeux de la GPEC

La gestion prévisionnelle des emplois et des compétences est « un ensemble de méthodes et outils (une instrumentation) mis en œuvre dans le cadre d'accords ou à tout le moins par une coalition d'acteurs, appliqués aux ressources humaines et à l'emploi, visant à favoriser simultanément, la compétitivité des entreprises, la sécurité de l'emploi et la sécurisation des parcours professionnels » (Gilbert *et al.*, 2012, p. 9). Cette démarche visant à anticiper et à prévenir d'éventuels écarts, tant sur le plan quantitatif que qualitatif, entre les ressources disponibles et les besoins de l'entreprise à plus ou moins long terme eu égard au contexte organisationnel et aux choix stratégiques, permet de :

- faire le bilan des ressources disponibles ;
- faire le bilan des emplois ;
- projeter les besoins futurs de l'entreprise en termes de ressources et d'emploi ;
- constater et gérer les écarts ;
- spécifier les politiques RH (recrutement, formation, carrière) et, plus particulièrement, les outils qui peuvent préexister ou être déployés en dehors de la démarche GPEC ;
- renforcer le dialogue social.

Focus 7.5

Article L. 2242-15 du Code du travail (modifié par la loi n° 2013-504 du 14 juin 2013)

Dans les entreprises et les groupes d'entreprises au sens de l'article L. 2331-1 d'au moins trois cents salariés, ainsi que dans les entreprises et groupes d'entreprises de dimension communautaire au sens des articles L. 2341-1 et L. 2341-2 comportant au moins un établissement ou une entreprise de cent cinquante salariés en France, l'employeur engage tous les trois ans, notamment sur le fondement des orientations stratégiques de l'entreprise et de leurs conséquences mentionnées à l'article L. 2323-7-1, une négociation portant sur :

1. la mise en place d'un dispositif de gestion prévisionnelle des emplois et des compétences, sur laquelle le comité d'entreprise est informé, ainsi que sur les mesures d'accompagnement susceptibles de lui être associées, en particulier en matière de formation, de validation des acquis de l'expérience, de bilan de compétences ainsi que d'accompagnement de la mobilité professionnelle et géographique des salariés autres que celles prévues dans le cadre des articles L. 2242-21 et L. 2242-22 ;
2. le cas échéant, les conditions de la mobilité professionnelle ou géographique interne à l'entreprise prévue à l'article L. 2242-21, qui doivent, en cas d'accord, faire l'objet d'un chapitre spécifique ;

Focus 7.5 (suite)

3. les grandes orientations à trois ans de la formation professionnelle dans l'entreprise et les objectifs du plan de formation, en particulier les catégories de salariés et d'emplois auxquels ce dernier est consacré en priorité et les compétences et qualifications à acquérir pour les trois années de validité de l'accord ;
4. les perspectives de recours par l'employeur aux différents contrats de travail, au travail à temps partiel et aux stages, ainsi que les moyens mis en œuvre pour diminuer le recours aux emplois précaires dans l'entreprise au profit des contrats à durée indéterminée ;
5. les conditions dans lesquelles les entreprises sous-traitantes sont informées des orientations stratégiques de l'entreprise ayant un effet sur leurs métiers, l'emploi et les compétences.

Un bilan est réalisé à l'échéance de l'accord.

3.2. Processus de la GPEC

Selon une conception *adéquationniste*, le processus de la GPEC comprend quatre étapes. En premier lieu, on effectue une analyse des ressources et des emplois disponibles actuellement. L'objectif est d'être le plus exhaustif possible afin d'obtenir une représentation la plus proche de la réalité. En second lieu, il est nécessaire de recenser et d'étudier les facteurs de contingence pouvant influencer la stratégie organisationnelle et, plus particulièrement, expliquer la mise en place d'une GPEC (voir chapitre 5, « Diriger les RH dans une perspective stratégique ») afin d'identifier les ressources et les emplois exigés dans le futur. En troisième lieu, la mesure des écarts permet d'identifier les marges de manœuvre et, conséquemment, les politiques d'ajustement. En dernier lieu, le comité de pilotage évalue les politiques mises en œuvre afin d'implémenter la future démarche GPEC.

La mise en œuvre de la GPEC nécessite le recours à différents outils en fonction des problématiques organisationnelles et, plus particulièrement, du niveau d'analyse qu'elles exigent (Dejoux, 2013) :

Volet collectif prédomine

- une analyse organisationnelle afin d'évaluer l'impact, par exemple, d'une réorganisation sur les emplois et les compétences en présence ;
- une analyse exhaustive de l'évolution des familles de métiers existant dans l'entreprise afin d'appréhender les éventuels impacts des facteurs de contingence (par exemple, technologie).
- une analyse ciblée des métiers (sensibles, émergents…) ou du bassin d'emploi/région d'emploi ;
- une analyse des trajectoires professionnelles visant à optimiser le développement des compétences des salariés, en les accompagnant dans leur gestion de carrière.

Volet individuel prédomine

Figure 7.10 – Le processus de la GPEC

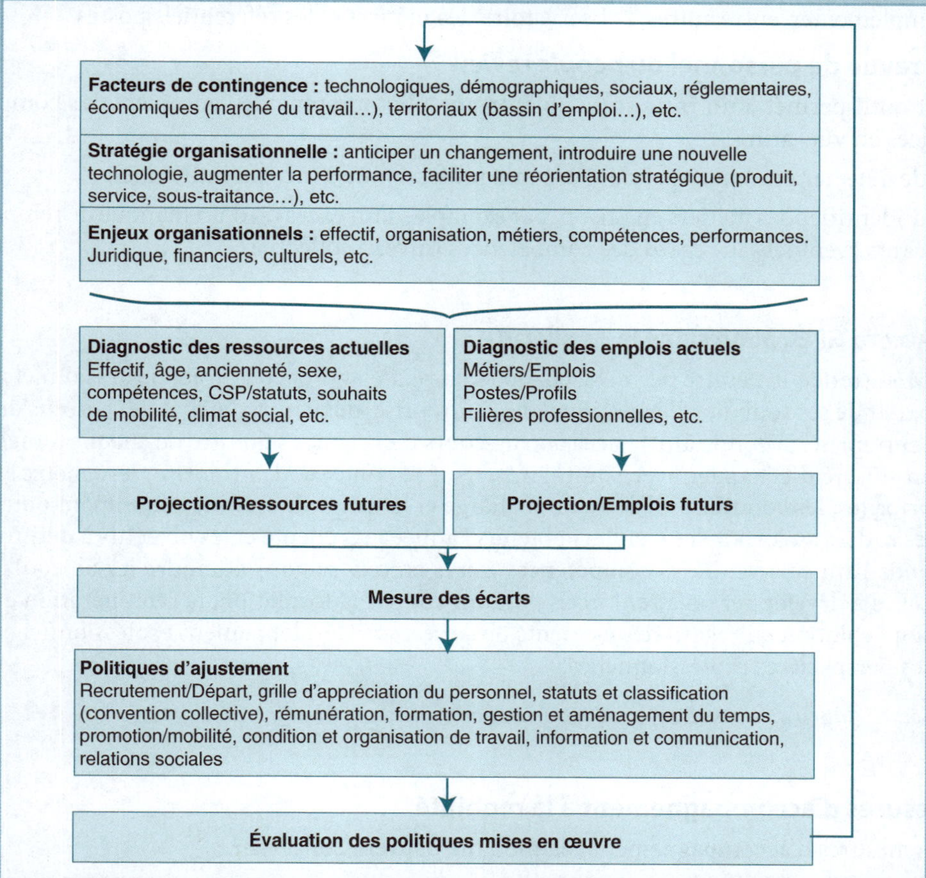

3.3. Volet individuel, quelques outils

Le volet individuel de la GPEC se fonde sur le collaborateur en tant qu'acteur du développement de ses compétences et de son parcours professionnel eu égard aux besoins et moyens organisationnels (voir chapitre 6, « Apprécier le travail »).

Les entretiens annuels, les entretiens de carrière, l'entretien de seconde partie de carrière

Ce sont des outils d'accompagnement qui permettent d'appréhender les éventuels écarts entre les compétences des collaborateurs et les exigences rattachées au poste (voir référentiel postes). Ils permettent d'élaborer un état des compétences :

- mises en œuvre en situation professionnelle ;
- à acquérir par rapport aux exigences du poste (besoins de compétences) ;
- détenues, c'est-à-dire acquises mais non exploitées dans la fonction actuelle (parcours antérieur).

Ces entretiens favorisent le recueil des souhaits de formation et/ou de mobilité qui seront mis en perspective par rapport à l'état des ressources et des emplois. Ces outils permettent d'implémenter, entre autres, l'observatoire des métiers et les référentiels postes.

La revue de personnel ou *people review*

Cet outil permet à un instant *t* d'obtenir une photographie de l'ensemble des compétences en vue, afin :

- de détecter et d'envisager des parcours professionnels (niveau individuel) ;
- d'identifier des métiers en raison, par exemple, d'un excès ou d'un manque de remplaçants éventuels au regard des compétences (niveau collectif).

Exemple 7.4

Accord GPEC MMA signé le 3 juillet 2013

« L'entretien Itinéraire permet à chaque salarié d'élaborer son projet professionnel à partir de ses souhaits d'évolution dans l'entreprise, de ses aptitudes et des besoins de l'entreprise. Il donne ainsi l'occasion au cours du premier semestre de chaque année au salarié d'échanger avec son manager sur le contexte d'entreprise, les enjeux et priorités, les conditions d'activité, la charge et le temps de travail, notamment pour les cadres au forfait, les résultats obtenus l'année précédente et les objectifs à définir pour l'année à venir, les compétences mises en œuvre pour atteindre les objectifs, celles à développer ou à renforcer, notamment par la formation, la rémunération et son évolution au regard des éléments observés, son développement professionnel et ses perspectives professionnelles. »

Source : http://www.wk-rh.fr/actualites/upload/mma-accord-gpec.pdf

Mesures d'accompagnement à la mobilité

Les mesures d'accompagnement à la mobilité peuvent concerner :

- l'aide à l'orientation et au choix (par exemple, centre de services partagés) ;
- les actions de formation individualisées ou collectives ;
- l'accompagnement à la mobilité (frais de déménagement, prise en charge d'un double loyer, aide à la scolarisation des enfants, aide à l'emploi du conjoint…) ;
- l'aide à l'intégration dans la nouvelle fonction (par exemple, parrainage, référent technique).

Exemple 7.5

Accord GPEC France Telecom du 31 mars 2011

« Le Groupe s'engage à accompagner les salarié(e)s qui souhaitent mener un projet professionnel à l'externe, à la fois dans le montage de leur projet et les premiers mois de leur nouvelle activité. Le Groupe soutient les formes de mobilité :

- vers une activité salariée : la mobilité vers la Fonction Publique (MFP) et le projet personnel accompagné (PPA).
- vers la création et reprise d'entreprise : l'essaimage, dont les conditions de mise en œuvre sont définis au sein d'une Charte de l'Essaimage. »

Le tutorat

Le tutorat est un outil d'intégration et de transfert des compétences. Pour le tuteur, cette démarche permet de valoriser et de faire reconnaître les compétences acquises *via* son expérience professionnelle. Pour le tutoré, nonobstant l'acquisition de compétences, cet outil favorise son intégration dans la fonction et/ou dans l'organisation. Pour l'entreprise, le maintien de la *mémoire* en termes de connaissances (organisation, produits, procédures, etc.) est un enjeu. Cependant, la réussite et la pérennité de la démarche exigent respectivement de pouvoir, vouloir et savoir partager ses compétences, de s'inscrire dans une posture d'apprentissage et de développer un système de reconnaissance. Une grille de suivi du parrainage peut ainsi être élaborée afin d'identifier le transfert des apprentissages pour chaque tâche ou rôle (par exemple, Europcar). Généralement, les compétences de tuteur sont reconnues *via* l'appréciation annuelle et/ou l'attribution d'une prime spécifique.

3.4. Volet collectif, quelques outils

Le volet collectif de la GPEC se fonde principalement sur une démarche prospective au niveau des familles d'emplois, des métiers/emplois, des postes puis des compétences. Selon le Cereq, un emploi type est défini par sa technicité (techniques spécifiques), ses flux d'information (information parvenue et traitée), par ses relations/communications (univers relationnel) et sa contribution économique (valeur ajoutée).

Groupes de prospective métiers ou observatoire des métiers/emplois

Ce groupe généralement constitué des différentes parties prenantes internes vise à anticiper les évolutions des métiers/emplois. Pour ce faire, il s'appuie sur l'état annuel, entre autres, des emplois (métiers dits stables, menacés, sensibles et émergents), des mouvements du personnel, de la pyramide des âges ou de la pyramide des anciennetés dans l'organisation et dans le poste. Il peut également s'appuyer sur des sources d'informations externes telles que les études menées par les organismes privés ou publics (par exemple, Insee) et par les observatoires rattachés à une branche d'activité et/ou à un territoire.

Exemple 7.6

Accord GPEC de Renault signé le 4 février 2011

« Le présent accord met en place un Observatoire des emplois et des compétences. Cet Observatoire est une force de proposition, une instance d'information, de réflexion et d'échanges prospectifs sur l'évolution des emplois et des compétences. [...] L'Observatoire participe à l'identification des métiers en développement, des métiers pour lesquels l'entreprise doit assurer la pérennité de son savoir-faire et de ses compétences, des métiers en tension, des métiers émergents, des métiers dits sensibles (exposés aux évolutions technologiques, organisationnelles et économiques, ainsi que des besoins en matière de formation, mobilité professionnelle... »

Source : http://www.dynamic.renault.com

Le référentiel métiers/emplois fournit une vision d'ensemble au travers de l'identification d'emplois types ou d'emplois repères qui, une fois regroupés, constituent des **familles professionnelles**. De nombreuses nomenclatures de familles professionnelles sont proposées, comme le FAP-2009 qui mêle le fichier Rome (V3) et les catégories socioprofessionnelles de l'Insee.

Focus 7.6

Extrait du FAP-2009

J Transports, logistique et tourisme

J0Z	**Ouvriers non qualifiés de la manutention**					
J0Z20	Ouvriers non qualifiés de l'emballage et manutentionnaires	676a	*Manutentionnaires non qualifiés*	N1101	Q_0125789	Conduite d'engins de déplacement des charges
		676b	*Déménageurs (hors chauffeurs-déménageurs), non qualifiés*	N1102	Q_125	Déménagement
		676c	*Ouvriers du tri, de l'emballage, de l'expédition, non qualifiés*	N1103	Q_125	Magasinage et préparation de commandes
		676d	*Agents non qualifiés des services d'exploitation des transports*	N1105	Q_0125789	Manutention manuelle de charges
				N2203	Q_0125789	Exploitation des pistes aéroportuaires
				N3203	Q_0125789	Manutention portuaire
J1Z	**Ouvriers qualifiés de la manutention**					
J1Z40	Ouvriers qualifiés du magasinage et de la manutention	652a	*Ouvriers qualifiés de la manutention, conducteurs de chariots élévateurs, caristes*	N1101	Q_346	Conduite d'engins de déplacement des charges
		652b	*Dockers*	N1102	Q_0346789	Déménagement
		653a	*Magasiniers qualifiés*	N1103	Q_0346	Magasinage et préparation de commandes
				N1105	Q_346	Manutention manuelle de charges
				N2203	Q_346	Exploitation des pistes aéroportuaires
				N3203	Q_346	Manutention portuaire
J1Z80	Responsables magasinage	487a	*Responsables d'entrepôt, de magasinage*	N1103	Q_789	Magasinage et préparation de commandes
		487b	*Responsables du tri, de l'emballage, de l'expédition et autres responsables de la manutention*	N1302	Q_012345678	Direction de site logistique
J3Z	**Conducteurs de véhicules**					
J3Z40	Conducteurs de véhicules légers	217a	*Conducteurs de taxis, ambulanciers et autres artisans du transport, de 0 à 9 salariés*	J1305		Conduite de véhicules sanitaires
		526e	*Ambulanciers salariés (du secteur public ou du secteur privé)*	N4102		Conduite de transport de particuliers
		643a	*Conducteurs de taxi (salariés)*			
		642b	*Conducteurs de voiture particulière (salariés)*			
J3Z41	Conducteurs de transport en commun sur route	641b	*Conducteurs de véhicule routier de transport en commun (salariés)*	N4103		Conduite de transport en commun sur route
J3Z42	Conducteurs et livreurs sur courte distance	643a	*Conducteurs livreurs, coursiers (salariés)*	N4104		Courses et livraisons express
		644a	*Conducteurs de véhicule de ramassage des ordures ménagères*	N4105		Conduite et livraison par tournées sur courte distance
				M1603		Distribution de documents *
* (ROME M1603) Ce ROME, qui comprend également le métier de facteur, a été associé à la FAP J3Z42 pour lui faire correspondre la PCS 643a qui comporte les distributeurs de journaux, de prospectus.						
J3Z43	Conducteurs routiers	217b	*Artisans déménageurs, de 0 à 9 salariés*	N4101		Conduite de transport de marchandises sur longue distance
		218a	*Transporteurs indépendants routiers et fluviaux, de 0 à 9 salariés*			
		641a	*Conducteurs routiers et grands routiers (salariés)*			
J3Z44	Conducteurs sur rails et d'engins de traction	654a	*Conducteurs qualifiés d'engins de transport guidés*	N4301		Conduite sur rails
		651b	*Conducteurs d'engin lourd de manœuvre*	N4402		Exploitation et manœuvre des remontées mécaniques

Source : Extrait de la nomenclature FAP-2009.

Cet outil permet de développer les **cartographies des emplois** en vue d'identifier des passerelles métiers (voir gestion des carrières) ou d'effectuer des analyses RH plus fines (par exemple, pyramide des âges pour un métier). L'instrumentation développée par le Commissariat à l'énergie atomique et aux énergies alternatives (CEA) et, plus particulièrement, par la Direction de l'énergie nucléaire (DEN) illustre parfaitement cette démarche.

Exemple 7.7

Cartographie des emplois de la DEN (Commissariat à l'énergie atomique et aux énergies alternatives)

La « *chaîne de valeur* » de la DEN est structurée en « *missions* » (par exemple, gestion des réacteurs) et « *métiers* » (par exemple, caractérisation physique et chimique). Chaque métier peut être présent à différents niveaux de la chaîne de valeur.

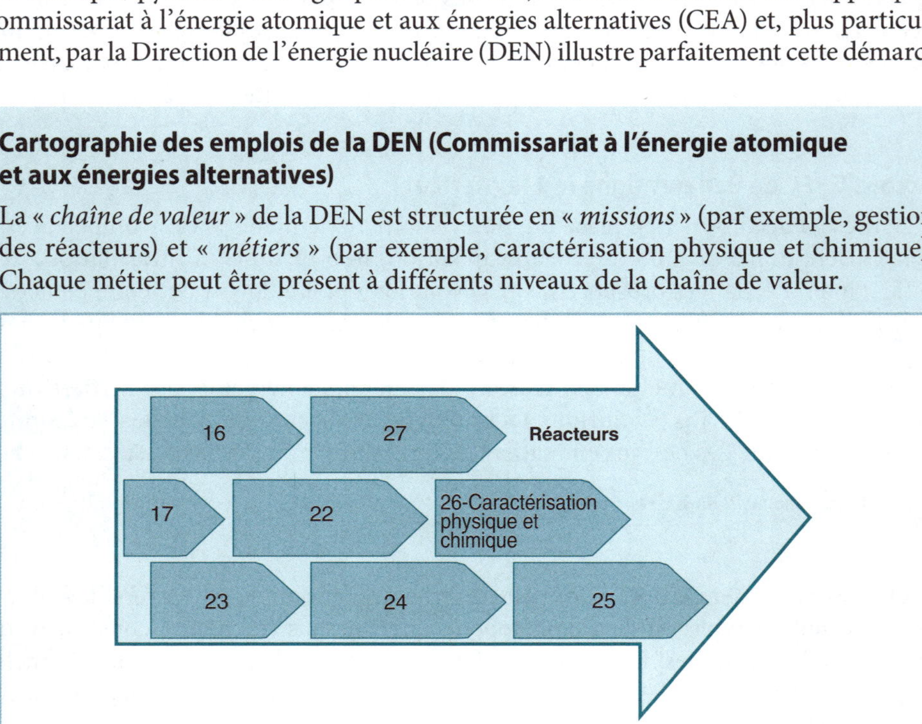

Exemple 7.7 (suite)

Chaque métier est décrit par une carte heuristique dont le détail des activités permet de passer d'une vision large (métier) à une vision plus fine (poste/missions).

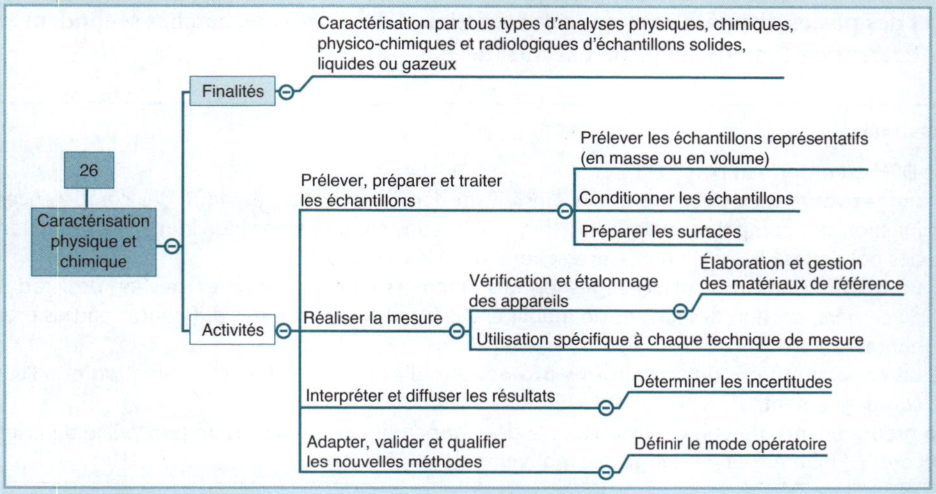

Chaque salarié occupe un poste (description et outils budgétaires). Ainsi, il est représenté à un endroit unique de la chaîne de valeur permettant l'analyse des effectifs par mission puis par métier. Une cartographie par anamorphose est développée. Les surfaces sont proportionnelles aux effectifs et reflètent la répartition entre trois directions. Le métier 26 comprend 45 salariés répartis dans deux directions.

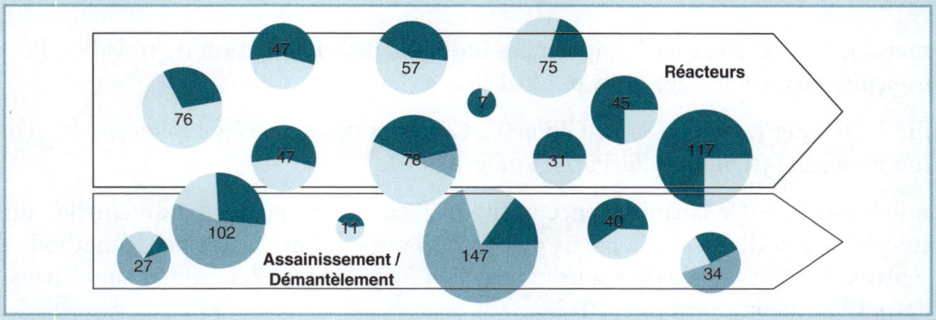

La population d'un métier peut faire l'objet d'analyses RH plus fines (voir pyramide des âges du métier 26).

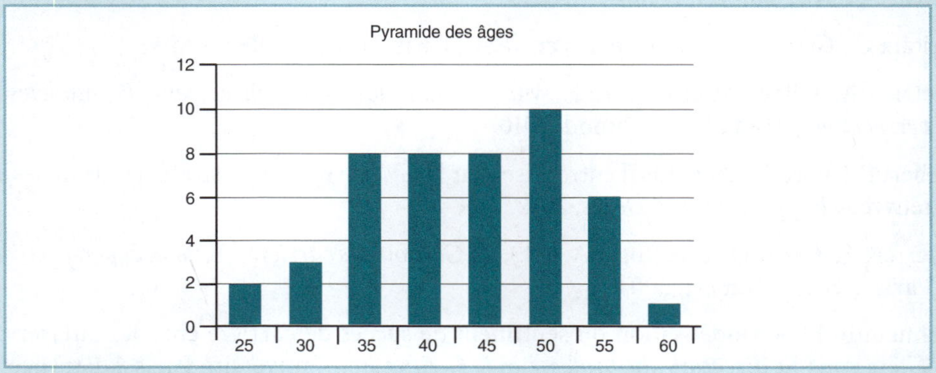

Source : GPEC du CEA/DEN.

Enfin, **le référentiel postes** permet d'obtenir une vision d'ensemble des postes (statut, positionnement, missions, tâches, responsabilités) et des compétences requises à son exécution. Les **bourses d'emplois** qui permettent à l'entreprise d'informer ses salariés au sujet des postes disponibles et des caractéristiques des profils recherchés se fondent sur ces référentiels (par affichage ou par intranet).

Résumé

Le DRH est désormais perçu comme :

- **un gestionnaire de compétences** s'inscrivant dans une gestion étendue des compétences (gestion des compétences individuelles, gestion des compétences individuelles en fonction des politiques RH ; gestion des interactions entre les niveaux) ;
- **un gestionnaire de carrières** (gestion des différents types de carrières, gestion des stades de carrière, gestion des formes de mobilité, gestion des carrières des différentes parties prenantes) ;
- **un cogestionnaire de trajectoires professionnelles** (outils d'aide à l'élaboration et à l'accompagnement).

La prédominance du volet individuel et le développement de la dimension territoriale dans les accords GPEC mettent en exergue ce mouvement.

Bibliographie

Amadieu J.-F. et Cadin L., *Compétence et organisation qualifiante*, Paris, Economica, 1996.

Bernaud J.-L., « Évaluer les compétences individuelles en situation de travail », *Revue française de gestion*, 126, 1999, p. 120-128.

Cadin L., Bender A.F. et de Saint-Giniez V., *Carrières nomades : les enseignements d'une comparaison internationale*, Paris, Vuibert, 2003.

Condomines B., « De la compétence individuelle à la performance individuelle : mise en évidence et discussion à partir de l'appréciation des managers par la méthode du centre d'évaluation », *Thèse sous la direction du professeur J.-F. Amadieu*, université Paris 1 Panthéon-Sorbonne, 2012.

Defélix C., Klarsfeld A. et Oiry E. (coord.), *Nouveaux Regards sur la gestion des compétences*, Paris, Vuibert, 2006.

Dejoux C., *Gestion des compétences et GPEC*, Paris, Dunod, 2013.

Dietrich A., Gilbert P. et Pigeyre F., *Management des compétences : enjeux, modèles et perspectives*, 3e éd., Paris, Dunod, 2010.

Gilbert P. (coord.), « Accords d'entreprises sur la GPEC : réalités et stratégies de mises en œuvre », *Rapport pour la Dares*, 2012.

Guerrero S., Cerdin J.-L. et Roger A. (éd.), *La Gestion des carrières. Enjeux et perspectives*, Paris, AGRH, Vuibert, 2004.

Hennequin E., « Modélisation du sentiment de succès de carrière chez les ouvriers », *Thèse sous la direction du professeur J.-F. Amadieu*, université Paris 1 Panthéon-Sorbonne, 2007.

Le Boterf G., *Construire les compétences individuelles et collectives*, 5e éd., Paris, Éditions d'Organisation, 2010.

Lévy-Leboyer C., *La Gestion des compétences : une démarche essentielle pour la compétitivité des entreprises*, 2e éd., Paris, Éditions d'Organisation, 2009.

McMahon M. et Patton W. (éd.), *Career Counselling: Constructivist Approaches*, Londres, UK, Routledge, 2006.

Nordhaug O., *Human Capital in Organizations*, Londres, Scandinavian University Press & Oxford University Press, 1993, 278 p.

Oiry E., « Qualification et compétence : deux sœurs jumelles ? », *Revue française de gestion*, 158, 2005, p. 13-34.

Zarifian P., *Le Modèle de la compétence : trajectoire, historique, enjeux actuels et propositions*, 2e éd., Rueil-Malmaison, Liaisons, 2004.

Activités

Questions

1. Listez les différentes méthodes de repérage des compétences.
2. Comparez les différentes formes de mobilité.
3. Recensez les facteurs qui peuvent être à l'origine de la mise en place d'une GPEC.

Étude de cas

Gérer les compétences et les carrières chez Diosma (cas réel, nom fictif)

L'entreprise Diosma est une entreprise spécialisée dans la distribution de produits d'horticulture ornementale (fleurs et feuillages coupés, plantes en pots et à massifs, bulbes), d'aménagement du jardin (mobilier, barbecues) et d'animalerie (nourriture, accessoires). L'actionnariat familial garantit une certaine stabilité et véhicule, au travers des différentes figures familiales, un attachement au territoire et à la création de nouvelles variétés (depuis l'exposition de 1878). Contrairement à son principal concurrent, Diosma délaisse donc l'« authenticité » pour l'innovation et la responsabilité vis-à-vis de ses parties prenantes que sont les clients, les salariés ou le territoire (RSE/DD). La qualité des produits et des conseils, comme la diversité et la profondeur de la gamme, est mise en exergue. Le chiffre d'affaires était de 430 millions d'euros en 2013 pour la France (209 millions en 1998). Il se répartit comme suit : 45 % végétal, 20 % aménagement, 22 % animalerie et 13 % décoration/loisirs créatifs. La surface de vente est de 390 000 m^2. La fréquentation des magasins est de 10 millions de clients par an. Le panier moyen est de 34,48 €. Concernant la clientèle, elle est majoritairement féminine (68 %).

Diosma emploie 2 759 collaborateurs ainsi qu'en moyenne 500 saisonniers à temps partiel. Le nombre de saisonniers s'explique, d'une part, par la saisonnalité du CA et, d'autre part, par les horaires de travail. Ainsi, l'évolution du chiffre d'affaires (TTC/mois) sur une moyenne de trois ans démontre un pic de saisonnalité en avril-mai-juin (25 % du CA annuel sur 25 jours) puis, dans une moindre mesure, en octobre et décembre. La majorité du chiffre d'affaires annuel est également réalisée le week-end (vendredi à dimanche). Nonobstant les problématiques relatives à l'emploi des saisonniers, que ce soit en termes de quantité (flux) ou de qualité (compétences), des difficultés sont également rencontrées pour le recrutement des collaborateurs non saisonniers. Des besoins en spécialistes ne sont pas pourvus sur 10 métiers pour cause de manque de compétences. En vue de répondre à ces problématiques, un institut spécialement créé permet à chaque collaborateur de développer ses compétences (présentiel, *e-learning*, certifications qualifiantes). 34 348 heures de formation ont été dispensées au cours de l'année $N-1$. Une attention particulière est également portée à la bonne intégration des nouveaux collaborateurs, afin de pérenniser les recrutements (accompagnement individualisé, modules d'*e-learning*). Dans une optique de motivation et de fidélisation des salariés, un bilan social individualisé est transmis à chaque salarié lors de l'entretien annuel (sommes perçues, avantages sociaux). La masse salariale est 15 % supérieure aux obligations de la convention collective. La promotion interne est également privilégiée (75 % de l'encadrement est issu de promotions internes). Concernant les caractéristiques sociodémographiques des collaborateurs, les équipes sont jeunes, ce qui constitue un conflit de génération avec la clientèle. Les salariés de plus de 50 ans représentent 10 % de l'effectif (une augmentation de 17 % par rapport à 2009).

Dans ce contexte, Diosma a besoin de votre expertise en gestion des compétences et des carrières. Les chiffres pour l'année en cours n'étant pas encore disponibles, la DRH vous demande de fonder votre réflexion sur l'année *N* – 1. Pour répondre à ces enjeux, Diosma table sur une évolution de 4 % de l'effectif (hors saisonniers) pour l'année prochaine.

Égalité femmes/hommes pour l'année N – 1

Sexe / Catégorie hiérarchique	CDI		CDD (dont apprentis)		Total
	F	H	F	H	
Cadres	63	167	1	2	233
Agents de maîtrise	186	221	0	1	408
Employés	1 037	665	289	127	2 118
Total	1 286	1 053	290	130	2 759

Suivi de l'effectif

Mouvements	*N* – 2	*N* – 1
Total embauches	**1 596**	**1 901**
Embauches CDI	341	247
Embauches CDD	1 255	1 654
Total départs	**320**	**292**
Démissions	230	195
Licenciements	90	97
Turnover (CDI temps complet)	10 %	10 %

Profil effectif selon l'âge

Âge	N – 2		N – 1	
Sexe			F	H
Moins de 25 ans	210	225	196	29
25 à 35 ans	1 445	1 471	946	525
36 à 50 ans	740	787	331	456
Plus de 50 ans	256	276	103	173
Total	**2 651**	**2 759**	**1 576**	**1 183**
Moyenne d'âge	**35 ans**	**35 ans**	–	–

Questions

1. D'après les éléments mentionnés, calculez l'effectif total dont l'entreprise aura besoin l'année prochaine, $N + 1$ (hors saisonniers). La DRH énonce qu'il y aura une répartition des effectifs par catégories conforme à $N - 1$.
2. En supposant que les taux d'embauche et de départ soient identiques à ceux observés en $N - 1$, chiffrez les différents mouvements dont les besoins en recrutement.
3. Dessinez la pyramide des âges en $N - 1$, puis expliquez ces impacts au niveau de la GRH en termes de compétences et de carrières.

Chapitre 8
Développer la formation

Antoine Pennaforte

Ce chapitre aborde les questions suivantes :

- À quoi sert la formation professionnelle tout au long de la vie ?
- Quels sont les enjeux organisationnels, individuels et managériaux de la formation ?
- Comment construire et mettre en place une politique et une stratégie de formation ?
- Quels sont le cadre légal et les mécanismes de financement de la formation (lois de 2009 et de 2014) ?
- Comment apprendre en formation et comment réaliser une formation ?
- Comment évaluer les bénéfices de la formation ?

Introduction

La formation professionnelle relève de la responsabilité de chaque individu. L'organisation lui donne les moyens de son développement. Tel demeure l'esprit de la formation professionnelle en France depuis les années 2000. Rendre les salariés acteurs de leur parcours professionnel, et donc de leurs formations, est un défi important dans le renversement des politiques de GRH, qui, d'un côté, poussent l'individu à initier son développement et, de l'autre, insèrent ce même individu dans des stratégies de formation visant la performance de l'organisation.

Afin de répondre à ce double enjeu, ce chapitre définit la formation professionnelle tout au long de la vie (section 1), présente les conditions de développement d'une politique de formation (section 2), la façon d'évaluer sa politique de formation (section 3) et enfin la manière de l'inscrire dans un cadre légal particulier et renouvelé (section 4).

1. Définition et objectifs de la formation professionnelle tout au long de la vie

Depuis son plus jeune âge, chaque individu est amené à se former et à se développer. De l'éducation première des parents à la clôture de ses études, l'individu apprend. Puis, lors de l'entrée dans l'organisation, le service formation prend en charge une partie de l'intégration de l'individu, préambule de ce qui se nomme depuis une trentaine d'années la formation professionnelle tout au long de la vie. La formation et l'idée de développement sont partout et renvoient à de nombreuses notions – financement, formateurs, organisations, lois, managers, GRH, conseil, apprentissage –, où les cadres organisationnels évoluent sous l'égide du législateur, dont la loi du 5 mars 2014 relative à la formation professionnelle, à l'emploi et à la démocratie sociale pose le dernier jalon d'un long processus historique initié en 1971.

Après les lois de 2004 et 2009 s'inscrivant dans la stratégie de Lisbonne (2000) visant à faire de l'Union européenne une économie de la connaissance, gage d'innovation et de compétitivité, la formation est renforcée par le législateur, en France, dans une idée de responsabilité individuelle d'un parcours de formation dont les organisations fournissent le cadre propice au développement. Au cœur des organisations, la fonction RH et les managers portent les dispositifs de leur création à leur évaluation, du diagnostic à la performance espérée.

Focus 8.1

Les principales dispositions de la loi relative à la formation professionnelle, à l'emploi et à la démocratie sociale du 5 mars 2014 (loi n° 2014-288) et les dates d'application

- **Compte personnel de formation.** Ouvert dès 16 ans, il suit l'individu pendant toute sa carrière, même au chômage ou après un changement d'emploi (1er janvier 2015).
- **Contrat de génération.** Suppression de l'accord préalable dans les entreprises de 50 à 300 salariés (5 mars 2014).
- **Réforme de l'apprentissage.** Possibilité de conclure des contrats d'apprentissage dans le cadre d'un CDI (5 mars 2014) et financements supplémentaires (1er janvier 2015).
- **Collecte unique des contributions formation** (1er janvier 2015).
- Évolution **des règles de représentativité** patronales (2017), syndicales (5 mars 2014).
- **Financement transparent** des organisations syndicales et patronales (1er janvier 2015).

1.1. Qu'est-ce que la formation ?

Avant d'expliciter le cadre de la formation, il est nécessaire de la définir en l'inscrivant dans une optique de développement de l'organisation visant à répondre à plusieurs questions :

- Comment inscrire une politique de formation dans une stratégie RH ?
- Comment faire de sa politique de formation un outil de développement des compétences ?
- Comment répondre au besoin d'adéquation individu/organisation ?
- Quels sont les rôles des managers et de la DRH dans l'évaluation de la performance associée à la formation ?

Ces grandes questions structurantes visent à positionner la formation dans une optique de développement, où la formation correspond à un outil stratégique visant à l'accroissement de la qualité et de la performance des organisations.

1.2. Les visées de la formation

La formation professionnelle mobilise de nombreux acteurs qui peuvent être regroupés en quatre grandes catégories aux visées différenciées :

- l'État, qui poursuit une visée sociale, avec des objectifs de facilitation de l'accès à l'emploi pour tous et pour des populations spécifiques (jeunes, seniors) en créant des dispositifs particuliers (alternance, entretien de seconde partie de carrière…) ;
- les **organisations**, qui recherchent une conformité légale, un retour sur investissement et une performance accrue ;
- les **individus**, qui visent l'atteinte de leurs objectifs professionnels, le développement de leurs compétences, dans une posture d'acteur de leur parcours ;
- les **spécialistes**, qui apportent leurs expertises sur les questions de financement de la formation, de développement de politiques de formation ou, encore, qui forment.

1.3. Le besoin de stratégie de formation

Pour répondre à ces objectifs différenciés, les organisations définissent des stratégies de formation répondant à leurs besoins, dans un équilibre à trouver entre les besoins de l'entreprise et ceux des individus. Deux stratégies se retrouvent majoritairement dans les entreprises, une vision **coût** et une vision **développement-investissement** associée à une stratégie RH claire. Quand la première suit une politique rationnelle d'optimisation des coûts, la seconde s'appuie sur un diagnostic méthodique dans des buts d'avantage concurrentiel, d'impact sur les performances individuelles et organisationnelles, d'utilisation de méthodes innovantes de formation et d'inscription du triptyque salarié – manager – DRH dans les différentes performances suivies.

2. Développer une politique de formation

Développer une politique de formation implique de nombreux acteurs (section 2.1). La connaissance des enjeux différents associés à la formation par les salariés, l'organisation et les managers dans un cadre de développement du capital humain est nécessaire (section 2.2). Le DRH doit également mener un diagnostic stratégique méthodologique (section 2.3) pour mettre en œuvre son processus de pilotage de la formation (section 2.4).

2.1. Les acteurs de la formation

La formation demeure un processus multiacteurs qui interagissent entre eux dans le sens du développement global des compétences attendues dans une organisation. À l'intérieur de l'entreprise, en fonction de sa taille, les personnes associées à la formation sont nombreuses :

- **La direction des ressources humaines.** Elle élabore la stratégie RH à suivre pour l'entreprise en lien avec la stratégie générale ; elle porte les dispositifs de développement des compétences (gestion prévisionnelle des emplois et des compétences, gestion des compétences, gestion des talents…) et évalue le processus de formation et ses acteurs.
- **La direction de la formation.** Dans les grandes entreprises, la direction de la formation définit la stratégie de formation en adéquation avec la stratégie de GRH et les

besoins opérationnels des managers et des individus ; elle pilote, anime et impulse les actions de formation et contrôle le plan de formation ; elle définit les stratégies relatives aux demandes individuelles de formation pour faciliter les décisions managériales ; elle est le relais avec les acteurs internes (IRP [instances représentatives du personnel], managers, centre de formation) et externes (OPCA, cercles, clubs, conseils, experts...).

- **Le responsable de formation.** Il élabore, pilote, anime et impulse le plan de formation et la politique de formation ; il choisit les prestataires et les modalités de diffusion de la formation ; il gère le budget afférent à la formation et demeure le relais avec les IRP de proximité, les managers, les collaborateurs et la DRH.
- **Le responsable ressources humaines.** En l'absence de responsable de formation, il met en œuvre ses missions.
- **Le responsable d'université d'entreprise.** Présent dans les rares organisations possédant une université interne, il dirige de manière opérationnelle, en responsable de *business unit*, l'outil de développement des compétences de son entreprise, en appliquant la stratégie définie par la DRH et la direction de la formation ; il manage ses équipes et demeure garant de la qualité formative des dispositifs proposés.
- **Le formateur interne.** Il anime les stages de formation, par l'expertise d'un métier ou par une expertise pédagogique ; il favorise la prise de parole des stagiaires et demeure garant des conditions pédagogiques optimales.
- **L'assistant de formation.** Il gère les aspects administratifs associés à la formation (attestation de présence, relations avec les organismes de gestion de la formation, relations avec les relais RH dans les réseaux internes) ; il accueille les stagiaires et veille aux conditions matérielles de formation.

Deux rôles sont à mettre particulièrement en avant au sein des organisations, afin de faire de la formation un levier de développement actif des compétences :

- **Le manager.** Coprescripteur des actions de formation, il participe au diagnostic des compétences de ses collaborateurs et cochoisit, avec ses équipes, la formation idoine pour l'accroissement des compétences ; il évalue, après la formation, la plus-value (ou son absence) dans le travail du collaborateur ; il peut également être amené à former lui-même ses équipes ou à proposer des modalités d'organisation du travail à visées formatives.
- **L'individu.** Il est acteur de sa formation, il se donne les moyens, du diagnostic du besoin à son évolution *postformation*, d'augmenter son stock de compétences et de viser une performance toujours supérieure ; il peut choisir sa formation ; il gère personnellement son parcours individuel de formation ; il négocie avec les acteurs internes ses besoins en formation longue ou ses stages.

Aux côtés de ces acteurs internes, la formation recouvre une multitude de parties prenantes, spécialisées tant dans la gestion des fonds de formation (Fongecif, OPCA, Agefos PME) que dans la diffusion des formations (Cnam, Afpa, cabinets de conseil) ou encore dans les réseaux de formation (prestataires d'outils de formation, CNFP, Garf).

Le rôle des instances représentatives du personnel

Les partenaires sociaux occupent une place fondamentale dans les dispositifs de formation, tant dans la négociation des ANI (accord national interprofessionnel) que dans l'application opérationnelle des politiques de formation au sein des organisations. Consultés à des étapes bien identifiées du processus de formation, ils émettent des avis et des propositions d'action particulières. Le CE formule, à son initiative, et examine, à la demande du chef d'entreprise, toute proposition de nature à améliorer les conditions de formation professionnelle des collaborateurs (voir plus haut le plan de formation).

Focus 8.2

La commission de la formation professionnelle et l'emploi

Obligatoire dans les entreprises employant au moins 200 salariés, la commission de la formation professionnelle et l'emploi prépare les délibérations du CE sur les questions relatives à la formation, l'expression des salariés, l'emploi des jeunes, les handicapés, elle étudie le rapport annuel sur la formation et peut procéder à des enquêtes ou sondages auprès des salariés. Elle est présidée par un élu du comité d'entreprise, titulaire ou suppléant, et est constituée de salariés élus du CE ou de salariés sans mandat.

2.2. Les enjeux de la formation

Les enjeux de formation sont segmentés en fonction de l'organisation, des individus et des managers, dans une stratégie globale de performance attendue par les employés.

Pour l'organisation

L'organisation recherche avant tout à optimiser les coûts associés à la formation, en raison de la manne financière très importante dévolue au développement de la formation en France (environ 10 milliards annuels). Les autres enjeux sont les suivants :

- **adaptation à la culture** organisationnelle, au poste, au rôle ;
- **adaptation au métier**, à la fonction, aux rôles et à leurs évolutions ;
- **accompagnement des changements** organisationnels, des projets ;
- **intégration** des nouveaux collaborateurs ;
- **accompagnement des mobilités** et des évolutions professionnelles ;
- **augmentation** de la qualité et de la performance ;
- **anticipation** des besoins en compétences.

Ces enjeux rejoignent les besoins individuels dans le souci, pour la DRH, de création d'une adéquation par le vecteur du management.

Pour l'individu

Au regard des enjeux organisationnels, les individus portent des besoins particuliers vis-à-vis de la formation, dont l'employabilité est, lors de chaque réforme de la formation professionnelle, positionnée comme centrale. Il s'agit pour l'individu d'adapter son portefeuille de compétences aux besoins de compétences attendues sur le marché du travail et de prouver par la formation que cette adaptation est actualisée. Se rattache à cette notion l'idée de développement sans fin pour s'adapter à un travail en changement permanent. Au-delà de cet enjeu d'employabilité, quatre grands besoins ressortent de la formation pour les individus :

- le **développement des compétences et des connaissances**, processus en œuvre pendant la formation, qui permet la prise de recul sur sa pratique, l'échange, la confrontation à d'autres manières de faire ;

- le **développement des comportements**, devant la complexité des compétences managériales requises, la gestion des comportements, des émotions, l'intelligence émotionnelle ;
- le **développement de son parcours professionnel**, avec des objectifs d'évolution professionnelle, de mobilité et d'augmentation salariale, par notamment le renforcement de ses qualifications avec des formations longues ;
- l'**intégration** dans une nouvelle organisation, dans un service, par le support du service formation ou des modalités formatives à visées intégratives (alternance, stage, contrats de génération...).

Pour le manager

Facilitateur de l'adéquation entre les besoins organisationnels et individuels en lien avec la formation, le manager fait face à de forts enjeux à travers la formation, dont le principal demeure l'accroissement de la performance de son service. À côté, le manager recherche également :

- à mesurer par des indicateurs fiables et valides le retour sur investissement des collaborateurs partis en formation ;
- à définir un projet de formation cohérent au regard des objectifs de services et personnels avec ses collaborateurs ;
- à former lui-même ses collaborateurs sur le terrain ;
- à promouvoir le développement des compétences de ses collaborateurs.

À travers ces enjeux, le manager doit se positionner comme un véritable acteur de la formation auprès de ses collaborateurs, sur un axe **diagnostic du besoin en compétence – choix de la formation** – évaluation **postformation**, afin d'inscrire la formation dans une véritable stratégie à la fois de développement de la performance organisationnelle mais également de développement des individus, en relation avec les stratégies définies par la DRH.

Les enjeux de capital humain

Avec la formation, les organisations inscrivent leur politique de GRH dans le souhait de développer leur capital humain, c'est-à-dire l'ensemble des compétences, talents, potentiels et capacités d'engagement déployés par les individus dans une organisation donnée (Becker, 1993). Les compétences des collaborateurs se définissent comme de réelles sources de valeur pour les organisations qui se doivent de les développer pour gagner en performance, en productivité et en innovation. Les organisations visent ainsi à conserver les salariés pour lesquels elles investissent en formation, afin d'obtenir un retour sur investissement conséquent, en fonction des caractéristiques de la personne recrutée.

2.3. Diagnostic stratégique pour une politique de formation

Piloter la formation dans une organisation requiert la mise en place d'une politique dédiée à la formation, en relation avec la stratégie de GRH et la stratégie globale de l'entreprise. Par déclinaison, toutes les composantes d'une même organisation appliquent à leur sphère de responsabilité la politique de formation définie par la DRH, en fonction des besoins stratégiques, d'une part, et des remontées du terrain, d'autre part. En interne, la politique de formation est donc à relier avec les stratégies de développement et de gestion des compétences ou encore des talents. En externe, elle vise une évolution qualitative du travail pour satisfaire aux exigences croissantes des clients ou des diverses parties prenantes avec lesquelles les organisations sont en interaction.

Segmentation ou universalisme de la formation

De manière générale, la formation tend à être dévolue aux individus les plus formés initialement, quand le besoin de compétences se perçoit à toutes les strates des organisations. Plus la qualification de base est élevée, plus l'accès à l'information sur la formation est facilitée et plus l'impératif de démontrer un accroissement régulier de compétences demeure grand. Cependant, l'employabilité est un enjeu pour tous, de l'opérateur au cadre, dont l'actualisation du stock personnel de compétences ne doit pas être segmentée sur cet enjeu premier mais sur les choix offerts en fonction des politiques et des catalogues de formations disponibles.

Choisir parmi la formation coût ou la formation-développement

Deux visions de la formation se dessinent[1]. D'un côté, une vision légale qui renvoie à l'obligation de cotisation et de dépense des budgets afférents à la formation. De l'autre, une vision stratégique qui s'inscrit dans le capital humain et le souhait du développement de l'excellence des organisations, de la compétitivité, de la satisfaction des clients, de l'innovation ou encore d'une grande marche anticipatrice du développement des compétences requises dans l'organisation.

Diagnostic pour la DRH

Alain Meignant (2009) propose une méthodologie en cinq points permettant de questionner habilement les objectifs attendus de la mise en place d'une politique de formation :

- **Quels sont les objectifs à atteindre en termes de performances individuelle et collective**, de projet d'entreprise (changement, évolution des métiers, de la structure des qualifications) ou encore de parcours professionnels (intégration, promotion, mobilité) ?
- **Quelles sont les priorités en termes d'objectifs et de populations** : perfectionnement individuel, d'un service, accompagnement des investissements, changement d'organisation, intégration, évolution de carrière ?
- **Qui sont les clients internes de la formation** : managers, collaborateurs non décisionnels, *top management* ?
- **Comment former et où former :** les ressources mobilisées en interne (moyens financiers, temps consacré à la gestion de la formation, formateurs, managers, e-formation, centre de formation interne), en externe (organisme de formation, de conseil, experts, écoles, universités, OPCA, associations professionnelles) ?
- **Quel budget consacrer à la formation** : évaluation du coût de financement, temps, coût de l'absence des stagiaires de leur lieu de travail ?

2.4. Processus de management de la formation

Dans une optique dynamique, la formation doit bénéficier d'un pilotage actif et d'une remise en cause permanente pour garantir le retour attendu en termes de performances. Un processus en quatre étapes peut être proposé, afin d'inscrire la formation dans une stratégie de gestion dynamique des compétences (voir tableau 8.1).

1. Cadin *et al.*, *GRH, pratiques et éléments de théorie*, Dunod, 2013.

Tableau 8.1 – Processus de formation

	Étapes	Acteurs
1	Diagnostic de l'écart de compétences	Manager – individu
2	Choix et action de formation	Individu – manager – service formation
3	Évaluation sur le terrain	Individu – manager – DRH
4	Évaluation sur la performance	Manager – DRH

Niveaux et principes de formation

Deux niveaux de formation visent le développement des compétences : le niveau individuel et le niveau collectif. Les formations de **niveau individuel** regroupent les formations pédagogiques (connaissance de domaines, connaissances générales), les formations sur l'organisation du travail (réglage de machine), les formations sur la mobilité ou encore sur l'accompagnement des expatriés. Les formations de **niveau collectif** rassemblent les formations de type résolution de problème (rampe d'accès pour personne à mobilité réduite, bogue informatique), de type retour d'expérience (gestion des conflits) ou encore de type simulation (incendie, risques environnementaux…).

Le choix de ces niveaux effectués (ceux-ci peuvent être cumulés), deux grands principes organisationnels gouvernent les objectifs de formation associés aux politiques RH et aux enjeux managériaux : les actions de développement des compétences **au regard des compétences acquises** et celles **au regard des compétences requises**. Dans une logique d'escalier, la formation s'effectue au regard des compétences acquises, par l'accumulation successive d'un stock de compétences chaque année plus élevé, sans objectif stratégique ou inscription dans une politique de GRH. À côté, dans une logique politico-stratégique, la formation s'effectue au regard des compétences requises, selon un référentiel optimal à atteindre (perfectionnement, insertion, changement de métiers, conformité à la norme), soutenu quelquefois par une démarche de GPEC[2] ou de GDC[3].

Enfin, un troisième principe, **individuel**, centré sur l'expression des attentes, permet de connaître les besoins en formation des collaborateurs et d'utiliser les leviers définis à cet effet. Ici, les entretiens professionnels, les entretiens annuels, les questionnaires d'attentes sont utilisés pour connaître les attentes précises des salariés en termes de formation.

Les points de vigilance associés à la formation

La mise en place d'un processus de formation sous-tend des conditions bien particulières, toujours impactées par les éléments contingents, qui nécessitent une vigilance accrue sur des problèmes récurrents (voir tableau 8.2).

Tableau 8.2 – Limites associées au processus de formation

	Étapes	Limites
1	Diagnostic de l'écart de compétences	Absence de diagnostic par le manager Absence d'informations sur les possibilités de formation Salarié rétif à l'idée de formation ou timide Rigidité du plan de formation

2. GPEC signifie « gestion prévisionnelle des emplois et des compétences » (voir chapitre 5, « Diriger les RH dans une perspective stratégique » et chapitre 7, « Gérer les compétences et les carrières »).
3. GDC signifie « gestion des compétences » (voir chapitre 7, « Gérer les compétences et les carrières »).

Étapes	Limites
2 Choix et action de formation	Obligation non comprise d'une formation Hétérogénéité du groupe Pas de lien avec la compétence Pédagogie inadaptée
3 Évaluation sur le terrain	Absence d'évaluation par le manager
4 Évaluation sur la performance	Absence d'évaluation par la DRH Répétition du plan de formation

Comment apprendre en formation ?

Définir une stratégie de formation et impliquer le management dans sa mise en place demeurent des conditions nécessaires mais non suffisantes à la réalisation de l'objectif de développement porté par la formation professionnelle. Apprendre en formation relève d'un challenge permanent qui nécessite la participation active du stagiaire, du manager, du formateur et de la DRH. En effet, l'interrogation des stagiaires à l'issue des formations fait difficilement ressortir de réelles compétences nouvelles développées ou un apprentissage efficace renforçant l'efficience sur le lieu de travail. Un élément ressort cependant toujours de toute formation placée sous l'égide du collectif, le renforcement de son réseau professionnel, objectif implicite mais dont les conséquences sont positives pour les organisations. La rencontre avec d'autres collègues, d'autres stagiaires confrontés à des problèmes similaires ou proches, recherchant des besoins humains particuliers, participe d'un transfert de connaissances, d'une intelligence collective et d'une circulation d'informations au sein des organisations dans des contextes propices aux échanges.

Quelles sont les conditions d'une formation réussie ?

L'apprentissage, au sens du développement réel de compétences, en formation repose sur plusieurs conditions cumulatives :

- volontariat ou imposition de la formation ;
- implication du manager dans l'évaluation *ante* et *post* formation ;
- conditions matérielles de la formation : accueil, repas, pauses, visites ;
- modalités pédagogiques : actions, exposés, jeux, réflexivité… ;
- qualité du formateur ;
- hétérogénéité ou homogénéité du groupe de formation ;
- temporalité et rythme de la formation ;
- rôle actif du stagiaire.

Ces conditions ne sont pas difficiles à mettre en œuvre pour les professionnels de la formation, mais relèvent d'une complexité organisationnelle pour les managers, notamment sur la question du temps.

Quelles méthodes de formation choisir ?

Les méthodes de formation sont légion et sont sans cesse à la recherche d'un renouvellement qui permettra demain de répondre au besoin d'optimisation des dispositifs de formation. Actuellement, les dispositifs de e-learning, de Mooc (Massive Open Online Course), de digitalisation de la formation, de pédagogie par le jeu sont en vogue, dans le sens de l'individu perçu comme acteur responsable du développement de ses compétences. D'autres méthodes, plus traditionnelles, demeurent toujours fortement utilisées :

- **Méthodes expositives.** Transmission de connaissance, en salle de cours.
- **Tutorat.** Institutionnalisé à travers les formations en alternance, il est également utilisé lors des stages ou de l'intégration de nouveaux collaborateurs pour les formations de types informel.
- **Méthodes réflexives.** Retour sur soi, retour d'expériences, coaching.
- **Formations par l'action.** Jeux de rôle, études de cas…
- **Méthodes par projet.**

Ce panel de méthodes offre au service formation la possibilité de faire vivre les dispositifs de formation et de favoriser l'attrait des managers et des individus pour le développement des compétences.

3. Évaluer sa politique de formation

3.1. Les problèmes de l'évaluation

Afin de sortir d'une certaine vision de la formation, considérant ce levier RH comme un dispositif dévoyé, qui sert uniquement à répondre à une obligation légale, il est nécessaire d'évaluer la formation sur plusieurs niveaux en proposant des indicateurs valides et opérationnels, exercice complexe à réaliser. En effet, évaluer des compétences très techniques demeure aisé par la mise en place de dispositifs avant-après cadrés par des indicateurs factuels et descriptifs, quand l'évaluation des compétences comportementales pose problème. Comment évaluer les fruits immédiats d'une formation à la gestion des émotions, qui se centre sur l'humain ? Le temps est ici primordial, mais entre en tension avec le besoin d'une évaluation immédiate des bénéfices postformation. Sont considérés :

- les temps de répétition des acquis du stage pour que la compétence s'ancre profondément en contexte ;
- les temps d'évaluation par le manager, à chaud puis à froid.

Ces temps sont difficilement générateurs de performance, et les évaluations comportementales se heurtent à la question de la subjectivité, qui nécessite de croiser les évaluations, de les répéter pour que l'individu monte en gamme dans sa performance attendue. Pour renforcer l'évaluation, il est possible d'interroger le stagiaire sur les acquis postformation, le manager direct, les collègues ou encore de demander à un tiers d'auditer les conséquences opérationnelles de la formation.

3.2. Comment évaluer ? Cinq niveaux d'évaluation

Évaluer la formation demeure donc un exercice difficile, comme l'exprime la multitude d'outils cherchant à en mesurer les effets. Kirkpatrick, en 1975, propose un modèle à quatre niveaux d'évaluation, complété par Meignant (2009) en cinq niveaux, qui demeure le modèle de référence d'évaluation des conséquences de la formation sur les individus et l'organisation.

- **Niveau d'évaluation de la satisfaction à chaud.** Évaluation portant sur l'appréciation globale du stage, de l'adéquation de la formation aux besoins et aux attentes individuels, de la qualité des contenus, des méthodes pédagogiques, de la documentation requise, de la prestation du formateur, des conditions matérielles, des suggestions d'amélioration, selon une échelle de rapport.

- **Niveau d'évaluation pédagogique.** Évaluation des connaissances, savoir-faire, comportements acquis par des examens, des autocontrôles, des tests, des quizz.
- **Niveau d'évaluation des compétences en situation de travail.** Mises en situation, analyse sur poste, questionnaire différé, coévaluation individu et manager.
- **Niveau d'évaluation des effets de la formation sur la performance.** À court terme (coût, accroissement de la productivité, de la qualité, de la satisfaction client, des délais…) et à long terme (gestion des risques, résultats d'équipe, changement…).
- **Niveau d'évaluation du processus de formation.** Les acteurs, le pilotage, les modalités, les choix, le ROI.

Ces cinq niveaux sont à associer afin de tenter de mesurer tous les effets de la formation sur l'individu, l'organisation, le manager et le dispositif encadré et piloté par la DRH.

Dans tous les modèles de formation existants, il est important de distinguer l'évaluation du processus de formation de l'évaluation de ses résultats, et de bien contrôler les variables de contingences afférentes à tout dispositif RH. Enfin, les modèles qui privilégient une démarche d'évaluation avant-après avec le concours du manager demeurent les plus à même d'appréhender les réels effets de la formation sur la performance de l'organisation et des individus.

Focus 8.3

Les visées lointaines et idéales de la formation pour le management

La formation vise des enjeux « idéaux » pour les managers et les DRH, perceptibles dans les notions de « compétences collectives », d'« organisation apprenante », ou encore de « *knowledge management* ». Ces concepts, qui reposent sur l'idée d'une répétition vertueuse des connaissances et des compétences « relationnelles » réussissant à créer de l'intelligence organisationnelle transférable, sont très difficilement opérationnalisables et très peu perceptibles dans le réel des organisations. Néanmoins, ils tirent vers le haut les impératifs de plus-value concurrentielle des entreprises, par le souhait d'une réussite répétée de modalités managériales, qui provoquerait une performance accrue.

4. Inscrire sa politique de formation dans le cadre légal

4.1. Mise en perspective historique

Depuis la **loi du 16 juillet 1971 portant organisation de la formation professionnelle continue dans le cadre de l'éducation permanente**, qui fonde l'obligation nationale de la formation professionnelle (les entreprises doivent investir 0,8 % de la masse salariale au titre de la formation), et qui pose les grands principes de la formation en France (protection sociale des stagiaires, consultation du CE, rémunération), les lois sur la formation professionnelle jalonnent le paysage français. Un long et progressif passage des organisations aux individus s'est opéré dans la responsabilité du parcours professionnel.

Les années 1980 voient la formation prendre un axe de support aux actions contre le chômage des jeunes (création des contrats de qualification et d'orientation le 25 avril 1983) et constituer les prémices d'une politique de formation négociée entre l'employeur et les partenaires sociaux (loi Rigout du 24 février 1984 portant obligation de négociation biannuelle entre l'employeur et le CE sur les questions de formation professionnelle).

La **loi du 31 décembre 1991 relative à la formation professionnelle et à l'emploi** ouvre les années 1990 à la formation par l'accroissement des moyens financiers consacrés par les entreprises à la formation continue. Elle instaure l'obligation quinquennale de négocier au niveau de la branche les objectifs de la formation et crée le bilan de compétences. La loi ouvre également la formation aux salariés des TPE (moins de 10 collaborateurs) et simplifie les règles du CIF pour les CDD.

À l'aube des années 2000, la notion de professionnalisation s'ancre dans la formation, initiant le glissement de la responsabilité organisationnelle à la responsabilité individuelle du développement de son parcours de formation, par l'idée de droit à la professionnalisation, à l'initiative du salarié. La **loi de modernisation sociale du 17 janvier 2002** crée la VAE. L'ANI (accord national interprofessionnel) du 20 septembre 2003, repris par la **loi du 4 mai 2004 relative à la formation professionnelle tout au long de la vie et au dialogue social**, redonne à la formation des objectifs de promotion sociale sur le long terme. Elle positionne clairement l'individu en tant qu'acteur du développement de sa formation et de sa carrière, afin de se maintenir dans l'emploi tout au long de sa vie. La loi crée le droit individuel à la formation (DIF), augmente l'obligation de financement des entreprises de 1,5 % à 1,6 % de la masse salariale pour les entreprises de plus de 10 salariés.

Enfin, issue de l'ANI du 7 janvier 2008, qui arrive après les tensions associées au CPE en 2006 (depuis lors, les lois portant sur le travail, l'emploi et la formation sont précédées d'une négociation sociale), la **loi du 24 novembre 2009 relative à la l'orientation et à la formation professionnelle tout au long de la vie** renforce le droit à la professionnalisation :

- Elle impose « l'obligation pour chaque individu de progresser d'au moins un niveau de qualification au cours de sa vie professionnelle ».
- Elle « vise à permettre à chacun, indépendamment de son statut, d'acquérir et d'actualiser des connaissances et des compétences favorisant son évolution professionnelle ».
- Elle renforce, pour les individus, le rôle d'acteur de son parcours et de sa formation.
- Elle réduit à deux le nombre de catégories du plan de formation.
- Elle instaure la portabilité du DIF, permet le CIF hors temps de travail, remplace le Fonds unique de péréquation par le Fonds paritaire de sécurisation des parcours professionnels, la préparation opérationnelle à l'emploi.
- Elle renforce les enjeux des contrats d'alternance et initie une simplification des mécanismes de financement de la formation avec les OPCA.

Le dernier ANI, en date du 14 décembre 2013, continue dans cette veine du glissement de responsabilité et propose de nouvelles modalités pour la formation, qui renforcent l'individualisation de la responsabilité de formation et positionnent les temps de formation dévolus aux salariés sur un critère de négociation collective.

4.2. Les dispositifs de formation en vigueur au 4 mars 2014 (et jusqu'au 1er janvier 2015)

La formation professionnelle comprend un grand nombre de dispositifs encadrés par quelques grands principes. D'une part, quelles que soient la forme ou la durée de son contrat de travail, le salarié peut se former en tout ou partie pendant le travail. D'autre part, sa rémunération, sa protection sociale, ses obligations à l'égard de l'employeur, son mode de prise en charge des coûts de la formation dépendent du cadre juridique dans lequel il se trouve (plan de formation, CIF, DIF, VAE…).

La formation est diffusée selon la terminologie d'« action de formation », dont la liste est définie par l'article L. 6313-1 du Code du travail. Les principales sont les suivantes :

- actions de préformation et de préparation à la vie professionnelle ;
- actions d'adaptation et de développement des compétences des salariés ;
- actions de promotion professionnelle, de prévention des risques, de conversion professionnelle ;
- actions d'acquisition, d'entretien ou de perfectionnement des connaissances ;
- actions permettant de réaliser un bilan de compétences ;
- actions permettant aux travailleurs de faire valider les acquis de leurs expériences ;
- actions d'accompagnement, d'information et de conseil dispensées aux créateurs ou repreneurs d'entreprises artisanales, commerciales ou libérales, exerçant ou non une activité.

La mise en place de ces actions nécessite de nombreux dispositifs :

- dispositif piloté par l'entreprise : le plan de formation ;
- dispositifs à l'initiative du salarié (hors dérogations) : CIF, DIF, bilan de compétences, VAE, congés d'enseignement et de recherche, congé pour examen, congé de formation professionnelle ;
- dispositifs de formation-emploi : contrats d'alternance, contrats d'avenir, période de professionnalisation.

Dispositif piloté par l'entreprise : le plan de formation

Le plan de formation rassemble toutes les actions de formation définies dans le cadre de la politique de gestion du personnel de l'entreprise et peut inclure des actions aux titres du bilan de compétences, de la VAE ou de la lutte contre l'illettrisme. Il est élaboré sous la responsabilité de l'employeur après consultation des représentants du personnel. Les actions de formation au titre du plan sont assimilées à l'exécution normale du contrat de travail.

Rôle des instances représentatives du personnel

Chaque année, au cours de deux réunions spécifiques, le CE (à défaut, les DP) émet un avis sur l'exécution du plan de formation des salariés de l'entreprise sur l'année précédente et sur le projet pour l'année future. Le projet de plan de formation tient compte des orientations de la formation professionnelle dans l'entreprise dont le comité d'entreprise a eu à délibérer, des grandes orientations à trois ans de la formation professionnelle dans l'entreprise et des objectifs du plan de formation arrêtés, le cas échéant, à la suite de négociations (articles L. 2242-15 et L. 2241-6 du Code du travail) ou dans le cadre du plan pour l'égalité professionnelle (article L. 1143-1 du Code du travail).

Trois semaines au minimum avant la date prévue pour les réunions dédiées au plan, l'employeur communique aux membres du CE (ou DP) les documents dont la liste est définie par l'article D. 2323-5 du Code du travail. Ces documents sont adressés aux délégués syndicaux et, le cas échéant, aux membres de la commission formation. La consultation du CE est réalisée au cours de deux réunions :

- La première porte sur la présentation et la discussion des documents prévus aux points 1 à 7 de l'article D. 2323-5 du Code du travail ; elle doit intervenir avant le 1er octobre de l'année en cours.
- La seconde est relative au plan de formation, aux conditions de mise en œuvre du DIF, des périodes et des contrats de professionnalisation pour l'année à venir. Les représentants du personnel peuvent faire des propositions pour modifier ou améliorer le plan ; elle doit intervenir avant le 31 décembre de l'année en cours.

Les actions de formation

Le plan de formation comprend deux types d'actions :

- actions visant à assurer l'adaptation du salarié au poste de travail ou liées à l'évolution ou au maintien dans l'emploi dans l'entreprise ;
- actions ayant pour objet le développement des compétences des salariés.

La formation a lieu en principe durant le temps de travail. Les actions de développement des compétences peuvent, sous réserve d'un accord écrit entre le salarié et l'employeur, se dérouler hors du temps de travail dans la limite de 80 heures par an. Le salarié peut demander à suivre une formation prévue dans le plan de formation de l'entreprise. Aucune procédure n'est imposée. Si l'employeur accepte, le départ en formation du salarié est assimilé à l'exécution normale du contrat de travail et ne peut être requalifiée en CIF. Mais le salarié ne peut refuser de suivre une formation dans le cadre du plan. La demande de l'employeur relève de son pouvoir de direction, sauf exceptions (bilan de compétences, formations très longues ou éloignées géographiquement, HTT, VAE). Après la formation, le salarié réintègre son poste de travail, ou un poste équivalent à rémunération et qualification égales. L'employeur n'a pas l'obligation de reconnaître les compétences acquises au cours de la formation, sauf en cas d'engagement ou encore en raison de dispositions spécifiques prévues dans la convention collective applicable au sein de l'entreprise.

Dispositifs à l'initiative du salarié (hors dérogations)

Le droit individuel à la formation (DIF)

Le droit individuel à la formation permet à tout salarié de se constituer un crédit d'heures de formation de 20 heures par an (sauf dispositions conventionnelles plus favorables), cumulable sur six ans, dans la limite de 120 heures. À compter du 1er janvier 2015, le compte personnel de formation se substituera au DIF, avec la possibilité de mobiliser pendant six ans les heures non consommées au titre du DIF dans le cadre du compte. Le salarié est à l'initiative de la demande soumise à l'accord de l'employeur sur le choix de l'action de formation. L'employeur a obligation d'informer chaque salarié, par écrit et annuellement, du total des droits acquis au titre du DIF. Il peut refuser autant de fois qu'il le souhaite. Si le désaccord persiste deux années successives, le salarié peut déposer sa demande dans le cadre du CIF. Elle a lieu hors du temps de travail, sauf disposition conventionnelle contraire, et demeure prise en charge par l'employeur selon des modalités particulières. Il s'agit d'un droit reconnu au salarié, qui est libre ou non de l'utiliser.

Aucune compensation financière ne peut être demandée au titre des heures acquises non utilisées.

Peuvent bénéficier du DIF les salariés en CDI avec au moins un an d'ancienneté dans l'entreprise. Ce droit est ouvert à temps complet ou partiel (calculé ici au prorata de la durée de travail). Pour le calcul des droits ouverts, la période d'absence du salarié pour un congé de maternité, d'adoption, de présence parentale ou encore pour un congé parental d'éducation est prise en compte. Pour les salariés en CDD, il est nécessaire d'avoir travaillé au moins quatre mois (consécutifs ou non) en CDD, dans les 12 derniers mois. Les frais de formation, de transport et d'hébergement ainsi que l'allocation de formation sont pris en charge par l'organisme paritaire agréé. Les contrats d'apprentissage et de professionnalisation sont exclus du DIF. Les modalités d'accès pour les fonctionnaires sont précisées par le décret n° 2007-1470 du 15 octobre 2007.

Les frais de formation, ainsi que l'allocation de formation, sont à la charge de l'employeur, qui peut les imputer sur sa participation au développement de la formation continue.

Le congé individuel de formation (CIF)

Le congé individuel de formation est un dispositif à destination des salariés, défini comme un droit d'absence, accordé sous certaines conditions, permettant au salarié de suivre l'action de formation de son choix à son initiative et à titre individuel, et indépendamment de son éventuelle participation à des stages inclus dans le plan de formation de l'entreprise qui l'emploie. L'action de formation s'accomplit en tout ou en partie pendant le temps de travail. Certaines actions peuvent se dérouler entièrement en dehors du temps de travail. Le temps passé en CIF est assimilé à du temps de travail. Les congés et les primes sont donc dus en totalité et le stagiaire continue à bénéficier de toutes les prestations de la Sécurité sociale. Le salarié qui souhaite bénéficier d'un CIF doit en faire la demande auprès de son employeur et également auprès de l'organisme financeur s'il souhaite conserver une rémunération. L'employeur bénéficie de 30 jours pour donner une réponse. Il peut reporter ou refuser le congé, dans des conditions qui varient selon la taille de l'établissement.

Le CIF vise à permettre au salarié d'accéder à un niveau supérieur de qualification, de changer d'activité ou de profession, de perfectionner des connaissances dans le domaine culturel ou social, de se préparer à l'exercice de responsabilités associatives bénévoles ou encore de préparer et passer un examen pour l'obtention d'un titre ou d'un diplôme enregistré au RNCP.

Le candidat au CIF doit justifier d'une activité salariée de 24 mois (36 mois pour les entreprises artisanales de moins de 10 salariés), consécutifs ou non, quelle que soit la nature des contrats de travail successifs, dont 12 mois dans l'entreprise. Pour bénéficier d'une action de formation se déroulant entièrement en dehors du temps de travail, la condition d'ancienneté est fixée à 12 mois dans l'entreprise. En revanche, cette condition d'ancienneté n'est pas exigée pour les personnes qui ont changé d'emploi à la suite d'un licenciement économique, et si aucune action de formation n'a été suivie entre le licenciement et le nouvel emploi. Il n'est pas possible d'enchaîner deux CIF. Un délai minimum entre deux stages est imposé, dont la durée varie en fonction du stage précédemment suivi.

Plusieurs types de formations sont éligibles au CIF, sans obligation d'un rapport immédiat avec l'activité du salarié ou celle de l'entreprise, notamment :

- stage d'acquisition, d'entretien et de perfectionnement des connaissances ;
- stage de promotion permettant d'acquérir une qualification plus élevée ;
- stage de prévention pour réduire les risques d'inadaptation de la qualification à l'évolution des techniques ;
- bilan de compétences.

Pendant le CIF, le salarié bénéficie d'une rémunération si l'organisme compétent accepte de prendre en charge son CIF. La rémunération varie en fonction de la rémunération de base de l'individu, mesurée en fonction du SMIC. Le stagiaire est rémunéré pendant toute la durée du stage si celui-ci ne dépasse pas un an à temps plein ou 1 200 heures à temps partiel. Les frais de stage (inscription, hébergement, transport) peuvent être pris en charge, en totalité ou en partie, par l'employeur ou par l'organisme collecteur.

Pour les demandeurs d'emploi, le CIF-CDD permet d'accéder, sous certaines conditions, au CIF, en se rapprochant de Pôle Emploi[4].

Le bilan de compétences

Le bilan de compétences permet à un salarié de faire le point sur ses compétences, aptitudes et motivations et de définir un projet professionnel ou de formation. Réalisé par un prestataire extérieur à l'entreprise, selon des étapes bien précises, le bilan de compétences peut être décidé par l'employeur (inscrit dans le plan de formation) ou mis en œuvre à l'initiative du salarié (congé de bilan de compétences). Il donne lieu à la rédaction d'un document de synthèse en vue de définir ou de confirmer un projet professionnel. La liste des centres de bilans de compétences et des organismes agréés au titre du CIF est disponible à la Direccte ou auprès de Pôle Emploi.

Le bilan de compétences permet, pour chaque individu, d'analyser ses aptitudes, ses compétences personnelles et professionnelles, ses motivations, d'organiser ses priorités professionnelles ou encore d'utiliser ses atouts comme instrument de négociation pour un emploi, une formation ou en termes de choix de carrière. Pour l'entreprise, il est l'occasion de mieux organiser la GPEC et de favoriser la gestion des carrières et la mobilité professionnelle.

Pour bénéficier du congé de bilan de compétences, le salarié doit justifier d'au moins cinq années d'activité salariée, dont 12 mois dans l'entreprise, et demander une autorisation d'absence. Si l'employé reste dans la même entreprise, un délai de franchise de cinq années est institué. Le salarié peut présenter une demande de prise en charge des dépenses à l'organisme collecteur qui peut accepter ou refuser. Dans le cadre du plan de formation de l'entreprise, le bilan ne peut être réalisé qu'avec le consentement du salarié, après signature d'une convention tripartite entre l'employeur, le salarié et le prestataire.

La démarche dure au maximum 24 heures et comprend trois phases :

- **Préliminaire.** Confirmation de l'engagement de l'individu dans sa démarche ; définition et analyse de la nature de ses besoins ; information des conditions de déroulement du bilan.
- **Investigation.** Analyse des motivations, et intérêts professionnels et personnels de l'individu ; identification des compétences, aptitudes professionnelles et personnelles

4. Voir http://www.pole-emploi.fr

et évaluation des connaissances générales ; détermination des possibilités d'évolution professionnelle.

- **Conclusion.** Prise de connaissance des résultats détaillés ; recensement des facteurs susceptibles de favoriser ou non la réalisation d'un projet professionnel ou de formation ; prévision des principales étapes de la mise en œuvre du projet.

Les salariés en CDD ont la possibilité d'effectuer un bilan de compétences sous réserve de justifier d'une ancienneté de 24 mois, consécutifs ou non, en qualité de salarié, au cours des cinq dernières années, dont quatre mois, consécutifs ou non, sous contrat de travail à durée déterminée, au cours des 12 derniers mois. Les modalités d'accès pour les fonctionnaires sont précisées par le décret n° 2007-1470 du 15 octobre 2007.

La validation des acquis de l'expérience (VAE)

La validation des acquis de l'expérience permet de faire reconnaître son expérience professionnelle, ou liée à l'exercice de responsabilités syndicales, afin d'obtenir un diplôme, un titre ou un certificat de qualification professionnelle inscrit au RNCP (répertoire national des certifications professionnelles). Il s'agit d'un droit ouvert à tous (salariés en CDI ou CDD, non-salariés, demandeurs d'emplois, bénévoles, agents publics, syndicats) sous condition de justifier de trois années d'expérience professionnelle, continues ou discontinues, en rapport avec le contenu de la certification. Les périodes de formation initiale ou continue, les stages et les périodes de formation en milieu professionnel accomplis pour l'obtention d'un diplôme ou d'un titre n'entrent pas en compte dans le calcul de la durée d'expérience requise. En entreprise, la VAE peut être organisée dans le cadre du plan de formation ou du congé pour la validation des acquis de l'expérience (24 heures, à l'initiative du salarié, soumis à accord de l'employeur). Pour les salariés en CDD, le congé de VAE est accessible sous réserve de justifier d'une ancienneté de 24 mois (consécutifs ou non) en qualité de salarié, au cours des cinq dernières années, dont quatre mois (consécutifs ou non) en CDD, au cours des 12 derniers mois. Ils perçoivent une rémunération calculée selon les règles prévues pour le CIF-CDD.

Le processus de VAE suit la démarche suivante :

- évaluation de la validité de la demande : avant d'entreprendre une VAE, il est fondamental de bien préciser son projet professionnel et de choisir la certification la plus adaptée pour minimiser le taux d'échecs, notamment à l'aide de conseillers[5] ;
- accompagnement pour aider le candidat à constituer des preuves ;
- constitution d'un dossier par le candidat, qui retrace son expérience ;
- réunion d'un jury avec entretien éventuel pour validation totale, partielle ou refus de validation.

Le congé d'enseignement ou de recherche

Le congé d'enseignement ou de recherche permet à un salarié de s'absenter pour dispenser un enseignement technologique ou professionnel en formation initiale ou continue. Il peut également être utilisé pour se consacrer à une activité de recherche et d'innovation dans un établissement public de recherche, une entreprise publique ou privée. Le congé est ouvert aux salariés sous conditions prévues par la loi. Ce congé est accessible après un an d'ancienneté dans une entreprise et demeure soumis à accord de l'employeur. Il dure au maximum une année. Ce congé à temps plein entraîne la suspension du contrat de

---

5. Voir http://www.vae.gouv.fr

travail. L'employeur n'est pas tenu de rémunérer le salarié pendant le congé, sauf disposition conventionnelle contraire.

Le congé pour examen

Il s'agit d'une autorisation d'absence pour préparer et passer un ou plusieurs examens en vue d'acquérir un titre ou un diplôme enregistré au RNCP. Ce congé s'adresse aux salariés qui justifient d'une ancienneté de 24 mois, consécutifs ou non (ou 36 mois pour les entreprises artisanales de moins de 10 salariés), en qualité de salarié, dont 12 mois dans l'entreprise, ainsi qu'aux salariés, quelle que soit leur ancienneté, qui ont changé d'emploi à la suite d'un licenciement économique et qui n'ont pas suivi de stage pendant leur période de chômage. Ce congé est soumis à accord de l'employeur. Sa durée comprend la durée de l'examen, majorée d'une durée maximale de 24 heures de travail par année préparée. Le contrat de travail et la rémunération ne sont pas suspendus.

Le congé de formation professionnelle (CFP)

Ouvert à l'ensemble des agents, titulaires ou non, des trois fonctions publiques, il permet de parfaire sa formation personnelle par le biais de stages de formation à caractères professionnels ou personnels qui ne sont pas proposés par l'administration, en vue de la préparation aux concours administratifs. Ce congé ne peut excéder trois années pour l'ensemble d'une carrière. Il est soumis à l'accord du chef de service. La première année du CFP ouvre droit au bénéfice d'une indemnité mensuelle forfaitaire.

Dispositifs de formation-emploi

Les contrats d'alternance : professionnalisation et apprentissage

Les contrats d'alternance, qui regroupent les contrats de professionnalisation et d'apprentissage, sont définis comme « un outil de formation diplômant qui vise la professionnalisation des nouveaux entrants comme des salariés de longue date en leur permettant de développer des compétences complexes, de mettre en lien l'expérience professionnelle développée sur le lieu de production et les enseignements dispensés en centre de formation » (Tilman et Delvaux, 2000). Pendant la durée du contrat, l'employeur s'engage à fournir un emploi au salarié et à organiser sa formation.

Le **contrat d'apprentissage** s'adresse aux jeunes de 16 à 25 ans (hors dérogations) et vise l'acquisition d'un diplôme inscrit au RNCP. Un maître d'apprentissage est obligatoirement associé à l'apprenti, afin de contribuer à l'acquisition de compétences. Il ne peut suivre qu'un seul salarié à la fois.

Le **contrat de professionnalisation** s'adresse aux jeunes âgés de 16 à 25 ans pour compléter leur formation initiale, aux demandeurs d'emploi âgés de 26 ans et plus et aux bénéficiaires du revenu de solidarité active (RSA), de l'allocation de solidarité spécifique (ASS), de l'allocation aux adultes handicapés (AAH) ou aux personnes ayant bénéficié d'un contrat unique d'insertion (CUI). Il vise l'acquisition d'une qualification et l'insertion ou la réinsertion professionnelle. Un tuteur peut être désigné pour accueillir, informer, aider et guider le titulaire du contrat. Il peut suivre jusqu'à trois salariés en parallèle.

Les périodes de professionnalisation

Les périodes de professionnalisation visent à favoriser le maintien dans l'emploi de salariés en CDI (ou en CDI ou CDD dans le cadre d'un contrat unique d'insertion) rencontrant des difficultés particulières. Elles peuvent se dérouler pour tout ou partie en dehors du temps de travail. Elles concernent les salariés dont la qualification est insuffisante au regard de l'évolution des technologies et des organisations, les salariés qui comptent 20 ans d'activité professionnelle ou âgés d'au moins 45 ans et disposent d'une ancienneté minimum d'un an de présence dans la dernière entreprise qui les emploie, les salariés qui envisagent la création ou la reprise d'une entreprise, les femmes qui reprennent une activité professionnelle après un congé de maternité, les bénéficiaires de l'obligation d'emploi (article L. 5213-13 du Code du travail) et les salariés bénéficiaires d'un contrat unique d'insertion.

Focus 8.4

Un dispositif particulier, l'alternance et la socialisation organisationnelle des jeunes

Les formations en alternance (apprentissage et professionnalisation) ont longtemps été considérées comme des dispositifs d'aide à l'insertion sociale des jeunes en difficulté avec la société. Or, des enquêtes récentes (Pennaforte et Pougnet, 2012) montrent que l'alternance permet de créer les conditions d'un rapport spécifique et positif au travail pour les jeunes, en favorisant leur intégration, leur socialisation organisationnelle. En passant par l'alternance, dans une optique de fidélisation, les individus comprennent rapidement le rôle qu'on attend d'eux, sont vite performants et possèdent une forte capacité d'intégration sociale, ce qui peut en faire les talents de demain.

Les emplois d'avenir[6]

Créés par la loi 2012-1189 du 26 octobre 2012, les emplois d'avenir visent à proposer des solutions d'emploi aux jeunes sans emploi, peu ou pas qualifiés, en leur ouvrant l'accès à une qualification et à une insertion professionnelle durable. Ils ciblent les jeunes sans emploi de 16 à 25 ans et les personnes bénéficiant de la reconnaissance de la qualité de travailleur handicapé (RQTH) de moins de 30 ans, sans emploi, qui ne détiennent aucun diplôme ou sont titulaires d'un diplôme de niveau V (BEP ou CAP). Ils s'inscrivent dans le cadre juridique du contrat unique d'insertion (CUI) conclu soit sous la forme de CUI-CAE (CUI, contrat d'accompagnement dans l'emploi) soit sous celle de CUI-CIE (CUI, contrat initiative emploi). L'embauche d'un salarié dans le cadre d'un emploi d'avenir ouvre droit à une aide financière, l'aide à l'insertion professionnelle d'une durée de 12 à 36 mois. La liste des employeurs susceptibles de bénéficier de l'aide à l'insertion professionnelle est signifiée par l'article L. 5134-111 du Code du travail (organisme de droit privé à but non lucratif, collectivités territoriales, groupements d'employeurs, employeurs privés assujettis à l'assurance chômage, les Epic, les Sem…). Les emplois d'avenir sont développés dans des activités présentant un caractère d'utilité sociale ou environnementale ou possédant un fort potentiel de création d'emplois durables. Un tuteur est désigné par l'entreprise pour garantir la relation entre le salarié et les autorités de suivi de l'emploi d'avenir.

Les outils informationnels

Dans le dessein de renforcer l'information relative aux dispositifs de formation, le législateur a mis en place des outils spécifiques – le passeport orientation formation – en parallèle des structures informationnelles existantes (Carif, Centre d'animation, de

6. Voir http://www.travail-emploi.gouv.fr/emplois-d-avenir,2189/

ressources et d'information sur la formation ; Inffo, Centre pour le développement de l'information sur la formation permanente ; Cedefop, Centre européen pour le développement de la formation professionnelle).

Le passeport orientation formation (POF)

Instauré par l'ANI du 5 décembre 2003 et défini par la loi du 24 novembre 2009, le passeport orientation formation vise à permettre à chaque salarié de pouvoir identifier et faire certifier ses connaissances, compétences et aptitudes professionnelles afin de favoriser sa mobilité interne ou externe. Il répertorie, dans le cadre de la formation initiale, les diplômes et titres ainsi que les aptitudes, connaissances et compétences acquises, susceptibles d'aider à l'orientation. Dans le cadre de la formation continue, il recense tout ou partie des informations recueillies à l'occasion d'un entretien professionnel, d'un bilan de compétences ou d'un bilan d'étape professionnelle, les actions de formation prescrites par les employeurs, les actions de formation mises en œuvre par l'employeur ou relevant de l'initiative individuelle, les expériences professionnelles acquises lors des périodes de stage ou de formation en entreprise, les qualifications obtenues, les habilitations des personnes, le ou les emplois occupés, le service civique et les activités bénévoles effectuées, ainsi que les connaissances, compétences et aptitudes professionnelles mises en œuvre dans ces cadres.

L'employeur ne peut exiger du salarié qui répond à une offre d'embauche qu'il lui présente son POF et il est illicite de refuser l'embauche d'un salarié en raison de son refus ou de son impossibilité de présenter son POF (article L. 6315-2 du Code du travail). Passeport individuel, il est établi à l'initiative du salarié[7].

4.3. Les mécanismes de financement en vigueur au 4 mars 2014 (jusqu'au 1er janvier 2015)

Le financement de la formation professionnelle répond à des mécanismes complexes tant les acteurs sont nombreux (État, régions, entreprises, OPCA, Fongecif). L'État intervient en direction des publics les plus en difficulté et finance les actions pour les demandeurs d'emploi, les handicapés, les travailleurs immigrés, les détenus, les illettrés. Il finance également des formations par domaines (par exemple, nouvelles filières d'ingénieurs) et des aides à l'élaboration et la mise en place des plans de formation. Les régions sont responsables de la formation professionnelle continue destinée aux jeunes âgés de 16 à 25 ans et aux adultes concernant les priorités définies par chaque conseil régional.

Les entreprises concourent au développement de la formation professionnelle continue selon un double principe d'obligation de dépenses et de versement libératoire.

Tableau 8.3 – Pour les entreprises de 1 à 9 salariés

Contributions	Taux	Utilisation
Professionnalisation et DIF	0,15 %	Versement obligatoire à un OPCA.
Plan de formation	0,40 %	Versement obligatoire à un OPCA avant le 1er mars de l'année suivant celle au titre de laquelle est due la participation.

7. Voir par exemple http://www.passeportformation.eu

Contributions	Taux	Utilisation
CIF-CDD	1 %	Versement obligatoire à un OPCA pour les entreprises recourant à des salariés en CDD. La contribution est calculée sur la masse salariale brute des CDD de l'année *N*.

Tableau 8.4 – Pour les entreprises de 10 à 19 salariés

Contributions	Taux	Utilisation
Professionnalisation et DIF	0,15 %	Versement obligatoire à un OPCA.
Plan de formation	0,9 %	Versement spontané ou obligatoire à un OPCA au titre du plan ou utilisation directe.
CIF-CDD	1 %	Versement obligatoire à un OPCA pour les entreprises recourant à des salariés en CDD. La contribution est calculée sur la masse salariale brute des CDD de l'année *N*.

Tableau 8.5 – Pour les entreprises de 20 salariés et plus

Contributions	Taux	Utilisation
Congé individuel de formation	0,20 %	Versement obligatoire à un OPCA.
Professionnalisation et DIF	0,50 %	Versement obligatoire à un OPCA.
Plan de formation	0,90 %	Actions de formation continue des salariés de l'entreprise.
CIF-CDD	1 %	Versement obligatoire à un OPCA pour les entreprises recourant à des salariés en CDD. La contribution est calculée sur la masse salariale brute des CDD de l'année *N*.

4.4. La nouvelle loi sur la formation professionnelle, l'emploi et la démocratie sociale (loi du 5 mars 2014 applicable en majeure partie à compter du 1er janvier 2015)

Le compte personnel de formation

- Opérationnel à partir du 1er janvier 2015, il peut être ouvert dès 16 ans et suit la personne même au chômage ou après un changement d'emploi. Il remplace et supprime le DIF.
- Il est crédité chaque année, pour un maximum de 150 heures sur sept années maximum (20 heures par an sur six ans puis 12 heures par an). Au-delà, des abondements supplémentaires peuvent être effectués par l'employeur, le salarié, Pôle Emploi ou les conseils régionaux.
- Il permet d'accéder à des formations visant à acquérir des compétences attestées en lien avec les besoins de l'économie. Les formations doivent être qualifiantes.

L'entretien professionnel

- Réalisé entre le salarié et l'employeur, il est obligatoire tous les deux ans, afin d'étudier les perspectives d'évolution professionnelle des salariés.
- En sus, un conseil en évolution professionnelle est dispensé gratuitement par des institutions telles que Pôle Emploi ou l'Apec.

Le financement de la formation par les entreprises

- Création d'une contribution unique allant de 0,55 % (entreprises de moins de 10 salariés) à 1 % (entreprises de plus de 50 salariés) de la masse salariale, dont une partie est mutualisée au bénéfice des petites entreprises.

L'apprentissage

- Des financements supplémentaires sont orientés vers l'apprentissage.
- Les contrats d'apprentissage pourront être conclus dans le cadre d'un CDI.
- Les missions des CFA sont renforcées.

La décentralisation

- Les conseils régionaux sont compétents désormais envers tous les publics privés d'emploi en matière de formation professionnelle et coordonnent l'achat public de formation.

Le contrat de génération

- Accès à l'aide pour toutes les tailles d'entreprise sans obligation de couverture par un accord : 2000 € par an versés à l'entreprise par l'État pour un jeune ou un senior. Le dispositif étant couplé à l'embauche d'un jeune et le maintien d'un senior, l'aide représente 4000 € par an sur trois ans.

La mise en œuvre d'une politique de formation au sein d'une organisation ou les pratiques de formation utilisées à des fins de développement sans réelle politique clairement définies ne doivent pas être considérées comme des absolus. Trop souvent, les managers, les DRH utilisent la formation comme un levier miracle qui résoudrait tous les problèmes perceptibles en organisation quand d'autres moyens peu coûteux demeurent efficaces. Les formations dispensées « sur le tas » par les managers, l'entraide entre collègues ou encore la création de communautés de connaissances, de réseaux internes aidés par la digitalisation des organisations sont à combiner avec les stratégies de formation développées par les DRH.

Le groupe de formation, la formation *in situ*, en classe, dans des centres de formation peut entraîner un retrait et un désengagement des individus dans des dispositifs qu'ils considèrent comme inutiles ou difficiles à intégrer dans un quotidien immédiat. Le temps demeure une variable très importante de la définition de stratégie de formation, dans un équilibre sain à trouver entre les enjeux de développement sur le long terme (DRH), ceux à court terme (management) et *in fine* ceux qui couplent ces deux temporalités : les enjeux individuels. Les leviers de formation, les formateurs sont à intégrer dans la compréhension de ces temps, pour que la formation s'insère dans une logique globale de développement du capital humain, pour tous. Le formateur doit sortir de son rôle premier attendu, et se faire à la fois expert, vulgarisateur et traducteur de la stratégie organisationnelle suivie.

Ainsi, la formation peut tenter d'atteindre ses enjeux les plus complexes à mettre en œuvre, perceptibles dans les notions difficilement opérationnalisables de *knowledge management*, d'intelligence collective, de compétences collectives ou encore d'organisation apprenante.

Résumé

Ce chapitre permet de comprendre les enjeux individuels, managériaux et RH associés à la formation, dans une optique de développement des compétences et de professionnalisation sous responsabilisation individuelle croissante. Il aborde :

- la définition d'une politique de formation dans des conditions spécifiques visant la performance ;
- la mise en œuvre de processus de management de la formation répondant à la fois aux attentes individuelles et organisationnelles ;
- le cadre légal de la formation, ses mécanismes de financement et ses acteurs ;
- les différentes méthodes de formation et les dispositifs existants ;
- l'apprentissage et l'évaluation de la formation.

Bibliographie

Becker G., *Human Capital*, Chicago, University of Chicago Press, 1964.

Korda P., *Stratégie et formation, développer l'atout concurrentiel humain*, Dunod, 2011.

Meignant A., *Manager la formation, quoi de neuf après la réforme*, 8e éd., Liaisons, 2009.

Pennaforte A. et Pougnet S., *Alternance, cultivez les talents de demain*, Dunod, 2012, 224 p.

Activités

Questions

1. Quelles sont les responsabilités individuelles et organisationnelles associées à la formation professionnelle continue ?
2. Quels sont les rôles du manager dans le processus de formation professionnelle continue ?
3. En quoi les formations en alternance sont-elles des leviers de socialisation organisationnelle ?
4. Qu'est-ce qu'une formation de type stratégique ?
5. Quels sont les cinq niveaux d'évaluation de la formation professionnelle ?

Étude de cas

Roger

Roger Capa est grand reporter permanent en Afrique pour *Flash magasine*. Il a 28 ans et a quatre ans d'expérience chez *Flash*, entité qui dépend d'un grand groupe de presse. Il souhaite revenir en France pour raisons personnelles et évoluer vers un poste de manager (rédacteur) en sédentaire. Sur place, il agit seul ou quelquefois avec un assistant envoyé par l'agence.

Son entretien annuel révèle une très forte expertise technique, une bonne couverture de tous les sujets, une bonne description des situations. Points négatifs : l'assistant envoyé change tout le temps, car Roger a des sautes d'humeur, il a tendance à plus décrire qu'analyser les sujets (manque de profondeur).

Cependant, le DRH souhaite le faire revenir.

Question

Vous êtes RRH au siège en charge également de la formation. Quelles formations proposez-vous à Roger dès son retour au siège ?

Correction indicative : dans le cas de Roger, il n'est pas nécessaire de lui proposer de formation classique. Il vaut mieux préférer la mise en place d'un mentor dont le profil se rapproche de Roger à la même époque, et qui a réussi à corriger ses faiblesses.

Chapitre 9
Rémunérer le travail

Étienne Normand et Antoine Pennaforte

Ce chapitre aborde les questions suivantes :

- À quoi sert la classification en entreprise et quels en sont les enjeux actuels ?
- Quels sont les enjeux managériaux et RH d'une politique de rémunération ?
- Comment bâtir une politique de rémunération équitable ?
- Comment évaluer une politique de rémunération ?
- Vers quel « nouveau modèle » tendent les politiques de rémunération ?
- Peut-on envisager une congruence entre rémunération, parcours professionnel et relation individu/organisation ?

L'objet de la classification est de représenter dans une entreprise ou une branche professionnelle la hiérarchie des emplois nécessaires à l'organisation du travail. Ainsi, la classification est un élément essentiel de la clarté formelle des positions relatives des salariés dans la structure. Parallèlement, les salariés doivent avoir des capacités et un niveau de connaissance adaptés à la tenue du poste. Il en résulte un lien entre le poste et la manière de le tenir, lequel renvoie au concept de classification. Celui-ci s'attache aux caractéristiques du poste et au concept de qualification qui met l'accent sur les capacités et connaissances requises.

À la hiérarchie négociée des emplois est associée une grille de salaire qui exprime la rémunération minimale dans les différents niveaux de classification. L'ensemble constitue un « filet de sécurité », une structure commune et minimale à la fois pour les salariés et les employeurs.

Les politiques et pratiques de rémunération des entreprises commencent au-delà de cette structure d'équité interne (rapport des emplois entre eux) et externe (concurrence). Elles remplissent trois objets essentiels : mettre en dynamique les personnes dans les parcours d'emploi (motivation, incitation au développement des capacités, rendement, contribution à l'amélioration des façons de faire) ; se différencier des autres entreprises dans une même branche (attirer et retenir) ; redistribuer les résultats tantôt de façon obligatoire (participation), tantôt pour exprimer les valeurs de l'organisation (modalités de rémunération variable par exemple).

Ces fonctions affectées à chaque dispositif structurant de l'organisation du travail, des capacités individuelles à l'œuvre et de la rémunération perdent en lisibilité dans un monde en adaptation continue. Le chapitre rend compte de la permanence de ces dispositifs : la classification (section 1) et la rémunération (section 2). Pour chaque section seront montrés les facteurs d'évolution qui viennent peu à peu réguler de façon nouvelle le fonctionnement de ces dispositifs. La section 3 écrit ainsi les orientations possibles de ces dispositifs.

1. De la classification à la justice organisationnelle et procédurale

L'un des enjeux de compétitivité des entreprises porte sur l'adaptation constante de l'organisation du travail. L'optimisation du processus de production (du produit ou du service) n'est pas seulement fonction de la structure et du contenu des tâches. Les compétences des personnes sont également en jeu. Ces compétences utiles sont à la fois des connaissances, des aptitudes et des comportements. Cette dynamique de la tâche et de la personne fait évoluer progressivement les critères sur lesquels se construit une classification. La place de la classification dans son rôle initial de garant d'une équité entre les personnes est modifiée : elle devient moins centrale (d'autres dispositifs y concourent), mais plus radicale (la vocation de filet de sécurité est réaffirmée).

1.1. Les enjeux de la classification

La classification et la qualification sont deux manières complémentaires de repérer l'adéquation homme/emploi. La classification structure les emplois en hiérarchisant des emplois, des postes et des fonctions. La qualification, quant à elle, permet de catégoriser les personnes titulaires de ces emplois. Ainsi, l'organisation de l'entreprise renvoie au concept de classification tandis que la qualification renvoie au développement des personnes. Historiquement, l'aspect classification a longtemps prévalu sur l'aspect qualification dans l'organisation. Les personnes étaient censées s'adapter à l'organisation définie par le métier de la branche et l'employeur.

En effet, jusqu'à la fin des années 1960, la division taylorienne du travail et le modèle de gestion fordien étaient dominants (voir chapitre 20, « Les systèmes d'information en ressources humaines »). Le modèle correspondait à la stabilité des marchés et des technologies. La pesée des postes, puis leur classement, apparaissait donc comme des étapes nécessaires à l'organisation du travail. Parallèlement, les classifications des emplois qui en résultaient avaient pour but d'assurer une rémunération juste et équitable entre les salariés, dont les tâches étaient beaucoup moins différenciées qu'elles ne le sont aujourd'hui.

Aujourd'hui, l'entreprise classe les postes de travail pour trois raisons majeures : le besoin d'organiser, de structurer (imputabilité) ; le besoin de hiérarchiser (normer) ; le besoin de reconnaître (rétribuer).

Il existe une interaction constante entre les concepts de classification, qualification et rémunération (voir figure 9.1).

Figure 9.1 – Les liens entre qualification, classification et rémunération

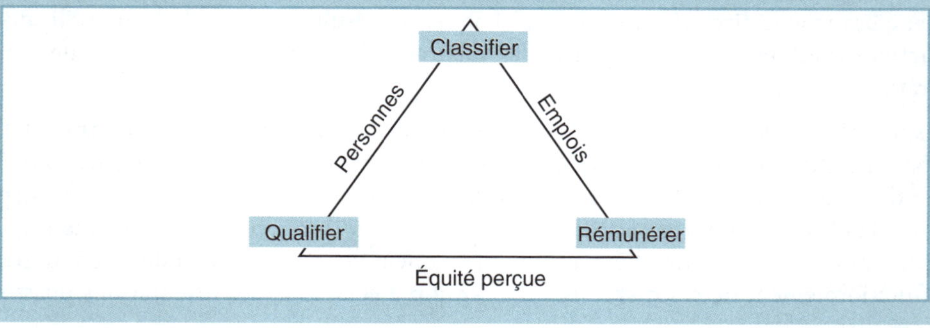

La place de la classification dans l'adéquation entre les hommes et les emplois, enjeu essentiel de ressources humaines, est aujourd'hui variable selon les branches professionnelles elles-mêmes représentatives de contextes métiers et marchés très différents. Elle reste cependant une garantie pour les salariés d'une régulation objective (extérieure aux parties) de la relation employeur/salariés. Historiquement, l'adéquation hommes/emplois se construit initialement sur la connaissance :

- Des postes, à travers leurs finalités, leurs responsabilités et leurs liens entre eux. C'est tout l'enjeu de la classification, élément de protection collective des salariés.
- Des hommes, à travers leur historique des emplois tenus et des performances réalisées. C'est tout l'enjeu de la qualification (voir focus 9.1). Cette dimension est plus appréciative que la précédente.

Focus 9.1

Les notions de qualification et de classification

Le terme de qualification est souvent employé comme un synonyme de la classification. Or, les deux notions sont différentes. Tout d'abord, la qualification revêt un sens qui dépend du contexte dans lequel les utilisateurs l'emploient. S'il existe une définition partagée par tous de la classification, celui de qualification fait débat chez les sociologues. En général, le terme de qualification est usité pour désigner les capacités requises pour exercer un métier, un emploi et une fonction (diplôme, grade). Dans son acception commune, la qualification désigne l'attribut d'un individu ayant accumulé un savoir et un savoir-faire susceptibles d'être valorisés socialement, par exemple en termes de rémunération ou de statut. Dans l'acception de Donnadieu, la qualification désigne la hiérarchie que l'on peut établir entre les individus selon leurs capacités prouvées.

Par ailleurs, la qualification repose sur un jugement officiel et légitimé en France par le diplôme. Mais les formations à l'étranger, la formation tout au long de la vie, les modes d'apprentissage eux-mêmes viennent perturber la lisibilité de la qualification. L'évaluation de la qualification est largement devenue contingente (les pairs reconnaissent une qualification) en même temps que se développent des normes et des standards pour la faire reconnaître au-delà des pairs (formation qualifiante).

On mesure la difficulté d'une reconnaissance objectivée de la qualification hors diplôme. Se pose alors une double problématique :

- Qui évalue et reconnaît la qualification ? À quel moment ? Pour quel objet (reconnaître ou développer) ?
- Comment passer de la reconnaissance de la qualification à l'évolution professionnelle ?

Dans un monde stable, la classification et le diplôme donnaient l'itinéraire ; le cheminement était, lui, question de parcours interne validé par les pairs. Dans un monde ouvert, le dispositif ne peut plus remplir pleinement sa fonction.

Entre emploi, classification, qualification et compétences, de nombreuses passerelles existent. Même si la qualification est conceptuellement liée aux notions de compétences et de capacité, elle ne peut être totalement dissociée de celle de l'emploi, car les compétences sont liées à la situation réelle de travail. L'emploi reste donc généralement la variable indispensable au repérage de la qualification (voir focus 9.1).

Cette interaction a été schématisée par Donnadieu (voir figure 9.2).

Figure 9.2 – De l'évaluation à la qualification

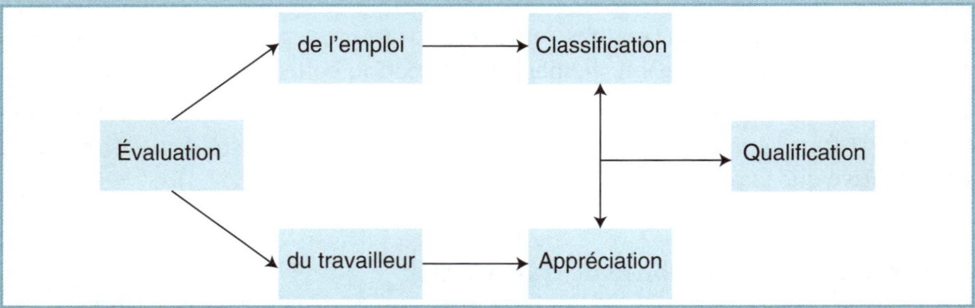

Source : Donnadieu, 2001.

La qualification d'un individu est une dynamique qui illustre une histoire personnelle. Elle se construit à partir de sa formation initiale, mais aussi et surtout à partir des savoir-faire opérationnels que l'individu intègre au cours de sa trajectoire professionnelle et qui correspondent aux exigences successives des emplois occupés. Il résulte de ce lien entre qualification et classification la règle de maintien en interne d'un niveau de classification acquis (on ne peut abaisser une classification acquise qu'avec l'accord du salarié). En externe, c'est le rationnel de l'offre d'emploi qui domine : un salarié plus qualifié qu'attendu peut y postuler, mais le poste est offert dans le référentiel de prix de l'offre. C'est bien toujours le modèle organisationnel qui domine la gestion des personnes.

Nous constatons que l'équilibre initial constitué d'une classification « forte » et d'une régulation par la reconnaissance de la qualification des personnes est bousculé des deux côtés. La classification exprime des réalités aujourd'hui plus distanciées. Elle représente très partiellement la réalité dans un monde en évolution continue. La règle qu'elle exprime perd de sa force, devient moins fondée. De son côté, la qualification des personnes ne peut plus se satisfaire seulement du diplôme et justifie le développement d'outils d'évaluation plus réactifs. Il n'est pas étonnant de voir se développer une forte demande de justice organisationnelle. Avant de traiter de cette justice, il convient pour mémoire de recenser quelques méthodes utilisées pour classifier.

1.2. Les méthodes de classification

Deux grands types de méthode existent pour classer les emplois : les méthodes appelées globales et les méthodes dites analytiques ou critérielles.

Les méthodes globales

Elles évaluent les emplois les uns par rapport aux autres, à partir de leur intitulé, de façon à obtenir une liste hiérarchique de postes. Deux types de méthodes globales peuvent être distingués :

Les méthodes dites de « rangement »

Elles reposent sur l'établissement d'une liste de tous les postes par ordre croissant ou décroissant.

La méthode *des comparaisons par paire* consiste à positionner un emploi par comparaisons successives avec d'autres emplois. Le processus est itératif. Le deuxième emploi est comparé à ceux qui n'ont pas encore été comparés, et ainsi de suite. Pour chaque emploi, on se demande quel est le « supérieur ».

Cette méthode est simple, voire simpliste. Elle n'indique pas la nature de la différence de « valeur » entre deux emplois, elle se contente d'un jugement partagé par les évaluateurs. Elle est difficilement acceptable par les partenaires sociaux.

La méthode « poste à poste » consiste à construire une échelle d'estimation « poste à poste ». Parmi tous les emplois à classer, sont sélectionnés celui qui semble le plus élevé et celui qui semble le plus bas. Sur cette échelle sont progressivement situés relativement aux extrêmes tous les emplois pesés.

Les méthodes de classification, appartenant à la catégorie des méthodes globales

Elles déterminent préalablement des classes de poste. Puis chaque poste est affecté dans une des classes.

La méthode Parodi est une des méthodes dites de classification. Elle a été utilisée au plan national par les arrêtés Parodi en 1945, qui définissaient une classification des emplois pour tous les travaux manuels. Cette méthode a été utilisée par de nombreuses branches. Elle est adaptée à des postes simples et aux tâches répétitives. Son mode de classement repose sur les métiers.

La méthode Parodi correspondait à un moment de l'histoire : la reconstruction de l'après-guerre qui nécessitait d'aller vite et de procéder simplement. Autrement dit, elle s'est appliquée dans un court moment de paritarisme favorable à son acceptabilité malgré les faiblesses de la méthode.

Les méthodes globales présupposent que les valeurs du métier ou de l'organisation suffisent à classer les emplois équitablement. Elles sont aujourd'hui abandonnées en raison de cette faiblesse.

Les méthodes analytiques ou critérielles

Ces méthodes définissent en amont des critères de comparaison des emplois pour les classer. L'évaluation séparée de chaque critère sur chaque poste permet l'attribution d'une valeur à chaque poste (le plus souvent un nombre de points). La hiérarchie des postes résulte donc de la somme des valeurs de chaque critère sur chaque poste. On prend en compte les spécificités filières et métiers en affectant chaque critère d'un coefficient de pondération particulier selon les exigences de ces filières ou métiers. Il existe de nombreuses méthodes analytiques. Présentons en quelques-unes.

La méthode Hay

Cette méthode, d'origine américaine, tend à utiliser la classification non seulement pour comparer les postes d'une même entreprise mais aussi pour comparer les postes de même type dans des entreprises différentes. La grille de cotation de la classification repose sur l'octroi de points Hay. Elle est largement utilisée dans l'industrie.

La méthode définit trois critères et huit sous-critères qui doivent souligner ce qu'on attend du poste et de sa mission.

- Le critère de compétence correspond à la somme de toutes les qualités ou connaissances nécessaires pour occuper le poste de façon satisfaisante. Ce critère est constitué de trois sous-critères :

- Les connaissances nécessaires (méthodes et techniques) s'analysent en huit niveaux, de « élémentaire » à « éminent ».
- Les capacités de management comprennent cinq niveaux, de « exigences non significatives » à « direction ».
- Les capacités en relations humaines sont définies par trois niveaux, de « normales » (politesse, efficacité), en passant par « importantes » (pouvoir, comprendre, influencer, choisir) à « indispensables » (former, motiver).

- Le critère de l'initiative créatrice indique le degré d'initiative et de réflexion du poste. Il est évalué par deux éléments :
  - Le cadre de la réflexion est évalué par huit niveaux, de « routine stricte » à « principes, concepts, très larges orientations ».
  - L'exigence des problèmes à résoudre se cote en cinq niveaux, de « mémoire sélective » à « pensée créatrice ».
- Enfin, le critère de la finalité du poste se définit par l'effet mesurable du poste sur les résultats de l'entreprise. Il s'apprécie en fonction de trois sous-critères :
  - La latitude d'action se mesure en neuf niveaux, allant de « postes assujettis à des consignes directes et détaillées » à « postes subordonnés à des politiques et buts fonctionnels et à des objectifs généraux de direction ».
  - L'ampleur du champ d'action traduit l'envergure en euros par an du domaine d'activité en cinq niveaux.
  - L'impact de l'action menée par le poste sur son champ d'action est évalué par quatre niveaux (« direct », « primordial ou partagé », « indirect », « contributif ou lointain »).

Des tables préétablies permettent d'attribuer des points en fonction de la cotation de chaque sous-critère. Le poids total d'un poste s'obtient par addition des points des huit sous-critères. L'échelle de cotation varie généralement de 60 à 500 points. Puis, les points attribués à chaque poste sont convertis en valeur monétaire, qui détermine directement la rémunération. La force de la méthode est d'obliger les évaluateurs à échanger de l'information pour ajuster une évaluation convergente. Elle a contribué à apaiser des relations sociales fondées en leur temps sur le procès d'intention.

La méthode de comparaison par facteurs

Cette méthode de classement, qui repose sur des critères choisis par l'entreprise ou la branche, est donc adaptée à un contexte précis. Par exemple, les critères suivants peuvent être retenus : aptitude à tenir le poste, autonomie de décision, difficulté des relations, diversité des tâches, niveau de responsabilité.

L'avantage de la méthode repose sur sa simplicité et sa rapidité. Elle est souple d'utilisation et son coût est réduit. Le choix adapté au contexte des facteurs de classement est déterminant de son efficacité.

La méthode de filtrage

Cette méthode utilise des critères, définis par la branche ou par l'entreprise, mais ne les traduit pas en points. L'intérêt de la méthode est son caractère généraliste.

L'emploi est classé compte tenu de ses caractéristiques fondamentales, définies par la branche ou par l'entreprise. Si ces caractéristiques évoluent, le « nouvel emploi » prendra place dans la classification sans qu'il soit nécessaire d'actualiser toute la grille de classification (voir exemple 9.1).

Exemple 9.1

Une illustration de la méthode de filtrage

Les classifications les plus récentes intègrent la qualification à travers la notion de compétence ou de blocs de compétences. La frontière devient plus floue entre la classification et la qualification. Par souci pédagogique, nous prenons l'exemple de la première convention des années 1970, fondatrice d'une approche différenciée. Elle repose pour chaque emploi repère sur une double définition des caractéristiques de l'emploi et du niveau de qualification requis pour celui-ci.

L'accord du 21 juillet 1975 de la métallurgie spécifie les modalités de classification suivantes :

- Cinq niveaux de qualifications (I à V) sont définis à partir de quatre critères : l'autonomie, la responsabilité, le type d'activité et les connaissances requises.
- Chaque niveau comprend trois échelons déterminant la difficulté et la complexité du travail.
- À chaque échelon correspond un coefficient hiérarchique.

Tableau 9.1 – Classification des emplois de la convention collective de la métallurgie

Niveau	Échelon	Coefficients				
V	3	365				Agent de maîtrise AM 7
	2	335				Agent de maîtrise AM 6
	1	305				Agent de maîtrise AM 5
IV	3	285			Technicien T4	Agent de maîtrise AM 4
	2	270			Technicien T3	
	1	255			Technicien T2	Agent de maîtrise AM 3
III	3	240			Technicien T1	
	2	225				
	1	215		Ouvrier professionnel P3		Agent de maîtrise AM 1
II	3	190		Ouvrier professionnel P2		
	2	180				
	1	170		Ouvrier professionnel P1		
I	3	155	Ouvrier non qualifié OS3			
	2	145	Ouvrier non qualifié OS2			
	1	140	Ouvrier non qualifié OS1			

Les méthodes critérielles présentent l'avantage de la rationalité. La formalisation des critères sur lesquels repose la hiérarchie des emplois permet le dialogue social. Ces critères peuvent être adoptés par plusieurs branches ou entreprises, ce qui permet des comparaisons intersectorielles, sectorielles et fonctionnelles.

En revanche, la mise en place de ces méthodes nécessite la participation d'experts (internes ou externes à l'entreprise). Leur mise en place et la maintenance ont un coût. C'est aussi le prix d'un dialogue social serein.

1.3. Le choix d'une méthode

Le résultat attendu de la classification doit répondre aux critères de respectabilité suivants : équité, légitimité (qui a participé à l'élaboration ?), adaptabilité (elle sera vivante), souplesse (intégrer la novation) et applicabilité (le respect des personnes que doit prendre en compte dans la relation la manière de négocier, même en cas de remise en cause de droits acquis).

L'atteinte de ces objectifs a un prix et un temps nécessaires. La question essentielle aujourd'hui en matière de révision de classification est de définir le fondement du système classant : est-il et pour quelle part fondé sur le poste, la fonction, les compétences ? Les organisations se virtualisent et le poste n'a plus de raison d'être en certains endroits ou à certains niveaux. La notion de compétence ou de blocs de compétences dans des fonctions élargies prend son sens. La représentation collective de la façon de réussir ensemble **évolue et impacte** l'exercice de refonte de classification. Les dimensions structurelles et humaines se mêlent davantage. Par ailleurs, une réduction progressive mais forte du nombre de conventions collectives s'engage. Elle va donner lieu dans les prochaines années **à un regain probable des** enjeux de classification et de leur objectif classant. En réduisant le nombre de classifications, l'objet classé s'éloignera toujours plus du poste et de la tâche pour regrouper des objets plus transversaux comme les compétences et des comportements et aptitudes nécessaires pour résoudre des situations de travail avec les collègues de travail.

1.4. L'élaboration de la classification

Le processus redéfinit non seulement le rapport homme/travail/organisation, c'est-à-dire la notion d'équité collective, mais il constituera également un enjeu d'équité individuelle pour chaque salarié en modifiant les distances respectives des uns par rapport aux autres. Il s'agit donc d'un changement particulièrement propice à la rumeur, au fantasme, à la suspicion. L'effort de communication, la pédagogie et l'anticipation sont essentiels à la réussite du processus.

Le processus d'élaboration est généralement mené avec la médiation d'un consultant extérieur. Son rôle est de s'assurer que les points de vue des parties sont respectés à chaque étape, de façon à garantir que le blocage à une étape ne remet pas en cause les acquis des étapes précédentes. Il s'agit d'un travail itératif, progressif, lent au début, qui permet d'ajuster les règles de pesée et de se mettre d'accord sur les mots.

Sur la base des principes posés et de la description des ensembles à évaluer (poste, fonction ou bloc de compétences), les parties prenantes parcourent les étapes de pesée des postes (calcul de la valeur attribuée au poste en fonction des valeurs associées aux critères), hiérarchisation, validation de la structure obtenue puis validation du positionnement résultant des titulaires.

1.5. Les enjeux d'équité pour la DRH et le management

L'importance de l'équité et ses trois piliers

La notion d'équité demeure centrale dans les conceptions de politiques de GRH, mais relève d'une grande complexité dans les tentatives de mises en place opérationnelles. Dans des situations d'échange social (Homans, 1961), l'organisation a des attentes de contribution envers ses collaborateurs quand ces derniers possèdent des attentes de rétribution au regard de leur contribution, selon un principe de proportionnalité dans les échanges (Greenberg et Lind, 2000). Afin que cet échange soit équitable (Adams, 1965), l'individu doit considérer que sa rétribution correspond à une juste mesure de sa contribution à la performance de l'entreprise, juste mesure qu'il incombe au DRH et au management de définir.

La direction des ressources humaines, par son travail sur les processus garantissant un management équitable, est au cœur de l'équilibre à trouver dans le choix des outils de pilotage de la masse salariale, que sont la classification, la rémunération et les avantages sociaux, au service de la performance. Trois assises sont nécessaires dans le diagnostic stratégique de l'organisation, relatives à la notion d'équité :

- La recherche d'un équilibre financier : l'organisation a-t-elle les moyens de sa politique de rémunération ? Peut-elle payer durablement ses collaborateurs ?
- La recherche d'un équilibre sectoriel et/ou concurrentiel : l'organisation propose-t-elle une rémunération au-dessous, égale ou au-dessus du marché ?
- La recherche d'une équité interne : les managers évaluent-ils tous leurs collaborateurs selon le même principe ? Les outils et les processus mis en place sont-ils justes ?

Quand les deux premières recherches d'assises passent par un diagnostic financier et concurrentiel de son système de rémunération en prévision d'une stratégie à mettre en place, la recherche de l'équité interne doit inciter la DRH à s'appuyer sur la notion double de justice organisationnelle (Greenberg, 1987), afin d'accompagner son management dans l'exercice difficile de la mesure du ratio contribution/rétribution.

Démarche diagnostique pour la mise en place de pratiques managériales équitables et performantes

Dans le souhait de bâtir des politiques et des *process* équitables, le DRH doit suivre un chemin de questions pour approcher au plus près d'une certaine justice dans l'évaluation de la performance, individuelle ou d'équipe.

1. **S'interroger sur les conditions qui contribuent aux perceptions de justice par les salariés**, car une même situation managériale peut être perçue et interprétée différemment par plusieurs acteurs impliqués.
2. **S'interroger sur les dimensions en relation avec la perception de justice par les salariés** : évaluation et rémunération, mais également carrière, mobilité, planning, organisation du travail.
3. **S'interroger sur la justice distributive**, c'est-à-dire sur les modalités de distribution des éléments de reconnaissance (rémunération, prime, formation, promotion…) en fonction des contextes variés, qui visent l'adéquation entre ce que l'individu reçoit et ce qu'il juge convenable de recevoir au regard de sa contribution.

4. **S'interroger sur la justice procédurale**, c'est-à-dire sur les procédures utilisées pour prendre des décisions, en favorisant :
   - la prise de parole des collaborateurs concernés par des décisions, afin de s'exprimer sur des inquiétudes, des besoins, des incompréhensions auprès du management ;
   - la cohérence des procédures qui s'appliquent de la même manière à tout le monde et partout ;
   - l'impartialité et la minimisation de la subjectivité dans les décisions ;
   - la précision des informations étayées par des données objectives ;
   - le respect des chartes, normes et valeurs en vigueur dans l'organisation.
5. **S'interroger sur les conséquences de ces perceptions sur le rapport au travail des salariés**, comme l'iniquité, la non-performance, la colère, l'estime de soi réduite, l'absentéisme, l'intention de quitter…

À l'issue de ce questionnement d'importance stratégique, la DRH doit veiller à ce que le management applique correctement ces processus de gestion et ne pas hésiter à proposer des formations sur les enjeux d'équité dans l'organisation. Elle doit également sanctionner les comportements managériaux déviants.

2. La rémunération

La mise en place d'une politique de rémunération nécessite un questionnement stratégique de la DRH qui repose, nous l'avons vu, sur un diagnostic méthodique et anticipatif des conditions de l'équité et de la justice organisationnelle. En parallèle de ce travail de réflexion, une DRH soucieuse de bâtir une politique de rémunération performante doit s'interroger sur les enjeux managériaux et contingents de sa stratégie de rémunération.

2.1. Prendre en compte la relation parcellaire entre rémunération et comportements

Relier motivation et rémunération : faiblesses et atouts conditionnés

Souvent, le management et la DRH portent aux nues la relation entre types de rémunérations (fixe, variable, différée…) et comportements attendus (motivation, satisfaction, fidélisation…) en considérant que les collaborateurs sont performants uniquement en vue d'accroître leur rémunération. En effet, combien de managers tentent de piloter leurs collaborateurs par la satisfaction qui découlerait d'une décision positive au regard de la rémunération ? Or, la satisfaction – état émotionnel de courte durée – renvoie le management à la tension temporelle de la relation entre travail, rémunération et performance. À côté, les comportements de motivation ou d'implication, plus longs, seraient à privilégier dans la relation avec la rémunération. Dans les faits, l'association classique **modalités de rémunération/comportements** demeure peu suivie de réels gains dans les organisations, en raison du double enjeu que sous-tend la relation entre comportement (motivation) et rémunération.

De fait, le pilotage de la motivation – processus qui active, oriente, dynamise et maintient le comportement des individus vers la réalisation d'objectifs attendus (Roussel, 2000) – par la rémunération repose sur deux idées principales : l'individu agit en raison du contrat qui le lie à l'organisation ; il recherche également la réalisation de ses attentes auxquelles l'entreprise concourt. Ici, primes, bonus, distinctions diverses peuvent développer la motivation, selon quatre conditions à réunir :

- Le collaborateur doit percevoir une forte probabilité de réaliser les objectifs fixés.
- La rémunération attendue ne doit pas être trop éloignée dans le temps.
- Le niveau d'effort demandé doit être en relation avec le niveau de récompense attendu.
- La part individuelle de l'évaluation doit être plus importante que la part collective.

Le pilotage de la rémunération par le management

Cette relation, délicate à mettre en œuvre par le management, est un élément d'une stratégie globale de rémunération visant la performance des salariés. Dans cet esprit, le véritable enjeu managérial porte sur l'objectif d'un non-questionnement pour le collaborateur de ses conditions de travail. Il s'agit ici de recentrer le manager au cœur de son rôle de leader et d'animateur d'équipe, en positionnant le travail au cœur, selon quelques conditions :

- La DRH pilote et anime des processus RH justes et équitables, clairement compris et intégrés par le management.
- Les conditions de travail anticipent les besoins des collaborateurs et sont au cœur de la stratégie RH.
- La stratégie de rémunération vise à proposer un *mix* rémunération légèrement au-dessus des attentes des individus.
- Le management connaît finement ses équipes et ses collaborateurs pour anticiper leurs besoins.

Exemple 9.2

Les représentations de la rémunération globale : l'exemple de la société Towers Watson (2001)

La rémunération globale est bien autre chose que le salaire. Elle s'inscrit dans une stratégie globale d'interactions entre l'entreprise et les conditions d'engagement des salariés. Le schéma ci-dessous en montre la cohérence recherchée. Il est de plus en plus difficile de l'atteindre sans segmenter soit les salariés, soit les périmètres de l'entreprise.

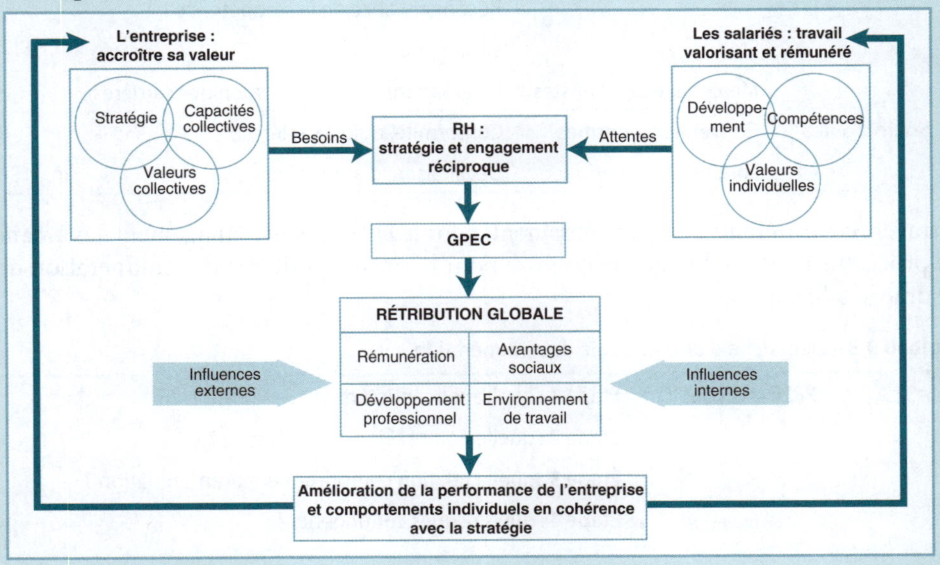

En positionnant l'intérêt des missions comme levier principal de la motivation des individus, la rémunération, pilotée par la DRH, encadre le travail, piloté par le management. Cependant, ces enjeux managériaux et ce recentrage ne sont pas sans souffrir d'enjeux contingents associés à toute mise en œuvre d'une politique RH.

2.2. Prendre en compte les enjeux contingents

Bâtir une politique de rémunération requiert l'acceptation d'un système suffisamment souple et flexible pour tolérer les contraintes contingentes (crises, chômage, manque de compétences, nouveau marché, nouvelle technologie, nouvelle stratégie managériale...) ainsi qu'une grande pluralité de contextes. Ces contingences sont à prendre en compte dans le prédiagnostic stratégique de la politique de rémunération future.

Tableau 9.2 – Diagnostic contingent pour bâtir une politique de rémunération

Contingences	Types	Points de vigilance
Sectorielles	Public/privé	Cohérence avec la culture Faisabilité d'une démarche globale Agir par petites touches
	Taille d'entreprise	Information et communication interne sur les processus Information et communication externe sur les politiques de rémunération
Politiques	Styles de leadership	Cohérence avec la culture et les dispositifs RH en vigueur
	Structure juridique	Flexibilité, rigidité
	Marchés	Ouverts, fermés, risques, éthique, corruption
Catégorielles	Juniors/Seniors	Discrimination, plafond, stade, immobilisme
	Hommes/Femmes	Discrimination, inégalité
	Qualifiés/Non qualifiés	Discrimination, inégalité Reconnaissance de la compétence
	Statuts	Équité pour tous
	Mercenaires/Attentistes	Fidélisation/Turnover/Gestion des carrières
Sociolégales	Conventions, normes	Conformité, rigidité, sclérose
	Lois, réglementation	Déclinaison, dialogue social

À travers ces différents enjeux se dessinent, pour le DRH et son management, les arcanes du processus méthodologique nécessaire pour bâtir une politique de rémunération que résume le tableau 9.3.

Tableau 9.3 – Démarche d'une stratégie de rémunération

PHASE A :	PRÉDIAGNOSTIC	Étape 1 : quelle conception de la classification ?
		Étape 2 : quelle équité selon quelle justice ?
		Étape 3 : quelle relation comportements/rémunération ?
		Étape 4 : quels risques contingents ?

PHASE B :	DIAGNOSTIC	Étape 5 : quelle méthode de rémunération ?
	STRATÉGIE	
	ÉVALUATION	

Focus 9.2

La normalisation de la rémunération : l'exemple de l'ISO 26000

La tendance à la normalisation et à la standardisation des *process* touche la GRH avec la norme ISO 26000 relative à la responsabilité sociétale en construction. Définie comme la responsabilité d'une organisation vis-à-vis des impacts de ses décisions et de ses activités sur la société et sur l'environnement se traduisant par un comportement transparent et éthique, elle :

- contribue au développement durable, notamment la santé et le bien-être de la société ;
- prend en compte les attentes des parties prenantes ;
- respecte les lois en vigueur et est compatible avec les normes internationales ;
- est intégrée dans l'ensemble de l'organisation et mise en œuvre dans ses relations.

Cette norme, dans la veine des souhaits d'harmonisation des politiques sociales (par exemple, le Smic pour tous en Europe), touche à la rémunération en lui fixant des standards éthiques assis sur les notions d'équité et de justice. Cependant, le risque associé à cette norme et relatif à la rémunération est perceptible dans les comportements de « mercenaires », chez les promoteurs du co-investissement, qui évoluent dans des environnements souples ou participent de leur assouplissement. Une réelle tension voit le jour pour la DRH, placée dans un rôle d'arbitre entre une démarche globalisante de normalisation et l'ultra-individualisation de la gestion des hommes dans les organisations.

2.3. Méthodes de rémunération

Établir un diagnostic

Le diagnostic de la politique de rémunération succède à l'audit de régularité des pratiques de paie. L'audit de régularité adresse le respect des lois et des règlements en matière de rémunération (voir chapitre 14, « Gérer la paie »). Une deuxième dimension renvoie à la convention collective dont dépend l'entreprise. La grille de salaire doit respecter au moins les minima salariaux de la convention. L'exemple 9.1 peut ainsi être adapté comme présenté dans le tableau 9.4, révélant ainsi le lien entre la classification et la rémunération. C'est ainsi qu'une entreprise représentera la gestion des emplois d'une filière en lien avec la classification du secteur et en lien avec ses règles internes de rémunération.

Tableau 9.4 – Conjugaison de la grille de classification et de la grille de salaire

Filière logistique achat					
Bande de salaire annuel	**Niveau**	**Échelon**	**Coefficients**	**Emploi**	**Titre dans la filière**
58 000 € 46 500 € 35 000 €	V Cadre	V Cadre	365 Cadre	AM7 P2	Responsable approvisionnement Responsable transport logistique
42 600 € 35 800 € 29 000 €	III IV	III3 IV1	240 – 255	T1 – T2 AM2 – AM3	Responsable de magasin
37 500 € 31 250 € 25 000 €	III	III2	225	P3 – AM1	Assistant logistique Magasinier 3
30 000 € 25 000 € 20 000 €	II III	II3 III1	190 – 215	P2 – P3	Magasinier 2
21 310 € 19 180 € 17 050 €	II	1 2	170 – 180	OP1	Magasinier 1 Manutentionnaire cariste
18 600 € 17 050 € 15 500 €	I	2 3	145 – 155	OS2 OS3	Manutentionnaire Agent d'expédition

Le diagnostic comprend quatre phases.

Lorsque la stratégie et ses objectifs sont déterminés, un diagnostic de l'existant est effectué. Il a pour but d'identifier les effectifs en fonction de leur type de rémunération et de leur contrat de travail. Le diagnostic de l'existant permet également de répertorier les différents éléments de la rémunération. Une analyse historique de l'évolution de la masse salariale est effectuée pour connaître et comprendre la situation actuelle et la culture de l'entreprise en matière de rémunération, c'est-à-dire ce à quoi les salariés ont été habitués. Il paraît capital de connaître l'historique des rémunérations, car culturellement, depuis les Trente Glorieuses, les salariés considèrent que ce qui est donné une année est acquis pour les années suivantes. Or, depuis une quinzaine d'années, si ce n'est plus, les entreprises cherchent à mettre en place des systèmes de rémunération variable réversibles. Un des enjeux de la mise en place du système de rémunération est d'informer et d'expliquer aux salariés la part qui est garantie et peut être considérée comme acquise dans la rémunération et la part qui est versatile et de quoi sa versatilité dépend.

La première étape du diagnostic consiste à analyser la masse salariale et sa structure (voir chapitre 14, « Gérer la paie »).

C'est le calcul de l'ensemble des dépenses de personnel en salaires versés sous toutes ses formes. La masse salariale se calculera donc brute (salaires bruts payés) ou chargée (en incluant les charges sociales et fiscales associées), directe ou indirecte (en comptabilisant des prestataires), etc.

Dans une deuxième étape, l'équité interne sera analysée. Il s'agit d'examiner par statut, par niveau de classification, par coefficient, par métier, par fonction, par zone géographique la cohérence et la dispersion des rémunérations. Il s'agit d'abord de constater les écarts, les dispersions dans la hiérarchie des emplois et des filières et à l'intérieur de chaque sous-ensemble. À partir de ce constat, seront interrogés les écarts de rémunération acceptables pour un même emploi ou pour des emplois équivalents. Inévitablement le temps d'occupation d'un emploi, le vieillissement de la population, les pratiques de reconnaissances individuelles et collectives de l'entreprise viennent expliquer les écarts mais, en même temps, confirmer ou contredire les choix politiques affichés. On utilise pour cela le ratio de comparaison : taux de rémunération de chaque individu par rapport à la moyenne ou médiane de l'effectif (le poste, la filière, le sexe, l'ancienneté dans le poste) auquel il appartient. Ce « comparatio » permet de savoir si la politique de rémunération est conforme à la stratégie affichée.

Enfin, l'analyse de la compétitivité externe permet de comparer les politiques de rémunération de l'entreprise par rapport à la convention de branche, à ses concurrents et à des marchés régionaux. Les comparaisons mondiales sont rares, ponctuelles et s'adressent plutôt aux cadres dirigeants. Ce *benchmark* provient soit de cabinets spécialisés, soit d'échanges d'information entre entreprises. La validité de ce travail repose sur ce que les spécialistes appellent le raccordement des emplois. C'est la qualité du choix de la référence externe qui sert à qualifier le niveau de salaire versé en interne. Il n'est pas évident de comparer des postes équivalents dans des organisations différentes. Un P-DG du Cac 40 ne se compare pas à un P-DG de PME. Le raccordement consiste à choisir le bon référentiel. Tout écart constaté doit correspondre à des choix stratégiques. Une bonne compétitivité salariale globale peut dissimuler des incohérences des politiques de rémunération. Les questions suivantes ne doivent pas être négligées :

- Les écarts constatés correspondent-ils à des choix politiques ?
- Sinon, quelle est l'origine de la dérive ?
- Met-elle en cause les principes de politique ou le management des politiques ?

Quelles sont les actions correctives à mener et dans quel délai auront-elles un impact perçu par les salariés ? L'ensemble de ces analyses doit se faire à la fois sur la rémunération de base (salaire fixe), sur la rémunération totale (fixe et variable directe) et sur la rémunération globale (rémunération totale plus avantages indirects) [voir ci-dessous sous-section « Arbitrage d'un scénario »].

Ce diagnostic de compétitivité externe est effectué à intervalles réguliers (deux ou trois ans). Il permet de savoir si les salaires versés par l'entreprise reflètent la réalité du marché. Même en période économique ralentie, ce diagnostic est utile : les organisations du même secteur d'activité recrutent par les mêmes réseaux, ce qui signifie que les salariés actuels ou potentiels sont en mesure de comparer les rémunérations de différentes entreprises. Afin que cette comparaison (ou *benchmark*) soit valide, il faut tenir compte de différents facteurs dans l'interprétation des résultats tels que la taille de l'entreprise, son emplacement géographique, son évaluation des postes (les missions d'un poste peuvent varier d'une entreprise à l'autre), sa rémunération globale (l'ensemble des éléments directs et indirects offerts par l'entreprise) et son secteur d'activité.

Préparation des scénarios

La préparation des scénarios s'effectue en fonction de la stratégie et des objectifs de l'entreprise. La construction d'un scénario consiste à définir des principes de politique pour atteindre un résultat de gestion des rémunérations : fidéliser ou non, motiver aux résultats commerciaux ou financiers, privilégier le collectif ou l'individuel, segmenter des pratiques de rémunération obéissant cependant aux mêmes principes…

Lors de cette troisième étape, il s'agit donc d'inventorier toutes les possibilités de rémunération qui permettront à l'entreprise d'atteindre les résultats souhaités en fonction de sa culture. Grâce à cette étape, les types de rémunérations qui soutiendront le mieux le développement de l'organisation seront choisis (voir ci-dessous sous-section « Évaluer »).

En matière de rémunération, l'organisation peut jouer sur trois types de leviers pour servir ses objectifs stratégiques. Ces leviers correspondent à des arbitrages à effectuer que nous passons en revue.

L'arbitrage entre la rémunération fixe et la rémunération variable

Le salaire fixe correspond, *a minima*, au salaire de qualification et aux primes d'ancienneté. On constate dans les organisations un retour à la sécurisation de la rémunération fixe. Comme si d'une certaine façon, dans le contexte d'insécurité d'emploi, l'espérance d'une rémunération variable très incertaine avait des effets plus négatifs sur l'engagement que la sécurisation d'un fixe, même peu attirant. Le salaire variable correspond aux modulations personnelles, aux primes collectives et aux compléments personnalisés. La part variable peut être individuelle ou collective. Cette situation est aussi l'occasion de revalider une frontière plus claire entre les compétences acquises et utilisées rémunérées par le salaire fixe et le résultat de plus court terme dans son contexte rémunéré par le variable individuel ou collectif.

Focus 9.3

Ne pas confondre rémunération fixe et variable et rémunération à la performance ou au mérite

Le salaire fixe et le salaire variable reflètent la structure des rémunérations. Le fixe peut être augmenté de façon collective – augmentations générales (AG) ; individuelle – augmentations individuelles (AI) ; de manière mixte (AG et AI).

La rémunération à la performance ou au mérite permet d'utiliser le levier de la rémunération fixe ou de la rémunération variable pour rechercher la performance. Par le fixe, elle engage des coûts récurrents. Par le variable, elle incite à remettre en jeu l'effort pour atteindre le même niveau de performance.

La question de la rémunération à la performance ou au mérite est d'actualité pour plusieurs raisons :

- L'équité : les entreprises préfèrent aujourd'hui récompenser les plus performants plutôt que l'ancienneté ou la formation.
- La compétitivité : les organisations cherchent à attirer et garder les meilleurs tout en jouant sur la flexibilité des rétributions.
- La motivation : même si le lien entre motivation et performance n'a jamais été solidement prouvé, les entreprises espèrent insuffler de la performance en motivant les salariés par la rémunération.

La rémunération à la performance peut être individuelle ou collective. Dans ce dernier cas, une importance essentielle sera accordée à l'assiette de distribution de collectif (prime fixe, prime égale, prime assise sur la rémunération fixe…). À travers ces choix, les écarts de rémunération sont corrigés ou amplifiés.

L'arbitrage entre la rémunération collective et la rémunération individuelle

Cet arbitrage adresse la structure de rémunération, c'est-à-dire comment est composé ce que reçoit l'individu et comment cela va évoluer. À l'intérieur de cette structure, la part fixe est systématiquement individuelle même si elle obéit à des règles collectives (minima des grilles de classifications ou stratégies de positionnement par rapport au marché). Les parties variables sont, quant à elles, collectives ou individuelles. Les multiples formes de variable (récurrent, non récurrent, différé ou immédiat) offrent la possibilité d'atteindre les deux objectifs fondamentaux d'une politique de rémunération : optimisation des coûts et reconnaissance des personnes.

Comme pour toute pratique de GRH, il est recommandé de trouver un juste équilibre entre rémunération collective et individuelle. En effet, la rémunération variable collective permet de renforcer la cohésion d'équipe et la performance du collectif de travail. Si la rémunération individuelle est source de performance individuelle, elle peut entraver la performance collective en introduisant une compétition dans le groupe, nuisible à sa cohésion, et donc coûteuse en régulation interne.

L'arbitrage entre la rémunération immédiate et la rémunération différée

Un certain nombre d'éléments de la rémunération sont mis à disposition du salarié de façon différée (intéressement, participation, actions gratuites, options d'achat d'actions, certains bonus…).

Ces composantes différées de la rémunération, sont assez systémiquement variables et aussi bien collectives qu'individuelles. Elles se sont développées dans les années 1980 et 1990 pour plusieurs raisons :

- répondre aux besoins de flexibilité et de réversibilité de la masse salariale ;
- renforcer les pratiques de partage des risques et bénéfices sur les résultats.

Force est de constater que le choix d'une rémunération différée obéit essentiellement à des objectifs de flexibilité et de fidélisation, mais n'est pas un élément de stimulation de l'effort.

Une autre manière d'envisager la rémunération est de la disséquer en fonction de ses modes de rétribution : rémunérations directes ou indirectes.

- **La rémunération directe.** Elle comprend les éléments de rémunération portés sur la feuille de paie de façon récurrente ou ponctuelle (salaire de base, éléments variables, primes). L'ensemble est soumis aux règles de cotisations des salaires.
- **La rémunération indirecte.** Elle est composée des avantages en nature et des avantages sociaux. Ils sont souvent perçus comme un dû par le bénéficiaire et l'entreprise en parle peu. Ils représentent un coût élevé et sont à la base d'un système de protection sociale auquel les salariés sont attachés. Ils gagneraient à être mieux valorisés par l'entreprise : c'est l'objet des bilans sociaux individuels proposés par certaines entreprises.

Ces avantages indirects peuvent se décomposer, selon Donnadieu, en trois périphériques de rémunération :

- **Les périphériques sélectifs.** Ils sont attribués de façon sélective : la voiture, le téléphone, le logement, les frais de déplacement, le complément de retraite individualisé, l'adhésion à des clubs, etc.
- **Les périphériques statutaires correspondent aux avantages sociaux.** Ce sont, par exemple, les œuvres sociales du comité d'entreprise, le compte épargne-temps, le

complément de retraite, la mutuelle maladie, la prévoyance, les avantages sociaux offerts par l'entreprise, etc.

- **Les périphériques légaux.** Ils sont nombreux. Nous nous contentons de les nommer et de renvoyer le lecteur au site du ministère du Travail, de l'Emploi, de la Formation professionnelle et du Dialogue social[1], qui les décrit de façon objective et neutre (fiches pratiques, rémunération).
  - La participation : elle est obligatoire dans les entreprises d'au moins 50 salariés.
  - L'intéressement est un dispositif facultatif qui permet aux salariés de bénéficier financièrement des résultats ou des performances de leur entreprise. Le montant de l'intéressement peut être disponible immédiatement, contrairement à la participation.
  - Le PEE (plan d'épargne d'entreprise) permet aux salariés de se constituer, avec l'aide de leur entreprise, une épargne. Les sommes proviennent de dépôts individuels du salarié, de majoration par l'entreprise de dépôt individuel (abondement), d'intéressement et de participation. Dans les petites entreprises, le dispositif de gestion est mutualisé dans un PEI (plan d'épargne interentreprises).
  - Le Perco (plan d'épargne retraite collectif) permet aux salariés de constituer une épargne pour leur retraite. Les fonds sont bloqués jusqu'au départ à la retraite.
  - L'actionnariat salarié a été instauré en 1973. Il consiste à proposer aux salariés l'achat d'actions à un cours plus avantageux que le cours de la Bourse ou à des conditions préférentielles de souscription lors des augmentations de capital. Même si son usage tend à se développer dans les grandes entreprises, la pratique demeure limitée.
  - Les stock-options (plan d'options sur actions). Les salariés détenant des stock-options ont un droit d'achat d'actions de leur entreprise, au terme d'une période donnée et à un prix d'exercice fixé d'avance. Rares sont les entreprises qui offrent cet avantage au-delà des dirigeants et des cadres dirigeants. Pour être compris, ce dispositif doit être envisagé comme relevant d'une logique patrimoniale plutôt que salariale. Le gain est aléatoire et différé et n'est pas intégré à la rémunération totale de marché du poste. Il vient s'ajouter à la rémunération du travail. Le sujet fait débat, car le mécanisme actuel questionne le lien entre les résultats économiques et financiers. Le dispositif tend ainsi à évoluer vers des attributions gratuites sous conditions de résultat collectif. Plusieurs grands groupes cotés se sont déjà engagés dans cette voie.

Une fois les différentes composantes de la rémunération recensées, il s'agit alors de les sélectionner.

L'arbitrage du degré d'individualisation de la rémunération

Le concept renvoie à la différence acceptable de rémunération à l'intérieur d'une catégorie homogène de salariés. Dans la fonction publique, seule l'ancienneté ou presque va différencier les niveaux de rémunération. Dans l'entreprise privée, par le jeu de la négociation individuelle et des parts variables, cette individualisation sera plus ou moins forte. Après une période de forte individualisation, les entreprises reviennent à des pratiques moins différenciantes et réservent plutôt aux cadres comme aux commerciaux un fort degré de différenciation. Celui-ci est fondé sur le résultat opérationnel ou sur la démonstration d'une agilité à s'adapter au contexte.

---

1. Voir : http://travail-emploi.gouv.fr

Arbitrage d'un scénario

L'arbitrage est un travail d'expert et de dirigeant : l'un teste les conséquences des hypothèses retenues, l'autre affine ses choix politiques, revisite les principes de gestion des rémunérations antérieures, décide d'orientations nouvelles. Nous présentons un exemple de grille d'analyse de ces choix itératifs (voir tableau 9.5) :

Tableau 9.5 – Grille d'analyse d'une politique de rémunération

Critères de décision	Indice	+ +	+ –	– –
Conformité aux valeurs ou finalité à promouvoir	%	75 × Indice	45 × Indice	25 × Indice
Simplicité, transparence et communicabilité	%	75 × Indice	45 × Indice	25 × Indice
Acceptabilité par rapport au passé	%	75 × Indice	45 × Indice	25 × Indice
Réponse effective à des besoins ou attentes des bénéficiaires	%	75 × Indice	45 × Indice	25 × Indice
Acceptabilité du coût	%	75 × Indice	45 × Indice	25 × Indice
Réversibilité	%	75 × Indice	45 × Indice	25 × Indice
		Somme A	Somme B	Somme C
Grand total	**100**	**Σ A + B + C**		

Source : Normand E., cours « Outils RH », Cnam, 2009.

Le principe d'utilisation de la grille (adaptable à chaque contexte) est le suivant : pas plus de six critères dont l'importance respective est hiérarchisée par l'affectation d'un indice et la somme de ceux-ci faisant 100.

Le premier critère est évalué par rapport à une feuille de route qui décrit les principes, valeurs et finalités à respecter. Les autres sont assez couramment pratiqués. On pourrait insister sur l'impératif de lisibilité et de simplicité à côté de la réversibilité (ce qui est mis en place laisse la place à des aménagements ultérieurs).

Dans les trois dernières colonnes, l'évaluation est portée. Il en résulte un taux d'atteinte global de la cible.

Évaluer

Enfin, comme toute pratique de GRH, la politique de rémunération et ses impacts doivent être évalués. Deux types d'évaluations complémentaires sont possibles.

Une évaluation qualitative

On travaille sur des indices (taux de départ, délai de recrutement) ; aucune relation de cause à effet exclusive ne peut être retenue. Il s'agit de croiser les indices. Le baromètre d'opinion est un outil qui mesure notamment la satisfaction des salariés à l'égard du système de rémunération. Les grandes entreprises y recourent systématiquement aujourd'hui. Les remontées des partenaires sociaux sont utilisées. C'est la veille sociale appliquée à la politique de reconnaissance.

Une évaluation quantitative

Cette évaluation peut être de plusieurs ordres. L'impact des négociations collectives est analysé. Parallèlement, le non-dépassement des enveloppes salariales par les managers peut être vérifié. Enfin, les variations de la masse salariale pourront être contrôlées (voir chapitre 14, « Gérer la paie »).

L'objectif actuel d'un système de rémunération est triple :

- préserver l'équité individuelle et collective ;
- augmenter la performance des individus et des collectifs de travail ;
- assurer la compétitivité externe de l'entreprise.

Dans ce but, l'entreprise peut mettre en place un système de rémunération dit « cafétéria » ou rémunération à la carte, dans lequel le salarié ne choisit pas le montant de sa rémunération mais les composantes de celle-ci. Il sélectionne, pour un montant déterminé par la DRH, parmi les différents périphériques de rémunération ceux qui correspondent le mieux à la satisfaction de ses besoins du moment. Cette technique de rémunération officialise la segmentation des rémunérations. Ainsi, du salaire des grilles de classification, les entreprises sont passées aux salaires individualisés. De la rémunération de la qualification, elles passent à la rémunération des compétences. De la rémunération à l'ancienneté, elles sont passées à la rémunération au mérite, etc. Pour que l'individualisation des rémunérations ne devienne pas un objectif en soi, qui anéantisse toute référence au collectif de travail, il semble important dans sa mise en œuvre de communiquer à ce collectif sur des axes fédérateurs. C'est tout le sens d'une politique de rémunération : le discours est-il crédible pour être fédérateur ? Question de cohérence et de confiance inspirée.

Focus 9.4

Avantages sociaux

Bien qu'ils représentent une part significative des coûts du travail à travers la protection sociale, ils sont rarement l'occasion d'un travail d'analyse avec les partenaires sociaux au niveau de l'entreprise.

Deux grands courants de pensée de la protection sociale structurent l'investissement des pays en la matière. Les négociations aux États-Unis de « l'Obama care » peuvent aider à se représenter les fondamentaux comparativement à la France.

	France	États-Unis
Contexte réglementaire	Sécurité sociale pour tous depuis 1945	Régimes publics de couverture santé pour les retraités et bas revenus depuis 1965
Évolution des pouvoirs publics	Déremboursement, recentrage sur les risques lourds	Extension des couvertures de santé par la réglementation du marché
Dynamique fondamentale	Financer un dispositif public	« Protéger le consommateur »
Situation des entreprises	Différenciateur « moyen » sur le marché : l'absence de complémentaire santé est un différenciateur négatif	Les régimes de santé complémentaires sont un différenciateur fort (par exemple, soins dentaires)
Charges patronales totales	54 %	29 %

Source : Masson P., C&B Orange Business, 2013.

3. L'avenir des rémunérations

Réussir la mise en œuvre d'une politique de rémunération est un exercice complexe pour la DRH et le management au regard des forts enjeux notifiés ci-avant. Mais ces enjeux, associés à une démarche méthodologique solide par système de scénarios, accompagnent un glissement évolutif des dispositifs traditionnels de rémunération et des attentes des collaborateurs. La rémunération est proche d'être mise dans « tous ses états », comme en témoignent les souhaits de congruence internationale de standards de rémunération (salaire minimum, systèmes de retraite, protection sociale…), une nouvelle relation perceptible entre rémunération, carrière et investissement individuel ou encore une certaine virtualisation des organisations.

3.1. Une nouvelle relation rémunération/comportement : le co-investissement individu/organisation

Les politiques de rémunération basées sur la notion d'équité sont complexes à mettre en œuvre tant l'évaluation de la performance par le management et les relations entre le triptyque DRH – manager – collaborateur demeurent imparfaites. En acceptant les limites de ces modèles, la DRH peut prendre ces contraintes comme un atout, en développant des politiques de rémunération basées sur le co-investissement individu/organisation. Ici, le management possède une place centrale (voir ci-dessous) dans l'anticipation des besoins des individus. Et ces derniers demeurent les acteurs de leur performance et de leur rémunération, dans la logique de la responsabilisation croissante des salariés en termes de carrière et de formation. Quand, pour la carrière et la formation, l'organisation doit mettre à disposition les moyens du développement et des choix de progression des salariés, il peut en être de même pour la rémunération.

En effet, en créant les conditions de la performance, l'organisation responsabilise les salariés quant à l'objectif d'accroissement de leur performance qui, atteinte, permet l'accès aux dispositifs variés de rémunération proposés par l'organisation selon le score de performance réalisé. La politique de rémunération sort ici d'une gestion linéaire et responsabilise l'individu dans son devoir de performance. Elle assouplit la modalité de gestion opérationnelle de la rémunération, qui ne répond plus en tant que telle à un processus, mais à un système d'échange, de co-investissement dynamique, dont le manager demeure le garde-fou et le pilote. Le focus 9.5 donne un exemple du fonctionnement et de son mode de régulation.

Focus 9.5

Les « mercenaires »

La catégorie des « mercenaires » au sein des organisations et sur le marché de l'emploi pousse à son paroxysme les idées de responsabilisation individuelle en termes de carrière et de formation, en construisant leur relation de travail sur cette base du co-investissement. La relation aux organisations est ici quasi marchande. Les « mercenaires » prennent les décisions de rester, de travailler dans tel ou tel contexte, sans attendre les feux verts organisationnels, et quittent l'organisation dès que le contexte commence à vaciller. Ils aiment à travailler et recherchent le plaisir dans la tâche et les missions avant tout.

Focus 9.5 (suite)

Ces « mercenaires » caractérisent tout type d'individus, aidés par une forte confiance en soi, un positionnement sur un marché en rareté des compétences et une grande connaissance des codes organisationnels. Pour le management, il ne s'agit pas de créer des dispositifs particuliers pour ces « mercenaires » en cherchant par exemple à les fidéliser par une rémunération trop avantageuse. Au contraire, il est nécessaire de les considérer comme des *great performers* de passage dans l'organisation, dont les bénéfices peuvent être une augmentation temporelle de la performance du service et une émulation collective à plus long terme. Le revers, et le point de vigilance nodal pour le manager, sera de ne pas laisser transformer ces collaborateurs en une troupe de « prédateurs » des valeurs dominantes de l'organisation.

3.2. L'entreprise éclatée

Depuis la fin des années 1990, une tendance à recentrer les organisations sur le cœur de leur métier conduit à voir cohabiter sur des sites ou à entrer en relation à distance des salariés qui « travaillent pour » mais « ne sont pas payés par ». Cela a d'abord concerné les emplois les moins qualifiés (sous-traitance par des entreprises de nettoyage), puis des métiers souvent spécialisés et à technicité certaine (exploitation informatique). Au cours des années 2000, cette pratique a pu conduire certains à parler de virtualisation des organisations. Sont ainsi rassemblés sur des projets des personnes issues d'organisations différentes ayant des salaires différents et des statuts variés (prestataires, indépendants, fournisseurs, codéveloppeurs, etc.).

Certains s'inquiéteront à juste titre des risques de perte de cohésion et de sens à travers ces pratiques. On peut voir dans cet éclatement l'opportunité d'un apprentissage pour les salariés comme pour les entreprises. Il s'agit en outre de favoriser l'évaluation par les salariés de la rémunération globale qui est la leur par rapport à d'autres avec lesquels ils travaillent entre pairs. Développer des opportunités de fluidité des parcours professionnels (passer du statut de salarié à celui d'indépendant pendant un temps et revenir dans un autre rôle dans l'entreprise). Du côté entreprise, c'est l'opportunité de recevoir une forme de pression de l'extérieur, de mieux définir son modèle de reconnaissance : le capital humain en cause est-il principalement un coût ? Un contrat négocié ? Un investissement de long terme ?

Il semble bien que rares seront, dans l'avenir, les grandes organisations mondialisées qui pourront offrir un modèle unique à l'ensemble de leurs salariés.

Ces pratiques sont à la fois un symptôme de la rigidité du modèle plus particulièrement français, mais aussi une opportunité d'apprentissage de la gestion individuelle de son parcours par des personnes plus autonomes et plus responsables. Du côté de l'entreprise, elles reflètent une exigence de cohérence entre le discours et l'offre de relation aux salariés. Ceux qui se seront saisis de leur liberté accepteront plus facilement un contrat négocié avec ses avantages et inconvénients qu'un discours lénifiant rarement tenu.

En conclusion, les grilles de classification et les pratiques de rémunération renvoient à des enjeux organisationnels et individuels forts. À cet égard, la situation peut être considérée comme insatisfaisante. En effet, la vocation de la classification est de représenter le système d'ordre de l'entreprise et de donner à chaque salarié les repères de sa place. La vocation du système de qualification est d'assurer l'évolution du capital compétence de l'organisation. La vocation du système de rémunération est de reconnaître la contribution individuelle et collective des salariés à la performance de l'organisation. Or, les repères actuels donnés par la qualification sont déconnectés de la réalité de l'entreprise et de l'équipe. L'évolution du capital compétence est gérée à la marge sans être au cœur du système. Enfin, on assiste à une dérive de la notion de performance en ce sens qu'on rémunère essentiellement un résultat quantitatif au lieu de reconnaître son essence, l'effort réussi d'adaptabilité des personnes à leur contexte. Repenser ces questions consisterait à relier plus clairement classification, qualification, grille de salaires et système de rémunération en les centrant sur des notions de contributions individuelles et collectives, de compétences et de mobilité. L'enjeu essentiel d'une fonction RH sur ces problématiques est bien de refonder une cohésion sociale à travers un meilleur équilibre de la reconnaissance individuelle et collective et, ainsi, légitimer les exigences d'adaptabilité des personnes. La performance deviendrait alors la mise en œuvre effective de capacités d'adaptation tout au long d'un parcours professionnel.

Résumé

Les emplois sont hiérarchisés dans la grille de classification d'une entreprise. La qualification désigne la hiérarchie que l'on peut établir entre les individus en fonction de leur capacité prouvée.

Il existe deux grands types de méthodes pour classer les emplois : globales ou analytiques.

Le choix d'une méthode dépend des choix stratégiques de l'entreprise en matière d'équité, de légitimité, d'ouverture, de souplesse et d'utilisation. Quelle que soit la méthode choisie, la grille de classification doit s'élaborer de manière concertée.

Reposant sur la grille de classification, la politique de rémunération sert trois objectifs : l'équité, la compétitivité et la reconnaissance des prestations fournies.

Les étapes incontournables dans la mise en place d'une politique de rémunération sont : le diagnostic, l'élaboration de plusieurs scénarios, le choix de l'un d'entre eux en fonction de la stratégie de l'entreprise, sa communication à l'ensemble des salariés et son évaluation.

Bibliographie

Cougard A., *Du gel des salaires à la débâcle des compétences*, L'Harmattan, 2009.

Denimal P.H., *Classification, qualification, compétences*, Liaisons, 2013.

Martory B., *Contrôle de gestion sociale*, Eyrolles, 2009.

Roman B., *Bâtir une stratégie de rémunération*, Dunod, 2010.

Saint-Onge S. et Thériault R., *Gestion des rémunérations*, Gaëtan Morin, 2012.

Activités

Questions

1. À quelle stratégie de rémunération incite une pyramide des âges en forme de champignon ?
2. Pour comparer le coût du travail de deux entreprises, quel indicateur vous paraît-il le plus adapté ? Pourquoi ?
3. Vous rechercherez des informations, auprès de l'observatoire des inégalités (http://www.inegalites.fr/index.php) et de l'Insee, sur les très hauts salaires (http://www.insee.fr/fr/themes/document.asp?reg_id=0&id=2913). Vous présenterez ensuite les enjeux actuels relatifs à la dispersion des salaires ; vous porterez une appréciation sur les liens qu'il est nécessaire de réaliser entre transferts sociaux, revenus, patrimoine et salaire, afin d'agir efficacement sur les inégalités.
4. Quels prérequis sont nécessaires avant toute élaboration d'une stratégie de rémunération ?

Étude de cas

Vous participez à une journée internationale des DRH de votre société. Il est envisagé de modifier profondément les politiques RH du groupe. Vous êtes en charge de l'animation d'un atelier de créativité sur les politiques de rémunération.

Après une heure d'échange et de controverses, votre petit groupe de six DRH dégage deux orientations essentielles :

1. Élargissement des bandes de salaire car, selon le groupe, cela permettrait de mieux reconnaître les qualités individuelles des salariés.

   a. Avant d'aller plus loin, car vous n'êtes pas très certain que tout le monde a compris, vous faites remplir le tableau ci-dessous, que vous dessinez sur le tableau papier.

	Échelle de salaires élargie	Pas de modification de l'échelle de salaires
Élargissement des classes d'emploi et réduction de leur nombre	b.	c.
Statu quo sur les classes d'emploi	d.	e.

   Vous demandez au groupe de définir les caractéristiques de b, c, d et e.

   b. Vous demandez ensuite au groupe de lister ce à quoi peut servir un système de bandes élargies de rémunération. Quel est le résultat de votre créativité ?

2. La seconde idée à creuser est celle des conditions de succès d'une rémunération par les compétences. Quel est là aussi le résultat de la créativité ? Quelle est votre conclusion sur la base de ce résultat ?

Chapitre 10

Manager les RH à l'international

Cécile Dejoux

> **Ce chapitre aborde les questions suivantes :**
>
> - Quand une entreprise s'internationalise, quelles sont ses problématiques RH ?
> - Comment mettre en place une gestion internationale des RH ?
> - Quelles sont les différentes formes de mobilité à l'international ?
> - Comment adapter les processus de recrutement, de rémunération et de formation à l'international ?

Qu'elles soient cotées au Cac 40 ou positionnées comme des PME, les entreprises sont toutes aujourd'hui concernées par la mondialisation et l'internationalisation de l'économie. L'exportation ou l'implantation à l'étranger constitue des moteurs de développement (voir chapitre 1, « Gérer les ressources humaines »). Les clients, les partenaires, les fournisseurs ou les investisseurs peuvent provenir de tous les pays et varier très vite en fonction des fluctuations des cycles économiques. L'entreprise d'aujourd'hui s'adapte et n'a plus de frontières en ce qui concerne ses ventes, ses ressources, ses capitaux et ses hommes.

Dans un tel contexte, la gestion internationale des ressources humaines (GIRH) prend tout son sens. L'organisation de la fonction RH internationale se pose à la fois dans les entreprises qui sont concernées par un développement géographique, mais aussi dans celles qui vivent des fusions-acquisitions et qui intègrent de nouvelles sociétés au sein de leur groupe. Elle représente un domaine à part entière des ressources humaines. Ce chapitre présente la diversité des formes d'internationalisation, la spécificité des problématiques qui se posent aux ressources humaines « à l'international » et, enfin, expose trois domaines au cœur de la GIRH : la prise en compte de la composante culturelle ; la diversité des contrats et des profils ; les choix en matière de recrutement, de rémunération et de formation spécifiques au contexte international.

1. Positionnement de la GIRH : contexte et problématiques

1.1. Contexte : quelles sont les formes d'internationalisation ?

Pour appréhender les fondements et les enjeux de la GIRH, il est nécessaire de la relier au contexte dans lequel s'inscrit le développement international de l'entreprise. La diversité des pratiques de GIRH dépend de la forme de celle-ci et du mode d'internationalisation qu'elle a choisis.

Les entreprises qui s'inscrivent dans une logique de développement international connaissent une grande variété de formes structurelles. Celles-ci rendent compte de différents niveaux d'intégration à l'international. Ces formes structurelles peuvent se succéder ou non selon les choix stratégiques.

De nombreux auteurs ont réalisé des recherches sur les spécificités des entreprises multiculturelles. Les travaux de Heenan et Perlmutter (1979) s'intéressent aux aspects RH. Ces auteurs identifient quatre formes d'entreprises à l'international :

- **Ethnocentriques.** Elles vont privilégier le recrutement de cadres locaux sans mobilité internationale. Les postes clés de la maison mère et du pays d'accueil sont donnés aux personnels du siège qui peuvent se trouver expatriés avec des avantages substantiels. Le service RH du siège gérera les expatriés.
- **Polycentriques.** Elles vont former localement les cadres dont elles ont besoin. Chaque filiale est autonome et applique sa propre politique, également dans le domaine RH. Les expatriés sont peu nombreux et les cadres locaux dirigeront les filiales. L'objectif est d'arriver à une décentralisation totale des décisions et à une intégration maximale au marché local. Les managers RH locaux ont des responsabilités et prennent les décisions qui s'imposent dans la plupart des domaines RH.
- **Géocentriques.** Elles favoriseront la mobilité internationale des cadres recrutés localement et des cadres expatriés. L'entreprise est découpée en régions mondiales. La mobilité internationale est valorisée et se fonde sur le transfert de compétences sans référence à la nationalité. Le siège centralise les décisions et les processus RH. Les outils et certains domaines comme la formation peuvent être décentralisés.
- **Régiocentriques.** Elles développeront le recrutement local plutôt que l'expatriation. Ce type d'organisation fait appel aux compétences nationales si le marché régional RH s'avère insuffisant ou inadapté en termes de compétences.

Au sein d'un même groupe peuvent coexister plusieurs modèles en fonction des activités et des services commercialisés, par exemple, ou à la suite de fusions-acquisitions.

En ce qui concerne les modes d'internationalisation, le choix est également large. En voici quelques-uns parmi les plus classiques :

- **Exportation.** L'entreprise explore le marché sans impliquer nécessairement des collaborateurs. Le recours à des intermédiaires peut suffire. L'entreprise peut décider de faire distribuer ses produits par une société locale. Si, au contraire, elle installe progressivement un service export, les aspects RH seront gérés par le siège.
- **Filiales à l'étranger.** Des succursales sont créées et il faut décider des proportions de personnel local et étranger. Un service RH embryonnaire peut apparaître si le nombre d'employés le justifie.
- **Création d'usine ou d'unités de production à l'étranger.** La main-d'œuvre peut être recrutée localement ; en revanche, la maison mère peut choisir d'expatrier du personnel d'encadrement pour mettre en place les *process* et gérer les innovations ou brevets. Au départ, c'est le siège qui gère les RH. Avec le temps, un service RH est généralement implanté sur place et prend de plus en plus de décisions.
- **Sous-traitance locale du produit.** Le produit est commercialisé localement. Le recours à des partenariats ou à des alliances qui s'appuieront sur des compétences locales est alors important. Cette solution offre l'avantage de faciliter l'introduction dans les circuits de commercialisation ou auprès des prescripteurs. L'entreprise pourra toujours s'informer sur des questions RH locales, comme la gestion des carrières ou les conditions de travail, si cela a été mentionné dans l'accord initial.

En synthèse, il est possible de croiser les formes d'entreprises à l'international et les modes de présence à l'étranger (voir tableau 10.1).

Tableau 10.1 – Les formes d'internationalisation

	Exportation	Filiale	Unité de production	Sous-traitance
Ethnocentriques		x	x	
Polycentriques			x	x
Géocentriques	x	x		
Régiocentriques		x		x

Ce tableau rend compte de la multitude des situations existantes, des liens entre la forme de l'entreprise et ses choix de présence à l'international.

Parallèlement à la forme choisie pour investir à l'international, chaque entreprise poursuit des objectifs bien précis qui découlent des problématiques auxquelles elle est confrontée.

1.2. Problématiques : quelles questions RH se posent à l'entreprise quand elle s'internationalise ?

Dès que l'entreprise a des activités à l'étranger, le département RH se dote de nouveaux rôles et gère de nouvelles missions qui seront réalisées par le siège ou par la filiale, suivant l'organisation qu'elle a choisie. Un système de gestion des ressources humaines à l'international doit prendre des décisions dans quatre domaines (voir focus 10.1).

Focus 10.1

Le carré magique des décisions à prendre en GIRH

La figure ci-dessous synthétise, autour de quatre axes, l'essentiel des questionnements et des positions à prendre en matière de GIRH.

Axe 1. Hommes, processus et outils

- Quelles sont la place et l'importance accordées aux carrières internationales dans l'entreprise ?
- Existe-t-il un profil de managers à l'international ?
- Comment faire coexister et optimiser les différences culturelles (voir sous-section 2.1) ?
- Sous quels statuts et avec quelles mesures accompagner les collaborateurs qui vont vivre à l'international (voir sous-section 2.2) ?
- Dans quelle mesure les processus RH peuvent-ils être identiques dans tous les pays ? Quels sont les ajustements à mettre en place (voir sous-section 2.3) ?
- Quel système de rémunération choisir pour favoriser l'attractivité et la mobilité internationale ?
- Comment détecter les processus et les outils RH qui doivent être conçus et pilotés par le siège de ceux qui seront plus efficaces s'ils sont créés par le management RH local ?

Axe 2. Pouvoir, liberté d'action

- Comment répartir le pouvoir et la liberté d'action en GRH entre les responsables RH ***corporate*** et **opérationnels** sur site ?
- Quel est le niveau de centralisation (par rapport au siège social) des décisions RH ?
- Quel système de contrôle RH mettre en place dans les filiales à l'international ?

Axe 3. Contexte légal et fiscal

- Pour quelles décisions RH faudra-t-il prendre l'avis d'un expert juridique local ?
- Comment harmoniser les échelles de salaires pour des métiers identiques ?
- Vaut-il mieux expatrier un salarié ou lui proposer un contrat local ?

Axe 4. Éthique et équité

- Quelles limites « éthiques » l'entreprise définit-elle, par exemple en termes d'harmonisation des salaires, de conditions de travail ?

L'exemple de la charte éthique d'Adidas intègre des principes RH qui doivent être appliqués dans tous les pays où se trouve l'entreprise et à tous ses partenaires (voir exemple 10.1).

Exemple 10.1

Droits et devoirs du groupe adidas à l'international

En tant que société employant plus de 46 000 personnes, le groupe adidas a établi des normes et des règles qui précisent les responsabilités du groupe envers ses effectifs mondiaux.

Les principes de respect des droits des travailleurs du groupe démontrent l'engagement de ce dernier envers la Déclaration universelle des droits de l'homme des Nations unies et déterminent le cadre d'orientation de plusieurs stratégies au niveau du groupe : politiques liées à des questions telles que le recrutement du personnel, le développement, l'égalité des chances et de la rémunération et des avantages sociaux.

L'intégrité est une des valeurs fondamentales du groupe adidas. Tous les employés sont tenus d'agir avec équité et responsabilité, ainsi que dans le respect des lois et règlements pertinents dans l'exercice de leurs tâches. Afin de maintenir une bonne gouvernance d'entreprise, adidas a adopté le code de conduite du groupe adidas.

Exemple 10.1 (suite)

Le code est la pierre angulaire du comportement de travail éthique pour nos employés. Il définit des règles en ce qui concerne le comportement conforme à la loi et éthique envers les autres employés, les partenaires commerciaux et les tierces parties, dans le traitement de l'information – en particulier les informations réservées aux initiés.

Le code de conduite est soutenu par une formation obligatoire en ligne disponible en 10 langues. Cette formation continue vise à sensibiliser à ce qu'est un comportement éthique et social. Chaque nouvel employé est automatiquement invité à suivre la formation.

Plaintes et non-conformités

Pour le suivi des plaintes ou des cas de non-conformité, nous avons établi un réseau de 20 responsables de la conformité dans le monde entier. En 2013, nous avons installé une ligne globale appelée la « Fair Play Hotline ». Avec la Fair Play Hotline, nos employés peuvent soumettre des plaintes anonymes.

Assurer la protection des données

Assurer la confidentialité autour des données est un aspect important du programme de conformité du groupe. Notre système de protection des données vise à garantir que les informations personnelles sont traitées et stockées conformément aux lois applicables et aux politiques internes à l'échelle mondiale. Tous les employés reçoivent une formation sur la protection des données en ligne, et une formation particulière est accordée aux services qui gèrent des données sensibles, tels que les services de marketing.

Source : Traduction et libre adaptation du site : http://www.adidas-group.com/en/sustainability/employees/rights-and-rules/

Aux différentes questions de la figure du focus 10.1, chaque entreprise trouvera une réponse en fonction de sa culture, de sa vision, de ses valeurs et de ses principes. C'est à partir de ces choix qu'elle organisera les objectifs et les modalités de fonctionnement de sa GIRH.

Ce chapitre approfondira plus particulièrement le premier axe, « Homme, processus et outils », et tentera de répondre aux questions suivantes :

- Comment intégrer des profils culturels différents (voir sous-section 2.1) ?
- Quels statuts et quels profils choisir (voir sous-section 2.2) ?
- Quels sont les processus RH et les outils qui peuvent être locaux et ceux qui doivent rester identiques dans tous les pays (voir sous-section 2.3) ?

2. Organisation de la GIRH : hommes, processus, outils

La fonction RH n'a plus de frontières. Elle s'est adaptée à un marché mondialisé. Mais à quoi correspond-elle plus précisément ?

2.1. Gérer la diversité des cultures

Dans le travail au quotidien, les différences culturelles facilitent ou freinent les relations interpersonnelles. Il est important que tout étranger qui arrive dans un nouveau pays soit formé, afin de décoder les attitudes et les comportements locaux et de s'y adapter. Cela évitera des incompréhensions inutiles.

De nombreuses études ont approfondi la question de l'impact des cultures nationales sur la gestion et le management des entreprises. En particulier, les travaux fondateurs de Hofstede (1982) et le système de réactivité de Hall (1984). Les chercheurs et les entreprises ont identifié les profils qui ont le plus de chances de réussir leur expérience à l'international. Il s'agit de personnes qui possèdent une compétence interculturelle.

Les travaux fondateurs de Hofstede

Geert Hofstede (1982) a décrit les cultures nationales de plus de 50 pays situés sur les cinq continents, en se référant à des échantillons composés d'employés d'IBM. Cette étude a été réalisée en deux vagues (1967-1969, puis 1971-1973). L'auteur a mis en évidence des différences et des similitudes entre les cultures. Il a notamment proposé un modèle qui définit la culture autour de cinq dimensions bipolaires, indépendantes les unes des autres et permettant de caractériser les styles de management. Ses recherches continuent d'évoluer avec son dernier ouvrage écrit en 2010. Ainsi, ces dimensions permettent d'expliquer et/ou d'anticiper le style de direction, la nature de la motivation, la façon de mettre en œuvre les processus et la prise de risque. Il distingue cinq dimensions :

Dimension 1 : distance hiérarchique

L'auteur observe que plus le pays est près de l'Équateur, plus la distance hiérarchique est grande. La distance hiérarchique doit s'interpréter comme la perception que le collaborateur a du pouvoir de son chef. Plus la population d'un pays est faible, plus la distance hiérarchique est courte dans les entreprises. Les entreprises des pays caractérisés par une distance hiérarchique élevée choisissent naturellement une politique de centralisation favorisée par une structure pyramidale nécessitant un fort taux d'encadrement, et réciproquement.

Dimension 2 : orientation individualiste ou communautaire

L'auteur conclut que les pays les plus riches ont tendance à favoriser les comportements individualistes, alors que les pays les plus pauvres adoptent un comportement collectif. Les comportements individualistes amènent les collaborateurs à développer des relations opportunistes en dehors de l'entreprise et à accepter le conflit comme un mode de régulation. À l'inverse, les comportements communautaires favorisent la création d'un réseau social au sein de l'entreprise, fondé sur des relations de confiance et la recherche du consensus, alors que le conflit est jugé inacceptable.

Dimension 3 : relation à l'incertitude et à l'ambiguïté

Certaines cultures favorisent la prise de risque, d'autres l'évitement. Les environnements qui ont peu de contrôle sur l'incertitude développent des capacités d'adaptation et d'innovation. Dans un environnement peu contrôlé, l'échec et l'erreur seront plus facilement acceptés.

Dimension 4 : valeurs masculine ou féminine

Les valeurs de réussite et de promotion renvoient à une orientation masculine, alors que l'entraide et l'environnement social renvoient à des valeurs féminines. Le recours aux valeurs est essentiel dans les choix stratégiques de l'entreprise : engagement dans une politique de responsabilité sociale ou/et priorité au développement du profit. Ce choix aura pour conséquences des orientations plutôt fondées sur la logique de réalisation (culture du résultat – valeur masculine) ou la logique de développement (amélioration de la formation – valeur féminine). La réalité est souvent représentée par un *mix* de ces types de valeurs.

Dimension 5 : orientation temporelle

Cette dimension a été ajoutée plus récemment. Elle désigne le degré d'attachement d'une société aux valeurs traditionnelles. Une culture axée sur le long terme aura pour valeurs principales l'épargne, la continuité et la tradition. À l'inverse, une culture axée sur le court terme privilégiera les valeurs relatives au présent et au changement.

Les travaux de Hofstede l'ont conduit à effectuer une analyse comparative interpays à partir de ces dimensions en chiffrant le positionnement du pays par rapport aux variables. Ces données sont à prendre en compte dans la gestion des hommes et des processus à l'international.

Le programme Globe[1]

Ce vaste programme sur le leadership interculturel a été lancé en 1993. Les données ont été collectées, par 170 chercheurs, auprès de 18 000 managers de 825 organisations situées dans 62 pays. Neuf dimensions qui permettent de différencier les cultures nationales ont été mises en évidence : l'affirmation de soi, l'orientation vers l'avenir, la différenciation sexuelle, l'aversion pour l'incertitude, la distance hiérarchique, l'individualisme/collectivisme, le collectivisme intragroupe, l'orientation vers la performance, l'orientation vers les relations humaines.

Le système de réactivité de Hall

E.T. Hall[2] a remarqué qu'il existait des différences culturelles majeures en fonction de l'importance accordée aux tâches plutôt qu'aux personnes. Par exemple, suivant les cultures, il est plus important de commencer par tisser des relations de confiance que d'arriver à un résultat (Asie, Amérique latine, Moyen-Orient). À l'inverse, d'autres pays privilégieront l'efficacité aux relations interpersonnelles (États-Unis).

L'auteur souligne une différence entre les « cultures à contexte riche » – importance du gestuel, utilisation du non-verbal, réseau interpersonnel, attitude d'empathie – et les « cultures à contexte pauvre » – importance de l'écrit, respect des délais et des détails, circulation hiérarchisée de l'information, recherche de l'efficacité à court terme et attitude professionnelle ne liant pas le personnel.

Les recherches théoriques sur la culture apportent des axes de réflexion très utiles, mais difficiles à appliquer dans le management interculturel. C'est pourquoi de plus en plus de DRH privilégient le recours à la notion de compétence interculturelle. Celle-ci intègre les apports des travaux sur l'interculturel et les opérationnalise en des capacités comportementales évaluables dans le cadre d'un entretien annuel.

La compétence interculturelle

Avec l'internationalisation des études en formation initiale, l'expérience internationale est presque devenue une « norme » dans un profil de cadre. De nombreux étudiants

1. *Global Leadership and Organizational Behavior Effectiveness.*
2. Hall E.T., *The Hidden Dimension*, 1966.

peuvent se prévaloir de stages ou d'études à l'étranger. Parallèlement, les entreprises ont depuis une quinzaine d'années recruté des profils multiculturels et considèrent le développement de la mobilité internationale comme une priorité.

Mais toutes les expériences à l'international ne se ressemblent pas. Elles dépendent :

- **Du statut.** Expatrié, « en mission », « métier à rayonnement international » (voir sous-section 2.2) ?
- **De la fréquence des déplacements.** Annuels, réguliers, exceptionnels ?
- **De leur diversité.** Rencontres récurrentes avec les mêmes interlocuteurs, visite de différents pays, nombre d'acteurs rencontrés ?
- **De leur durée.** Mois, années, contacts entretenus régulièrement par NTIC ?
- **Du degré de l'implication culturelle.** Degré d'investissement personnel dans la compréhension de la culture de l'autre ?

En effet, les expériences à l'international sont différentes, mais pour réussir une mobilité internationale, il est important d'intégrer des savoir-faire, des comportements et des connaissances culturelles afin de s'inscrire dans un processus d'adaptation et de changement.

Quel que soit le vécu à l'étranger, il permet de constituer une **compétence inter- ou multiculturelle**, qui se traduit par une faculté de combiner les ingrédients suivants (Meier, 2010) :

- La capacité d'ouverture.
- Le sens du dialogue productif et constructif.
- Le sens de la coopération.
- La capacité à concevoir et à communiquer des représentations pertinentes qui s'inspirent de et orientent l'action collective.
- Le sens de l'expérimentation qui privilégie l'apprentissage.
- La capacité à s'adapter, compétence difficile à définir et qui évoque un subtil dosage de confiance en soi, d'intérêt pour le défi, de goût de l'aventure, de stabilité émotionnelle, de sens de la remise en cause, d'écoute, d'empathie, de curiosité. Ces qualités ne sont bien sûr pas exhaustives !

Cerdin (2007) a défini la compétence interculturelle autour de quatre éléments mesurables :

- la confiance des personnes en leurs compétences ;
- la capacité de substitution (être capable de remplacer ce que l'on désire dans son pays par autre chose dans un autre pays) ;
- la capacité à gérer son stress ;
- la capacité d'ouverture.

Cette compétence peut commencer par s'acquérir lors de stages à l'étranger ou de formation. Elle continuera à se développer tout au long de la vie professionnelle lors de relations professionnelles avec des interlocuteurs (fournisseurs, clients, prestataires, collaborateurs) étrangers. Elle demeure indispensable de nos jours, et nous ne pouvons que conseiller de l'entretenir en lisant, écoutant et dialoguant avec un maximum de personnes différentes car ce n'est pas la distance géographique qui définit la compétence culturelle, c'est avant tout l'ouverture d'esprit et la volonté d'aller à la rencontre de personnes différentes.

Ainsi, avant d'envoyer une personne à l'international, il est important d'évaluer le contexte culturel et la maturité de la compétence interculturelle. Dans un second temps, le choix d'un contrat s'avère nécessaire.

Focus 10.2

Principaux auteurs qui traitent de l'analyse culturelle

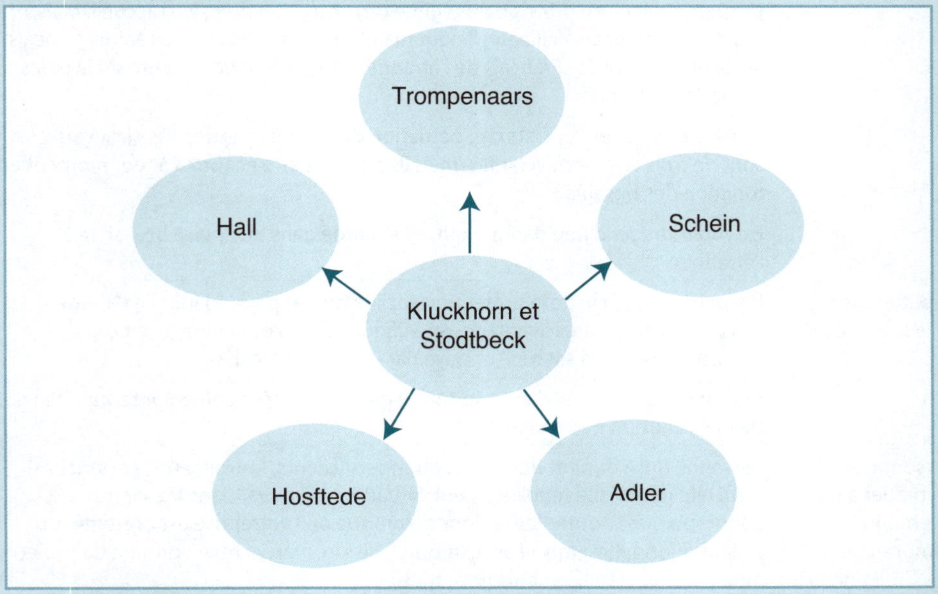

Source : D'après Brewster, Sparow et Vernon, dans Barabel et Meier, 2007, p. 116.

2.2. Différents contrats pour travailler à l'étranger

Il y a 20 ans, la GIRH était peu développée et se concentrait sur la gestion des expatriés. Depuis, différents contrats ont été conçus pour optimiser les coûts d'une expérience professionnelle à l'étranger.

Contrairement à une idée largement répandue, l'envoi de personnes à l'étranger ne se réduit pas à l'expatriation. La gestion des expatriés continue d'exister dans les entreprises multinationales, elle vise le transfert de compétences mais aussi deux autres objectifs, en matière de GRH : attirer les jeunes potentiels et développer l'adaptabilité et les compétences des collaborateurs grâce à l'expatriation.

Mais, aujourd'hui, les entreprises considèrent l'expatriation comme un luxe, une formule onéreuse (coût des charges sociales, des frais de déménagement, de loyer, d'école, d'accompagnement) qui tend à laisser la place à des recrutements locaux. Les organisations préfèrent des formes de mobilité plus flexibles et rentables comme des missions à court terme, le *commuting*, le recrutement et la formation de personnel local, le *third country nationals* ou les nationaux d'un pays tiers (par exemple, un Anglais travaillant à Singapour pour une entreprise indienne).

Les principaux contrats à l'international sont repris dans le tableau 10.2.

Tableau 10.2 – Principaux contrats à l'international

Expatrié	Personne qui est envoyée vivre dans un autre pays pour un temps non négligeable dans un cadre intra-entreprise. Il s'agit souvent d'un transfert de compétences nécessaire. Coûteuse et risquée, car l'expatriation mal vécue par la famille peut aboutir à un échec, cette formule est considérée comme un investissement à long terme pour l'entreprise. L'expatrié relève en principe du régime de protection du pays d'accueil. Mais, en cas de couverture défaillante, il peut maintenir son adhésion au régime français *via* la CFE (Caisse des Français de l'étranger), organisme de Sécurité sociale des Français à l'étranger. Généralement, les contrats d'expatriation des grandes entreprises françaises sont de trois ans renouvelables, mais ils peuvent être écourtés à tout moment en fonction des besoins. Exemple : *trader* d'une banque qui est expatrié dans une place boursière à l'étranger.
Expatrié avec un contrat local	L'expatrié bénéficie de la protection sociale de son pays, à laquelle s'ajoutent des primes et d'autres avantages spécifiques de l'expatriation (« package compensatoire »). Il est géré et payé par un contrat local. Exemple : commercial dans une compagnie de déménagement international qui travaille chez un partenaire local.
Personne avec un métier à visée internationale comprenant des « missions » à l'étranger	Personne qui a des interlocuteurs étrangers (clients, fournisseurs, partenaires) à qui elle rend visite régulièrement. Situations de travail sans frontières géographiques (toutes les régions du monde où l'entreprise est présente) ou organisationnelles (travail avec Internet, visioconférences, en groupe de projet multiculturel, déplacements ponctuels). Le contrat de travail compte une clause détaillant les montants des frais de déplacement. Exemple : ingénieur commercial d'un groupe industriel dans les télécommunications qui doit mettre au point des systèmes de câblage numérisés.
Expert avec un « rayonnement à l'international »	Personne qui travaille dans un contexte international, qui est amenée à faire des déplacements à l'étranger de façon ponctuelle et dont la plupart des interlocuteurs sont de cultures différentes. Le contrat sera un contrat de travail classique sans clause particulière. Les déplacements à l'étranger peuvent être mentionnés dans la fiche de poste. Exemple : responsable qualité d'une multinationale qui vérifie les mises en conformité des usines dans le monde, contrôleur de gestion qui assure le pilotage financier des filiales dans le monde.
Mobilité à court terme peu fréquente	Missions ponctuelles de 15 jours à six mois.
Mobilité à court terme continuelle	Missions fréquentes mais qui n'excèdent pas 15 jours.
Impatrié	Personne de nationalité étrangère qui intègre une entité de l'entreprise à laquelle elle appartient dans un autre pays que le sien et s'installe physiquement dans ce pays. Expertise qui peut être mise à disposition sur des périodes courtes.

	Un contrat d'impatriation est alors rédigé. Il n'existe pas de modèle type. La plupart des clauses présentes dans un contrat d'expatriation peuvent se retrouver dans un contrat d'impatriation (stage de connaissance culturelle, déménagement, école, loyer, etc.). Exemple : directeur d'usine de nationalité japonaise qui prend la direction d'une usine en France.
Commuting	La personne travaille dans un pays et est contrainte de faire des allers-retours réguliers dans son pays d'origine. Le contrat mentionne l'existence du *commuting*, le montant des indemnités et les remboursements de frais. Exemple : acheteur d'une enseigne de distribution qui se déplace dans toute l'Europe pour rencontrer les fournisseurs.
Mobilité personnelle internationale	Personne qui choisit délibérément d'orienter ses choix de carrière dans des entreprises et des missions qui lui apporteront des compétences à l'international. Exemple : chef de produit lessive en France qui devient chef de marque alimentation en Asie, directeur de McDonald's aux États-Unis.
Détaché	Personne envoyée en déplacement pour une durée limitée par une entreprise ayant son siège en France. Formule utilisée quand l'entreprise ne peut pas rattacher le cadre à une structure locale (souvent mission longue dans le pays avec des conditions de vie difficiles ou mission courte inférieure à un an). Les salariés détachés à l'étranger conservent un contrat de travail de droit français. Ils sont comptabilisés dans les effectifs de la société française. Ils restent affiliés à l'ensemble des régimes français d'assurances sociales (maladie, vieillesse, chômage, retraite complémentaire). Pour éviter la double imposition sur les cotisations sociales, plus d'une trentaine de conventions bilatérales ont été signées. Un salarié français détaché aux États-Unis peut ainsi continuer à cotiser auprès de la Sécurité sociale pendant cinq ans. Exemple : responsable forage détaché pour une mission de prospection dans la mer de Chine.
VIE*	Le VIE (volontariat international en entreprise) créé en 2000, en remplacement du service national de coopération, permet aux entreprises d'envoyer un jeune de 18 à 28 ans à l'étranger pour une mission de six mois à deux ans. L'entreprise est exonérée de toute charge sociale en France. Le jeune collaborateur reçoit une indemnité fixée par pays en fonction du coût de la vie (environ 1 500 € pour le Maroc, 3 000 € pour les États-Unis) exonérée de charges sociales et de l'impôt sur le revenu. L'entreprise paiera en supplément des frais de gestion et de protection sociale selon son CA et le nombre de VIE en poste. Le budget VIE est intégrable dans une assurance prospection proposée par la Coface et peut bénéficier du crédit d'impôt export. Exemple : VIE pour une marque de luxe française en vue de la réalisation d'une étude d'implantation d'un nouveau magasin. Il est géré par Ubifrance.
Portage salarial à l'international	Cette formule est très souple et permet d'avoir des experts à l'étranger sans les contraintes administratives. C'est le cabinet de portage** qui prend en charge la responsabilité civile et professionnelle du porté, y compris l'assurance rapatriement. Exemple : spécialiste de la signalisation des routes envoyé en Inde pour une mission de huit mois.

* Voir http://www.ubifrance.fr. Les volontaires doivent s'inscrire auprès du Civi (Centre d'information sur le volontariat international) qui centralise les inscriptions et diffuse les offres de mission des entreprises – http://www.civiweb.com

** Cabinet ITG (Institut du temps géré), société de conseil en portage salarial – http://www.itg.fr

Ces différents contrats permettent à toutes les entreprises d'avoir une représentation à l'étranger.

Ubifrance, l'agence française internationale pour le développement présente dans 120 pays, propose des conseils, de la documentation, des séminaires et des voyages de reconnaissance pour les entreprises désireuses de se lancer à l'étranger, ainsi que des conseils sur les avantages des différentes modalités contractuelles. Elle possède, par exemple, une base de données des demandes de VIE. Sa présence et son réseau de partenaires à l'étranger constituent une aide précieuse pour les entreprises, tant d'un point de vue administratif, juridique que commercial.

Gérer les expatriés

Les entreprises qui investissent dans une politique d'expatriation possèdent, en plus de leurs objectifs stratégiques, des objectifs en GRH. Elles cherchent à recruter, au niveau international, les meilleurs potentiels et à développer qualitativement, grâce à un détour par l'international, les carrières de leurs collaborateurs par le biais de la promotion interne pour qu'ils deviennent encore plus compétitifs.

Attirer les hauts potentiels

La mobilité internationale constitue un argument pour attirer des collaborateurs à potentiel, en leur offrant des perspectives de carrière ou des contenus de missions très intéressants. De nombreuses entreprises utilisent cet atout pour valoriser leur image et proposer des avantages autres que financiers. Elles intègrent ainsi des personnes qui auront l'occasion de développer des capacités d'adaptation, facteur de différenciation essentiel dans les environnements économiques turbulents qui caractérisent les marchés internationaux.

L'expatriation est aussi une forme de développement de carrière des hauts potentiels. Nombreuses sont les entreprises qui décident d'offrir des expériences à l'international pour développer les compétences de leurs managers. Elles espèrent ainsi que les expatriés qui auront acquis une dimension internationale seront plus efficaces à leur retour. Les compétences qu'ils auront acquises seront indispensables pour comprendre le développement des marchés, les enjeux des innovations et posséder le réseau nécessaire dans l'optimisation des partenariats.

Pour occuper certaines responsabilités au sein de multinationales, il est considéré comme important d'avoir été confronté à d'autres cultures dominantes ou en émergence. L'expatriation sera alors vécue comme un parcours initiatique indispensable à une progression de carrière. L'expatriation peut aussi représenter un test « grandeur nature » qu'il faut réussir pour passer à l'échelon hiérarchique supérieur.

Proposer une expatriation dans la gestion des carrières

Une étude de l'Apec (2006) sur la gestion des cadres dans les entreprises internationales montrait que si la pratique de l'expatriation reste nécessaire pour certains postes dirigeants, de nombreux expatriés ont désormais moins une mission de direction et de contrôle qu'une mission ponctuelle de pédagogie et de transmission des normes de gestion, d'une part, et d'apprentissage pour les jeunes expatriés, d'autre part.

Le collaborateur en mission temporaire ou ponctuelle à l'étranger aura différents rôles :

- Il devra transmettre l'image, la culture et s'assurer que l'adaptation locale est conforme.
- Il participera à la transmission des processus, de la technologie, des meilleures pratiques, des outils de gestion et de management.

- Il assurera une mission de développement de réseau local et multipliera les liens entre la maison mère et la filiale.
- Il contrôlera les pratiques, les indicateurs et les comportements.
- Il participera à un échange d'informations avec la maison mère et son ancien réseau.

La presse a mentionné, dans de nombreux articles, la fin de l'expatriation. En effet, certaines entreprises ont décidé de minimiser leurs coûts dans ce domaine. Toutefois, très vite, elles se sont aperçues de leur manque à gagner : moins de contrôle, moins d'efficacité, etc. Aussi, nombreuses sont celles qui réfléchissent à une optimisation de leur mobilité internationale en cherchant le bon dosage entre expatriation et recrutement local.

Dans la pratique, ce n'est pas le nombre des expatriés qui diminue, mais leur rémunération, qui apparaît moins avantageuse, et leur contrat, qui tend à devenir local. S'expatrier est un investissement à long terme et non plus un gain à court terme.

Problématiques propres à l'expatriation

Quel que soit le type de contrat signé, l'expatriation est avant tout une **aventure** avec ses aspects positifs et ses difficultés. Il est d'usage de mentionner l'existence de différentes étapes dans une expatriation :

- la volonté de changement ;
- la période de stress ;
- la période de réouverture ;
- le retour à la stabilité.

Ces étapes s'étalonnent différemment en fonction du nombre d'expatriations vécues antérieurement, de la situation professionnelle et familiale et de sa propre capacité d'adaptation. La figure 10.1 identifie les principales étapes de l'expatriation.

Figure 10.1 – Les principales étapes d'une expatriation

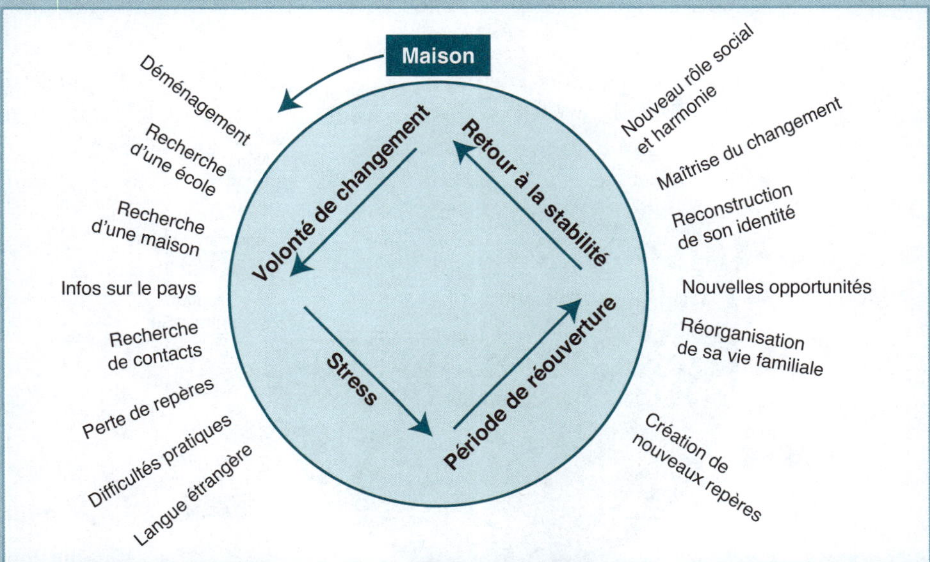

Source : Libre adaptation d'une conférence sur l'expatriation.

Cette représentation rend compte des difficultés identiques rencontrées par les expatriés et les impatriés. Elles sont d'ordre culturel, administratif, émotionnel.

- **Difficultés d'adaptation culturelle.** Même si les capacités d'adaptation sont bien développées, il faudra toujours prendre en compte les difficultés liées à l'immersion culturelle et linguistique. Il ne faudra pas sous-estimer le temps de l'écoute, la compréhension, l'adaptation et l'intégration des us et coutumes.
- **Difficultés administratives.** Tout pays a ses logiques et ses processus administratifs. Par exemple, dans certains pays asiatiques, vous ne pouvez pas ouvrir un compte en banque si vous n'avez pas de numéro de portable.
- **Difficultés émotionnelles.** Les psychologues ont montré l'existence d'un cycle représentant les différentes phases émotionnelles pour un expatrié ou un impatrié.
- **Difficultés pour les couples à double carrière.** Les entreprises soulignent l'importance du couple dans l'équilibre familial lors d'une expatriation, au-delà de 30 ans. L'attitude du conjoint est un élément déterminant dans le succès d'une expatriation. Face à cette situation, les entreprises proposent, dans le cadre d'un package à l'international, un voyage de reconnaissance, une aide pour trouver le logement, l'école, une formation interculturelle, un accompagnement pour retrouver un emploi ou une indemnité visant à compenser une perte de revenu.

Pour accompagner les collaborateurs face à ces difficultés, des **agences de relocation** se sont développées. Elles proposent une large gamme de services, afin d'intégrer plus facilement l'expatrié et sa famille dans le pays d'accueil. Il s'agira d'offrir avant le départ une formation interculturelle sur le pays d'accueil, un ensemble de conseils afin de faciliter les démarches administratives (traduction des papiers officiels, diplômes, etc.), et d'aider la famille à trouver une école et à gérer le déménagement. Cette aide logistique dans le pays de départ et dans le pays d'accueil permet de minimiser les contraintes matérielles qui peuvent être difficiles à vivre (voir focus 10.3).

Focus 10.3

Les Français à l'étranger

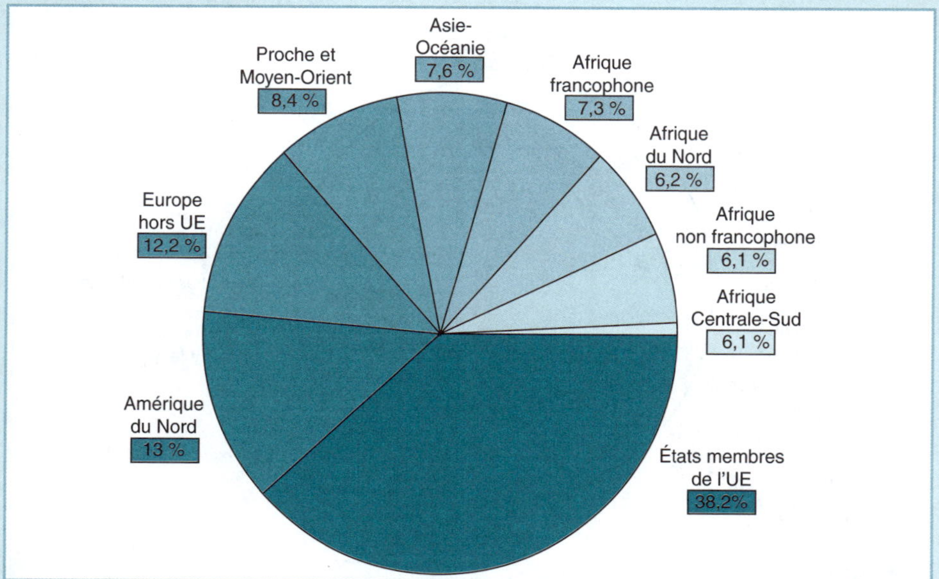

Source : Population inscrite au registre des Français de l'étranger, au 31 décembre 2013.

Moins d'expatriés, plus de managers locaux

L'évolution des pratiques amène les entreprises à privilégier, sur les fonctions de management notamment, le recours au recrutement régional. L'arbitrage entre le recours aux expatriés et aux managers locaux est motivé par plusieurs raisons :

- **Choix économique.** Les managers locaux reviennent globalement moins chers à l'entreprise que l'envoi d'un expatrié.
- **Choix politique.** Recruter et développer du personnel local, au niveau de l'encadrement, permet une réelle intégration dans l'activité économique du pays. À moyen terme, cette stratégie peut se révéler efficace pour pénétrer le marché local et asseoir la croissance de l'entreprise.
- **Choix managérial.** Recruter et former des managers locaux permet d'optimiser la gestion des hommes et d'éviter les erreurs d'incompréhension culturelle, de rotation du personnel expatrié.

Néanmoins, il convient de rappeler que la présence de managers expatriés peut être justifiée :

- dans la phase de démarrage d'un projet ;
- pour imposer une politique *corporate* ;
- pour développer des processus qui ne sont pas suffisamment mis en place.

Le choix n'est pas simple, car les entreprises aux localisations multiples ont un besoin de cohérence pour éviter les sous-performances dues aux disparités des pratiques ou des cultures.

Des impatriés toujours plus nombreux

Les impatriés sont des personnes étrangères qui viennent travailler dans le pays de la maison mère. Ils offrent de nombreux avantages : une meilleure connaissance des pratiques des filiales, des marchés locaux, des habitudes culturelles. Ils acquièrent, ainsi, des connaissances et compétences qu'ils pourront mettre en œuvre à long terme dans les filiales étrangères. Des difficultés peuvent survenir pour leur intégration administrative et familiale ; aussi, les entreprises créent-elles un accompagnement pour ce public.

Ainsi, des entreprises comme Alstom ou Saint-Gobain investissent de plus en plus dans leur politique d'impatriation pour faire venir en France des cadres étrangers auxquels elles vont confier des postes de managers.

La gestion des hommes à l'international commence par la prise en compte des questions culturelles et des types de contrats. Puis se pose la question de l'implémentation des processus RH : quelle doit être la répartition des savoir-faire entre le siège et les entités régionales ?

2.3. Mettre en place des processus et des outils RH spécifiques

Quelles sont les pratiques communes à partager et quels sont les domaines dans lesquels il est important de laisser chaque entité mettre en place son propre savoir-faire relié au contexte culturel local ?

En préambule, il faut noter que les grandes entreprises ont des DRH qui travaillent selon des modèles anglo-saxons, ce qui se traduit par une normalisation et une standardisation des outils. Par exemple, ces entreprises utiliseront dans l'ensemble de leurs entités les mêmes logiciels de rémunération, d'évaluation et de progression de carrière.

La GIRH compte des pratiques de RH globales complétées par des pratiques « locales ».

Le recrutement

Le ***recrutement*** fait partie des domaines mixtes (pratiques globales et locales).

La DRH du siège intervient à deux niveaux : elle définit les grandes orientations de la stratégie de recrutement (niveau d'exigence des formations, animation d'un réseau d'écoles, validation de recrutements de cadres étrangers) et conçoit le processus de recrutement (groupe et local, tests, e-recrutement, intégration).

Les DRH locales ont un degré d'autonomie variable selon les entreprises, elles mettent en place la politique *corporate* et font du recrutement local. Les cadres dirigeants, les experts, les formateurs sont généralement des expatriés qui viennent apporter leur savoir-faire et s'assurer de la cohérence des pratiques. Parallèlement, de plus en plus d'entreprises favorisent le recrutement local, accompagné d'une gestion des carrières et de promotions hiérarchiques pour fidéliser le personnel et intégrer qualitativement l'entreprise dans sa zone économique. Les managers de premier ou second rang sont ainsi choisis localement.

Les méthodes de recrutement à l'international sont toujours inventives. Les grandes entreprises organisent des jeux de recrutement dans différents pays, afin de repérer de jeunes potentiels qui partiront en expatriation (voir exemple 10.2).

Exemple 10.2

L'Oréal : recrutement international avec un jeu d'entreprise

L'Oréal, en sponsorisant un jeu d'entreprise anglais en ligne, *Reveal*, auprès d'universités et d'écoles supérieures de commerce dans le monde entier, assoit sa stratégie de recrutement international et son image de marque « jeune et dynamique » auprès d'un public recherché. Les vainqueurs, parmi 2 000 équipes réparties dans 125 pays, se sont vu proposer un poste au sein de la célèbre entreprise.

Le recrutement sous forme d'une compétition en ligne dans un jeu d'entreprise est de plus en plus prisé par les entreprises qui souhaitent des profils multiculturels. Ces jeux attirent plus de 50 000 participants chaque année, surtout dans les pays d'Asie et d'Amérique latine.

Source : Libre adaptation du site de L'Oréal – http://www.loreal.fr (Recrutement > Business game).

La rémunération

La **politique de rémunération**, bien qu'elle soit, dans ses grands axes, élaborée par la maison mère, peut présenter d'importantes différences régionales.

En effet, elle suit habituellement les taux d'inflation des pays. Lorsqu'une augmentation générale aux États-Unis avoisinera les 5 %, pour le même type de métier, l'augmentation générale en Inde peut aller jusqu'à 16 %. L'entreprise est obligée de s'aligner sur les pratiques des concurrents et de tenir compte du niveau économique du pays.

Aucune modalité de calcul du salaire n'est imposée par la loi. Toutefois, certaines conventions collectives prévoient un mode de calcul du salaire particulier. Trois possibilités de calcul de la rémunération d'un salarié détaché s'offrent à l'employeur :

- Le salaire de base peut être calculé par référence au salaire brut correspondant à la fonction si elle avait été exercée dans le pays d'origine. Certains avantages liés à l'expatriation sont alors accordés (prime d'incitation au départ, prise en compte des différentiels de coût de la vie, de protection sociale, de coût fiscal, etc.).

- Le salaire de base peut être calculé par référence à la rémunération de la fonction dans le pays d'accueil, auquel s'ajoute la prise en charge de certains différentiels.
- Le salaire peut enfin être fondé sur la référence d'un pays tiers. Cette méthode est utilisée dans les grands groupes multinationaux appliquant une politique uniforme des salaires.

La rémunération est le plus souvent versée en monnaie du pays d'accueil pour la partie correspondant au budget de consommation et en monnaie du pays d'origine pour le reste. Elle prend en compte :

- l'indice du coût de la vie du pays d'accueil par rapport au pays d'origine ;
- une prime de risque liée aux conditions de vie dans le pays (insécurité, état sanitaire, conditions climatiques, etc.) ;
- les différences d'imposition et de charges sociales.

Différentes possibilités de mode de rémunération existent à l'international (voir tableau 10.3) :

Tableau 10.3 – Différents choix de rémunération à l'international

Type de rémunération	Précisions	Exemple
Rémunération locale	Avec un contrat local, l'expatrié peut avoir une rémunération qui correspond au marché local. Suivant le pays et le domaine d'activité, cela peut être un avantage ou un inconvénient.	Exemple : un chirurgien à Singapour sera mieux rémunéré qu'en France.
Rémunération au taux du pays d'origine	Cette pratique, appelée *tax equalization*, a pour objectif de rendre neutre financièrement l'expatriation. L'employé ne doit subir « ni gain, ni perte » de salaire. Il paiera le même montant d'impôts et de charges que dans son pays d'origine.	Exemple : un cadre dirigeant au Japon verra son salaire calculé en fonction du coût de la vie à Tokyo. Il paiera des impôts à hauteur de sa taxation en France.
Rémunération mixte	Le salarié a un salaire évalué par rapport au marché local, mais gardera des avantages de couverture sociale français.	Exemple : un banquier, expatrié aux États-Unis, aura un salaire concurrentiel par rapport au marché local mais bénéficiera de la couverture sociale française *via* la CFE.
Rémunération internationale	Certaines entreprises gèrent les expatriés avec des grilles spécifiques. Leur salaire est déconnecté des classifications nationales et rentre dans une logique de mobilité internationale. Ces systèmes sont souvent avantageux.	Exemple : un technicien, sur une plateforme de pétrochimie en mer du Nord, a vu son salaire et son évolution progresser plus vite que s'il était resté sur le continent.

De plus en plus, on assiste à une différenciation des rémunérations selon les profils de postes. Pour les jeunes, les entreprises considèrent que la mobilité internationale fait partie de leur formation. Elles leur proposent de plus en plus fréquemment des contrats locaux ou une expatriation assortie d'une prime forfaitaire que le salarié peut utiliser à sa guise, mais qui reste moins avantageuse qu'un package classique d'expatriation. Pour les salariés expérimentés ou les experts, les organisations offrent des packages classiques (égalisation sociale fiscale, avantages divers) avec des modulations suivant les contextes. Enfin, pour les salariés travaillant sur des chantiers (techniciens et ingénieurs), compte tenu des conditions de travail difficiles, la motivation est principalement financière.

La formation

En matière de **formation**, les pratiques globales ont pour objectif de faire se rencontrer les collaborateurs de différents pays afin que des liens professionnels se tissent.

Les entreprises ont souvent recours aux « universités d'entreprise » pour à la fois inculquer des valeurs et des pratiques communes et créer un réseau social entre les différents collaborateurs provenant des quatre coins du monde. C'est un moyen de formation et une occasion de rencontres entre les différentes nationalités (Sodexo, Kuhne et Nagel, PPR, Thalès, Air France, Axa, Faurecia). Généralement, les programmes de formation sont conçus au siège puis développés et adaptés région par région. Des formations locales sont également tout à fait envisageables.

Ainsi, l'académie Accor compte 11 lieux de formation dans le monde où se côtoient des collaborateurs venant de tous les horizons dans une optique transgénérationnelle (de 18 à 60 ans) et transculturelle.

L'entreprise Total a mis en place un processus de formation qui se fonde sur une centralisation des besoins en formation et une décentralisation des formations (voir exemple 10.3).

Exemple 10.3

Total : tolérance zéro dans la lutte contre la fraude et la corruption à l'international

L'entreprise s'est engagée dans une démarche d'intégrité à l'international. Celle-ci a pris corps en 2000 à travers un code de conduite « Total rejette la corruption sous toutes ses formes, publique et privée, active et passive », son adhésion aux principes directeurs de l'OCDE et au 10e principe pour agir contre la corruption du pacte de l'Onu. Au niveau du groupe, plusieurs actions on été menées : création du comité d'éthique en 2001, création d'une direction « conformité et responsabilité sociétale » en 2008, mise en place d'une politique de prévention de la corruption en 2009, mise en place d'une politique et d'un programme d'intégrité en 2011 au niveau groupe, branche et local, déploiement d'un réseau de plusieurs centaines de coordonnateurs « risques de fraude » et responsables « conformité anticorruption », séminaires en présentiel et en *e-learning* de sensibilisation, procédure d'alerte du comité d'éthique, élaboration d'un guide pratique de l'intégrité en 2013, afin de repérer, comprendre, prévenir les risques de fraudes et de corruption et de préciser les comportements à adopter en local au quotidien.

Source : http://www.total.com, 2014.

La gestion des carrières

Dans le domaine de la **gestion des carrières**, la mobilité internationale est vivement encouragée.

Elle est favorisée par des bases de données mondiales de compétences élaborées à la suite de l'agrégation des entretiens annuels. Très souvent, les référentiels de compétences sont, dans leur grande partie, identiques d'une filiale à une autre. Les cabinets de rémunération et de gestion des compétences qui s'adressent aux grandes entreprises (Hay, Centor) établissent des grilles qui peuvent être appliquées dans la plupart des pays et des cultures. Ainsi, ils favorisent la mobilité internationale.

Un passage par l'international est toujours vécu comme un avantage non négligeable. L'ancien DRH de PepsiCo France, Stéphane Charbonnier, précise que « beaucoup de DRH ont été expatriés ou ont démontré leur capacité à travailler dans l'interculturel »[3].

L'évaluation

La définition de la politique globale d'évaluation de la performance relève de la stratégie, elle appartient donc aux prérogatives du groupe.

En revanche, les modalités de la mise en œuvre des processus comptent une forte adaptation locale. L'informatisation de l'évaluation apporte à la fois un cadrage et une latitude dans le déroulement de l'entretien. Mais certaines pratiques ne sont pas appliquées, car culturellement inadaptées. Par exemple, le 360° n'est pas envisageable dans la culture asiatique : on ne critique pas son supérieur hiérarchique, c'est impensable ! Les *people reviews* sont le plus souvent consolidées au niveau des groupes ainsi que les plans de succession.

L'administration du personnel

L'**administration du personnel** et la **paie** nécessitent des compétences locales.

Elles doivent absolument être réalisées par des personnes compétentes dans la compréhension de la législation et des obligations du pays. Faire appel à un juriste local ou à un expert-comptable est tout à fait recommandé les premières années pour éviter des erreurs par omission qui pourraient coûter cher.

Les relations sociales

Les **relations sociales** sont gérées localement.

Toutefois, les principes directeurs et les limites à ne pas dépasser doivent être équivalents pour tous. D'autant plus, si l'entreprise affiche une politique éthique qui valorise son image sociale. L'influence de la culture sur les relations sociales est très forte.

Résumé

- La mondialisation de l'économie s'accompagne de l'internationalisation des entreprises qui souhaitent renforcer ou développer leur présence à l'étranger.
- Les formes de l'internationalisation sont nombreuses : exportation, filiales, création d'unités de production, mondialisation du produit. Elles dépendent des objectifs stratégiques de l'entreprise et répondent à des problématiques dans le domaine RH en termes de décisions légales et fiscales, de répartition du pouvoir, de choix éthiques et de niveau de décentralisation des processus et outils RH.
- Mettre en place une GIRH nécessite de prendre en compte les différences culturelles, de choisir les hommes compétents qui possèdent une compétence interculturelle, de définir les statuts qui conviennent, de gérer les expatriés, de valoriser le personnel local, d'accueillir les impatriés.
- La GIRH est composée des domaines RH classiques : recrutement, rémunération, formation, évaluation, gestion des carrières, paie et administration, relations sociales. Certaines tâches seront communes et centralisées, d'autres décentralisées et intégreront des particularismes locaux. Une réflexion doit être menée sur cette répartition.

3. Béal E. et Guinochet F., « DRH, une nouvelle génération aux manettes », *Liaisons sociales magazine*, septembre 2008, p. 19.

Bibliographie

Barabel M. et Meier O., *La Gestion internationale des ressources humaines*, Paris, Dunod, 2014.

Cerdin J.-L., *S'expatrier en toute connaissance de cause*, Paris, Éditions d'Organisation, 2007.

Chevrier S., *Le Management interculturel*, Paris, PUF, coll. « Que sais-je », 2013.

Deresky H., *International Management: Managing Across Borders and Cultures*, 6e éd., Upper Saddle River, Prentice Hall, 2010.

Hall E.T., *Le Langage silencieux*, Paris, Seuil, 1984.

Hofstede G., Hofstede G.J. et Minkov M., *Cultures et organisations*, Paris, Pearson Education France, 2010.

Loth D., *Le Management interculturel*, Paris, L'Harmattan, 2006.

Meier O., *Management interculturel : stratégie, organisation, performance*, Paris, Dunod, 2013.

Schneider S., Barsoux J.-L. et Davoine É., *Management interculturel*, 3e éd., Paris, Pearson Education France, 2012.

Trompenaars F., *L'Entreprise multiculturelle*, Maxima, 2008.

Activités

Question

Dans une expatriation, l'individu va connaître différentes phases d'adaptation. En 1955, Lysgaard propose un modèle empirique qu'il nomme *U-curve* ou *culture shock*.

Il montre qu'il existe trois étapes majeures dans une expatriation :

- La **lune de miel** ou la période de découverte d'un pays.
- La **période du choc culturel**, nommée également la période de **désillusion**, au cours de laquelle l'individu perçoit des difficultés culturelles d'adaptation, car il compare avec son propre référentiel culturel. Il peut rencontrer des problèmes de langage, de santé et avoir des difficultés à obtenir certains produits. Lors de cette période, la capacité d'adaptation psychologique de l'individu est largement sollicitée.
- La **période d'adaptation**, ou de **croisière**, dans laquelle l'individu travaille plus efficacement et vit une période plus équilibrée.

Ces trois étapes peuvent être décrites plus précisément (voir figure 10.2).

Figure 10.2 – *U-curve*

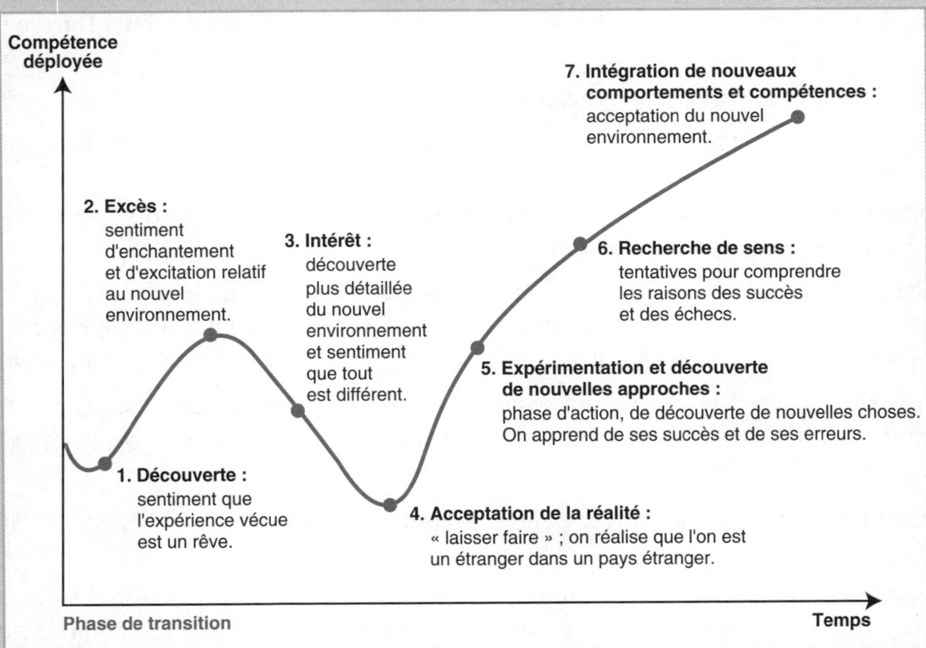

Il vous est demandé de tracer la *U-curve* de l'histoire suivante.

Aline a quitté l'Angleterre il y a 10 ans pour suivre son époux au Japon, où elle est devenue professeur d'anglais dans un village. Elle a tout d'abord été en adoration devant les différences culturelles. Puis pour développer ses connaissances, elle décide d'organiser une grande fête d'arrivée dans son jardin et invite ses voisins. Tout est planifié, la nourriture, les boissons, la musique et la danse. Le lundi matin, elle est convoquée à l'école par le *board* qui ne comprend pas son attitude si désinvolte (inviter des inconnus jusqu'à 2 heures du matin et mettre la sono à fond !)… À la suite de cette mise au point, Aline ne voit que des points négatifs dans le mode de vie des Japonais mais, peu à peu, elle se documente sur la culture japonaise, lit des livres et surtout commence un cours de japonais qui lui permet d'intégrer les codes culturels. Trois ans plus tard, elle est devenue l'animatrice des ateliers « Accueil Japon » pour les nouveaux expatriés arrivant d'Europe ou des États-Unis et elle essaie de partager avec eux son expérience et ses mésaventures.

Étude de cas

Internationalisation des RH[4]

Faut-il privilégier la construction d'une GRH commune (organisation ethnocentrique) ou décentraliser pour prendre en considération les spécificités locales (organisation polycentrique) ?

Questions

1. À partir des deux documents suivants, essayez de mettre en exergue les points clés à prendre en considération lorsqu'on pilote, en tant que DRH, les différentes entités réparties dans le monde.
2. Dressez les avantages et les inconvénients d'une organisation ethnocentrique *vs* polycentrique au regard de sa gestion des ressources humaines.
3. Quelles recommandations proposez-vous pour attirer et retenir des talents locaux ?
4. Pensez-vous que l'on ait encore besoin d'expatriés européens dans les prochaines années ou que les talents locaux suffiront ?

Document 1[5]. Chez Dell, la priorité est donnée à l'harmonisation des outils RH dans toutes les entités internationales

« Les outils de GRH et les *process* sont identiques partout dans le monde. Tous nos managers suivent un programme international de développement des compétences en management et dans le domaine du leadership, appelé *global community management.* »

« Les responsables RH locaux sont aussi rassurés par la mise en place d'outils de GRH communs. En cas de crise, c'est un atout majeur pour coordonner leur action », précise Xavier Molinié, DRH Europe du Sud du fabricant d'ordinateurs.

Document 2. Enquête Liaisons sociales, « Baromètre RH Liaisons sociales/CSC/TNS Sofres », 2011

« L'intégration des filiales à l'étranger [est] un défi pour les grands groupes : les entreprises européennes implantées à l'étranger s'inquiètent de la bonne intégration de leurs acquisitions (18 %) et cherchent à développer une culture commune (34 %) tout en attirant les talents nécessaires dans les marchés en développement (22 %). »

---

4. Cas réalisé à partir de « Une GRH globale avec un zeste de local », *Liaisons sociales magazine*, novembre 2009, p. 64-65.
5. *Source :* D'après le site Internet de Dell : http://www.dell.fr/

Chapitre 11

Gérer les talents

Maurice Thévenet

> **Ce chapitre aborde les questions suivantes :**
> - Comment expliquer l'émergence de la notion de talent ?
> - Quelle définition donner au talent étant donné le contexte culturel de la notion ?
> - Quelles sont les pratiques de gestion des talents ?
> - Quels sont l'intérêt et les limites de cette notion ?

En matière de gestion des ressources humaines, le talent est une combinaison rare de compétences rares[1]. Dans le langage courant, le terme de « talent » renvoie plus naturellement au monde artistique ou sportif qu'au domaine professionnel. Depuis les années 2000, le terme a pénétré le domaine de la GRH. Un ouvrage célèbre parlait de « guerre des talents »[2], indiquant ainsi que le talent devenait une denrée de plus en plus rare. Comme c'est le cas pour toutes les ressources rares, les risques de conflits entre les entreprises, voire entre les pays, devenaient donc plus forts. Le thème de la guerre des talents a provisoirement disparu avec l'éclatement de la bulle Internet, mais il est revenu et s'inscrit maintenant dans la plupart des politiques RH des grandes entreprises. Aux États-Unis, Boudreau et Ramstad[3] promettent non plus la guerre mais la révolution des talents. Ils considèrent en effet que ce doit être dorénavant la notion centrale des ressources humaines, au point que l'on ne parlerait plus de *human resource management* mais de *talentship*.

Au fil du temps, l'évolution des dénominations de la fonction personnel dénote le glissement des préoccupations, tant des entreprises que de la société. L'émergence des « ressources humaines » traduisait le souci de valoriser le personnel, mais aussi d'inscrire la fonction dans la culture dominante de l'entreprise et d'en faire un domaine à part entière (voir chapitre 2, « GRH et performance »). La dénomination « relations sociales » indiquait l'importance des relations avec les partenaires sociaux et il en allait ainsi pour chaque dénomination. Dénommer la fonction « talents » mettrait donc la notion et sa prise en compte au cœur même des pratiques de GRH. On estime que la notion de « ressources humaines » est trop indifférenciée et que celle, traditionnelle, de « compétences » ne

1. Dejoux C. et Thévenet M., *Gestion des talents*, Paris, Dunod, 2010.
2. Michaels E., Handfield-Jones H. et Axelrod B., *The War for Talent*, Cambridge, Harvard Business School Press, 2001.
3. Boudreau J.W. et Ramstad P.M., *Beyond HR – The New Science of Human Capital*, Cambridge, Harvard Business School Press, 2007.

suffit plus à répondre aux enjeux de business. On peut se demander, d'une part, si ce positionnement n'est pas exagéré et, d'autre part, ce que le terme « talent » signifie en matière d'enjeux à relever, de nouvelles pratiques à instituer tout comme de limites.

Il est d'abord nécessaire de clarifier ce que l'on entend par talent, puisque cela peut recouvrir différentes notions qui ne sont pas toutes compatibles les unes avec les autres :

- compétence, capacité à faire, assez rare sur le marché ;
- compétence, capacité à faire assez originale, spécifique, pointue, ne rentrant pas forcément dans les référentiels de compétences traditionnels ;
- personne qui possède ces compétences rares ;
- potentiel à développer ;
- compétence potentielle qui ne produira rien si elle n'est pas développée ;
- compétence dont l'originalité est de pouvoir répondre spécifiquement aux besoins stratégiques de l'entreprise.

Au-delà de ces acceptions diverses, le talent est originellement une monnaie. Il a d'ailleurs donné son nom au dollar ou au thaler. On peut alors se demander pourquoi une telle étymologie s'imposerait alors que l'on reproche à la notion de « ressource » de trop évoquer un aspect matériel et financier. Peut-être est-ce dû à l'utilisation du talent dans la parabole évangélique[4] (voir focus 11.1). C'est le développement qui est ici central dans la notion de talent. Le talent a un potentiel de développement, et c'est à son titulaire de le faire…

Focus 11.1

La parabole des talents

Dans cette parabole, un maître, avant de s'en aller, confie cinq talents à un de ses serviteurs, deux à un autre et un au troisième. À son retour, il s'enquiert de ce que les donataires ont fait de leurs talents. Le premier, qui en a reçu cinq, les a fait fructifier et il peut les rendre avec cinq talents supplémentaires correspondant à son gain. Le deuxième en rend deux de plus. Quant au troisième, il assure à son maître qu'il a pris soin du talent donné en le cachant dans la terre et qu'il peut ainsi le lui rendre… Le maître lui reproche cette attitude.

Source : Évangile de saint Matthieu, chapitre 25, versets 14 à 30 (Mt 25, 14-30).

1. Les enjeux des talents

Si la question des talents s'impose dans la GRH aujourd'hui, c'est pour quatre raisons majeures.

1.1. Un besoin de savoir-faire très spécifiques

Quand on parle de talents en pleine vague Internet, au début des années 2000, on pense aux rares détenteurs de nouvelles compétences que les entreprises s'arrachent pour ne pas se laisser distancer dans la course au Web. La recherche de talents, aujourd'hui, se définit donc par la quête de compétences rares dans des domaines nouveaux ou peu

4. L'Évangile est un texte saint du christianisme. On y trouve la forme stylistique de la parabole correspondant à un récit porteur d'un message théologique.

couverts. C'est aussi la recherche de compétences, pas forcément originales, mais totalement déterminantes pour la réussite de l'entreprise.

On imagine bien les talents hauts potentiels, détenteurs de compétences techniques très sophistiquées et rares, promis à une carrière de dirigeant. Les talents se trouvent aussi à des niveaux d'emplois apparemment plus subalternes. Par exemple, pour un grand magasin, la personne chargée des réclamations est un talent : pour faire correctement ce travail, en transformant la colère d'un client mécontent en fidélité nouvelle à l'enseigne, vous avez besoin de quelqu'un dont l'intelligence sociale, le sens de la diplomatie et l'empathie sont très forts. Il n'existe pas d'école pour ce métier ; l'association de traits de personnalité et de savoir-faire constitue ce talent. Pour cette entreprise de livraison de nourriture à domicile au Japon, le livreur est un talent, car il connaît les clients, les bons itinéraires rentables et peut seul évaluer les réactions des clients aux services proposés[5].

1.2. Le bouleversement démographique

La question des talents apparaît alors que les bouleversements démographiques commencent à faire sentir leurs effets. Ces changements ne sont pas seulement quantitatifs. On constate que les entreprises ont besoin au même moment de compétences assez similaires. Dans les domaines scientifiques et techniques, voire dans celui du bâtiment et de l'hôtellerie, le faible nombre de jeunes qui s'orientent vers ces disciplines rend la question de l'attraction des savoir-faire encore plus sensible. Dans ces exemples, on voit poindre deux notions couvertes par le terme de talent :

- celle de compétences rares sur le marché ;
- celle de profils de compétences ou de savoir-faire pouvant être développés dans le sens des compétences recherchées.

La prise en compte des talents exige donc une évolution des modes de gestion des ressources humaines traditionnels. Il ne s'agit plus de perpétuer les mêmes modes de recrutement et de formation des personnes, mais plutôt de savoir adapter des pratiques pour attirer, détecter et développer (voir exemple 11.1).

Exemple 11.1

Infosys

Infosys, entreprise indienne, s'est hissée aux tout premiers rangs des fabricants mondiaux de logiciels. Créée en 1981 par sept personnes, l'entreprise compte 160 000 salariés en 2014 dans 63 pays, dont 23 000 sur son « campus » de Bangalore ; 98 % de son business se fait hors d'Inde.

Son plus gros challenge, selon la direction de l'entreprise, est d'attirer et de retenir les talents lui permettant d'assurer correctement sa croissance. Pour ce faire, l'entreprise a développé tout un système d'attractivité et de sélection ainsi que des parcours permettant aux salariés de développer leurs compétences dans la technologie, les *process*, leurs domaines d'activité et leurs comportements. Cette attention aux talents se combine avec deux autres composantes de politique RH : maintenir un fort niveau d'implication et s'assurer en permanence que l'on satisfait aux besoins de l'organisation et du business.

5. Exemple cité par Sutton I.S. et Rao H., dans *Scaling Up Excellence*, Crown Business International Edition, 2014.

Exemple 11.1 (suite)

Un élément majeur de la construction de la « marque de l'employeur » concerne le campus de Bangalore : on y trouve un ensemble d'une cinquantaine de bâtiments dans un environnement verdoyant, construits par les meilleurs architectes, des salles de sport, une piscine, une multitude de restaurants et de cafés sur le site, un système de transport permettant aux salariés de se rendre au travail en évitant le plus possible les difficultés de circulation de cette agglomération en plein développement…

Source : Site Internet d'Infosys – http://www.infosys.com/about/what-we-do/Pages/index.aspx

1.3. L'individualisation de la GRH

Le talent évoque aussi un nouveau jalon dans le mouvement d'individualisation des pratiques de GRH. Rien n'est plus personnel que le talent, rien n'est moins comparable. Traditionnellement, la gestion du personnel essaie de trier, de classer et de catégoriser aussi bien les personnes que les qualifications ou les carrières. Avec le talent, on sort de ces cadres, on prend en compte la personne dans la spécificité de ce qu'elle sait ou peut faire. Pour certains auteurs, le talent serait donc l'un des signes de l'évolution de certains modèles managériaux vers plus d'individualisation (voir focus 11.2).

Focus 11.2

L'éclatement des modèles managériaux

À l'issue d'une étude du monde du travail aux États-Unis (qui reproduit, 30 ans après, la célèbre étude « Work in America » lancée par le gouvernement américain en 1972-1973), O'Toole *et al.* distinguent trois modèles managériaux en émergence :

- **L'entreprise low-cost.** Elle cherche l'optimisation entre coût du travail et qualité de la prestation fournie. Les ressources humaines sont gérées à court terme. L'efficacité est peu dépendante de l'engagement des personnes.
- **L'entreprise à forte implication.** Les conditions de vie au travail y sont bonnes. On s'intéresse par exemple aux problèmes d'équilibre entre vie professionnelle et vie personnelle. L'efficacité de l'entreprise dépend fortement de l'engagement des personnes dans leur travail.
- **La grande entreprise globale.** Elle a un contrat social fondé sur la loyauté. Les salariés permanents y ont acquis de bonnes conditions de travail et de rétribution. Mais la concurrence et le besoin de croissance ont conduit ces entreprises à développer la part de personnels contingents : temporaires ou intérimaires par exemple pour assumer la flexibilité, salariés étrangers pour contribuer à la réussite des nouvelles implantations à l'étranger. Le contrat social tend donc à devenir de plus en plus individualisé, sur une base contractuelle de donnant-donnant. C'est dans ces entreprises que le « talent » apparaît avec des pratiques de gestion appropriées.

Source : O'Toole J. et Lawler E.E., The New American Workplace, New York, Palgrave Macmillan, 2006.

L'individualisation occasionnée par la gestion des talents se remarque par exemple au sein d'entreprises qui géraient traditionnellement un pool de compétences qu'elles recrutaient et développaient. Aujourd'hui, le mot d'ordre a changé et il s'agit de repérer et d'attirer sur le marché les meilleurs spécialistes dans les secteurs pointus où l'entreprise a des besoins. La GRH se transforme, elle devient veille, chasse et rétribution.

1.4. La reconnaissance

Enfin, il faut associer le développement de la notion de talents au besoin de reconnaissance dans les organisations d'aujourd'hui. Les spécialistes, les professionnels, les personnes à potentiel, les « divas » ont besoin d'être reconnus, gérés à part, pris en charge. Les talents nécessitent une gestion spécifique et la gestion spécifique est une marque de reconnaissance pour ceux qui en sont les sujets[6].

1.5. Les talents parmi les autres concepts de GRH

On peut situer les talents parmi d'autres concepts de GRH. Si la GRH s'attache au lien entre l'activité de l'organisation et les personnes, deux approches peuvent être distinguées à chacun de ces deux pôles :

- Au niveau de l'organisation, la préoccupation est double : s'assurer du travail efficace du travailleur, d'une part, de la bonne cohésion, de la coordination et de l'équité dans le traitement des situations personnelles, d'autre part.
- Au niveau de la personne, la question de GRH est également double : ce que la personne sait faire, d'une part, et ce qu'elle peut potentiellement faire, d'autre part.

En croisant ces deux dimensions, on peut voir apparaître quatre notions qui ont jalonné les pratiques de GRH :

- **L'aptitude.** Pour l'entreprise, cela correspond seulement à ce que la personne fait et sait faire. Pour la personne, cela traduit ce qu'elle fait, comme le journalier de jadis ou l'intérimaire aujourd'hui.
- **La qualification.** Il s'agit pour l'organisation de clarifier l'activité de la personne en la situant, au sein de grilles, par rapport à ce que font les autres.
- **La compétence.** Elle traduit la double préoccupation du potentiel de la personne, saisie dans le cadre de référentiels qui situent les compétences les unes par rapport aux autres.
- **Le talent.** Il traduirait aujourd'hui l'intérêt pour le potentiel de la personne et pour ce qu'elle peut personnellement apporter.

2. Les pratiques de gestion des talents

Les enjeux de gestion des talents (voir focus 11.3) conduisent à différentes pratiques de gestion des ressources humaines, que les DRH considèrent maintenant comme de plus en plus centrales. Selon l'enquête ANDRH-FEFAUR, 65 % des grandes entreprises déclarent détenir une politique de gestion des talents. La gestion des carrières et le développement des compétences étant les pratiques les plus communément associées à ces politiques (plus de 80 % des cas).

6. Thévenet M., « People et management », *RH info*, juin 2007 – http://www.rhinfo.com

2.1. Les pratiques classiques

Détection

Si le talent est une denrée rare, peu conventionnelle et non répertoriée, se pose alors le problème de sa détection. Elle prend trois dimensions distinctes :

- Il s'agit d'abord de savoir quels talents sont nécessaires à l'entreprise. Les démarches habituelles de gestion prévisionnelle des emplois et des compétences ne permettent pas forcément d'y parvenir. On procède alors à une démarche de prospective (mais aussi de veille et de *benchmark comparaison* avec les *best practices* dans d'autres entreprises et secteurs) pour pouvoir identifier les talents dont l'entreprise a besoin.
- Il s'agit ensuite de distinguer dans l'environnement les talents existants qui pourraient être utiles : observation des concurrents, veille en divers lieux. Ainsi, on ne répond plus seulement à un besoin de talent prédéfini, mais on a la possibilité de saisir un talent qui peut se révéler pertinent.
- Enfin, il s'agit de repérer les talents en interne, qui ne sont pas encore utilisés par l'entreprise. Un bon suivi des personnes et des compétences devrait normalement permettre de détecter ces talents non développés. Les critères sur lesquels ils sont détectés peuvent concerner :
  - leur niveau de performance exceptionnel ;
  - leur sens de l'entreprise, de sa vision et de sa stratégie ;
  - leur capacité de leadership auprès des équipes ;
  - leur sens de la responsabilité et du résultat.

Focus 11.3

Les « talents » d'après les DRH

- Une population rare dans l'entreprise : à peu près 5 % de l'effectif. À noter quelques exceptions dans cette perception de rareté : dans le domaine du luxe, les « talents » ne s'expriment pas en pourcentage de l'effectif mais ils constituent quelques unités : un « nez » dans le parfum, un créateur dans la haute couture, etc. À l'inverse dans une entreprise de bâtiments et travaux publics, le DRH évalue à 20 % le nombre de talents.
- Ils détiennent des compétences particulières, originales, tenant aussi bien à l'exercice d'une pratique professionnelle qu'à un potentiel de leadership, à une sensibilité personnelle et relationnelle qu'à une intuition stratégique.
- Ils constituent une matière à développer ; ils engagent en quelque sorte l'entreprise à les faire grandir.

Source : Enquête de l'auteur.

Attraction

Quand la question des talents revient au premier plan au début des années 2000, leur attraction est la question dominante dans un marché de l'emploi difficile, avec de forts déséquilibres qualitatifs entre offre et demande. Les entreprises se trouvent donc en concurrence pour attirer des talents. Telle est la situation de nombreuses PME, par exemple, qui ne peuvent séduire de jeunes diplômés dans des domaines pointus du fait de leur manque de notoriété et d'opportunités de carrière. Attirer des talents requiert plusieurs modes d'action possibles :

- Travailler sur le long terme pour développer une politique d'image de l'entreprise de manière à être bien positionné dans les classements des meilleures entreprises. Cette politique d'image doit tenir compte des grands thèmes importants dans la société contemporaine car ils sont déterminants pour l'opinion et l'image.
- Développer des relations à long terme avec les écoles et les universités de façon non seulement à être connu, mais aussi à repérer dans le cadre de différents partenariats les personnes talentueuses. Il est important de noter que le long terme est davantage payant que des investissements effectués au coup par coup.
- Offrir des points de rencontre avec l'entreprise permettant des connaissances mutuelles et la création d'un lien. Cela peut se faire dans le cadre de la recherche, d'aménagements de liens juridiques qui conviennent aux deux parties et permettent en quelque sorte de tester la relation avant de l'engager plus profondément.

Rétention et fidélisation

Les questions de rétention des talents appartiennent au domaine plus large de la lutte contre le turnover, un thème permanent depuis le début des recherches en comportement organisationnel. Elles renvoient à plusieurs domaines d'action et d'établissement de politiques.

- Il y a d'abord les mesures d'urgence destinées à retenir quelqu'un au moment où il veut partir. Elles tiennent à l'évolution professionnelle, à la rémunération ou à l'aménagement du poste. La grande difficulté qui apparaît alors est de rompre avec des règles et des principes de gestion. Elles mettent donc en cause l'équité des politiques de ressources humaines.
- Les mesures à long terme s'attachent, d'une part, à renforcer la relation entre la personne détentrice de talents et l'entreprise et, d'autre part, à veiller en permanence aux évolutions de la personne, à ses attentes et à ses désirs professionnels. Cela comprend en particulier :
  - une gestion des carrières individualisée ;
  - un suivi régulier non seulement dans le cadre de l'évaluation régulière des performances, mais aussi de manière plus informelle tant par les professionnels des RH que par les managers de la hiérarchie ;
  - une pratique continue et individualisée de développement.
- Un troisième volet ne doit pas être oublié : l'évolution de la gestion des ressources humaines, au niveau de la DRH et au niveau du management de manière à effectuer cette gestion spécifique. Cela passe, par exemple, par la constitution de comités *ad hoc* destinés à suivre régulièrement la performance et l'évolution de certaines personnes. Ils réunissent des personnels RH et des représentants de la hiérarchie au plus haut niveau : ainsi l'information circule, et les opportunités dans l'entreprise sont plus facilement repérables. Ces comités existent pour les cadres à haut potentiel que certaines entreprises rangent dans la catégorie des talents.
- Enfin, la question du management de proximité ne peut être négligée. On reste ou on part souvent à cause de la relation avec son manager direct. Gérer des talents, pour peu que ces derniers soient conscients de leur singularité, peut être difficile. Cela requiert des compétences relationnelles pas toujours très développées dans les organisations.

2.2. Le développement

Le développement des talents semble être une pratique inhérente à la notion même de talent. Dans de nombreuses entreprises anglo-saxonnes, cela constituerait même la définition du talent : quelque chose à développer, un potentiel unique qui ne produit rien avant d'être déployé ou développé par l'entreprise. La question du développement est donc centrale. Elle renvoie bien entendu aux politiques de formation mais elle requiert :

- de situer ces pratiques de formation dans le contexte des autres politiques de ressources humaines (gestion des carrières, évaluation des performances, rémunération) ;
- d'imaginer des parcours, des modes de formation et de développement appropriés à ces populations très fortement individualisées (voir exemple 11.2).

Exemple 11.2

Des programmes de développement des talents

La formation des cadres à haut potentiel illustre les politiques de développement des talents. Ces parcours comprennent différentes modalités qui font éclater les modes habituels de formation. On peut lister quelques-unes des composantes de ces programmes :

- Ils sont parrainés par la direction générale qui s'investit personnellement à un moment ou un autre du programme.
- Ils permettent aux participants de rencontrer non seulement les membres du comité de direction, mais aussi certaines fonctions clés de l'entreprise pour développer une intelligence du business et des stratégies d'entreprise.
- Ils comprennent des personnes de différents secteurs d'activité et origines géographiques pour leur permettre de mieux sentir les évolutions du périmètre de l'entreprise, les problématiques actuelles à divers endroits de l'entreprise : cela offre évidemment aux participants la possibilité de se constituer des réseaux efficaces.
- Leur contenu donne une large place à la réflexion, à l'ouverture et au travail sur projet.
- Ils ont une forte dimension internationale.
- Ils ne couvrent pas que des thèmes managériaux : à l'intérieur de ces domaines, ils laissent une large place à la dimension stratégique et au développement personnel.
- Les modalités d'accès à ces programmes, de planification dans le cours de la carrière et de suivi/évaluation du programme sont précisément fixées.

Le développement des talents est donc une fonction centrale qui correspond à la caractéristique même des talents. C'est sans doute le domaine où il est nécessaire d'inventer le plus d'outils et de démarches :

- pour construire des parcours ;
- pour les suivre efficacement ;
- pour les évaluer ;
- pour les intégrer dans les parcours de carrière traditionnels.

Accenture, en Inde (où sont localisés près du quart de ses effectifs mondiaux), utilise une belle formule pour caractériser cette gestion des talents : la règle des trois « B » : *Buy*, *Build*, *Borrow*… (acheter, développer, aller chercher).

2.3. Tendances actuelles

Pour certains auteurs[7], les talents doivent remplacer les ressources humaines, c'est-à-dire qu'ils doivent constituer le seul domaine d'intérêt, de réflexion et d'innovation de la fonction qui s'occupe des personnes dans l'entreprise. On devrait remplacer « gestion des ressources humaines » par *talentship*. Ce que proposent ces auteurs, c'est de faire enfin passer la gestion des ressources humaines au stade d'une véritable science de la décision. La finance est venue progressivement compléter la comptabilité pour que les décisions financières servent mieux la stratégie de l'entreprise au-delà de la simple mesure de l'activité ; il en est allé de même pour le marketing, qui a complété le commercial, de sorte que les décisions en matière de produits contribuent à la stratégie de l'entreprise au-delà de la seule activité de vente.

Le *talentship* devrait permettre d'aborder les ressources humaines de telle façon qu'elles contribuent davantage au succès de la stratégie. Comme si la fonction ne pouvait plus se satisfaire de gérer des mouvements de personnel, des carrières, des rémunérations ou de l'évaluation. Cela ne signifie pas que toutes ces pratiques traditionnelles de GRH ne sont plus pertinentes. Mais elles sont maintenant suffisamment maîtrisées pour être gérées de manière efficace et relativement automatisée. En revanche, il s'agit d'investir le temps et l'intelligence de la fonction sur les décisions qui contribuent directement à la réussite de la stratégie. Cela signifie par exemple de repérer les talents qui renforcent le mieux la stratégie de l'entreprise et d'orienter les pratiques de GRH sur le repérage et le développement de ces derniers (voir exemple 11.3).

Exemple 11.3

Les talents pivots chez Disney

Selon Boudreau et Ramstad, les talents sur un parc Disney ne sont pas ceux qu'on pense. En effet, un des éléments majeurs de l'activité est le temps passé par les clients (les *guests*) sur le parc. Le volume du chiffre d'affaires est directement lié à ce temps passé. Le principal enjeu consiste à faire en sorte que ce temps soit le plus long possible. On cherche alors ce qui peut aider à allonger la présence sur le parc et on s'aperçoit que deux catégories de personnel peuvent grandement y contribuer : les vendeurs et les vendeuses dans les boutiques et le personnel de nettoyage. En effet, ce dernier est présent en permanence sur le parc pour maintenir constante la propreté des lieux. C'est lui qui peut repérer des *guests* fatigués sur le point de partir, leur conseiller une aire de repos ou de restauration, engager la conversation et leur faire découvrir d'autres activités possibles sur le parc. Curieusement, les vrais talents de cette entreprise ne seraient pas les personnages de la Grande Parade : ils sont faciles à recruter et on sait gérer ces artistes pour qu'ils fassent leur spectacle correctement. En revanche, recruter, former, maintenir motivé le personnel de nettoyage est plus difficile, plus crucial et surtout plus important pour la réussite financière du parc.

Source : Boudreau J.W. et Ramstad P.M., Beyond HR – The New Science of Human Capital, Cambridge, Harvard Business School Press, 2007.

7. Boudreau et Ramstad, *op. cit.*

Selon ces auteurs, une véritable gestion des talents devrait rompre avec trois illusions :

- S'occuper des talents parce que c'est la mode, parce que c'est « tendance ».
- Ajouter quelques pratiques fonctionnelles à la GRH traditionnelle : c'est l'ensemble des pratiques qui devrait être repensé en fonction de ces talents.
- Considérer que chacun a des talents… Selon les auteurs, cela ne représente pas la réalité et les efforts de l'entreprise devraient être concentrés sur les « vrais » talents plutôt que de disperser les forces (voir focus 11.4).

Focus 11.4

Les quatre fondements d'une gestion des talents

- **Les compétences.** Il s'agit de savoir les décrire, mais aussi de comprendre comment des compétences particulières concourent à la création de valeur. Les compétences ne peuvent donc pas être considérées seulement en elles-mêmes mais plutôt par rapport à un produit.
- **Le management de la performance.** Cela nécessite un système d'appréciation pertinent tant dans ce qu'il apprécie (comportement, résultat, connaissance) que dans les acteurs qui le font fonctionner. On veillera à ce que le système évite trois pièges classiques :
  - vouloir aller trop loin dans la perfection de l'outil en oubliant la compétence et la motivation de ceux qui l'utilisent ;
  - attendre trop de l'outil ;
  - le faire tellement lourd et précis qu'il sera abandonné à la première crise.

Le recours à l'évaluation à 360° sera bienvenu, mais on n'oubliera pas que, dans ces outils, sont déterminants le choix des critères et le feedback après l'obtention des résultats.

- **L'évaluation du potentiel de chaque employé.** Cela conduit à sortir des référentiels de compétences habituels pour examiner d'autres aspects comme l'approche du business, la manière d'opérer avec les autres et de diriger. Pour prendre en compte cet aspect de la gestion des talents, il faut passer en revue l'ensemble de l'organisation, mettre en œuvre tous les moyens pour rencontrer des personnes dans des situations susceptibles de révéler des talents et garder l'œil ouvert. L'ancien président d'un grand groupe français explique que c'est dans une de ses filiales à l'étranger qu'il a soudainement découvert son futur successeur. En discutant avec lui et sa femme sur la façon dont ils vivaient leur situation d'expatriés, il a repéré les qualités humaines et de leadership qui pouvaient en faire un futur bon président…
- **La découverte des « pépites ».** On pourrait nommer ainsi des personnes à fort potentiel et très performantes témoignant de compétences propres à créer de la valeur dans une entreprise. Les difficultés consistent à les repérer, à les débaucher éventuellement des concurrents et à assurer une certaine diversité parmi ces « pépites » de manière à ne pas dépendre d'un seul profil qui mettrait alors l'entreprise en danger en cas de manque.

Source : Selon Berger L.A. et Berger D.R., The Talent Management Handbook, New York, McGraw-Hill, 2004.

Résumé

On comprend en quoi il est important pour l'entreprise d'aborder cette question des talents, ou du moins de voir en quoi elle la concerne spécifiquement. Toutefois, il est évident qu'une telle orientation a aussi ses limites. En effet, on ne peut l'aborder comme une segmentation de plus de la gestion des ressources humaines ou l'adjonction de quelques pratiques et systèmes d'informations nouveaux.

Plusieurs risques liés à la gestion des talents peuvent être observés[8].

Le premier est le *risque de la sophistication*. La recherche du talent peut conduire à des approches de plus en plus ésotériques sur les compétences ou sur les personnes dont on privilégie le mystère au point d'en oublier les fondamentaux. Il est certes utile d'être ouvert à l'exceptionnel et aux caractéristiques personnelles originales qui apportent potentiellement à l'entreprise de la performance et de la création de valeur. Cependant, on ne devrait jamais oublier qu'il existe en GRH trois composantes majeures : la compétence, le professionnalisme et enfin vient l'engagement, c'est-à-dire l'investissement personnel dans le travail. August Turak (2013) affirme d'ailleurs[9] que les entreprises manquent moins de talents que de passion.

Oublier ces critères de base pourrait conduire à être encore plus sensible et vulnérable à l'idée de la personne providentielle : à trop chercher la pépite, on oublie le riche minerai d'ores et déjà disponible et on laisse passer de belles possibilités de progression.

Le deuxième *risque est celui de la séparation*. Cela concerne deux aspects. Premièrement, à trop s'occuper des talents, on risque de créer des ruptures dans le principe d'équité qui seul constitue le fondement d'une GRH efficace. C'est le problème de toutes les segmentations, quelle que soit leur justification opérationnelle ou morale. Deuxièmement, à trop développer des pratiques spécifiques de gestion des talents, on peut les déconnecter, d'une part, de la cohérence nécessaire dans les pratiques de GRH et, d'autre part, des valeurs et pratiques de management. Pour être efficace, la gestion des talents doit être alignée sur certaines valeurs fortes, réelles et pertinentes de l'entreprise. Toute gestion des talents ne peut être efficace que si le management peut et veut la faire fonctionner correctement. Sutton et Rao[10] insistent sur le fait que les talents peuvent être utiles pour autant qu'ils sachent avant tout travailler avec les autres et dans le sens de la vision de l'entreprise et son efficacité concrète.

Le troisième *risque est celui de l'illusion*. À trop insister sur le talent, on peut laisser entendre que le succès ne dépend que de la compétence extraordinaire, du don, de la compétence exceptionnelle. On en revient à une approche totalement providentielle du succès. Cette tendance est présente dans certains milieux éducatifs qui souhaitent à tout prix trouver des talents chez l'enfant. À trop mettre cela en évidence, on en oublie alors facilement le travail. Les artistes, qui ont précédé les gestionnaires dans la référence au talent, l'ont pourtant bien compris depuis longtemps : le talent ne va jamais sans beaucoup de travail et de transpiration. Tout talent a besoin de travail pour pleinement porter ses fruits. Mais le travail ne doit pas attendre la découverte du talent, il la précède, voire la rend possible. La leçon vaut pour l'entreprise : il serait parfois très salutaire que les supposés talents n'oublient pas aussi de travailler. Les politiques de gestion des talents ne devraient jamais prendre le risque de les laisser l'oublier.

8. Thévenet M., « L'hyperbole des talents », dans Peretti J.-M., *Tous talentueux*, Paris, Eyrolles, 2008.
9. Turak A., *Business Secrets of the Trappist Monks*, Columbia University Press, 2013.
10. Sutton I.S. et Rao H., *Scaling Up Excellence*, Crown Business International Edition, 2014.

Bibliographie

Berger L.A. et Berger D.R., *The Talent Management Handbook*, New York, McGraw-Hill, 2004.

Boudreau J.W. et Ramstad P.M., *Beyond HR - The New Science of Human Capital*, Cambridge, Harvard Business School Press, 2007.

Bournois F., Point S., Rojot J. et Scaringella J.-L., *RH – Les meilleures pratiques du Cac 40/ SBF 120*, Paris, Eyrolles – Éditions d'Organisation, 2007.

Cappelli P., *Talent on Demand: Managing Talent in an Age of Uncertainty*, Cambridge, Harvard Business School Press, 2008.

Dejoux C. et Thévenet M., *Gestion des talents*, Paris, Dunod, 2010. (Traduction anglaise, *Talent Management*, Dunod, 2012.)

Michaels E., Handfield-Jones H. et Axelrod B., *The War for Talent*, Cambridge, Harvard Business School Press, 2001.

Peretti J.-M., *Tous talentueux*, Paris, Eyrolles – Éditions d'Organisation, 2008.

Sutton I.S. et Rao H., *Scaling Up Excellence*, Crown Business International Edition, 2014.

Thévenet M., *Des étoiles brillantes aux étoiles... filantes. Les talents*, Paris, Eyrolles – Éditions d'Organisation, 2008.

Turak A., *Business Secrets of the Trappist Monks*, Columbia University Press, 2013.

Ulrich D. et Lawler E., *Talent. Making People your Competitive Advantage*, San Francisco, Jossey-Bass, 2008.

Activités

Questions

1. Quels sont les éléments importants de la définition du « talent » ?
2. Quelles sont les questions importantes de gestion des ressources humaines illustrées par la gestion des talents ?
3. À quelles conditions une gestion des talents peut-elle être pleinement efficace ?

Étude de cas

Talent

Cette grande institution dans le domaine des services financiers, située à Barcelone, a subi trois chocs importants. Le premier, entamé depuis de nombreuses années, concerne l'internationalisation de ses activités et la concurrence avec les plus grandes entreprises mondiales du domaine. Le deuxième concerne la sophistication croissante de ses activités, qui produit un réel besoin de compétences rares et stables. Le troisième choc est la crise de 2008, qui l'a fortement touchée dans ses activités mais aussi dans son image. Solide financièrement, le groupe, ainsi que ses actionnaires, a décidé de mener une politique très active de croissance et de poursuite du développement. En matière de gestion des ressources humaines, cela se traduit par l'assurance de disposer des compétences techniques indispensables sur le plan professionnel mais aussi de compter avec une population de leaders au niveau mondial capables d'inspirer et de conduire ces politiques. L'entreprise voudrait compter parmi les meilleurs employeurs et se déclare prête à faire les efforts nécessaires pour attirer les diplômés les plus brillants à travers le monde.

C'est clairement à cette catégorie de leaders que s'adresse la notion de talent dans cette entreprise. Les talents ont ces compétences affirmées de leadership, ils ont la capacité démontrée d'inspirer les équipes et témoignent d'une forte implication dans l'entreprise. Ils sont repérés à l'occasion de sessions de *succession planning* effectuées au sein de chaque entité. Cela permet à l'entreprise d'aborder cette question des talents à partir d'une approche systématique du business et de ses évolutions, ainsi que des évolutions possibles des organisations chargées de le servir. Il se constitue ainsi une population de talents que l'entreprise cherche à classer en trois catégories selon le niveau de confirmation de leur potentiel.

Il faut noter le succès de cette démarche qui est maintenant développée dans la plupart des entités du groupe. Certains font cependant remarquer que les talents repérés pour devenir des successeurs potentiels tendent à être majoritairement de l'entité examinée. Jusqu'à maintenant, il a été décidé de ne pas informer les personnes de leur appartenance à ces grilles de succession de manière que l'on puisse aisément inclure, mais aussi exclure, des talents dont le potentiel ne serait pas honoré dans les résultats. C'est en effet une autre remarque de certains spécialistes RH de l'entreprise : à force de mettre en valeur les compétences de management et de leadership, on tend à diminuer l'importance des résultats effectivement obtenus. Une autre difficulté pointée par les spécialistes des RH concerne l'endogamie du système qui montre parfois quelque difficulté à intégrer de nouveaux talents dans le groupe de ceux qui sont examinés chaque année. Une forme de consolidation devrait certainement être mise en place pour s'assurer de la cohérence de la démarche entreprise.

Un effort particulier a été porté sur le développement de formations au leadership, mais si ces efforts portent nettement sur les nouveaux venus dans la catégorie des talents, seulement 15 % du stock des talents ont suivi une des activités de l'université de l'entreprise cette année. Un programme de mobilité a également été mis en place, mais ne donne pas encore suffisamment de résultats : le passage à l'étranger n'est pas encore perçu par les talents comme une étape indispensable de leur carrière et ils craignent le retour dans l'entreprise, l'éloignement du siège social qui pourrait leur faire manquer des opportunités intéressantes.

Questions

1. Quelles sont les raisons qui ont présidé à la mise en place d'une politique sur les talents ?
2. Quelle est la définition du « talent » qui transparaît dans cette politique ?
3. Quelles sont les politiques entreprises à propos de ces talents : objectifs, démarches mises en œuvre, premiers résultats ?
4. Comment serait-il possible de compléter ce dispositif ?

Chapitre 12
Les métiers des RH et le RRH

Cécile Dejoux

Ce chapitre aborde les questions suivantes :
- Quels sont les métiers de la fonction RH aujourd'hui ?
- Quelle est l'étendue du rôle du RRH ?

Il existe de nombreux métiers dans la fonction RH :
- des *métiers généralistes* qui rassemblent les missions d'encadrement, d'animation et sont principalement tenus par le DRH ou le RRH, en fonction de la taille et de l'effectif de l'entreprise ;
- des *métiers spécialistes*, de plus en plus nombreux, qui évoluent vers de nouvelles thématiques ;
- des métiers à venir.

Tous ces métiers sont affectés par des défis technologiques, économiques, sociaux et réglementaires (voir chapitre 5, « Diriger les RH dans une perspective stratégique »). Ils sont amenés à s'enrichir de nouveaux domaines RH en relation avec les nouvelles technologies, la gestion de carrière et l'évolution des modes de rémunération.

Une attention particulière sera portée au *métier de RRH*, car il synthétise les tâches de coordination et de contrôle de l'ensemble des thématiques RH. Qu'il soit seul dans l'entreprise à représenter la fonction, ou qu'il encadre différents spécialistes RH, le titulaire de ce poste correspond au relais nécessaire pour faire appliquer les décisions relatives à la politique de GRH et optimiser sa mise en œuvre. Il garantit une certaine cohésion dans les objectifs et les pratiques tout en prenant en compte les collaborateurs et les cadres législatifs. C'est pourquoi il est aujourd'hui très prisé par les entreprises qui se restructurent, fusionnent, s'internationalisent.

1. Les métiers de la fonction RH

Au-delà du métier de DRH, il existe d'autres métiers à la fois généralistes et spécialistes. Pour les présenter, une segmentation autour de quatre critères sera retenue : les métiers liés aux domaines incontournables de la fonction (« cœur de métier »), les métiers liés au développement des RH, les métiers liés à des domaines externalisables et les nouvelles thématiques qui représentent le terreau des métiers à venir.

1.1. Le métier de DRH

Depuis quelques années, la fonction RH s'est imposée comme un domaine stratégique dans l'entreprise. Ainsi, les DRH font partie des conseils d'administration, du cercle des décideurs. Plus récemment, on a assisté à une nouvelle génération de DRH, symbolisée par de nouvelles recrues chez Danone, Schneider Electric, Publicis, EDF, Total, etc. Le magazine *Liaisons sociales* leur a consacré un dossier. Il met en avant quatre caractéristiques de cette génération montante :

Des profils variés mais issus de l'entreprise

Qu'ils soient issus de formations de juristes ou d'ingénieurs, ils ont au moins 20 ans de carrière derrière eux. Ils proviennent de la fonction RH ou d'une autre fonction. En effet, leurs parcours sont plus diversifiés que ceux de leurs aînés. Mais peu sont diplômés de formations supérieures en RH car celles-ci sont encore récentes.

Un rôle de *business partner*

Leur rôle ne se limite pas à l'encadrement des services paie, recrutement ou formation. Les DRH sont généralement proactifs et sont à l'origine de changements profonds dans les organisations. Par exemple, avec la mise en place et le pilotage de SIRH (système d'informations en RH), ils ont initié le partage de données avec les salariés dans de nombreux domaines (recrutement, administration du personnel, formation, GPEC, etc.). Ils doivent posséder suffisamment de vision et d'outils (baromètres sociaux, observatoire des métiers et des compétences, etc.) pour anticiper les métiers et besoins de demain. Leur position de *business partner* devient essentielle dans la mise en place de la stratégie du groupe. Les DRH doivent prendre en compte les thématiques émergentes telles que la gestion des âges, la diversité, la responsabilité sociale, la gestion des talents.

Des compétences

Les DRH ont une réelle mission d'anticipation des besoins et des métiers. Aussi, leur capacité à comprendre la stratégie et à la faire évoluer reste essentielle.

Leur rôle dans la maîtrise des négociations sociales est fondamental, car de plus en plus de thématiques et de lois concernent le développement des RH pour lesquelles il est important d'associer les partenaires sociaux. De plus, les cycles économiques fluctuent, la croissance se raréfie : l'anticipation réalisée avec les partenaires sociaux permet d'adoucir les restructurations.

Dans les grands groupes, le DRH couvre une zone géographique très large. Dans ce contexte, l'anglais s'impose comme langue de travail, d'autant plus que le DRH devra gérer un nombre croissant de collaborateurs de différentes nationalités et cultures.

Le DRH doit également s'approprier rapidement les logiciels du groupe et penser à son évolution : des compétences en informatique constituent donc un réel avantage.

Des connaissances en droit

Elles sont toujours recherchées pour cette fonction, ainsi que la capacité à s'intégrer dans des réseaux sociaux afin de suivre les tendances de la fonction et à *benchmarker* les autres entreprises (voir tableau 12.1).

Tableau 12.1 – Les principaux réseaux sociaux de DRH

Nom du réseau	Détails
	Les réseaux centrés sur l'international
SHRM	(Society for Human Resources Management). Association de DRH américains qui peut être considérée comme un lobby aux États-Unis (225 000 membres, 125 pays). **http://www.shrm.org**
ECHR	(European Club for Human Resources). Lobbyiste européen. **http://www.europeanclub-hr.eu/** La plupart des entreprises membres sont de gros groupes employant plus d'un million de personnes : Danone, Publicis, Adecco.
ANDRH	(Association nationale des DRH). L'une des premières associations RH en France. Elle compte plus de 5 000 membres et est organisée en 80 groupes locaux. **http://www.andrh.fr**
Cercle Magellan	Réseau professionnel des ressources humaines internationales. Ce réseau rassemble plus de 200 entreprises de tailles et de domaines variés. **http://www.magellan-network.com**
Personnel Association	DRH de sociétés françaises et anglo-saxonnes installées en France. Cercle de convivialité et de réflexion en RH. **http://www.territoires-rh.com**
Ubifrance	Agence française pour le développement international des entreprises, placée sous la tutelle du ministère de l'Économie, des Finances et de l'Industrie, accompagne les entreprises françaises à l'international et leur permet de développer leur réseau commercial. **http://www.ubifrance.fr**
	Les cercles de réflexion et d'études
Cercle Vinci	Club très fermé. Dîners, débats de réflexion sur l'évolution de la fonction RH. Soutenu depuis 2008 par Manpower et *Liaisons sociales*.
Entreprise et Personnel	Association très dynamique de réflexion et cabinet d'études. Le réseau E&P regroupe aujourd'hui plus de 110 entreprises, organisations privées et publiques. **http://www.entreprise-personnel.com**
	Les cercles pour consultants
Mouvement Génération RH	La vocation de Mouvement Génération RH est de fédérer les femmes et les hommes des ressources humaines autour d'une vision moderne des RH. Entrée par cooptation. Créé il y a 10 ans, le Mouvement réunit aujourd'hui 450 membres sur le plan national dont 70 % de DRH. **http://www.generation-rh.com**
Club Essec RH	Club d'anciens élèves spécialisé dans les RH. **http://www.essec.fr**
Oras	Observatoire des rémunérations et avantages sociaux. Les membres du club Oras sont principalement des directeurs rémunérations et avantages sociaux, C&B managers, DRH, DRS, etc. Il compte aujourd'hui 140 membres. **http://www.club-oras.com**

Nom du réseau	Détails
Cercle Humania	Le cercle Humania propose aux DRH des grandes organisations privées et publiques d'être leur carrefour d'échanges et de réflexions. Créé en 2004. L'adhésion fonctionne par cooptation. **http://www.cercle-humania.fr**

Source : http://www.wk-rh.fr, 2014.

Pour rentrer dans ces réseaux, il faut payer une cotisation. Les prestations proposées sont des conférences, des études, des accès à des sites Internet spécialisés, des petits déjeuners débats, des dossiers thématiques et une veille RH. L'idée est d'échanger, de partager, de *benchmarker* et de réfléchir aux thématiques RH actuelles et futures.

Exemple 12.1

Qui sont les DRH des entreprises du Cac 40 ?

Françoise Eyssette, ancien DRH de Bic, et Charles-Henry Besseyre des Horts, professeur à HEC, sortent en 2014 le livre *Comment la fonction RH fait sa révolution*. D'après leurs statistiques, 75 % de ces DRH sont des hommes, d'environ 50 ans le jour de leur nomination ; les femmes sont, quant à elles, âgées de 46 ans. 40 % viennent des opérations avec une expérience multiculturelle (DRH de Danone, DRH d'Essilor) ; ceux qui viennent du sérail ont tous vécu des expériences à l'international. Huit femmes sont DRH du Cac 40. Entre 2008 et 2012, le turnover est de 85 % mais il reste comparable à celui des grandes entreprises aux États-Unis. Avec la mondialisation et la croissance des marchés émergents, la principale mission du DRH du Cac 40 sera d'accompagner cette mutation.

Source : Libre adaptation de http://www.lesechos.fr

Face à la « guerre des talents », glissement du métier de DRH vers le « marketing RH » ?

On ne peut occulter les travaux anglo-saxons[1] et français[2] qui annoncent l'évolution des entreprises vers une démarche de marketing RH. La fonction RH est face à un double défi : attirer, retenir et développer les meilleurs talents et se vendre, c'est-à-dire utiliser le *process* et les outils du marketing. Il s'agira de repérer les « acheteurs potentiels » en se fondant sur la segmentation, puis de proposer un plan d'action marketing RH articulé autour de la définition de l'offre « produit-service », de la promotion, de la place (distribution) et de l'élaboration du prix. Cette méthode est mise en place chez Accor (depuis 2003) et a permis au DRH de repositionner sa stratégie et ses outils en fonction des segments de métiers[3]. La guerre des talents représente une réalité[4] et les DRH l'intègrent dans leurs priorités (voir exemple 12.2).

1. Younger J., Smallwood N. et Ulrich D., « Developing your organization's brand as a talent developer », *Human Resource Planning*, 30(2), 2007, p. 21-29 ; Pogorzelski S. et Doug Hardy J.H., *Finding Keepers: The Monster Guide to Hiring and Holding the World's Best Employees*, Cambridge, McGraw-Hill, 2008.
2. Panczuk S.P., *Enjeux et outils du marketing RH : promouvoir et vendre les ressources humaines*, Paris, Eyrolles, 2008 ; Ligier P., *Le Marketing des ressources humaines : attirer, intégrer et fidéliser les salariés*, Paris, Dunod, 2004.
3. Ligier P., *op. cit.*
4. Dejoux C. et Thévenet M., *Gestion des talents : la GRH de l'après-crise*, Paris, Dunod, 2010.

Exemple 12.2

Le prix du DRH de l'année

Le prix du DRH de l'année a pour but de valoriser la profession, mettant en lumière une personnalité, un parcours, des valeurs... véhiculés par un homme ou une femme. La remise de ce prix fait bien sûr l'objet d'une cérémonie et est largement relayée par les médias, *Le Figaro* et BFM Business faisant partie des partenaires. Le DRH de l'année 2014 est Yann-Étienne Le Gall, DRH d'Yves Rocher.

Depuis huit ans, il occupe le poste de DRH et accompagne l'ensemble des grandes transformations du groupe, notamment sur :

- l'internationalisation (en changeant les profils de cadres recrutés) ;
- la digitalisation (en mettant en place une organisation dédiée) ;
- les transformations de *business model* (Yves Rocher, Petit Bateau, Stanhome)...

Source : Libre adaptation de http://drhdelannee.fr

1.2. Proposition d'une segmentation des métiers RH

L'évolution de la gestion des ressources humaines en France s'articule autour de trois pôles principaux qui expliquent la segmentation actuelle des métiers RH :

- le passage de la gestion des effectifs à la gestion des compétences caractérisé par l'individualisation des RH, le développement de la mobilité, l'émergence d'une logique centrée sur l'employabilité (voir chapitre 5, « Diriger les RH dans une perspective stratégique ») ;
- les contraintes de nature politique qui se traduisent par l'adoption de nombreuses lois (RTT, loi de modernisation sociale, etc.) ;
- l'évolution des valeurs de la société, la mondialisation et le rôle des NTIC, auxquels l'entreprise doit s'adapter (développement durable, formation tout au long de la vie, délocalisation, SIRH).

Ces facteurs d'évolution permettent de mieux appréhender les métiers actuels de la fonction RH, qui sont focalisés sur le cœur de métier de la fonction ou sur ses domaines périphériques (voir figure 12.1).

Le noyau central, formé des fonctions rattachées au « cœur de métier » de la fonction RH, compte quatre champs : l'administration du personnel dont les actions liées à la sécurité, la gestion de la paie, les relations sociales et le recrutement. Mais il est possible de positionner également le domaine du recrutement et la gestion des départs dans la catégorie fréquemment nommée « développement des RH ». En tout état de cause, ces quatre domaines sont essentiels au développement d'une entreprise quelle que soit sa taille. Ils constituent les piliers d'un service RH.

En ce qui concerne les domaines RH périphériques, ils apparaissent conjointement à l'évolution des effectifs et à l'apparition de nouveaux besoins de flexibilité et de restructuration de l'entreprise (gestion de la rémunération, du recrutement, de la formation, de la gestion prévisionnelle des emplois et des compétences, de la communication RH, des études et audits sociaux, du contrôle de gestion sociale). Ces domaines sont associés au développement des RH.

Figure 12.1 – Les RH : cœur de métier, domaines périphériques, externalisations de la fonction et nouvelles thématiques

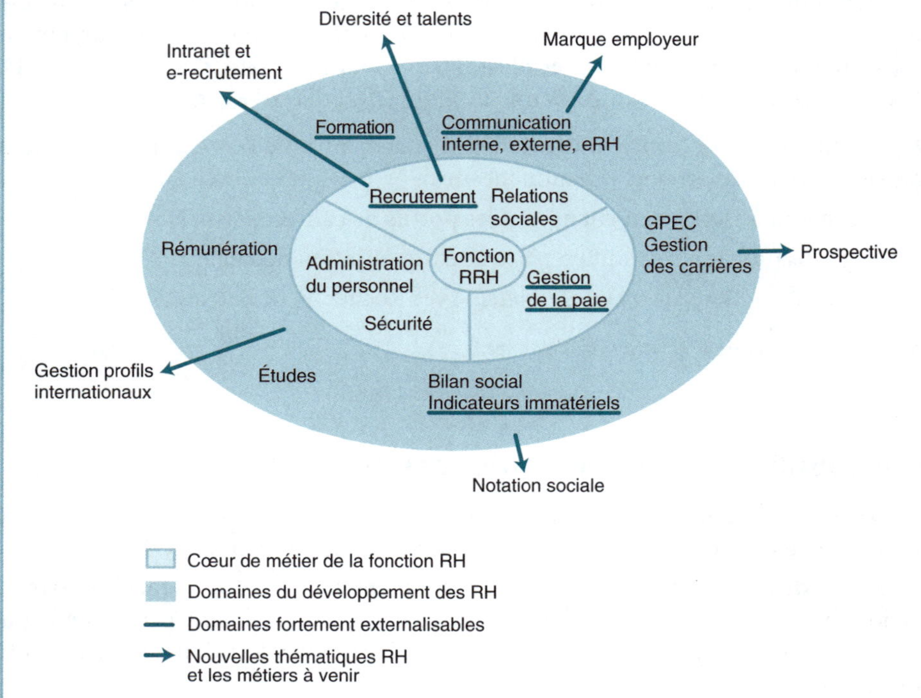

Pour des économies de coût, les entreprises n'hésitent plus à décentraliser des domaines RH. Mais elles ne doivent pas sous-estimer les efforts de coordination qui peuvent être nombreux et risqués.

À la suite de la crise financière, nous constatons un ancrage de nouvelles thématiques (la recherche des talents, la gestion de la diversité, la gestion des générations, le marketing RH, l'e-recrutement) qui peuvent constituer aujourd'hui ou demain le champ de nouveaux métiers RH.

Focus 12.1

Des ressources pour connaître les métiers

Des descriptifs métiers réalisés à partir d'interviews, de mises en relation par *chat* sont proposés sur deux sites de recrutement. Pour chaque filière, on trouve des rubriques telles que les fiches métiers, les témoignages, etc. On peut également citer la chaîne YouTube de CarriereOnline TV, où l'on peut visionner des collaborateurs en conditions réelles de travail.

Source : Besson L. et Digout J., e-Recrutement à l'ère du Web 2.0, Vuibert, 2012, p. 98.

L'entreprise doit tout d'abord renforcer les domaines qui constituent son cœur de métier, comme l'administration du personnel, la gestion de la paie, le recrutement et les relations sociales, tout en intégrant des profils capables de contrôler et de coordonner ces différents champs de la fonction. Elle doit ensuite développer des spécialités RH en phase avec les problématiques du moment (par exemple, l'entreprise créera la fonction de *compensation and benefits* pour fidéliser ses hauts potentiels, elle établira une cellule sur l'impatriation afin d'optimiser l'accueil des collaborateurs étrangers qui sont une solution à des problèmes de recrutement). Enfin, elle externalisera des domaines RH en fonction de ses cycles de croissance et de restructuration. Ainsi, il existe une recrudescence de prestataires de solutions RH dans les domaines de la paie, des sites de recrutement, du recrutement (*outsourcing*), de la notation sociale, du droit social, du *e-learning*, etc.

En fonction de l'histoire de l'entreprise, de sa structure fonctionnelle et de ses priorités de développement, un domaine pourra être « externalisé » ou « faire partie de son cœur de métier ». De même, ce choix pourra varier dans le temps en fonction des priorités RH, du profil du DRH ou du mode de développement de l'entreprise.

Les métiers RH s'ouvrent à tous types de profils (comptabilité, finance, fiscalité, marketing RH, *knowledge management*). Ils ne concernent pas exclusivement des personnes de formation RH. Très souvent, le passage par la fonction RH constitue une étape dans une carrière et ne représente pas une fin en soi. Les carrières en RH peuvent commencer indifféremment par des métiers de spécialistes pour évoluer vers des métiers plus généralistes, qui comprennent des compétences de management et de contrôle, ou par des métiers de généralistes pour progresser vers des métiers de spécialistes RH dans une logique de progression hiérarchique fonctionnelle.

1.3. Les métiers généralistes en RH

Les quatre métiers généralistes habituellement rencontrés sont : l'assistant ressources humaines, proposé au jeune diplômé ; le RRH, considéré comme le chef d'orchestre des spécialistes RH (voir section 2 de ce chapitre) ; le directeur du développement des RH, qui décide et encadre les actions périphériques de la fonction ; le DRH, en tant que décideur de la politique RH.

Assistant ressources humaines

Ce métier a pour vocation d'assister la DRH dans la définition de la politique de ressources humaines et dans son application (paie, congés, statistiques, suivi des plans de formation, etc.), et de participer à des projets qu'elle conduit (plans de formation, programmes qualité…). Il est rattaché au chef du personnel ou au directeur des ressources humaines et a pour mission de gérer les quatre domaines du cœur de métier RH.

- **L'administration du personnel.** L'assistant ressources humaines assure la gestion administrative quotidienne des salariés (tenue des dossiers individuels, saisie de données, réponse aux questions des collaborateurs sur leur bulletin de salaire, etc.) sous l'autorité du RRH. Il effectue et transmet les déclarations aux organismes sociaux et prépare les rapports nécessaires aux réunions avec les partenaires sociaux. Il informe le personnel encadrant (les managers) sur les modifications issues de la législation sociale et l'ensemble du personnel sur les avantages sociaux (voitures de fonction, restaurant d'entreprise, mutuelle, etc.).
- **La gestion de la paie et de la masse salariale.** L'assistant ressources humaines est chargé d'exécuter les opérations mensuelles liées à la paie. Il établit les bulletins de paie (en respectant un processus de paie qui intègre généralement des simulations de paie à la moitié du mois). Il participe à l'élaboration des contrats de travail. Il conçoit

des tableaux de bord statistiques (effectifs, masse salariale) afin de suivre l'évolution quantitative et qualitative de la masse salariale.

- **Le recrutement.** L'assistant ressources humaines est amené à organiser des recrutements ponctuels ou des campagnes de recrutement (voir chapitre 15, « Recruter »). Dans ce cadre, il participe aux présélections des candidats et assure leur suivi jusqu'à l'étape de l'intégration dans l'entreprise. En amont du processus de recrutement, il peut participer aux actions de définition de poste et à la rédaction des annonces, à l'élaboration du livret d'accueil et de la journée d'intégration.
- **Les relations avec les IRP** (instances représentatives du personnel). L'assistant ressources humaines conduit les opérations liées à l'organisation des élections professionnelles. Il les anime et en assure le suivi (voir chapitre 18, « Pratiquer les outils RH »).

Directeur du développement RH

Ce métier est rattaché au DRH. Le « DirDev » a pour attribution de définir la politique et les axes de mise en œuvre des domaines liés au développement des RH, qui sont en prise directe avec l'expansion ou la restructuration des activités. Des missions de propositions stratégiques relatives au territoire de responsabilité, d'encadrement et de coordination fondent le socle de cette fonction. Son rôle se situe plus dans la conception et la répartition des actions que dans la mise en œuvre.

- **La conception des projets RH.** Dans un premier temps, il s'agit de rencontrer la direction de l'entreprise, la DRH et les responsables opérationnels et fonctionnels de l'entreprise, afin de recueillir leur vision et leurs attentes en matière de projets ressources humaines. Puis le DirDev analyse les *process* et le fonctionnement de l'entreprise en matière de ressources humaines, et assure une veille externe des pratiques ressources humaines des entreprises de taille équivalente. Dans un deuxième temps, il a pour mission de faire évoluer les domaines et les *process* RH tout en gardant l'esprit et la lettre de la politique RH définie par le DRH. Il doit proposer une stratégie sur les domaines RH en développement qu'il a ciblés. Pour ce faire, il doit construire des projets en mettant en évidence les objectifs visés, les moyens nécessaires et le planning d'intervention. Très souvent, il a l'initiative dans la création d'un nouveau domaine RH.
- **Le pilotage des projets RH.** Après cette première phase d'analyse et de stratégie, le DirDev s'engage dans une phase de coordination des actions décidées. Il choisit des prestataires, en animant des groupes de travail internes et/ou externes, en mettant en place des recommandations et en assurant l'interface des projets avec les autres cadres RH (opérationnels ou fonctionnels). C'est lui qui peut jouer un rôle moteur dans la décentralisation des pratiques RH vers les managers.
- **Le suivi, l'évaluation et l'accompagnement des réalisations.** Le suivi s'inscrit dans un esprit de « gestion de projet » et se mesure par la comparaison des résultats obtenus *vs* les objectifs poursuivis. Le directeur du développement RH peut favoriser le déploiement d'enquêtes sociales internes administrées par Internet afin d'avoir une opinion sur le climat social et de favoriser les remontées anonymes des collaborateurs. Un *reporting* auprès de la hiérarchie sur les conditions de déroulement des projets est alors nécessaire. Une action sur les outils de communication peut renforcer la valorisation des réalisations.

1.4. Les métiers spécialisés dans un domaine RH

La tendance des dernières années a consisté à multiplier les outils RH et les dénominations métier. De nombreux métiers sont apparus dans la fonction, sans pour autant que cette fonction voie son effectif augmenter significativement. Il s'agit en fait d'une multiplication de titres liée à des spécialisations RH et à l'apparition de nouvelles tendances comme le « marketing RH ». Alors que les effectifs RH diminuent dans la fonction RH des entreprises, les prestataires de services et de conseil RH se sont souvent multipliés dans le sillon de l'externalisation des pratiques RH des firmes.

Une liste des principaux domaines RH associés à des métiers RH spécialisés permet de faire un point (voir tableau 12.2).

Tableau 12.2 – Les métiers RH et les salaires associés en 2014[a]

Spécialité RH	Métiers RH	Rémunération (3 à 6 ans d'expérience)
Paie	Technicien de paie, gestionnaire de paie	45-55
Administration du personnel (cotisations sociales et obligations administratives)	Responsable administratif du personnel	45-55
DRH monde	Supervise plusieurs pays	90-120
DRH pays	A la responsabilité RH d'une *business unit*	65-70
Chargé RH	Réalise des études en fonction des besoins	35-40
Assistant RH	Vient en support d'une fonction RH	28-32
Analyse de la masse salariale	Responsable rémunération et avantages sociaux *compensation and benefits*	55-65
Gestion du contrat de travail	Juriste en droit social	35-55
Formation	Responsable formation	42-48
Évaluation/Recrutement	Chargé de recrutement, *campus manager*	30-38
Gestion des compétences	Directeur du développement des RH, responsable gestion des compétences	55-65
Gestion des talents	*Talent manager*	40-45
Gestion de la mobilité	Chargé de mobilité	35-40
Relations sociales	Chargé de relations sociales	35-55
Audit social/qualité/bilan social/rapport social/ RH qualité	Chargé d'études	45-55
Communication sociale	SIRH, *knowledge manager*, chargé de marketing social	45-50

a. Ces données sont exprimées en milliers d'euros (DRH : 65-70 000 € ; RRH : 42-50 000 €). Pour information, le salaire d'un DRH est de 90 à plus de 150 K€.

Source : D'après « Étude de rémunération », Hay, 2014.

Présentons maintenant quelques-uns des métiers RH recherchés.

Responsable paie

Selon les entreprises, il est rattaché au service du personnel, à la direction financière ou à la direction administrative. Il est le garant de l'établissement des bulletins de salaire. Si la paie est informatisée, son principal rôle consiste à optimiser les relations avec le prestataire du logiciel informatique afin de limiter les erreurs, principalement dues aux éléments variables de paie. Très impliqué dans la gestion du logiciel paie, son intérêt pour l'informatique doit être réel et assorti d'un esprit critique afin d'« intuiter » les rubriques à contrôler. Ses missions consistent principalement à :

- préparer et saisir des éléments de paie *via* des systèmes informatiques spécialisés ;
- gérer des interfaces avec le prestataire du logiciel de paie (prise en compte des modifications légales, des évolutions de la politique de GRH, etc.) ;
- respecter le processus de paie avec la sortie en milieu de mois de bulletins de salaire à vérifier ;
- établir des déclarations sociales obligatoires relatives à la paie ;
- réaliser des virements aux organismes sociaux (Pôle Emploi, Urssaf…) ;
- négocier avec les caisses de retraite et de prévoyance ;
- créer des tableaux de bord ou des outils appropriés à la gestion et au suivi de la masse salariale ;
- mettre en place des attestations courantes (déclarations maladie, arrêts de travail…) ;
- gérer les absences et les déplacements à l'étranger, les horaires et durées de travail, les éléments constitutifs de la protection sociale.

Responsable administration du personnel

Il s'occupe au quotidien de toute la gestion administrative relative aux salariés de l'entreprise. Ses principales missions peuvent être déclinées de la façon suivante :

- La gestion administrative courante qui correspond aux activités ci-après :
  - tenir à jour les dossiers individuels administratifs pour chaque salarié ;
  - préparer tous les documents réglementaires liés à la gestion du personnel : cotisations sociales, rédaction des contrats de travail, etc. ;
  - veiller au respect du Code du travail et du règlement intérieur de l'entreprise (respect des horaires, tenue vestimentaire…) ;
  - suivre les plannings (absentéisme et présentéisme) pour chaque salarié ;
  - superviser une équipe administrative et/ou de spécialistes paie.
- La participation au développement de l'entreprise qui s'exprime dans les actions suivantes :
  - exercer une veille sur l'ensemble des obligations légales liées à la gestion administrative du personnel ;
  - dialoguer en permanence avec les salariés et les partenaires sociaux pour répondre à leurs questions et centraliser leurs besoins ;
  - nouer un dialogue privilégié avec les mutuelles et les caisses de retraite et de prévoyance pour se tenir informé des avantages dont peuvent ou pourraient bénéficier les salariés ;
  - se tenir à l'écoute des grandes mutations internes de l'entreprise : fusions, conjoncture économique, vente d'une activité, etc.

- La mise en place d'un dialogue, voire commencer des négociations avec les syndicats :
  - assurer les contraintes liées à l'hygiène et la sécurité ;
  - faire du *reporting* RH ;
  - élaborer l'ensemble des tableaux de bord sociaux permettant de suivre l'activité du personnel : absentéisme, rémunérations, congés, accidents du travail ;
  - analyser les données recueillies ;
  - faire remonter les données sociales au niveau du siège ou du comité de direction de l'entreprise ;
  - calculer les charges sociales et établir le bilan social de l'entreprise.

Compensation and benefits

Au quotidien, ils se font appeler *comp and ben*. Ils sont chargés d'étudier le système de prévoyance et de rémunération pour l'ensemble du groupe afin de l'optimiser d'un point de vue « coût » et de le valoriser en fonction de la typologie des statuts présents dans l'entreprise. Ainsi, le responsable *compensation and benefits* doit réaliser, en premier lieu, une analyse du marché, des barèmes de rémunération de l'entreprise par rapport aux secteurs d'activité concernés et aux *benchmarks* les plus efficaces sur les points observés. Il propose ensuite, en liaison avec les RH et la hiérarchie, des solutions permettant d'optimiser fiscalement la rémunération globale des collaborateurs. Sa mission consiste à effectuer des études individuelles pour valoriser les rémunérations des collaborateurs ciblés (cadres dirigeants, hauts potentiels, etc.) afin d'envisager les solutions les moins fiscalisées. Son action concerne également la gestion de carrière et la rémunération des expatriés.

De fait, aujourd'hui, les entreprises qui souhaitent attirer des candidatures de choix sont contraintes de proposer des rémunérations globales qui vont au-delà du salaire fixe. Elles doivent mettre en place des systèmes de prévoyance attractifs et toute une série d'avantages sociaux comme des stock-options, l'épargne salariale, les retraites complémentaires, conformément à l'évolution légale. Des accords avec les partenaires sociaux pour faire avaliser ces systèmes de rémunération doivent être obtenus. Une partie de cette fonction consiste à rechercher auprès des banques et des compagnies d'assurances les produits financiers les mieux adaptés à la politique de rémunération de l'entreprise (voir exemple 12.3).

Exemple 12.3

Témoignage du responsable compensation and benefits Europe d'Airbus

Chez Airbus, ce poste a pour objectif de « préserver une certaine cohérence dans les systèmes de rémunération et les avantages en nature de Madrid à Hambourg ». Plus précisément, il s'agira :

- de prendre en compte les études de marché réalisées par la maison mère (EADS) ;
- de faire évoluer l'évaluation des postes ;
- de proposer des règles de rémunération communes aux cadres supérieurs d'un même pays ;
- de rester compétitif par rapport aux modes de rémunération des concurrents.

La qualité principale pour la responsable *comp and ben* d'Airbus Europe reste la « capacité d'analyse ».

Source : Libre adaptation de http://jd.apec.fr/delia

Chargé de recrutement

Le métier de chargé de recrutement peut s'exercer indifféremment en entreprise ou en cabinet de recrutement. L'identification des besoins et des ressources de l'entreprise en termes de moyens humains ainsi que la prévision des évolutions aux niveaux collectif et individuel sont généralement réalisées par l'entreprise.

Le cœur du métier de chargé de recrutement concerne l'ensemble des tâches rattachées au processus de recrutement (voir chapitre 15, « Recruter ») : de la définition du besoin à l'intégration au sein de l'entreprise.

Le chargé de recrutement dépend du DRH ou du RRH en fonction de l'organigramme RH choisi dans les grands groupes. Ses principales missions lui permettent de participer à l'application du plan de recrutement défini par la direction du personnel, d'évaluer au préalable les futurs besoins en recrutement (ou de donner son avis), de définir précisément les profils recherchés par l'entreprise (définition de fonction et fiche de poste) ainsi que les postes à pourvoir. Cette première phase d'analyse en amont est suivie d'une phase plus active centrée sur la recherche des candidats. Il s'agit alors de rédiger et de diffuser les offres d'emploi, d'animer le site d'e-recrutement, de trouver des sources de recherche des profils demandés par l'entreprise, de réceptionner et de sélectionner les candidatures, d'organiser les sessions d'entretiens et de tests. Suivant les situations, une troisième phase d'intégration peut être confiée au chargé de recrutement. Dans ce cas, il prépare les contrats de travail (en liaison avec le service du personnel). Il peut être amené à accueillir les nouveaux candidats et à veiller à leur intégration au sein des équipes.

Selon la taille de l'entreprise, il peut être chargé d'organiser les relations avec les écoles et les universités, ce qui constitue, dans les grands groupes, une fonction à part entière, celle de *campus manager.*

Le site de l'Apec souligne que ces postes deviennent de plus en plus stratégiques. En effet, en période de pénurie de cadres, comme nous le vivons actuellement, les enjeux de la fonction recrutement ont un impact direct sur le développement et la croissance de l'entreprise. Les professionnels du recrutement doivent à la fois être au cœur de l'évolution du recrutement sur Internet, trouver les « perles rares », les convaincre de rejoindre l'entreprise et conseiller les opérationnels, en interne, sur leurs besoins quantitatifs et qualitatifs en compétences.

Les chargés de recrutement ont un rôle majeur à jouer dans la *guerre des talents* (voir chapitre 11, « Gérer les talents »). Ils devront déployer des compétences de clairvoyance et d'imagination pour mettre en œuvre les nouvelles méthodes de recrutement telles que le *speed recruiting* (voir focus 12.2) qui s'est imposé dans le recrutement de gros volume.

Campus manager

Ce poste est né récemment dans les grands groupes qui connaissent des difficultés de recrutement. Il s'agit de faire connaître l'entreprise auprès des futurs jeunes diplômés, de diffuser et d'entretenir l'image de la société dans le milieu étudiant, afin de générer des flux continus de candidatures. Le *campus manager* présente l'entreprise lors de manifestations étudiantes (forums des grandes écoles, salons…). Il peut être amené à définir une politique de partenariat avec les grandes écoles, les universités ou tout autre établissement.

Les chargés de recrutement et le *speed recruiting*

Focus 12.2

Dans les grandes entreprises comme La Banque postale, Accenture, la Société générale, Konica Minolta, GFI, le *speed recruiting* (ou *job dating* ou *speed dating*) est devenu une pratique de recrutement incontournable car elle a de nombreux avantages (recrutement en volume, consolidation de l'image employeur). Certes, elle présente aussi quelques inconvénients (taux de résiliation des contrats lors de la période d'essai 10 fois plus élevé, rare audition de candidats en poste).

Le *speed recruiting* se définit comme une session de recrutements accélérés pour des centaines de candidats, suite à une présentation institutionnelle de l'entreprise. À l'issue des entretiens, les candidats (surtout de jeunes diplômés) ont de larges chances de repartir avec un contrat signé.

Une telle technique nécessite une adaptation des compétences du chargé de recrutement en termes de rapidité et de rythme :

- capacité à mener un entretien très rapide (généralement moins de 20 minutes) et à prendre une décision sur le candidat ;
- objectivité du jugement à conserver malgré un enchaînement incessant d'entretiens avec des candidats aux profils similaires.

Les compétences du chargé de recrutement sont dans cette situation plus proches de celles exercées en cabinet de recrutement que de celles communément dévolues à ce métier dans un grand groupe.

Source : Libre adaptation de Liaisons sociales magazine, n° 96, novembre 2008, p. 52-53.

Dans le cadre de cette politique, des échanges sous la forme de stages, d'événements sportifs, de rencontres entre étudiants et professionnels de l'entreprise, de tables rondes, de conférences, d'interventions pédagogiques peuvent être mis en place.

L'une des tâches majeures consiste à repérer les meilleurs éléments de la formation visée et à développer avec eux des rapports privilégiés en les accompagnant dans leurs démarches professionnelles. Il ne faut pas restreindre le métier de *campus manager* aux seuls jeunes diplômés, car, suivant les priorités de recrutement de l'entreprise, différentes cibles peuvent être privilégiées. Dans tous les cas, le *campus manager* est un acteur privilégié dans le processus d'intégration des jeunes au sein de l'entreprise.

Responsable de formation

Présent dans les grandes entreprises, le chargé de formation dépend de la DRH, du responsable de la formation ou du RRH. Il participe à l'établissement des diagnostics des besoins de formation, aussi bien individuels que collectifs, afin de mettre en place le plan de formation et les actions de formation appropriées. Il participe à la définition précise de la politique de formation de l'entreprise et contribue à mettre en place cette politique en traitant ses aspects administratifs et financiers (négociation des achats de formation avec les fournisseurs, gestion de l'administration et du budget fixé avec la direction et les partenaires sociaux).

Au quotidien, il recrute et renseigne les formateurs, suit les actions de formation. Il coordonne la réalisation des formations et gère les aspects logistiques (réservations hôtelières, convocations, salles, déplacements). Il analyse le rapport coût/qualité du plan de formation par la pratique d'audits de formation.

Dans les grandes entreprises, les responsables de formation peuvent évoluer vers le poste de gestionnaire ou de responsable d'une université d'entreprise (ou campus d'entreprise), car ce type de structure se développe rapidement sous l'effet de la VAE et de l'harmonisation des compétences dans les entreprises à caractère international (voir exemple 12.4).

Exemple 12.4

Chargé de la mobilité internationale

Sous l'effet de la mondialisation et de la réduction des coûts, ce métier se complexifie. Il s'agira d'élaborer une « charte des mobilités » qui permet de fixer, avec transparence, des règles de cohérence, puis de monter des packages financiers proposés aux candidats au départ, d'imaginer des solutions en local et de gérer les « impatriés ». La gestion de la relocation (adaptation culturelle, déménagement, accompagnement du conjoint, etc.) et le suivi des formalités administratives sont deux points sensibles.

Exemple 12.5

Accenture et Renault misent sur l'anticipation des métiers

La DRH d'Accenture a créé en septembre 2007, au sein de son service, une nouvelle fonction entièrement dévolue à la prospective. « C'est une sorte d'explorateur de tendance version RH », souligne Isabelle Lamothe, aujourd'hui directrice des activités de conseil d'Altedia.

Même attitude chez la DRH de Renault qui a créé, en 2008, 25 postes de « conseils en développement de carrière ». Leur mission consiste à réfléchir transversalement à l'évolution des métiers dont le groupe aura besoin demain en fonction des nouveaux marchés et des produits à venir.

Source : Liaisons sociales magazine, septembre 2008, p. 20.

Chargé des relations sociales (directeur des affaires sociales, responsable juridique et social)

Ce métier consiste à entretenir le dialogue social. Il s'agit d'informer les différentes instances représentatives du personnel des projets de développement de l'entreprise. En relation avec la DRH et les dirigeants de l'entreprise, le responsable des relations sociales définit une stratégie de communication et de négociation pour faciliter l'acceptation du changement par les partenaires sociaux et l'ensemble de l'entreprise.

D'un point de vue opérationnel, il anime les réunions avec les partenaires sociaux et négocie afin d'aboutir à un accord qui deviendra une nouvelle norme sociale au sein de l'entreprise. Il veille à la bonne mise en œuvre des accords conclus et communique auprès des partenaires sociaux sur le déroulement des opérations.

Son rôle peut être découpé en quatre composantes complémentaires qui s'appuient essentiellement sur ses compétences juridiques :

- **Conseil auprès de la direction de l'entreprise.** En amont des projets de développement de l'entreprise, la mission du responsable des relations sociales consiste à apporter un conseil à la direction générale de l'entreprise en matière de relations sociales, à l'informer sur les différents indicateurs quantitatifs et qualitatifs qui permettent de suivre le climat social afin d'anticiper les risques de crise.

- **Veille en matière de droit du travail.** Il se tient informé des différentes évolutions susceptibles d'influencer l'entreprise en matière de droit du travail. Il réalise des études et des analyses approfondies de la jurisprudence et participe à des formations, à des colloques.
- **Traitement des dossiers sociaux.** Dans le cas de contentieux prud'homaux liés aux licenciements et à la requalification de CDD, il doit représenter l'entreprise ou piloter les relations avec les avocats chargés d'intervenir pour l'entreprise sur les contentieux en cours, et suivre avec eux l'évolution des dossiers.
- Sur l'ensemble des dossiers stratégiques – restructuration de l'entreprise, plans de licenciement, modification des contrats de travail –, il doit sécuriser les processus de l'entreprise et porter un regard de juriste.
- **Conseil en gestion sociale.** Enfin, en interne, il prépare et organise les réunions avec les IRP (instances représentatives du personnel). Il rédige les comptes rendus de réunions, répond à l'ensemble des demandes en droit social émanant de la direction des ressources humaines ou des directions opérationnelles de l'entreprise, répond aux salariés souhaitant obtenir des précisions en matière de droit social individuel ou collectif. Il supervise toutes les communications formelles et institutionnelles au sein de l'entreprise sur les changements ayant un impact sur le droit du travail ou sur la convention collective.

Contrôleur de gestion social

Avec l'obligation légale de publier un volet social dans les comptes annuels, l'analyse de la masse salariale ne suffit plus. De plus en plus de grandes entreprises s'intéressent au volet financier des RH : Combien coûte un salarié ? Un recrutement ? Un turnover ? Une journée d'absence ? Quelle est la productivité d'un salarié ? Ce métier a beaucoup d'avenir, mais ne compte qu'une centaine de spécialistes en France.

Responsable du développement durable

Clients, partenaires, fournisseurs, décideurs dans des appels d'offres, tous sont de plus en plus sensibles aux efforts de l'entreprise dans le domaine de la responsabilité sociale. Les organisations cotées en Bourse sont dans l'obligation de rédiger annuellement un rapport sur leurs actions dans ce domaine dans le cadre de la loi NRE (nouvelles réglementations économiques). Cependant, au-delà de cette contrainte, de plus en plus de sociétés souhaitent rendre visibles leurs actions à travers une communication informelle, une labellisation, voire une normalisation.

- **Rédaction du rapport RSE** (responsabilité sociétale de l'entreprise). Depuis 2011, les entreprises de plus de 500 salariés ayant un chiffre d'affaires supérieur à 43 millions d'euros doivent appliquer la loi Grenelle 2, qui prolonge la loi NRE. Elles devront rédiger un rapport de responsabilité sociale dont les thématiques et les indicateurs sont laissés à leur discrétion. L'objectif est de mentionner la manière dont chacune d'elles prend en compte les conséquences sociales et environnementales de son activité.
- **Mise en place du processus pour arriver à la normalisation ISO 26000.** Il s'agira de valoriser les actions de l'organisation afin de répondre au cahier des charges de cette norme qui définit la responsabilité sociale autour de sept thématiques : la gouvernance,

les droits de l'homme, les relations et conditions de travail, l'environnement, la loyauté des pratiques, les questions relatives aux consommateurs et la contribution au développement local. Il ne s'agit pas d'une certification, mais d'une norme universelle qui invite les entreprises à envisager les conséquences de leurs décisions sur ces sept thématiques.

Responsable de la diversité

En France, la loi impose aux entreprises de mettre en place des actions pour favoriser la diversité (plan en faveur de l'emploi des seniors, quota de travailleurs handicapés, femmes dans les comités de direction, etc.). Pourtant, en 2013, plus de 400 entreprises ont été sanctionnées par des amendes pour ne pas avoir respecté la loi. Néanmoins, ce métier progresse dans les grandes entreprises (L'Oréal, Orange, La Poste) et repose sur deux missions essentielles : faire respecter la loi et faire changer la mentalité des managers.

Responsable SIRH

Avec la mise en place des progiciels de paie, d'intranet RH, des outils liés à la gestion des recrutements en ligne, des formations *e-learning*, de newsletters, etc., le responsable SIRH joue un rôle déterminant. Il est à la fois coordinateur et initiateur de nouvelles solutions informatiques. Il peut être de plus en plus interconnecté à d'autres fonctions (marketing, comptabilité, etc.) ou, à l'inverse, se focaliser sur les relations avec les prestataires de solutions SIRH.

Focus 12.3

L'annuaire intelligent chez Danone

Les experts s'accordent pour dire que l'évolution de l'entreprise va vers une optimisation des échanges. Après avoir cherché à compiler le savoir avec le *knowledge management*, les entreprises ont développé des communautés de pratiques. « Mais l'acteur principal de la logique collaborative, c'est bien le salarié, c'est-à-dire un individu qui décide de partager », précise Nicolas Rolland, alors directeur de la prospective sociale du groupe Danone. D'où l'importance de repérer précisément qui fait quoi au sein d'un annuaire intelligent.

Chez Danone, le projet d'annuaire intelligent a été initié et porté par la DRH en 2008 : « Nous avons d'abord défini les comportements que nous souhaitions développer dans le collaboratif. Puis nous avons mené une étude auprès des salariés, pour savoir comment ils utilisaient les réseaux sociaux et ce qu'ils attendaient de ce type d'outil dans l'entreprise », raconte Nicolas Rolland. Le site a finalement été déployé il y a plusieurs mois auprès des quelque 40 000 salariés du groupe dotés d'un poste de travail.

Chaque « fiche collaborateur » comprend des données issues du SIRH et une partie libre, où chacun peut compléter son profil et créer des communautés.

Source : Libre adaptation d'Entreprise & Carrières, nº 1037, 22 février 2011.

Force est de constater que de nouvelles fonctions apparaissent pour gérer les discussions sur les forums, les réseaux sociaux, créer un lien entre les consommateurs mais aussi les futurs salariés et la marque.

Community manager

Cette fonction en plein essor se situe à l'intersection du marketing et des RH. Le *community manager* promeut la marque sur des espaces communautaires (forums de recrutement, blogs, Facebook, Twitter, etc.). Il peut créer un *buzz* autour des produits ou d'emplois. Très souvent, il gère les réponses des forums ou des *chats* de recrutement. Les contours de ce métier sont à construire.

Responsable prévention des risques psychosociaux

Avec le développement du travail à distance, des situations de stress et des politiques de « précaution RH »[5], de plus en plus d'entreprises et de cabinets de consultants ont créé le poste de « responsable prévention des risques psychosociaux » afin d'accompagner les changements. Les missions attribuées à ce nouveau métier concernent, d'une part, l'audit de la qualité de vie au travail et, d'autre part, l'évaluation des risques (démotivation, stress, etc.). L'objectif recherché consiste à intervenir sur l'organisation pour anticiper une crise ou en sortir.

Risk manager

Dans les grands groupes (Thalès, Areva, Schneider Electric), la gestion des risques est de moins en moins disséminée au sein des grandes directions ; elle fait l'objet, de plus en plus, d'équipes transversales dans lesquelles on centralise les experts en prévention afin d'être plus efficace. Ce métier, qui se définit par la prévention et la gestion des crises, est en émergence. Il s'appuie sur des compétences juridiques, RH, prospective, sécurité, financières. Concrètement, il s'agira d'élaborer des cartographies techniques des risques à anticiper, des calculs de conséquences financières, etc. Depuis novembre 2013, cette profession possède un référentiel métiers établit par l'Amrae (Association pour le management des risques et des assurances de l'entreprise).

2. Le métier de RRH

Au cours de cette section, nous allons nous focaliser sur la fonction du RRH car celui-ci est le garant du cœur de métier de la fonction RH. C'est lui que le dirigeant de PME cherche à recruter pour gérer ses salariés. Nous définirons son profil, ses missions et sa compétence clé : posséder des notions de droit.

Le RRH, responsable des ressources humaines, nommé également responsable du personnel, peut être dépeint comme le « chef d'orchestre opérationnel », garant de la cohérence et de la mise en œuvre des différents domaines RH, dont ces quatre domaines incontournables :

- l'administration du personnel ;
- la paie ;
- le recrutement (voir chapitre 15, « Recruter ») ;
- les relations sociales.

5. Certaines entreprises préfèrent anticiper les situations à risques en nommant des responsables prévention des risques psychosociaux et éviter de ternir leur image de marque.

En effet, quelle que soit la taille de l'entreprise, celle-ci doit maîtriser, au minimum, ces quatre domaines des RH. Les deux premiers sont parfois considérés comme peu valorisants ; pourtant, mal maîtrisés, ils peuvent mettre en péril l'organisation.

2.1. Le profil du RRH

Il est généralement admis que le candidat idéal à la fonction de RRH doit posséder des qualités telles que la maîtrise du détail (aimer les chiffres et les statistiques). Il doit savoir :

- analyser et synthétiser ;
- manager les responsables formation, recrutement, etc. ;
- donner une information synthétique aux interlocuteurs internes (« vulgarisation »).

2.2. Les missions du RRH

Les missions du RRH s'articulent autour du contrôle, de l'accompagnement et de l'analyse. Mais plus l'entreprise est grande, plus le RRH sera entouré d'une équipe de spécialistes des domaines RH (responsable paie, responsable formation, responsable recrutement, responsable relations sociales, chargé des études sociales, *campus manager*, responsable SIRH, etc.). Il doit mettre en œuvre la stratégie du DRH et faire en sorte qu'elle fonctionne tout en étant valorisée par une bonne communication interne et externe.

Les missions du RRH sont celles d'un manager opérationnel, responsable des résultats de ses équipes et rattaché au DRH. Il veille au respect de la législation sociale, à celui du règlement intérieur et à l'application des procédures internes. Il élabore avec le DRH la politique sociale et doit la mettre en œuvre. Avec ses équipes, il effectue des analyses quantitatives et qualitatives en ressources humaines dans les domaines qui ont été définis par le DRH comme stratégiques.

Chaque année, il doit définir et mettre en place une politique salariale, superviser l'établissement de la paie et produire le bilan social. Enfin, dans une optique plus à moyen terme, il doit être force de proposition sur l'évolution des RH et l'amélioration des conditions de travail.

Bien souvent, le métier de RRH est confié à des personnes qui possèdent soit une expérience de l'entreprise, soit une expérience comptable. Ce n'est pas un « métier de passage », c'est un « métier technique », un métier qui évolue chaque année, au fil des lois, et qui nécessite des compétences juridiques, managériales et RH. Le RRH se doit de rester en alerte sur les thématiques émergentes en RH. Il assure également le lien avec les institutionnels RH.

2.3. Une compétence fondamentale en RH : posséder des notions de droit

Le métier de RRH est directement lié à l'intégration et à l'application de principes de droit. En effet, le législateur impose de plus en plus souvent aux entreprises des modifications dans la législation sociale. Ainsi, le RRH doit tenir compte de la hiérarchie des accords et de la diversité des types de contrats de travail.

Selon J.E. Ray, spécialiste de droit social, dès que l'on a une responsabilité dans un domaine RH, et plus particulièrement si l'on est RRH, on se doit de connaître les sources du droit du travail. Ces sources sont de deux ordres. Ce sont tout d'abord les « sources imposées » aux partenaires sociaux (les traités, la Constitution et la loi), qui, en France, ont longtemps été privilégiées. Aujourd'hui, elles laissent la place à la montée en puissance des « sources négociées » par les partenaires sociaux, appelées également « sources dites autonomes », qui sont au nombre de trois : les conventions collectives, les usages et le contrat de travail. Mais il peut arriver que certaines de ces sources soient en contradiction avec les autres.

Le principe de hiérarchie qui prévalait précédemment entre les différentes sources de droit a cédé la place à la notion d'articulation. « Le principe est en effet que la convention inférieure (par exemple, convention collective de branche/accord d'entreprise) n'est plus forcément plus favorable que le niveau supérieur. » Ainsi, un accord d'entreprise peut contenir des stipulations moins favorables que celles de la branche.

Face à la diversité des contrats de travail, le RRH doit veiller à spécifier les domaines suivants : la période d'essai, la date d'ancienneté, la fonction, l'horaire et la rémunération, dans chaque contrat de travail, quel qu'en soit le type.

D'un point de vue pratique, le contrat de travail est obligatoirement écrit. Il existe généralement dans le service RH plusieurs modèles de contrat type en fonction des statuts (employé, agent de maîtrise, cadre), du type de contrat (CDI, CDD, autres), des temps complets ou temps partiels et des modes d'organisation spécifiques (modulation, temps partiel annualisé, etc.). Aussi, le RRH doit-il toujours revenir aux sources de droit tout en étant en alerte sur les actualités juridiques.

Résumé

- Face aux défis technologiques, légaux, économiques et sociaux, les métiers RH se déclinent aujourd'hui dans quatre directions : les métiers RH liés aux fondements de la fonction (administration du personnel, gestion de la paie, recrutement et relations sociales), les métiers centrés sur le développement des RH (formation, gestion de carrière, internationalisation, rémunération, gestion de la mobilité, gestion des compétences), les domaines entièrement ou partiellement externalisables (recrutement, NTIC, formation, paie) et l'émergence de nouveaux métiers (gestion des talents, gestion du site de recrutement, développement de la marque employeur, prospective et notation sociale).
- Le RRH symbolise le manager opérationnel des RH, le chef d'orchestre des spécialistes RH dans la grande entreprise, et le soliste, garant des obligations légales et sociales, dans la petite entreprise.
- Il doit être en veille sur les thématiques émergentes comme la gestion de la diversité, le *speed recruiting*, la gestion des générations. Il est aussi en relation directe avec les institutionnels RH qui proposent des diagnostics et outils RH.
- Il doit posséder des compétences en droit et les actualiser afin de contrôler la faisabilité des propositions de son équipe.
- Depuis cinq ans, de nouveaux métiers apparaissent en ressources humaines comme le *community manager* RH, le responsable de prévention des risques psychosociaux, le *risk manager* et le responsable de la gestion des talents (voir chapitre 11, « Gérer les talents »). Ces métiers prennent en compte l'évolution de la fonction, qui doit intégrer les impacts du digital, de la gestion du stress et de la nécessité d'anticiper.

Bibliographie

Berner P., *Responsable formation et compétences – Maîtriser, optimiser, faire évoluer sa fonction*, Paris, Dunod, 2011.

Collectif, *Les Métiers de la gestion, de la compta et des ressources humaines*, Paris, Onisep, 2013.

Collectif, *Les Nouveaux Métiers RH*, Studyrama, 2013.

Le Meur L., Deniaud C. et Fayon D., *Community management : fédérer des communautés sur les médias sociaux*, Pearson, 2013.

Vigny A., Salti S. et Fosseux S., *Les Métiers des ressources humaines*, Paris, Studyrama, 2010.

Activités

Questions

1. En quoi le digital transforme-t-il les métiers RH ?
2. Citez deux nouveaux métiers en émergence dans la fonction RH. Décrivez les missions principales qu'ils englobent.

Études de cas

http://myjobcompany.com : une agence de recrutement différente

Lancé en 2011, par Grégory Herbé, 31 ans, ce site est une plateforme de recrutement qui sollicite des communautés sur le Web et les rémunère. Le fonctionnement est simple : une entreprise publie son offre sur le site, celui-ci la communique à ses internautes diffuseurs dont les profils sont les plus pertinents. Chacun d'eux a carte blanche pour relayer l'annonce comme il le souhaite (SMS, réseaux sociaux). Si une embauche est conclue, le diffuseur reçoit en moyenne 2 000 € de primes de cooptation.

Questions

1. Quels sont les avantages d'un recrutement de ce type ?
2. Quel est l'intérêt de ce modèle pour le recruteur ?
3. Quel est l'intérêt pour le diffuseur ?
4. Quel est l'intérêt pour le candidat ?

Adecco et la discrimination

Depuis 2010, le leader français de l'intérim envoie une dizaine de comédiens dans ses agences afin de passer des entretiens de recrutement et démasquer des pratiques discriminantes. L'objectif de ces « clients mystères » a été de mesurer le niveau de discrimination à l'embauche au sein du réseau. Ainsi, 15 % des agences sont évaluées chaque année autour de 12 métiers clés. Le principe du *testing* consiste à soumettre deux profils identiques, sauf sur le sexe, l'âge et l'origine, puis à comparer les retours. Adecco reste l'une des rares entreprises à communiquer ses résultats, mais surtout, elle a décidé de sensibiliser à cette problématique et de former 7 000 salariés, dans les fonctions de recrutement, avec un module de *e-learning*.

Questions

1. Que pensez-vous de l'efficacité du *testing* ?
2. Quelles actions concrètes le responsable diversité peut-il proposer ?

Chapitre 13
Administrer le personnel

Bérangère Condomines

> **Ce chapitre aborde les questions suivantes :**
> - Quelles sont les missions de l'administration du personnel ?
> - Quelles sont les obligations administratives relatives au personnel ?
> - Quel est l'agenda à respecter ?

L'une des missions du RRH est de veiller au respect des obligations administratives légales relatives à la gestion du personnel et aux relations avec les partenaires sociaux. En cas de non-respect de ces formalités, la responsabilité civile et pénale de l'employeur est engagée encourant ainsi des sanctions financières (par exemple, amende, indemnisation du salarié), de l'emprisonnement (par exemple, délit de mise en danger d'autrui, travail dissimulé) et/ou des peines complémentaires (par exemple, exclusion des marchés publics, confiscation des biens).

Bien qu'insuffisamment considérée par certains, l'administration du personnel n'en exige pas moins des compétences tout aussi réelles que pointues.

Ce chapitre propose de vous accompagner lors de ces formalités en vous présentant d'abord les obligations administratives, puis l'agenda à suivre.

1. Les missions de l'administration du personnel

1.1. L'administration du personnel

L'administration du personnel constitue le socle de la fonction RH. Ainsi, elle fait référence aux tâches relatives à la mise en œuvre et au suivi administratif des politiques RH (recrutement, rémunération, formation, gestion des emplois et des carrières, dialogue social).

Directement reliée aux évolutions des dispositions légales, réglementaires et conventionnelles, l'administration du personnel exige une veille informationnelle permanente. Elle requiert également des compétences relatives à l'organisation (respect des délais) et la communication (information et conseil).

Ce domaine concerne, dans les grandes structures, le responsable de l'administration, le responsable de la paie ou le RRH et, dans les petites structures, les personnes en charge de la comptabilité ou du secrétariat de direction.

En écho au chapitre précédent, les principales missions du responsable de l'administration sont l'établissement des documents obligatoires, l'élaboration des tableaux de bord sociaux, la tenue des dossiers du personnel, le respect de la confidentialité des données personnelles, la gestion des contrats de travail (élaboration, avenant, suivi des mouvements), la gestion des démarches médicales (accidents du travail/visites médicales) ainsi que la gestion des relations en interne (avec les salariés et les partenaires sociaux) et en externe (institutions administratives). Ce rôle informationnel exige, entre autres, l'affichage de divers documents.

1.2. L'affichage

Les textes législatifs et réglementaires imposent l'affichage au format papier au sein de l'entreprise d'un certain nombre de documents et dans certaines conditions. L'affichage obligatoire concerne les domaines suivants :

- avis mentionnant l'existence de la convention collective et des accords applicables, et leur mise à disposition du personnel (art. L. 2262-5 et R. 2262-1 du Code du travail) :
  - *sur le lieu de travail à une place accessible, lors de l'embauche ou sur l'intranet* ;
- le texte des dispositions relatives à la non-discrimination (art. L. 1142-6 du Code du travail), aux sanctions encourues (art. 225-1 et s. du Code pénal) et les coordonnées du service d'accueil téléphonique (114) :
  - *sur le lieu de travail à une place accessible, dans les locaux d'embauchage* ;
- dispositions relatives à l'égalité professionnelle (art. L. 3221-2 et s. du Code du travail) :
  - *sur le lieu de travail à une place accessible, dans les locaux d'embauchage* ;
- le règlement intérieur pour l'entreprise ou un établissement de plus de 20 salariés (art. R. 1321-1 du Code du travail) :
  - *sur le lieu de travail à une place accessible, dans les locaux d'embauchage* ;
- avis indiquant les modalités d'accès au document unique d'évaluation des risques (art. R. 4121-4 du Code du travail) :
  - *sur le lieu de travail à une place accessible ; si l'entreprise est dotée d'un règlement intérieur, il doit être affiché à côté* ;
- durée du travail : horaires, aménagement du temps de travail, organisation du travail (art. L. 3171-1 et D. 3171-2 du Code du travail) :
  - *sur le lieu de travail à une place accessible ; si le salarié est employé à l'extérieur, dans l'établissement auquel il est attaché* ;
- coordonnées de l'inspection du travail compétente et nom de l'inspecteur compétent (art. D. 4711-1 du Code du travail), de la médecine du travail (art. D. 4711-1 du Code du travail), des secours d'urgence (art. D. 4711-1 du Code du travail) :
  - *sur le lieu de travail à une place accessible* ;
- liste nominative des membres du CHSCT (comité d'hygiène, de sécurité et des conditions de travail) et emplacement de travail habituel des membres du comité (art. R. 4613-8 du Code du travail) :
  - *sur le lieu de travail à une place accessible* ;
- information du personnel en matière d'élection des représentants du personnel (art. L. 2314-2 du Code du travail) :
  - *sur le lieu de travail à une place accessible (panneaux réservés)* ;

- communication syndicale (art. L. 2142-3 du Code du travail) :
  - *panneaux syndicaux réservés à cet usage* ;
- renseignements que les délégués du personnel ont pour rôle de porter à la connaissance du personnel (art. L. 2315-7 du Code du travail) :
  - *panneaux syndicaux réservés à cet usage et entrées des lieux de travail* ;
- consignes en cas d'incendie pour les locaux visés à l'article R. 4227-34 du Code du travail :
  - *dans les locaux dont l'effectif est supérieur à 5 personnes et les dégagements* ;
- interdiction de fumer dans les lieux recevant du public (art. R. 3511-6 du Code de la santé public) :
  - *entrée et intérieur des bâtiments à des endroits visibles, locaux d'attente.*

1.3. Les déclarations administratives

L'administration du personnel a en charge différentes déclarations administratives telles que la déclaration préalable à l'embauche (DPAE), la déclaration annuelle de données sociales (DADS), la déclaration obligatoire d'emploi des travailleurs handicapés (DOETH), la déclaration mensuelle de mouvements de main-d'œuvre (DMMO) ou l'enquête sur les mouvements de main-d'œuvre (EMMO). Pour ce faire, elle doit coder les professions en se référant à des nomenclatures :

- secteur privé : la nomenclature des professions et catégories socioprofessionnelles des emplois salariés d'entreprise (PCS-ESE, version 2003) ;
- établissement public : la nomenclature des professions et catégories socioprofessionnelles des emplois salariés (liste des PCS-ES).

Focus 13.1

Extrait PCS-ESE, version 2003

3. Cadres et professions intellectuelles supérieures

37. Cadres administratifs et commerciaux d'entreprises

Cette catégorie socioprofessionnelle regroupe les salariés occupant une position de cadre au sein d'une entreprise et exerçant une activité de type administratif ou commercial. L'entreprise considérée peut relever indifféremment du secteur industriel (y compris entreprise artisanale), de l'agriculture, du commerce ou des services. La qualification de cadre ou d'ingénieur est définie par les conventions collectives. Les fonctions exercées comprennent souvent une composante d'encadrement de personnel ; elles peuvent aussi ne présenter qu'un caractère de haute technicité, soit en matière administrative générale (domaine juridique, personnel, comptable, financière…), soit en matière commerciale, soit encore dans quelques domaines spécifiques retenus dans la catégorie (banque, assurance, hôtellerie et restauration). Les salariés faisant partie de l'état-major du chef d'entreprise et dont l'activité n'est pas exclusivement technique sont classés dans la catégorie ; ils y sont isolés pour le cas des entreprises de 500 salariés et plus.

Focus 13.1 (suite)

Les domaines d'activité suivants sont particulièrement couverts par la catégorie :

- études générales faisant appel aux sciences économiques et humaines, incluant les travaux statistiques et le calcul actuariel, à l'exclusion de l'urbanisme et l'informatique, même appliquée à la gestion ;
- administration, gestion (personnel, finances, comptabilité), à l'exclusion des aspects techniques liés aux activités de transport, de logistique et d'ordonnancement ;
- administration commerciale et métiers spécifiques du commerce : cadres de l'exploitation des magasins de vente, chefs de produits, cadres de la mercatique et acheteurs du commerce ;
- activité technico-commerciale (vente) dans les domaines où cette fonction n'exige pas de compétences techniques particulièrement importantes, comme pour les biens d'équipement, le bâtiment et les travaux publics, les biens intermédiaires et l'informatique ;
- communication, publicité et relations publiques ;
- activités spécifiques dans les secteurs de la banque, de l'assurance, de l'hôtellerie-restauration et de l'immobilier.

Sont exclus de la catégorie :

- les salariés ayant la qualité de chef d'entreprise (catégories 21, 22 et 23 ou catégorie 10 pour l'agriculture, les travaux agricoles, la sylviculture et la pêche).
- les personnels non cadres exerçant des activités comparables à celles classées dans la catégorie (catégorie 46) ;
- les cadres de la presse, de l'édition, de l'audiovisuel et des spectacles (catégorie 35) ;
- les ministres des cultes et religieux (catégorie 44) ;
- les directeurs d'établissements d'enseignement (catégorie 34).

2. Les formalités relatives à l'embauche et aux conditions de travail

2.1. Le règlement intérieur

Le règlement intérieur[1] (RI) est obligatoire pour les entreprises ou établissements employant habituellement au moins 20 salariés. Il se présente sous la forme d'un document écrit. Il fixe les obligations en matière d'hygiène, de sécurité (par exemple, accidents, lutte contre les incendies) et de discipline (par exemple, horaires de travail, absences) que l'employeur comme le salarié doivent respecter à l'intérieur de l'organisation. En matière disciplinaire, il contient un certain nombre de clauses qui ne doivent, en aucun cas, revêtir un caractère discriminatoire ou porter atteinte aux libertés. Concernant la nature et l'échelle des sanctions (par exemple, avertissement), toute amende ou sanction

1. Voir articles L. 1311-6 à L. 1322-4 et R. 1321-1 à R. 1323-1 du Code du travail ; loi n° 2012-387 du 22 mars 2012 ; loi n° 2012-954 du 6 août 2012.

pécuniaire est exclue. Il rappelle, enfin, les dispositions prévues par le Code du travail en termes de droits de la défense des salariés et de harcèlement moral et sexuel.

Son élaboration et toutes modifications doivent respecter certaines étapes :

1. Le projet de RI ou les modifications doivent être soumises au comité d'entreprise ou, le cas échéant, aux délégués du personnel et, pour les matières relevant de sa compétence, au CHSCT (comité d'hygiène, de sécurité et des conditions de travail).
2. Le RI doit faire l'objet de publicité. Ainsi, il est déposé en deux exemplaires au secrétariat/greffe des Prud'hommes, affiché sur les lieux de travail (endroit convenable et accessible) et transmis à l'inspection du travail. En cas d'absence de réponse, le RI entre en vigueur à la date qu'il a fixé (au minimum un mois après les démarches de publicité).

Le RI doit être remis au salarié lors de son entrée dans l'entreprise. Depuis quelques années, il est souvent complété et enrichi par des chartes déontologiques, chartes éthiques ou codes de (bonne) conduite. Ces documents d'information et de communication ne sont pas obligatoires. Cependant, lorsqu'ils énoncent explicitement la dimension prescrite ou imposée (par exemple, « la charte doit être connue et appliquée par tous ») ainsi que les sanctions disciplinaires, ils peuvent être considérés comme une adjonction au RI en référence à l'article L. 1321-5 du Code du travail[2]. Dans ces conditions, leur élaboration doit être conforme à la procédure susmentionnée.

2.2. La DPAE (déclaration préalable à l'embauche)

La DPAE remplace la déclaration unique d'embauche (DUE). Tous les employeurs ou leurs mandataires doivent effectuer cette formalité au plus tôt huit jours avant l'embauche (avant la mise au travail effective). L'utilisation de dispositifs simplifiant les formalités d'embauche exonère l'employeur de cette formalité (Tese, Tesa, TEF, CEA). Il en va de même pour l'embauche d'un stagiaire n'ayant pas la qualité de salarié.

La DPAE doit comprendre la dénomination sociale et adresse de l'employeur, le code APE et le numéro Siren de l'entreprise, les coordonnées du service de santé au travail dont l'employeur dépend (s'il relève du régime général de la Sécurité sociale), l'identification du salarié (nom[s], prénom[s], adresse, date et lieu de naissance, numéro de Sécurité sociale s'il est déjà immatriculé), date et heure d'embauche prévisibles, nature et durée du contrat, durée de la période d'essai (CDI et CDD supérieurs à six mois).

La DPAE permet d'effectuer en une seule démarche les formalités suivantes :

- immatriculation de l'employeur au régime général de Sécurité sociale et au régime d'assurance chômage, en cas d'embauche d'un premier salarié ;
- demande d'immatriculation du salarié à la Caisse primaire d'assurance maladie ;
- adhésion à un service médical du travail ;
- demande d'adhésion de l'employeur à un service de santé au travail et demande d'examen médical d'embauche du salarié ;
- Préétablissement de la déclaration annuelle des données sociales (DADS).

2. Voir notamment : TGI Nanterre, réf. du 6 octobre 2004, *Revue de jurisprudence sociale*, n° 1244, 2004.

L'Urssaf ou la Mutualité sociale agricole adresse un récépissé accusant réception de la déclaration dans les cinq jours suivant la réception de la DPAE. Une copie du document ou de l'accusé de réception doit être remise au salarié, sauf si le salarié dispose d'un contrat de travail écrit.

L'employeur doit également accomplir les formalités d'affiliation du salarié auprès des institutions de retraite complémentaire obligatoires (Arrco pour tous les salariés et Agirc pour le personnel cadre).

2.3. Accueillir et intégrer les nouveaux employés

Le service RH est responsable de la création d'un dossier professionnel pour chaque nouvel embauché. Celui-ci sera enrichi tout au long du parcours professionnel dans l'entreprise.

Focus 13.2

Pièces constitutives du dossier professionnel

- Carte d'identité ou permis de conduire
- Carte de séjour et/ou carte de travail
- Carte d'étudiant
- Attestation de Sécurité sociale
- Reconnaissance du statut de travailleur handicapé
- Relevé d'identité bancaire
- Curriculum vitæ
- Situation familiale (par exemple, nom, prénom, date de naissance pour chaque enfant)
- Justificatif des diplômes
- Certificat de travail des précédents employeurs
- Contrat de travail
- Justificatifs des absences
- Formulaires des accidents de travail
- Mesures disciplinaires
- Appréciation annuelle
- Personnes à contacter en cas d'urgence
- Etc.

Ce document (papier ou numérique) doit faire l'objet d'une déclaration à la Cnil. Conformément à la loi Informatique et libertés, tout salarié ou ancien salarié justifiant de son identité a accès à son dossier professionnel. Toutefois, il ne peut en aucun cas consulter les données RH prévisionnelles qui n'ont pas servi à prendre une décision à son égard. De plus, l'employeur a le droit de s'opposer aux demandes abusives.

Le bordereau individuel d'accès à la formation (Biaf) doit également être remis au salarié au plus tard au terme du contrat de travail. Il concerne les salariés en CDD, sauf les contrats qui n'ouvrent pas de droits à la formation (par exemple, contrat de professionnalisation).

Le service RH est, enfin, l'un des garants de l'intégration du nouvel embauché. Le livret d'accueil est d'usage dans les grandes entreprises, mais nous le conseillons à toutes les structures. Ce livret synthétise les informations utiles aux nouveaux embauchés. Il permet également de véhiculer le fondement historique et valoriel de l'entreprise, le modèle organisationnel ainsi que le plan d'affaires (*business plan*).

Focus 13.3

Sommaire du livret d'accueil d'une entreprise évoluant dans le secteur pharmaceutique

Mot du directeur général

- Notre entreprise :
  - Notre histoire et nos valeurs
  - Quelques chiffres
  - Nos localisations
  - Nos métiers et nos produits
  - Nos parties prenantes
- Vous êtes au cœur de nos préoccupations :
  - Présentation du service RH
  - La vie au quotidien (horaires, lieux de pause, lieux de restauration, frais de transport, retards et absences)
  - Le règlement intérieur
  - La convention collective
  - La formation professionnelle et la gestion des carrières
  - Les éléments constitutifs de la rémunération
- Informations pratiques :
  - Organigramme
  - Annuaire

2.4. La déclaration obligatoire d'emploi des travailleurs handicapés (DOETH)

Selon la loi du 11 février 2005, toute entreprise comptant au moins 20 salariés (en équivalent temps plein et hors remplacement de salariés absents) a l'obligation d'employer ou d'accueillir (dans le cas d'un stagiaire) des personnes handicapées ou des mutilés de guerre à hauteur de 6 % de leur effectif. La liste des bénéficiaires de l'obligation d'emploi est donnée par l'article L. 5212-13 du Code du travail.

Afin de justifier le respect de cette obligation, l'employeur doit déclarer annuellement le nombre d'emplois occupés par des travailleurs handicapés. Pour les entreprises à établissements multiples disposant d'une autonomie de gestion, chaque établissement identifié par un numéro Siret doit fournir une déclaration. Les entreprises et/ou établissements qui entrent pour la première fois dans le champ d'application de l'obligation d'emploi (création, accroissement de l'effectif) disposent d'un délai de trois ans pour se mettre en conformité avec leur obligation d'emploi. Ils doivent malgré tout effectuer la DOETH durant cette période pour être exonéré de contribution Agefiph (secteur privé) ou Fiphfp (secteur public).

Les informations figurant dans la DOETH sont l'effectif d'assujettissement, le nombre de bénéficiaires (handicapés ou mutilés de guerre), l'existence de contrats avec des structures du secteur adapté ou protégé, l'existence d'accords spécifiques à l'emploi de travailleurs handicapés. Les pièces justificatives doivent être conservées pendant cinq ans pour contrôle éventuel. En fonction de ces éléments, la contribution Agefiph éventuelle est calculée sur la base du Smic horaire en vigueur.

Focus 13.4

Les personnes handicapées et l'emploi : un bilan en demi-teinte

Selon l'étude du Gesat, le taux d'emploi global (direct et indirect) moyen est nettement inférieur à 6 % (3,91 %). L'industrie et le secteur public, y compris les collectivités et les associations, se démarquent positivement (respectivement 4,74 % et 4,62 %). Concernant l'emploi direct, le secteur public est le fer de lance avec un taux d'emploi moyen de 4,9 %. Quant au recours au secteur du travail adapté et protégé (indirect), il est faible (0,95 %). Soulignons, malgré tout, le taux d'emploi indirect moyen dans l'industrie et, plus particulièrement, l'automobile et l'agroalimentaire (1,55 %).

Le secteur du travail protégé et adapté emploie plus de 150 000 personnes, dans quelque 2 000 établissements et services d'aide par le travail (Esat) et entreprises adaptées (EA). Les Esat et EA travaillent principalement avec les acteurs économiques de leurs bassins d'emploi, des PME (58 %), des grandes entreprises privées ou publiques (20 %) et des filiales locales de grandes entreprises (17 %). Six grandes activités caractérisent le secteur : entretien des espaces verts, sous-traitance industrielle, sous-traitance administrative, propreté/entretien, restauration/hôtellerie et conditionnement. L'existence de préjugés par rapport au handicap est citée par 27 % des Esat et EA comme une source de difficulté dans leurs échanges.

Sources : Agefiph et Fiphfp, « Les personnes handicapées et l'emploi », mai 2013 ; Gesat, « Observatoire économique du travail protégé et adapté », septembre 2013.

2.5. Le registre unique du personnel

Le registre unique du personnel est obligatoire, quel que soit l'effectif de l'établissement. Autrement dit, l'employeur doit tenir autant de registres que l'entreprise compte d'établissements.

Dès la première embauche, l'employeur doit inscrire sur ce registre les informations suivantes :

- identification du salarié : nom, prénoms, date de naissance, sexe, nationalité ;
- pour les travailleurs étrangers : type et numéro d'ordre du titre valant autorisation de travail ;
- si une autorisation d'embauche ou de licenciement est requise : date de l'autorisation ou, à défaut, date de la demande ;
- carrière : emplois, qualifications, date d'entrée et de sortie ;
- type de contrat : CDD, salarié temporaire, salarié à temps partiel, mise à disposition, apprenti, contrat de professionnalisation, etc.

Le personnel doit y être inscrit par ordre chronologique et de façon indélébile. Le support peut être papier ou numérique[3]. Les mentions portées sur le registre doivent être conservées pendant cinq ans à partir du départ du salarié.

3. Les traitements informatisés des registres obligatoires sont dispensés de déclaration auprès de la Commission nationale informatique et libertés (Cnil) lorsqu'ils répondent aux conditions fixées par la délibération Cnil n° 2004-097 du 9 décembre 2004.

2.6. La paie

L'entreprise doit obligatoirement tenir un livre de paie ou conserver pendant cinq ans le double des bulletins de paie.

2.7. La déclaration mensuelle des mouvements de main-d'œuvre (DMMO)

Tous les mois, les entreprises employant au moins 50 salariés (en équivalent temps plein et hors remplacement de salariés absents) doivent effectuer la DMMO, en indiquant les contrats de travail conclus ou rompus au cours du mois précédent. Pour les entreprises à établissements multiples disposant d'une autonomie de gestion, chaque établissement identifié par un numéro Siret doit fournir une déclaration.

Le relevé des contrats de travail conclus ou rompus doit être transmis jusqu'au 8 de chaque mois si la déclaration est faite par courrier et jusqu'au 15 si la déclaration est faite *via* le télé/e-service. Sont exclus les CDD de moins de un mois non renouvelable, les passages de temps plein à temps partiel, et inversement, ainsi que la préretraite progressive. Si aucun mouvement n'a eu lieu durant le mois, l'entreprise doit malgré tout remplir la déclaration.

Focus 13.5

La déclaration sociale nominative

Après une période d'expérimentation, la DSN, lancée au 1er janvier 2013, vient de voir ses modalités d'application précisées. Elle vise à remplacer à terme :

- la DMMO ;
- la déclaration de radiation d'un salarié pour les contrats groupes complémentaires ou supplémentaires (institutions de prévoyance, assurances, mutuelles) ;
- l'attestation de salaire pour le versement des indemnités journalières maladie, maternité et paternité pour la Cnam et la MSA ;
- l'attestation employeur pour Pôle Emploi.

Les employeurs (à l'exception des employeurs particuliers de personnel de maison) effectuent une transmission mensuelle de données individuelles, à l'issue de la paie.

Sources : Décret n° 2013-266 du 28 mars 2013 relatif à la déclaration sociale nominative – http://www.dsn-info.fr/

3. Les formalités relatives au domaine médical et aux conditions d'hygiène et de sécurité

Certaines activités (par exemple, bâtiment, transport, hôtellerie, restauration) et/ou produits (par exemple, agents biologiques) exigent la tenue de registres spécifiques que nous ne développerons pas.

3.1. Le registre des contrôles médicaux

Lors de la visite d'embauche et après chaque examen ultérieur (examen périodique, examen de reprise ou examen à la demande), le médecin du travail établit une fiche médicale d'aptitude en double exemplaire (art. D. 4624-47 du Code du travail). Cette fiche permet de préciser les conclusions relatives à l'aptitude ou l'inaptitude du salarié au poste de travail. Les doubles de ces fiches doivent être conservés dans le registre des contrôles médicaux. Ainsi, l'employeur doit pouvoir présenter à tout moment, sur leur demande, ces documents à l'inspecteur du travail et au médecin inspecteur du travail.

Figure 13.1 – Arrêté du 20 juin 2013 fixant le modèle de fiche d'aptitude

ANNEXE

Fiche d'aptitude médicale
(art. R. 4624-47, R. 4624-49 du code du travail, ou R.717-28 du code rural et de la pêche maritime)

Identité et Cachet du service : ....

Identification de l'entreprise : ....
Mise à jour de la fiche d'entreprise (mm/aa) : ⊔⊔ ⊔⊔⊔⊔
Cette mention est obligatoire dans les fiches d'aptitude établies en application des art. R. 3122-19, R. 4412-47 et R. 4451-82 du code du travail

Salarié(e) : Nom : .... Prénom : ....
Date de naissance : ....

Date d'embauche : ....
Poste de travail : ....
ou emploi(s) dans la limite de trois (*art. R. 4625-9 et R. 5132-26-7 du code du travail et D. 717-26-2 du code rural et de la pêche maritime*) :
- ....
- ....
- ....

Date de l'étude de poste : ⊔⊔ ⊔⊔ ⊔⊔⊔⊔
Cette mention est obligatoire dans les fiches d'aptitude établies en application des art. R. 3122-19, R. 4412-47 et R. 4451-82 du code du travail

Salarié bénéficiant d'une surveillance médicale renforcée (SMR)...... □ oui.........□ non..................

Nature de l'examen

□ **Embauche**	□ **Visite périodique**	□ **Visite de reprise**	□ **A la demande**
	Date de la précédente visite périodique : ⊔⊔ ⊔⊔ ⊔⊔⊔⊔ Le cas échéant, date du précédent entretien infirmier : ⊔⊔ ⊔⊔ ⊔⊔⊔⊔ Date du précédent examen de nature médicale si SMR : ⊔⊔ ⊔⊔ ⊔⊔⊔⊔	□ maternité □ maladie professionnelle □ accident du travail, □ maladie ou accident non professionnel	□ du salarié □ de l'employeur □ du médecin du travail (*2ème visite en cas d'inaptitude envisagée*) □ autres cas (*art. R. 717-22 du code rural et de la pêche maritime*)

Conclusions :
....
....
....
....
....

□ **Apte**	□ **Inapte**
	□ 2ème visite □ en un seul examen (article R. 4624-31 du code du travail ou R. 717-18 du code rural et de la pêche maritime) : □ danger immédiat □ examen de pré-reprise en date du ⊔⊔ ⊔⊔ ⊔⊔⊔⊔

Date de l'examen : ⊔⊔ ⊔⊔ ⊔⊔⊔⊔	Heure de convocation : ⊔⊔ ⊔⊔ Heure d'arrivée : ⊔⊔ ⊔⊔ Heure de départ : ⊔⊔ ⊔⊔	Nom et signature du médecin
□ A revoir :		

<u>**Voies et délais de recours par le salarié ou par l'employeur**</u>:
Cet avis peut être contesté dans les deux mois suivant sa notification, par lettre recommandée avec avis de réception, auprès de l'inspecteur du travail (art. R.4624-35 du code du travail ou R. 717-18 du code rural et de la pêche maritime).
Ce délai est réduit à 15 jours pour les avis concernant les salariés exposés à des agents chimiques dangereux, des rayonnements ionisants ou travaillant en milieu hyperbare (articles R. 4412-48, R. 4451-83 du code du travail et article 33 II du décret n°90-277 du 28 mars 1990).

3.2. Le registre des accidents du travail

La Caisse régionale d'assurance maladie (Cram) peut, sous certaines conditions, autoriser un employeur à remplacer la déclaration des accidents du travail dits « bénins » (accidents n'entraînant pas de prise en charge par la Sécurité sociale) par une inscription sur un registre ouvert à cet effet (art. L. 441-4 du Code de la Sécurité sociale).

L'employeur doit déclarer dans les 48 heures (hors dimanche et jours fériés) tout accident du travail à la Caisse primaire d'assurance maladie (CPAM) dont relève la victime. Cependant, pour les accidents n'entraînant ni arrêt de travail ni soins médicaux pris en charge par la Sécurité sociale, l'employeur peut être autorisé à remplacer la déclaration d'accident du travail par une inscription sur le registre des accidents (bénins) du travail.

L'autorisation de la tenue de ce registre peut être accordée à l'employeur, sur sa demande, par la Cram du lieu d'implantation de l'établissement lorsque celui-ci répond à trois conditions (art. D. 441-1 du Code de la Sécurité sociale) :

- disposer sur le site d'un personnel médical, paramédical ou d'une personne chargée d'une mission de sécurité diplômée en secourisme (validation par la Cram) ;
- disposer d'un poste de secours d'urgence ;
- respecter ses obligations en matière de CHSCT ou, à défaut, de délégués du personnel.

Conformément à l'article D. 441-3 du Code de la Sécurité sociale, l'accident doit être inscrit sur le registre dans les 48 heures (hors dimanche et jours fériés). Il doit inclure les indications suivantes : le nom de la victime ; la date, le lieu et les circonstances de l'accident ; une description précise des blessures. Ce constat doit être contresigné par la victime. Le médecin du travail peut consulter ce registre. À la fin de l'année civile, ce registre doit être transmis à la Cram par courrier avec accusé de réception.

3.3. Le document unique d'évaluation des risques (DUER)

Tout employeur est tenu d'élaborer et de mettre à jour un document unique d'évaluation des risques professionnels (art. R. 4121-1 du Code du travail) pour chaque unité de travail dans l'entreprise ou l'établissement (groupe de salariés exerçant une mission soumise aux mêmes risques). Ce document permet, d'une part, de lister et de classer par ordre de gravité les risques encourus, de préciser le nombre de salariés exposés ainsi que la fréquence d'apparition du risque et, d'autre part, de recenser les actions de prévention existantes ou à développer (actions pertinentes, cohérentes et adaptées).

Il est mis à jour annuellement (sauf entreprises de moins de 11 salariés) ou lors des changements de situations (par exemple, aménagement, informations supplémentaires sur les risques encourus). Il est à conserver sans limitation de durée. Ce document est tenu à la disposition des salariés (affichage accessible), des membres du CHSCT ou instances concernées, des délégués du personnel, du médecin du travail, des agents de l'inspection du travail, des agents de prévention des organismes de Sécurité sociale, des agents des organismes professionnels de santé, sécurité et conditions de travail mentionnés par la législation et des inspecteurs de la radioprotection/rayonnements ionisants.

Pour les entreprises concernées, il sert de support à la rédaction du rapport de prévention des risques professionnels annuels (art. L. 4612-16 du Code du travail).

Focus 13.6

Rapport prévention des risques professionnels annuels

Au moins une fois par an, l'employeur présente au CHSCT ou, à défaut, aux DP (voire au CE pour les entreprises du secteur du bâtiment) :

- Un rapport annuel écrit faisant le bilan de la situation et des actions menées au cours de l'année écoulée.
- Un programme annuel de prévention des risques professionnels et d'amélioration des conditions de travail. Ce programme fixe la liste détaillée des mesures devant être prises au cours de l'année à venir, ainsi que, pour chaque mesure, ses conditions d'exécution et l'estimation de son coût.

Le CHSCT émet un avis sur ces deux documents, propose un ordre de priorité ou l'adoption de mesures supplémentaires. Si l'employeur ne prend pas en compte ces requêtes, il énonce les motifs en annexe du rapport. L'ensemble de ces éléments est transmis au comité d'entreprise.

Source : Adapté de http://www.travailler-mieux.gouv.fr/-La-demarche-de-prevention-c-est-.html

3.4. Le registre de sécurité et contrôles

Le registre de sécurité et contrôles atteste que les vérifications et contrôles à la charge de l'employeur au titre de l'hygiène et de la sécurité au travail ont bien été effectués. Ces vérifications portent sur les ascenseurs, les équipements de travail, les équipements de protection individuelle, etc. Pour les établissements employant plus de 50 personnes ou manipulant des matières inflammables, les vérifications en termes de gestion du risque incendie sont également consignées. Ce registre doit être conservé au moins pendant cinq ans.

3.5. Le registre spécial CHSCT

Conformément aux articles L. 4132-1 et s. du Code du travail, lorsqu'un membre du CHSCT constate, par lui-même ou par l'intermédiaire d'un salarié, un danger grave et imminent pour la santé et la sécurité des travailleurs, il alerte l'employeur en consignant son avis par écrit sur un registre spécial. Il indique son nom (avec signature), la nature et la cause du danger, le(s) postes concerné(s) ainsi que le(s) nom(s) du(des) salarié(s) exposé(s). L'employeur procède à une enquête en présence du membre susmentionné et prend les dispositions nécessaires. En cas de divergence, le CHSCT est saisi en moins de 24 heures. L'employeur informe l'inspecteur du travail et l'agent de la Cram, qui peuvent assister à cette réunion.

3.6. Les observations et mises en demeure notifiées par l'inspection du travail

Désormais, les observations et mises en demeure formulées par l'inspection du travail sur les questions d'hygiène, de sécurité, de médecine du travail et de prévention des risques doivent simplement être conservées pendant cinq ans. Elles doivent être communiquées par l'employeur aux membres des CHSCT, aux délégués du personnel, au médecin du travail et, le cas échéant, aux représentants de certains organismes.

Les missions de l'inspection du travail

Focus 13.7

L'inspecteur du travail :

- Contrôle l'application du droit du travail (Code du travail, conventions et accords collectifs) dans tous ses aspects : santé et sécurité, fonctionnement des institutions représentatives du personnel (comité d'entreprise, délégués du personnel...), durée du travail, contrat de travail, travail illégal...
- Conseille et informe les employeurs, les salariés et les représentants du personnel sur leurs droits et obligations.
- Facilite la conciliation amiable entre les parties, notamment lors des conflits collectifs.
- Constate également les infractions commises en matière de discriminations prévues à l'article 225-2 (3° et 6°) du Code pénal, les délits de harcèlement sexuel ou moral prévus, dans le cadre des relations de travail, par les articles 222-33 et 222-33-2 du même Code, les infractions aux dispositions relatives à l'interdiction de fumer dans les lieux affectés à un usage collectif prévues à l'article L. 3511-7 du Code de la santé publique, ainsi que les autres infractions mentionnées à l'article L. 8112-2 du Code du travail.
- Possède également un pouvoir de décision. L'employeur doit, dans certaines situations prévues par le Code du travail, obtenir son autorisation avant d'agir. Tel est le cas, par exemple, en ce qui concerne le licenciement des représentants du personnel (délégué du personnel, membre du comité d'entreprise, délégué syndical...), certains dispositifs relatifs à la durée du travail, par exemple la mise en place d'horaires individualisés en l'absence de représentants du personnel, le travail des jeunes (dérogations à certaines interdictions), le règlement intérieur.

L'inspecteur du travail n'est pas habilité à régler les litiges relatifs au contrat de travail : seul le conseil des prud'hommes est compétent dans ce domaine. Cependant, l'administration intervient dans l'homologation des ruptures conventionnelles des contrats de travail. Les décisions de l'inspecteur du travail peuvent faire l'objet d'un recours administratif (recours gracieux, devant l'inspecteur lui-même, ou recours hiérarchique, généralement auprès du ministre du Travail, de l'Emploi, de la Formation professionnelle et du Dialogue social) ou d'un recours contentieux (auprès du tribunal administratif).

Sources : http://travail-emploi.gouv.fr ; http://vosdroits.service-public.fr

4. Les formalités relatives au dialogue social

4.1. Les élections professionnelles

	Délégué du personnel	Comité d'entreprise	Délégation unique du personnel
Employeur de droit privé, établissements publics à caractère industriel et commercial ou administratif qui emploient des personnels dans des conditions du droit privé Entreprise ou établissement implanté sur le territoire français	À partir de 11 salariés pendant 12 mois sur une période de 3 ans	À partir de 50 salariés pendant 12 mois sur une période de 3 ans	Entre 50 et 200 salariés

Conformément à l'article L. 2314-2 et s. du Code du travail, il incombe à l'employeur, une fois tous les quatre ans (sauf accord contraire), d'organiser les élections susmentionnées. En l'absence d'institutions, un salarié ou une organisation syndicale peut à tout moment saisir l'employeur (de préférence par lettre recommandée avec accusé de réception) qui doit alors engager une procédure électorale dans un délai d'un mois. Des élections partielles doivent également être organisées si un collège électoral n'est plus représenté ou si le nombre de délégués titulaires est réduit de moitié ou plus. Cette disposition ne s'applique pas si le terme du mandat expire dans un délai inférieur à six mois. Si l'employeur organise des élections pour les DP et les représentants au CE, ces élections doivent avoir lieu le même jour.

L'employeur informe le personnel de la tenue des élections par voie d'affichage. Sur ce document doit apparaître la date du premier tour (au plus tard le 45ᵉ jour après l'affichage ou le 90ᵉ si absence d'institution).

Focus 13.8

Organisations syndicales invitées à négocier le protocole préélectoral

Article L. 2314-3 du Code du travail modifié par la loi n° 2008-789 du 20 août 2008

Sont informées, par voie d'affichage, de l'organisation des élections et invitées à négocier le protocole d'accord préélectoral et à établir les listes de leurs candidats aux fonctions de délégués du personnel les organisations syndicales qui satisfont aux critères de respect des valeurs républicaines et d'indépendance, légalement constituées depuis au moins deux ans et dont le champ professionnel et géographique couvre l'entreprise ou l'établissement concernés.

Les organisations syndicales reconnues représentatives dans l'entreprise ou l'établissement, celles ayant constitué une section syndicale dans l'entreprise ou l'établissement, ainsi que les syndicats affiliés à une organisation syndicale représentative au niveau national et interprofessionnel y sont également invités par courrier.

Article L. 2121-1 du Code du travail modifié par la loi n° 2008-789 du 20 août 2008

La représentativité des organisations syndicales est déterminée d'après les critères cumulatifs suivants :

1. Le respect des valeurs républicaines.
2. L'indépendance.
3. La transparence financière.
4. Une ancienneté minimale de deux ans dans le champ professionnel et géographique couvrant le niveau de négociation. Cette ancienneté s'apprécie à compter de la date de dépôt légal des statuts.
5. L'audience établie selon les niveaux de négociation conformément aux articles L. 2122-1, L. 2122-5, L. 2122-6 et L. 2122-9.
6. L'influence, prioritairement caractérisée par l'activité et l'expérience.
7. Les effectifs d'adhérents et les cotisations.

Par voie d'affichage et par courrier, l'employeur invite les organisations définies à l'article L. 2314-3 du Code du travail à négocier le protocole d'accord préélectoral et à établir les listes des candidats. Certaines clauses du protocole conclu entre l'employeur et les organisations syndicales intéressées doivent répondre à des règles de validité :

- Simple accord : règles relatives aux modalités d'organisation et de déroulement.
- Signature de la majorité des présents à la négociation et, plus particulièrement, de ceux ayant obtenu la majorité des suffrages exprimés lors des dernières élections professionnelles : répartition du personnel et des sièges entre les collèges, détermination des établissements, nombre de membres du CE.
- Unanimité des organisations syndicales représentatives : nombre et composition des collèges dérogatoires, organisation du scrutin hors temps de travail.
- La liste électorale par collège doit être établie par l'employeur sachant que les salariés électeurs doivent avoir au minimum trois mois d'ancienneté à la date du scrutin, être âgés d'au moins 16 ans et jouir de leurs droits civiques (en cas de doute : tribunal d'instance). Les salariés mis à disposition et comptabilisés dans les effectifs de l'entreprise utilisatrice avec une présence de 12 mois continus peuvent exercer leur droit de vote dans l'entreprise utilisatrice (à leur libre choix). Généralement, ces listes comprennent les éléments suivants : nom, prénoms, date d'entrée, date de naissance, information sur la clé de répartition (emploi et/ou coefficient hiérarchique, voir accord préélectoral). L'employeur doit afficher ces listes minimum quatre jours avant la date de l'élection.
- Concernant les candidatures, sont éligibles les électeurs âgés de 18 ans au moins, ayant une ancienneté au minimum d'un an (salarié mis à disposition 24 mois continus) et n'ayant aucun lien familial avec l'employeur. Le premier tour est ouvert à toutes les organisations invitées à négocier le protocole (les candidats présents sur leurs listes n'adhèrent pas obligatoirement à ce syndicat). Des listes de candidats séparées doivent être faites pour les titulaires et les suppléants. Ces dernières ne peuvent pas présenter plus de candidats qu'il n'y a de sièges à pourvoir. Aucune publicité particulière n'est exigée par la loi (voir accord préélectoral). Si on est confronté à l'absence de liste déposée par une organisation syndicale habilitée à présenter des candidats (acte de carence dans le procès-verbal), si le quorum n'est pas atteint pour le collège ou le scrutin, ou encore si tous les sièges ne sont pas pourvus (listes incomplètes), alors un second tour est organisé dans les 15 jours. Au deuxième tour, les candidatures sont libres (celles du premier tour sont maintenues sauf décision contraire de l'organisation syndicale). Les candidats et organisations syndicales peuvent décider de faire une liste commune (avec énonciation de la répartition).
- L'employeur doit mettre à disposition les moyens matériels nécessaires pour le bon déroulement du vote (liberté et sincérité du vote) : bulletins de vote, enveloppes opaques, isoloirs/pièces adjacentes/rangée de casiers, urnes/boîtes fermées distinctes pour chaque élection/collège. L'organisation du vote par correspondance est une possibilité exceptionnelle prévue par la convention collective, le protocole préélectoral ou le juge d'instance. Quant au vote par Internet, il peut être prévu par l'accord d'entreprise ou de groupe. Chaque collège doit constituer un bureau de vote chargé de la régularité des opérations, du dépouillement, de la proclamation des résultats et des procès-verbaux (voir accord préélectoral). Il ne peut être composé que d'électeurs du collège concerné. Certains membres de l'entreprise peuvent, de façon complémentaire, surveiller le bon déroulement (par exemple, candidat, employeur, représentant des organisations syndicales).

4.2. Le registre des délégués du personnel

Sauf circonstances exceptionnelles, deux jours ouvrables avant la date de la rencontre entre les parties, les délégués du personnel (DP) remettent à l'employeur une note écrite exposant l'objet de leur demande. L'employeur répond par écrit à ces demandes, au plus tard dans les six jours ouvrables suivant la réunion.

Conformément à l'article L. 2315-12 du Code du travail, le registre des DP comprend les demandes des délégués du personnel ainsi que les réponses motivées de l'employeur (retranscrites ou annexées). Ce registre doit être mis à la disposition des salariés de l'établissement pendant un jour ouvrable par quinzaine et en dehors de leur temps de travail. Il est également tenu à la disposition de l'inspecteur du travail et des DP.

4.3. La base de données économiques et sociales

La loi sur la sécurisation de l'emploi du 14 juin 2013 (décret du 27 décembre 2013) prévoit la mise en place d'une *base de données* économiques et *sociales.* Construite avec les partenaires sociaux, elle est mise en place depuis le 14 juin 2014 pour les entreprises de 300 salariés et plus et le sera le 14 juin 2015 pour les entreprises de moins de 300 salariés.

Cette base de données prévue à l'article L. 2323-7-2 du Code du travail devra être mise à jour régulièrement. Les informations contenues portent *a minima* sur les thèmes suivants : investissement (par exemple, social), fonds propres et endettement, rémunération des salariés et des dirigeants, activités sociales et culturelles, rémunération des financeurs, flux financiers, sous-traitance. Ces informations se réfèrent aux deux années précédentes, à l'année en cours et aux perspectives sur les trois années à venir.

L'employeur devra la mettre à disposition du comité d'entreprise et, à défaut, des délégués du personnel (au plus tard le 31 décembre 2016). Elle doit être accessible en permanence aux membres du comité d'entreprise ou, à défaut, aux délégués du personnel, ainsi qu'aux membres du comité central d'entreprise, du CHSCT et aux délégués syndicaux. Le décret indique que « la mise à disposition de données sensibles et stratégiques pour l'entreprise s'accompagne d'une exigence stricte de confidentialité pour les représentants du personnel ».

5. La gestion des départs

Lors de la rupture ou de la fin d'un contrat de travail, quelle qu'en soit la cause, l'employeur doit obligatoirement remettre au salarié plusieurs documents : certificat de travail, reçu pour solde de tout compte et attestation Pôle Emploi (art. L. 1234-19, L. 1234-20 et D. 1234-7 du Code du travail). L'employeur doit également transmettre à Pôle Emploi un exemplaire de l'attestation (téléservice). En plus de ces éléments, certaines obligations doivent être respectées en fonction des causes de départ.

5.1. La démission

La démission se définit comme la rupture du CDI à la seule initiative du salarié (art. L.1231-1 et L. 1237-1 du Code du travail). Elle doit être l'expression d'une volonté claire et non équivoque. C'est un droit que le salarié peut exercer à tout moment. Cependant, la démission ne peut être prise avec l'intention de nuire à l'employeur.

5.2. La retraite

Quatre mois avant la date estimée du départ à la retraite, le salarié demande à sa caisse de retraite du régime général et à sa caisse de retraite complémentaire la liquidation de sa pension (Cerfa n° 10916*06). Il prévient également son employeur, plus particulièrement dans le cadre d'un départ volontaire. La loi ne prévoit pas de procédure spécifique quant à cette procédure de communication. Cependant, le contrat de travail et la convention collective peuvent prévoir des dispositions. Dans tous les cas, une lettre envoyée en recommandé avec accusé de réception doit être envisagée. L'employeur doit recevoir ce document quelques mois avant la date estimée du départ afin de couvrir la période de préavis définie en fonction de l'ancienneté :

- moins de six mois : durée fixée soit par convention collective, accord collectif ou usages ;
- entre six mois et deux ans : un mois ;
- à partir de deux ans : deux mois.

Des dispositions conventionnelles, collectives ou contractuelles peuvent prévoir une durée du préavis différente (plus favorable).

5.3. La rupture conventionnelle d'un CDI

Les entreprises privées de toute taille et les salariés sous contrat de travail à durée indéterminée (y compris les salariés protégés)[4] peuvent avoir recours à la rupture conventionnelle (L. 1231-1 du Code du travail). Elle permet de mettre fin au contrat de travail et de définir les conditions de la rupture d'un commun accord. Les étapes à suivre sont les suivantes :

1. Même si le salarié est l'investigateur de la démarche, il est souhaitable que l'employeur adresse une proposition de rencontre par écrit afin de l'informer de ses droits.
2. Une période de négociation doit être définie. Le nombre (> 1), comme le calendrier d'entretiens, est libre. Le salarié peut se faire assister (voir licenciement).
3. Lorsqu'elles sont tombées d'accord, les parties complètent la convention de rupture amiable (imprimé officiel ou téléservice).
4. Un délai de réflexion de 15 jours doit être respecté. Si personne ne s'est rétracté, la convention peut être envoyée à la Direccte pour homologation.
5. La Direccte dispose d'un délai de 15 jours à partir de la date de réception pour homologuer la convention. Sans réponse dans les 15 jours, l'homologation est réputée acquise.

5.4. La rupture anticipée d'un CDD par l'employeur

L'employeur peut mettre fin à un CDD avant son terme seulement dans certains cas (art. L. 1243-1 et s. du Code du travail).

- Lorsque le salarié est d'accord, la convention écrite doit refléter l'expression d'une volonté claire et non équivoque.

4. Pour les salariés protégés, il existe une procédure et un formulaire particuliers.

- La faute grave constitue un manquement du salarié à une obligation contractuelle ou à la discipline de l'entreprise dont la gravité rend impossible son maintien dans l'entreprise. L'employeur met en œuvre la procédure disciplinaire dès qu'il a connaissance des faits. Il convoque le salarié à un entretien préalable. La sanction est notifiée par écrit au plus tard un mois après l'entretien.
- La force majeure est un événement exceptionnel, imprévisible et insurmontable rendant impossible la poursuite du contrat de travail (par exemple, liquidation judiciaire). Aucune procédure n'est demandée à l'employeur.
- Lorsque le médecin du travail constate une inaptitude, l'employeur est tenu de proposer une mutation ou une transformation du poste.

Dans le cas d'un salarié protégé, le CDD ne peut pas être rompu sans l'autorisation de l'inspecteur du travail.

5.5. Le licenciement

Licenciement pour motif personnel

Conformément à l'article L. 1232-2 et s. du Code du travail, l'employeur qui envisage de licencier un salarié le convoque à un entretien préalable par lettre recommandée avec accusé de réception ou remise en main propre contre décharge. L'entretien doit avoir lieu au minimum cinq jours après la réception de cette lettre. Lors de son audition, le salarié peut se faire assister. Par lettre recommandée avec accusé de réception (minimum deux jours après l'entretien), l'employeur notifie les motifs invoqués pour le licenciement.

Licenciement collectif pour des raisons économiques

Conformément à l'article L. 1233-8 et s. du Code du travail, lors d'un licenciement de moins de 10 salariés dans une même période de 30 jours, l'employeur adresse aux représentants du personnel une lettre de convocation à une réunion qui comprend : la ou les raisons économiques, financières ou techniques du projet de licenciement ; le nombre de licenciements envisagé ; les catégories professionnelles concernées et les critères proposés pour l'ordre des licenciements ; le nombre de salariés, permanents ou non, employés dans l'établissement ; le calendrier prévisionnel des licenciements ; les mesures de nature économique envisagées.

6. L'agenda à respecter

Après avoir envisagé le domaine administratif sous l'angle des documents à produire en interne ou pour un organisme extérieur, il est complémentaire de proposer une approche temporelle qui envisage les négociations collectives à respecter et les déclarations administratives à réaliser en fonction de dates limites à respecter.

6.1. Les négociations collectives

Lorsque qu'une ou plusieurs sections syndicales représentatives sont présentes, l'employeur doit tous les ans négocier sur (art. L. 2241-1 et s. du Code du travail) :

- Les salaires effectifs, l'écart de rémunération entre les hommes et les femmes, la durée effective et l'organisation du temps de travail.

- Les mesures relatives à l'insertion professionnelle et au maintien dans l'emploi des travailleurs handicapés. Si un accord collectif est signé, la négociation sur ce thème a lieu tous les trois ans.
- En cas d'absence d'accord d'entreprise ou de branche instituant un dispositif d'épargne salariale, l'employeur est tenu d'engager une négociation sur ce thème.
- En cas d'absence d'accord d'entreprise ou de branche définissant les modalités d'un régime de prévoyance maladie, l'employeur est tenu d'engager une négociation sur ce thème.
- L'égalité professionnelle entre les femmes et les hommes (objectifs et mesures) : pour les entreprises de plus de 50 salariés, cette négociation doit se fonder sur le rapport annuel de situation comparée (art. L. 2323-57 du Code du travail). Dans les entreprises de moins de 300 salariés, les informations figurent dans le rapport annuel. Si un accord collectif est signé, la négociation sur ce thème a lieu tous les trois ans.

Focus 13.9

Le rapport de situation comparée

Tous les ans, les entreprises de plus de 50 salariés doivent établir un rapport de situation comparée. Conformément à la loi sur l'égalité professionnelle du 9 mai 2001, il comprend une analyse chiffrée qui s'appuie sur des indicateurs (définis par décret) qui retracent, pour chacune des catégories professionnelles, la situation respective des femmes et des hommes en matière d'embauche, de formation, de promotion professionnelle, de qualification, de classification, de conditions de travail et de rémunération effective. Éventuellement, ces indicateurs peuvent être complétés par des indicateurs spécifiques à l'entreprise.

Un guide ainsi que des modèles intégrant les indicateurs sont mis à disposition des entreprises sur le site du ministère du Travail, de l'Emploi, de la Formation professionnelle et du Dialogue social.

Concernant les organisations qui emploient au moins 300 salariés et les entreprises à dimension communautaire comprenant au moins un établissement de 150 salariés en France, l'employeur doit engager, tous les trois ans, une négociation sur :

- les modalités d'information et consultation du CE sur la stratégie organisationnelle et les effets prévisibles sur l'emploi et sur les salaires ;
- la mise en place d'un dispositif de gestion prévisionnelle des emplois et des compétences (GPEC) ainsi que les mesures d'accompagnement susceptibles de lui être associées (par exemple, VAE, bilan de compétences, mobilité professionnelle, contrat de génération) ;
- le cas échéant :
  - la mobilité professionnelle ou géographique interne ;
  - les conditions de travail et la prise en compte de la pénibilité ;
  - les grandes orientations à trois ans de la formation professionnelle (catégorie de salariés et d'emplois) ;
  - les perspectives de recours par l'employeur aux différents contrats de travail ;

- les conditions dans lesquelles les entreprises sous-traitantes sont informées des orientations stratégiques de l'entreprise ayant un effet sur leurs métiers, l'emploi et les compétences ;
- le déroulement de carrière des salariés exerçant des responsabilités syndicales et l'exercice de leurs fonctions.

Tableau 13.1 – Les thèmes de négociation en 2012 parmi les accords signés par des délégués syndicaux ou salariés mandatés

Thèmes abordés dans les accords[(a)] signés par des syndicats	2012 (données provisoires)		Rappel : nombre d'accords et fréquences en 2011, 2010 et 2009 (données définitives)[(e)]					
	Nombre d'accords[(a)]	Fréquence de chaque thème[(b)]	2011		2010		2009	
			NB	Fréq.	NB	Fréq.	NB	Fréq.
Total des accords(a)	**31 310**		**38 935**		**35 696**		**40 496**	
Salaires et primes	11 408	36 %	14 211	36,5 %	12 068	33,8 %	11 598	28,6 %
Temps de travail	7 112	23 %	9 186	23,6 %	9 011	25,2 %	9 345	23,1 %
Participation, intéressement, épargne salariale[(c)]	5 577	18 %	6 607	17,0 %	7 305	20,5 %	7 140	17,6 %
Égalité professionnelle	5 716	18 %	6 334	16,3 %	3 319	9,3 %	2 637	6,5 %
Emploi[(d)]	2 921	9 %	3 844	9,9 %	4 876	13,7 %	9 488	23,4 %
Prévoyance collective, complémentaire santé, retraite supplémentaire	2 506	8 %	3 494	9,0 %	3 115	8,7 %	3 449	8,5 %
Droit syndical, IRP, expression des salariés	2 297	7 %	2 987	7,7 %	3 335	9,3 %	2 811	6,9 %
Conditions de travail	1 671	5 %	1 502	3,9 %	689	1,9 %	517	1,3 %
Formation professionnelle	552	2 %	790	2,0 %	596	1,7 %	669	1,7 %
Classification	483	2 %	618	1,6 %	661	1,9 %	620	1,5 %

Source : ministère du Travail, de l'Emploi, de la Formation professionnelle et du Dialogue social – DARES (Accords d'entreprise)

Lecture : on recense, au 1er janvier 2013, 11 408 textes signés en 2012 par des représentants syndicaux et abordant le thème des salaires et primes, soit 36 % de l'ensemble des accords conclus par des délégués syndicaux.

(a) Il s'agit des accords, avenants, procès-verbaux de désaccord et des dénonciations d'accords signés en 2012 par des délégués syndicaux.

(b) Dans ce tableau on compte la fréquence des différents thèmes sachant qu'un texte peut en aborder plusieurs. Le total des thèmes est donc nécessairement supérieur à 100 %.

(c) La composante « épargne salariale » présentée dans ce tableau ne correspond qu'aux accords et aux textes signés par des délégués syndicaux et abordant le sujet, ce qui minore le poids de ce thème dans l'ensemble des textes.

(d) Ce décompte est réalisé selon une procédure différente de celle appliquée dans les précédentes publications de la DGT et de la DARES. La nouvelle procédure permet de prendre en compte dans cette rubrique « emploi » l'intégralité des textes, y compris ceux qui portent sur les travailleurs handicapés. Dans les précédentes publications, seuls les textes abordant l'emploi sous d'autres aspects (gestion de l'emploi, GPEC, seniors, etc.) étaient comptabilisés dans cette rubrique.

(e) Bien qu'appelées « définitives » les données peuvent encore évoluer : les quelques accords enregistrés avec un retard supérieur à un an ne changent cependant que très marginalement les résultats.

Les parties prenantes ont toute liberté pour négocier sur des thèmes autres que ceux susmentionnés (voir tableau 13.1). Cependant, l'obligation de négocier ne signifie pas une obligation de conclure. Ainsi, si la négociation n'aboutit pas, un procès-verbal de désaccord doit être établi et transmis à la Direccte. Le cas échéant, deux exemplaires papier, dont l'original signé, ainsi qu'une version électronique doivent être transmis à la Direccte.

6.2. Les déclarations sociales périodiques

Tableau 13.2 – Agenda

Déclaration	Destinataire	Périodicité
Déclaration préalable à l'embauche (DPAE)	Urssaf Mutualité sociale agricole	Au plus tôt 8 jours avant l'embauche
Bordereau récapitulatif de cotisations (BRC)	Urssaf	Mensuelle ou trimestrielle
Déclaration annuelle des données sociales (DADS)	Centre de transfert des données sociales (CNAV/TDS), institutions de retraite complémentaire (Agirc et Arrco)	Annuelle
Remplacée par la déclaration sociale nominative (DSN) à partir de 2016	Urssaf, caisse générale de Sécurité sociale ou caisse de Mutualité sociale agricole	Mensuelle
Déclaration des cotisations sociales Agirc/Arrco	Institutions de retraite complémentaire (Agirc et Arrco)	Mensuelle ou trimestrielle
Déclaration d'emploi des travailleurs handicapés (au moins 20 salariés)	Agefiph Fiphfp (secteur public)	Annuelle
Déclaration des mouvements de main-d'œuvre (au mois 50 salariés)	Dares	Mensuelle
Déclaration de la participation à la formation professionnelle continue (incluse dans la DADS pour les entreprises ayant moins de 10 salariés à la formation)	Service des impôts des entreprises (SIE) ou Direction générale des entreprises (DGE)	Annuelle
Document unique d'évaluation des risques	Salariés, CHSCT ou instances concernées, DP, médecin du travail, inspection du travail, Sécurité sociale, professionnels mentionnés par la législation	Annuelle, sauf entreprise de moins de 11 salariés ou lors de changements de situation
État nominatif Agirc/Arrco	Institutions de retraite complémentaire (Agirc et Arrco)	Annuelle
Registre des accidents du travail (bénins)	Cram	Annuelle
Registre unique du personnel	Inspection du travail	À chaque embauche

Déclaration	Destinataire	Périodicité
Registre des contrôles médicaux	Inspection du travail	À chaque visite d'embauche et examen
Registre de sécurité et contrôles	CHSCT ou instances concernées, DP, inspection du travail	À chaque vérification
Registre spécial CHSCT	CHSCT, employeur, inspection du travail, Cram	À chaque constatation
Observations et mises en demeure notifiées par l'inspection du travail	CHSCT, DP, médecin du travail ou, le cas échéant, représentants de certains organismes	À chaque observation ou mise en demeure
Registre des DP	Salariés, inspection du travail, DP	À chaque demande
Déclaration de liquidation de taxe sur les salaires	Service des impôts des entreprises (SIE) ou Direction générale des entreprises (DGE)	Annuelle
Relevé de versement provisionnel de la taxe sur les salaires	Service des impôts des entreprises (SIE) ou Direction générale des entreprises (DGE)	Mensuelle ou trimestrielle
Élections professionnelles	Salariés et, plus particulièrement, partenaires sociaux	Tous les 4 ans (sauf accord contraire)
Communication des informations au CE	Membres du CE	Trimestrielle et annuelle
Réunion collective des délégués du personnel ou, s'il y a lieu, de la délégation unique du personnel	Personnes concernées	Au moins une fois par mois

Source : Adapté du site http://www.entreprises.cci-paris-idf.fr

Résumé

- Une politique de ressources humaines prise en défaut de respect des obligations légales et administratives perd en crédibilité.
- Des obligations administratives maîtrisées, réalisées en temps voulu, constituent des prérequis à toute action RH créatrice de valeur.
- Ce chapitre aborde le contenu de l'administration des RH à partir de la définition générale du domaine et des missions relatives au métier de responsable administratif. Un axe « produit » (les documents à fournir) et un axe « calendaire » (la gestion du temps et des dates limites) sont également proposés et permettent de mieux prendre en compte la valeur ajoutée de cette fonction.
- Les changements législatifs envisagés sont susceptibles d'impacter le contenu de ce chapitre (voir les changements législatifs envisagés).

Bibliographie

Béllier G. et Legrand H.-J., *La Négociation collective en entreprise*, Paris, Liaisons, 2013.

Bender A.-F. et Pigeyre F., « Égalité, diversité et cohésion : les trois piliers du vivre ensemble dans l'entreprise », *Entreprise éthique*, n° 33, 2012, p. 57-66.

DGAFP, « Protocole d'accord relatif à l'égalité professionnelle entre les femmes et les hommes dans la fonction publique », mars 2013.

INRS, « Évaluation des risques : principes et pratiques recommandés par la Cnamts, les Cram et les Carsat », Paris, INRS, 2011.

Kapp T. *et al.*, *Le Système d'inspection du travail en France : missions, organisation et prérogatives*, Paris, Liaisons, coll. « Liaisons sociales », 2013.

Poilpot-Rocaboy G. et Kergoat M., « Contribution des entreprises à l'égalité professionnelle entre les hommes et les femmes », *Revue de gestion des ressources humaines*, n° 75, 2010.

Taïeb J.-P., *Paie et administration du personnel : des techniques de calcul aux stratégies d'externalisation*, Paris, Dunod, 2013.

Activités

Questions

1. Définissez les chartes déontologiques, chartes éthiques et codes de (bonne) conduite, puis précisez leur portée juridique.
2. Quelles sont les missions de l'inspecteur du travail ?
3. Définissez et illustrez les risques professionnels.

Étude de cas

Duer chez Vehiculoto (cas réel, nom fictif)

Vehiculoto est l'un des premiers équipementiers automobiles mondiaux. En France, il emploie 17 000 salariés et réalise un chiffre d'affaires de 2,9 milliards d'euros. Son *business plan* se fonde sur deux axes : d'une part, les innovations technologiques dont il est le fer de lance depuis de nombreuses années (*Stop & Start*) et, d'autre part, l'internationalisation (Asie).

Face aux difficultés rencontrées par l'industrie automobile, Vehiculoto a engagé une restructuration en 2010 avec, plus particulièrement, la suppression de 1 420 postes. Ayant à l'esprit les suicides qu'ont connus Renault et France Telecom, l'équipementier se penche alors sur la problématique des risques psychosociaux. Il intègre lors des entretiens annuels des questions relatives à la charge de travail et à ses répercussions sur l'équilibre entre vie privée et vie professionnelle. Plusieurs leviers sont mobilisés, tels qu'une meilleure répartition de la charge de travail, des formations (gestion du stress ; améliorer ma productivité), des formations spécifiques pour les managers (prévention des RPS ; prévention du harcèlement) ou l'embauche d'intérimaires lors de surcharges ponctuelles. Le taux de fréquence des accidents du travail est passé de 6,57 % en 2009 à 3,4 % en 2013. En 2013, le taux de turnover et d'absentéisme des cadres et ingénieurs est respectivement de 3,2 % et de 2,7 %. En revanche, sur les sites de production, les arrêts maladie oscillent autour de 4 %. Un quart des ouvriers ont une restriction médicale ou sont atteints de maladies professionnelles (dépression, maladies psychosomatiques, problèmes de sommeil, troubles musculo-squelettiques). En référence à ces taux, les partenaires sociaux considèrent que les cadences sur les lignes de production sont la première cause de ce mal-être. Selon eux, la direction a négligé ce point. Dans ce contexte, Vehiculoto sollicite votre expertise en analyse des risques.

Questions

1. D'après cette situation, établissez une grille de diagnostic des facteurs de risque.
2. Après avoir défini la notion de risques psychosociaux, proposez une démarche en vue de cerner ces risques.
3. Que proposeriez-vous pour compléter le dispositif mis en place par Vehiculoto ?

Chapitre 14

Gérer la paie

Bérangère Condomines et Étienne Normand

Ce chapitre aborde les questions suivantes :

- Quelle est l'activité paie de l'entreprise ?
- Que contient le bulletin de paie ?
- Quelles sont les étapes du processus de paie ?
- En quoi la paie est-elle une ressource d'informations de gestion ?

Le titre de ce chapitre n'est pas neutre : « Gérer la paie » est différent de « Faire la paie ». Ce court chapitre ne peut remplacer une formation pour être capable de la faire. Gérer la paie consiste pourtant d'abord à opérer les actions d'imputation des sommes dues au salarié en contrepartie de l'exécution de son contrat de travail. Gérer la paie suppose donc bien d'abord de savoir la faire. C'est une opération qui relève des techniques comptables. C'est ensuite conduire un effort permanent d'optimisation d'un processus de gestion. Cette dimension de l'activité est essentielle car, derrière l'acte de gestion, il y a un enjeu récurrent de confiance et d'équité pour tous les salariés. « Pas de question, pas de problème », disions-nous dans le chapitre 9, « Rémunérer le travail ». C'est à travers la feuille de paie juste, reçue à temps, accompagnée d'explications quand il le faut que se concrétise le dicton. La feuille de paie rend compte pour chaque salarié de la juste contrepartie de sa contribution sur la période. Enfin gérer la paie, c'est aussi capitaliser de l'information sociale pour le compte des administrations (collecter en masse pour le compte de l'Urssaf par exemple, mais collecter en particulier aussi en cas de saisie sur salaire) ; enfin, consolider l'information sur la masse salariale fait du gestionnaire de paie le premier analyste du coût du travail.

Gérer la paie est une activité de spécialiste et souvent le premier accès au métier de ressources humaines. La diversité des modes de gestion de la paie est considérable : internalisée, en centre de services partagés (plateforme de service pour tout ou partie de l'organisation), dans et hors de l'entreprise, externalisée à une société de services spécialisée dans le domaine ou pour des organisations plus petites auprès de cabinets comptables et, à l'intérieur de ceux-ci, offrant ou pas des services associés de gestion sociale. Ces contextes différents constituent autant d'opportunités d'évolution dans la fonction ressources humaines à partir d'une spécialité qui sera élargie au fur et à mesure du parcours. Tout cela explique une grande mobilité professionnelle du gestionnaire de paie dont les volumes d'offres d'emploi témoignent. Nous présenterons d'abord les principes structurants de la paie (section 1), puis le bulletin de paie (section 2) et la gestion du processus de paie (section 3).

1. Les principes fondamentaux de la paie

1.1. Le principe « à travail égal, salaire égal »

Le principe de l'égalité de traitement s'inscrit dans notre législation, entre autres, sous la forme de l'adage « à travail égal, salaire égal » (loi du 13 novembre 1982 ; Cass. Soc., 29 octobre 1996, n° 92-43.680, Ponsolle). Ainsi, tout employeur assure, pour un même travail ou pour un travail de valeur égale, l'égalité de rémunération et, plus particulièrement, entre les femmes et les hommes (art. L. 3221-2 du Code du travail).

Focus 14.1

Le salaire a-t-il encore un sexe ?

Lors du Conseil des ministres du 4 septembre 2013, le ministre du Travail, de l'Emploi, de la Formation professionnelle et du Dialogue social et la ministre des Droits des femmes ont indiqué que « les femmes sont en moyenne payées 27 % de moins que les hommes ». Dans ce contexte, ils ont présenté des mesures de sensibilisation, de contrôle et de relance du dialogue social, afin de « rendre effectif le principe "à travail de valeur égale, salaire égal" ».

En mars 2012, la Dares indique que la rémunération annuelle brute moyenne des femmes est inférieure de 24 % à celle des hommes (données de 2009).

Écarts salariaux selon le sexe et l'âge

Salaire moyen	Salaire à temps complet		Salaire en EQTP		Salaire annualisé		Revenu salarial	
	2005	2010	2005	2010	2005	2010	205	2010
Femmes (en euros)	19 820	22 560	19 230	21 830	16 510	18 950	12 970	15 580
Hommes (en euros)	24 520	27 460	24 300	27 240	22 850	25 730	19 170	21 700
Écart femmes/hommes (%)	**–19,2**	**–17,9**	**–20,9**	**–19,8**	**–27,7**	**–26,3**	**–32,3**	**–28,2**
Moins de 25 ans (en euros)	14 920	16 640	14 830	16 520	12 840	14 540	6 160	7 030
Plus de 50 ans (en euros)	27 980	30 860	27 030	29 760	24 130	26 620	21 490	24 200
Écart -25 ans/+50 ans (%)	**–46,7**	**–46,1**	**–45,1**	**–44,5**	**–46,8**	**–45,4**	**–71,3**	**–70,9**

Champ : France métropolitaine, salariés du secteur privé et des entreprises publiques.
Source : Insee, Dads 2005 et 2010 définitif (exploitation au 1er décembre).

Cependant, des effets de structures expliquent cet écart. Par exemple, lorsque l'on se réfère au salaire horaire (rémunération rapportée au nombre d'heures rémunérées), l'écart n'est plus que de 14 %, le temps partiel concernant majoritairement les femmes (31 % *vs* 7 %). De même, lorsque l'on se fonde sur le salaire horaire de base, l'écart est de seulement de 12 % dès lors que les hommes effectuent davantage d'heures supplémentaires (53 % *vs* 37 %) et qu'ils perçoivent un montant moyen de primes supérieur (Δd = 25 %). Pour les postes d'encadrement dont le salaire horaire moyen est le plus élevé, l'écart est de 21 % en moyenne.

Focus 14.1 (suite)

Cet écart se creuse avec l'âge des cadres : moins de 30 ans, 2 % ; 30-34 ans, 7 % ; 40-44 ans, 16 % ; à partir de 45 ans, 22 %. À filière de formation identique, les hommes cadres sont mieux rémunérés : écoles de commerce, 20 % ; écoles d'ingénieurs, 16 % ; universités, 14 %. Cet écart varie également selon la fonction. Ainsi, lorsque le taux de féminisation de la fonction est élevé, l'écart salarial est plus faible. Citons en exemple la fonction RH dans laquelle l'écart entre les salaires médians varie de 13 % en développement des RH à 4 % en administration du personnel.

Considérant ces effets de structure, si l'on compare *toutes choses égales par ailleurs*, les femmes perçoivent alors un salaire horaire brut moyen inférieur de 9 % à celui des hommes.

Sources : Dares, « Les écarts de salaire entre les hommes et les femmes en 2009 », n° 016, mars 2012, 14 p. ; Apec, « Les salaires des femmes cadres », mars 2013.

Mais que signifient exactement les notions de *salaire égal* et de *travail égal* ?

Que signifie « salaire égal » ?

La jurisprudence retient une conception large incluant tous les compléments ou accessoires : « le salaire ou traitement ordinaire de base ou minimum et tous les autres avantages et accessoires payés, directement ou indirectement, en espèces ou en nature, par l'employeur au salarié en raison de l'emploi de ce dernier » (art. L. 3221-3 du Code du travail).

Que signifie « à travail égal » ?

La notion de **travail égal**, de **travail de valeur égale** (convention de l'OIT du 29 juin 1951) ou de **travail de même nature** (traité d'Amsterdam) est définie comme une **situation identique** caractérisée par les éléments rattachés au **poste de travail** (coefficient, qualification, ancienneté, etc.), à l'étendue de la **fonction exercée** (technicité, tâches, responsabilités) et aux **conditions** d'exercice de la fonction (charge physique, charge nerveuse). Selon l'article L. 3221-4 du Code du travail sont concernés « les travaux qui exigent des salariés un ensemble comparable de connaissances professionnelles consacrées par un titre, un diplôme ou une pratique professionnelle, de capacités découlant de l'expérience acquise, de responsabilités et de charge physique ou nerveuse ». Ainsi, des intitulés fonctionnels identiques ou une classification fonctionnelle similaire ne reflètent pas obligatoirement un **travail égal**. On ne peut considérer par exemple que deux directeurs d'agence effectuent un travail de valeur égale lorsque l'un est responsable de quatre sites et l'autre que d'un site (Cass. Soc., 23 mars 1999, n° 96-43.767) ou que deux webdesigners peuvent se prévaloir d'une rémunération identique alors que l'un est titulaire d'un bac + 2 et l'autre d'un bac + 5 en relation avec la fonction exercée (Cass. Soc., 17 mars 2010, n° 08-43.088).

Le salarié qui invoque l'atteinte au principe doit soumettre des **éléments de fait susceptibles de caractériser une inégalité**. Si le salarié est dans l'impossibilité d'accéder à ces documents (par exemple, fiche de paie), il lui appartient de demander au juge d'ordonner à l'employeur la production des éléments. Ensuite, il incombe à l'employeur de rapporter la preuve des **éléments objectifs justifiant la différence de traitement**.

Quels éléments justifient une différence de rémunération ?

Une différence de rémunération n'est pas interdite si elle est justifiée par des éléments **objectifs**, c'est-à-dire pouvant faire l'objet d'un contrôle en termes de réalité et de pertinence ainsi qu'étrangers à toute discrimination (Cass. Soc., 20 juin 2001, n° 99-43.905).

- les qualités professionnelles du salarié : les connaissances professionnelles consacrées par un titre ou un diplôme (Cass. Soc., 19 octobre 2005, n° 03-42.108) ou découlant de l'expérience (Cass. Soc., 15 novembre 2006, n° 03-47.156) qui permettent un travail de valeur supérieure, la spécificité du parcours professionnel (Cass. Soc., 3 octobre 2007, n° 06-43.418), la performance individuelle dans sa dimension quantitative et/ou qualitative (Cass. Soc., 18 janvier 2000, n° 98-44.745 ; Cass. Soc., 26 novembre 2003, n° 00-41.633), l'ancienneté pour autant qu'elle ne soit pas déjà prise en compte par l'octroi d'une prime (Cass. Soc., 20 juin 2001, n° 99-43.905) ;
- la nationalité du collaborateur : les primes d'expatriation fondées sur la volonté de créer un pôle d'excellence scientifique (Cass. Soc., 17 avril 2008, n° 06-45.270) ;
- le poste de travail occupé : la technicité (Cass. Soc., 8 janvier 2003, n° 00-41.228), les tâches (Cass. Soc., 13 mars 2002, n° 00-42.536), les responsabilités (Cass. Soc., 11 janvier 2005, n° 03-15.258) ;
- la situation du marché de l'emploi : la pénurie/la rareté de candidature à une fonction (CJCE, 27 octobre 1993, aff. C-127/92) reliée au caractère urgent d'un recrutement (Cass. Soc., 21 juin 2005, n° 02-42.658) ;
- le statut juridique du salarié : une différence établie entre, d'une part, les agents contractuels de droit privé et, d'autre part, les fonctionnaires et les agents publics contractuels dont le traitement est fixé unilatéralement par l'autorité administrative répondant ainsi à l'application de règles de droit public (Cass. Soc., 11 octobre 2005, n° 04-43.024 ; Cass. Soc., 31 mai 2006, n° 04-46.771) ; une différence de traitement en faveur des salariés placés dans une situation juridique particulière par rapport au contrat de travail de droit commun, c'est-à-dire le CDI à temps plein (Cass. Soc., 28 avril 2006, n° 03-47.171) ;
- la structure organisationnelle : une différence entre plusieurs établissements en raison de l'existence d'accords d'établissement (Cass. Soc., 18 janvier 2006, n° 03-45.422) ; une différence entre les salariés membres de l'organisation et les salariés mis à disposition (Cass. Soc., 6 juillet 2005, n° 03-43.074).

Focus 14.2

De l'égalité salariale à l'équité salariale ?

L'adage « à travail égal, salaire égal » sous-tend l'égalisation des conditions de travail au sens large, puisque ce processus de comparaison repose sur les ressemblances avec les référents que sont les individus considérés dans une situation similaire.

Or, la jurisprudence tend désormais à privilégier les notions d'effort ou de contribution (par exemple, étendue des responsabilités, importance dans le fonctionnement de l'entreprise, diplôme permettant un travail de valeur supérieure) détachant ce principe de l'accomplissement d'un travail **identique** (par exemple, Cass. Soc., 6 juillet 2010, n° 09-40021 ; Cass. Soc., 16 novembre 2010, n° 09-42956). De ce fait, le processus de comparaison repose davantage sur la notion d'équité impliquant l'appréciation d'un **traitement juste**.

L'adage « à travail égal, salaire égal » laisserait place au principe « à travail équivalent, salaire égal ». Conséquemment, l'égalité serait réservée à l'accès et à l'exercice de la fonction (par exemple, temps partiel) tandis que l'équité concernerait le traitement (salaire, appréciation du personnel, carrière, etc.).

1.2. Le principe de mensualisation

Les lois du 19 janvier 1978 et du 1er mars 2008 prévoient le paiement tous les mois d'une rémunération déterminée indépendamment du nombre de jours que comprend le mois, afin de neutraliser les conséquences de la répartition inégale des jours entre les 12 mois de l'année (art. L. 3242-1 et s. du Code du travail). Sont exclus du bénéfice de la mensualisation les travailleurs saisonniers, intermittents, temporaires et à domicile[1].

Quel est le mode de calcul du salaire mensuel ?

$$\frac{\text{Horaire hebdomadaire} \times 52 \text{ semaines}}{12 \text{ mois}} \times \text{Coût horaire}$$

Le salaire mensuel varie uniquement en fonction de l'horaire réel dans le mois considéré :

- par augmentation : heures supplémentaires/complémentaires, majoration des heures en travail de nuit, etc. ;
- par diminution : par exemple, absences non rémunérées (notamment, congés sans solde).

Exemple 14.1

Calculons le salaire mensuel pour un salarié à temps plein exerçant une fonction dont la rémunération horaire est de 10 €, qui n'a effectué aucune heure supplémentaire, sachant que l'entreprise applique la durée légale hebdomadaire de 35 heures :

$$\frac{35 \times 52}{12} \times 10 = 1516{,}67 \text{ €}$$

Ce principe n'exclut pas la rémunération à la tâche, au rendement ou à la prime (art. L. 3242-2 du Code du travail). Simplement, le mode de calcul du salaire mensuel est différent, incluant par exemple un taux horaire de prime de rendement.

La mensualisation a pour effet de déconnecter la rémunération mensuelle du nombre de jours de travail effectif, c'est-à-dire indépendamment des jours de congés payés, des jours de congés pour événements familiaux ou personnels, des jours fériés chômés ou du nombre de jours par mois. Il permet également l'ouverture de droits : indemnité de licenciement, indemnité de départ en retraite, maintien du salaire en cas d'accident du travail.

1.3. Une obligation de transparence

Le paiement du salaire doit être réalisé par chèque ou par virement lorsque le montant excède 1 500 € par mois. Conjointement à ce paiement, un bulletin de paie doit être établi[2]. La transmission du bulletin de paie par voie électronique nécessite l'accord du salarié ainsi que la garantie du respect de l'intégrité des données.

Le bulletin de paie n'est soumis à aucune condition de forme, dès lors qu'il comprend les mentions obligatoires énoncées par le Code du travail. Cependant, l'employeur doit répondre à une obligation de transparence en mettant le salarié en situation de vérifier que le calcul de sa rémunération a été effectué conformément aux modalités prévues

---

1. Le mode de calcul du salaire est le suivant : durée de travail effectif × coût horaire. Le paiement est effectué au moins deux fois par mois, à 16 jours au plus d'intervalle.
2. Cas d'une rupture du contrat de travail : le bulletin de paie sera remis à la date de cessation du contrat.

par son contrat de travail (Cass. Soc., 18 juin 2008, n° 07-41.910). Dans le cas contraire, la bonne foi de l'employeur ne peut être évoquée (art. L. 1222-1 du Code du travail) et constitue un manquement à ses obligations contractuelles.

Focus 14.3

Les mentions obligatoires du bulletin de paie (art. R. 3243-1 du Code du travail)

1. Le nom et l'adresse de l'employeur ainsi que, le cas échéant, la désignation de l'établissement dont dépend le salarié.
2. La référence de l'organisme auquel l'employeur verse les cotisations de Sécurité sociale, le numéro sous lequel ces cotisations sont versées et, pour les employeurs inscrits au répertoire national des entreprises et des établissements prévu à l'article 1er du décret n° 73-314 du 14 mars 1973, le numéro de la nomenclature des activités économiques (code de l'activité principale exercée) caractérisant l'activité de l'entreprise ou de l'établissement mentionné au second alinéa de l'article 5 de ce décret.
3. S'il y a lieu, l'intitulé de la convention collective de branche applicable au salarié ou, à défaut, la référence au Code du travail pour les dispositions relatives à la durée des congés payés du salarié et à la durée des délais de préavis en cas de cessation de la relation de travail.
4. Le nom et l'emploi du salarié ainsi que sa position dans la classification conventionnelle qui lui est applicable. La position du salarié est notamment définie par le niveau ou le coefficient hiérarchique qui lui est attribué.
5. La période et le nombre d'heures de travail auxquels se rapporte le salaire en distinguant, s'il y a lieu, les heures payées au taux normal et celles qui comportent une majoration pour heures supplémentaires ou pour toute autre cause et en mentionnant le ou les taux appliqués aux heures correspondantes :
   a. la nature et le volume du forfait auquel se rapporte le salaire des salariés dont la rémunération est déterminée sur la base d'un forfait hebdomadaire ou mensuel en heures, d'un forfait annuel en heures ou en jours ;
   b. l'indication de la nature de la base de calcul du salaire lorsque, par exception, cette base de calcul n'est pas la durée du travail.
6. La nature et le montant des accessoires de salaire soumis aux cotisations salariales et patronales mentionnées aux articles R. 3243-2 et R. 3243-3.
7. Le montant de la rémunération brute du salarié.
8. La nature et le montant de tous les ajouts et retenues réalisés sur la rémunération brute.
9. Le montant de la somme effectivement reçue par le salarié.
10. La date de paiement de cette somme.
11. Les dates de congé et le montant de l'indemnité correspondante, lorsqu'une période de congé annuel est comprise dans la période de paie considérée.
12. Le montant de la prise en charge des frais de transport public ou des frais de transport personnels.

1.4. Le principe de libre fixation du salaire

Conformément au principe de libre fixation du salaire, ce dernier fait l'objet d'une négociation entre l'employeur et le salarié (loi du 11 février 1950). Cependant, ce principe ne concerne pas les fonctionnaires ni les agents publics contractuels dont la grille salariale est définie par l'autorité administrative. De plus, ce principe est soumis au respect de l'adage « à travail égal, salaire égal ». Cette libre fixation doit également tenir compte du salaire minimum interprofessionnel de croissance (Smic) et du salaire minimum conventionnel.

Fixé par les pouvoirs publics, le Smic représente le salaire horaire en dessous duquel il est interdit de rémunérer un salarié, quels que soient les modes de calculs de sa rémunération (au temps, au rendement, à la tâche, etc.). Le montant du Smic horaire brut est fixé, depuis le 1er janvier 2014, à 9,53 €, soit 1 445,38 € brut mensuels sur la base de la durée légale de 35 heures hebdomadaires. Un taux réduit peut être pratiqué pour certains apprentis ou jeunes salariés en contrat de professionnalisation. Enfin, les salariés dont l'horaire de travail n'est pas contrôlable peuvent être exclus du bénéfice du Smic (certains VRP).

Tableau 14.1 – Assiette de vérification du Smic (éléments à prendre en compte ou à exclure lors de la vérification salaire/Smic)

Inclus	Exclus
• Salaire de base • Avantages en nature • Compensation pour réduction d'horaire • Majorations diverses ayant le caractère de fait d'un complément de salaire (primes, indemnités, remboursements de frais ne correspondant pas à une dépense effective…) • Pourboires, gueltes… • Primes de rendement individuelles ou collectives (rendement global d'une équipe), primes de production ou de productivité constituant un élément prévisible de rémunération • Primes de fin d'année pour le mois où elles sont versées • Primes de vacances pour le mois où elles sont versées	• Remboursements de frais effectivement supportés par le salarié • Primes forfaitaires destinées à compenser les frais exposés par les salariés du fait de leur prestation de travail (primes de panier, d'outillage, de salissure, indemnités de petit ou grand déplacement…) • Majorations pour heures supplémentaires • Majorations pour travail du dimanche, des jours fériés et de nuit • Primes d'ancienneté • Primes d'assiduité • Primes liées à la situation géographique (insularité, barrages, chantiers) • Primes liées à des conditions particulières de travail (danger, froid, insalubrité…) • Primes collectives liées à la production globale de l'entreprise, sa productivité ou ses résultats • Primes de transport • Participation, intéressement

Source : Direction générale du travail et Délégation générale à l'emploi et à la formation professionnelle, *Guide pratique du droit du travail*, 12e éd., La Documentation française, 2012.

Les conventions et accords collectifs peuvent donner au coefficient conventionnel une valeur en euros conduisant à un salaire minimum conventionnel inférieur au Smic dans les emplois conventionnels les plus bas de la classification. À ces niveaux, la rémunération mensuelle conventionnelle sera complémentée pour atteindre le niveau du Smic. Cette déconnexion du point conventionnel et du niveau du Smic a pour objet d'éviter ce qu'on appelle « l'échelle de perroquet », c'est-à-dire l'impact sur l'ensemble de la classification d'une hausse du Smic. Cela explique que 60,1 % des salariés en dessous du salaire médian sont payés au Smic en 2010[3]. Au- delà du Smic, c'est donc le coefficient conventionnel (voir chapitre 9, « Rémunérer le travail ») qui est applicable en fonction des emplois et des niveaux hiérarchiques ainsi que de l'assiette de vérification. Dans ce cas, l'employeur ne peut rémunérer ses salariés en dessous de ce seuil sous peine de verser un rappel de salaire avec dommages et intérêts ainsi que de voir, si demandé, le contrat de travail rompu aux torts de l'employeur (Cass. Soc., 26 octobre 2011, n° 10-17.396).

1.5. Au-delà des principes, les représentations du salaire

Le salaire mensuel n'est pas seulement le reflet d'un temps travaillé pour une valeur négociée individuellement ou imposée par un cadre légal ou conventionnel.

Le salaire est aussi le reflet :

1. **… d'un pouvoir d'achat.** Sur le plan macroéconomique, le salaire est calculé par rapport à la notion de subsistance (A. Smith). À un moment donné et dans un état donné, le salaire doit permettre de satisfaire ses besoins (par exemple, alimentation, logement) en garantissant de ce fait le développement économique de la nation (voir Smic). Dans cette continuité, selon l'Insee, le niveau de vie est égal au revenu disponible du ménage divisé par le nombre d'unités de consommation (1 unité au premier adulte ; 0,5 aux autres personnes âgées de 14 ans ou plus ; 0,3 aux enfants de moins de 14 ans).
2. **… d'une position sociale.** Le salaire reflète le positionnement au sein de la structure sociale. Il est l'un des indicateurs permettant de définir l'appartenance à une classe sociale (défavorisée, populaire, moyenne, aisée, privilégiée) et d'effectuer des comparaisons inter- et intracatégories socioprofessionnelles (cadres, artisans, employés, ouvriers, etc.).

Tableau 14.2 – Les salaires nets selon la catégorie socioprofessionnelle et la catégorie statutaire
Salaires nets moyens annuels en équivalents temps plein selon la CS

	2010 (en euros courants)	Évolution annuelle moyenne en euros constants[2] (en %)	
		2009-2010	2005-2010
Cadres[1]	47 550	1,1	0,3
Professions intermédiaires	25 710	0,3	0,3
Employés	18 080	0,2	0,5
Ouvriers	18 840	–0,1	0,6
Ensemble	**25 020**	**0,5**	**0,8**

1. Y compris chefs d'entreprise salariés.
2. Le calcul du taux de croissance sur la période 2005-2010 prend en compte la refonte du processus de codification de la profession et catégorie socioprofessionnelle du salarié intervenue dans les Dads 2009.

Champ : France métropolitaine, secteur marchand non agricole, secteur privé et des entreprises publiques.

Source : d'après Insee, Dads 2010 définitif (exploration au 1er décembre).

3. Étude comparative européenne publiée par le journal *Le Monde* du 9 février 2014.

Distribution des salaires nets annuels en équivalents temps plein selon la CS en 2010, en euros

	Ensemble	Cadres[1]	Professions intermédiaires	Employés	Ouvriers
D1	**13 720**	24 780	16 540	12 900	12 230
Q1	**16 040**	30 620	19 770	14 460	15 260
D5 (médiane)	**20 110**	**39 040**	**24 010**	**16 700**	**18 010**
Q3	**27 350**	52 410	29 130	20 040	21 460
D9	**39 810**	73 980	35 720	24 450	25 410
D9/D1	**2,9**	**3,0**	**2,2**	**1,9**	**1,9**

1. Y compris chefs d'entreprise salariés.

Champ : France métropolitaine, secteur marchand non agricole, secteur privé et des entreprises publiques.

Lecture : en 2010, 10 % des salariés en EQTP du secteur privé et des entreprises publiques perçoivent un salaire annuel net inférieur à 13 720 € et 25 % un salaire inférieur à 16 040 €.

Source : d'après Insee, Dads 2010 définitif (exploration au 1er décembre).

Salaires annuels nets moyens des agents de services civils de l'État selon la catégorie statutaire

	En 2005	En 2010	Évolution annuelle moyenne 2005-2010	Évolution 2009-2010
	(euros courants)		(% et euros constants)	
Titulaires	26 330	29 870	1,0	0,5
Catégorie A	30 340	32 590	–0,1	–0,3
Catégorie B	24 000	27 720	1,4	1,7
Catégorie C	19 530	22 130	1,0	2,4
Non-titulaires	**20 820**	**25 220**	**2,4**	**1,6**
Ensemble	**25 530**	**29 110**	**1,1**	**0,7**

Champ : France métropolitaine, salaires en équivalents temps plein, hors militaires et établissements nationaux.

Source : d'après Insee, fichiers de paie des agents de l'État de 2005 et Siasp 2010.

Le salaire est ainsi un vecteur de reconnaissance sociale et, plus particulièrement, de reconnaissance au travail.

3. **… d'une productivité marginale.** Pour les théories microéconomiques, le niveau de salaire est déterminé par la productivité marginale du travail. Ainsi, il correspond à l'augmentation de production que le nouvel embauché permet d'obtenir hors effet du capital.
4. **… du travail.** Sur le plan juridique et sociologique, le salaire est entendu comme la rémunération du **travail**. Conformément au développement précédent, il peut inclure différentes dimensions, dont les qualités professionnelles du salarié (compétence, qualification, performance, ancienneté, etc.) et les qualités inhérentes au poste (emploi, niveau hiérarchique, etc.). Certains de ces éléments peuvent être rattachés à l'individu ou au collectif de travail tel que l'organisation et l'équipe.
5. **… d'une stratégie organisationnelle au regard d'un marché des salaires.** Le niveau de salaire est défini par le point de rencontre entre les courbes de la demande de travail et de l'offre de travail (D. Ricardo). Cependant, on observe que les

salaires présentent une résistance à la baisse en situation de baisse de l'offre (voir rigidité des salaires). Dès lors, pour les théories du salaire d'efficience[4], le salaire peut également refléter une stratégie d'attraction et d'incitation. L'employeur peut ainsi avoir intérêt à payer un salaire plus élevé que celui du marché afin d'encourager la performance individuelle ou collective, d'encourager certains comportements organisationnels (par exemple, implication, coopération), de limiter la rotation de la main-d'œuvre et d'attirer les meilleurs éléments de la population active. Or, ces éléments impliquent une relation croissante entre la productivité des salariés et le taux de salaire ainsi que la capacité à déterminer ce taux sur le marché. Autrement dit, les facteurs non pécuniaires de la motivation (de l'effort) et la crainte de perdre son travail sont éludés.

6. **… de l'effort.** Conformément à la théorie de l'équité d'Adams (1963), le salarié va appréhender son niveau de salaire relativement à l'effort qu'il a exigé $\left(\frac{\text{Contribution}}{\text{Rétribution}}\right)$ et au salaire de son groupe de référence (intra-entreprise ou extra-entreprise). L'inadéquation entre son salaire réel et ce qui lui semble constituer un salaire juste fera naître un sentiment d'iniquité et, conséquemment, des comportements d'ajustement tels que la baisse de l'effort (voir chapitre 18, « Pratiquer les outils RH ») Dès lors, verser un salaire s'inscrit au cœur d'une recherche d'équilibre sur quatre axes dont les arbitrages sont effectués par le système de rémunération (voir chapitre 4, « GRH, transformations de l'entreprise et dialogue social »).

Focus 14.4

La recherche de l'équilibre

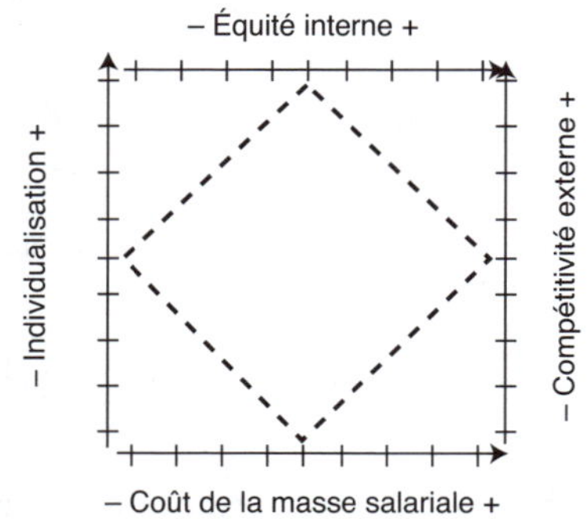

Une configuration équilibrée : dans un contexte donné, la population ne présente pas de facteur de différenciation

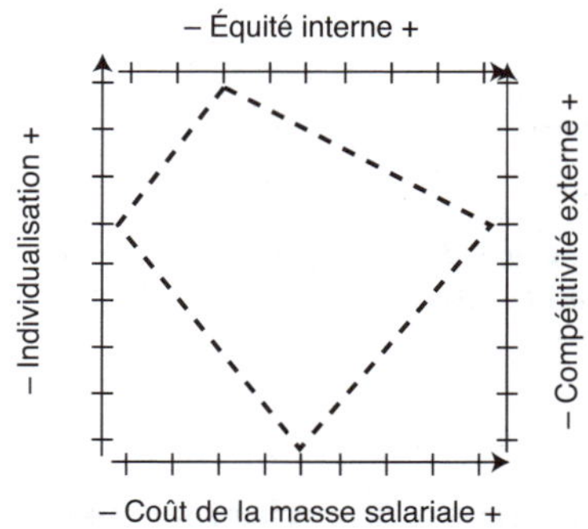

Dans un contexte donné pour un coût MS conforme au contexte, les salaires sont plus compétitifs que le marché, l'individualisation est forte et l'équité interne peu recherchée

Source : Normand É., 2014.

7. **… des besoins ou des attentes.** Le salaire reflète enfin, par ses composantes plus ou moins diversifiées (du salaire de base à toutes ses formes de compléments directs et

4. Shapiro C. et Stiglitz J.E., « Equilibrium unemployment as a worker discipline device », *American Economic Review*, 74(3), 1984, p. 433-444.

indirects), la capacité de l'employeur à faire un lien motivationnel entre les besoins et les attentes des salariés et sa pratique de gestion des salaires. C'est cette dernière dimension qui fait donc la frontière entre une gestion des salaires et une politique de rémunération. Cette dimension motivationnelle est traitée au chapitre 18, « Pratiquer les outils RH ».

2. Comprendre le bulletin de paie

2.1. L'apparente complexité du bulletin de paie

Avant d'analyser les rubriques d'un bulletin de paie, il convient d'en comprendre l'origine de l'apparente complexité. Le nombre de lignes d'un bulletin de paie français suscite en effet chez les salariés en mobilité internationale qui le découvrent une incompréhension mêlée d'hilarité. Dans les pays de l'OCDE, pour s'en tenir à des réalités de développement économiques comparables au nôtre, le bulletin comprendra couramment moins d'une dizaine de lignes et parfois quatre, y compris la retenue d'impôt à la source quand elle existe.

La complexité du bulletin de paie français est bien l'expression de deux préférences culturelles fortes : d'une part, une culture de contrôle par l'administration des actes de gestion accomplis pour son compte par l'entreprise ; d'autre part, la culture d'égalité formelle de la relation contractuelle. La première référence culturelle renvoie plus à la complexité administrative des organismes gestionnaires des fonds collectés et de leur affectation. La seconde oblige à décomposer les retenues par taux et par organisme bénéficiaire, afin de justifier au mois le mois au salarié les droits acquis sur ces retenues ou charges payées par l'entreprise. La somme des deux explique qu'il soit recommandé de conserver jusqu'à la liquidation de votre retraite l'ensemble de vos bulletins de paie. Chaque document mensuel est la preuve d'obligations respectives de l'employeur et des organismes collecteurs, déclencheurs de droits futurs du salarié (couverture sociale, durée d'affiliation, droits à la retraite…).

Au-delà, il faut comprendre la notion de plafond de la Sécurité sociale et de tranches de salaire. Ce sont des facteurs explicatifs de la complexité de nos feuilles de paie. L'histoire en explique le principe, l'économie de la protection sociale en explique le niveau. Le principe est issu de l'histoire en deux temps. La première loi de 1928 d'assurance sociale est d'inspiration allemande (dite courant bismarkien). Est assuré le travailleur dont les revenus sont insuffisants pour financer par lui-même une autoassurance. Le plafond de la Sécurité sociale en résulte. Les cotisations sociales mutualisées sont d'abord prélevées sur la partie du salaire correspondant au plafond de la Sécurité sociale, correspondant lui-même économiquement au seuil de salaire en deçà duquel les revenus ne permettent pas de consacrer les budgets nécessaires à l'autoassurance. Lorsque les ordonnances de 1945 organisent la Sécurité sociale, elles se fondent sur le courant anglo-saxon de la protection sociale. Ce courant (dit beweridgien) repose sur un principe d'universalité (tous, travailleurs ou pas) que la France limitera au principe de généralité (les travailleurs salariés) à l'origine. La notion de tranche de salaire est née : au-dessus du niveau de protection des plus pauvres des travailleurs est élargie l'obligation de couverture. Au-dessus de la tranche A, les tranches de salaire sont des multiples du plafond de la Sécurité sociale des plus pauvres. Le niveau de ce plafond évoluera dans le temps à la hausse pour couvrir les dépenses croissantes de santé. Tranches A, B, C, D servent d'assiettes à des taux de cotisations différenciées. L'essentiel de la complexité de la feuille de paie française est expliqué par ce double effet de la culture administrative et de l'histoire.

2.2. Analyse du bulletin de paie

La structure du bulletin de paie est normée par la loi pour l'essentiel. Celle-ci impose à l'employeur d'y porter des informations permettant au salarié de remonter à la source de ses droits ; pour partie l'employeur a la liberté, mais est incité à donner visibilité au salarié sur le coût chargé employeur du salaire versé.

Lecture verticale de la feuille de paie

Dans une lecture verticale et descendante de la feuille de paie, celle-ci se décompose en plusieurs blocs d'informations de même nature :

1. Le bloc des références. Bloc informationnel, il comprend les références de l'entreprise (administratives et de localisation géographique), du salarié (*idem*), de l'emploi et son rattachement conventionnel, du salaire et du temps.
2. Le bloc des gains du mois sous toutes ses formes (salaire de base, indemnités de congés, primes compléments…).
3. Le bloc des retenues qui se décompose lui-même en :
   a. retenues aux régimes généraux de base obligatoires (SS maladie, chômage, vieillesse/retraite, allocations familiales) ;
   b. retenues aux régimes complémentaires obligatoires (retraites complémentaires) ;
   c. retenues complémentaires d'entreprise (collectives et obligatoires par accord ou contrat d'assurance).
4. Le bloc des retenues fiscales dont une partie est déductible (4.1) de l'impôt sur le revenu et une partie est réintroduite dans l'assiette de l'impôt (partie non déductible 4.2).
5. Le bloc des régularisations sous forme de remboursement du salarié à l'entreprise (retenue part salarié du ticket repas par exemple) et de paiement au salarié (versement transport).
6. Cotisations patronales parafiscales (apprentissage, formation, effort construction) ; elles ne font pas l'objet de retenues salariés.
7. Les blocs de cumuls et de compteurs individuels (cumuls de net imposable annuel et suivi des droits individuels à congés par exemple). Ils ne sont pas portés sur le tableau ci-dessous.

Ces blocs logiques et leur disposition permettent de comprendre le passage progressif du salaire brut au salaire net à payer (voir tableau ci-dessous).

Bloc des gains (2)	Égal	Total du salaire brut	Moins
Bloc des retenues (3)	Égal	Total des cotisations sociales	Égal
		Salaire net	Moins
Bloc de la fiscalité déductible (4.1)	Égal	Salaire net fiscal	Plus
Bloc de la fiscalité non déductible (4.2)	Égal	Salaire net imposable	Plus ou moins
Bloc des régularisations (5)	Égal	Net à payer	

Lecture horizontale de la feuille de paie

Après une lecture verticale de la feuille de paie, parcourons sa lecture horizontale. Elle permet de comprendre le mécanisme des retenues salariés et des charges employeurs.

Chaque ligne comprend trois éléments qui expriment le principe de cotisation : la base, le taux et le montant.

- La base, appelée aussi assiette, est la référence sur laquelle s'applique le taux de cotisation. La base prendra la forme soit du salaire brut, soit d'une part du salaire brut délimitée par un plancher et un plafond, soit une base forfaitaire.
- Sur cette base est appliqué le taux. Ce taux est déterminé par les organismes collecteurs ou par la loi pour ce qui relève de la Sécurité sociale.
- Du multiple de la base par le taux résulte le montant de cotisation soit à déduire du brut pour la part salarié, soit à comptabiliser en charges à payer pour la part employeur.

Ajoutons enfin que certaines cotisations sont forfaitaires et ne comprendront donc ni base ni taux, mais seulement un montant.

Conjuguons maintenant la lecture verticale et la lecture horizontale de la feuille de paie.

Le bloc des gains peut varier significativement d'un mois sur l'autre du fait de primes, compléments ou heures supplémentaires. D'un mois sur l'autre, la base de calcul des taux peut donc être significativement en deçà ou au-delà du plafond de la Sécurité sociale. Le principe posé par la Sécurité sociale est que le plafond est annuel et que, en conséquence, la régularisation des plafonds devrait se faire une fois par an au plus tard le 31 janvier de l'année suivante. Cependant, il est toléré de faire cette régularisation mensuellement, et c'est ce qui sera appliqué quand le dépassement prend lui-même un caractère exceptionnel.

Les allègements de charges

Gérer la paie nécessite de maîtriser l'évolution constante des aides à l'emploi, qui prennent la forme le plus généralement d'allègements dont l'objet est de favoriser l'emploi ou l'insertion par des aides à la compétitivité des entreprises. Les bénéficiaires sont donc les employeurs. Les salariés ne le sont pas sous forme de réduction de charges, mais sous forme d'accès à l'emploi.

Les cibles sont des populations, bien qu'il soit fait allusion généralement « aux bas salaires ». Il s'agit en fait de populations jeunes, seniors, ou salariés peu qualifiés. Parfois ces allègements concernent un secteur géographique particulièrement en difficulté. Ces allègements prennent la forme d'une base forfaitaire inférieure au salaire brut réel, soit de taux réduits, soit encore de remises forfaitaires ou en pourcentage du salaire.

Les deux dispositifs le plus connus sont la réduction Fillon instituée en 2003 et, plus récemment, le CICE.

La réduction Fillon prend la forme d'une réduction de charges. Jusqu'à 1,6 Smic, un coefficient de réduction de charges est appliqué à la rémunération brute selon la taille de l'entreprise avec le souci de donner un avantage particulier aux entreprises de moins de 20 salariés.

Le CICE est un dispositif mis en place en janvier 2013. Il prend la forme d'un crédit d'impôt calculé sur les rémunérations versées par l'entreprise dans la limite de 2,5 Smic. Une rémunération supérieure à ce plafond ne donne aucun crédit. Une rémunération inférieure donne un crédit sur l'assiette du salaire versé. Le taux appliqué aux salaires bruts dans la limite de 2,5 Smic est pour 2014 de 6 %.

L'entreprise déduira de l'impôt sur les sociétés à payer le montant correspondant aux bruts concernés multipliés par 6 %. Si son impôt est de 100 et que les salaires bruts versés aient été de 1 600, elle ne paie pas d'impôt (1 600 × 6 % = 96 ; l'entreprise déduira 96 sur les 100 et adressera au Trésor 4 (= 100 – 96)).

Tableau 14.3 – Le tableau des charges

Régimes		Taux global %	Répartition		Assiette
			Employeur %	Salarié %	
I. Urssaf					
	Assurance maladie (maladie, maternité, invalidité, décès) (1)	13,55	12,80	0,75	
	Solidarité autonomie	0,30	0,30		
	Allocations familiales	5,25	5,25		Totalité du salaire
	Assurance vieillesse déplafonnée	2,00	1,75	0,25	
	Accidents du travail	Taux variable selon l'entreprise			
	Contribution sociale généralisée	7,50		7,50	Salaire total après déduction de 1,75 % pour frais professionnels (2)
	CRDS	0,50		0,50	
	Assurance vieillesse plafonnée	15,25	8,45	6,80	
	Aide au logement (cotisation de base tous employeurs)	0,10	0,10		Salaire limité à 1 P*
	Aide au logement (cotisation supplémentaire, au moins 20 salariés)	0,40	0,40		
	Aide au logement (cotisation supplémentaire, au moins 20 salariés)	0,50	0,50		Part du salaire dépassant 1 P
	Chômage (3) (4)	6,40	4,00	2,40	Salaire limité à 4 P
	AGS (5)	0,30	0,30		
II. Retraites complémentaires					
	Arrco TA (6)	7,63	4,58	3,05	
	Assurance décès obligatoire	1,50	1,50		Salaire limité à 1 P
	AGFF TA	2,00	1,20	0,80	
Cadres	Agirc TB (6) (7)	20,43	12,68	7,75	Salaire entre 1 P et 4 P
	AGFF TB	2,20	1,30	0,90	
	Apec	0,06	0,036	0,024	Salaire limité à 4 P
	Agirc TC (8)	20,43	(8)		Salaire entre 4 P et 8 P
	CET	0,35	0,22	0,13	Jusqu'à 8 P

Régimes		Taux global %	Répartition		Assiette
			Employeur %	Salarié %	
Non-cadres	Arrco T1 (6)	7,63	4,58	3,05	Jusqu'à 1 P
	AGFF T1	2,00	1,20	0,80	
	Arrco T2 (6)	20,13	12,08	8,05	Salaire entre 1 P et 3 P
	AGFF T2	2,20	1,30	0,90	
III. Taxes et participations					
Taxe sur les salaires (9)		4,25	4,25		Totalité du salaire
Construction (au moins 20 salariés)		0,45	0,45		
Apprentissage (10)		0,68	0,68		
Formation continue (au moins 20 salariés) (11)		1,60	1,60		
Formation continue (au moins 10 salariés et moins de 20) (11)		1,05	1,05		
Formation continue (moins de 10 salariés) (11)		0,55	0,55		

* P : plafond.

Source : Éditions Francis Lefebvre.

(1) Pour les salariés non fiscalement domiciliés en France, le taux de la cotisation salariale est de 5,5 %. En Alsace-Moselle, s'ajoute à la charge du salarié une cotisation calculée sur la totalité du salaire dont le taux est de 1,50 % au 1er janvier 2014.

(2) L'assiette de la déduction forfaitaire pour frais professionnels est limitée à quatre plafonds annuels de Sécurité sociale. Cette déduction ne s'applique pas à certaines sommes qui ne sont pas à proprement parler du salaire (voir *Mémento social*, n° s 21450 s).

(3) Pour les CDD conclus pour accroissement temporaire d'activité et les CDD d'usage, la part patronale de la contribution chômage est majorée si le contrat a une durée inférieure ou égale à trois mois. La part patronale est dans ce cas portée à : 5,5 % (7 % si le contrat a une durée inférieure ou égale à un mois) pour les CDD conclus pour accroissement temporaire d'activité ; 4,5 % (voir FRS 12/13 inf. 3, p. 6 ou FR 26/13 inf. 4, p. 7) pour les CDD d'usage.

(4) Les rémunérations des salariés âgés de 65 ans ou plus sont exonérées de contribution chômage (*Mémento social*, n° 7345). L'embauche en CDI d'un jeune de moins de 26 ans ouvre droit, après confirmation de la période d'essai, à une exonération temporaire de la contribution patronale chômage (voir FRS 12/13 inf. 3, p. 6 ou FR 26/13 inf. 4, p. 7).

(5) Les entreprises de travail temporaire sont soumises pour le personnel intérimaire à un taux de cotisation AGS spécifique de 0,03 %.

(6) Taux tenant compte du pourcentage d'appel de 125 %. Certaines entreprises cotisent à des taux supérieurs ou selon une répartition différente (voir *Mémento social*, n° s 69025 s).

(7) Pour les cadres dont la tranche B est faible ou nulle, des cotisations sont dues à l'Agirc au titre de la GMP.

(8) Taux tenant compte du pourcentage d'appel de 125 % (certaines entreprises cotisent à un taux supérieur : voir *Mémento social*, n° 69040). Jusqu'à 20 %, la répartition est fixée par accord d'entreprise. Les 0,43 points suivants doivent être répartis comme suit : 0,14 pour l'employeur et 0,29 pour le salarié.

(9) Non exigible dans la mesure où l'employeur est assujetti à la TVA. Des taux majorés s'appliquent au-delà des seuils revalorisés annuellement : voir la rubrique Fiscal > Taxes assises sur les salaires.

(10) À la taxe proprement dite, s'ajoute une contribution supplémentaire à l'apprentissage (CSA) : voir la rubrique Fiscal > Taxes assises sur les salaires. En Alsace-Moselle, le taux de la taxe d'apprentissage est ramené à 0,44 % au lieu de 0,68 %.

(11) Participation spécifique de 1 % sur la rémunération des salariés sous contrat à durée déterminée quel que soit l'effectif. Taux spécial de 2 % pour les entreprises de travail temporaire d'au moins 20 salariés et de 1,35 % pour celles ayant au moins 10 salariés et moins de 20.

Une réforme de la participation formation est en cours (voir FRS 26/13 inf. 5, p. 22 ou FR 56/13 inf. 9, p. 32).

3. Organiser le processus de paie

La récurrence mensuelle des activités de paie et l'enjeu d'un sans-faute permanent, pour des raisons évidentes de respect des salariés, conduisent à sécuriser les processus de paie quelle que soit la configuration de service adoptée (interne, externe, *via* des logiciels simples ou complexes).

3.1. Le contrôle de validité et la planification des tâches

Le processus de paie est organisé avec deux objectifs fondamentaux : le contrôle de validité/l'exactitude et la planification des tâches. Le dimensionnement des outils supports et des effectifs en résulte.

Le contrôle de validité s'effectue méthodiquement par échantillonnage des populations exposées à des risques qualifiés (changements de statuts, congés, modification de règles de calculs de primes, etc.). Le cycle des événements de l'année détermine la nature des risques d'erreurs et la planification des actions de contrôle.

La planification des dates de clôture de paie de chaque mois détermine les plages de temps de travail dans le mois affectées aux tâches en amont. La date de clôture de paie sur un mois donné détermine le lancement du calcul des paies. Les entrées variables correspondant à la période de paie ne peuvent plus être prises en compte et sont donc reportées sur le mois suivant.

Sur ces deux contraintes, le dimensionnement des équipes et des congés sera établi. Organiser le processus de paie consistera donc essentiellement à regagner en liberté par l'organisation des relations avec les fournisseurs des données utiles aux entrées variables.

La technologie aide au processus, particulièrement dans les grandes entreprises. La gestion externalisée par un cabinet comptable permet d'organiser le processus de façon concertée à travers le cahier des charges élaboré à travers la relation client/fournisseur. La plus grande difficulté porte sur les moyennes entreprises en croissance. Leur volume de mouvement de personnel est important en entrées/sorties, mais aussi en changements de statuts et promotions. C'est à ce moment qu'il faut standardiser les circuits et le cadencement de l'information en interne pour permettre à l'activité paie d'accompagner le développement de l'entreprise par une valeur ajoutée d'analyse des données sociales. Faute de quoi l'activité sera progressivement réduite à la production des feuilles de paie et aux relations aux administrations.

Améliorer son processus de paie, c'est limiter deux types de dysfonctionnements : le temps de gestion des réclamations des salariés et de correction des erreurs d'abord. Ce dysfonctionnement s'accompagne d'un désengagement des membres de l'équipe paie proportionnel aux critiques qu'ils subissent. Le second dysfonctionnement porte sur les demandes de régularisation des caisses et organismes collecteurs. Il porte sur les changements de statuts associés à des cotisations à taux différents, des erreurs d'assiette, des cas particuliers de subrogation, des passages de temps partiels à temps complets, ou inversement. L'ensemble donne lieu à des régularisations de charges. Pour les employés qui ont quitté la société, le trop-perçu est le plus souvent à charge de l'employeur. Pour les salariés dans l'entreprise, ces régularisations produisent de la frustration et du temps administratif. L'audit de ces incidents permet d'améliorer sans cesse le processus.

Focus 14.5

Les étapes du processus paie

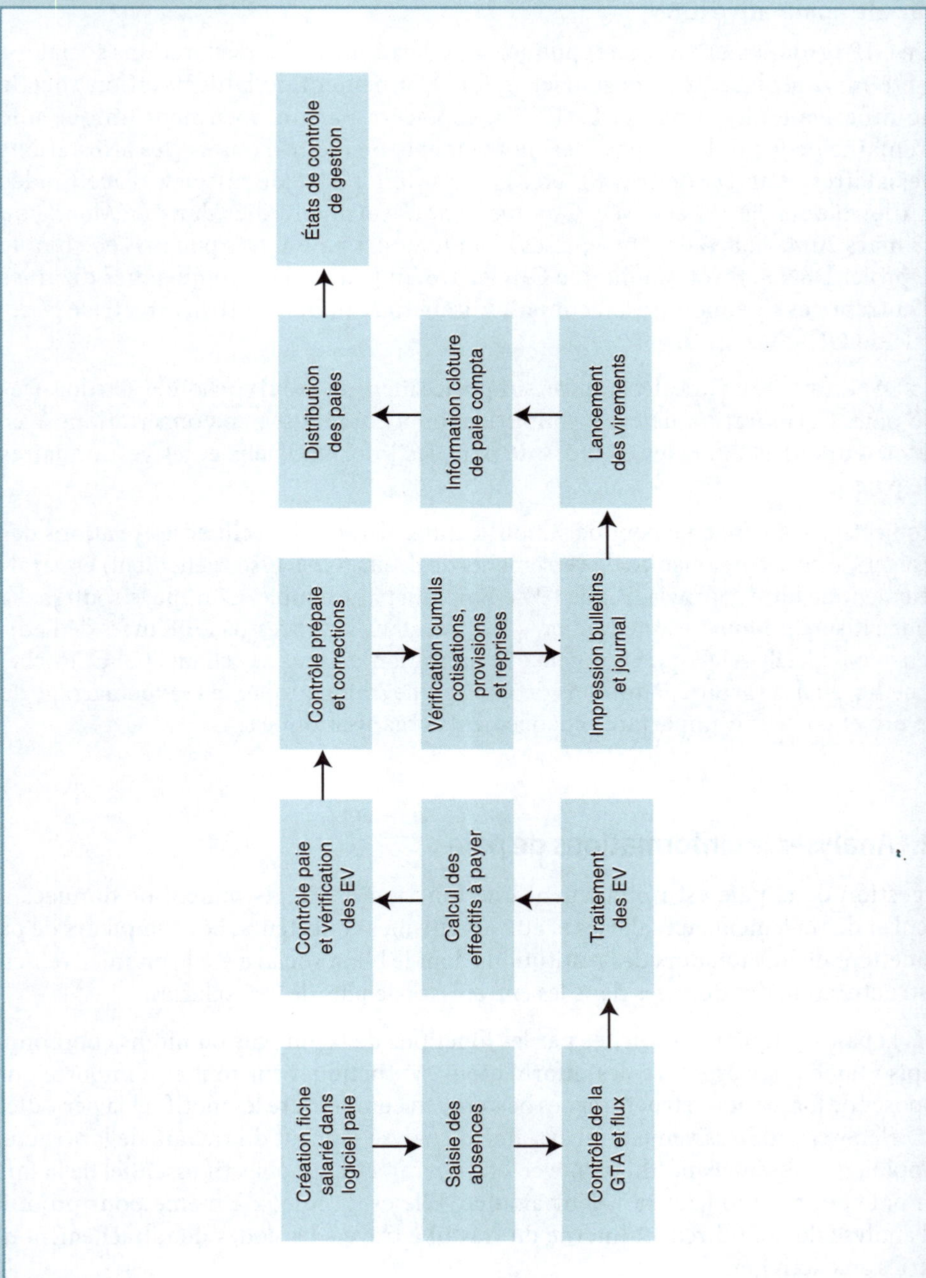

Note : GTA, gestion des temps et des absences ; EV, entrée variable.

Focus 14.6

La simplification administrative lancée en 2013 : mise en place de la déclaration sociale nominative (DSN)

Un GIP (groupement d'intérêt public) « modernisation des déclarations sociales » a été mis en place pour organiser le fonctionnement de la déclaration sociale nominative (DSN) unique. La DSN remplacera par un document unique une trentaine de formulaires pour les mouvements de main-d'œuvre, les attestations de salaires, d'arrêts de travail, etc. La première phase de mise en place fondée sur le volontariat est achevée. Comme le notait Anne Rodier dans *Le Monde* du 18 mars 2014, « 58 % des entreprises n'ont toujours pas ou très peu pris en compte le projet DSN », révèle au monde Olivier Devin [...] seulement quelques dizaines d'entreprises s'y sont mises, reconnaît Elisabeth Humbert Bottin, directrice générale du GIP-MDS [...].

La DSN consiste en une déclaration simplifiée mensuelle qui consolide 200 données de paie. L'élaboration de cette simplification a été réalisée en concertations avec les acteurs de la paie : les éditeurs de paie, les informaticiens et les gestionnaires de paie.

L'objectif n'est pas seulement de simplification. Il s'agit de faciliter les relations des usagers avec les organismes de versements de droits (CAF essentiellement) et parallèlement de lutte contre la fraude (Pôle Emploi), par exemple. Comme le souligne la journaliste du *Monde* Anne Rodier, « L'entrée dans le processus le 18 mars de l'éditeur de logiciels ADP qui commence la migration de tous ses clients (CSC, Roche, Unedic, etc.), à savoir 2,5 millions de salariés, devrait marquer le vrai démarrage de ce projet porteur d'importants changements organisationnels. »

3.2. Analyser les informations de paie

La gestion de la paie est initialement une fonction d'enregistrement de données, de calcul et de versement aux salariés et aux organismes collecteurs. Les compteurs de paie permettent depuis toujours des restitutions dont le bilan social a été le premier véhicule de structuration des données dans les entreprises de plus de 300 salariés.

Mais la paie est toujours sollicitée par les fonctions de façon plus ou moins coordonnée et épisodique pour produire des informations synthétiques sur tout et n'importe quoi. Disposer de temps pour structurer ces besoins, en comprendre les motifs et la périodicité pour élaborer progressivement un système d'analyse du coût du travail, de la structure d'emploi, de l'absentéisme, du turnover, etc. devrait être un objectif essentiel de la fonction paie pour démontrer sa valeur ajoutée. Elle est la mieux à même pour produire de l'analyse du coût direct et interne du travail à travers les codes de rattachement des salariés aux activités.

Philippe Denimal, dans son ouvrage *Les Leviers essentiels de la rémunération*, fait la synthèse des informations impactant la masse salariale d'une année sur l'autre.

Focus 14.7

Évolution de la masse salariale

Masse salariale année A
Modification structure emploi
Solde rémunérations entrants sortants
Effet report
Mesures légales conventionnelles
Mesures générales
Évolutions salariales liées au changement d'emploi
Évolutions salariales sans changement d'emploi
Impact de l'ancienneté
Changement de régimes de travail
Masse salariales année A+1

Source : Denimal P., Les Leviers essentiels de la rémunération, Paris, Liaisons, 2013.

Chaque registre obéit à une logique propre : l'efficacité organisationnelle, l'évolution des personnes, l'approche comptable, l'approche juridique, la négociation collective, la classification, l'appréciation du personnel, la négociation individuelle, le temps ou le cycle de travail. Analyser la situation dans chacune de ces logiques et en faire la pédagogie aux différentes activités dans l'entreprise implique d'élargir les missions de la fonction RH vers un rôle d'alerte et de conseil (voir logique d'anticipation et de pédagogie). À tout le moins, son objectif devrait être d'éviter de répondre à des demandes ponctuelles dans ce domaine. Elle gagnerait à structurer une offre d'analyse par des tableaux de bord synthétiques à l'attention des différentes activités de l'entreprise et de la DRH (voir logique de restitution).

Résumé

Taïeb (2013) énonce que les dépenses relatives aux fonctions **paie** et **administration du personnel** représentent plus du tiers des dépenses totales de la fonction RH (1,03 % à 1,31 % de la masse salariale annuelle chargée). Dès lors, elles ne doivent plus uniquement se fonder sur une « logique d'enregistrement » mais davantage sur une « logique de restitution ». S'inscrivant « à la base du contrôle de gestion sociale » (p. 249), elles explorent les données au travers par exemple des tableaux de bord sociaux. Autrement dit, elles s'inscrivent dans une logique de *data management.* La compétitivité des entreprises et l'efficience des administrations resteront des enjeux forts dans les années à venir. Des efforts significatifs sont engagés par les administrations sous forme de simplification des processus et d'allègement des obligations. La technologie contribuera aussi à l'optimisation des processus. L'organisation du travail participe également à cet effort de compétitivité : dans les plus grandes entreprises, par les centres de services partagés et, dans les PME, par la mutualisation de la GRH.

Il devrait à terme en résulter une évolution positive significative du métier de gestionnaire de paie. Il n'est pas invraisemblable qu'on assiste à une courte période de réduction des effectifs, puis à une montée en compétence et en effectifs du métier. Le contrôle de gestion sociale sera probablement réapproprié par la fonction ressources humaine. Les cabinets d'expertise comptable évoluent ainsi en passant d'une offre de gestion de paie stricte à une offre élargie de gestion sociale à partir de leur expertise paie.

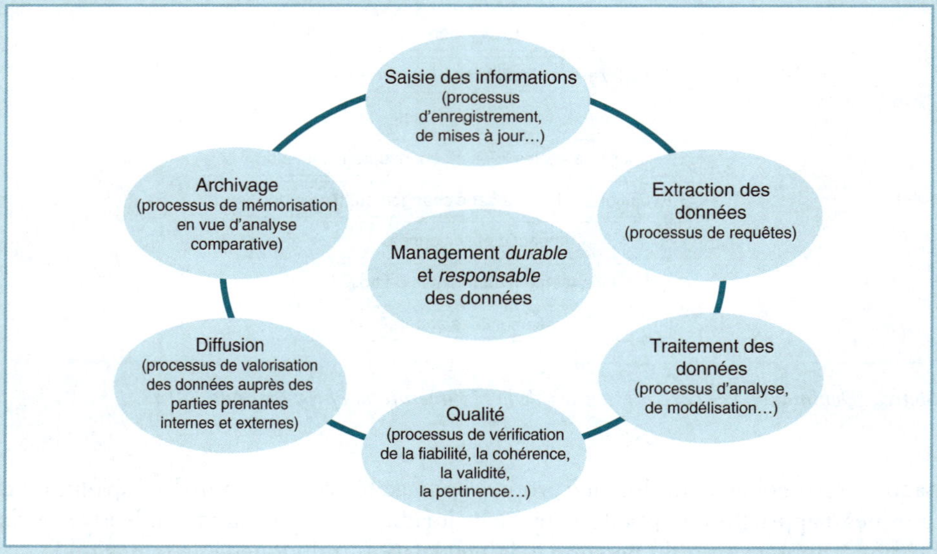

Bibliographie

Amadieu J.-F. et Mercier N., *Le Management des salaires*, Economica, 1995.

Denimal P., *Les Leviers de la rémunération*, Lamy, 2013.

Floridia M. et Clérin C., *Paie 2014*, Francis Lefebvre, coll. « Mémento pratique », 2013.

Pannetier S., *Entrée et sortie du personnel*, Eska, 2010.

Rabatel D. (de), *Pratique de la paie*, Eyrolles, 2013.

Roussel P., *Rémunération, motivation et satisfaction au travail*, Economica, 1996.

Taïeb J.-P., *Le petit paie*, Dunod, 2013.

Taïeb J.-P., *Paie et administration du personnel*, Dunod, 2013.

Activités

Questions

1. Qu'est-ce que la subrogation ?
2. Quelles sont les formalités à accomplir par l'entreprise et par le salarié en cas d'arrêt maladie ?
3. Une salariée est enceinte. Elle bénéficie d'un congé de maternité. De quoi s'agit-il ?

Études de cas (proposés par Sandrine Molis, enseignante au Cnam Paris)

Cas n° 1

Un salarié est en CDI depuis le 1er juin 2013 en tant qu'assistant de gestion, catégorie non cadre, dans une société dont l'effectif est de sept salariés. Il perçoit un salaire brut de 2 000 € pour un horaire mensuel de 151,67.

Au mois de mars 2014, il a effectué 10 heures supplémentaires la semaine 10 et 8 heures supplémentaires la semaine 13. Il bénéficie d'un 13e mois versé au mois de décembre. Le salarié sera en congés payés au mois de juin 2014 et va poser 10 jours ouvrables. Le mois de juin 2014 compte 25 jours ouvrables.

Questions

1. L'employeur bénéficiera-t-il d'une exonération de charges patronales « TEPA » au titre du mois de mars 2014 ? Si c'est le cas, calculez le montant de l'exonération de charges patronales.
2. Quel est le montant d'heures supplémentaires du salarié, figurant sur son bulletin de paie du mois de mars 2014 ?
3. Si l'employeur l'appliquait, quelles seraient les conséquences pour le salarié ? Calculez le nombre d'heures de repos compensateur.
4. Combien de jours de congés payés le salarié a-t-il acquis depuis le début de son contrat ? À partir de quand peut-il les prendre ? Combien de jours de congés payés restera-t-il sur son bulletin de paie de juin 2014 ?
5. Calculez son indemnité de congés payés du mois de juin 2014 selon les deux méthodes.
6. Présentez le haut de son bulletin de paie.

Cas n° 2

Mme Cabac est employée de la société Favec, en contrat à durée déterminée à temps partiel, de 24 heures par semaine pour une période de trois mois, à partir du 1er avril 2014. Elle est embauchée en tant que secrétaire, catégorie employé (non cadre). Son salaire horaire est de 28 €. Dans son contrat, il est mentionné le versement d'un 13e mois (au *prorata temporis*). Au mois de mai 2014, elle a perçu une prime exceptionnelle de 200 €. Son supérieur hiérarchique lui a demandé d'effectuer huit heures complémentaires la semaine 21, au mois de mai 2014.

Questions

1. Quel est son salaire de base indiqué sur son contrat de travail ?
2. Combien d'heures complémentaires peut-elle effectuer par semaine ? Calculez le montant des heures complémentaires du mois de mai 2014.
3. Quel est le plafond mensuel de Mme Cabac ? Aura-t-elle une T2 mensuelle ? Si oui, de combien ?
4. Calculez le montant total de son brut versé lors de son solde de tout compte.
5. Présentez le haut du bulletin de paie du solde de tout compte.

Cas n° 3

La société Atic a reçu un arrêt de travail pour maladie de M. Jara, d'une durée de 15 jours, au cours du mois de juin 2014. La société applique une convention collective qui prévoit, en cas d'arrêt maladie non professionnelle, un maintien du net avec subrogation. Son salaire brut mensuel est de 1 850 € et le taux de charges salariales est de 22 %.

Questions

1. Calculez le montant des IJSS brutes et des IJSS nettes que va verser la Sécurité sociale à la société Atic.
2. Calculez le salaire brut du mois de juin 2014 de M. Jara avec une garantie du net en application de la convention collective.
3. Présentez son bulletin de paie, de façon simplifiée, du mois de juin 2014.

Chapitre 15
Recruter

Cécile Dejoux

Ce chapitre aborde les questions suivantes :

- Comment situer une stratégie de recrutement au regard de la stratégie d'entreprise ?
- Quelles sont les tendances du marché du recrutement ?
- Quel est le cadre juridique qui structure les pratiques de recrutement ?
- Comment se déploie un processus de recrutement en ligne efficace ? Quels sont les principes, les méthodes et les outils les plus performants ?
- Comment le recrutement sur Internet a-t-il bouleversé ce domaine ?

Au-delà d'une problématique d'entreprise, le recrutement est un véritable sujet de société. En effet, le taux de recrutement des entreprises est à la fois un indicateur de la santé économique d'un pays et un révélateur de la confiance d'un pays dans son avenir. Un État dans lequel les entreprises recrutent est généralement un pays en croissance qui offre des opportunités d'intégration aux jeunes, aux seniors, aux minorités et à toute la population active. Un pays dans lequel les entreprises ont des difficultés à recruter – quelles qu'en soient les raisons (pénurie de main-d'œuvre, règles administratives contraignantes, insuffisance des formations) – est le signe d'un besoin de réformes macroéconomiques qui renvoie au champ de la politique et de l'instauration de nouvelles règles collectives. Ainsi, le recrutement est une thématique médiatisée, vulgarisée mais qui peut être appréhendée également à la lueur de principes et de règles. C'est ce que nous allons tenter d'expliciter.

Recruter est une décision qui concerne toutes les entreprises, quelle que soit leur taille. Toute organisation est confrontée un jour au recrutement soit parce qu'elle se développe et a besoin de nouvelles compétences absentes en interne, soit parce qu'elle doit gérer des départs ponctuels (départs à la retraite, démissions, congés de maternité, etc.) qui nécessitent un remplacement. Mais recruter n'est pas une décision neutre. Elle engage la pérennité de l'entreprise, son image ainsi que des coûts de recherche, de sélection, d'intégration et de formation. Aussi est-il important, quel que soit le volume de recrutement auquel l'entreprise est confrontée, d'avoir connaissance des fondamentaux du processus de recrutement.

L'objectif de ce chapitre consiste à analyser les relations entre les décisions de recrutement de l'entreprise et sa politique générale. Ces décisions ne relèvent pas uniquement d'une démarche interne. Elles sont également la conséquence de l'adaptation externe de l'organisation aux vicissitudes du marché de l'emploi, aux modifications engendrées par les nouvelles technologies et l'intégration des données légales. Ainsi, l'entreprise se doit d'élaborer et de faire évoluer son processus de recrutement en intégrant des principes d'équité, de transparence et d'employabilité autour de règles de fonctionnement qui ont pour but de rappeler les méthodes et les outils à déployer et les nouvelles opportunités liées à Internet.

1. Recrutement et stratégie d'entreprise

Recruter pour une entreprise n'est pas un acte banal. C'est un **acte de gestion** qui s'inscrit soit dans une situation d'urgence, soit dans une situation planifiée. Recruter est également l'occasion de véhiculer des messages en interne et en externe. C'est alors un **levier de communication** très puissant dont les messages évoluent avec les attentes des nouvelles générations et des clients. Ce rôle attribué au recrutement prend de plus en plus d'importance dans le cadre des stratégies de groupe et de la mondialisation.

1.1. Recruter, un acte de gestion stratégique

Généralement, l'acte de recrutement peut se réaliser dans deux contextes différents. Il peut être isolé et répondre à un besoin imprévisible de ressources. Il peut aussi être planifié et s'inscrire dans le cadre du déploiement de la stratégie de l'entreprise. Dans ces deux cas, le processus de recrutement à mettre en place sera identique.

En effet, des situations particulières caractérisées par leur rareté et leur imprévisibilité, telles que des départs précipités ou l'entrée de nouveaux clients, amènent l'entreprise à effectuer des recrutements ponctuels. Recruter constitue alors une nécessité pour l'entreprise qui doit s'adapter à un environnement interne et externe mouvant. Ces recrutements représentent des ajustements nécessaires qui peuvent se révéler stratégiques, à long terme. Leur qualité est tout aussi importante que celle apportée à des recrutements anticipés et programmés. Effectués plus souvent par les opérationnels que par la DRH, ces recrutements de type « remplacement non planifié » s'appuieront sur des fiches de poste existantes, sur le vivier de candidatures de la DRH ou sur une recherche locale réalisée par le manager. Mais, en cas de difficulté, une relation privilégiée entre le manager et une agence d'intérim permettra, très souvent, de faire face de façon transitoire en attendant de recruter le profil recherché.

Une stratégie de recrutement peut recouvrir des objectifs complémentaires : mettre en concurrence les collaborateurs internes avec des candidats externes, favoriser les transferts d'apprentissage, disposer de nouvelles compétences qui n'existent pas en interne, développer la compétence collective avec du « sang neuf », intégrer de nouveaux profils et développer de nouveaux métiers.

1.2. Recruter, un levier de communication

Le domaine du recrutement constitue un levier de communication en interne et en externe. En interne, c'est l'un des premiers domaines par lesquels s'instaure une harmonisation, voire une mondialisation, des pratiques lorsqu'il s'agit d'une organisation à l'échelle d'un groupe. En externe, il permet de diffuser les messages clés de l'entreprise et participe à l'attractivité de l'entreprise.

Dès qu'une entreprise possède plusieurs filiales ou rachète des entités à l'international, la question du recrutement multiculturel se pose. Le groupe doit veiller à avoir le même niveau d'exigence dans ses recrutements pour des postes équivalents. La formalisation (qui passe souvent par une certification interne ou externe) du processus de recrutement aide à atteindre cet objectif. Certains groupes n'hésitent pas à renforcer ce système par la création de **cellules de coordination** qui s'attachent à évaluer les flux et les profils des candidats au recrutement dans les différents pays, afin d'élaborer une « image employeur du groupe ».

Le recrutement est un élément de l'attractivité sociale de l'entreprise qui repose sur les messages institutionnels, les valeurs d'éthique et la prise en compte de l'évolution des attentes des candidats. Bien qu'elles se destinent principalement à des cibles prédéfinies, les stratégies de recrutement seront observées et analysées par des acteurs qui ne seront pas directement concernés : les concurrents, les observateurs de *benchmarks*, les analystes financiers, etc. Les moyens mis en place pour attirer les candidats, la tonalité des messages véhiculés, les personnes qui font passer les tests de recrutement et les feedbacks positifs et négatifs donnés aux candidats font partie des facteurs d'attractivité de l'organisation. Un candidat refoulé gardera une image de l'entreprise qu'il n'hésitera pas à véhiculer. Nous ne manquerons pas de souligner ici l'importance du bouche-à-oreille !

D'autre part, le recrutement s'inscrit comme un facteur déterminant d'une nouvelle tendance qu'affichent les RH à se définir non plus comme simplement une fonction statique de l'entreprise mais comme un domaine adaptatif. Le recrutement est considéré comme l'un des piliers du **marketing social**.

2. Tendances du marché du recrutement en Europe

Le rapport de la Commission européenne[1], réalisé en 2012, sur l'emploi dans les pays européens montre tout d'abord l'existence de divergences accrues entre les pays qui sont confrontés à un chômage massif et ceux qui démontrent une certaine résilience grâce à des systèmes sociaux régulateurs. La crise a encore davantage frappé les personnes les plus pauvres, les femmes qui sont confrontées à un plus haut risque de chômage que les hommes et a permis au travail à temps partiel de se développer. Ensuite, le rapport met en évidence une inadéquation entre les compétences des salariés et les besoins d'emploi. Un Européen sur trois est soit trop, soit pas assez qualifié et plus spécialement dans les pays méditerranéens. Ainsi, en France, selon une étude du Conseil d'orientation pour l'emploi (2014), 400 000 emplois ne sont pas pourvus et 40 % des projets de recrutement ne sont pas finalisés. Enfin, face à ce constat macroéconomique, la France connaît une réglementation en droit social particulièrement abondante et ciblée sur des catégories de personnes.

2.1. Recrutement des seniors

En France, le recrutement et le maintien dans l'emploi des seniors constituent un sujet majeur encadré par la loi de financement de la Sécurité sociale (2009) qui s'applique aux entreprises de plus de 50 salariés (voir focus 15.1). Dans ce contexte, différentes pratiques ont émergé. Elles apparaissent dans les accords de branche, les accords d'entreprise, les plans d'action, le recours aux agences d'intérim pour seniors (voir exemple 15.1). Parallèlement, il est important de signaler la réglementation Fillon sur le cumul emploi-retraite (voir focus 15.2).

De nombreuses entreprises ont signé des accords mais, au niveau individuel, les seniors se sont tournés vers de nouvelles façons de travailler, les agences d'intérim spécialisées et le cumul emploi-retraite.

1. *Source :* Rapport « Employment and social development in Europe », Commission européenne, 2012.

Focus 15.1

Obligations des entreprises vis-à-vis de l'emploi des seniors

La loi de financement de la Sécurité sociale impose aux entreprises de plus de 50 salariés ou appartenant à un groupe de même taille de signer un accord ou un plan d'action relatif à l'emploi des salariés âgés. À défaut, elles seront redevables d'une pénalité représentant 1 % des rémunérations ou des gains* versés aux travailleurs salariés ou assimilés.

Les accords ou les plans d'action ont une durée d'application de trois ans et doivent inclure :

- un objectif chiffré global de maintien dans l'emploi des salariés âgés de 55 ans et plus ou des recrutements de salariés de 50 ans et plus ;
- trois domaines d'action avec un objectif chiffré et mesuré par un indicateur parmi les six thèmes suivants : recrutement des salariés âgés dans l'entreprise ; anticipation de l'évolution des carrières professionnelles ; amélioration des conditions de travail et prévention des situations de pénibilité ; développement des compétences et des qualifications et accès à la formation ; aménagement des fins de carrière et de transition entre activité et retraite ; transmission des savoirs et des compétences et développement du tutorat.

* Sommes rentrant dans l'assiette de calcul des cotisations de Sécurité sociale.

Exemple 15.1

LouerUnSenior.com

C'est la première plateforme de mise en relation entre experts indépendants et entreprises. Celles-ci peuvent sélectionner les experts grâce à un système de notation publique et de recommandations. Tout type de missions nécessitant une forte « séniorité », quelle que soit la durée et le secteur, sont proposées. Les profils des experts sont des cadres de haut niveau, d'ex-chefs d'entreprises, des consultants indépendants chevronnés ou des managers de transition, ayant plus de 45 ans et justifiant d'au moins 20 ans d'expérience professionnelle à un poste à responsabilité. L'innovation réside dans le *business model* puisque la transaction est totalement gratuite pour les entreprises. La plateforme se rémunère du côté de l'expert au travers d'une commission perçue sur les missions réalisées.

Focus 15.2

Le cumul emploi-retraite

Des revenus professionnels, issus d'une activité salariée ou non, peuvent être touchés par les retraités alors qu'ils perçoivent une pension de retraite.

Le projet de loi de financement de la Sécurité sociale (PLFSS) adopté le 27 novembre 2008 prévoit que les retraités qui le souhaitent pourront, sans limitation, cumuler leur pension et le revenu d'une activité professionnelle dès leurs 60 ans s'ils ont une carrière complète et dans tous les cas à 65 ans, sous réserve d'avoir liquidé l'ensemble de leurs pensions auprès des régimes de retraite obligatoires.

2.2. Recrutement par Internet

Internet est devenu le premier média d'échange entre offres et demandes d'emploi. Le Web se place en troisième position des outils exploités, derrière le réseau relationnel et les candidatures spontanées. Ses avantages sont la rapidité de recherche, la diversification des moyens de recherche, la praticité du média, la garantie du renouvellement régulier des annonces.

Internet permet de mettre en œuvre un **marketing RH** en identifiant différentes cibles de candidats. Il permet à la fois de trouver l'« oiseau rare » grâce aux chasseurs de têtes dans les réseaux communautaires et de faire du recrutement massif international avec des outils virtuels comme Second Life.

Les nouvelles technologies de l'information et de la communication ont changé les pratiques de recrutement. Elles ont permis de positionner le recrutement dans une logique de juste-à-temps : les offres et les demandes de compétences sont pourvues presque en temps réel.

Le marché du recrutement sur Internet peut être évalué par des **indicateurs de professionnalisation de l'e-recrutement** : existence d'un site Internet, présence d'une rubrique RH sur le site de l'entreprise, espace de publication d'offres d'emploi, espace jeunes diplômés, dépôt des candidatures (masque de saisie de CV, téléchargement du CV), traitement informatique d'une candidature spontanée, réception d'offres *via* des alertes e-mail ou SMS. Par exemple, le *Monster index* de l'emploi en France fournit régulièrement une analyse complète de l'activité du recrutement en ligne. Cet indice est audité par Arc Research, un cabinet d'études américain indépendant qui valide les résultats.

Focus 15.3

Recruter sans CV

Depuis 2011, l'Apec a lancé le site recrutersanscv.fr, qui a été adopté par de grandes entreprises comme Auchan ou Danone. L'objectif consiste à se concentrer sur l'évaluation des compétences professionnelles d'un métier à partir de questions très opérationnelles. Ainsi, pour un poste de chef de rayon chez Auchan, 2 600 connexions ont été enregistrées, plus de 1 000 questionnaires ont été remplis et, au final, 10 chefs de rayon ont été embauchés. Ce qui est intéressant dans la démarche, c'est que leur profil n'aurait pas nécessairement été sélectionné dans un processus classique.

2.3. D'autres pratiques de recrutement

Avec la crise, de nouvelles pratiques de recrutement sont apparues et se développent dans le secteur des services notamment.

Le portage salarial[2]

De plus en plus d'entreprises dans le domaine des services recherchent des méthodes de recrutement qui leur assurent à la fois d'être réactives et de maîtriser leurs coûts. Ainsi,

2. Quelques liens utiles : Sneps (Syndicat national des entreprises de portage salarial – http://www.sneps.fr/), Fneps (Fédération nationale du portage salarial – http://www.fenps.fr/), Uneps (Union nationale des entreprises de portage spécialisées – http://www.uneps.org/), Opps (Observatoire paritaire du portage salarial – http://observatoireportagesalarial.fr/).

faire appel au portage salarial leur permet de réaliser des projets ponctuels en s'appuyant sur des experts (qui ne peuvent pas appartenir à des professions réglementées comme les avocats, les experts-comptables, etc.).

La loi sur la modernisation du marché du travail (2008) établit un cadre juridique à cette nouvelle forme d'activité. Elle définit le portage comme « un ensemble de relations contractuelles organisées entre une entreprise de portage, une personne portée et des entreprises clientes comportant pour la personne portée le régime du salariat et la rémunération de prestation chez le client par l'entreprise de portage ».

Il s'agit d'une relation triangulaire dans laquelle le porté n'a pas de lien de subordination avec l'entreprise cliente, laquelle est liée à la société de portage par un contrat de prestation. La responsabilité civile professionnelle est affectée à la société de portage et non au salarié. L'entreprise paie la prestation à la société de portage. Celle-ci, après retenue des frais de gestion et des cotisations, versera un salaire au porté qui aura signé au préalable une « convention de portage » avec cette organisation.

L'engagement associatif : valoriser les compétences acquises

L'année 2011 a été proclamée « Année européenne du bénévolat » et, à cette occasion, de nombreuses associations se sont mobilisées pour faire reconnaître les compétences des bénévoles comme cela se pratique dans les pays anglo-saxons. La plupart des entreprises ont une perception positive du bénévolat, mais ne considèrent pas ces compétences comme transposables dans le monde professionnel. Deux initiatives sont à souligner : la promotion du CV citoyen par Syntec et la signature d'une charte de valorisation du service civique par le groupe Casino, le 3 mars 2011.

Le travail à temps partagé

Les entreprises qui ont besoin de spécialistes pour des missions qui ne nécessitent pas un temps plein peuvent recourir au travail à temps partagé[3]. C'est une forme de pluriactivité dans laquelle le salarié va travailler à temps partiel pour plusieurs employeurs soit en étant embauché par eux (cumul de CDI à temps partiel ou de CDD), soit en étant embauché par une structure tierce qui le mettra à disposition (entreprises de travail à temps partagé, portage salarial, groupement d'employeurs).

3. Contexte légal

Le recrutement s'effectue dans un cadre légal qui compte plusieurs sources : la convention collective, les caractéristiques légales du contrat de travail et les principes de lois propres au domaine du recrutement.

Tout contrat proposé se référera à la convention collective de la branche qui s'applique au niveau national ou départemental. Autrement dit, il s'agit d'adapter le Code du travail à une branche professionnelle. Dans une entreprise, plusieurs conventions collectives peuvent coexister. L'application d'une convention collective à un collaborateur résultera d'un critère géographique et professionnel (type de fonction). Elle dépendra également de l'activité économique de l'entreprise (codifiée sur le bulletin de salaire par le code APE). Elle ne peut déroger à la loi et contient généralement des dispositions plus avantageuses que le droit commun sur les conditions de travail et les garanties sociales (congés,

3. Fédération nationale des associations du travail en temps partagé – http://www.fnattp.com

primes, etc.). Les conventions collectives font l'objet de négociations permanentes entre les syndicats d'employeurs et les syndicats d'employés.

Le domaine du recrutement intéresse particulièrement le législateur depuis une quinzaine d'années. La loi tend à favoriser l'égalité des chances et la transparence. Ainsi, elle veut rendre moins subjectif le recrutement, promulguer la non-discrimination et exiger un écrit entre le recruteur et le recruté.

Depuis les lois dites Bertrand, en 2008, les entreprises peuvent publier directement leurs offres d'emploi, sous la forme qu'elles souhaitent, sans passer par Pôle Emploi. Deux nouveaux dispositifs ont vu le jour : les emplois d'avenir (2012) pour lutter contre le chômage des jeunes peu qualifiés et les contrats de génération (2013) pour faciliter l'insertion durable des jeunes dans l'emploi par l'accès à un CDI et favoriser l'embauche et le maintien dans l'emploi des salariés âgés.

Une attention particulière sera portée aux **stages**, qui ne sont pas considérés comme des recrutements. Le stage consiste en une période plus ou moins courte passée en entreprise. Il nécessite une convention établie entre un établissement d'enseignement, l'entreprise d'accueil et le stagiaire. Lorsque la durée du stage est supérieure à trois mois, l'entreprise doit obligatoirement verser au stagiaire une gratification fixée par la convention collective, l'accord de branche ou par décret. En 2009, elle représentait un minimum de 398,12 € par mois. Les stages non intégrés à un cursus scolaire sont désormais interdits.

3.1. La loi encadre le recrutement

Les informations demandées[4] au candidat par écrit ou par oral doivent « avoir un lien direct et nécessaire avec l'emploi proposé ». Le salarié est tenu d'y répondre de bonne foi (art. L. 120-4). Par exemple, pour un poste à l'expatriation, poser une question sur la vie privée (conjoint, enfants) est autorisé, ce qui reste interdit par la loi dans un entretien pour un poste classique. De plus, le candidat doit être informé « des méthodes et techniques d'aide au recrutement utilisées à son égard » (art. L. 121-7) par l'entreprise ou le cabinet de recrutement (le recours à des tests génétiques en matière d'emploi est strictement interdit par la loi française, à l'inverse des États-Unis). La loi du 31 décembre 1992 oblige l'employeur à « informer, préalablement à leur utilisation, le comité d'entreprise sur les méthodes ou techniques d'aide au recrutement, ainsi que sur toute modification de ceux-ci ». Si cette information n'est pas fournie, l'utilisation des techniques doit être cessée, sous peine de délit d'entrave. Dans la pratique, cette consultation préalable collective doit s'inscrire dans une logique pédagogique plutôt que contraignante (voir focus 15.4). La loi de sécurisation de l'emploi, adoptée en 2013, impose de nouvelles règles telles qu'une durée minimale de travail hebdomadaire de 24 heures depuis le 1er janvier 2014 et une majoration de 10 % dès la première heure complémentaire dans la limite du dixième de la durée contractuelle.

4. Un dossier type de recrutement a été élaboré par la Cnil et Syntec, syndicat du conseil en recrutement – http://www.syntec-recrutement.org. Il est disponible à l'adresse suivante : http://www.cnil.fr

Focus 15.4

Cadre législatif du recrutement en France

- Les informations demandées par l'employeur doivent être directement en relation avec le poste visé. Aucune discrimination à l'embauche ne doit être faite sur 19 critères, dont voici les principaux : origine, sexe, mœurs, situation familiale, ethnie, race, nation, opinion politique ou religieuse, grossesse, activité syndicale.
- Le comité d'entreprise et le candidat doivent être informés de la nature des tests de sélection.
- Un écrit (lettre d'embauche ou contrat) comprenant un certain nombre de rubriques obligatoires doit être formalisé au plus tard deux mois après le recrutement.

La directive communautaire du 14 octobre 1991 précise que toute relation de travail doit être formalisée par un écrit. Comme le rappelle J.-E. Ray[5], devant la multiplication des formes atypiques d'emploi en Europe, il convenait de permettre à chaque partie de connaître ses obligations exactes. En France, cet écrit peut revêtir la forme d'une lettre d'embauche ou d'un contrat (loi du 4 mai 2004). Dans tous les cas, il doit préciser :

- l'identité des parties ;
- le lieu de travail (qui reste une information et non une contractualisation sauf clause précise : problème de la mobilité géographique) ;
- le titre et/ou la description du travail (problème de la polyvalence) ;
- le début et, le cas échéant, la fin du contrat ;
- le montant et la périodicité de la rémunération ;
- la durée journalière et hebdomadaire du travail ;
- les éventuelles heures supplémentaires.

Ce document doit être remis au plus tard deux mois après l'engagement, et toute modification d'un de ces éléments doit faire l'objet d'un avenant, au plus tard un mois après la prise d'effet de celle-ci, selon le droit communautaire. Par ailleurs, d'autres clauses spécifiques peuvent s'ajouter telles que : primes d'objectifs, clause de non-concurrence, clause d'exclusivité ou de résidence, etc.

3.2. La loi condamne les discriminations

La loi française s'inscrit dans la volonté de promulguer la non-discrimination lors de l'embauche et de la rupture du contrat de travail (lois du 6 novembre 2001, du 17 janvier 2002, du 9 mars 2004). « Aucune personne ne peut être écartée d'une procédure de recrutement, de l'accès à un stage ou à une période de formation en entreprise, aucun salarié ne peut être sanctionné ou licencié ou faire l'objet d'une mesure discriminatoire, directe ou indirecte, notamment en matière de rémunération, de formation, de reclassement, d'affectation, de qualification, de classification, de promotion professionnelle, de mutation ou de renouvellement de contrat en raison de son origine, de son sexe, de ses mœurs, de son orientation sexuelle, de son âge, de sa situation de famille, de ses caractéristiques génétiques, de son appartenance ou sa non-appartenance, vraie ou supposée, à une ethnie, à une nation ou à une race, de ses opinions politiques, de ses activités

5. Ray J.-E., *Droit social, droit vivant*, 19e éd., Paris, Liaisons, 2010.

syndicales ou mutualistes, de ses convictions religieuses, de son apparence physique, de son patronyme ou, sauf inaptitude constatée par le médecin du travail, en raison de son état de santé ou de son handicap. »

On retiendra que, lors de l'embauche, la loi ne permet pas de faire des discriminations directes ou indirectes sous peine d'une amende de 45 000 € (loi Perben du 9 mars 2004) et de trois ans de prison. Par conséquent, lors de la sélection et de l'entretien d'embauche, la prudence devra prévaloir sur tous ces sujets : l'origine, le sexe, les mœurs, la situation familiale, l'appartenance à une ethnie, à une race ou à une nation, les opinions politiques, les opinions religieuses, l'état de grossesse, l'activité syndicale. Mais au-delà de la loi sur la non-discrimination, le débat est alimenté par plusieurs courants complémentaires : le modèle anglo-saxon qui privilégie la discrimination positive et le principe des quotas ; le modèle paritaire qui se bat pour l'égalité en nombre des hommes et des femmes ; le modèle social qui tente de promouvoir des actions pour favoriser l'égalité des chances avec les CV anonymes.

Pour combler l'écart entre le cadre légal et les usages sur Internet, il est recommandé d'établir une charte « réseaux sociaux, Internet, vie privée et recrutement ». L'association « À compétence égale », fondée en 2006 et regroupant plus de 1 000 signataires, engage entre autres des actions contre la discrimination et labellise les pratiques d'entreprises en matière d'e-recrutement.

4. Étapes du processus de recrutement

Une stratégie de recrutement ne devient opérationnelle que lorsqu'elle se déploie autour d'un processus de recrutement et passe ainsi des idées à la mise en œuvre. Une description du processus de recrutement et des outils déployés sera présentée, ainsi que les limites inhérentes à toute formalisation.

4.1. Principales étapes du processus de recrutement

Dans l'idéal, les besoins de recrutement devraient être identifiés tous les ans au travers d'un plan de recrutement issu du terrain et agrégé au niveau de la DRH. Dans la réalité, le responsable du recrutement est obligé de faire face aux urgences, aux imprévus ou au manque de candidats. L'anticipation dans le cadre d'une GPEC n'est pas toujours possible.

En amont du déroulement d'un processus de recrutement, il ne faut pas négliger :

- **L'état du marché.** Est-ce que la demande est supérieure à l'offre (ce qui permettra de fixer le budget de recrutement, la rémunération et le niveau d'exigence) ?
- **La cible.** Un candidat débutant, un candidat expérimenté ou un candidat spécialiste (cette information aura une incidence directe sur l'investissement en formation et le temps nécessaire pour atteindre un seuil de qualité).
- **Le niveau d'exigence.** A-t-on des critères de qualité du recrutement[6] ?
- **Le processus à privilégier.** Un recrutement interne ? Une promotion ? Un recrutement externe ?

6. Le taux de qualité peut être rapporté au ratio : nombre de candidats présents au test par rapport au nombre de candidats contactés.

Le processus de recrutement s'élabore autour de huit étapes qui représentent des moments où des décisions doivent être prises. À chacune d'elles, des questions de méthodologies et de tactiques se posent (voir figure 15.1).

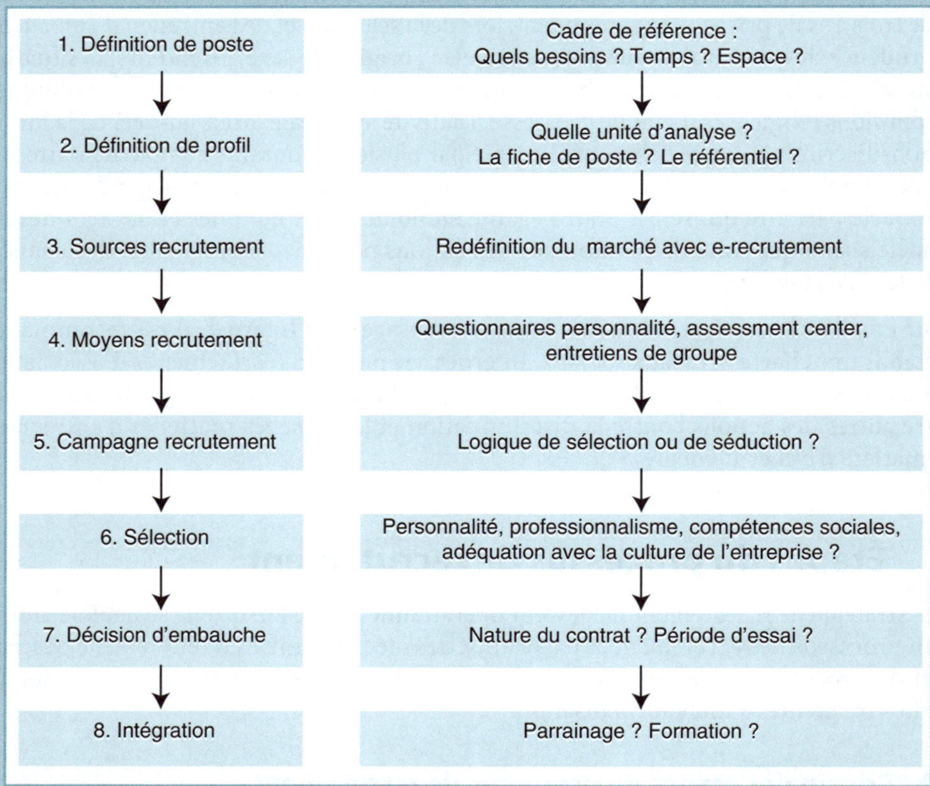

Figure 15.1 – Les huit phases d'un recrutement

Chacune de ces huit phases va être explicitée à partir des choix et outils disponibles.

Phase 1 : définition du poste

L'étape de la définition du besoin en recrutement permettra d'élaborer le contexte de la définition du poste. Elle compte les choix suivants :

- Se trouve-t-on dans une situation d'**urgence** qui nécessite un recrutement rapide ou dans une situation de **GPEC** qui a pour objectif d'anticiper, à moyen ou à long terme, le besoin en recrutement ?
- Dans quel contexte se déroule le recrutement ? Une création de poste ? Une mobilité professionnelle ? Une fusion-acquisition ?
- Pour combien de temps l'entreprise souhaite-t-elle que la personne reste en poste ? Un an, cinq ans, 10 ans, toute la vie ? (La réponse aura des conséquences sur le type de contrat proposé.) Comme le dit Gazier[7] : « S'agit-il de capter ou de fixer une main-d'œuvre ? »

7. Gazier B., *Les Stratégies de ressources humaines*, 3e éd., Paris, La Découverte, 2004.

- Quel est l'**espace** auquel l'entreprise souhaite que le salarié ait l'impression d'appartenir ? L'agence ? Le service ? La région ? Ces choix permettront de sélectionner les acteurs adéquats dans le processus de recrutement. Par exemple, lorsqu'il s'agit de recruter à court terme, dans un espace ciblé (atelier, agence, département), il vaut mieux que le recrutement soit réalisé par le manager ; la fonction RH sera présente en appui pour veiller aux obligations légales et administratives. À l'inverse pour un recrutement groupe, il est d'usage que la fonction RH ait le rôle principal. « Le candidat recruté localement ne comprendra pas qu'on vienne le voir trois ans plus tard en lui demandant d'être mobile, géographiquement ou professionnellement. Le candidat recruté au niveau du groupe ne comprendra pas si, au bout de trois ans, il est toujours affecté au même endroit sans aucune visibilité sur ce qu'il pourrait faire dans les deux ans à venir[8]. »

La définition du poste peut prendre la forme d'une fiche de poste et renvoie principalement aux missions à effectuer ainsi qu'à leurs contextes. Les entreprises qui ont un site Internet proposent des vidéos, réalisées par les collaborateurs, sur le descriptif des métiers, la gestion des carrières, la politique de recrutement.

En résumé, l'analyse de poste établit les missions, les tâches, les contacts, les caractéristiques de l'environnement concurrentiel. Les principales méthodes d'analyse de poste sont les groupes de travail avec les intéressés et l'observation directe.

Phase 2 : définition du profil

Cette phase met en relation le poste et les différents profils de compétences permettant d'y accéder. Dans la pratique, le profil renvoie le plus souvent au référentiel compétences qui définit les métiers, les niveaux et les contextes dans lesquels ceux-ci peuvent se déployer, ainsi que les différentes compétences qui composent un métier (voir chapitre 7, « Gérer les compétences et les carrières »).

Pour définir les dimensions d'un profil de poste, il faudra préciser les rubriques suivantes :

- les compétences métier ;
- les compétences comportementales ;
- le niveau et le type de poste ;
- les étapes de l'expérience professionnelle dans et/ou hors de l'entreprise ;
- le potentiel.

Ces éléments serviront à la rédaction des annonces.

Phase 3 : sources de recrutement (sourcing)

Lors de la recherche des candidatures, une attention particulière sera portée aux ressources internes. De nombreuses entreprises font le choix, pour des raisons économiques, d'offrir en priorité les postes vacants aux salariés de l'entreprise par l'intermédiaire de la bourse d'emplois intranet. Si ces postes ne sont pas pourvus dans un délai donné (qui va de 15 jours à deux mois), ils alimentent ensuite les offres Internet. Des situations opposées coexistent également pour des profils de spécialistes qui n'existent que sur le marché externe.

Pour Jean-Marie Peretti, la prospection interne repose sur[9] :

8. Bellier S. et Trapet H., *Panorama de la GRH : définitions, questions et convictions*, Paris, Liaisons, 2001.
9. Peretti J.-M., *Ressources humaines*, 11e éd., Paris, Vuibert, 2007.

- l'existence d'une information sur les postes à pourvoir (affichages, intranet, journaux d'entreprise) ;
- la recherche à partir des fichiers existants (entretiens annuels informatisés, cartographie des compétences d'un service, etc.) ;
- l'optimisation des plans de carrière en proposant aux collaborateurs les postes vers lesquels ils peuvent évoluer.

Mais le recrutement interne possède des limites. Proposer, par nécessité ou dans le cas d'une promotion ascendante, un poste à un collaborateur qui ne possède pas toutes les compétences nécessaires (les raisons peuvent être la précipitation ou le manque de formation) peut se révéler négatif pour l'entreprise. Il s'agit de la concrétisation du principe de Peters (promouvoir un collaborateur jusqu'à son niveau d'incompétence – on peut être un excellent $N + 1$ et un mauvais $N + 2$), qui peut se traduire également dans la promotion d'un collaborateur médiocre afin de s'en débarrasser.

Les nouvelles technologies (avec les progiciels RH) et le déploiement d'Internet ont permis l'accélération et l'optimisation de la recherche du candidat interne ou externe. De plus, ces avancées technologiques ont permis de changer le rôle des collaborateurs face au recrutement interne. Il ne s'agit plus pour le salarié d'attendre les offres sur le panneau d'affichage : il peut, grâce à Internet, mettre en œuvre son employabilité et rechercher par lui-même les opportunités pour lesquelles il peut faire valoir sa valeur ajoutée.

Les sources et les moyens de recrutement sont certainement les deux domaines qui ont le plus évolué avec l'avènement d'Internet. En effet, les moyens de prospection classiques existent toujours mais, avec l'e-recrutement, ils sont devenus minoritaires. Parmi eux, l'entreprise peut toujours utiliser son vivier de candidatures spontanées et s'appuyer sur un service de recrutement interne pour les cas de recrutements répétitifs. Elle peut également faire appel à un cabinet de recrutement pour l'assister dans sa recherche ou la définition d'un profil peu standard. Les coûts peuvent alors s'élever à hauteur de 15 à 30 % du salaire annuel du poste. En ce qui concerne les cadres dirigeants ou des postes de spécialistes, l'approche directe est souvent privilégiée. Les coûts sont plus élevés et peuvent aller de 20 à 40 % du salaire annuel du poste. Pôle Emploi, les cabinets d'intérim, les associations d'anciens élèves, les forums d'emploi (*job convention*) qui réunissent de multiples entreprises par secteurs d'activité ou par secteurs géographiques constituent autant de sources. Des initiatives sont également testées par certaines entreprises, comme l'envoi de SMS par H&M, « les jobs olympiques de Decathlon » ou les « recrutements de masse » effectués à Roland-Garros ou au Stade de France.

Mais si l'on dresse un panorama des sources de recrutement, on trouve, dans les trois premiers de la liste, le recrutement *via* des réseaux et le recrutement par Internet. L'activation des relations de proximité constitue l'une des sources les plus fiables et les plus rapides pour rechercher un candidat ou un emploi. Qu'il s'agisse de liens forts (familiaux ou professionnels) ou faibles (amis d'amis, associatifs, relations de voisinage, réseaux sociaux sur Internet, etc.), l'entretien d'un réseau professionnel sera d'autant plus efficace qu'il sera entretenu même si aucun besoin de recrutement ou de candidat ne s'exprime à court terme. Des techniques spécifiques (toujours plus nombreuses) existent, comme la participation à des *speed net working* (rencontres minutées de moins de 10 minutes entre recruteurs et recrutés dans une soirée thématique), à des salons de recrutement virtuels ou à des clubs d'affaires.

Phase 4 : moyens de recrutement

Deux visions complémentaires existent pour choisir les moyens du recrutement :

- une **vision analytique**, qui privilégiera l'accumulation de tests et d'entretiens afin de vérifier des informations ;
- une **vision systémique** fondée sur l'observation de la pratique en situation fictive de travail avec les *assessment centers* et les entretiens de groupe.

Une présentation de la diversité des outils de sélection est proposée ci-après.

L'**entretien** peut se dérouler en un face-à-face individuel ou collectif, dans lequel le candidat se trouvera en présence de plusieurs collaborateurs de l'entreprise. Différents types d'entretiens peuvent être menés en fonction de l'objectif recherché. Il peut s'agir d'un entretien d'information sur les activités de l'entreprise, la présentation des caractéristiques du poste et l'expression des motivations du candidat. Mais l'entretien peut se dérouler également dans une logique confirmatoire et se situer en fin de parcours de sélection.

Une technique de sélection classique concerne les **tests** (voir tableau 15.1) qui sont souvent réalisés à la suite d'un premier entretien ou en amont. Ils ont pour but :

- de faire apparaître des contre-performances, rédhibitoires pour exercer la fonction ;
- de hiérarchiser les candidats à partir d'une liste de critères ;
- de vérifier des traits de personnalité perçus à l'entretien.

Deux catégories de tests coexistent : les tests psychométriques, qui mesurent des aptitudes par rapport à un objectif déterminé (capacité visuelle, test d'intelligence, test de connaissances linguistiques, etc.) ; les tests cliniques, qui sont amenés à cerner la personnalité d'un individu à partir de questionnaires (par exemple, le Guilford-Zimmerman qui dresse un inventaire de tempéraments, les tests projectifs, comme le Rorschach, ou la graphologie peuvent être inclus dans cette catégorie).

Ils peuvent ainsi être utilisés dans la détection de potentiel, la gestion de carrière (aide à la décision pour une promotion ou une mobilité), la formation (choisir les salariés les plus enclins à tirer profit d'une formation) ou l'élaboration d'un projet professionnel.

Les tests présentent des limites. Leur validité n'est jamais totale : elle est relative à l'objet mesuré.

Les assessment centers font partie des tests de simulation et peuvent être dispensés dans plusieurs contextes : le recrutement, la formation, la gestion de carrière. Il s'agit de mettre en situation le candidat afin de tester au mieux ses compétences professionnelles et comportementales.

Le candidat sera jugé sur ses actions, sa méthode, ses décisions et ses comportements plus que sur le résultat atteint. Une grille de critères observés permet également une comparaison de plusieurs candidats. Ce type de test (souvent précédé par un 360° [voir chapitre 6, « Apprécier le travail »]) est de plus en plus déployé pour des fonctions stratégiques ou d'encadrement. Cependant, il se révèle coûteux en temps et en personnes. La durée moyenne est d'une journée, mais elle peut aller jusqu'à une semaine. La validité élevée de l'exercice s'explique par le nombre important d'observateurs et le fait qu'une dimension pourra être évaluée au travers de plusieurs simulations : les exercices *in basket*, qui représentent la corbeille de courrier quotidien comprenant lettres, rapports, notes de service que le participant doit exploiter et auxquels il doit répondre en un temps limité ; les exercices de recherche d'informations ; l'exercice *in tray*, qui consiste à donner un dossier au candidat afin qu'il le traite en proposant des solutions ; le travail de groupe en situation conflictuelle, par exemple les **jeux de rôle** avec des soi-disant collègues ; l'exposé oral.

Tableau 15.1 – Quelques tests de recrutement des ECPA* (Éditions du centre de psychologie appliquée)

Tests de personnalité	**Sosie 2e génération** permet de repérer la dynamique d'une personne, de prédire son comportement professionnel et son adaptation dans l'entreprise en évaluant conjointement la personnalité et les valeurs. Il explore huit traits de personnalité (dominance, persévérance, résistance au stress, sociabilité, circonspection, curiosité d'esprit, acceptation des autres, dynamisme), six valeurs personnelles (matérialisme, challenge personnel, variété/nouveauté, conviction, organisation/méthode, clarté des objectifs) et six valeurs interpersonnelles (recherche d'approbation, conformisme, considération sociale, liberté d'action, intérêt pour les autres, goût du pouvoir). **PfPI** évalue 21 traits de personnalité pertinents pour prédire les conduites et l'efficacité professionnelle. Il intègre le modèle du Big Five, modèle théorique considéré par le milieu scientifique comme la référence pour l'évaluation de la personnalité et qui résume cette dernière en cinq grands domaines reconnus internationalement : ouverture, caractère consciencieux, extraversion, agréabilité, névrosisme. **D5D,** fondé sur le modèle théorique des Big Five, permet d'obtenir en une dizaine de minutes le profil de la personnalité du candidat et d'identifier ses atouts et zones de fragilité. **TD-12** est un inventaire des tendances dysfonctionnelles. Il permet d'identifier les personnes ayant une personnalité dite « difficile », c'est-à-dire susceptibles de présenter des comportements nuisant à leur efficacité professionnelle, voire mettant en danger leur sécurité ou celle d'autrui.
Tests d'aptitudes intellectuelles	Le potentiel intellectuel se définit comme la capacité d'une personne à s'adapter à des situations nouvelles, analyser, conceptualiser, reconnaître, définir et résoudre un problème. Il peut être mesuré à partir des **tests d'aptitudes** : raisonnement abstrait, flexibilité du raisonnement, aptitudes numériques, aptitudes verbales, pensée critique, intelligence pratique, raisonnement mécanique, etc.
Tests de connaissances	Anglais (oral), orthographe, grammaire.
Tests de développement personnel et d'équipe	**L'inventaire typologique de développement de Golden**, utilisé exclusivement dans l'accompagnement et le développement individuel ou d'équipe. Il permet une compréhension du type de personnalité et l'identification des dynamiques relationnelles ainsi qu'une appréciation des modes de réaction au stress et à la stabilité émotionnelle. **Motiva Individual** est un dispositif innovant qui permet d'établir le profil motivationnel complet d'une personne, d'une équipe ou d'une organisation. Il se compose d'un test d'intérêts professionnels, d'un test des potentiels professionnels, d'un test des motivations et d'un inventaire de satisfaction. Ce test permet de comprendre ce qui motive ou démotive les personnes en fonction du métier, du poste et de l'environnement professionnel. Il est pertinent dans les démarches de bilans professionnels, en mobilité interne, en coaching, en orientation et dans la prévention des RPS. **Le questionnaire 360° pour les managers** explore les compétences liées à la réussite dans la fonction de manager.

* Les tests liés aux risques psychosociaux sont évoqués chapitre 18, « Pratiquer les outils RH ».

Source : http://www.ecpa.fr

Les **jeux de rôle** sont une déclinaison, plus condensée, des *assessment centers*. En fonction des objectifs du recruteur, différents jeux peuvent être proposés : énigme policière, simulation de vente, etc. Il s'agira de repérer des compétences managériales ou comportementales.

Les **entretiens de groupe** sont très utilisés pour observer plusieurs candidats en un temps minimal. Cette technique permet également de les mettre en concurrence. Un sujet du type lancement de produit, création d'une maquette, recrutement d'un commercial est proposé au groupe. Les observateurs évaluent la prise de parole, l'attitude, la créativité, le leadership des participants. En fonction du poste à occuper, ce test permet de mettre en situation les candidats tout en vérifiant leur niveau de compétences.

Les **relations écoles** sont devenues un pilier stratégique de la communication de recrutement des entreprises en termes à la fois d'**offre produit** (poste proposé, déroulement de carrière, gestion optimisée des compétences…) et d'**offre** corporate (vision d'un métier, projet d'entreprise, culture de l'entreprise, valeurs, éthique, etc.). Tisser dès aujourd'hui des relations privilégiées avec un *pool* d'écoles et/ou de formations en apprentissage permet d'anticiper le choc démographique annoncé. Concrètement, le *campus manager* ou des ambassadeurs de l'entreprise pour chaque école ciblée devront participer aux forums, proposer des visites de sites, initier des actions de partenariat (interventions pédagogiques, propositions de stages, participations à des mémoires, taxe d'apprentissage, contrats de professionnalisation, parrainage d'une promotion, sponsoring, contacts privilégiés avec l'association des anciens élèves, etc.). L'entreprise multiplie ses actions de séduction sans être sûre du résultat en retour ! C'est un investissement risqué qui se révèle néanmoins indispensable pour les grands groupes en quête de jeunes diplômés.

Phase 5 : campagne de recrutement

Cette phase recense des choix stratégiques en termes de coûts, de contenu de messages et de résultats attendus. De nombreuses questions se posent :

- Quel est le budget disponible ?
- Quels sont les retours d'expériences en matière de recrutement à prendre en compte ?
- Quels sont les messages clés à faire passer ?
- Quels sont les éléments de l'argumentaire ?
- Quelles sont les réponses aux objections ?
- Quel est le retour sur investissement budgété ?

Deux logiques de réponse s'opposent :

- une **logique de séduction**, qui cherchera à attirer les rares candidats ;
- une **logique de sélection**, qui repérera les meilleurs candidats parmi de nombreux postulants.

Il existe de nombreux outils pour optimiser les CV (vidéo, blog, etc.).

Phase 6 : sélection

La panoplie des outils de sélection est différente suivant les cultures. Mais, avec la mondialisation du marché de l'emploi, certaines tendances (les tests de personnalité et de comportement, les mises en situation et l'entretien) semblent se généraliser.

Cependant, soulignons au préalable qu'aucun outil de sélection n'est fiable à 100 %. La règle d'or consiste à utiliser des outils de sélection complémentaires, c'est-à-dire réaliser une **triangulation méthodologique**. Il n'y a pas de technique infaillible pour procéder à la sélection d'un candidat. Le poids des caractéristiques personnelles de chaque individu devient de plus en plus la variable déterminante. Face à l'abondance des compétences professionnelles, ce sont les compétences comportementales qui font la différence. Néanmoins, il existe des indicateurs de performance :

- **Critère de fiabilité.** Si l'on mesure le même phénomène plusieurs fois avec le même instrument, on doit obtenir le même résultat.
- **Critère de validité.** L'outil choisi doit pouvoir rendre compte du phénomène observé.
- **Critère de fidélité.** C'est la durée de vie des réponses dans le temps.
- **Critère de sensibilité.** Il s'agit d'obtenir des résultats hétérogènes, c'est-à-dire d'avoir une dispersion autour de la moyenne et d'éviter la situation où les candidats ont la même réponse ou une évaluation identique.
- **Critère des qualités « pratiques ».** Il s'agit de l'acceptabilité de l'outil par le candidat et le coût maîtrisé.
- **Critère de la construction scientifique.** L'outil doit pouvoir s'appuyer sur un corpus théorique validé scientifiquement.

Phase 7 : décision d'embauche

La décision d'embauche est très souvent collégiale et engage les différents acteurs présents dans le processus (la hiérarchie directe, le manager, le responsable recrutement, voire le DRH).

Phase 8 : intégration

Dès que le candidat sélectionné intègre l'entreprise, la période d'intégration commence. Cette phase permet de consolider le recrutement. Elle est indispensable pour maximiser les chances de garder le candidat dans l'entreprise et pour l'intégrer auprès des équipes. Réalisée avec succès, elle permet de gagner en efficacité et en temps. Elle peut être effectuée de façon décalée dans le temps, à l'occasion de formations collectives, trimestrielles par exemple, avec l'ensemble des nouveaux embauchés. Elle peut s'inscrire dans une démarche individualisée avec un système de parrainage ou de coaching. L'important étant de présenter la culture, les valeurs de l'entreprise et de tester les compétences de l'individu.

Il est important de prévoir, pendant la période d'essai, un bilan à mi-parcours afin de détecter les difficultés éventuelles, de faire une évaluation sur la faisabilité des performances à atteindre et de faire le point sur la nécessité d'une formation technique.

4.2. Développement de *l'outsourcing*

Les phases du processus de recrutement étant présentées, nous souhaitons revenir sur les tendances actuelles qui concernent ce processus, à savoir l'*outsourcing* et la formalisation du processus dans une logique d'informatisation et de capitalisation des données.

La formalisation d'un processus de recrutement est vivement conseillée, mais l'externalisation (ou *outsourcing*) du processus RH commence à intéresser de nombreuses sociétés françaises. Cette pratique consiste à confier à un tiers la réalisation de certaines parties du processus de recrutement. Les tâches ainsi externalisées peuvent être réalisées aussi bien dans les locaux du prestataire que dans ceux de l'entreprise par les équipes du prestataire. Ce n'est donc plus un ou des recrutements que l'on confie à un prestataire, mais bien tout ou partie de la fonction recrutement.

En ce qui concerne la formalisation du processus de recrutement, les entreprises la réalisent presque automatiquement afin que chacun situe les étapes nécessaires et comprenne l'importance de son engagement dans une étape. En fonction de critères liés à la certification, à l'appartenance à un groupe international ou à la configuration de la fonction RH, les processus diffèrent. L'intérêt de formaliser ce processus est double. D'une part, cela permet de mettre en évidence les relations entre les différents domaines de la fonction RH (paie, recrutement, formation, etc.) ; d'autre part, cela permet d'inscrire un processus dans une logique informatique. Très souvent, la mise sous processus est directement liée à l'utilisation d'un progiciel RH.

4.3. Limites d'un processus de recrutement

De nombreuses erreurs peuvent être évitées au cours d'un processus de recrutement[10]. En voici quelques-unes (voir tableau 15.2).

Tableau 15.2 – Erreurs possibles dans un processus de recrutement

Erreur	Description	Risque
La surcote du poste	Recruter des individus surqualifiés qui seront adaptables dans un premier temps.	Il faudra les promouvoir rapidement au risque d'obtenir une démotivation.
Le clonage	Recruter toujours le même profil (même poste, même formation) ou privilégier des filières.	La diversité des profils est une richesse qu'il faut envisager dès le recrutement.
L'effet de halo	Focalisation sur certains éléments thématiques (diplômes, expérience professionnelle antérieure, etc.) au détriment d'autres.	Écarter un candidat pour une seule raison sans avoir envisagé l'ensemble de ses qualités et compétences.
L'effet de projection	Projeter sur le candidat ses propres qualités ou défauts.	Être en situation de clonage. Ne pas arriver à se détacher de ses *a priori*.
L'effet de Hawthorne (ou l'effet placebo)	Construction ponctuelle par le candidat d'une image positive lors du recrutement ou, à l'inverse, mauvaise présentation de son potentiel pour cause de stress.	Ne pas détecter l'ensemble de la personnalité du candidat.
L'effet de désirabilité sociale	Les réponses des candidats sont orientées suivant une norme de référence.	Le recruteur peut ne pas savoir éviter cette situation en posant des questions de recoupement déstabilisantes.
L'effet d'attente	Avoir des *a priori* positifs ou négatifs sur le candidat parce qu'il est recommandé ou qu'il a réussi ses premiers tests de sélection.	Être influencé par les premières impressions et ne pas chercher à les confirmer.

10. D'après Guerrero S., *Les Outils des RH*, 2e éd., Paris, Dunod, 2010.

Erreur	Description	Risque
L'erreur d'attribution	Attribuer succès ou échecs à des raisons personnelles ou des causes externes.	Excuser ou accuser le candidat pour des causes externes qu'il ne maîtrise pas.
L'effet Barnum	Accepter comme valide une description floue ou non argumentée.	Argument non fiable.

5. Internet révolutionne les pratiques du recrutement

L'e-recrutement a profondément changé les pratiques de recrutement, principalement dans deux domaines : les techniques de recherche et de sélection des candidats. Ces deux étapes du processus de recrutement se sont dotées de nouveaux outils qui ont permis d'accroître la somme d'informations disponibles sur le marché du travail et d'en faciliter l'accès et la réactivité.

5.1. Nouvelles techniques de recherche, de diffusion des offres et de sélection

L'e-recrutement consiste à utiliser des technologies de l'information et de la communication dans le processus de recrutement. Internet se place ainsi en troisième position des outils utilisés dans le recrutement, derrière le réseau relationnel et les candidatures spontanées.

Internet a redéfini les rôles des acteurs du marché du travail avec l'émergence de nouveaux intermédiaires (les sites d'emploi, ou *job boards*, qui sont dénommés également des *pure players*, c'est-à-dire des acteurs nés avec Internet). Un intermédiaire sur le marché du travail a pour vocation de mettre en relation l'offre et la demande de travail. Certains sites d'emploi se sont construits sur un **principe d'intervention** en proposant un modèle de sélection. D'autres ont préféré se positionner en tant que **modèle d'information**. Mais des hybridations existent, et certains sites d'emploi informent et proposent des candidatures.

Internet a redéfini le marché de la recherche d'emploi et a facilité la fluidification du marché du recrutement en permettant de diffuser et de traiter les offres de manière décentralisée, en temps réel et à faible coût par rapport à un réseau physique. La répartition des offres qui se faisaient sur des supports traditionnels d'information, tels que les annonces presse, les journaux spécialisés, les cabinets de recrutement, a été totalement remise à plat avec les sites des entreprises et les sites spécialisés. Parallèlement, les candidats privilégient une recherche sur Internet au détriment des candidatures spontanées.

Le recrutement *via* Internet offre de nombreux avantages pour les candidats : l'accès rapide aux annonces, la possibilité de cibler les recherches, la diminution du délai entre l'envoi d'une candidature et la réponse de l'employeur, la multiplication des conseils « gratuits », la réactualisation rapide des offres d'emploi et un nouveau type de dialogue, plus direct, avec les recruteurs.

Il faut néanmoins souligner que l'e-recrutement est victime de son succès et que la principale limite des outils mis en place est l'engorgement des CV auquel les entreprises doivent faire face. Pour gérer l'afflux et la pérennité des candidatures, des solutions informatiques sont apparues sur le marché avec des logiciels de gestion de CV informatiques (les *job corner*). De nombreux sites d'emploi fournissent aux entreprises des logiciels de traitement de candidatures pour les aider à gérer les flux de CV reçus[11] :

- les gestionnaires d'e-mails (Maildrh, CV mail, etc.) ;
- les gestionnaires de candidatures (i-Grasp, Recrut@sy, R.Flex, WCN, Monster, Delta Tech, HRIM, Job and Co, Profilsoft, etc.) ;
- les gestionnaires de talents (Recruitsoft, BrassRing, Oracle, MrTed, Jobpartners, etc.).

Certains fournisseurs informatiques comme Oracle, Salesforce ou SAP vont encore plus loin et proposent aux sociétés d'intégrer dans leurs systèmes d'information des modules de Facebook, Twitter ou LinkedIn (voir focus 15.5).

Focus 15.5

Twitter, un nouveau canal de diffusion d'offres d'emploi*

Pour certains métiers (commerciaux, communication, informatique, etc.), Twitter (plateforme américaine de microblogage en 140 caractères) devient un outil complémentaire des réseaux sociaux comme Viadeo et LinkedIn. Dans un *tweet*, le candidat a tout intérêt à valoriser ses compétences en faisant un lien vers un CV en ligne. La plateforme DoYouBuzz, par exemple, permet de créer un CV performant en quelques clics. Pour l'instant, seules les entreprises intéressées par les nouvelles technologies publient des offres sur ce canal. Mais, selon les experts du recrutement, cette tendance pourrait s'étendre à d'autres secteurs d'activité.

* D'après *L'Express*, 12 janvier 2011. Pour aller plus loin : http://twitter.com et http://www.doyoubuzz.com

5.2. Acteurs et outils de l'e-recrutement

Internet a redéfini les règles et les méthodes de recherche, de diffusion et de sélection des candidats, mais il a aussi permis l'arrivée de nouveaux acteurs sur le marché du recrutement. Certains d'entre eux ont créé de nouveaux modèles économiques (les *pure players*), d'autres sont devenus des intermédiaires classiques du recrutement sur le média des nouvelles technologies (les *job boards*, les blogs d'entreprise, les *chats* recruteurs, les sites de partenariats, les sites institutionnels).

Le Web 2.0 vient ajouter une triple dimension au recrutement : la rapidité, la massification et l'e-réputation, et permet de répondre à quatre enjeux majeurs du recrutement : trouver les profils rares, attirer les meilleurs (en fonction de certains critères), être performant (analyser et suivre la performance des médias sociaux, réduire les délais de réponse et de recrutement, être plus efficient dans la sélection, etc.), rationaliser les coûts.

L'évolution actuelle du marché du recrutement sur Internet connaît de multiples directions. Nous nous concentrerons sur l'essor des réseaux communautaires et l'émergence de l'Internet mobile.

11. Typologie tirée de Gavand A., *Recrutement : les meilleures pratiques*, Paris, Éditions d'Organisation, 2005.

Les *job boards*

L'expression *job boards* vient des États-Unis et signifie « site Internet d'offres d'emploi ». Cette signification recouvre, au sens strict, les entreprises qui sont nées avec Internet et qui diffusent des annonces non parues dans la presse, et, au sens large, tous les sites d'emploi sur Internet (agences d'intérim, cabinets de recrutement, espaces emploi des entreprises, etc.).

Pour survivre à la concurrence, les *job boards* ont dû atteindre des tailles critiques (Monster.com est le leader). Leur stratégie se fonde sur le ciblage et la segmentation. Elle se décline en trois activités :

- la publication d'offres d'emploi, qui peut aller plus loin que la simple reproduction des annonces presse ;
- l'alerte e-mail (ou *push mail*, par opposition à *pull mail*, « visite de site ») ;
- la CVthèque.

En France, le modèle économique repose sur le paiement des entreprises pour la publication de leurs offres et sur la gratuité pour la consultation et l'abonnement des candidats. Aux États-Unis, il peut arriver que des *job boards* (par exemple, theladders.com spécialisé dans les postes de dirigeants) soient gratuits pour les entreprises et payants pour les candidats (sous la forme d'un abonnement). Le rapport Ires fait remarquer que les recruteurs finaux utilisent surtout les offres d'emploi, alors que les cabinets de recrutement et les entreprises de travail temporaire se focalisent sur la consultation de CVthèques (par souci de confidentialité, les SSII publient très peu d'offres et recrutent essentiellement en utilisant les bases de données de CV). À ces trois activités, il faut ajouter les dispositifs de publicité (bannières, *pop-up*, *newsletters*, etc.).

En France, les *job boards* nationaux se définissent à partir de critères de segmentation :

- spécialisés dans une profession à caractère transversale (supersecrétaire.fr, lesjeudis.fr, jobfinance.fr, marketvente.fr, recrutlex) ;
- spécialisés dans un secteur comme l'informatique (01net.fr, e-recrut.fr), l'industrie et le BTP (jobtech.fr), la grande distribution (distribjob.fr), le transport et logistique (jobtransport.fr) ;
- regroupés par secteurs géographiques (regionsjob.fr qui se décline en six sites) ;
- considérant l'appartenance au statut de cadre (cadremploi.fr, cadreonline.fr, apec.fr) ou à une cible bien précise (placeojeunes.com pour les offres de stages) ;
- spécialisés pour les étudiants de l'enseignement supérieur (U-carriere.com).

Les sites moteurs et métamoteurs de recherche

D'autres sites ont choisi de se lancer sur un autre modèle que l'audience ciblée et ont privilégié la recherche simultanée sur plusieurs moteurs. Il s'agit de sites indexant les offres d'emploi de plusieurs *job boards* (keljob.fr, optioncarrière.fr, directemployers.com, optioncarriere.com). Le candidat peut ainsi accélérer sa recherche et obtenir une quantité d'informations supérieure à celle qu'il aurait en visitant les sites un à un. À partir d'un seul site, le candidat a alors accès à plusieurs *job boards* simultanément. Le payeur n'est plus l'annonceur, mais le *job board* référencé.

Les sites et les blogs de l'entreprise

Les sites des entreprises sont si souvent sollicités que des solutions technologiques d'optimisation du recrutement externe ont été créées afin d'optimiser le trafic et l'efficacité du traitement (voir exemple 15.2).

Exemple 15.2

Recruter par flux RSS

Avec le site **www.moovijob.com**, une entreprise peut proposer à tout candidat de recevoir en synchrone une *newsletter* et des offres d'emploi. Le flux RSS a l'avantage de pouvoir fidéliser une audience en dehors d'un site. Pour l'internaute, c'est un gain de temps et l'assurance d'avoir une connaissance actualisée. Aujourd'hui, de nombreuses agences d'intérim ou de conseil en recrutement et en recherche d'emploi (telle l'Apec) proposent ce genre de service.

Il peut s'agir de la création d'un forum de discussion sur l'entreprise et les postes qu'elle propose. Des *chats* avec des collaborateurs en poste peuvent enrichir la présentation des métiers. De nombreuses vidéos accompagnent généralement la démarche qui s'étend entre 15 jours et trois semaines.

Les chats recruteurs

Ce sont des entretiens interactifs qui permettent d'obtenir des rendez-vous avec les recruteurs. Des questions peuvent être posées à l'avance, et il est possible d'interroger les responsables RH. Ce mode de fonctionnement très ludique attire les cibles juniors. Par exemple, en 2011, BNP Paribas a lancé le site backstage.bnpparibas.com, une plateforme de discussion interactive sur laquelle les candidats peuvent visionner des vidéos, poser des questions, échanger avec des collaborateurs du groupe sur les thèmes de l'emploi, des métiers et des carrières au sein de l'organisation.

Le blog RH[12]

En 2011, Sephora pourra se passer de diffuser des offres d'emploi car, avec son blog RH, elle a réussi à recueillir 80 000 candidatures pour 850 postes, soit le double d'il y a trois ans. L'entreprise a lancé en 2007 un blog RH afin de donner la parole à ses salariés pour traduire sa culture d'entreprise. Il comprend 130 bloggers, responsables de magasin et conseillères beauté, qui décrivent leur métier au quotidien. En 2009, cette initiative s'est enrichie de nombreuses vidéos réalisées par l'équipe de communication interne et les salariés. L'objectif affiché par la DRH est explicite : il s'agit de « motiver et stimuler les salariés, d'attirer des candidats et de développer l'image employeur ». Ainsi, les internautes visitent le site et y postulent.

Les chats des candidats

Loin du regard des recruteurs, le site lesjeudis.com, spécialisé dans les métiers de l'informatique, a lancé « un réseau entre candidats » dédié à l'échange d'informations entre les membres du réseau sur les caractéristiques des futurs employeurs (ambiance, politique de formation, promotion, conditions de travail, niveaux de salaire, conseils sur le déroulement des entretiens, etc.).

12. *Entreprise & Carrières*, n° 1041, 22 mars 2011 et http://blogrh.sephora.fr

Les sites de partenariat relations écoles/entreprises

Secteur encore peu concurrentiel, il propose des offres d'emploi directement à l'attention des jeunes diplômés : les sites des écoles, universités et organismes de formation. L'entreprise a la possibilité d'être en relation avec toutes les écoles ou universités de France. Elle peut proposer des stages, des emplois, des missions. Elle peut cibler certaines écoles ou universités en fonction de critères préétablis. Elle peut aussi tout simplement valoriser son image.

De leur côté, les étudiants ont directement accès à des offres qui leur sont destinées. Ils peuvent également tenter des partenariats avec des entreprises demandeuses. Voici quelques sites construits autour de cette relation :

- http://www.hobsonscampus.fr
- http://www.hobsons.fr
- http://www.directemploi.fr

Le site de l'Apec

L'Apec propose aux DRH, responsables recrutement et décideurs impliqués dans des actions de recrutement, différents outils pour enrichir les actions de *sourcing* des entreprises :

- **Les** chats **recrutement dédiés à l'entreprise.** Mis en œuvre par l'Apec, ils permettent de créer un contact et de dialoguer en direct avec des candidats pendant une heure sur apec.fr, de développer la notoriété de l'entreprise lors d'un échange sans contrainte géographique et d'optimiser la qualité des candidatures transmises, en répondant aux questions des internautes.
- **Les rencontres recrutement.** L'Apec propose l'organisation clés en main d'une journée recrutement après avoir préalablement intégré les besoins de l'entreprise, sa problématique de recrutement, sa politique RH, sa culture d'entreprise, ses implantations. Dans ce cadre, elle fait bénéficier l'entreprise d'un plan de communication personnalisé à l'échelle nationale.
- **Les salons régionaux Cadres & Co.** L'Apec propose aux grands groupes comme aux PME/PMI ou TPE d'organiser leur participation à un salon régional, et ainsi d'attirer et de recruter des profils dans leurs bassins d'emploi.

En France, face au marché grandissant des sites de recrutement en ligne, l'Appei (Association des professionnels pour la promotion de l'emploi sur Internet – http://www.appei.net/) s'est érigée en tant qu'organisme garant de valeurs, de principes d'actions et de comportements dans le respect du droit du travail. Les entreprises adhérentes s'engagent à respecter les points suivants :

- Elles doivent avoir déposé une déclaration auprès de la Cnil.
- Toutes les annonces doivent être réelles.
- Les coordonnées de l'annonceur sont connues et vérifiées.
- Les annonces sont envoyées au candidat s'il en fait la demande.
- Les offres doivent être en conformité avec la législation en vigueur.
- Les candidats doivent pouvoir se désinscrire s'ils le souhaitent.

Le marché du recrutement par Internet s'atomise et les prestataires sont condamnés à mettre en place des stratégies innovantes qui intègrent l'engouement pour les réseaux communautaires et l'Internet mobile.

Les réseaux sociaux

Les statistiques montrent que les réseaux personnels et professionnels restent les canaux de recrutement les plus efficaces. Nommés également **e-cooptation** ou **cooptation par Internet**, les **réseaux sociaux** se sont professionnalisés et amènent les individus à mettre en place des stratégies de *personal branding* (voir focus 15.6). Ces réseaux sont accessibles par parrainage et facilitent la mise en relation entre individus qui ne se connaissent pas mais appartiennent au même réseau, ce qui sous-entend qu'ils ont accepté des valeurs collectives et des principes de fonctionnement.

Facebook et la CGPME

Focus 15.6

Facebook, la CGPME et Work4 ont lancé « Les PME recrutent ». Cette initiative française a pour objectif de permettre aux PME de partager facilement et gratuitement leurs offres d'emploi. Ainsi, les entreprises peuvent toucher 26 millions d'internautes qui ont un compte Facebook. De plus, grâce aux outils proposés par Work4, une start-up française spécialisée dans le recrutement sur Facebook, les PME peuvent créer leur propre « espace carrière » sur leur page Facebook grâce à une application gratuite.

Les États-Unis évoluent plus rapidement que l'Europe dans ce domaine. En 2010, une étude du cabinet américain Jobvite auprès de 600 responsables RH montrait que 75 % des entreprises déclaraient utiliser les réseaux sociaux pour repérer ou susciter des candidatures. 58 % des contacts ont débouché sur une embauche. En Europe, le cabinet de recrutement StepStone a effectué le même type d'étude auprès de 830 entreprises. 73 % d'entre elles ont utilisé les réseaux sociaux comme outils de prospection et de contrôle de profils, mais elles accordent une nette préférence aux *job boards* et aux cabinets de recrutement, jugés plus performants. Seulement 59 % d'entre elles postent leurs offres sur les médias sociaux.

Les observateurs prédisent néanmoins que le décalage que l'on peut aujourd'hui observer entre la forte notoriété des réseaux sociaux et leur impact dans les processus de recrutement tend à s'estomper. Avec la signature de partenariats entre l'Apec, les services RH de grandes entreprises et les plateformes LinkedIn (90 millions de membres dans le monde dont 1 million en France) et Viadeo (4,5 millions de profils français), il est prévu que la donne change.

Quelques informations permettent de dresser un aperçu des pratiques françaises :

- Certaines entreprises vont plus loin en recrutant directement des jeunes diplômés sur Facebook (par exemple, Alcatel-Lucent, en 2010, a réalisé 100 embauches de cette manière).
- Les TPE se servent des réseaux sociaux pour recruter des candidats car le rapport coût/efficacité est excellent.
- En 2010, sous l'impulsion de l'association « À compétence égale », qui regroupe 46 cabinets de recrutement, et sous l'égide de la secrétaire d'État à l'Économie numérique est apparue la charte « du droit à l'oubli dans les sites collaboratifs et les moteurs de recherche » dont les signataires (Apec, Medef, Syntec, ANDRH, Monster, Keljob, Cadremploi, Viadeo, etc.) s'engagent à « ne pas utiliser les moteurs de recherche ni les réseaux sociaux comme outils d'enquête pour collecter des informations d'ordre personnel… même si elles sont rendues accessibles par les utilisateurs eux-mêmes, ce

qui serait… une source potentielle de discrimination ». Parallèlement, un « bureau des réclamations » virtuel a été créé.

L'idée consiste à échanger des contacts et des conseils. La fiabilité du réseau repose sur la confiance dans les personnes qui l'animent. Celle-ci peut être évaluée. Des systèmes de notation sont institués pour évaluer le sérieux et l'implication des coopteurs. Ainsi, les réseaux sociaux servent aussi bien à trouver des clients, des fournisseurs, des informations qu'un nouveau job.

En 2008, l'Apec a signé un accord de coopération avec LinkedIn (l'un des leaders en réseau social). Ainsi, les personnes inscrites sur le site de l'Apec pourront être reliées directement à LinkedIn. Quand les deux comptes seront liés, les offres d'emploi intégreront des informations issues de LinkedIn. Il sera possible de savoir qui dans votre réseau travaille pour la société qui recrute. Un **onglet communauté** sera disponible sur le site de l'Apec et renverra directement sur LinkedIn.

L'exemple d'un acteur majeur du recrutement sur Internet est intéressant car il montre comment une entreprise a dû adapter son *business model* (voir exemple 15.3).

Exemple 15.3

#rmsconf

Depuis quatre ans, chaque année a lieu à Paris la conférence #rmsconf du recrutement mobile et social (plus de 500 participants lors de la dernière édition). Organisée par Link Humans, société prestataire de formation et de conseil dans ce type de recrutement, cette rencontre n'est pas une somme de conférences mais bien un lieu de partage d'expériences, de challenge autour des nouvelles thématiques de recrutement comme l'expérience candidat, l'innovation en recrutement, le réseautage comme pratique de recrutement.

Exemple 15.4

Thalès et les réseaux sociaux

Thalès a mis en place une stratégie de *sourcing* en utilisant les réseaux sociaux pour repérer des profils expérimentés, c'est-à-dire ayant 10 à 15 ans d'expérience, dans des domaines de compétences pointus. Ces personnes n'étant pas en recherche active, elles ne déposent pas de CV sur un *job board** traditionnel. Par contre, elles s'inscrivent sur un réseau social dans une optique de *networking* professionnel.

Ainsi, l'entreprise a intégré les réseaux sociaux dans sa panoplie d'outils de recrutement (*job boards* généralistes ou spécialistes, cabinets de recrutement, salons des grandes écoles, salons professionnels, etc.) en négociant un contrat-cadre avec des acteurs majeurs : Viadeo, LinkedIn, Xing, Weavlink**.

Le DRH est convaincu que ses outils sont incontournables dans un environnement international. L'entreprise réalise 4 000 recrutements par an dont 1 500 en France.

* « Site emploi » généralement composé de deux parties : les offres accessibles par régions, fonctions, etc. et une CVthèque

** Le réseau des grandes écoles est accessible sur http://www.weavlink.com/

L'e-cooptation représente une nouvelle façon d'utiliser Internet. Différentes déclinaisons existent :

- Le site Jobster.com aux États-Unis a lancé le mouvement. Le principe est simple : un recruteur envoie une offre d'emploi à des personnes qu'il connaît et les invite à la diffuser auprès de leur propre réseau. Ainsi, seules les personnes cooptées pourront postuler sur la plateforme privative créée sur Jobster. En France, Cooptin créé par Keljob fonctionne sur ce modèle.
- JobMeeters propose un service différent : les recruteurs diffusent leur offre auprès d'un vivier de coopteurs inscrits dans leur réseau. Ces derniers touchent une « prime » s'il y a embauche. « Ce type de réseau n'est pas ouvert à tout le monde, comme dans les autres réseaux sociaux. Chaque réseau est ouvert à partir d'un besoin de recrutement précis et chaque maillon créé ne voit pas le reste. À l'intérieur du maillon, la visibilité s'arrête au niveau *N* – 1, le seul ayant la visibilité totale du processus étant le recruteur à l'origine de l'annonce. »
- Enfin, les réseaux communautaires peuvent avoir une activité de recrutement : LinkedIn, le pionnier californien ; Viadeo, lancé en 2004 et leader en France ; Xing, lancé en 2003 et qui compte 10 millions d'utilisateurs principalement germanophones ; VKontakte, en Russie ; Orkut, au Brésil, etc. La personne qui diffuse son annonce a plusieurs possibilités : soit elle passe par les membres du réseau, soit elle repère les profils qui l'intéressent par le moteur de recherche, soit elle publie son offre sous la rubrique « Emploi », accessible à tous les membres.

Métamoteur de recherche du recrutement

Des nouveaux acteurs ont investi le marché pour devenir les « Google de l'emploi ». Ils proposent d'agréger gratuitement l'ensemble des offres en provenance du Web (les offres des sites de recrutement, les annonces des cabinets spécialisés, les sites institutionnels). Aux États-Unis, Indeed.com et simplyhired.com ont un savoir-faire reconnu dans le domaine. En France, Keljob, Optioncarrière, Moovement se sont lancés dans cette nouvelle activité porteuse d'avenir. Leur challenge sera de convaincre les sites propriétaires des annonces d'alimenter leur *business model*.

L'Internet mobile

Nous sommes au début de l'Internet mobile, mais les experts sont confiants et prédisent une « nouvelle révolution » pour le recrutement avec les potentialités de cet outil. Dès aujourd'hui, les entreprises peuvent :

- Recruter par envoi de SMS : ainsi Mobiljob, Jobtel et Keljob ont investi le mobile. Les candidats intéressés reçoivent par SMS des offres d'emploi ciblées.
- Proposer aux clients de leur envoyer des offres d'emploi en s'inscrivant à des portails, en contrepartie d'une réception de publicité.
- Accéder directement à des contenus et services multimédias en prenant en photo (ou en scan avec son téléphone mobile) l'adresse Internet (mobiletag.com).

Internet a bouleversé les comportements et les pratiques de recrutement. Les innovations technologiques dans ce domaine n'en sont qu'à leur début.

5.3. Changements de pratiques

Les outils qui existent sur le marché de l'e-recrutement ne sont pas encore stabilisés et continuent à être innovants. De nouvelles méthodes ont été testées, comme la cooptation en ligne (jobmeeters.com, cooptin.com), les blogs des candidats et la vidéo.

Internet a permis de faire évoluer essentiellement trois phases du processus de recrutement :

- La **définition du profil** (phase 2). Ainsi, lors de la définition du besoin, le manager peut confronter l'adéquation entre les compétences qu'il recherche et celles qui sont disponibles sur les CVthèques.
- Les **sources de recrutement** (*sourcing*) [phase 3]. L'annonce sera présentée sur le site de l'entreprise et/ou sur des *job boards*.
- La **sélection du candidat** (phase 6). Internet permet une relation synchrone ou asynchrone avec le recruteur par l'intermédiaire de *chats*, d'e-mails, d'entretiens en ligne.

Un changement à ne pas négliger est la façon de rédiger son CV sur Internet. Quelle que soit la forme, remplir un questionnaire, proposer un CV directement ou créer son blog, il faut savoir que les logiciels de sélection de candidature se font à partir de mots clés : si vous ne mettez pas les bons dans votre document, vous aurez peu de chance d'être retenu !

Exemple 15.5

Recrutement 2.0 avec youjob.com

De plus en plus d'entreprises choisissent de réaliser leur phase d'annonce sur des sites qui leur fournissent un espace vidéo. Par exemple, youjob se positionne comme le premier site d'offres d'emploi en vidéo.

Des recruteurs, tels que Monoprix, Carrefour, Xeros ou Leroy Merlin, présentent leurs entreprises et les postes à pourvoir en encourageant les candidats à déposer des CV vidéo, réalisés gratuitement sur le site, et à les rencontrer par visioconférence.

Une telle pratique permet d'aller à l'essentiel, d'économiser du temps et des coûts de déplacement. Elle met en scène un nouveau mode de communication : pour les entreprises, il s'agira d'être précis sur la vision, les valeurs, le contenu du poste et le profil recherché ; pour les candidats, il faudra être clair, concis et créatif en quelques minutes. Une démarche qui s'inscrit dans la tendance du marketing de soi. Aujourd'hui, le site aurait conquis en France plus de 10 000 internautes en recherche d'emploi.

Ce site propose également des informations visuelles et argumentées sur les secteurs d'activité et les métiers en recrutement.

Une nouvelle façon de recruter est en train d'émerger avec le recrutement *via* le Web 2.0.

Quant au candidat, il se présente fréquemment (cela deviendra-t-il incontournable ?) à partir d'un CV vidéo (voir exemple 15.5) ou d'une adresse de blog (par exemple, celle de son profil sur Facebook). Certains recruteurs commencent à considérer comme suspect le fait de ne recevoir qu'un CV papier. En général, les sites communautaires proposent d'accompagner les nouveaux entrants dans la conception de leur présentation vidéo.

Autrement, des sites se sont spécialisés dans ce domaine : http://www.jobinlive.fr par exemple.

Exemple 15.6

Recruter avec humour sur TUMBLR

Le cabinet d'audit Mazars attire environ 150 jeunes diplômés par an et se positionne avec une image décalée. En complément d'une stratégie affirmée pour créer des alliances avec des écoles de commerce et des universités, l'entreprise s'est lancée sur le site de microblogging, TUMBLR, en 2013, pour rester en contact avec sa cible étudiante. Ainsi, les salariés n'ont pas hésité à poster des vidéos humoristiques avec une légende sur leur entreprise. Mazars a bénéficié d'un véritable *buzz* et a pu ainsi affirmer ses valeurs d'ouverture d'esprit et de créativité.

Résumé

- Bâtir une stratégie de recrutement nécessite de prendre en compte les valeurs, les missions et les priorités de la stratégie d'entreprise. C'est pourquoi les recrutements s'inscrivent naturellement comme un moyen de mise en œuvre d'une politique de gestion prévisionnelle des emplois et des compétences. Recruter permet de réduire les écarts entre les compétences acquises, présentes dans l'entreprise, et les compétences requises qui permettront à celle-ci de se développer dans le temps.
- Recruter représente un levier de communication puissant qui participe à la construction d'une **image employeur** attractive.
- Le recrutement reste un domaine très encadré par le législateur français. Les textes fréquemment mis à jour veulent éradiquer toutes sortes de discrimination et d'incursion inutile dans la vie privée.
- Le processus de recrutement peut être précisé autour de huit étapes complémentaires, assorties de questions décisives et d'outils qui ont largement évolué avec Internet.
- En effet, l'e-recrutement et ses règles sont devenus incontournables à la fois pour les entreprises et les candidats. En comprendre les enjeux, les acteurs et les méthodologies permet de gagner en efficacité et en sélectivité.
- Le digital transforme la diffusion et la mise en relation entre recruteur et recruté. De nombreux outils apparaissent chaque année et permettent de valoriser toujours plus l'unicité des candidats et la marque employeur de l'entreprise.

Bibliographie

Anderruthy J.-N., *Web 2.0 – (R)évolutions et nouveaux services d'Internet*, Saint-Herblain, Éditions ENI, 2007.

Besson L. et Digout J., *e-Recrutement à l'ère du Web 2.0*, Vuibert, 2012.

Chaminade B., *Attirer et fidéliser les bonnes compétences*, Paris, Afnor, 2010.

Durieux J.-C. et Besser H., *Réussissez vos recrutements*, Issy-les-Moulineaux, ESF, 2011.

Falco H. (de), *Maîtriser ses recrutements*, Paris, Dunod, 2011.

Fanelli-Isla M., *Guide pratique des réseaux sociaux – Twitter, Facebook… des outils pour communiquer*, Paris, Dunod, 2010.

Gavand A. et Peretti, J.-M., *Le Recrutement : enjeux, outils, meilleures pratiques et nouveaux standards*, Paris, Eyrolles, 2013.

Granovetter M., *Au cœur des marchés, les réseaux sociaux*, Paris, Desclée de Brouwer, 2000.

Marchal E. et Rieucau G., *Sociologie économique du recrutement*, Paris, La Découverte, 2010.

Mercklé P., *Sociologie des réseaux sociaux*, Paris, La Découverte, 2004.

Nicolier E., *Facebook et les autres réseaux sociaux*, La Garenne-Colombes, Micro Application, 2008.

Pommier R., *Réussir tous ses entretiens*, Paris, Dunod, 2009.

Roudauf G., *100 Modèles de tests de recrutement*, Issy-les-Moulineaux, ESF, 2010.

Villemus P., *Faire passer un entretien de recrutement – Décelez la perle rare*, Paris, Éditions d'Organisation, 2007.

Activités

Questions

1. Quels nouveaux défis les entreprises doivent-elles relever en ce qui concerne le recrutement ?
2. Vous êtes RH dans une TPE, vous décidez de recruter des commerciaux. Vous souhaitez initier un processus de *sourcing* par Internet. Quel est votre plan d'action ?
3. Vous recherchez un *community manager* RH. Quelle fiche de poste proposez-vous ? Comment faites-vous ?

Étude de cas

La Poste et le e-recrutement

La Poste est en pleine transformation, avec plus de 250 métiers, 15 000 embauches, tous contrats confondus, entre 2012 et 2014. Cette transformation a directement impacté son processus de recrutement. En 18 mois, l'entreprise est passée d'un service minimum sur l'onglet « carrière » de son site institutionnel à laposterecrute.fr, site accessible à tout type de handicap, et propose des fiches métiers, des témoignages de postiers, des éléments de politique RH, des quiz interactifs, un compteur d'offres, une aide à la création de CV en ligne. En 2012, ce site, symbole de la digitalisation du groupe, a enregistré plus de 1,3 million de visiteurs avec, en moyenne, 5 000 visites par jour. En complément, le groupe a créé un fil Twitter qui diffuse des offres et de l'information, une page Facebook plus centrée sur l'information locale et des pages « carrières » sur Viadeo et LinkedIn.

Questions

1. Peut-on se passer d'une stratégie d'offres de recrutement sur les médias sociaux ?
2. Quels sont les risques d'une stratégie de recrutement *via* les médias sociaux ?
3. Quelles sont les compétences que le *community manager* doit avoir ?

Partie IV – RH pour le manager

Chapitre 16

Manager au quotidien et gérer des équipes

***Anne-Françoise Bender*[1]**

Ce chapitre aborde les questions suivantes :

- Quels sont les enjeux et les difficultés de la gestion des personnes par les managers de proximité ?
- Quels sont les enseignements des recherches sur le leadership et la motivation d'équipe ?
- Comment gérer et prévenir les conflits ?

1. Enjeux et difficultés du management de proximité

À partir d'une certaine taille de groupe, l'activité de coordination devient nécessaire. Certaines pratiques de GRH – implication des personnes, accompagnement du changement – ne peuvent se traiter qu'avec un encadrement engagé dans sa mission managériale.

1.1. Rôle des managers dans l'implication des personnes

La recherche en gestion nord-américaine et française (M. Thévenet) a montré que les entreprises ont besoin de l'implication de leurs collaborateurs. Quelle que soit la définition donnée à ce concept, la performance en dépend. Au-delà des compétences, des organisations et des outils de travail, l'efficacité découle aussi de ce que la personne met d'elle-même dans son travail, de sa part de volonté, d'émotion, en particulier dans les activités de services : emplois de la santé, dans la relation avec des clients, dans les services publics. On pourrait citer aussi les activités de fabrication, de construction et de maintenance dans lesquelles l'initiative et le professionnalisme sont les clés d'un travail réussi.

Il est impossible d'impliquer des personnes, elles le font elles-mêmes. La seule action possible consiste à s'assurer que les conditions nécessaires de l'implication sont remplies (voir tableau 16.1). La DRH peut contribuer à remplir ces conditions, mais le management de proximité est dans une position unique pour y parvenir au quotidien, *via* sa manière d'être et pas seulement grâce aux outils et processus que la DRH lui demande d'appliquer.

1. La première section de ce chapitre reprend des éléments du chapitre 16 de l'édition précédente du manuel, rédigé par Maurice Thévenet.

Tableau 16.1 – Le manager de proximité et les conditions de l'implication

Conditions nécessaires à l'implication	DRH	Manager de proximité
Cohérence	Information, communication, presse d'entreprise, intranet, etc. Définition des missions, valeurs, principes, chartes, etc. Audits réguliers	Réunion de 5 minutes Feedbacks réguliers (pas seulement l'entretien annuel) Briefs et débriefs réguliers Rencontres festives
Réciprocité	Gestion des rémunérations Management de la performance Gestion des carrières Évaluation des performances	Présence sur le terrain Authenticité de la relation avec les collaborateurs
Appropriation	Intéressement, participation, stock-options Autonomie des organisations	Détection des potentiels Développement de ces potentiels

Le manager de proximité est au cœur de cette démarche d'implication. Quelle que soit l'appréciation portée sur lui par les collaborateurs, il représente l'entreprise. Son comportement et ses attitudes ont donc du sens pour le collaborateur.

L'implication des salariés est particulièrement mobilisée dans les situations de changement. Or, les entreprises sont en perpétuelle transformation. Dans une recherche effectuée auprès de grandes entreprises sur leurs programmes de changement, on a repéré trois niveaux d'action utilisés :

- les valeurs ou références : stratégie, principes d'action, *mission statements*, culture, valeurs… ;
- les systèmes : règles, structures, procédures, systèmes d'informations… ;
- la relation managériale : les comportements, attitudes et pratiques des managers vis-à-vis de leurs collaborateurs.

L'important n'est pas tant l'originalité des actions que leur cohérence à chacun de ces trois niveaux[2] (voir figure 16.1). Le rôle de la relation managériale, de la pratique des managers de proximité est central dans la mise en œuvre du changement.

2. Thévenet M. et Vachette J.-L., *Culture et comportements*, Paris, Vuibert, 1993.

Figure 16.1 – Actions de changement et comportements

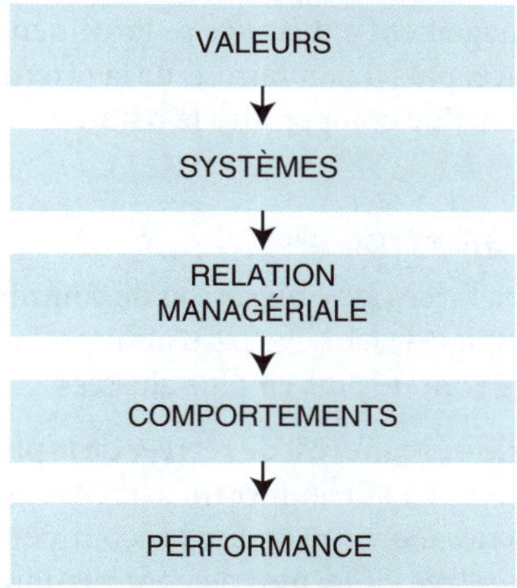

Huy[3] distingue trois rôles principaux des managers pour favoriser le changement.

Le rôle d'interprète-traducteur

Il ne suffit pas de communiquer les objectifs et les étapes d'un projet pour qu'il devienne clair à chacun. Quelqu'un doit expliquer ce que le changement signifie pour la personne dans sa situation. Seul le manager peut traduire des modalités de changement en conséquences concrètes.

Le rôle d'adaptateur

Les managers doivent adapter les objectifs et projets de changement à leur propre entité. C'est au manager de proximité d'en prendre l'initiative.

Le rôle de régulateur d'Émotions

Le changement est un moment difficile qui peut générer de l'enthousiasme mais aussi des craintes, voire de l'énervement. Ces émotions s'ajoutent à la pression des tâches courantes. Le rôle du manager est de permettre leur expression et d'essayer d'en réduire la pression.

1.2. Les enjeux du management à distance

De plus en plus de personnes se trouvent en situation de management à distance. Les organisations sont devenues plus plates et, avec la diminution du nombre de niveaux hiérarchiques, il existe de plus en plus de « chances » d'avoir un éloignement entre manager et collaborateurs. D'autre part, le développement des organisations, transversales ou matricielles, conduit à des formes de coordination de l'activité qui exigent de la distance.

Le développement de moyens de communication permet d'être en lien permanent entre sites éloignés. Internet, le partage de bases de données ou de logiciels, la qualité des

3. Huy Q., « Emotional balancing of organizational continuity and radical change: The contribution of middle managers », *Administrative Science Quarter*ly, mars 2002.

communications téléphoniques, voire télévisuelles, permettent de faire un réel travail « collaboratif ».

Toutes les études sur le management à distance se terminent par le même conseil : plus on est en situation de distance, plus il faut faire… de la proximité. L'expérience des organisations commerciales permet de comprendre le paradoxe (voir exemple 16.1).

Exemple 16.1

Les commerciaux dans l'entreprise

Cette entreprise vend des services avec un réseau de commerciaux salariés, en partie rémunérés par un pourcentage de leur chiffre d'affaires. Le secteur est concurrentiel et les politiques marketing sont de plus en plus ajustées.

Le problème du responsable de région est de recréer de la proximité avec ses commerciaux, qui sont en permanence sur le terrain chez les prospects. Les rencontres sont régulières mais difficiles à organiser, car les commerciaux connaissent le coût d'opportunité de ces rencontres en termes de commissions non encaissées. Pour le directeur commercial, ces réunions comprennent trois enjeux :

- informer sur l'évolution des politiques de l'entreprise ;
- permettre aux commerciaux d'échanger des *best practices* ;
- compenser les tendances centrifuges de ceux qui exercent leur activité en solitaire.

Pour le directeur commercial, il faut faire preuve de beaucoup d'imagination pour justifier ces rencontres régulières : présentation des objectifs, du suivi de leurs réalisations, informations nouvelles. Évidemment, la raison de fond est d'assurer de la proximité, de maintenir un lien important pour la gestion des personnes et l'efficacité de la démarche commerciale.

1.3. Les difficultés du métier de manager

Le manque de valorisation. Le management de proximité n'est pas toujours valorisé dans les entreprises. Les managers ont parfois l'impression que la qualité de leur mode de management n'est pas prise en compte au même titre que leurs réalisations techniques. Finalement, on ne leur en parle qu'en cas de problèmes, quand les collaborateurs se plaignent. Dans les évaluations des performances, cette partie de la mission est plus difficile à clarifier que des résultats de vente. Elle n'est pas facile à décrire, et son échelle de temps n'est pas celle de la réalisation des objectifs. Remettre en selle une équipe peut prendre du temps, avoir évité des conflits ne se mesure pas.

Une activité difficile et ingrate. Il est souvent difficile pour les jeunes managers de réaliser que manager est plus complexe qu'ils ne le pensaient. Les personnes sont différentes de ce qu'ils avaient imaginé. Il y a des décisions à prendre, pas toujours faciles. On y investit parfois beaucoup, sans nécessairement trouver des satisfactions en échange. Une difficulté annexe dans les fonctions de management, c'est la difficulté d'en parler. Il peut paraître dangereux d'aborder le sujet au travail, de crainte que cela ne soit considéré comme un aveu de faiblesse ou d'incompétence.

Focus 16.1

La « vie rêvée » des managers

Voici les quatre moyens d'améliorer l'exercice du management de proximité selon les managers.

Mieux recruter

C'est aux départements des ressources humaines de faire leur travail en recrutant les bonnes personnes.

Avoir des personnes qui sachent travailler

L'idéal serait que les gens sachent ce qu'ils ont à faire, le fassent si possible sans que l'on n'ait même à le leur demander. Les équipes idéales sont des équipes où chacun est adulte, se sent responsable de sa mission, fait ce qu'il doit, ce qui est rationnellement le meilleur moyen pour que tout se passe normalement, sans difficulté.

Des collaborateurs qui n'ont pas de problèmes personnels

Il s'agit plutôt de collaborateurs qui ne vous exposent pas leurs problèmes personnels. Problèmes familiaux, de développement personnel… Le problème le plus épineux, celui face auquel les managers se sentent le plus démunis, c'est le conflit interpersonnel.

Éviter les personnalités difficiles

Le dernier point d'amélioration serait d'éviter les personnalités difficiles, ces personnes ingérables face auxquelles la rationalité de l'entreprise et le bon sens semblent n'avoir aucune prise. On parlait avant de mauvais caractère, on parle maintenant de personnalités difficiles, voire toxiques.

Selon Maurice Thévenet, ces réponses traduisent de nombreuses illusions.

- Le recrutement n'est pas une science exacte et la décision finale reste un pari sur la personne. De même, on peut rêver d'équipes qui fonctionnent toutes seules. De telles équipes existent, mais leur équilibre reste toujours instable, ne serait-ce qu'en raison des changements inhérents à la vie de toute entreprise.
- Le manager se doit d'y travailler en permanence.
- Par ailleurs, il est vain de vouloir éliminer la confrontation aux problèmes personnels, d'imaginer que l'on peut la sous-traiter – comme on le ferait avec un coach qui vous débarrasserait de toutes ces questions. Les managers sont souvent ceux auxquels on va confier des difficultés personnelles.
- Enfin, échapper aux « personnalités difficiles » est illusoire. Il en existe un pourcentage dans la population et il faut malheureusement faire avec. Il faut savoir les repérer, afin de ne pas classer tout le monde dans cette catégorie. Par ailleurs, il serait naïf de penser qu'un bon management serait en mesure de faire régner l'harmonie dans le travail en toutes circonstances.

En contrepoint, il faut rappeler les sources de plaisir procurées par le management de proximité. L'une a trait à l'intérêt qu'ont certaines personnes pour le collectif, les relations aux autres. La seconde source de plaisir évoquée par les managers touche à la satisfaction d'observer l'évolution de quelqu'un dont on s'est occupé au cours de sa carrière. Il en va de même, parfois, de la reconnaissance des collaborateurs.

1.4. Comment redonner de la valeur au management de proximité ?

Trois directions principales d'action peuvent être proposées.

La conviction

Pour bien assumer leur mission, les managers doivent savoir ce qu'elle est précisément, avoir repéré ses véritables enjeux. Cette conviction n'est pas seulement intellectuelle, elle est perçue plus sincèrement et plus profondément. Chaque manager sait que sa tâche et sa mission sont de coordonner l'activité d'un collectif. Il doit tenir compte des personnes, faire en sorte que, collectivement, elles réalisent une tâche.

Il existe deux leurres principaux, c'est-à-dire deux situations dans lesquelles les managers ont l'impression qu'ils font du management de proximité sans en faire réellement. Le premier leurre est celui des outils : parce qu'on utilise des outils – évaluation des performances, entretiens annuels, recrutement, mobilité du personnel, etc. –, on a l'impression de faire du management. Le second est celui de la « gentillesse » : parce que l'on établit de bonnes relations avec les gens, on a l'impression de faire du management. De bonnes relations facilitent grandement les échanges et la qualité de l'expérience de travail de chacun, mais le management ne se réduit pas à cela : il y a des décisions à prendre et des engagements forts à assumer dans des aspects difficiles (comme des questions éthiques touchant au travail, aux redressements à effectuer, aux sanctions à prendre).

Les compétences

Assumer efficacement son management de proximité requiert de la compétence. Cela s'apprend. Le problème est de savoir quoi apprendre. On sait assez bien enseigner des techniques de management comme si le management était quelque chose à « faire ». On peut s'améliorer dans la conduite d'un entretien, dans l'animation d'une réunion, la négociation, la résolution d'un conflit, etc. Mais le management n'est pas seulement quelque chose à « faire ». On « est » aussi un manager. Dans ses attitudes quotidiennes, dans la qualité de sa présence avec les collaborateurs et les équipes, même s'il n'y a pas d'actions prises, on assume aussi sa mission de manager. On présente le management comme une série de décisions à prendre. Pourtant, dans la relation quotidienne, c'est aussi le management qui s'effectue.

Toutes les grandes traditions éducatives aident généralement la personne à mieux assumer ses rôles, que ce soit comme citoyen, parent ou membre d'une collectivité. Pourquoi pas comme manager (voir focus 16.2) ?

> **Focus 16.2**
>
> **Comment être manager ?**
>
> - Première règle : considérer que la première ressource dont vous disposez, c'est votre propre comportement.
> - Deuxième règle : toujours mieux connaître vos comportements et leurs conséquences sur les autres.
> - Troisième règle : s'assurer régulièrement que l'on respecte les deux premières.

Si le manager cherche à influencer le comportement des autres pour qu'une action collective soit performante, la première ressource dont il dispose est son propre comportement et ses attitudes dans le travail. Mais si ces attitudes et comportements sont aussi importants, cela signifie que l'indicateur premier de sa performance – son KPI pour employer un vocabulaire actuel (*Key Performance Indicator*) – doit être l'impact de ses comportements sur les autres. C'est le plus difficile : repérer l'impact de sa pratique de management sur le fonctionnement d'une équipe ou de ses collaborateurs.

Le goût

Pour faire du management de proximité, encore faut-il en avoir le goût ou l'envie. Cela ne va pas de soi quand on voit des managers pester contre de multiples procédures à effectuer, fuir toutes les occasions de contact, de relation, pour se retrouver dans le confort de leur bureau face à leur écran.

En posant la question, on pénètre dans de nouveaux terrains où les écrits et les discours de management ne sont pas très à l'aise. Il s'agit de la générosité, concept que les théories du management fuient : le management devrait être pour certains une technique froide et désincarnée relevant d'une pure « ingénierie sociale ».

Pourtant, on ne peut imaginer que le personnel soignant, quelle que soit sa fonction, puisse faire un tel travail sans s'interroger sur son rapport à l'autre. Il est tout aussi impensable que des éducateurs, professeurs, instructeurs de toute nature, puissent assumer leur mission sans s'être posé la même question. Comment penser alors que des managers, dont la tâche est de coordonner le collectif, puissent y échapper ?

Il n'est pas simple de trouver ce qu'il convient de faire pour accroître le goût et donner l'envie. Quelqu'un qui n'aurait connu que des managers fuyants, récalcitrants à l'idée de mener des entretiens annuels et qui cherchent à échapper à tout contact avec leurs collègues et collaborateurs n'aurait probablement aucune envie de suivre la même voie. On expliquera cela par les théories sophistiquées du désir mimétique ou par la banalité de l'exemplarité.

C'est une grande responsabilité de la part des dirigeants des entreprises. Leur manière d'aborder leur rôle de manager déterminera ce qui se fera ailleurs. C'est un problème dans les entreprises où la question du management de proximité est considérée par les dirigeants comme une question pour les managers… d'en bas. L'enjeu du management de proximité ne se réduit pas à la position hiérarchique. Il concerne toute position de coordination. Il ne se réduit pas non plus à la première ligne de management avec des chefs d'équipe, des contremaîtres ou des responsables de service. Il y a du management de proximité « à tous les étages » et dans tout type d'organisation.

2. Améliorer ses compétences de leadership et de motivation d'équipe

Les entreprises demandent souvent à leur encadrement de faire davantage preuve de leadership. Que faut-il entendre par là et comment agir en conséquence ? Nous reprendrons ici la définition la plus communément admise du leadership, entendu comme la capacité, de la part du manager, d'influencer les activités des membres d'un groupe afin d'atteindre les objectifs fixés par l'entreprise (Robbins).

2.1. Du leadership autoritaire au leadership contingent

La conception traditionnelle est celle du « chef », celui qui dirige et contrôle. Elle se compose de cinq rôles énoncés par Fayol en 1920 : prévoir, organiser, coordonner, commander, contrôler. À cette conception sont associées des caractéristiques telles que intelligence et compétence – le chef doit prendre les bonnes décisions –, force et énergie – les équipes doivent pouvoir se reposer sur lui, il doit les entraîner –, courage et détermination – il doit donner confiance et ne pas montrer ses doutes. Les qualités les plus couramment associées au leadership dans les études américaines sont l'intelligence, la confiance en soi, l'ambition et le désir de succès, l'esprit d'initiative, l'énergie, l'attention portée aux autres, la maturité sociale. Les ouvrages complètent ces traits par des comportements susceptibles de générer le respect et l'adhésion des subordonnés, tels qu'une communication signifiante et la capacité à proposer une vision ou un projet ambitieux, le fait de tenir ses engagements, de montrer l'exemple et d'entreprendre (Hellriegel *et al.*). Ces modèles, inspirés en partie du modèle militaire, ne sont pas exempts de biais de genre, parfois, par exemple, dans l'emphase placée sur des attributs évoquant la force physique, tels que « capacité d'impact » ou « autorité naturelle » (voir chapitre 3, « Responsabilité sociale de l'entreprise, santé des salariés et gestion de la diversité »).

Les approches relations humaines

Dans les années 1950, des chercheurs de l'université de l'Ohio ont mis en évidence deux ensembles de comportements adoptés avec succès par les leaders : la considération et la capacité d'initiation[4]. La considération est le fait que les dirigeants entretiennent avec leurs collaborateurs des relations de confiance, exercent une communication à double sens, respectent les idées des collaborateurs et accordent de l'attention à leurs besoins. La capacité d'initiation consiste à définir son rôle et celui de ses collaborateurs pour atteindre les objectifs. Ces leaders organisent le travail de l'équipe au moyen de la communication des informations, la répartition des tâches et le contrôle. Un bon leader doit aussi bien exercer un rôle traditionnel de définition et de contrôle des tâches qu'avoir des comportements tournés vers le relationnel. Cette approche a été popularisée par l'ouvrage de Blake et Mouton sur la grille managériale (voir figure 16.2).

Figure 16.2 – La grille managériale de Blake et Mouton

Sources : D'après Blake R. et Mouton J., *Les Deux Dimensions du management*, Paris, Éditions d'Organisation, 1980 ; Blake R. et Mouton J., *La Troisième Dimension du management*, Paris, Éditions d'Organisation, 1987.

4. Stodgill R.M., *Handbook of Leadership*, New York, Free Press, 1974.

Le manager performant ne peut se satisfaire de privilégier l'une ou l'autre des deux dimensions. Il doit viser la performance maximale tout en optimisant la qualité des relations interpersonnelles dans l'équipe, ce qui sera une condition d'atteinte des objectifs. On a critiqué le fait que le style idéal de management, le « 9.9 », repose sur des comportements difficiles à concilier et ne saurait être efficace avec tout type d'équipe ou en toutes circonstances. C'est le propos des approches contingentes, évoquées ci-après.

Les approches contingentes du leadership

Plusieurs auteurs ont suggéré qu'il n'y aurait pas un style de management optimal, mais plusieurs styles en fonction de certains paramètres. Nous présentons ici le modèle de Hersey et Blanchard (voir figure 16.3). La variable de contingence est la maturité et la compétence des collaborateurs. Plus ces derniers sont impliqués et compétents, moins le manager a besoin de leur donner des instructions précises et de les contrôler. Lorsqu'ils montent en compétences, le manager peut se concentrer sur la communication afin de renforcer leur implication. Il générera davantage de performance en consultant davantage des salariés impliqués et compétents. À l'extrême, il peut déléguer complètement la réalisation des activités.

Figure 16.3 – Les styles de management de Hersey et Blanchard

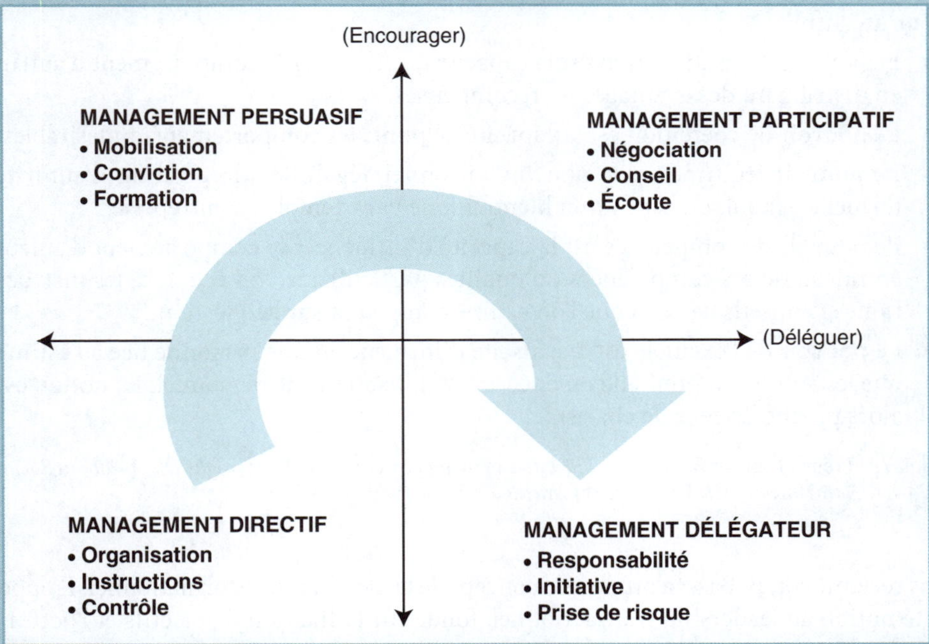

Source : Blanchard K., Hersey P. et Johnson D.E., *Management of Organizational Behavior*, Upper Saddle River, NJ, Prentice Hall, 2001. La flèche désigne la montée en compétences et en motivation des collaborateurs.

Cette approche explique comment chaque manager peut faire progresser ses collaborateurs en adaptant son comportement à chacun.

La pertinence d'un mode de management – autoritaire, délégatif, participatif – dépendra également de l'urgence de la situation, de la complexité de la prise de décision et de la maîtrise qu'en a ou pas le manager (Vroom et Yetton) et de l'importance que les collaborateurs soient d'accord avec la décision prise. Le mode participatif sera particulièrement opportun à propos de sujets les concernant directement.

2.2. Le rôle des émotions : leadership transformationnel et intelligence émotionnelle

Le leadership est l'exercice d'un processus d'influence sociale par lequel le leader cherche la participation volontaire des collaborateurs dans un effort pour atteindre les buts de l'entreprise (Robbins). L'accent est mis sur l'adhésion volontaire des personnes et non sur l'exercice d'un rapport de force – qu'il soit pouvoir formel, de coercition ou de marchandage. Dans la typologie classique de French et Raven (voir focus 16.3), le leader exerce surtout un pouvoir charismatique – les suiveurs le respectent pour ses qualités personnelles – et de compétence. On peut ajouter toutefois qu'un individu ne se maintient comme leader d'un groupe que dans la mesure où il apporte quelque chose à ses membres (statut, prestige, gratifications diverses).

Focus 16.3

Les sources du pouvoir

French et Raven ont identifié cinq sources de pouvoir qu'un individu peut exercer sur un autre :

- Le pouvoir de gratification est la capacité d'influencer le comportement d'autrui en distribuant des avantages ou récompenses.
- Le pouvoir de coercition est la capacité de punir les comportements indésirables.
- Le pouvoir légitime est le pouvoir rationnel, légal, lié à la position d'autorité formelle sur autrui, la position hiérarchique par exemple en entreprise.
- Le pouvoir de compétence est la capacité d'influencer le comportement d'autrui en raison de ses compétences ou qualités particulières ; on écoutera les instructions et conseils de celui que l'on estime compétent sur la question.
- Le pouvoir de l'exemple est la capacité d'influence d'une personne liée à l'estime que les autres ont pour elle ou encore à son magnétisme personnel. La notion est alors proche de celle de charisme.

Source : French J.R.P. et Raven B., « The bases of social power », dans Cartwright D., Studies in Social Power, Ann Harbor, MI, University of Michigan Press, 1959, p. 150-167.

Plus récemment, B. Bass[5] a proposé le concept de leadership transformationnel. Il oppose cette notion au leadership transactionnel, fondé sur la fixation d'objectifs et l'octroi de récompenses ou de sanctions. Il lui définit quatre composantes :

- **Leader charismatique.** Le leader transformationnel est un modèle pour ses subordonnés, qui s'identifient à lui et s'efforcent de l'imiter.
- **Motivation inspirante.** Le leader transformationnel agit de façon à motiver ceux qui l'entourent en procurant un sens à leur travail et favorise un esprit d'équipe.
- **Stimulation intellectuelle.** Le leader transformationnel stimule la créativité de ses subordonnés et favorise l'innovation.

5. Bass B.M. et Riggio R.E., *Transformational Leadership*, 2e éd., Mahwah, NJ, Lawrence Erlbaum Associates, 2005.

- **Considération individuelle.** Le leader transformationnel traite l'ensemble de ses subordonnés équitablement, mais reconnaît leurs besoins individuels d'accomplissement.

Cette conception apparaît comme une synthèse d'écrits anciens sur le leadership charismatique (exemplarité, capacité d'entraînement, recherche de sens) et d'éléments contemporains sur la motivation (stimulation intellectuelle et considération).

Plusieurs études ont démontré un lien entre le *leadership* transformationnel et des comportements organisationnels positifs tels que la satisfaction des subordonnés, la confiance envers le *leader* et l'engagement des employés. D'autres chercheurs ont également établi que le *leadership* transformationnel a une incidence positive sur la performance individuelle et organisationnelle.

Le concept d'« intelligence émotionnelle », popularisé par D. Goleman, est associé à l'exercice du *leadership* transformationnel. Ce type d'intelligence se manifeste par : « [...] la capacité de comprendre et de gérer ses propres sensations, humeurs et émotions ainsi que celles des autres [et] contribue à rendre le leadership plus efficace dans les organisations. Porteuses de sens, les émotions jouent un rôle important au travail, au chapitre des relations entre les leaders et les collaborateurs et dans les processus de changements » (voir focus 16.4 et exemple 16.2).

Focus 16.4

Intelligence émotionnelle et leadership

Les principales dimensions de l'intelligence émotionnelle sont les suivantes :

- **Conscience de soi.** Capacité à reconnaître et à comprendre ses états d'âme, ses émotions, ainsi que leurs effets sur les autres.
- **Maîtrise de soi.** Capacité à contrôler ou réorienter pulsions et états d'âme perturbants.
- **Empathie.** Capacité à comprendre les sentiments et le point de vue d'autrui.
- **Aptitude sociale.** Gestion efficace des relations et élaboration de réseaux. Capacité à trouver un terrain commun et à établir des relations satisfaisantes avec les autres.

Exemple 16.2

La formation des managers chez Orange

Élaboré en 2010, le « nouveau contrat social » du groupe Orange a pour objectif de promouvoir un nouveau style de management, au moyen notamment d'Orange Campus, un centre de formation créé en 2011. « Auparavant, l'université du leadership ciblait principalement les cadres supérieurs et dirigeants, relève Marie-Bernard Delom, directrice d'Orange Campus. Aujourd'hui, le groupe compte 74 % de managers de premier niveau, nous leur réservons donc les trois quarts des formations, ce qui est plutôt atypique pour ce type de campus. » Des formations au contenu davantage comportemental et moins technique, focalisé sur les salariés plus que sur les clients.

Le module « Mieux intégrer la gestion des émotions dans son management », qui réunit 12 à 15 managers, leur propose de « repérer les effets positifs et négatifs de leurs émotions et d'adapter leur comportement à l'état émotionnel de leur collaborateur ».

Source : d'après Entreprise & Carrières, 2013.

2.3. La construction de la confiance

Dans la mesure où les équipes ont davantage d'autonomie, le manager devient plus dépendant d'elles aussi bien pour obtenir des informations que pour atteindre ses objectifs propres. Il doit donc veiller à instaurer des relations de confiance mutuelle, conditions de la collaboration entre personnes, en étant bien sûr conscient que toute confiance est partielle et conditionnelle mais qu'une confiance « de base » est nécessaire aux échanges.

En tant que personne en charge d'autorité, il lui appartient d'initier des relations de confiance. Des auteurs ont étudié les comportements générateurs de confiance – ou actions volontaires – des managers, qui sont nécessaires mais pas suffisants pour engendrer la confiance des salariés en retour[6].

Ils ont proposé les comportements suivants :

- **Cohérence et constance de comportement.** Si le comportement du manager engendre une incertitude constante et forte, le collaborateur se trouve en situation de dépendance et adoptera un comportement défensif caractérisé – au minimum – par une absence d'initiative.
- **Comportement intègre.** Les employés observent la cohérence entre les paroles et les actions des managers. Ils élaborent, sur cette base, des représentations quant à leur intégrité et leur moralité.
- Deux comportements sont importants dans l'attribution de l'intégrité :
  - dire la vérité ou celle que l'on pense telle ;
  - tenir ses engagements, d'où l'enjeu de bien réfléchir à ces derniers.
- **Partage et délégation de contrôle.** La confiance est plus grande quand les employés sont satisfaits de leur degré de participation et quand ils peuvent déterminer leur rôle. Même si la délégation est limitée à l'expression de l'avis, cela est positivement associé au sentiment de confiance.
- **Communication.** L'exactitude de l'information et des explications fournies est facteur de confiance, de même qu'une communication ouverte avec échange libre des idées.
- **Bienveillance/Intérêt pour autrui.** Les personnes n'accepteront de se mettre en danger que vis-à-vis d'un manager dont elles pensent qu'il ne leur portera pas préjudice.

Exemple 16.3

La construction de la confiance selon Jean-Cyril Spinetta

L'ancien dirigeant d'Air France-KLM exprime ainsi sa vision du management :

« La première règle, en matière de relations sociales, est de créer la confiance avec toutes les parties prenantes : les syndicats et l'ensemble des salariés. La deuxième repose sur le respect et l'écoute. Il est rare que les interlocuteurs qui vous sollicitent n'aient pas des choses intéressantes à vous dire. […] Au fond, pour ne pas être trop mauvais en matière de relations sociales, il faut savoir s'intéresser aux autres. […] Intellectuellement, je déteste l'idée du management par le stress et par la terreur […] Le patron est celui qui doit créer une ambiance de sérénité avec ses collaborateurs, afin qu'ils travaillent dans la confiance. »

Source : Spinetta J.-C., « Vu d'en haut », Le Nouvel Économiste, 28, n° 1465, Cahier n° 2, 26 février-4 mars 2009, p. 30 (propos recueillis par Franck Bouaziz et Julien Tarby).

6. Whitener E., Brodt S., Korsgaard A. et Wener J., « Managers as initiators of trust: An exchange relationship framework for understanding managerial trustworthy behavior », *Academy of Management Review*, vol. 23, n° 3, juillet 1998.

3. Motivation et reconnaissance au travail

3.1. Les facteurs individuels et organisationnels

Nous évoquerons ici quelques théories classiques en précisant qu'elles ne sauraient constituer des recettes de management. Les travaux sociologiques (voir chapitre 18, « Pratiquer les outils RH ») ont démontré l'autonomie de l'acteur dans les organisations. Nous présentons dans un premier temps des approches anglo-saxonnes popularisées en management. La motivation est à la fois un processus individuel, qui renvoie à des valeurs et des intérêts personnels, et un processus qui s'inscrit dans une dynamique relationnelle entre une personne et son environnement de travail, le tout au sein de collectifs. Pour prendre en compte ces aspects, nous ferons référence à certains travaux de psychologie et sociologie dans la sous-section 3.3, « Permettre la reconnaissance ».

Les manuels distinguent habituellement deux approches de la motivation :

- par le contenu : qu'est-ce qui motive, par quoi les gens sont-ils motivés ?
- par le processus : à quelles conditions fourniront-ils les efforts et les comportements attendus ?

La plus célèbre des approches en termes de contenu est la théorie de Maslow. Rappelons-la rapidement : les personnes seraient motivées par la recherche de la satisfaction de cinq catégories de besoins :

- besoins de base, physiologiques : manger, boire, dormir.
- besoins de sécurité de sa personne, de ses biens.
- besoins de relations avec d'autres personnes.
- besoins d'estime de soi : être apprécié, être reconnu.
- besoins de réalisation personnelle.

On ne pourrait être motivé à satisfaire des besoins d'ordre supérieur que si les besoins des niveaux inférieurs sont satisfaits.

L'intérêt de cette théorie est de coller assez bien avec de nombreuses situations de l'existence. La personne chercherait dans son travail d'abord à satisfaire ses besoins alimentaires avant de convoiter plus de sécurité. Elle se préoccuperait ensuite d'être intégrée et de retirer une certaine estime de la part des autres. Quant à la catégorie ultime, c'est l'épanouissement de son potentiel personnel.

Les idées de Maslow ont été adaptées au monde du travail par F. Herzberg[7]. Il a recueilli auprès de travailleurs la description des événements qui les avaient motivés et de ceux qui les avaient rendus malheureux. Il découvrit que les gens sont motivés par la reconnaissance reçue à la suite d'un succès, par la responsabilité inhérente à certaines tâches, par le fait d'avoir atteint un objectif difficile, par une possibilité de croissance personnelle et par la nature du travail, ce qu'il appela des facteurs de motivation. D'autres facteurs étaient en majorité reliés à l'insatisfaction ; ils provenaient de l'environnement de la tâche : conditions de travail, relations avec le groupe, statut dans l'entreprise, encadrement, politiques de l'entreprise. Herzberg les dénomma facteurs d'hygiène. Leur absence affectera la productivité – et en ce sens l'entreprise doit limiter de telles insatisfactions –,

7. Herzberg F., « One more time: How do you motivate employees? », *Harvard Business Review*, septembre-octobre 1987.

mais de bonnes conditions de travail n'amèneront pas les personnes à travailler davantage alors que cela devrait être le cas pour les facteurs de motivation intrinsèques au travail.

Forte satisfaction (générant la motivation) et insatisfaction ne sont pas les deux extrêmes d'une même dimension ; ce sont deux construits différents avec l'existence d'un point neutre où la personne n'est pas très satisfaite mais pas insatisfaite non plus (voir figure 16.4).

Figure 16.4 – Facteurs de motivation et facteurs d'hygiène

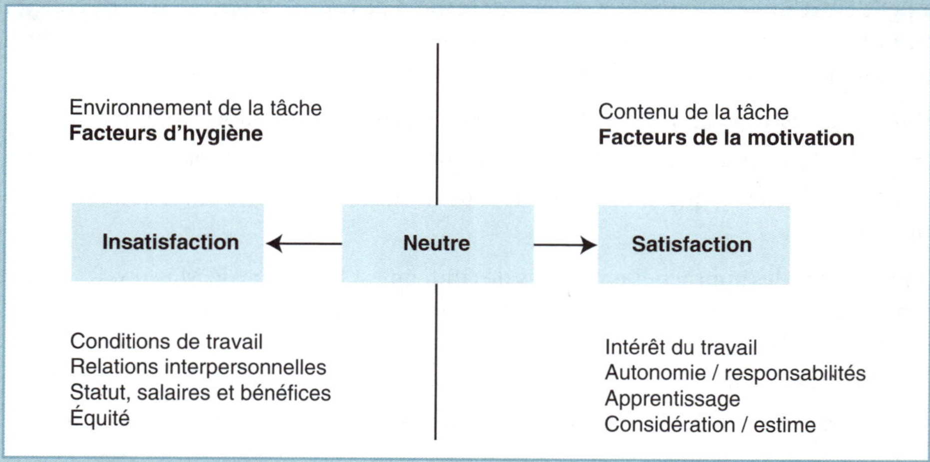

Dans l'exemple 16.4, la capacité de certains hôpitaux à attirer et fidéliser le personnel illustre comment les principes de la théorie de Herzberg peuvent être concrétisés.

Exemple 16.4

Les hôpitaux « magnet » aux États-Unis

Certains hôpitaux américains sont qualifiés de *magnet hospitals*, parce qu'ils parviennent, mieux que les autres, à attirer et retenir le personnel infirmier. Parmi les facteurs que les recherches ont mis au jour vient au premier plan l'**autonomie professionnelle** des infirmiers, qui se concrétise dans les tâches effectuées et la décentralisation de la gestion au niveau des unités, qui sont en mesure d'innover.

Sont également cités :

- **le support fourni** par les appareils administratifs dans les conditions de travail : sécurité au travail, équipement, garderies, etc.
- **une bonne collaboration entre médecins et infirmières** ;
- **la valorisation professionnelle et le leadership infirmier**, qui se vérifie dans les actions de l'administration : l'encouragement à suivre des cours, par exemple.

Source : Brunelle Y., « Les hôpitaux magnétiques : un hôpital où il fait bon travailler en est un où il fait bon se faire soigner », Pratiques et Organisation des soins, vol. 40, n° 1, janvier-mars 2009, p. 39-48.

Jusqu'à présent, les approches en termes de besoins peuvent sembler mécanistes. La personne se mettrait en mouvement car poussée par le désir de satisfaire ses besoins. Ce processus n'a bien sûr rien d'automatique et la personne peut estimer que « le jeu n'en vaut pas la chandelle ». Les approches cognitives se sont penchées sur les processus de la motivation.

La théorie des attentes[8] stipule qu'un individu sera motivé à agir si trois conditions sont respectées :

- Il perçoit une forte probabilité que ses efforts se traduiront par un rendement élevé (ou une performance satisfaisante pour l'entreprise).
- Il perçoit une forte probabilité qu'un rendement élevé ou une performance satisfaisante pour l'entreprise apportera un extrant (résultat) désirable.
- Les extrants (résultats) présentent un attrait pour lui.

La motivation déployée pour atteindre un objectif sera proportionnelle à la perception de la possibilité que l'adoption du comportement mène à cet objectif selon le schéma de la figure 16.5.

Figure 16.5 – Processus de la théorie des attentes

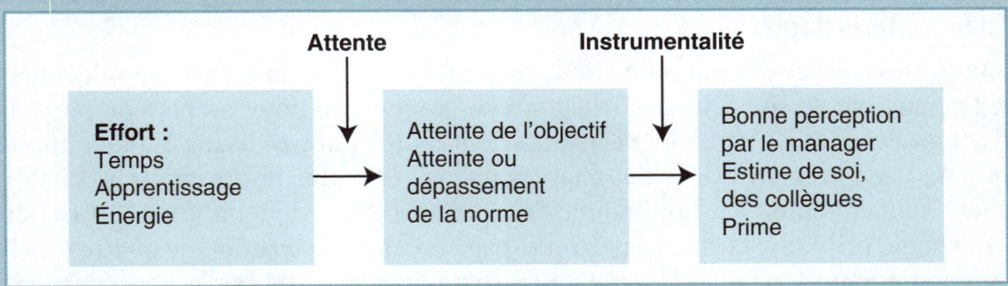

Ce modèle ne précisant pas ce que les personnes préfèrent, il doit être associé à une théorie des besoins. En outre, il suppose que la motivation résulte d'un calcul rationnel, ce qui néglige les aspects affectifs et émotionnels, dont on reconnaît aujourd'hui l'importance.

Autre théorie célèbre et peu coûteuse, si ce n'est en investissement dans la relation managériale, la théorie de Locke[9] stipule que le fait de fixer des objectifs aux collaborateurs et de leur faire un retour sur leur performance augmente significativement cette dernière. Ajouter une prime si l'objectif est atteint ne l'augmenterait que marginalement. Elle présuppose certaines conditions :

- Les objectifs doivent être acceptés par la personne, elle doit les faire siens.
- Le retour doit être positif et constructif, d'où l'enjeu de former le management à l'entretien d'évaluation (voir chapitre 6, « Apprécier le travail »).

Cette théorie, popularisée par la direction par objectifs, est couramment déclinée par l'anagramme SMART (des objectifs **s**imples, **m**esurables, **a**cceptés, **r**éalistes, délimités dans le **t**emps).

8. Vroom V.H., *Work and Motivation*, New York, John Wiley & Sons, 1964.
9. Locke E. et Latham G., *A Theory of Goal Setting and Task Performance*, Englewoods Cliffs, NJ, Prentice Hall, 1985.

Les recherches mettent l'accent sur le caractère motivant de certaines dimensions de l'activité : la finalité du travail (le sentiment de réaliser une activité finie et utile), la variété des tâches et l'autonomie. De fait, l'histoire du management participatif est étroitement liée à celle de la motivation.

3.2. De la participation à *l'empowerment*

L'effet de la consultation des travailleurs a été mis en évidence dans les travaux fondateurs de la sociologie industrielle (Mayo). La participation des salariés peut permettre d'augmenter leur implication dans leur travail et, sous certaines conditions, de favoriser l'appropriation des changements (Bernoux).

L'*empowerment* désigne une organisation du travail en rupture avec un système bureaucratique – régi par de nombreuses règles. Il s'agit de donner du pouvoir (donc de l'autonomie et des moyens) aux équipes pour favoriser l'innovation et la qualité. Ce concept s'inscrit dans le prolongement de l'enrichissement des tâches des années 1960. Concrètement, il repose sur le travail en équipe (équipes projets, cercles de qualité…) et sur la délégation d'objectifs et d'autocontrôle.

Exemple 16.5

La biscuiterie Poult

« Lorsque la biscuiterie Poult de Montauban (Tarn-et-Garonne) a viré dans le rouge, le responsable du site, Didier Hirtzig, n'a pas voulu d'un nouveau plan de rationalisation. Pendant six mois, les salariés se sont réunis pour réfléchir à une nouvelle organisation avec un cahier des charges précis : être plus performant, proche du client, tout en renforçant l'autonomie du personnel et en adoptant une organisation innovante. […] Finie l'usine à la « grand-papa », place à la création de quatre unités autonomes dans lesquelles les opérateurs participent aux appels d'offres, recrutent, organisent les temps de travail […]. Plus de chefs en pagaille mais quatre animateurs d'unité. »

Source : Bys C., L'Usine nouvelle, n° 3303, 18 octobre 2012.

Les recherches s'accordent sur le fait que l'*empowerment* ne se fait pas du jour au lendemain. Il présuppose un alignement des intérêts des salariés et de l'entreprise ou, dans des termes plus sociologiques, un compromis socioproductif relativement démocratique et équitable. Une gestion uniquement descendante du changement est incompatible avec une demande d'engagement intrinsèque fort de la part des salariés.

3.3. Permettre la reconnaissance

Les écrits actuels sur le travail mettent en avant le concept de reconnaissance. Concept pluridisciplinaire, il figure au cœur de la psychologie et de la sociologie du travail. Selon ces perspectives, la source première de reconnaissance dans le travail réside dans la communauté professionnelle (voir focus 16.5).

Focus 16.5

Le jugement d'utilité et le jugement de beauté, source de la reconnaissance

Pour C. Dejours, la reconnaissance est la forme spécifique de rétribution psychologique de l'identité, facteur de santé mentale, dans le travail. Elle passe par deux types de jugements :

1. Le jugement d'utilité porte sur l'utilité technique, économique ou sociale des contributions du sujet à l'organisation du travail. Il est émis par la hiérarchie ou par les subordonnés, éventuellement par les clients.
2. Le jugement de beauté porte sur la conformité des contributions du sujet aux règles de travail et de métier. Il est proféré par les pairs, les collègues. Ce jugement confère, dans le registre de l'identité, l'appartenance à une communauté ou à un collectif.

Source : Dejours C., Le Facteur humain, Paris, PUF, 1995.

Pour F. Osty, sociologue du travail, il y a trois sources de reconnaissance. « La première met en jeu l'individu et son activité de travail. L'efficacité des gestes professionnels sert de première forme de reconnaissance du bien-fondé de son engagement dans une dynamique de construction de compétences. La deuxième se situe au niveau du collectif de travail et inclut la hiérarchie de proximité. [...] Enfin, le dernier niveau concerne celui de l'institution, qui, à travers ses modes de gestion des hommes, propose une "offre identitaire" plus ou moins en congruence avec les dynamiques de métier[10]. »

Selon elle, les mécanismes traditionnels de reconnaissance – le collectif, la hiérarchie de proximité – sont moins en mesure de fonctionner aujourd'hui du fait des mobilités des personnes. Quant à la reconnaissance institutionnelle, elle ferait souvent défaut.

La difficulté réside, d'une part, dans l'accroissement de la demande de reconnaissance à mettre en relation avec l'évolution de nos sociétés, d'autre part, dans la diversité des attentes et le caractère imprécis de cette demande de nature existentielle. Tout cela la rend difficile à gérer.

Comme l'indique J.-M. Peretti[11], l'entreprise doit prendre en compte deux obligations de reconnaissance :

- **Reconnaître l'identité de chacun.** On rejoint ici la dimension identitaire soulignée par les auteurs mentionnés ci-dessus. Cette facette repose sur les relations avec les pairs et la hiérarchie.
- **Reconnaître la contribution du salarié.** Cela rejoint ce que nous évoquons dans la section 4 sous le terme de « réciprocité ».

Reconnaissance symbolique et interpersonnelle sont importantes, mais un enjeu fondamental demeure de viser une « juste » rétribution. Si l'entreprise doit proposer différents leviers de rétribution, les théories de la motivation nous rappellent l'importance du sentiment de justice pour le déploiement des efforts au travail. La littérature managériale

---

10. Osty F., « Les tensions de l'engagement au travail », communication présentée au séminaire du Lise, 2 février 2006, Cnam, p. 8.
11. Peretti J.-M. (dir.), *Tous reconnus*, Paris, Éditions d'Organisation, 2005.

utilise souvent la théorie de l'équité d'Adams[12], qui porte sur les sentiments qu'un individu éprouve quant à la manière dont il se sent traité par comparaison avec les autres (Bergmann et Uwamungu).

Elle stipule que les personnes sont engagées dans des processus de comparaison sociale, d'elles-mêmes avec les autres. Elles comparent les rétributions reçues du travail – au sens de bénéfices divers et pas seulement monétaires – et les contributions faites en termes de temps, d'efforts, de résultats. La théorie de l'équité traite des perceptions individuelles, et non des comparaisons objectives entre ces variables. Les personnes comparent leur contribution et leur rétribution à celles des autres (ou ce qu'elles en connaissent) et jugent de l'équité des rapports entre les deux, selon le processus de ratio suivant : rétribution/contribution (de soi-même et d'autrui) *R ego/C ego* en comparaison avec *R alter/C alter.*

Les personnes qui s'estiment en sous-équité (*underpayment inequity*) ont tendance à :

- diminuer leur contribution ;
- lutter pour augmenter leur rétribution.

Elles peuvent aussi modifier leurs perceptions : se comparer à quelqu'un de plus mal loti, percevoir différemment les contributions d'autrui.

La théorie stipule que les personnes qui se perçoivent mieux traitées que les autres se sentent incitées à contribuer davantage de sorte que cette différence de traitement soit justifiée.

Au niveau des entreprises, des enseignements pratiques en découlent tels que :

- veiller à limiter les situations d'iniquité au moyen de grilles de rémunération qui assurent une équité interne des salaires ;
- faire une veille externe des rémunérations pour assurer l'équité externe ;
- améliorer l'information sur les niveaux de contribution attendus et les rétributions qui y sont attachées.

4. Gestion des groupes et des conflits

Outre son implication dans la relation individuelle avec chaque collaborateur, l'encadrant joue un rôle fondamental dans la dynamique d'équipe et la régulation des conflits.

4.1. Le fonctionnement des groupes de travail

Hellriegel *et al.* proposent une définition simple : « un groupe se compose de plusieurs personnes qui communiquent entre elles, souvent pendant une période déterminée, et dont le nombre est assez restreint pour que chaque participant puisse communiquer avec tous les autres, non par personne interposée mais directement » (p. 225). Les groupes satisfont les besoins relationnels et d'appartenance. Ils ont un effet positif sur la motivation en fournissant des occasions de s'exprimer et une meilleure diffusion de l'information pour les membres du groupe. Ils sont adaptés quand il y a un besoin d'innover, de proposer des solutions à des problèmes relativement complexes (Bergmann et Uwamungu).

12. Adams J.S, « *Toward an understanding of inequity* », *Journal of Abnormal and Social Psychology*, 67, 1963, p. 422-436.

Les effets négatifs du travail en groupe sont le coût en temps et en organisation, coûts en partie limitables par l'utilisation des NTIC (*groupware*). Il peut y avoir des risques d'erreurs ou des oublis importants si personne ne se sent responsable ; il faut toujours un coordonnateur. Autre risque, celui d'une prise d'autonomie forte par rapport à la structure. L'implication de chacun va plus au groupe qu'à la structure. Il est important d'inclure les équipes dans des projets plus vastes pour que la loyauté des membres au groupe ne s'exerce pas aux dépens de la coopération avec les autres groupes.

De nombreux facteurs interviennent dans le fonctionnement du groupe :

- Les individus en présence : leurs motivations à coopérer et le fait qu'ils aient des expériences du travail en groupe. Il est conseillé de réunir des compétences et personnalités complémentaires, mais qui soient en accord sur les objectifs du travail. Le test MBTI est parfois utilisé à cette fin.
- La taille du groupe : il y a un besoin de leadership plus directif quand la taille augmente. Il n'y a pas les mêmes échanges interpersonnels dans un grand groupe et il peut y avoir formation de clans.
- L'organisation de l'interdépendance : il y a plus de conflits en cas de forte interdépendance.
- Les normes : les membres peuvent avoir différentes conceptions du bon résultat, d'où l'importance de clarifier les objectifs à atteindre et de fixer des niveaux de performance.
- Les relations de pouvoir : en fonction de l'équilibre des échanges et de la volonté de pouvoir des membres, le climat sera plus ou moins coopératif.
- La qualité des processus de groupe : une communication à double sens, une bonne gestion des conflits et un leadership orienté vers les tâches et les relations sont des facteurs de performance.

Focus 16.6

Les *hot groups*

Leavitt* a étudié les *hot groups*, qui rassemblent des professionnels compétents dans leur domaine autour d'une mission ou d'un projet commun :

- Ils sont généralement provisoires et ne collent pas aux modèles traditionnels de l'équipe, c'est-à-dire un groupe fusionnel où la réalisation collective dépasse les activités individuelles.
- Dans ces groupes, les membres travaillent beaucoup, ils sont focalisés sur leur tâche individuelle.
- Ce ne sont généralement pas de bons « équipiers » au sens traditionnel du terme, ils ne se préoccupent pas du collectif ni de la qualité des relations.
- La dernière caractéristique est sans doute la plus importante : chacun trouve dans l'accomplissement de sa tâche un sens de l'accomplissement qui lui est complètement personnel. Ce n'est donc pas l'œuvre collective qui apporte la réalisation de soi.

Le management dans ces conditions est indispensable.

Focus 16.6 (suite)

Le leader doit avoir une tolérance au chaos et à l'ambiguïté. Un leader qui fonde son action sur les principes d'autorité traditionnels aura beaucoup de difficulté à gérer ces groupes, parce que son autorité formelle ne sera pas forcément reconnue. Fort de ses engagements et responsabilités, le manager doit assumer que cette source de pouvoir ne sera pas suffisante pour influencer le cours des choses.

Le leader doit s'attacher au processus social du groupe. Dans le fonctionnement d'un groupe de travail, deux processus coexistent : l'un technique centré sur la tâche et l'autre social tenant aux relations entre les personnes. La collaboration entre des personnes est toujours problématique, puisque les relations sont faites d'affectif, d'émotionnel et de toutes sortes de mécanismes d'envie, d'affinité, de conflit, de séduction, de jalousie, etc. Le leader doit se centrer sur ce second processus. D'une part, il ne doit pas trop intervenir dans la tâche ; d'autre part, il doit surtout veiller à ce que la qualité des relations permette toujours de maintenir un climat productif.

Le leader est protecteur du groupe. Il doit s'assurer que le travail du groupe ne soit pas perturbé par les avatars organisationnels (techniques, budgétaires ou politiques). Cela signifie aussi qu'il doit promouvoir le groupe à l'extérieur.

Diriger un tel groupe est aussi un « art dramatique ». Diriger ne consiste pas qu'à remplir les obligations formelles du management. Il faut aussi savoir parler, écouter, négocier, supporter (aux deux sens du terme), séduire, intimider parfois. Comme l'acteur habille le script d'un personnage au théâtre, le leader doit habiter le rôle qui lui est confié avec ses propres émotions et styles de relation.

** Leavitt H. et Lipman-Blumen J., Hot Groups: Seeding them, Feeding them and Using them to Ignite your Organization, Oxford University Press, 2001.*

Au-delà de la spécificité de ces groupes de « divas », il est conseillé de veiller à la cohésion de tout groupe de travail dès sa création. C'est l'objet des nombreux ouvrages sur le *team building*. En résumé, les principes du *team building* consistent à établir un accord sur les objectifs du groupe et les normes de fonctionnement – axe des tâches évoqué ci-dessus – mais aussi à veiller à la qualité des relations – axe de processus social.

Hardingham et Royal[13] recommandent ainsi :

- De cerner les attentes et les priorités des membres du groupe : si ces derniers ne voient pas d'intérêt à collaborer au groupe, le fonctionnement du groupe est d'emblée compromis.
- De définir des objectifs communs, dépasser les conflits internes, justifier le travail en groupe pour motiver une coopération.
- De clarifier les rôles, dans des projets précis : le fonctionnement du groupe doit être formalisé afin que tout le monde connaisse ce qui est attendu de chacun et le temps consacré par les animateurs éventuels au fonctionnement du groupe récompensé.
- D'améliorer la connaissance mutuelle : développer l'écoute, le respect réciproque, l'intimité entre les personnes.

13. Hardingham A. et Royal J., *Pulling Together: Teamwork in Practice*, New York, Hyperion Books, 1994.

La direction aura au préalable réfléchi au type de fonctionnement qu'elle souhaite, aux valeurs et objectifs du groupe et s'efforcera de pratiquer ces valeurs afin d'en favoriser la diffusion dans l'entreprise car les groupes ne fonctionnent pas de manière isolée.

Un groupe cohésif risque moins d'être sujet à des conflits destructeurs ; les désaccords devront néanmoins être gérés ainsi que les conflits avec d'autres groupes qui peuvent être d'autant plus fréquents.

4.2. Les différents types de conflits

Le conflit est un processus qui débute lorsqu'une partie perçoit que l'autre partie s'oppose ou a porté atteinte – ou est sur le point de le faire – à quelque chose qui est important pour la première partie (Robbins). Cette définition inclut toutes possibilités de différends, désaccords, affrontements, y compris ceux qui ne sont pas seulement ouverts et déclarés. Les principales causes de conflits dans les organisations sont les suivantes (Bergmann et Uwamungu) :

- **Les conflits liés aux personnalités des individus.** Ce sont essentiellement des conflits de valeurs ou ceux liés à certaines personnalités dominatrices.
- **Les conflits d'intérêts personnels.** C'est le cas très fréquent des déséquilibres perçus de charge de travail, ou encore les conflits de territoire ou de prérogatives, certaines personnes plus compétitives pouvant y être plus enclines que d'autres.
- **Les antagonismes d'intérêts catégoriels.** Un groupe s'oppose à un autre pour préserver ou gagner des avantages spécifiques ou améliorer sa situation salariale.
- **Les conflits de missions, liés à la structure.** C'est l'exemple du conflit entre deux services qui ont des objectifs différents, par exemple service commercial (satisfaire au plus vite le client) et service administratif (avoir tous les documents juridiques).
- **Les conflits liés à une absence de ou mauvaise communication.** L'information est mal comprise, il y a un malentendu, les demandes sont incohérentes ou contradictoires de la part du manager.

Dans une vision traditionnelle, le conflit doit être évité. Il provient d'un manque de communication ou d'une erreur du management qui ne répond pas aux aspirations des salariés. C'est la vision des premiers travaux des relations humaines. En revanche, dans la vision classique des relations industrielles, le conflit management/salariés est inhérent à la relation de travail. Selon la psychologie sociale contemporaine, le conflit est normal, il faut l'accepter et savoir le dépasser.

Il y a des conflits moins préjudiciables que d'autres. Certains manuels mettent en avant le rôle positif des conflits et préconisent même d'introduire un peu de conflictualité dans des organisations trop consensuelles. Le conflit est fonctionnel quand il permet d'éviter une pensée trop conforme. Le conflit amène chacun à s'interroger et à améliorer son travail. Il participe à l'affirmation d'une identité, personnelle et collective.

Les conflits sont dysfonctionnels quand ils entraînent une mauvaise circulation de l'information, de la méfiance durable, un manque de collaboration. Un conflit entre directeurs peut menacer une entreprise, d'où l'enjeu d'éviter un processus d'escalade du conflit qui devient de plus en plus difficile à résoudre.

4.3. Dépasser les conflits

Si l'on accepte l'idée que les conflits sont normaux dans une organisation, il faut donc s'efforcer d'en contrôler le déroulement et les conséquences.

Un conflit est un processus qui suit différentes phases. Pour qu'un conflit se développe, il faut qu'il y ait prise de conscience des oppositions et des différends. Chaque partie s'engage dans le conflit en en faisant une certaine analyse : veut-elle le résoudre, pense-t-elle qu'il s'agit d'un conflit d'intérêt où l'un va perdre et l'autre va gagner (jeu à somme nulle) ou estime-t-elle qu'il y a possibilité de trouver une solution qui satisfasse les deux parties ? Plusieurs styles de comportements sont possibles (voir figure 16.6).

Figure 16.6 – Les styles de comportements face au conflit

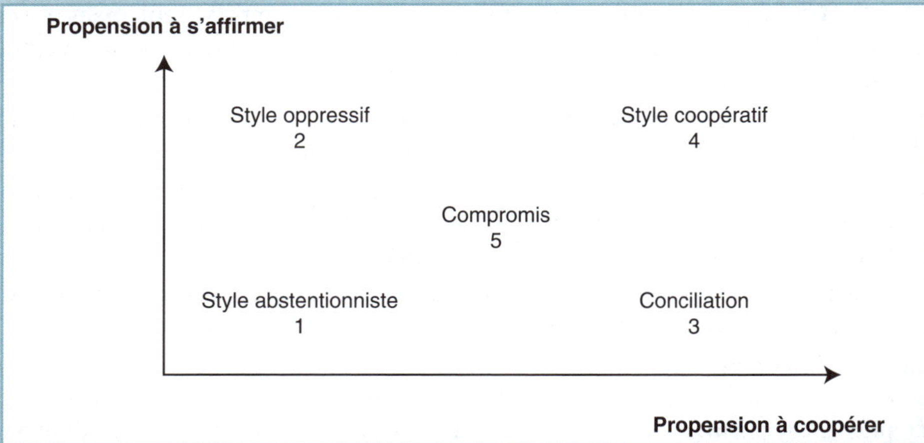

Source : D'après Thomas K., « Conflict and conflict management », dans Dunnette M.D. (éd.), *Handbook of Industrial and Organizational Psychology*, Chicago, Rand McNally, 1976, p. 900.

1. On évite la relation et on cherche à demeurer en dehors du conflit. C'est une stratégie de retrait soit par aversion pour les situations de conflit, soit parce que l'on a peu à gagner ou à perdre dans le conflit.
2. Le style oppressif crée une situation de conflit maximal, qui ouvre la porte aux représailles : on cherche à atteindre son objectif sans prendre en compte celui de l'autre, dans une attitude de domination et dans une logique de « qui perd gagne ».
3. La partie s'identifie aux besoins de l'autre partie et cherche la conciliation. C'est une stratégie d'apaisement, destinée à maintenir la relation ou parce que les enjeux du conflit sont peu importants.
4. Le style coopératif est la recherche d'une solution intégrative dans laquelle chaque partie atteint ses objectifs, ou tout au moins obtient le maximum d'avantages. On peut observer des cas de collusion envers un tiers.
5. Compromis : chaque partie est prête à faire des concessions ; il n'y a pas de gagnant ni de perdant.

L'option conflit/compétition donne lieu à un comportement hostile. L'escalade est dysfonctionnelle, car il devient de plus en plus difficile de trouver une issue au conflit. Les attitudes les plus constructives sont le style coopératif et le compromis, un recours trop fréquent à la conciliation pouvant être perçu comme un signe de faiblesse et de moindre compétence[14] !

Voici quelques tactiques de résolution des conflits utilisables par une hiérarchie :

- L'évitement : il ne résout pas le conflit mais le minimise ; cela peut permettre aux deux protagonistes de résoudre eux-mêmes leur différend en adultes. Pratiqué à grande échelle, il présente le risque de ne pas résoudre des questions importantes pour l'équipe.
- La recherche d'une solution d'un problème rationnel qui satisfasse les deux parties : elle suppose un point intégratif ; cette solution peut être recherchée par les deux collaborateurs eux-mêmes, sans intervention directe de la hiérarchie.
- La hiérarchie tranche : cela génère de l'insatisfaction, mais peut permettre au « perdant » de sauver la face.
- La confrontation et le compromis avec des concessions réciproques.

De nombreuses formations à la gestion de conflits, dispensés aux managers, utilisent les enseignements des recherches sur la négociation « raisonnée », présentés ci-après.

5. La pratique de la négociation

5.1. Le choix d'une stratégie

La négociation est un des modes de résolution des conflits, qui peut être adoptée lorsque les caractéristiques suivantes sont réunies :

- Il y a deux camps face à face sans intermédiaire (un médiateur peut intervenir par la suite, mais le différend oppose deux parties).
- Il existe un conflit d'intérêt entre ces deux parties.
- Les deux parties ont une préférence pour le compromis plutôt que pour l'affrontement ; elles ne souhaitent pas renoncer à leurs objectifs, mais elles sont disposées à conclure un accord.

La négociation implique conflit **et** aptitude à la coopération. On distingue deux types de stratégies : stratégie intégrative et stratégie distributive. Dans une orientation intégrative, plus coopérative, on souhaitera résoudre le problème de façon satisfaisante pour les deux parties en cherchant les points de convergence. Dans une orientation distributive, on cherchera des propositions qui conduisent à ce qu'il y ait un gagnant et un perdant, par des tactiques de pression et une négociation plus dure.

En fait, toute négociation comprend des points distributifs et des points intégratifs. Les déterminants du type de stratégie – plus ou moins coopérative – sont nombreux (Rojot).

L'attitude des parties influe sur le style de négociation (voir figure 16.5). Néanmoins, les comportements sont influencés par d'autres éléments plus objectifs :

- **La caractéristique de la relation entre les deux parties, notamment sa durée.** Si la relation est appelée à se poursuivre, les parties n'ont pas intérêt à dégrader la relation. Une stratégie conflictuelle peut être coûteuse à moyen terme. Elle engendrera amertume et hostilité de la part du « perdant » qui compromettra sa coopération future.

14. Hellriegel D., Slocum J.W. et Woodman R.W., *Management des organisations*, Bruxelles, De Boeck, 1993, p. 507.

S'il règne un certain degré de confiance issu d'une relation satisfaisante pour les deux parties, la négociation sera plus coopérative.

- **La nature des relations de pouvoir.** Si un partenaire contrôle des ressources importantes, ce dernier n'est pas incité à faire des concessions et adoptera une stratégie plus conflictuelle. À l'inverse, la partie plus faible sera incitée à coopérer, mais on ne doit pas sous-estimer sa volonté de s'engager dans un conflit dur. Elle peut espérer des gains symboliques élevés. Si les relations sont plus équilibrées, la négociation peut être difficile mais on peut attendre davantage de coopération (exemple du modèle de relations sociales allemand).
- **Tout cela dépend de l'importance des enjeux pour les parties.** Plus l'enjeu est important, plus on s'orientera vers une stratégie conflictuelle (si on attache peu d'importance à la qualité de la relation et si le rapport de force est favorable). Il faut envisager quels sont les coûts de l'opposition de l'autre partie.
- **La nature plus ou moins collective des négociations entre en jeu.** Chaque négociateur représente le regroupement de différents systèmes de valeurs et d'intérêts. Cela peut expliquer des réactions apparemment irrationnelles de sa part dans la mesure où il doit répondre à des demandes diverses.

Le comportement d'un négociateur est soumis à trois forces diverses :

- la partie opposée ;
- la partie que représente le négociateur ;
- l'organisation plus vaste dans laquelle sont engagées les deux parties.

En général, les négociateurs pensent que leurs mandants souhaitent une approche plus musclée. Cette tendance est plus marquée si la négociation se déroule devant une audience publique car il y a pression du groupe.

5.2. Le processus de négociation

Les auteurs insistent sur l'importance de la préparation avant l'ouverture de la négociation (Rojot). Il s'agira de recueillir des informations sur :

- Les acteurs : leurs enjeux, leurs contraintes et ressources, l'historique de leurs pratiques pour étudier.
- Les données, leurs modes de fonctionnement, qui sont nécessaires pour la négociation.
- Les coûts des concessions pour étudier les concessions possibles et les points non négociables.
- Les buts : les siens et les buts supposés de l'autre partie (ces données sont à réactualiser au cours de la négociation).
- Les objectifs : ce que les parties visent et les points de résistance. Chaque partie garde ses objectifs secrets et établit pour elle-même une option haute et une option basse.

Formuler des demandes irraisonnables peut laisser entendre qu'on recherche le conflit, mais on peut aussi formuler des demandes élevées pour tenter d'obtenir plus.

Il faut ensuite établir les règles de déroulement de la négociation (fréquence et modalités des rencontres) et discuter des points de la négociation (salaires, conditions de travail). Ces points peuvent être distributifs (augmentation de salaire) ou intégratifs (nouvel aménagement du temps de travail), mais la plupart des points sont mixtes : au-delà d'un certain niveau de concession, l'autre partie refuse et cela devient un point distributif.

La **phase médiane** est celle de la présentation des demandes. Elle donne lieu à des échanges de propositions et de contre-propositions, d'informations et de questions, à des ajournements éventuels et des pauses. C'est là que peuvent se déployer des tactiques parfois controversées (Pekar Lempereur).

La **phase finale** est celle du constat de l'accord ou, au contraire, de l'impasse et de la vérification des points ; un écrit est conseillé.

5.3. Vers une négociation moins conflictuelle

Dans le domaine des relations sociales, le cadre légal et les nouveaux thèmes de négociation sociale (organisation du travail, égalité professionnelle et diversité) poussent les partenaires sociaux à des pratiques de négociation orientées vers la recherche du compromis. Cela repose sur une confiance minimale entre acteurs, elle-même issue de l'historique des relations sociales dans l'entreprise et des comportements des deux parties.

Au sein des équipes et entre équipes, l'accroissement des relations horizontales et l'appel à l'autonomie augmentent la nécessité de coopérer tout en faisant respecter ses objectifs. Enfin, il semble que les codes relationnels évoluent dans nos sociétés occidentales où règne une forte demande de respect de l'individu.

De plus en plus d'auteurs recommandent une nouvelle pratique de la négociation, moins conflictuelle, inspirée des travaux de chercheurs de Harvard, Fisher, Ury et Patton (théorie dite de la « négociation raisonnée »)[15]. En substance, il est recommandé d'adopter une approche intégrative de type « résolution de problèmes », dans la mesure du possible.

D'autres conseils plus opérationnels peuvent être donnés (Pekar Lempereur, 2004) :

- soigner la relation, y compris en amont, avant la négociation, pour établir la confiance mutuelle et les sentiments positifs ;
- dissocier le fond de la relation, qui doit être préservée : éviter les réactions émotives, privilégier les faits et les critères objectifs ;
- penser au long terme ;
- communiquer : écouter, partager de l'information, être clair, suggérer plutôt qu'imposer, faire preuve d'empathie (tenter de penser du point de vue de l'autre) ;
- savoir repérer et contrer (sans y recourir) les tactiques évoquées ci-dessus.

Au-delà des situations explicites de négociation, ces comportements ont une portée plus générale et participent au maintien de relations interpersonnelles au travail favorisant la coopération.

---

15. Fisher R., Ury W.L. et Patton B., *Getting to Yes: Negotiating Agreement Without Giving In*, New York, Penguin, 1991.

Résumé

Dans ce chapitre, nous avons mis en évidence l'importance du management de proximité aussi bien dans les situations classiques de management que dans ses formes plus modernes ainsi que la difficulté d'exercer cette mission. La gestion d'équipe implique d'acquérir des compétences de leadership qui ne peuvent être réduites à des compétences techniques ni même relationnelles, mais qui ont également une dimension morale ou éthique. De même, la question de la motivation met certes en jeu des dispositifs organisationnels de rétribution mais aussi et avant tout la question du sens du travail et de la reconnaissance interpersonnelle. Enfin, le fonctionnement par équipes, s'il est facteur de motivation et de créativité, augmente les occasions de conflits et nécessite de la part du manager une réelle légitimité auprès de son équipe.

Bibliographie

Alexandre-Bailly F., Bourgeois D., Gruère J.-P. et Raulet-Croset N., *Comportements humains et management*, 2e éd., Paris, Pearson Education, 2006.

Bergmann A. et Uwamungu B., *Encadrement et comportement*, 2e éd., Paris, Eska, 2004.

Goleman D., *L'Intelligence émotionnelle*, Le Livre de Poche, 2003.

Hellriegel D., Slocum J.W. et Woodman R., *Management des organisations*, Bruxelles, De Boeck, 2006.

Pekar Lempereur A., *Méthode de négociation : on ne naît pas bon négociateur, on le devient*, Paris, Dunod, 2004.

Robbins S.P., Judge T.A. et Gabilliet P., *Comportements organisationnels*, 12e éd., Paris, Pearson Education, 2006.

Rojot J., *La Négociation*, 2e éd., Paris, Vuibert, 2006.

Sutton R., *Petit Chef ou vrai patron ?*, Paris, Vuibert, 2010.

Thévenet M., *Management, une affaire de proximité*, Paris, Éditions d'Organisation, 2003.

Thévenet M., *Quand les petits chefs deviendront grands*, Paris, Éditions d'Organisation, 2004.

Questions

1. En quoi les managers de proximité jouent-ils un rôle important dans les changements organisationnels ?
2. Quelles sont les principales implications de la théorie de l'équité d'Adams en matière de gestion des ressources humaines ?
3. Pourquoi les approches contemporaines du leadership mobilisent-t-elles ce que l'on appelle l'intelligence émotionnelle ?

Étude de cas

Matthieu Durand (cas fictif)

Matthieu Durand est l'un des managers les plus performants du département de conseil en management chez McBooz et Cie. Il a obtenu son diplôme de gestion dans une des universités les plus renommées du pays il y a cinq ans. Il est très qualifié et fait preuve d'un grand sens des responsabilités. Avant la fin de ses études, Matthieu Durand s'était adressé à plusieurs cabinets de conseil et s'était dit que le département spécialisé de McBooz et Cie lui offrait les plus grandes chances d'avancement.

C'est tout récemment que Matthieu Durand a été promu au rang de manager, ce qui fait de lui le plus jeune responsable d'équipe de consultants. Or, il n'a travaillé que cinq ans pour l'entreprise : c'est une durée extrêmement courte pour une telle promotion. Bien que celle-ci ait été annoncée, Matthieu n'a pas encore été informé de ce que sera son nouveau salaire. En dépit du fait que sa carrière s'est déroulée de façon fort satisfaisante jusqu'à présent, il est préoccupé par l'idée que son nouveau salaire pourrait être quelque peu inférieur à ce que l'on offre actuellement sur le marché, selon ce que lui a dit récemment un « chasseur de têtes ».

Ariane Durand, l'épouse de Matthieu, va bientôt obtenir son propre diplôme de gestion. Un soir, au cours du dîner, Matthieu est étonné d'apprendre quels étaient les salaires proposés aux nouveaux diplômés. Il fait observer à sa femme :

> *J'espère bien obtenir une augmentation importante cette fois. Je trouve que ce ne serait pas juste d'avoir le même salaire qu'un jeune diplômé après avoir passé plus de cinq ans dans la société ! Si nous voulons bientôt acheter une maison, étant donné les prix qui grimpent et l'inflation, cela dépendra de mon augmentation de salaire.*

Quelques jours plus tard, tandis que Matthieu travaillait dans son bureau, un collègue et ami, Richard Pilier, vint l'y trouver. Pilier avait été engagé en même temps que Matthieu et avait également bénéficié d'une promotion récente. Il dit à Matthieu : « Hé, Mat, regarde-moi ça ! Je passais devant le bureau de Jacky et j'ai vu traîner cette note écrite par le chef du personnel. Il avait manifestement oublié de ranger le papier. Son patron le tuerait s'il le savait ! » La note faisait état des salaires proposés à tous les membres de l'équipe des consultants pour l'année à venir. Matthieu prit connaissance de la liste et ce qu'il vit l'étonna : « Je n'en crois pas mes yeux. Thomas et Jean-Yves vont toucher 3 000 € de plus que moi ! »

Thomas Gautier et Jean-Yves Karadek avaient été embauchés l'année précédente. Avant d'entrer chez McBooz et Cie, ils avaient tous deux travaillé pendant un an dans un autre cabinet de consultants. Richard Pilier exprima sa colère :

Mat, je savais que l'entreprise avait dû les payer grassement pour les attirer, mais leur donner plus qu'à leurs supérieurs, c'est ridicule !

Matthieu répondit :

Tu sais, avant de voir les salaires de Thomas et Jean-Yves, je pensais que j'avais obtenu une augmentation convenable ! Écoute, Richard, sortons d'ici, j'en ai assez de cet endroit pour aujourd'hui.

Richard répliqua :

OK Mat, laisse-moi remettre cette note où je l'ai trouvée. Elle n'a pas que des mauvais côtés après tout, c'est toi qui reçois l'augmentation la plus forte.

En rentrant chez lui, Matthieu essaya d'examiner la situation avec un peu plus d'objectivité. Il savait qu'il y avait de nombreuses pressions sur la grille des salaires, au département des consultants. Si l'on voulait continuer à attirer des diplômés des meilleures écoles, il fallait offrir des salaires compétitifs. Les salaires des débutants avaient augmenté d'environ 4 000 € au cours des deux dernières années. Par conséquent, certains des managers les moins expérimentés gagnaient presque autant que leurs collègues, embauchés par l'entreprise plusieurs années auparavant avec un salaire de départ très inférieur, même si leur rémunération avait fait l'objet d'augmentations régulières. De plus, en raison de l'augmentation du chiffre d'affaires, le département avait été obligé de débaucher des consultants employés par d'autres sociétés. Pour cela, McBooz et Cie avait dû leur proposer des salaires plus élevés.

Quand Matthieu rentra chez lui, il discuta de la situation avec sa femme :

Ariane, je sais que j'ai obtenu une bonne augmentation, mais, au prix du marché, je gagne toujours moins que je ne vaux – 3 500 € de moins, d'après ce que m'a dit le chasseur de têtes la semaine dernière. Si ces deux types, débauchés d'un autre cabinet, sont mieux rémunérés que moi, cela veut dire que l'entreprise est prête à payer des tarifs plus compétitifs.

Ariane répondit :

Je sais que c'est injuste, Matt, mais que peux-tu y faire ? Tu sais que ton patron ne remettra pas en question les salaires qui ont été approuvés par la commission des rémunérations. Toutefois, si tu lui fais part de ton mécontentement, cela ne peut pas te faire de tort. Je ne pense pas que tu doives te faire du souci pour quelques milliers d'euros de plus par an. En fait, tu les rattraperas un jour ; ce qui est primordial, c'est que tu aimes vraiment ce que tu fais.

Matthieu répliqua alors :

> *Oui, c'est vrai que j'aime le travail que je fais, mais cela ne veut pas dire que je ne l'aimerais pas ailleurs. Ce que je dois faire, c'est réfléchir sérieusement aux avantages et aux inconvénients de mon travail chez McBooz et Cie. Tout d'abord, j'ai pris cet emploi parce que je croyais que je pourrais progresser rapidement. Je pense que j'y suis parvenu, et le cabinet a également montré qu'il était disposé à m'aider en cela. Si je quitte cet emploi pour un meilleur salaire, il se pourrait que je n'aie pas l'occasion de travailler sur des cas aussi passionnants que ceux dont j'ai actuellement la responsabilité. De plus, cette société a investi du temps et de l'argent pour me former. Je suis le seul chez McBooz qui puisse se charger de certains dossiers et la société en a plusieurs de ce genre à traiter. Si je pars maintenant, non seulement ils me perdront mais ils perdront probablement quelques-uns de leurs clients en même temps. Je ne sais pas quoi faire dans ces circonstances, Ariane.*

Questions

1. En vous servant des concepts utilisés par la théorie de l'équité, expliquez le problème de Matthieu.
2. Si vous étiez à la place du patron de Matthieu et si ce dernier venait vous exprimer ses sentiments, que feriez-vous ?

Chapitre 17
Aborder une situation RH

Maurice Thévenet

Ce chapitre aborde les questions suivantes :

- Quelles sont les approches mécanistes ?
- Quelles sont les approches personnalistes ?
- Quelles sont les approches interactionnistes ?
- Quelles sont les approches symbolistes ?

La GRH traite des rapports entre la personne et l'entreprise dans le cadre particulier de la production de biens ou de services. Les problèmes de GRH s'expriment simplement : pour toutes les organisations, il s'agit de faire en sorte qu'un collectif de personnes accomplisse un ensemble de tâches. Ces problèmes sont difficiles, ils mettent en jeu des personnes avec leurs comportements difficiles à prédire et à influencer. Aborder les comportements, les relations entre les personnes, le fonctionnement des sociétés et des organisations humaines complexes ne relève pas toujours du simple bon sens.

Pour ce faire, nous disposons des théories. Ce mot vient d'un verbe grec ancien signifiant « contempler ». Mobiliser des théories, c'est regarder sous différentes perspectives. Le regard porté sur un objet de différents côtés ne produit pas le même effet, ne transmet pas le même message. La GRH a besoin de théories parce que les comportements et fonctionnements humains peuvent être envisagés de différentes manières. L'exemple 17.1 montre comment une même question peut être abordée de différentes manières et conduire à des analyses et, donc, à des actions très différentes.

1. L'utilité des théories

Passer par les théories répond à un besoin. Les théories permettent un regard approprié qui fait apparaître le relief des situations et accroît les chances de trouver des solutions.

Apprendre des théories, ce n'est pas apprendre des solutions mais apprendre à regarder convenablement pour pouvoir trouver des solutions.

On utilise toujours des théories, même sans s'en rendre compte (voir exemple 17.2). La difficulté de la GRH, c'est que tout le monde a l'impression de comprendre les problèmes de RH. C'est pour cette raison que les plans sociaux, les difficultés de recrutement ou les suicides font la une de l'actualité : ils signifient quelque chose pour chacun, chacun a son idée de solution.

Exemple 17.1

Théories et ressources humaines : le cas de l'absentéisme

L'absentéisme est un dysfonctionnement analysé par les responsables RH :

- C'est une désorganisation du travail.
- C'est un coût, car il faut remplacer, voire indemniser.
- C'est un indicateur social, un symptôme.

Pour aborder cette question, on peut mobiliser plusieurs angles d'attaque :

- Une analyse démographique montrant qui sont les absents en termes de genre, de niveau de qualification, d'âge, d'ancienneté, etc. : il faut donc que les actions soient adaptées aux catégories d'absents.
- Une analyse des conditions de travail en supposant que l'absentéisme résulte de leur mauvaise qualité : il faut améliorer les conditions de travail.
- Une analyse de satisfaction en considérant que l'absentéisme exprime la faible satisfaction des personnes : il faut améliorer la satisfaction au travail.
- Une analyse des entités organisationnelles en recherchant les différences d'absentéisme par services, directions, groupes de travail : il faut améliorer le management des différentes entités les plus touchées.

Finalement, le plus difficile, dans les RH, c'est que tout paraît simple. Avec sa propre expérience, ses opinions ou son idéologie, on a tôt fait d'analyser une situation et de proposer des pistes d'action. Et quand on a l'impression de tout comprendre, il est difficile d'admettre devoir apprendre…

Le champ des théories possibles est large et extensible. Nous essaierons de les regrouper en quatre approches[1] pour aborder les problèmes de RH de manière utile, pertinente et différenciée :

- **Les approches mécanistes.** L'amélioration de l'interaction personne/activité (voir chapitre 1, « Gérer les ressources humaines ») dépend des systèmes.
- **Les approches « personnalistes »[2].** La performance dépend surtout des personnes.
- **Les approches interactionnistes.** Le fonctionnement d'un corps social tient aux interactions entre ses membres.
- **Les approches symbolistes.** Un corps social crée du sens, qui est plus important que la réalité des faits (si elle existe).

Pour chacune de ces approches, nous traiterons successivement :

- les hypothèses qui les fondent, c'est-à-dire leur conception de la personne, de l'activité et du rapport entre les deux ;
- les illustrations en termes de théories et de pratiques, qui montrent l'utilité de l'approche ;
- les limites de ces approches.

1. Bolman D., *Modern Approaches to Understanding Organizations*, Jossey-Bass, 1985.
2. L'utilisation de ce terme ne fait pas référence au courant philosophique du même nom ; c'est pour cette raison qu'il est mis entre guillemets.

Exemple 17.2

On utilise tous des théories...

Comme il est difficile d'apprendre les maths !

$$3 + 5 + 2 + 4 = 22$$

Cette addition est juste, même si beaucoup auront du mal à l'admettre.

Bien entendu, nous sommes en base 6. Notre théorie immédiate, c'est d'additionner en base 10 et de déclarer fausse l'opération précédente. Il en va de même de notre approche des problèmes humains - nous avons tous notre base 10 – et de la difficulté à envisager une autre base possible.

2. Les approches mécanistes

2.1. Hypothèses

Les approches mécanistes considèrent l'organisation comme une machine (voir focus 17.1). La performance découle de son bon fonctionnement et la GRH travaille à concevoir, entretenir, réparer cette machine pour qu'elle fonctionne efficacement.

Les approches mécanistes reprennent les caractéristiques de la machine pour les appliquer à l'organisation :

- **Une organisation est conçue.** Elle peut être dessinée avant d'être mise en place. Lors de la création d'une entreprise, on établit un organigramme prévisionnel. Dessiner une organisation, c'est imaginer comment se découpe une activité globale en sous-activités et comment celles-ci se combinent. Le découpage des activités va jusqu'à la description de tâches et à leur affectation à des personnes.
- **Une organisation est constituée d'éléments liés entre eux.** Représentée sous forme d'organigramme ou de processus, elle est constituée d'éléments combinés : domaines d'activité (commercial, production), responsabilités (responsable régional, vendeur), postes (assistant à l'administration des ventes, téléopérateur), niveaux hiérarchiques (directeur, chef de service, manager), relations entre ces éléments (relation hiérarchique, fonctionnelle). L'organisation décrit aussi, pour chaque personne à sa place, les qualifications requises, les descriptions de fonction, les objectifs, etc.
- **Si une organisation fonctionne mal, il est possible de la « réparer ».** On peut agir sur l'organisation pour gagner en efficacité. On modifie un périmètre de responsabilité, une description de fonction. Autrement dit, on travaille sur les relations entre ces éléments, les règles, les procédures, les structures. Cette intervention peut être menée de l'extérieur, en agissant tant sur les éléments que sur les relations. Le domaine de l'organisation est donc un lieu d'action. Cet aspect transparaît dans la formule « ingénierie sociale », que l'on retrouve dans des contextes historiques et organisationnels très divers. Elle indique clairement que, comme n'importe quel système, l'organisation est un domaine de conception, de réalisation et d'intervention.

Il est donc clair dans cette métaphore de la machine que, pour les RH, travailler à l'efficacité de la relation entre une activité à réaliser et les personnes devant y contribuer revient à agir sur le système.

Focus 17.1

Les caractéristiques d'une machine

- Elle a été conçue avec une finalité : accomplir une tâche, produire quelque chose.
- Elle a été conçue par quelqu'un.
- Elle est constituée d'un ensemble d'éléments reliés dont la combinatoire permet de réaliser la tâche.
- Elle utilise de l'énergie pour réaliser sa tâche.
- Elle fait ce qui lui a été prescrit de faire.
- Elle est éternelle : une machine peut éternellement accomplir sa tâche. L'usure peut être palliée par le remplacement de ses différentes composantes.
- Elle peut être réparée en cas de dysfonctionnement : il suffit alors de changer une composante, de modifier les relations entre les éléments constitutifs.

2.2. Illustrations

On peut donner trois illustrations de cette approche de l'humain dans l'organisation :

- **Le taylorisme/fordisme[3].** Il est traité rapidement puisqu'il fait l'objet de nombre d'analyses par ailleurs. Il illustre l'importance donnée au système, historiquement dans des emplois industriels, mais aussi aujourd'hui dans des activités de service.
- **La bureaucratie.** Il s'agit d'une autre traduction de l'importance donnée au système, surtout apparente dans des emplois administratifs et tertiaires.
- **Les structures.** Elles sont la traduction concrète et dessinée de cette approche.

Le taylorisme

Taylor cherchait les modes les plus efficaces de production. Sa préoccupation n'était pas nouvelle puisque Adam Smith l'avait déjà développée. Son ouvrage de 1916 a beaucoup inspiré les pratiques d'organisation et, même si le terme est devenu un « gros mot », c'était à l'époque suffisamment révolutionnaire pour que Lénine préface la première version en russe de l'ouvrage fondateur.

Plusieurs principes doivent être mis en exergue dans l'approche de Taylor et ses évolutions ultérieures. L'objectif est d'augmenter l'efficience du travail en supprimant les temps morts, en découpant l'activité en tâches élémentaires accomplies de manière répétitive, peu dépendantes de la compétence de l'opérateur (voir exemple 17.3). Cela conduit à parcelliser et à spécialiser des tâches : la transformation de l'atelier artisanal en chaîne de montage en est la meilleure illustration. Les principes de base relèvent du bon sens, même si ses applications, de plus en plus outillées avec la gestion des temps et l'optimisation des flux d'activité, conduisent aux exagérations que l'on connaît.

Le taylorisme ne renvoie pas seulement à Charlie Chaplin dans *Les Temps modernes*. C'est une approche du travail toujours présente, même si les ateliers de fabrication automobile ne ressemblent plus à l'univers de bruit et de cambouis du début du siècle dernier. Dans les centres d'appels, par exemple, et grâce à des outils de gestion « intelligente » des appels, on a reproduit les modes de fonctionnement de la chaîne de montage. Le découpage des postes dans la restauration rapide et leur définition en un ensemble de tâches

3. Taylor F.W., *The Principles of Scientific Management*, Dover Publications, 1998 (édition la plus récente).

élémentaires ressortissent également à une approche taylorienne, où la définition des tâches élémentaires et leur combinaison sont le meilleur facteur de performance.

Exemple 17.3

Le taylorisme au quotidien

Quelqu'un a décidé de changer les tuiles du toit de son pavillon. Quelques amis le rejoignent un samedi pour réaliser l'opération. Sachant que le principe d'efficacité, en l'occurrence, c'est le temps passé, l'absence de fuites dans la maison, la sécurité des personnes, laquelle de ces deux méthodes choisir ?

- **Méthode 1.** Chacun, en pleine autonomie et en fonction de son inspiration, de son choix personnel et de ses intérêts, récupère des tuiles dans la camionnette, grimpe sur le toit en empruntant l'échelle et dispose les tuiles où il le veut. Il redescend ensuite, non sans avoir croisé sur l'échelle son camarade qui monte avec une pile de tuiles, et reproduit l'opération aussi souvent que nécessaire.
- **Méthode 2.** Un équipier se tient à l'arrière du véhicule, prend les tuiles une à une et les lance à son camarade en bas de l'échelle, qui lui-même les lance à celui qui se tient au bord du toit. Ce dernier passe les tuiles à celui chargé de les disposer régulièrement sur les liteaux.

La bureaucratie

Dans une approche bureaucratique, on pense possible de trouver des règles, procédures, structures qui produisent inexorablement l'efficacité. Le développement de nos organisations est fondé sur cette approche, comme la recherche de la structure ou du *process* idéal. Évidemment, on ne peut imaginer d'organisation sans règles ni procédures, mais il faut voir dans l'approche bureaucratique la croyance dans la possibilité de les voir traduire la réalité de la marche d'une organisation.

Comme pour le taylorisme, il ne faut pas réduire la notion de bureaucratie à ses effets pervers mais reconnaître en quoi elle constitue chez le plus grand nombre une hypothèse de fond de notre conception de l'action collective. Dans la société civile et dès qu'un problème survient, on se demande quelle nouvelle loi pourrait empêcher qu'il ne se reproduise. Dans la revendication de toujours plus de règlements pour empêcher les problèmes réside l'hypothèse selon laquelle le fonctionnement parfait est possible : les règles doivent permettre de l'atteindre.

Cette vision des choses est présente dans l'entreprise, quand il s'agit :

- de développer des démarches d'amélioration continue de la qualité ;
- d'obtenir des certifications, normalisations, accréditations qui exigent une formalisation précise de l'ensemble des modes opératoires ;
- de développer des systèmes intégrés d'informations permettant de relier les différents systèmes d'information de l'entreprise et exigeant de ce fait une forte standardisation des activités.

Dans chacun de ces trois exemples, la conséquence a été la formalisation, la mise en cohérence, l'agencement d'activités sous forme de processus. Même ce qui était considéré comme difficilement formalisable a dû se mouler dans les formes des processus.

Les structures

L'activité organisationnelle qui illustre le mieux cette approche mécaniste est la construction d'une structure et sa formalisation dans un organigramme. Les enseignements d'organisation décrivent les différentes formes apparues au cours de l'histoire selon les secteurs d'activité, la taille de l'entreprise ou ses stratégies. En définissant une structure, il s'agit de représenter des activités, des fonctions, les unes par rapport aux autres, de manière à savoir qui peut faire quoi et comment.

Il existe trois paradoxes majeurs à surmonter pour créer une structure.

Le paradoxe spécialisation/coordination

Pour qu'une organisation fonctionne, il faut des entités, fonctions, personnes détenant des compétences fines dans les domaines requis. De manière évidente, il vaut mieux avoir des fabricants compétents, de bons commerciaux et des développeurs efficaces et créatifs. Bien entendu, la compétence exigée dans tous ces domaines suppose de la spécialisation. En médecine, par exemple, il est difficile d'être un expert à la fois en chirurgie, en pathologie d'un organe donné, en chimiothérapie et en anesthésie. De plus en plus, les organisations ont besoin de compétences pointues dans de nombreux domaines et personne ne peut les détenir toutes. Cependant, ces compétences doivent se coordonner, dans le cadre d'un projet par exemple, de sorte que chacun travaille en fonction des autres.

Le paradoxe de la spécialisation nécessaire et de la coordination indispensable est qu'il est difficile d'avoir les deux à la fois. Les spécialistes ont tendance à explorer leur champ toujours plus à fond et à constituer des barrières infranchissables entre eux et les autres. De la même manière, si l'on passe trop de temps et d'énergie à coordonner, on ne laisse pas les spécialistes investir le temps nécessaire à la bonne maîtrise de leur domaine de spécialité (voir exemple 17.4).

Exemple 17.4

Paradoxe spécialisation/coordination dans les équipes pédagogiques

Le développement des grandes écoles de management en France s'est fait avec l'apparition de corps professoraux permanents. Toutes les écoles ont alors recruté des personnes de la même génération, qu'elles ont chargées de développer des projets pédagogiques. On se situe à cette époque dans une phase de forte coordination : les projets pédagogiques communs se développent, tout le monde travaille ensemble, des projets se montent qui font fi des frontières disciplinaires.

Avec les exigences de développement de la qualification académique, la nécessité de recruter de nouvelles personnes, les différences de générations et les exigences professionnelles du milieu académique, les spécialités se développent. Des départements d'enseignement apparaissent selon les grandes disciplines de la gestion. L'activité et l'investissement se font au sein de ces structures nouvelles ou au sein des associations académiques de la discipline. Les projets collectifs et la coordination pédagogique deviennent plus difficiles lorsque chacun tend à réagir en fonction de ses propres évolutions professionnelles plutôt qu'en fonction d'un résultat pédagogique commun.

Le paradoxe stabilité/changement

Une organisation a besoin de stabilité et de changement. Elle a besoin de stabilité pour mieux pouvoir changer. Le paradoxe n'est pas mince. Une organisation a besoin de stabilité parce qu'il ne serait pas possible de fonctionner si vous aviez à regarder chaque matin votre nouvelle position sur l'organigramme. Heureusement, cela ne change pas tous les jours et l'on peut arriver le matin et se mettre immédiatement au travail.

Mais une organisation a aussi besoin de changement parce qu'elle est contingente à des variables de taille, de secteur, de technologie, de situation stratégique. Il serait inimaginable d'organiser un service administratif aujourd'hui avec l'informatique et les systèmes intégrés de gestion comme on organisait les « usines à papier » des années 1960. Mieux encore, le changement est nécessaire parce que la stabilité des modes de fonctionnement conduit toujours à des formes de fossilisation, où les effets pervers de la répétition des tâches oublieuse de l'enjeu et de l'objectif dépassent les effets vertueux. À l'opposé, des changements trop fréquents perturbent l'activité : il faut faire l'apprentissage de nouvelles règles et modes opératoires tout en continuant de faire le travail courant. Des changements trop rapides et profonds peuvent donc provoquer de la baisse de productivité et de motivation.

Le changement est difficile et la stabilité rassurante. Il s'agit de trouver le bon rythme du changement : ni trop rapide, ni trop lent, savoir ne pas attendre que le changement soit imposé avant de l'entreprendre, faire face aux oppositions de ceux qui ne veulent pas l'entamer (voir exemple 17.5).

Exemple 17.5

Paradoxe stabilité/changement : les leçons d'un échec

Cette entreprise a fait la une de la presse parce que des repreneurs indélicats l'ont purement et simplement démantelée. Au-delà de l'émotion compréhensible, l'analyse historique montre que cette entreprise, durant les deux dernières décennies, n'a jamais été capable de changer ses structures et ses modes de fonctionnement du fait de relations sociales totalement figées. Quand la situation économique a été trop dramatique, qui pouvait vouloir racheter une telle épave ? Forcément des gens indélicats. C'est comme parvenir à vendre très cher une voiture en mauvais état : en en retirant un prix aussi élevé, il ne faut pas s'étonner d'empocher un chèque sans provision.

Autre exemple : une entreprise qui a changé si souvent d'organisation ces dernières années que les personnes sont complètement perdues. Des modes de fonctionnement souterrains et parallèles se mettent en place, les managers n'ont plus le temps, la démotivation grandit, ainsi que, surtout, l'incapacité dans le corps social à repérer maintenant ce qui est important ou non, les enjeux véritables ou secondaires.

Le paradoxe compétition/coopération

Le troisième paradoxe concerne la compétition et la coopération. Il est fondé sur la nécessité, ou tout au moins l'existence, de compétition dans n'importe quelle organisation. Cette compétition est une caractéristique très humaine, elle tient au désir mimétique ou tout simplement au conflit d'intérêt. Mais il est important que les éléments d'un collectif coopèrent au résultat commun.

La compétition n'a pas que des effets négatifs. Au contraire, on sait qu'un minimum de compétition garantit souvent la qualité du travail : la rareté des investissements possibles incite chacun à peaufiner ses projets. On sait aussi que la compétition est largement et efficacement utilisée pour susciter la performance des commerciaux ; elle peut être facteur de motivation. Le problème de la compétition est qu'elle peut aussi dégénérer en luttes stériles pour les objectifs globaux de l'entreprise. Il est important que les lieux de conquête soient le marché ou la concurrence plutôt que les collègues.

Il est donc nécessaire que des zones de coopération se développent. La coopération est censée contribuer à l'atteinte de l'objectif global en mettant en harmonie les contributions de chacun. On imagine sans peine la difficulté du dosage entre ces deux processus (voir exemple 17.6).

Exemple 17.6

Paradoxe compétition/coopération dans les organisations en *business units*

Dans cette entreprise, la coopération est si bonne que les différentes entités se sont un peu endormies. Une réorganisation est opérée. On définit des domaines stratégiques donnant lieu à la création de *business units* assez indépendantes les unes des autres et qui entrent en compétition en matière d'allocation d'investissement et autres moyens. Après quelques années, le dirigeant de l'entreprise fait appel à un consultant et lui demande de l'aider à créer une culture commune. Derrière cette demande s'exprime le fait que l'organisation en *business units* indépendantes a si bien marché que celles-ci sont entrées dans une compétition féroce entre elles afin d'atteindre leurs objectifs, même au détriment de celui de l'entreprise. Plutôt qu'un quelconque travail sur la culture, il a fallu trouver de nouveaux terrains de coopération nécessaire entre les *business units* de sorte que leurs responsables fassent aussi cette expérience.

2.3. Limites

Les limites de l'approche mécaniste ne concernent pas l'essence de l'approche, mais plutôt les effets d'optique qu'elle peut entraîner en privilégiant l'action sur les systèmes afin de construire de la performance.

La première limite est de croire tellement au système que l'on pense ne jamais aller suffisamment loin dans la formalisation des processus. On connaît, à certains moments de l'histoire, les effets pervers de l'ingénierie sociale. Le risque de trop vouloir formaliser peut figer des situations. On formalise tant qu'aucune initiative, aucune créativité ne peut plus survenir, au risque de créer de l'incohérence. Le problème avec cette approche, c'est que l'on n'a jamais fini d'agir sur le système pour qu'il produise les effets attendus.

La deuxième limite est de compter tellement sur le système que l'on exagère la capacité et la volonté des personnes à s'y conformer ou, du moins, on espère que les systèmes incitatifs ou répressifs seront suffisants pour que cette conformation s'opère. L'expérience montre que les personnes sont toujours capables de dévoyer le système.

La troisième limite, est de ne pas donner beaucoup de place aux individus et à ce qu'ils peuvent apporter, voire de soumettre littéralement la personne à la rationalité technicienne des systèmes, comme on l'a vu avec les dérives du taylorisme ou de l'ingénierie sociale : n'oublions pas que c'est cette dernière dénomination qu'utilisaient les théoriciens de l'apartheid…

Une dernière remarque : les approches mécanistes ne s'évaluent pas en fonction du vocabulaire utilisé. Parfois, on peut aborder la personne selon des approches très mécanistes : on modélise ses comportements, on considère qu'ils ne sont que la réponse prévisible aux stimulus des outils et techniques de GRH.

3. Les approches « personnalistes »

À la différence des approches mécanistes, les approches personnalistes considèrent que la personne est la source de la performance. Ces approches ne nient pas l'importance du système mais considèrent que la manière de l'utiliser compte plus que ses qualités intrinsèques.

3.1. Hypothèses

Les approches personnalistes reposent sur trois hypothèses majeures.

- **La personne est à la source de la performance.** La manière de tenir un même poste peut varier considérablement d'une personne à l'autre. Robert Linhart, dans *L'Établi*[4], relate l'histoire d'une chaîne de montage du secteur automobile. Les postes y ont été conçus de manière à optimiser la gestion des temps. Trois Yougoslaves tiennent des postes successifs sur cette chaîne et s'arrangent pour faire à deux le travail des trois. Malgré l'intelligence rationnelle des ingénieurs des méthodes, l'équipe des trois Yougoslaves fait mieux que le système… D'autres professions, comme celles de la santé, ont énormément formalisé leurs modes opératoires et leurs protocoles de soin : il suffit pourtant d'être un patient dans un hôpital pour savoir qu'un protocole peut être administré de manière très différente d'un soignant à l'autre. La personne apporte sa créativité, son initiative, ses capacités d'analyse et de réaction aux situations.
- **L'entreprise doit essayer d'agir avec, par et sur la personne.** Il faut alors mieux comprendre les comportements, les attentes, les motivations de chacun. Dans un deuxième temps, il faut faire en sorte que la performance soit un moyen de répondre à ces attentes. L'hypothèse de ces approches est que la personne agit en fonction d'elle-même.
- **Il n'y a pas d'incompatibilité entre les besoins de l'entreprise et les besoins de la personne.** Ce qui est profitable pour l'entreprise n'est pas *a priori* contraire aux besoins de la personne, tout comme ce qui est approprié pour la personne n'est pas incompatible avec les besoins de la performance collective.

3.2. Illustrations

Parmi les meilleures illustrations, se trouvent les concepts de base de la GRH comme la motivation, la satisfaction ou l'implication. Une abondante littérature s'est constituée sur ces questions et il est difficile de donner des définitions recueillant l'assentiment général. Cette difficulté n'en est d'ailleurs pas une si l'on admet :

4. Linhart R., *L'Établi*, Éditions de Minuit, 1970.

- que les attitudes des personnes sont trop complexes pour être totalement comprises dans un concept ;
- que les concepts, pour la GRH, ne servent qu'à mieux appréhender la situation.

Nous donnerons donc ici non pas une définition de ces trois notions, mais plutôt une approche de leurs différences pour saisir leur intérêt pratique pour la GRH (voir focus 17.2). Puis nous nous concentrerons essentiellement sur l'implication.

Focus 17.2

Motivation, satisfaction, implication

Motivation. Ce qui pousse à faire, agir, travailler, être présent.

La motivation est une FORCE (voir chapitre 16, « Manager au quotidien et gérer des équipes »).

Satisfaction. L'évaluation de cette action pour la personne.

La satisfaction est un ÉTAT.

Implication. La relation tissée avec son travail, son organisation ou son milieu.

L'implication est une RELATION.

Le concept d'implication rend compte de l'attitude des personnes vis-à-vis de leur travail. Si un concept apparaît, c'est que les autres ne semblent plus suffisants pour décrire la réalité ; c'est aussi parce qu'il semble apporter quelque chose de plus pour caractériser le lien entre la personne et le travail.

Nous examinerons l'implication sous trois angles :

- le besoin d'implication pour l'entreprise ;
- les caractéristiques de l'implication ;
- les actions permettant de la favoriser.

Le besoin d'implication pour l'entreprise

Tout responsable préfère des collaborateurs impliqués. Mais est-ce parce que cela rejoint ses valeurs de travail ou parce que l'implication répond à un besoin opérationnel ? Il est des situations de business où l'implication est nécessaire car, sans elle, l'efficacité ne peut être atteinte. On peut en prendre plusieurs illustrations.

- **L'activité.** Certaines activités demandent un fort engagement de la personne. C'est le cas d'activités de service, dont la qualité dépend de ce que les agents mettent d'eux-mêmes dans ce qu'ils font. Dans la banque, l'assurance, la santé, l'hôtellerie-restauration, les comportements et attitudes du personnel sont déterminants, et, quels que soient les règles ou les procédures, la qualité dépend *in fine* de la volonté et de l'engagement de la personne.
- **L'organisation.** Les organisations complexes, avec des matrices à plusieurs dimensions, des équipes transversales, des groupes de projet, ou encore des *business units*, donnent à beaucoup l'impression d'avoir plusieurs patrons. Il est vain de vouloir supprimer ces tiraillements par des précisions structurelles supplémentaires car ils sont inhérents à ce genre d'organisation. Une organisation matricielle, par exemple, ne peut fonctionner efficacement que si les personnes le veulent bien. L'implication est une condition de leur efficacité.

- **Les crises.** Les crises se révèlent fatales si l'on ne réagit pas. Dans les entreprises, certains parviennent à surmonter les difficultés et d'autres non. Le succès n'est pas qu'une affaire de financement et de *business plan*, mais plutôt d'attitude face aux changements à opérer.
- **La fidélisation.** Sur certains segments du marché du travail se pose le problème du turnover. Les entreprises cherchent à fidéliser leurs salariés. On observe un lien entre un faible turnover et un fort attachement des personnes à leur entreprise.

La question de l'implication ne se pose pas parce qu'elle donne une image idéale de la relation entre la personne et son travail, mais parce qu'elle s'avère indispensable à une activité de qualité.

La notion d'implication

Le concept d'implication a été largement décrit par la littérature[5]. Les définitions sont nombreuses et il n'est pas toujours facile de distinguer entre implication et motivation, loyauté, engagement, citoyenneté. Il est vain de vouloir proposer une définition recueillant un assentiment général. Pour contourner cette difficulté, nous avons demandé à un échantillon très hétérogène de 1 829 personnes de se remémorer un temps de leur activité professionnelle où elles étaient fortement impliquées dans leur travail. Nous leur avons ensuite demandé ce qu'elles ressentaient dans cette situation.

Les signes de l'implication

Voici les principaux sentiments caractéristiques d'une forte implication que cette étude[6] a permis d'établir :

46 %	CONCRET
45 %	PLAISIR
38 %	TENSION
30 %	FIERTÉ

- **Concret.** Beaucoup de personnes répondent qu'elles avaient un sentiment d'utilité, de contribution, de réalisation. Jamais elles ne répondent en termes d'adhésion, de proximité de valeurs. L'expérience d'implication semble beaucoup plus concrète.
- **Plaisir.** Elles se souviennent du plaisir, de la satisfaction, de la joie, du bonheur même. Le plaisir a deux dimensions différentes. Premièrement, ses sources sont souvent surprenantes. On a sur le travail des opinions souvent très socialement convenues. Deuxièmement, l'explication possible de cette source de plaisir réside dans une histoire personnelle. On croit toujours que l'attitude au travail dépend de ce que l'on vit au travail, alors que l'on y projette surtout beaucoup de soi-même.
- **Tension.** Les personnes se remémorent du stress, de la peur, de l'anxiété, de la pression, de l'urgence ou de l'excitation par rapport à ce moment de forte implication. Elles ne disent pas que le stress est du plaisir ou inversement, elles disent simplement qu'il y avait les deux. La satisfaction n'est pas la dimension unique permettant de décrire ce que l'on vit au travail ou dans d'autres situations de l'existence. Les impliqués sont satisfaits, mais ils ne sont pas que cela… Même dans la vie personnelle, l'expérience vécue ne peut s'exprimer de manière unidimensionnelle.

5. Neveu J.-P. et Thévenet M., *L'Implication*, Vuibert, 2003.
6. Enquête de l'auteur, non publiée.

- **Fierté.** Fierté, reconnaissance, valorisation de soi, identification. La personne est fière quand lui est renvoyée une image correspondant à l'image idéale qu'elle a d'elle-même. La fierté renvoie à des aspects peu spectaculaires, paraissant très banals à celui qui n'est pas dans la situation. C'est pour cette raison que l'on ne repère pas l'implication des autres : ce qui les rend fiers paraît étranger, insolite, voire dérisoire. Enfin, ajoutons que la fierté est un processus très personnel : on n'a pas besoin des autres pour être fier…

Les causes de l'implication

On peut retirer du plaisir de son travail, s'y reconnaître et s'y identifier, mais l'expérience de travail est multidimensionnelle, elle recouvre beaucoup de facettes. Quand on se reconnaît dans son travail, quand on s'y engage, dans quelle facette de l'expérience de travail se trouve-t-on ?

On peut attribuer cinq causes à l'implication[7] :

- **La valeur travail.** Pour certains, l'engagement est causé par une forte valeur travail. Travailler est important. Par valeur travail, il ne faut pas comprendre le degré d'adhésion déclarée lors d'enquêtes où on demande aux personnes si elles considèrent que la valeur travail se développe ou pas. La valeur travail renvoie à des aspects plus subtils. Le travail a de la valeur quand la personne s'y voit renvoyer d'elle-même une image valorisante, et parfois plus valorisante que dans d'autres compartiments de sa vie personnelle.
- **L'environnement immédiat.** La personne se sent engagée dans son équipe de travail, dans son entité. Souvent, c'est la dimension relationnelle de l'expérience de travail qui explique cet attachement. Nous avons retrouvé cette forme d'implication chez beaucoup de jeunes, pour lesquels la dimension relationnelle du travail revêt une importance majeure.
- **Le produit ou le secteur d'activité.** Nous avons retrouvé cela dans des enquêtes dans des secteurs comme l'automobile, les médias, les produits de luxe. Ce qui semble important, c'est l'image ou le statut associés au produit ou au secteur. Cet aspect est intéressant car on a tendance à exagérer l'importance de ce qui se vit au travail dans l'attitude vis-à-vis du travail. Or, parfois, l'engagement au travail résulte de ce que le travail permet d'être et de vivre à l'extérieur. Travailler dans un secteur donné peut procurer un statut vis-à-vis de ceux qui comptent pour la personne à l'extérieur.
- **Le métier.** C'est le cas de ceux qui se retrouvent dans leur domaine d'expertise, leur profession. Les professionnels ont ce genre d'implication, ils se sentent plus proches de leurs confrères, hors de l'entreprise, que de leurs clients internes ou de leurs collègues dans l'entreprise (les informaticiens).
- **L'entreprise.** Dans la littérature, l'implication organisationnelle renvoie à une forte adhésion aux buts et valeurs de l'entreprise, à la volonté d'agir dans le sens de ces buts et valeurs et souvent au désir de rester dans l'entreprise. Cette notion d'adhésion peut paraître étrange ; elle revêt en fait des aspects très concrets, comme le sentiment d'agression quand l'entreprise est critiquée. C'est le signe de l'identification telle que la définissent les psychologues : on se définit par son appartenance à ce corps social dans lequel on est impliqué. L'implication dans l'entreprise est importante : c'est elle qui répond aux besoins développés précédemment.

7. Thévenet M., *Le Plaisir de travailler*, Éditions d'Organisation, 2000.

Comment favoriser l'implication ?

Si l'implication est déterminante pour l'entreprise, reste à savoir comment la favoriser.

Premièrement, l'implication est souvent beaucoup plus forte qu'on ne le croit. En matière d'implication, on ne peut raisonner en binaire : tout le monde est impliqué, mais plus ou moins, et pour différentes raisons. Il ne peut y avoir absence d'implication à partir du moment où il y a interaction entre la personne et l'entreprise. Quand on mesure l'implication au sein d'une entité donnée, les responsables de ces entités sont toujours surpris des scores obtenus, persuadés qu'ils sont que les personnes ne sont jamais comme ils les avaient rêvées.

Deuxièmement, il faut savoir que les personnes s'impliquent d'elles-mêmes. Si on pense pouvoir les impliquer, on sera sans cesse en quête de la méthode, de l'outil ou de la technique qui produit cette implication, et on ne le trouvera jamais. Tout ce que peut faire la GRH – et c'est déjà énorme –, c'est remplir les conditions nécessaires à l'implication. Mais, lorsque ces conditions seront remplies, il n'est pas certain pour autant que les personnes s'impliqueront.

Il existe trois conditions nécessaires à l'implication, qui mettent en jeu les politiques et les pratiques de GRH mais aussi le management au quotidien (voir chapitre 16, « Manager au quotidien et gérer des équipes » et focus 17.3).

Focus 17.3

Les trois conditions nécessaires à l'implication

Cohérence. Nul ne peut s'impliquer s'il ne comprend pas le contexte dans lequel il se trouve, le sens des politiques, des décisions, des modes de fonctionnement.

Réciprocité. Nul ne peut s'impliquer dans une entreprise s'il ne perçoit pas que l'entreprise s'engage à son endroit. Il s'agit évidemment des politiques de personnel, mais aussi de l'expérience quotidienne, relationnelle, qui donne au travail sa valeur.

Appropriation. Nul ne peut s'impliquer s'il ne peut s'approprier son travail, son projet, son équipe ou tout autre élément de l'expérience de travail auquel il s'est affectivement lié.

3.3. Limites

Les limites des approches personnalistes renvoient aux hypothèses qui les fondent et qui peuvent être critiquées.

- La première limite est le risque de donner trop d'importance aux personnes et d'oublier les systèmes. L'évolution du fonctionnement et de la performance des organisations ces 20 dernières années a montré que les gains en productivité sont dus en grande partie aux systèmes mis en place. Systèmes d'information, rationalisation des processus, réforme des organisations ou démarche de réduction des coûts ont permis à des entreprises de survivre, voire de se redévelopper : la manière dont de grandes entreprises ont pu « absorber » les dégâts causés par la bulle Internet l'illustre.
- La deuxième limite tient à l'hypothèse de compatibilité entre les intérêts de l'entreprise et ceux de la personne. Dans une approche marxienne, ce n'est évidemment pas le cas ; dans le discours quotidien autour du travail, cela ne semble pas l'être non plus. Il est fréquent de constater une défiance mutuelle entre entreprise et salarié.

- La troisième limite est plus fondamentale. Dans l'affirmation que la personne est la source première de la performance, il est difficile de faire la part entre un discours éthique fondé sur des convictions et une observation plus froide de la réalité. Dans les approches personnalistes, mettre la personne au centre est un principe épistémologique et non une conviction. Bien entendu, chacun peut considérer – c'est le minimum de la responsabilité éthique de chacun – que son action de GRH ou de management ne peut être déconnectée de ses convictions. Mais ce n'est pas de convictions qu'il s'agit ici. Rappelons-nous le courant de recherche sur l'amélioration des conditions de travail. Quand on analyse bien les choses, on s'aperçoit qu'il y avait pour beaucoup à la base la conviction que de meilleures conditions de travail devaient produire de la satisfaction et de l'efficacité ; ce n'est pas si facile à prouver.

4. Les approches interactionnistes

Ces approches basent l'analyse des rapports personne/activité sur les interactions entre acteurs. Ces approches s'appuient en grande partie, dans le contexte français, sur les travaux de Michel Crozier.

4.1. Hypothèses

Au départ est l'acteur. L'emploi du terme n'est pas anodin. L'acteur est celui qui agit. Observer le fonctionnement des organisations consiste à observer les actions, les comportements. Mais l'acteur est aussi celui qui joue un rôle. Ses actions sont certes écrites dans le script, mais chacun sait que l'acteur s'empare du rôle. Les approches interactionnistes décrivent le fonctionnement de l'organisation à travers cet acteur et ses interactions avec son environnement en formulant plusieurs hypothèses.

Premièrement, l'acteur a une marge de liberté. L'acteur n'est pas déterminé par les structures dans lesquelles il opère. Comme dans l'exemple des Yougoslaves décrit plus haut, même dans un contexte fortement déterminé par les modes de production, l'acteur conserve, même minime, une marge de liberté.

Deuxièmement, il utilise cette marge de liberté pour développer ses propres stratégies. Par stratégie, nous entendons l'idée d'un but à atteindre et d'un chemin pour y parvenir. L'acteur est rationnel, ses comportements ressortissent à la rationalité de ses stratégies. Il faut donc repérer ces stratégies en partant du principe qu'on découvre une rationalité derrière des comportements en apparence obscurs et incompréhensibles.

Troisièmement, ces stratégies visent l'acquisition de pouvoir. Le succès des stratégies dépend aussi des autres. Toute relation peut être vue comme une relation de pouvoir, dans laquelle on essaie d'influencer le comportement des autres dans le sens de la réalisation de ses propres stratégies. Il existe différents moyens d'acquérir du pouvoir. L'un d'eux est la maîtrise des zones d'incertitude, de quelque chose qui est incertain pour l'autre mais a de l'intérêt pour lui. Ainsi, l'information représente du pouvoir : c'est le cas lorsque vous possédez une information qui a de la valeur pour quelqu'un d'autre.

Conséquemment, on peut décrire une organisation en repérant les stratégies des acteurs, en observant leurs comportements et leurs interactions. L'organisation est la résultante de toutes ces interactions[8].

---

8. Consulter à cet égard les travaux de Crozier et Friedberg : *L'Acteur et le système*, Seuil, 1977 ; Friedberg : *Le Pouvoir et la règle*, Seuil, 1997.

4.2. Illustrations

Donnons deux illustrations de l'approche interactionniste qui montrent son intérêt pratique.

Premièrement, cette approche a été utilisée dans l'**analyse des dysfonctionnements**. Crozier s'est longtemps intéressé à l'analyse des écarts entre un mode de fonctionnement officiel et un mode de fonctionnement réel. Ce sont les intérêts et les stratégies des acteurs en place qui permettent d'expliquer l'écart.

On peut utiliser cette approche pour comprendre l'absentéisme, la baisse de qualité ou tout autre dysfonctionnement. Il s'agit alors :

- de repérer le système d'action concret pertinent, les différents acteurs à prendre en considération pour comprendre le phénomène ;
- de repérer les stratégies de ces acteurs, leurs alliances et la rationalité de leurs comportements ;
- d'imaginer les zones et moyens d'action permettant de faire évoluer ces comportements.

Deuxièmement, cette approche a été utilisée dans l'**analyse des conflits**. Il s'agit évidemment, là encore, d'une opposition de stratégies et de rationalités (voir exemple 17.7).

Exemple 17.7

L'analyse des conflits selon Adam et Reynaud

Dans tout conflit social, on peut distinguer :

- Les acteurs :
  - La direction de l'entreprise (et peut-être certains directeurs en particulier comme le DRH).
  - Les syndicats (on peut aussi distinguer entre différents syndicats aux stratégies différentes).
  - Le personnel, puisque des écarts peuvent apparaître entre lui et ses représentants.
  - Les collectivités territoriales, souvent parties prenantes du fait des enjeux de l'emploi sur leur territoire.
  - Les médias, qui donnent ou non de l'importance au conflit.
  - Un éventuel médiateur, l'administration locale du travail, etc.
- Les enjeux :
  - Ce que chaque partie peut obtenir lors du conflit, que ce soit ou non lié à la raison initiale du conflit.
  - Le pouvoir relatif d'un acteur par rapport à un autre : les raisons officielles du conflit disparaissent lorsqu'un des acteurs a gagné sur l'autre et a ainsi renforcé sa position vis-à-vis de lui.
  - Peuvent varier au fil d'un conflit : par exemple, le conflit commence par un incident insupportable pour l'une des parties, les enjeux se généralisent à d'autres aspects de leurs relations (salaires, conditions de travail, reconnaissance), ils évoluent vers des enjeux plus concrets permettant à chacun de sortir du conflit et de reprendre des relations apaisées (augmentations, primes).

Exemple 17.7 (suite)

- Les règles :
  - Le droit fixe des règles, qui ne sont d'ailleurs pas toujours respectées.
  - Il peut exister des usages (dans l'industrie, par exemple, on continuera d'entretenir le matériel durant un conflit même si on est en situation de grève générale).

Source : Adam G. et Reynaud J.-D., Conflits du travail et changement social, PUF, 1978.

Dans ces deux illustrations, l'approche interactionniste permet de décrire toutes les situations où un écart apparaît entre des modes de fonctionnement réels et théoriques. Le cœur de l'explication est l'acteur, avec sa logique qu'il essaie de développer. Ainsi, chaque acteur repère les rationalités des autres et s'y ajuste.

4.3. Limites

Une fois encore, les limites des approches interactionnistes ne sont pas inhérentes à ces théories mais se rapportent aux risques d'une application trop poussée, en méconnaissance des autres.

La première limite est que ces approches sont souvent plus utiles pour comprendre des dysfonctionnements *a posteriori* que pour les anticiper. Elles disent peu ce qu'il faut faire, un peu plus ce qu'il aurait fallu ne pas faire. L'observateur rapide peut ainsi s'enorgueillir de tout comprendre une fois que le mal est fait.

La deuxième limite est que ces approches, en centrant le fonctionnement de l'organisation sur les stratégies individuelles et la recherche par les acteurs de leur propre intérêt, peuvent développer et renforcer une approche cynique du fonctionnement des organisations. On peut avoir une approche de la relation amoureuse en termes de stratégies d'acteurs, de maîtrise de l'incertitude et de pouvoir : la rationalité de l'approche s'adapte bien à cette situation. Cependant, en lisant Ronsard ou Eluard, vous conviendrez que la relation amoureuse ne s'épuise pas dans ce jeu de pouvoir et cette confrontation de rationalités…

La troisième limite découle de la précédente. En décrivant le fonctionnement de l'organisation comme un lieu d'interaction, d'échange et de confrontation de stratégies d'acteurs, l'approche interactionniste peut limiter l'analyse de ce qui se passe à l'instant de cet échange. L'organisation ne serait alors qu'un marché aux stratégies individuelles sur lequel chacun utiliserait les ressources et les opportunités offertes par les objectifs, les règles ou les artefacts de l'organisation comme carburant de ces stratégies. Dans une telle analyse, le présent, le visible des relations prime. L'organisation n'existe plus en tant que telle, il n'y a qu'un jeu d'interactions.

5. Les approches symbolistes

5.1. Hypothèses

Les approches symbolistes pallient la dernière limite des approches interactionnistes (voir plus haut). Le point de départ de ces approches est la constitution dans toute organisation humaine de quelque chose qui lui est propre et qui dépasse les personnes qui la composent. L'accent est mis sur ce construit commun. Le nom de « symboliste » met en valeur la notion de symbole, dont l'étymologie grecque signifie « jeter ensemble ». C'est donc ce qui rassemble, ce qui unit.

On peut distinguer plusieurs hypothèses.

- Premièrement, un symbole est un « quelque chose » porteur de sens pour une collectivité. N'importe quoi peut être symbole : un morceau de tissu, un objet, un mot, un morceau de musique. Un hymne national, un drapeau en sont de bons exemples. La force du symbole, c'est que les émotions qu'il suscite n'ont rien à voir avec l'objet lui-même mais avec le sens qui lui est attaché.
- La deuxième hypothèse est que toute communauté humaine crée ses propres symboles. C'est un phénomène naturel, concernant aussi bien les nations que les groupes d'élèves dans une cour d'école ou les équipes de sport. Il ne résulte pas d'une démarche volontaire, organisée, planifiée, mais d'un processus normal que les personnes produisent par leurs interactions, leur confrontation à des situations, leur vision commune d'un certain nombre de phénomènes.
- La troisième hypothèse est que le symbole a une fonction dans tout groupe. Il permet de représenter une appartenance à un collectif commun et de marquer une distinction par rapport aux autres. En ce sens il rassure, mais facilite aussi la vie sociale puisqu'il élargit la base commune sur laquelle construire une vie collective. Le symbole permet aussi de satisfaire le besoin d'« ordre » des personnes, qui veulent se situer dans un univers et les unes par rapport aux autres.

Dans les approches symbolistes, l'organisation est vue comme une collectivité humaine créant du sens commun qui l'aide à fonctionner. On cherche à repérer le sens plutôt que les faits, la signification des actes plutôt que les actes eux-mêmes. Alors que les approches interactionnistes cherchent à mettre en évidence par différence les stratégies qui expliquent les comportements, on regarde ici ce qui unit et rassemble.

5.2. Illustrations

L'illustration en est la culture d'entreprise[9]. Depuis une vingtaine d'années, ce concept s'est développé dans l'approche du management. La culture peut être décrite dans une société humaine, comme l'ont montré les ethnologues.

Définition de la culture

Il existe de nombreuses définitions de la culture. Les termes sont clairs pour tout le monde mais revêtent un sens différent pour chacun. C'est le cas pour la culture d'entreprise, largement sollicitée dans toutes les publications d'affaires… avec des sens très différents. La définition que nous proposons a le mérite de bien montrer en quoi la culture ouvre des perspectives dans la compréhension des organisations et de leur mode de fonctionnement :

- **Un ensemble de références.** Il faut entendre le terme « références » de deux manières.
  - Les références guident les comportements. C'est pour cette raison qu'il est important de considérer la culture. Tous nos comportements, sauf les comportements réflexes, découlent de références, utilisées de manière plus ou moins consciente. Quand nous commençons à pratiquer une langue étrangère, nous cherchons à

9. Thévenet M., *Culture d'entreprise*, PUF, coll. « Que sais-je ? », 1993.

composer des phrases qui respectent les règles de grammaire patiemment apprises, à bien utiliser les verbes irréguliers. Au fur et à mesure que nous pratiquons, l'utilisation de ces règles se fait de manière moins consciente. Il n'empêche que ces références ont bien été acquises.

  - Les références ne sont pas des opinions. Il existe une différence importante entre ces deux notions, qui mérite d'être soulignée. En effet, des études présentées comme « culturelles » ne sont souvent en fait que des études d'opinion (qui ont aussi leur utilité par ailleurs). Une référence, c'est une vision à laquelle on se réfère pour agir. Je peux avoir une opinion sur l'état du monde et son devenir, cette opinion peut devenir une référence dans la mesure où elle fonde mes comportements.

- **Références partagées dans l'entreprise.** Cela appelle trois remarques.
  - Premièrement, les références ne sont pas propres à l'organisation. Il en existe dans l'environnement. C'est le cas des références de cultures nationales. Le courant très fécond des différences culturelles montre les différences de systèmes de représentation et de valeurs d'un pays à l'autre. Les Allemands seraient différents des Russes. On ne peut que souscrire à cet état de chose, mais la prise en compte des cultures nationales n'est pas toujours très utile pour comprendre ce qui se passe au sein des organisations. Il n'est pas évident que l'on se comporte dans une entreprise allemande selon ce que sont ces valeurs nationales. On ne peut faire l'hypothèse que l'entreprise est une société nationale en réduction.

    Il existe des cultures qui ont plus d'importance pour comprendre le fonctionnement de l'entreprise que les cultures nationales. C'est le cas des cultures de secteur d'activité. Les caractéristiques d'une activité, d'un métier, d'un marché sont plus structurantes des comportements et des systèmes de représentation que les cultures nationales. Il y a plus de proximité entre un banquier français et un banquier brésilien qu'entre ce banquier français et un fabricant d'automobiles français.
  - Deuxièmement, il peut exister différentes cultures à l'intérieur d'une même entreprise. Ce sont des cultures d'établissement, de métier, de siège social et de terrain, des cultures d'équipes dirigeantes ou des cultures forgées dans certains projets. L'existence de ces sous-cultures ne remet pas en cause l'existence de la culture globale au niveau de l'entreprise dans son ensemble.
  - Troisièmement, ces références sont partagées. Cela ne signifie pas que tout le monde a une connaissance approfondie de ces références. Prenons l'exemple des cultures nationales. On peut appartenir à une culture nationale sans savoir précisément ce qui, dans cette culture, explique nos comportements. Nous avons le sentiment d'agir comme nous le devons ou le voulons sans imaginer l'impact des références partagées dans l'émergence de nos comportements. N'étant pas forcément conscientes, ces références doivent être mises au jour. Pour cela on observe les pratiques, les comportements, et on dégage derrière ceux-ci les références qui opèrent.

- **Références construites tout au long de l'histoire en réaction à des situations.** Les références partagées se construisent selon un processus d'apprentissage : confrontés à des situations, l'organisation et ses membres réagissent, évaluent leurs actions et développent des visions communes tirées de leur expérience.

  Les références résultant d'un processus d'apprentissage, elles ne peuvent être décrétées, ni définies *a priori*. Elles résultent d'une expérience faite d'actions.

Les références se produisent tout au long de l'histoire. Cela ne signifie pas qu'elles s'empilent comme dans une tranche napolitaine. L'histoire engage l'avenir, mais ces références sont transformables par d'autres expériences.

Comment mettre en évidence la culture ?

La première règle est que la culture est ce que les personnes font. Cette phrase un peu courte clarifie l'importance de la culture et le niveau où elle se situe, dans des actes. Bien entendu, ce sont les références récurrentes qui permettent de comprendre ces différents actes.

La seconde règle est de revenir à la pratique des ethnologues. En cherchant à explorer la culture d'une population, l'ethnologue recense toutes les pratiques possibles de cette population pour en tirer progressivement les références sous-jacentes. Comme il s'intéresse à un groupe d'humains, il observe la manière de marquer les grandes étapes de l'existence : la naissance, le passage à l'âge adulte, la vieillesse et la mort. Il regarde les rapports entre hommes et femmes, entre générations. Il recense le partage des activités permettant à la communauté de vivre, les rapports avec les autres tribus, les rapports avec l'invisible, l'éternel, donc le sens du sacré. Il peut observer ensuite, pour terminer une liste non exhaustive, les rapports avec l'environnement naturel et les formes d'expression. Mais cette liste ne tient que par rapport à la spécificité de cette tribu d'humains. L'entreprise est une société humaine, qui a ses propres particularités.

Sa première particularité est d'avoir une raison d'être. L'organisation existe pour réaliser quelque chose à destination d'un environnement, d'une société, d'un marché. Il existe donc une finalité de production d'un bien ou d'un service. La deuxième spécificité de l'entreprise comme société humaine est que la participation y est partielle : la personne n'appartient pas qu'à l'entreprise. On ne peut donc simplement transposer les catégories de l'ethnologue à l'entreprise. Il faut plutôt trouver les caractéristiques de l'entreprise dont on estime qu'elles peuvent révéler les références de cette société humaine particulière.

Deux méthodes peuvent être proposées, l'une brève, l'autre longue.

- **Méthode brève.** Elle consiste à s'intéresser en priorité aux systèmes d'évaluation de l'entreprise. Ceux-ci révèlent quelque chose d'important puisque ce sont les critères permettant de dire ce qui est approprié ou ne l'est pas. Il existe deux grandes catégories de systèmes d'évaluation :
  - **L'évaluation collective.** Il s'agit des activités, des entités. Dans l'entreprise, c'est le *reporting* ou le contrôle de gestion qui en a généralement la charge. On examinera non seulement la configuration de ces instruments avec les critères d'évaluation utilisés, mais aussi leur pratique effective. En effet, on sait que, dans tout système d'évaluation, tous les écarts entre le prévu et le réalisé n'ont pas la même importance ni le même impact.
  - **L'évaluation individuelle.** C'est l'évaluation des personnes non seulement dans les systèmes formalisés d'évaluation des performances, mais aussi dans des pratiques comme la gestion de carrière, les mécanismes de sanction et de récompense, etc. Une fois encore, il ne faut pas se limiter aux systèmes formels, mais prendre en compte les mécanismes réels d'évaluation.
- **Méthode longue.** On peut développer une méthode beaucoup plus systématique de repérage des informations et événements qui révèlent les traits de culture. On peut distinguer cinq grandes catégories d'informations à recueillir (voir focus 17.4).

Focus 17.4

Les cinq grandes catégories d'informations pouvant révéler les traits de la culture de l'entreprise

- Fondateurs et circonstances de la fondation :
  - la personnalité et l'action du fondateur, mais aussi les circonstances de cette fondation, qui permettent de prendre conscience de la portée de la déviance de cette fondation ;
  - les principes qui ont présidé à cette fondation.
- Histoire :
  - l'histoire des événements importants de l'entreprise ;
  - l'histoire symbolique, c'est-à-dire l'importance accordée par le corps social à certains événements ;
  - les grandes lignes structurantes de cette histoire, c'est-à-dire les constantes que l'on retrouve dans l'histoire, dans les produits vendus, dans les structures, chez les dirigeants, etc.
- Métier :
  - les références liées à l'activité de l'entreprise du fait de son appartenance à un secteur d'activité (métier partagé avec les entreprises concurrentes) ;
  - les métiers spécifiques qui distinguent des concurrents ;
  - la façon de faire son métier, c'est-à-dire l'importance relative associée aux différentes fonctions qui concourent à l'exercice du métier.
- Valeurs :
  - les valeurs déclarées ;
  - les valeurs opérantes telles qu'elles apparaissent dans la pratique réelle des systèmes d'évaluation individuels et collectifs.
- Signes et symboles :
  - les styles de relation ;
  - les artefacts divers.

Cette liste d'informations n'est pas limitative dans chacune des cinq catégories. Les méthodes peuvent être diverses pour les recueillir : analyse documentaire, démarche plus participative de recherche par des groupes de salariés. Une fois collectées, ces informations sont analysées de façon à dégager les répétitions, les récurrences, les résonances qui permettent de faire apparaître des traits de culture.

Les études de culture montrent que les traits de culture repérés à l'aide de cette méthode sont divers. On retrouve cependant toujours certaines catégories :

- des références tenant à la conception de la personne, c'est-à-dire aux droits et devoirs de la personne vis-à-vis de l'entreprise et aux droits et devoirs de l'entreprise vis-à-vis de la personne ;
- des références tenant à son activité et à la manière de l'exercer ;
- des références tenant aux rapports à l'environnement.

L'utilisation de la culture dans le management

Cette approche revient à aborder les problèmes d'organisation de la manière suivante (voir figure 17.1).

Figure 17.1 – Le modèle culture et management : la culture comme ressource

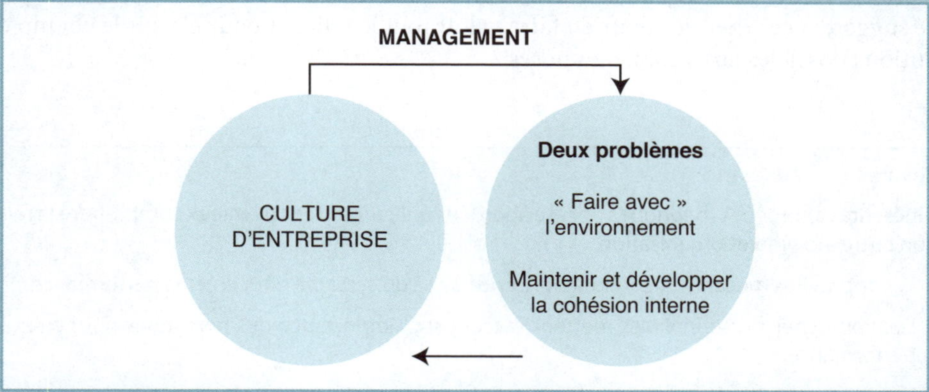

Ce modèle indique que gérer, manager, gouverner, c'est résoudre des problèmes permanents et imposés qui concernent le rapport à l'environnement (marché, par exemple) et le développement et la maintenance de la cohésion interne. La culture sert de ressource, elle contient des références qui peuvent et doivent être mobilisées pour se donner toutes les chances de résoudre de façon pertinente ces problèmes.

Ce petit modèle présente trois avantages :

- Premièrement, en mettant en dialogue la culture et les problèmes, il permet d'éviter le choix de solutions sans prise en compte des conditions particulières de la situation de l'entreprise.
- Deuxièmement, il permet d'éviter de ne considérer que la culture, de se replier sur elle sans prise en compte de la réalité environnante.
- Troisièmement, il permet de mettre en évidence que l'objectif reste de traiter les problèmes et non d'essayer de changer la culture. La culture change du fait d'une bonne résolution des problèmes.

5.3. Limites

Les approches symbolistes ont principalement deux limites :

- La première est la difficulté de validation des hypothèses de traits de culture. En effet, rechercher des lignes de force structurantes, des traits de culture qui sous-tendent la réalité, est une tâche méthodologiquement difficile. Il ne faut pas se laisser abuser par les originalités ou les bizarreries, mais essayer de chercher ce qui a réellement du sens et constitue des références réelles.
- La seconde est que le travail sur la culture présente l'intérêt de mettre en évidence les pratiques dans toute leur profondeur et dans tout leur sens, mais que les actions à prendre peuvent être difficiles à déterminer. Elles sont donc plus riches pour le diagnostic que pour l'action.

Il faut voir dans ces approches théoriques des regards différents sur une même réalité : le fonctionnement des organisations et l'interaction entre personnes et activité. En aucun cas, il ne faudrait imaginer un quelconque progrès dans les approches qui révéleraient enfin ce que les précédentes n'ont pas su voir. Ces approches doivent être mobilisées conjointement pour mettre en évidence tous les aspects d'une situation. La compétence du professionnel des RH consiste à approcher une situation sous les différents aspects que suggèrent ces théories pour en faire valoir tout le relief et pour élargir le champ des solutions possibles aux problèmes posés.

Résumé

Différentes approches théoriques ont été abordées qui permettent de mieux comprendre la relation entre individu et organisation.

- Les approches mécanistes soulignent l'importance du système pour créer la performance.
- Les approches personnalistes mettent l'accent sur l'importance des personnes pour créer la performance.
- Les approches interactionnistes s'intéressent aux interactions entre les personnes qui constituent la réalité première du fonctionnement d'une organisation.
- Les approches symbolistes s'intéressent au sens que se créent un groupe ou une collectivité, et qui permet seul de décoder le mode de fonctionnement de l'organisation.

Bibliographie

Adam G. et Reynaud J.-D., *Conflits du travail et changement social*, PUF, 1978.

Crozier M. et Friedberg E., *L'Acteur et le système*, Seuil, 1977.

Friedberg E., *Le Pouvoir et la règle*, Seuil, 1997.

Leavitt H., *Managerial Psychology*, Chicago University Press, 1988.

Morgan G., *Images de l'organisation*, De Boek, 1999.

Pesqueux Y., *Organisations : modèles et représentations*, PUF, 2002.

Rojot J., *Théorie des organisations*, Éditions Eska, 2005.

Thévenet M., *Culture d'entreprise*, PUF, coll. « Que sais-je ? », 1993.

Thévenet M., *Le Plaisir de travailler*, Éditions d'Organisation, 2000.

Thévenet M. et Vachette J.-L., *Culture et comportements*, Vuibert, 1992.

Activités

Questions

1. Quels sont les trois paradoxes des structures ?
2. Quelles sont les conditions nécessaires de l'implication et comment les satisfaire ?
3. Quel est l'intérêt de mettre en évidence la culture de l'entreprise ?

Étude de cas

Cette grande entreprise industrielle de 10 000 personnes vit dans les années 2010-2011 une crise importante. Le niveau d'engagement des collaborateurs semble baisser et l'entreprise doit restructurer profondément ses organisations et ses modes de travail pour faire face aussi bien à une décroissance du marché qu'à une compétition de plus en plus féroce.

À la fin des années 2000, l'entreprise a dû intégrer plusieurs centaines de nouveaux techniciens et ingénieurs pour relancer l'innovation, le développement de nouveaux produits et combler les nombreux départs en retraite. Des programmes de changement ont été initiés de manière à réduire les coûts, généraliser dans l'entreprise des systèmes d'information efficaces et assurer une plus grande fiabilité des processus de production et de service des clients.

Il existe quelques éléments de diagnostic issus d'enquêtes récentes dans l'entreprise et vous voudriez effectuer un diagnostic plus approfondi en vous aidant des quatre grandes approches des organisations vues dans ce chapitre. Quelles seraient les grandes questions que vous vous poseriez, et donc le cahier des charges de ce diagnostic ?

On vous donne premièrement quelques résultats d'une enquête effectuée auprès de tous les salariés de l'entreprise :

- Les salariés considèrent que la croissance était la marque de leur entreprise hier, mais qu'aujourd'hui, c'est plutôt un marché déprimé, une plus forte pression sur les prix et les coûts, la complexité, la crainte pour son emploi et le manque de vision partagée.
- Les salariés considèrent que ce qui aurait le plus d'impact sur leur travail au quotidien est dans l'ordre d'importance décroissante : une prise de décision plus rapide, une organisation plus claire et simplifiée, une meilleure reconnaissance des personnes, une réduction des règles et des procédures.
- À la question de savoir ce que les salariés aimeraient que l'on dise de l'entreprise dans cinq ans, ils répondent prioritairement : ce sont les personnes qui sont à la source de la performance, c'est l'entreprise la plus innovante de l'année.
- Pour les salariés, ce qui permettrait le mieux à l'entreprise de réussir dans l'avenir serait, dans l'ordre décroissant : des personnels impliqués, une plus grande satisfaction des consommateurs, de meilleurs produits et la meilleure qualité, les plus grandes innovations dans l'industrie, la place de numéro 1 dans le secteur.

- Les salariés considèrent que les principaux manques pour assumer ces changements sont : la reconnaissance des personnes, une insuffisante sensibilité aux problèmes de coûts, le manque d'idées nouvelles à tous les niveaux de l'organisation.

D'autre part, une enquête a été menée dans cette entreprise sur l'implication des collaborateurs en 2010 et en 2011. Quelques résultats marquants vous sont fournis :

- Le niveau global d'implication diminue légèrement d'une année sur l'autre sans que les dirigeants sachent si cette baisse est significative ou non.
- Le taux de réponse à l'enquête a augmenté significativement en 2011 par rapport à 2010.
- L'enquête établissait une distinction entre l'implication des personnes et la non-implication. Si l'implication ne variait pas beaucoup selon les catégories, le pourcentage des « non-impliqués » augmentait significativement dans plusieurs catégories :
  - Parmi les managers de proximité de premier niveau et les techniciens.
  - Parmi les secteurs très opérationnels de fabrication, mais aussi dans le secteur de la recherche et du développement.
  - Au sein des divisions très opérationnelles, on remarque que les résultats d'implication sont meilleurs dans celles qui ont développé un vrai travail de formation et de sensibilisation des managers aux changements en cours dans l'entreprise.

Question

En utilisant les grandes théories couvertes dans ce chapitre, quelles questions importantes pouvez-vous vous poser à partir de ces éléments pour mener un diagnostic pertinent de la situation de cette entreprise face aux enjeux qu'elle rencontre ?

Chapitre 18
Pratiquer les outils RH

Cécile Dejoux

Ce chapitre aborde les questions suivantes :

- Quel est le rôle des managers dans la réussite d'une politique RH ?
- Quels sont les outils RH dans les domaines du recrutement, de la formation, de la gestion des carrières et du dialogue social ?
- Comment les RH peuvent-elles impliquer les managers dans la mise en œuvre de la politique et des outils RH ?
- Comment démontrer aux managers les bénéfices qu'ils ont à tirer en devenant le « maillon fort » de la mise en œuvre de la politique RH ?

Nous prenons le parti d'affirmer que la fonction RH peut s'imposer au sein d'une organisation si trois conditions sont réunies. Ces conditions peuvent être considérées comme des facteurs clés de succès. Elles mettent en jeu l'implication et la détermination de trois groupes d'acteurs dont les rôles sont déterminants :

- Les dirigeants de l'entreprise doivent faire confiance à la fonction RH et lui donner les moyens de se positionner comme un contre-pouvoir des financiers et des marketeurs.
- La DRH doit élaborer une politique RH en harmonie avec la politique générale de l'entreprise, tout en mettant en place des axes d'actions prioritaires et des processus qui permettent de visualiser les domaines RH fonctionnels et opérationnels (qui concernent les managers).
- Les managers doivent être considérés comme le « maillon fort » du déploiement de la politique RH. Ce sont les « orfèvres » de la mise en œuvre des outils RH qui permettent le déroulement des processus RH.

Ainsi, l'entreprise doit veiller à l'implication des managers dans les tâches RH qui leur sont proposées, car leurs rôles dans la réussite de la politique RH sont une nécessité admise par tous (voir section 1, ainsi que les travaux sur les managers de proximité de M. Thévenet). Cette implication ne peut pas être décrétée. Elle peut être motivée, d'une part, par la clarté des messages et des missions à effectuer et, d'autre part, par la simplicité et l'utilité des outils à mettre en place. N'oublions pas qu'avant tout les managers ont des objectifs à court terme fixés sur le développement du chiffre d'affaires et des résultats commerciaux. Leur demander un lourd investissement (en formation et en temps) dans le domaine RH serait contre-productif. L'efficacité de leur participation repose sur deux principes : les managers doivent savoir quelle est la valeur ajoutée des actions RH auxquelles ils participent ; la mise en œuvre de ces actions doit être facilement et rapidement exécutable.

1. Le rôle des managers dans la réussite d'une politique RH

Le rôle RH dévolu aux managers est unique dans chaque entreprise. Il dépend de l'histoire de l'entreprise, de celle des hommes qui la composent et de la place des RH au sein de la société. Pourtant, une certitude demeure : dans le contexte de mondialisation des entreprises du xxie siècle, le rôle RH des managers s'impose comme un facteur clé de succès de la politique RH de l'entreprise. Afin de mieux appréhender le contenu et le territoire de cette nouvelle mission imposée aux managers, trois thèmes sont essentiels : la place des RH dans l'entreprise, les relations entre les acteurs RH, le rôle des managers dans la mise en œuvre de la politique RH.

De plus en plus d'entreprises conçoivent leurs modèles d'organisation en se focalisant sur les attentes et les besoins des clients (voir chapitre 1, « Gérer les ressources humaines »). Elles favorisent la relation de service et décentralisent les outils aux plus proches des opérationnels. Dans ce type de configuration répandue (nommée généralement SBU, *System Business Unit*, ou configuration en agence ou centre de profit), les managers ont toujours plus de responsabilités juridiques, opérationnelles et financières. Afin de contrôler ces nouvelles prérogatives, l'entreprise s'appuie sur une instrumentation élaborée qui vise à faciliter les interventions des managers tout en permettant une remontée d'informations aux directions fonctionnelles concernées. C'est pourquoi force est de constater une instrumentation croissante de la fonction RH.

L'entreprise demande à ses managers d'assumer de véritables « rôles RH », qui peuvent être considérés comme des **rôles classiques** et de **nouveaux rôles RH**.

1.1. Rôles RH dits classiques

Il s'agit du recrutement de nouveaux collaborateurs, de la mise en place de séminaires collectifs de formation thématique programmée, de la fixation d'objectifs RH liés aux objectifs business de l'organisation, de l'évaluation annuelle et de la remontée des demandes de formation.

1.2. Nouveaux rôles RH

Contrairement aux fonctionnels RH qui travaillent dans la réflexion avec une perspective temporelle à moyen et à long terme (en tentant de faire du prévisionnel et de minimiser les écarts entre les besoins et les ressources RH actuels et futurs), les managers doivent travailler dans l'urgence et l'action.

Les managers sont vivement sollicités dans les domaines de la formation « en temps réel ». Il ne s'agit pas de leur faire dispenser des séminaires techniques. Il leur est demandé de mettre en œuvre une formation en temps réel à partir des incompétences qu'ils auraient détectées, lorsqu'un besoin de formation devient urgent ou simplement à la demande d'un collaborateur de l'équipe. Ce type de formation n'est pas nécessairement **institutionnalisé** ou prévu par l'entreprise. Il est aux antipodes de la formation budgétée et anticipée dans le plan de formation. C'est une « formation pompier » à caractère urgent ou important et surtout individualisée.

Dans le domaine de la **gestion des compétences**, l'un des facteurs clés de succès est l'engagement et l'appropriation de la démarche par le manager de proximité. C'est au chef d'agence d'utiliser le référentiel de compétences, voire le dictionnaire de compétences, dans le cadre de l'évaluation annuelle ou de la gestion de carrière. Il est également partie prenante lors de l'élaboration des référentiels de compétences : en effet, la méthodologie la plus efficace consiste à constituer des groupes de travail avec les collaborateurs et les managers de proximité afin d'élaborer le contenu des compétences des futurs référentiels (voir chapitre 7, « Gérer les compétences et les carrières »).

Un autre rôle RH leur est dorénavant dévolu, celui de l'harmonisation dans la **gestion des carrières**. Les managers de proximité ont toujours donné leur avis sur l'évolution de leurs collaborateurs, mais, à présent, leur périmètre dans ce domaine s'est largement étendu. Afin d'offrir une lisibilité et une transparence de la politique de gestion des carrières, des *people reviews*, ou **comités de carrière**, se sont constitués autour des RRH et des managers de proximité, qui donnent leur avis tout en défendant les qualités des collaborateurs qu'ils souhaitent voir promouvoir.

Les managers sont également en première ligne pour anticiper ou réagir face à des **risques psychosociaux**[1] (stress, harcèlement moral, violences, souffrances physiques et psychiques, etc.). Ils peuvent être aidés par des solutions d'évaluation ou prestations proposées par les ECPA :

- **Emoview G.** Permet de mesurer le niveau de bien-être ou de mal-être des salariés.
- **QCE.** Évalue le climat psychosocial de l'entreprise et permet d'identifier les difficultés de fonctionnement et les lieux de tension afin d'aider à bâtir un plan d'action.
- **CISS.** Mesure les modes de réaction au stress et peut aller jusqu'à identifier un *burn-out.*
- **STAI-Y.** Mesure les sentiments d'appréhension, la tension, la nervosité et l'inquiétude afin d'évaluer l'anxiété momentanée (état) et l'anxiété habituelle (trait).
- **STR.** Permet d'apprécier les différences individuelles liées à la gestion de conflits.

D'autres rôles peuvent être mentionnés : leurs témoignages sur le style de management de l'entreprise dans le cadre du **recrutement** ; leur participation à l'enrichissement de l'intranet RH, par animations de forums, *newsletters*, etc., et à l'utilisation d'Internet (voir focus 18.1) ; il leur est vivement recommandé d'appartenir à des associations de RH (ou à d'autres réseaux) à l'extérieur de l'entreprise et d'intervenir dans les écoles pour dynamiser l'image de l'organisation.

Focus 18.1

Le RH et le rappel de règles en matière d'utilisation d'Internet

L'utilisation sur le lieu de travail d'Internet à des fins personnelles ne peut être interdite, mais le manager a le devoir de rappeler les règles d'usage.

Si l'entreprise possède une **charte d'utilisation d'Internet au travail**, le salarié y trouvera des informations précises sur ses droits, ses obligations et ses responsabilités. Ce document a l'avantage d'informer les collaborateurs sur les modalités d'utilisation et les règles, et d'éviter les abus. Il peut prendre la forme d'une simple note de service, d'un guide d'utilisation ou d'une annexe au règlement intérieur.

1. L'article L. 4121-1 du Code du travail (mai 2008) mentionne que « l'employeur est tenu de prendre les mesures nécessaires pour assurer la sécurité et protéger la santé physique et mentale des travailleurs. Ces mesures comprennent : (1) des actions de prévention des risques professionnels ; (2) des actions d'information et de formation ; (3) la mise en place d'une organisation et de moyens adaptés ».

Focus 18.1 (suite)

Le comité d'entreprise doit être consulté si l'entreprise met en place un système de contrôle qui lui permet par exemple de collecter des indicateurs (nombre de messages reçus ou émis ; sites consultés, temps de visite sur les sites, lecture des e-mails, etc.). Dans ce cas, les salariés doivent également avoir été informés ainsi que la Cnil qui aura été destinataire d'une déclaration sur ces dispositifs.

Pour information, rappelons que la jurisprudence en 2010 a validé des licenciements de salariés qui dénigraient leur hiérarchie sur Facebook !

2. Les interventions du manager dans le domaine du recrutement

Le manager joue un rôle déterminant dans le processus de recrutement (voir chapitre 15, « Recruter »). Plusieurs cas peuvent se présenter en fonction de la taille de l'entreprise et de l'organisation de la fonction RH :

- Le manager peut être à l'origine de l'expression d'un besoin de poste dans le cadre d'un remplacement ou d'un développement d'activité.
- Le manager peut seulement participer, dans le cadre d'un travail de groupe de la DRH, à une ou plusieurs étapes du processus de recrutement lors de l'analyse du besoin, de la sélection, des tests et de la prise de décision.
- Le manager peut mener seul l'ensemble de processus de recrutement et faire valider la décision par la DRH.

Dans tous les cas de figure, il devra nécessairement être capable, suivant les besoins de l'entreprise, de préciser le besoin et le profil d'un poste, de gérer les candidatures spontanées, de mener un entretien de recrutement, d'animer la bourse d'emplois, d'utiliser Internet pour rester en veille sur le marché du recrutement ou de détecter le bon profil.

2.1. Préciser le besoin et le profil du poste

Un besoin de poste a pour origine soit sa vacance (démission, mutation, évolution, licenciement, congé maternité…), soit sa création. Dans le premier cas, l'expression du besoin peut être réalisée à partir des remarques formulées par l'ex-titulaire du poste, de la fiche de poste existante ou de l'utilisation du référentiel de compétences. Dans le second cas, il est intéressant de prendre en compte les raisons de la création du poste, les définitions de poste proposées par les entreprises qui ont recours à ce métier, et de définir plus précisément le contenu en interrogeant les personnes qui travailleront avec ce nouveau collaborateur. Parallèlement à la définition du contenu du poste, il est recommandé de préciser le profil des compétences requises et les conditions de travail qui lui sont attenantes. Lors d'un remplacement, il faut saisir l'occasion pour faire évoluer le contenu et le profil du poste en intégrant des évolutions actuelles et futures liées aux domaines d'activité, au contrat de travail, à la rémunération, aux conditions de travail. On remarque que les entreprises qui mettent en place une GPEC et utilisent un référentiel de compétences abandonnent progressivement les fiches de poste qui ont servi à l'élaboration des référentiels.

Aujourd'hui, de nombreuses entreprises privilégient la notion de compétences (voir chapitre 7, « Gérer les compétences et les carrières ») et présentent les postes à partir de celles qui y sont rattachées en les déclinant en compétences métier, managériales et comportementales. Un profil type peut être indiqué sur le référentiel de compétences pour information, sans que cette norme devienne rigide. Les évolutions potentielles du poste dans une logique transversale ou hiérarchique peuvent également être mentionnées.

2.2. Savoir gérer les candidatures spontanées

Le manager est souvent sollicité directement, par courrier ou par e-mail, avec des candidatures spontanées. Il est vivement recommandé de traiter ces candidatures avec sérieux et organisation. La première solution peut être de les acheminer vers la DRH qui gérera le tri, le stockage et les réponses. La seconde sera de les traiter directement en local avec une fréquence trimestrielle, par exemple.

2.3. Mener un entretien de recrutement

Le rôle du manager dans l'entretien est déterminant car ce sera, dans la plupart des cas, le supérieur hiérarchique du futur collaborateur. Aussi, il faut à la fois privilégier dans l'entretien un climat de communication et un déroulement professionnel récurrent organisé autour d'un guide d'entretien et d'une grille d'appréciation, par exemple (voir tableau 18.1).

Tableau 18.1 – Guide d'entretien

Nom du candidat	
Positionnement en termes de compétences par rapport au poste	
Son potentiel d'évolution	
Ses traits spécifiques	
Ses points forts	
Les points à améliorer	
Ce que je retiens	
Sur une échelle de 1 à 3	☐ excellent ☐ conforme ☐ à ne pas prendre
Questions posées	

Techniquement, un entretien face à face peut se conduire naturellement en intégrant trois étapes autour de plusieurs thèmes (voir focus 18.2) :

- d'abord, séduire le candidat ;
- ensuite, lui proposer de **se présenter librement** ;
- enfin, si « le courant passe », **affiner les questions** tout en donnant des précisions sur le profil du poste.

Focus 18.2

Questions d'entretien

Détecter le profil du candidat

- Présentez-vous en cinq minutes.
- Quelles ont été vos fonctions et vos responsabilités précédemment ?
- Quand vous avez du temps libre, que faites-vous ?
- Avez-vous des projets de loisirs ou de voyage ?

Connaître ses motivations

- Pourquoi avez-vous postulé à cet emploi ?
- Pourquoi voulez-vous quitter votre emploi actuel ?
- Qu'est-ce qui vous intéresse dans notre entreprise et dans ce poste ?
- Avez-vous lu des articles dans la presse sur notre entreprise ?
- En quoi votre expérience passée est-elle en relation avec ce poste ?
- Comment comptez-vous faire la différence avec les autres candidats ?
- Quelles sont vos contraintes personnelles ?

Comprendre ses objectifs personnels

- Quels sont vos objectifs professionnels à moyen terme ?
- Qu'êtes-vous prêt à sacrifier pour y arriver ?
- Êtes-vous prêt à changer de métier ?
- Avez-vous eu des contacts avec d'autres entreprises de notre secteur d'activité ?

Imaginer son parcours professionnel

- Dans les différentes expériences professionnelles que vous avez vécues, quelle est celle où vous pensez avoir le plus appris et pourquoi ?
- Avez-vous connu des succès professionnels individuels ou collectifs ? Quels étaient les facteurs de succès ?
- Avez-vous connu des échecs professionnels ? Comment les avez-vous vécus ?

Peser ses atouts et ses faiblesses

- Si vous étiez un objet, comment vous définiriez-vous ?
- Quelles sont vos forces et vos faiblesses d'un point de vue professionnel ?
- Comment vos amis vous surnomment-ils ?
- Face à un risque évalué, quelle est votre attitude ? Donnez un exemple vécu.
- Face à un échec, comment réagissez-vous ? Donnez un exemple vécu.
- Dans votre dernier entretien professionnel, quelles qualités étaient soulignées par votre manager ?

Évaluer sa valeur ajoutée

- Quel est le rôle que vous préférez jouer dans un groupe ?
- Face à un objectif à atteindre, que privilégiez-vous (mettez ces critères par ordre de priorité) :
  - respecter les délais ;
  - dépasser l'objectif ;
  - faire en sorte que tous les membres de l'équipe arrivent à l'objectif même si les délais et les coûts ne sont pas respectés ;
  - respecter les coûts.
- Que pensez-vous apporter à l'entreprise ?

Terminer l'entretien

- Que pensez-vous de cet entretien ?
- Auriez-vous aimé que je vous pose une question particulière ?
- Souhaitez-vous poser une question ?

Focus 18.2 (suite)

2.4. Animer la bourse d'emplois

Avant toute démarche de recrutement externe, les entreprises choisissent fréquemment de proposer en interne les postes disponibles au moyen du journal interne, de l'affichage et plus récemment par intranet. Cette décision valorise la promotion ou la mobilité interne et permet d'asseoir une politique de gestion des carrières (voir chapitre 16, « Manager au quotidien et gérer des équipes »). Dans ce cas, une bourse d'emplois électronique est créée et offre la possibilité de mettre en ligne les caractéristiques du poste et du profil. Des liens hypertextes peuvent renvoyer au référentiel de compétences, à la cartographie des métiers, aux séminaires de formation rattachés à l'intégration dans le poste.

Le manager aura pour tâche de renseigner cette bourse d'emplois qui n'a d'intérêt que dans son actualisation. Certaines entreprises fixent un délai obligatoire allant de un à trois mois avant d'inscrire les postes dans un processus de recrutement externe. À l'issue de ce délai, le manager intervient pour rendre compte auprès de la DRH de l'avancée des contacts internes qu'il a pu avoir. Dans le scénario d'une mobilité interne, il sera sollicité afin de définir les formations utiles à la personne pour intégrer le poste le plus efficacement possible.

Ainsi, le manager peut renseigner la bourse d'emplois, l'utiliser pour afficher un besoin, la consulter (dans une logique de veille) pour avoir des informations sur la mobilité dans les autres services, interpréter l'opérationnalité de la politique de gestion des carrières de l'entreprise.

2.5. Détecter le bon profil sur Internet

Internet est devenu le premier vecteur de communication de recrutement (voir chapitre 15, « Recruter »). Ce constat qui concerne l'ensemble des pays occidentaux s'accompagne de caractéristiques qui doivent être connues de tout manager. Internet étant devenu le premier média d'échange entre offres et demandes d'emploi, c'est de plus en plus difficile pour une entreprise de recruter les meilleurs collaborateurs, sauf si elle met en place une **stratégie de recrutement sur Internet** : le ciblage de l'e-recrutement n'est pas suffisant, il doit être couplé avec une **nouvelle forme de présentiel** dévolue au manager. Les managers sont directement sollicités dans toute stratégie d'e-recrutement en tant que détecteurs des compétences comportementales et figures de proue des compétences et des valeurs de l'entreprise.

Les clés d'une stratégie de recrutement sur Internet sont : un ciblage du nouveau média de recrutement et la force de conviction des managers dans le face-à-face lors de l'entretien professionnel.

La mise en place de cette stratégie d'e-recrutement concerne en premier lieu la fonction RH, mais elle a également renforcé les missions RH du manager, qui doit « être le porte-parole opérationnel de l'entreprise ». Plus l'entreprise dématérialise son recrutement en utilisant des blogs, son site Internet, les sites de réseaux sociaux ou de cooptation, plus elle multiplie les lieux de rencontres physiques tels que les salons de recrutement dans lesquels les managers repèrent les talents et les séduisent. La réussite d'une stratégie d'e-recrutement s'explique dans le couplage du virtuel et de l'opérationnel. Par exemple, les entreprises n'hésitent pas à enregistrer des témoignages « métier » des managers pour enrichir leur site et l'humaniser aux yeux des internautes.

2.6. Intégrer le salarié

Le succès d'un recrutement est significativement corrélé à l'intégration du nouvel arrivant. Le manager a un rôle déterminant dans la supervision ou la réalisation de cette étape. Avant l'arrivée du nouveau salarié, on aura intérêt à aménager son environnement de travail (téléphone, connexion, bureau, etc.), à annoncer sa venue aux futurs collègues et, si possible, à lui attribuer un tuteur ou un parrain. D'un point de vue administratif, il est nécessaire d'établir un contrat de travail, une déclaration unique d'embauche, d'inscrire le salarié sur le registre unique du personnel et de le convoquer avant la fin de la période d'essai. En terme d'outil, le livret d'accueil lui permet d'avoir une vue générale de l'histoire (activités, valeurs, vision, culture), de l'organisation (organigramme, représentants du personnel), des locaux et de la gestion des ressources humaines (la convention collective, la politique de formation, de rémunération, les chartes, les coutumes, etc.). Enfin, le manager devra régulièrement faire des points afin de s'assurer que l'intégration se réalise positivement avec les collègues et les règles de l'organisation. À la fin de la période d'essai, un entretien plus approfondi est conseillé afin de confirmer le contrat de travail, de renouveler la période d'essai ou de ne pas confirmer l'embauche du salarié.

3. Les interventions du manager dans le domaine de la formation

Le domaine de la formation est essentiel dans la politique de développement des RH, et c'est grâce à l'implication et au professionnalisme des managers qu'elle remplit ses deux missions essentielles : motiver et développer les compétences.

Dans le domaine de la formation, le manager possède à la fois beaucoup de pouvoir et un territoire limité. En effet, grâce à sa position hiérarchique privilégiée, il peut proposer, argumenter et influencer le collaborateur dans le choix d'une formation lors de l'entretien professionnel, par exemple. Mais son territoire reste limité car c'est la politique RH de l'entreprise, en relation avec les accords des branches professionnelles, qui détermine les thématiques prioritaires des domaines de formation financés dans le cadre du plan de formation (voir chapitre 8, « Développer la formation »).

Ainsi, le rôle du manager sera de relayer l'information du siège en ce qui concerne le contexte légal de la nouvelle forme du plan de formation, de renseigner sur les différentes formes individuelles de formation et leurs financements, d'animer des séminaires de formations collectives sur des thématiques opérationnelles, de détecter et d'assurer pour chaque individu les besoins de formation **sur le terrain**.

En résumé, afin de relayer la politique de formation, le manager a cinq rôles essentiels :

- **informer** ses équipes et leur **expliquer** les principes généraux du plan de formation, du compte personnel de formation (CPF), de l'esprit de la loi ;
- **animer des formations** collectives imposées par la DRH sur des évolutions légales, par exemple ;
- **transmettre ses compétences**, c'est-à-dire assurer au cas par cas, quand l'occasion se présente, des formations en situation de travail pour prévenir, régler un problème ou mettre le collaborateur en situation d'apprentissage ;
- **faire coïncider les attentes de formation** des collaborateurs avec les domaines de formation financés par l'entreprise ;
- **mener un entretien professionnel obligatoire**, tous les deux et six ans, pour étudier les perspectives d'évolution professionnelle du salarié (formation, progression salariale).

Exemple 18.1

Prisma Media et la formation par les MOOC*

L'entreprise a choisi le *e-learning* pour former ses collaborateurs. Elle demande aux managers, lors de l'entretien d'évaluation, les formations en ligne qu'ils souhaitent réaliser à partir du catalogue Vodeclic (pour la bureautique) et des MOOC pour les autres domaines. Ces opérations sont « hors DIF et hors plan », au sens où elles sont offertes aux salariés, sans impact sur leurs droits DIF ni sur le plan individuel de formation.

* Les MOOC sont des cours en ligne gratuits. En France, ils sont proposés sur la plateforme Fun. Le Cnam est un des premiers établissements à avoir proposé ce type de formation dont une, « Du manager au leader », réalisée par Cécile Dejoux, qui a lieu tous les ans.

Source : Entreprise & Carrières, n° 1182, 4-10 mars 2014.

3.1. Animer des formations collectives : un séminaire de formation, participer à un *assessment center* ou à une université d'entreprise

Le deuxième rôle du manager consiste à animer des formations. Elles peuvent être très courtes, classiques et seulement informatives. Elles porteront sur une décision prise par l'entreprise au niveau commercial, par exemple. Elles peuvent être plus « techniques » et nécessiter une formation pour l'assurer !

Actuellement, les managers sont invités à participer à deux types de formations « action » plébiscités par les entreprises. Il s'agit des *assessment centers* et des universités d'entreprise.

Les *assessment centers* permettent de recruter et de promouvoir les candidats internes (voir chapitre 15, « Recruter »). Ces lieux d'évaluation recréent des situations types que doit vivre le collaborateur. L'objectif recherché consiste à mettre en situation les candidats à un poste. Les candidats rédigeront un document de une à dix pages de préconisations. Cet exercice, très prisé dans les entreprises anglo-saxonnes ou de culture technique, tente d'évaluer et de déterminer les compétences du collaborateur. Largement répandues aux États-Unis, où l'on en dénombre plus de 2 000, les universités d'entreprise proposent des formations transversales en complément des formations thématiques. Elles s'adressent généralement à des publics à potentiel, afin qu'ils acquièrent les automatismes et les connaissances pour accéder à de plus hautes responsabilités. Des séminaires en présentiels sont dispensés, accompagnés de **cas pratiques** auxquels les managers peuvent être amenés à participer.

Dans ces deux cas, le manager est « invité » à animer un exercice ou une pratique en tant qu'acteur de son propre métier. Il ne dispense pas un savoir, mais il met en pratique ses compétences managériales et joue le rôle du *partner* pour que des candidats soient évalués.

Ces types de formations mettent l'accent sur la détection d'un potentiel de compétences. Or, comme une compétence n'existe que dans l'action, la personne évaluée va devoir « créer » des compétences dans ces jeux fictifs animés par le manager.

3.2. Transmettre ses compétences

Le troisième rôle à assurer par le manager consiste à détecter, pour chaque collaborateur encadré, les occasions où il peut dispenser *in situ* un apprentissage. Donner un conseil, expliquer un mode opératoire en situation de travail revient à transférer une compétence. Or, qui mieux que le supérieur hiérarchique qui a évalué les domaines d'amélioration peut aider à les combler ?

En transférant ses savoirs, ses savoir-faire et ses compétences managériales, le manager assure à ses collaborateurs une **formation continue** qui ne peut être apprise autrement. Or, le fait de vouloir et savoir transmettre ses compétences correspond à une compétence intrinsèque, valorisée en tant que telle.

3.3. Repérer les attentes en termes de formation et les faire coïncider avec les formations financées par l'entreprise

Le quatrième rôle du manager consiste à repérer les attentes explicites et implicites des collaborateurs en termes de formation, et à les faire correspondre aux actions financées par l'entreprise afin de limiter les mécontentements et d'impulser une motivation d'évolution (voir figure 18.1).

Pour ce faire, différents canaux d'information doivent être pris en compte. Ils proviennent à la fois de la fonction RH, qui va favoriser des domaines de formation en fonction des choix du plan de formation et des actions financées par les branches, et des attentes des collaborateurs en fonction de leurs préoccupations professionnelles et personnelles. À son niveau, le manager doit pouvoir s'organiser pour repérer les attentes de ses collaborateurs et de l'entreprise en termes de formation, afin d'élaborer une argumentation pour amener les collaborateurs à des thématiques de formation finançables dans le cadre du plan de formation.

Afin de synthétiser les demandes de formation, il est d'usage de les répertorier dans un tableau de suivi qui peut comprendre les thématiques suivantes : la catégorie de la formation (A, B), le nom des actions de formation, les services de l'entreprise concernés, la catégorie de formation (en fonction du plan de formation ou du DIF), l'organisme qui la dispense, la rubrique (RH, finance, etc.), le coût individuel, les coûts cumulés, la durée.

Figure 18.1 – Repérer les expressions des attentes des salariés en termes de formation

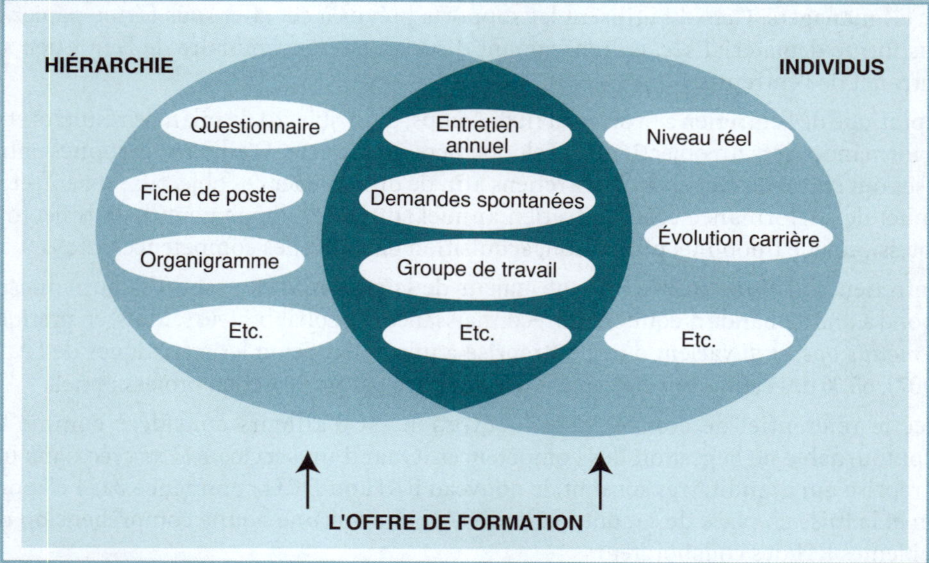

Source : Guignard J.-L., Cnam.

4. Les interventions du manager dans le domaine de la gestion des carrières

Le manager peut influencer positivement ou négativement la carrière d'un collaborateur. Certes, il a une influence, mais les organisations, surtout les grandes, ont mis en place des procédures pour que toute évolution d'un individu soit le fruit d'une décision collective, sauf exception.

4.1. Savoir mener un entretien professionnel

Le manager a plusieurs occasions pour établir un temps d'échange avec son collaborateur. En effet, il existe plusieurs types d'entretiens (voir chapitre 6, « Apprécier le travail »), ceux qui sont des outils de gestion au service de l'entreprise (entretien annuel d'évaluation) et ceux qui sont encadrés par la législation (entretiens professionnels, bilans d'étape).

L'entretien annuel d'évaluation

Les entretiens annuels d'évaluation existent depuis plusieurs années dans les grandes entreprises. Aujourd'hui, ils se répandent dans les organisations de plus petite taille sous l'impulsion de la loi de 2004 instaurant le droit individuel à la formation et la mise en place d'un entretien professionnel obligatoire tous les deux ans. Le Code du travail ne rend obligatoire l'entretien annuel que pour les salariés au forfait jours (art. L. 3121-46 du Code du travail). Pour les autres salariés, il n'y a aucune obligation légale.

Les entretiens professionnels sont conçus par la DRH, en relation avec les référentiels de compétences et les objectifs commerciaux. En effet, l'entretien comprendra une partie commune à tous les métiers et une partie relative aux compétences métier, par rapport auxquelles le collaborateur sera évalué. Il constitue un excellent outil de traçabilité des compétences des collaborateurs et de l'atteinte des objectifs. Généralement, il est mené par les managers. Ceux-ci utilisent les supports prévus à cet effet sous forme papier ou sous forme dématérialisée, en renseignant directement le formulaire de l'entretien sur l'intranet de l'entreprise.

La pratique de l'entretien a évolué, au fil du temps, d'un objectif de bilan de résultats et de performances vers un objectif de développement de carrière. D'ailleurs, certaines entreprises ont choisi de mener deux entretiens afin de différencier ces objectifs : un entretien annuel de performance et un entretien annuel sur le développement de la trajectoire professionnelle (mobilité, promotion, acquisition de nouvelles compétences, etc.).

L'entretien constitue un instrument majeur de la gestion des ressources humaines. Il répond à une demande d'équité et de reconnaissance des collaborateurs. Mais, en pratique, les *modus operandi* varient d'une entreprise à une autre. Selon les statistiques de l'Apec (2007), 65 % des cadres ont été évalués dans l'année par un entretien professionnel.

Avec le référentiel de compétences, l'entretien est d'ailleurs considéré comme un incontournable de la gestion des compétences. Quand un service RH se crée dans une entreprise qui grandit, très souvent, le nouveau RRH ou DRH commence par l'élaboration et la mise en place de cet outil et l'utilise pour avoir une bonne compréhension des problèmes RH des collaborateurs.

D'un point de vue plus général, les entretiens annuels d'évaluation sont sollicités à la fois par l'entreprise et par les salariés, même s'ils suscitent parfois trop d'attentes et deviennent alors des désillusions. Certaines entreprises vont jusqu'à instaurer une cadence semestrielle[2] ! Pour plus de détails sur les différents entretiens, voir le chapitre 6, « Apprécier le travail ». Le focus 18.3 reprend les principaux thèmes abordés en entretien annuel d'évaluation.

Focus 18.3

Principales rubriques d'un entretien annuel d'évaluation

- Présentation du collaborateur (différents postes, missions complémentaires, formations acquises, appartenances à différents groupes de projet)
- Description du poste actuel (principales missions, compétences et objectifs attendus)
- Bilan de l'activité sur l'année (compétences acquises, facteurs de réussite, contraintes et leviers d'opportunité)
- Évaluation des résultats
- Évaluation des compétences transversales (communes à tous les métiers de l'entreprise)
- Rubriques spécifiques à chaque collaborateur (potentialités)
- Évaluation des activités et compétences métier (au regard du référentiel métier)
- Évaluation des besoins en formation
- Évaluation de la motivation et des souhaits professionnels en termes d'évolution
- Plan d'action, fixation d'objectifs à court, à moyen et à long terme avec indicateurs de résultats
- Signature des deux parties (manager et collaborateur)

2. Voir par exemple « Management : comment on vous évalue au travail – Dell », *Les Enjeux – Les Échos*, octobre 2005, p. 6.

L'entretien professionnel

L'accord national du 5 décembre 2003 déclare que tout salarié ayant au moins deux ans d'activité dans une même entreprise doit pouvoir bénéficier au minimum tous les deux ans d'un entretien professionnel conformément aux accords de branche ou de l'entreprise.

Ainsi, le manager hiérarchique doit accompagner le salarié dans l'élaboration de son projet professionnel qui repose à la fois sur ses souhaits d'évolution et les besoins de l'entreprise. L'objectif recherché consiste à rendre le salarié acteur de son évolution professionnelle en lui permettant d'avoir accès à des formations recensées dans le plan de formation de l'entreprise.

Au cours de cet entretien, le manager abordera les sujets suivants : les moyens d'accès à l'information sur les dispositifs relatifs à l'orientation et à la formation des salariés, la détermination des objectifs de professionnalisation (adaptation à l'évolution du poste, renforcement de la qualification, développement des compétences), les moyens de formation retenus et chiffrés (pendant ou hors du temps de travail).

L'entretien de deuxième partie de carrière

Le manager qui exerce son activité dans une entreprise ou un groupe employant au moins 50 salariés peut être amené à conduire ce type d'entretien auprès de salariés de 45 ans et plus. En effet, la loi du 24 novembre 2009 relative à la formation professionnelle le rend obligatoire. Il doit être réalisé dans l'année qui suite le 45e anniversaire du salarié et doit être renouvelé tous les cinq ans.

Le bilan d'étape professionnel

Pour les entreprises et les groupes d'au moins 50 salariés, cet entretien correspond à l'entretien professionnel de seconde partie de carrière (pour les salariés de 45 ans et plus). Pour les autres entreprises, l'employeur est tenu par l'article L. 6315-1 du Code du travail d'informer le salarié, dès son embauche, de son droit à disposer d'un bilan d'étape professionnel à sa demande au bout de deux ans d'ancienneté.

Au **plan méthodologique**, le manager doit être formé au déroulement des entretiens. Dans le cas contraire, il est conseillé au service RH de rédiger un **guide d'animation des différents entretiens** à destination du manager. Cet outil dépeint les grandes étapes à suivre dans la démarche de l'entretien professionnel. Par exemple, informer le collaborateur du rendez-vous et l'inciter à préparer l'entretien ; le jour de l'évaluation, l'encourager à être factuel en décrivant les résultats atteints et la façon dont ils l'ont été, proposer une analyse des écarts entre les résultats et la norme du référentiel, aboutir à un consensus sur les causes de dysfonctionnements et sur le plan d'action à mettre en œuvre (actions de formation, sous quelles formes, etc.), arriver à une coévaluation plutôt qu'à une évaluation hiérarchique univoque, valoriser les progrès du collaborateur dans ses résultats et le développement de ses compétences, amorcer des actions de reconnaissance orales et tenter de les officialiser d'un point de vue organisationnel par la suite, fixer des objectifs à atteindre (avec des ratios mesurables) tout en les situant dans le développement de la politique générale de l'entreprise, évaluer les besoins de formation et de gestion de carrière tout en notant les contraintes (géographiques, professionnelles, etc.) et les axes de motivation par ordre de priorité.

Le manager peut également être invité à des comités de carrière (ou *people reviews*). Ce sont des réunions visant à harmoniser les promotions et les trajectoires professionnelles des potentiels. Les managers présentent et défendent les compétences de leurs candidats sur un poste face aux RRH (s'il y en a) et à la DRH.

4.2. Savoir conseiller un bilan de compétences

Le manager peut être amené à conseiller à ses collaborateurs un bilan de compétences. Cette action, qui peut s'inscrire dans le cadre d'une réflexion sur le projet professionnel, permet au salarié de faire le point sur ses motivations, ses compétences personnelles et professionnelles, les formations à suivre. Il peut être financé dans le cadre du plan de formation de l'entreprise ou dans celui d'un congé pour bilan de compétences si c'est le salarié qui en est à l'origine. Dans le premier cas, le bilan n'est pas soumis à des conditions d'ancienneté, de durée ou à un délai de franchise. Dans le second cas, le salarié doit justifier de cinq ans d'ancienneté dont 12 mois dans l'entreprise qui l'emploie. Le délai de franchise est de cinq ans, sauf s'il a changé d'entreprise. Le salarié doit faire une demande d'autorisation d'absence auprès de son employeur et une demande de prise en charge auprès du Fongecif ou de l'Opacif afin de maintenir sa rémunération. Le congé pour bilan dure au maximum 24 heures. Il est possible que l'organisme de financement accepte de financer ce bilan en dehors du temps de travail. Dans ce cas, l'autorisation d'absence n'est pas nécessaire et le salarié ne percevra pas d'allocation.

Quel que soit son financement, le bilan se déroule chez un prestataire extérieur agréé par l'organisme financeur. Il requiert l'accord du salarié et donne lieu à une convention tripartite entre l'employeur, le salarié et l'organisme qui réalise le bilan (la convention est bipartite si le bilan se déroule hors du temps de travail).

Les méthodologies du bilan sont différentes d'un prestataire à un autre. Pourtant, il existe des étapes récurrentes et incontournables dans sa réalisation :

- une phase d'analyse du parcours professionnel ;
- une phase de définition des motivations professionnelles ;
- une phase d'identification du marché de l'emploi.

Un bilan a pour objectif de démarrer ou d'enrichir un projet professionnel qui, par nature, est en perpétuelle évolution tout au long de la vie professionnelle.

4.3. Savoir gérer plusieurs générations

Désormais, le manager se retrouve face à l'animation de quatre générations en même temps : les « vétérans », les « *baby-boomers* », la « génération X » et la génération Y (les personnes nées entre 1978 et 1994). Il doit à la fois valoriser les points forts de chacun et réussir à faire travailler ensemble des collaborateurs bien différents. Ainsi, la génération Y est née à l'ère de l'ordinateur et d'Internet. Ces enfants de *baby-boomers* se caractérisent par des valeurs et des comportements spécifiques. En termes de valeurs, le travail ne constitue pas leur unique priorité, ils peuvent paraître exigeants et impatients vis-à-vis de l'entreprise mais ils sont prêts à s'investir et recherchent du sens, de l'utilité à travers leur engagement professionnel. En termes de comportement, ils reconnaissent leurs managers en fonction de leurs compétences et non pas de leur position hiérarchique. Ils sont innovants et créatifs.

Dans ce contexte transgénérationnel, le manager peut mettre en place des systèmes de *coaching*, de *mentoring*, de viviers de talents afin de favoriser la communication, les projets et les transferts de compétences entre les collaborateurs, quel que soit leur âge.

4.4. Être garant de la qualité de vie au travail[3] (QVT)

Le manager doit veiller à la gestion du stress et à la prévention des risques psychosociaux. Avec l'accord national interprofessionnel du 19 juin 2013 sur la QVT, des pistes exploratoires sur la qualité de vie au travail sont proposées. Ce texte ne crée pas d'obligation pour les entreprises, mais prévoit de permettre un regroupement, à titre expérimental, des négociations liées à la qualité de vie au travail. Pour signer un accord, les syndicats devront avoir plus de 50 % des voix. Voici quelques entreprises qui ont signé des accords sur la QVT : Thalès (2009), France Telecom (2010), Saint-Gobain (2010), Groupama (2011), Safran (2011), Crédit agricole (2011), Areva (2012), La Poste (2013), Aéroports de Paris (2013). Sous l'impulsion de l'Anact (Agence nationale pour l'amélioration des conditions de travail), un club QVT est né au printemps 2012 regroupant des entreprises qui font des propositions de bonnes pratiques dans ce domaine.

5. Les interventions du manager dans le domaine du dialogue social

Dans le domaine du dialogue social, il est demandé au manager de défendre les positions de l'entreprise dans un climat de consensus avec les partenaires sociaux. Ceux-ci ont des prérogatives particulières qu'il est important de connaître. Le manager peut être amené à participer aux réunions avec les représentants du personnel, mais son principal rôle consistera à superviser les élections du personnel. DRH et RRH sont, eux, chargés de mener les élections et les CE.

En préambule, rappelons que les règles de la représentativité syndicale dans l'entreprise ont évolué avec la loi du 20 août 2008 (voir chapitre 4 « GRH, transformations de l'entreprise et dialogue social »).

5.1. Les représentants du personnel

Deux instances sont représentées dans les entreprises : les instances élues (les DP, ou délégués du personnel, et le CE, comité d'entreprise) et les instances désignées (les RS, représentations syndicales). Le manager doit veiller à ce que les activités de ces instances ne soient pas gênées, sous peine de délit d'entrave. Ce dernier s'exerce également lorsqu'il y a atteinte à la libre désignation des DP, du CE, à l'exercice des fonctions de délégués du personnel, au fonctionnement régulier du CE, à l'exercice du droit syndical dans l'entreprise, etc.

Exemple 18.2

Alcatel-Lucent ouvre son réseau social aux syndicats

En juin 2013, l'entreprise a signé un accord pour ouvrir aux syndicats le réseau social interne, *Engage*. Ainsi, les syndicats espèrent toucher davantage de salariés ; la communication 2.0 permet de diffuser des communiqués, des fils de discussion et de sonder les salariés. De plus, la direction et les IRP peuvent ainsi partager l'agenda CCE et créer des groupes spécifiques aux commissions en s'appuyant sur un travail collaboratif. « La philosophie est simple : mes organisations syndicales peuvent poster sur le réseau les mêmes informations que celles figurant sur les tracks », déclare Sébastien Lebreton, DRH France.

Source : Adapté d'Entreprise & Carrières, n° 1152, 9-15 juillet 2013.

3. Les éléments de cette sous-section proviennent du mémoire de master RH d'Alexandra Meslier, Cnam, 2014.

5.2. Organiser les élections du personnel

Les élections des représentants du personnel (voir focus 18.4) sont organisées par collèges[4], suivant un vote séparé au sein de chacun d'eux pour les titulaires et les suppléants, sur la base de scrutin de liste, à deux tours, avec représentation proportionnelle à la plus forte moyenne. Pour chaque collège doit être constitué un bureau de vote, et un responsable du déroulement des élections doit être présent de l'ouverture des bureaux à la proclamation des résultats.

Au **premier tour**, seules les organisations syndicales peuvent présenter des candidats. Ce tour est valable si le quorum est atteint : cela signifie que le nombre de suffrages correspond à la moitié des électeurs inscrits. Il y a distinctement un résultat par collège « titulaires » et un résultat par collège « suppléants ».

Un **second tour** est organisé dans les cas suivants : il n'y a pas d'organisation syndicale représentative ; il y a eu carence de candidatures au premier tour ; le quorum n'a pas été atteint ; il reste des sièges à pourvoir dans le collège à la suite du premier tour. À cette étape, des listes sans étiquette syndicale peuvent se présenter.

Si on observe une carence de candidats au premier et au second tour ou un défaut de quorum, un procès-verbal de carence doit être adressé à l'inspection du travail qui est en charge de l'établissement dans un délai de 15 jours.

Focus 18.4

Étapes des élections du personnel

Les principales étapes à respecter pour l'organisation des élections du personnel sont détaillées ci-après.

Premier tour de scrutin

- Affichage de la note d'information du personnel sur l'organisation d'élections.

  Délai : l'affichage doit être effectué 45 jours au maximum avant la date envisagée pour le premier tour. En cas d'organisation d'élections en l'absence de délégués du personnel, à la demande d'un salarié ou d'une organisation syndicale, l'affichage doit être effectué dans le mois suivant la réception de cette demande (art. L. 423-18 du Code du travail).
- Affichage et envoi de l'invitation des organisations syndicales à venir négocier le protocole d'accord préélectoral.

  Délai : en cas de renouvellement des délégués du personnel, cette invitation doit être faite un mois avant l'expiration du mandat des délégués en exercice (art. L. 423-18 du Code du travail).
- Négociation du protocole d'accord préélectoral.
- Affichage de la note d'information du personnel sur la date du premier tour et appelant les organisations syndicales à présenter leurs candidats.
- Affichage des listes électorales.
- Affichage des listes de candidats présentés par les organisations syndicales pour le premier tour.

4. .Premier collège : ouvriers et employés ; deuxième collège : ingénieurs, chefs de service, techniciens, agents de maîtrise et assimilés ; troisième collège : collège spécial des ingénieurs, chefs de service et cadres administratifs, commerciaux ou techniques assimilés.

Focus 18.4 (suite)

- Envoi du matériel de vote par correspondance pour le premier tour.
- Déroulement du vote.

  Délai : en cas de renouvellement des délégués du personnel, le premier tour des élections doit avoir lieu dans la quinzaine qui précède l'expiration du mandat des délégués du personnel en fonction (art. L. 423-18 du Code du travail).
- Proclamation des résultats et établissement du procès-verbal des élections par le bureau de vote.
- Affichage des résultats ou du procès-verbal de carence en l'absence de candidature. Transmission du procès-verbal des élections à l'inspecteur du travail, sauf si un second tour est nécessaire.

  Délai : le procès-verbal des élections des délégués du personnel doit être transmis à l'inspecteur du travail dans les 15 jours qui suivent la date des élections (art. R. 423-4 du Code du travail).

Second tour de scrutin

- Affichage de la note d'information du personnel sur l'organisation d'un second tour et appel à candidature.
- Affichage des listes de candidats.
- Envoi du matériel de vote par correspondance.
- Déroulement du vote.

  Délai : le second tour doit être effectué dans un délai de 15 jours à dater du premier tour (art. L. 423-14 du Code du travail).
- Proclamation des résultats et établissement du procès-verbal des élections ou du procès-verbal de carence par le bureau de vote.
- Affichage des résultats ou du procès-verbal de carence en l'absence de candidature.
- Transmission à l'inspecteur du travail du procès-verbal des élections, en deux exemplaires, accompagné, le cas échéant, du procès-verbal de carence.

  Délai : le procès-verbal des élections et, le cas échéant, le procès-verbal de carence doivent être adressés à l'inspecteur du travail dans les 15 jours qui suivent la date des élections (art. L. 423-18 et R. 423-4 du Code du travail).

Source : Adapté de Taillade S., Cnam.

Avec la possibilité pour les IRP et les syndicats de communiquer sur le site Internet de l'entreprise, les élections du personnel prennent une nouvelle dimension. Les messages des candidats bénéficient d'une plus large diffusion, les débats sous forme de forum se multiplient. Les IRP et les syndicats ont deux possibilités pour mettre en place une communication virtuelle. D'une part, ils peuvent créer leur propre site Internet, mais ne devront divulguer aucune information confidentielle. D'autre part, un accord d'entreprise peut autoriser l'utilisation d'un espace syndical sur l'intranet de l'entreprise avec diffusion de tracts et utilisation de la messagerie électronique professionnelle par exemple. À défaut d'accord, ces pratiques seront interdites !

Résumé

- La réussite de la mise en œuvre d'une politique RH dépend du rôle joué par les managers. Ce rôle repose à la fois sur l'intérêt qu'ils portent à la RH et sur le mode de structuration de la RH au sein de l'organisation, qui s'exprime par le niveau de formalisme des règles et des procédures ainsi que par le niveau de décentralisation des outils.
- Dans le domaine du recrutement, le manager intervient au cours de plusieurs étapes du processus. Il aide à préciser les besoins et les profils concernant les postes qui sont ouverts au recrutement. Il doit mettre en place une organisation afin de gérer les candidatures spontanées. Il peut être amené à conduire des entretiens, à actualiser la bourse d'emplois en fonction des besoins du service et, ponctuellement, à faire de la veille sur les sites d'e-recrutement.
- Dans le domaine de la formation, l'entreprise attend du manager qu'il possède à la fois des qualités pédagogiques et persuasives. En effet, il lui est demandé d'informer et d'expliquer la politique de formation de l'entreprise, les objectifs du plan de formation et les évolutions légales, comme celle du DIF. Il peut être amené à animer des formations collectives et à transmettre ses compétences en situation de travail. Parallèlement, il doit repérer les attentes de ses collaborateurs en termes de formation et les convaincre de les faire correspondre aux formations financées par l'entreprise.
- Dans le domaine du dialogue social, le manager doit connaître les attributions des institutions représentatives du personnel afin de limiter les risques de délits d'entrave. Mais sa principale mission sera de veiller à la bonne organisation des élections du personnel dans le respect des procédures.

Bibliographie

Allouche J., *Encyclopédie des ressources humaines*, Paris, Vuibert, 2006.

Bournois F., Point S., Rojot J. et Scaringella J.-L., *RH. Les meilleures pratiques des entreprises du Cac 40/SBF 120*, Paris, Eyrolles – Éditions d'Organisation, 2007.

Dejoux C., *Gestion des compétences et GPEC*, Paris, Dunod, coll. « Les Topos », 2008.

Gilbert P., *La Gestion prévisionnelle des ressources humaines*, Paris, La Découverte, coll. « Repères », 2006.

Guerrero S., *Les Outils des RH : les savoir-faire essentiels en GRH*, Paris, Dunod, 2010.

Lafitte H.-C. et Layolle G., *Le Plan de formation : conception, réalisation et mise en scène*, Paris, Dunod, 2007.

Landier H., *Le Guide des relations sociales dans l'entreprise*, Paris, Eyrolles – Éditions d'Organisation, 2007.

Lévy-Leboyer C., *Évaluation du personnel*, Paris, Eyrolles – Éditions d'Organisation, 2011.

Meignant A., *Manager la formation*, Paris, Liaisons, 2009.

Peretti J.-M., *Gestion des ressources humaines*, Paris, Vuibert, 2011.

Pigeyre F. et Dietrich A., *La Gestion des ressources humaines*, Paris, La Découverte, coll. « Repères », 2005.

Stankiewicz F., *Manager RH, des concepts pour agir*, Bruxelles, De Boeck, 2010.

Thévenet M., *Quand les petits chefs deviendront grands*, Paris, Éditions d'Organisation, 2004.

Questions[5]

Pour aider les managers dans leur quotidien, les organisations mettent en place des solutions d'*outsourcing* RH. En 2010, ce marché représentait plus de 510 millions d'euros. Il est en forte croissance depuis 2009.

Selon une étude de Markess International réalisée en janvier 2009 auprès de 270 entreprises et administrations et de 180 prestataires :

- 38 % des entreprises interrogées indiquaient que la crise économique devrait augmenter leur recours à de telles solutions.
- 66 % évoquaient une augmentation de leur budget en *outsourcing* pour 2010.

Le marché de l'*outsourcing* est dominé par la paie et concerne de plus en plus des domaines RH comme la formation, le recrutement et la gestion des compétences. Mais il existe plusieurs degrés :

- les solutions en mode ASP qui permettent d'accéder à des solutions RH *via* Internet ;
- la tierce maintenance applicative (TMA) qui consiste à confier la maintenance à une société extérieure ;
- l'infogérance qui est l'externalisation de la gestion des infrastructures techniques et des applications RH ;
- l'hébergement qui confie à un opérateur extérieur des machines qui abriteront, par exemple, la production des bulletins de paie ;
- les services de traitement qui ne réaliseront que certaines tâches comme la saisie des variables de paie ;
- le *Business Process Outsourcing* (BPO), ou externalisation totale d'un métier.

1. Selon vous, pourquoi les entreprises investissent-elles dans cette pratique ?
2. Quels sont les atouts et les risques de l'*outsourcing* RH ?
3. Quels changements cela entraîne-t-il dans les métiers des ressources humaines ?
4. Quelles compétences doit posséder un RH lorsqu'il négocie avec un prestataire d'*outsourcing* ?

Étude de cas

Construitec et la gestion de la mobilité

Construitec est une société de service de conducteurs d'engins. Elle met à disposition des entreprises du bâtiment des véhicules et des conducteurs d'engins. Elle possède quatre

5. Réalisé à partir du dossier « L'outsourcing RH ne connaît pas la crise », *Entreprise & Carrières*, n° 945, 10 mars 2009.

entités : Évry, Grenoble, Toulon et Bordeaux. Dotée de plus de 20 ans d'expérience, elle a mis en place un management de proximité avec ses conducteurs d'engins pour les fidéliser et leur assurer une gestion de carrière. Lorsqu'ils sont en intervention sur le chantier d'un client, les conducteurs d'engins ont deux interlocuteurs :

- Un manager opérationnel appartenant à l'entreprise cliente. Il encadre le conducteur d'engin en ce qui concerne les aspects liés à la sécurité. Il lui fixe des objectifs et des performances à atteindre. Il lui précise les modes opératoires à respecter.
- Un manager référent issu de Construitec qui suit chaque conducteur d'engin sur plusieurs années. Il assure un encadrement en termes de formation, de gestion de carrière et de rémunération.

Les conducteurs d'engins doivent être mobiles de façon à pouvoir s'adapter aux besoins de l'entreprise et des sociétés clientes. Cette mobilité peut se décliner en quatre facettes :

- Une mobilité verticale, qui représente une évolution hiérarchique en termes de métiers. Ainsi, le conducteur d'engin peut devenir chef d'équipe puis chef de chantier et conducteur de travaux.
- Une mobilité horizontale, qui représente une évolution fonctionnelle. Il sera demandé au conducteur d'engin d'être polyvalent et de se former à la conduite d'un nouvel engin.
- Une mobilité mixte, qui correspond à la fois à une évolution hiérarchique et fonctionnelle. Ce type de mobilité est directement corrélé à l'apparition de nouvelles fonctions, comme moniteur de conduite ou testeur de nouvelles machines.
- Une mobilité d'environnement, qui peut prendre la forme soit d'une mutation géographique dans l'une des quatre entités, soit d'une mobilité internationale pour une mission chez un client à l'étranger.

Le manager référent de l'entité de Bordeaux, M. Tout Blanc, vient de rédiger un rapport à la direction générale, à la suite de la tenue des entretiens annuels, et fait état de ses difficultés à promouvoir les conducteurs d'engins pour les raisons suivantes :

- Ils ne sont pas assez rémunérés par rapport à la concurrence.
- Ils ne voient pas clairement quelles sont leurs perspectives de carrière chez Construitec.
- Ils ne se sentent pas valorisés lors de leurs missions chez les clients et au sein de leur employeur Construitec.

Question

Quelles recommandations proposez-vous pour que le manager de Construitec ajoute dans son rapport un plan d'action pour développer à la fois la mobilité et la motivation des conducteurs d'engins ?

Partie V – RH avec les partenaires

Chapitre 19

Les études RH

Éléonore Marbot et Antoine Pennaforte

Ce chapitre aborde les questions suivantes :

- Comment inscrire les études RH dans une visée stratégique ?
- Quelle démarche adopter pour mener des études en GRH ?
- Quelles méthodes utiliser pour réaliser des études RH ?

La réalisation d'études RH dans les organisations relève de nombreuses conditions qui permettent la résolution de situations-problèmes, la compréhension de cas complexes ou encore la description de phénomènes spécifiques dans le dessein d'améliorer le fonctionnement des organisations par des préconisations très opérationnelles. Nous proposons dans ce chapitre d'expliciter les prérequis nécessaires à toute étude RH (section 1), avant de présenter les démarches et méthodes à suivre pour mener à bien des études RH (section 2).

1. Prérequis pour des études RH

Avant de se lancer dans une étude RH, le consultant, l'intervenant ou l'expert doit s'inscrire dans une commande organisationnelle qui répond à un réel problème de gestion des ressources humaines. L'objectif de toute étude vise à renforcer la performance d'une organisation par sa compréhension et par la proposition de pistes d'amélioration organisationnelles et/ou de préconisations managériales.

1.1. L'inscription dans une commande ou un besoin des organisations

Les études RH sont légion dans les organisations, menées par des chargés de mission internes, des membres de la DRH, des étudiants en apprentissage, en stage, en formation continue ou encore des consultants, experts et intervenants-chercheurs. La plupart répondent à des besoins de compréhension, de description de phénomènes ou de situations-problèmes d'un service ou d'une organisation dans sa globalité. Mais toutes ne s'inscrivent pas dans une stratégie d'entreprise clairement identifiée nécessitant le recours à une démarche d'étude.

Or, pour qu'une étude aboutisse et demeure acceptée par le management, elle doit répondre à plusieurs critères. D'une part, elle doit être reliée à une stratégie d'entreprise (par exemple, comprendre et endiguer le turnover des talents, comprendre les attentes en termes de rémunération des jeunes diplômés, décrire le déroulement d'un changement organisationnel…) qui est intrinsèquement liée aux contingences RH actuelles (par exemple, la fidélisation, la mobilité, le retour du collectif, la formation, les talents, la performance). D'autre part, les études RH doivent s'inscrire dans la réalité de l'entreprise et non s'arrêter aux études de « représentation sur » diligentées par une DRH « tour d'ivoire » (voir chapitre 5, « Diriger les RH dans une perspective stratégique »). La direction, le management, les partenaires sociaux et les acteurs concernés doivent être mobilisés dans les études dont les préconisations impacteront le quotidien des individus.

Enfin, commander une étude RH nécessite de s'interroger sur les conditions de réalisation de l'étude, sur les contraintes de l'organisation (habitude/résistance aux enquêtes, redondance des enquêtes, méfiance du management, enquêtes peu suivies d'effets…) et sur les contraintes de l'intervenant dans la réalisation de sa mission (mutisme, langue de bois, absence…) en fonction du donneur d'ordre (*top management*, branche opérationnelle, DRH…). Ce problème de posture est à considérer avec la plus grande attention pour proposer des préconisations assises sur une réalité soumise à des biais de recherche à contrôler (voir Gavard-Perret, 2008).

1.2. Les problèmes de GRH

L'inscription dans une stratégie spécifique des études RH nécessite de mettre en œuvre des démarches de préétude, dites exploratoires, afin de vérifier que le problème visé par l'étude est un réel problème et non un élément de contexte ou la marotte d'un dirigeant. Cette démarche exploratoire permet de valider ou de modifier les enjeux et la finalité de l'étude, par la recherche d'indices à découvrir par le biais d'entretiens exploratoires ou par l'étude d'indicateurs.

Focus 19.1

Faux et vrais problèmes

Dans une organisation confrontée à un départ massif à la retraite des papy-boomers détenant 80 % du savoir-faire de l'entreprise, la DRH peut décider de recourir à des intervenants pour résoudre plusieurs problèmes :

- Un faux problème : le départ à la retraite. Comment retarder le départ à la retraite de ces collaborateurs stratégiques ?
- Un vrai problème : perte de connaissances et de compétences. Comment organiser le transfert ?
- Un faux problème : renouvellement et actualisation des connaissances et des compétences par la formation. Comment former les nouveaux entrants ?
- Un vrai problème : renouvellement et actualisation des connaissances et des compétences. Comment réussir l'adéquation entre les nouveaux savoir-faire et les plus anciens ?

Un **vrai** problème nécessite une démarche d'étude structurée, analytique.

Un **faux** problème peut être résolu par des actions « classiques » ou quotidiennes de management.

Focus 19.2

Démarche « scotch » *vs* démarche globale de résolution de problème

Le cas se déroule dans une organisation qui accuse un fort taux de turnover des jeunes diplômés après trois années d'expérience, taux préjudiciable à la performance de l'entreprise dont les coûts de recrutement s'accroissent chaque année :

- **Démarche « scotch ».** Étudier les modalités de rémunération ; étudier les causes de départ.
- **Démarche globale.** S'intéresser à ceux qui restent et comprendre sous quelles conditions ils restent dans l'organisation ; en fonction des réponses, proposer une refonte du processus de recrutement et/ou de la politique de rémunération, en incluant le management.

Travailler à la résolution d'un problème passe par la validation que le problème est bien fondé au sein de l'organisation et qu'il nuit à sa performance. Cependant, à côté de ces démarches « scotch », d'autres permettent de mobiliser des études RH afin de faire évoluer les pratiques (par exemple, les recherches actions ou recherches interventions qui mobilisent des chercheurs et font évoluer les situations-problèmes par leur simple présence ou par le fait de proposer des leviers d'action) et d'accroître l'intelligence collective des organisations.

Focus 19.3

La présence des chercheurs dans les organisations

De nombreuses organisations recourent à des chercheurs pour étudier des phénomènes complexes, comprendre des situations et apporter des pistes d'amélioration innovantes sur la base de démarches scientifiques. Certaines organisations recrutent sur la durée des chercheurs dans les postes qui relèvent d'une démarche permanente de recherche quand la majorité mobilise la communauté scientifique ponctuellement, par des conventions entre établissements, par le recrutement temporaire de doctorants (conventions Cifre – http://www.anrt.fr) ou par des recherches actions. Ce dispositif vise à faire changer une réalité, à faire évoluer des pratiques selon une vocation interventionniste.

2. Démarche et méthode pour les études RH

Les points de vigilance levés, l'intervenant en organisation se doit d'agir selon une démarche méthodologique rigoureuse qui s'appuie sur un chapelet de méthodes qualitatives et quantitatives dont l'association renforce la validité des études.

2.1. Objectif méthodologique pour des études RH

Avant de se lancer dans une étude RH, l'expert doit s'interroger sur l'objectif de connaissances à atteindre – au-delà de la commande stratégique – de la recherche dont les visées sont de deux ordres :

- **Descriptive.** Décrire un phénomène, une population (par exemple, quel est le rapport au travail différencié des ingénieurs hommes et des femmes dans le secteur de la cosmétique ?).
- **Compréhensive ou explicative.** Rechercher des relations causales entre des variables explicatives et des variables à expliquer (par exemple, quelles sont les causes de la satisfaction au travail ?) et les conséquences de certaines actions sur les comportements (par exemple, quelles sont les conséquences de la refonte du système de rémunération sur l'absentéisme ?).

Le choix de l'objectif permet à l'intervenant de suivre une démarche méthodologique explicitée par le canevas générique ci-dessous :

1. Phase exploratoire	Validité du problème Objectif de connaissance Problématisation stratégique du problème et périmètre d'étude
2. Phase méthodologique	Définition du canevas méthodologique Choix des méthodes : quantitative, qualitative, les deux combinées Choix de la population d'étude : échantillon, exhaustivité… Élaboration des outils de collecte : questionnaire, entretien…
3. Phase terrain	Collecte des données
4. Phase d'analyse	Analyse et traitement des données
5. Phase des résultats	Présentation des résultats Discussion des résultats
6. Phase de préconisations	Plan d'action, outils d'aide à la décision…

Schéma : démarche d'étude RH

Cette démarche générique et itérative doit être adaptée à chaque contexte d'études et être renouvelée à partir de son point originel pour toute nouvelle intervention. Il est également extrêmement important que la variable temps soit contrôlée puisque toute étude RH concerne un objet mouvant, en action.

2.2. Méthode d'analyse des données

La méthode est la démarche d'étude choisie pour arriver à la connaissance et à la résolution du problème étudié. En sciences de gestion, et donc en RH, deux grandes familles de méthodes existent : les qualitatives et les quantitatives. Celles-ci reposent sur le choix des données à recueillir pour appréhender le problème.

Qu'est-ce qu'une donnée ? Les données sont des représentations acceptées d'une réalité que l'on ne peut embrasser ni empiriquement (par les sensations) ni théoriquement (par l'abstraction). Cependant, aucune donnée ne peut résumer la réalité. Mais qu'est-ce que la réalité ? Comment élaborer des appareils de mesure qui cernent la réalité humaine sous toutes ses facettes ? Ces questions épistémologiques sont intrinsèques à la recherche d'un enseignant, d'un chercheur ou d'un étudiant en gestion. Même si savoir en quoi le regard du chercheur influence son terrain ou conditionne sa méthode est considéré comme secondaire pour l'opérationnel ou le consultant qui souhaite des résultats, cela est primordial car la posture épistémologique conditionne la recherche, ses résultats, leurs opérationnalités et leur mise en œuvre. Ainsi, un paradigme épistémologique historiquement dominant en sciences de gestion est le paradigme analytique. Dans ce cadre, le chercheur sépare les éléments, focus de sa recherche, de l'ensemble qui les contient. Il les réduit en les simplifiant et en les rendant unidimensionnels. Mais ce système de représentation reflète-t-il réellement la réalité ? Le paradigme systémique propose de regarder l'objet et l'environnement et leur relation. Les données doivent donc être riches et variées.

C'est généralement pour cette raison que, lors du choix des indicateurs d'une variable, le consultant ou le chercheur essaie de tous les recenser, puis en sélectionne plusieurs pour avoir une vision de la réalité la plus exhaustive possible de l'objet de recherche et de son environnement. Ainsi, envisager « les chiffres » en ressources humaines comme des données unidimensionnelles, des indicateurs qui reflètent et résument la réalité est du ressort du paradigme analytique. Au contraire, le consultant ou le chercheur dont la posture sera systémique se concentre sur le caractère pluriel et multidimensionnel de chaque donnée.

Prenons l'âge comme exemple. L'âge est une donnée pluridimensionnelle : il y a plusieurs types d'âges : l'âge chronométrique, l'âge biologique ou physiologique, l'âge psychologique, l'âge social et l'âge subjectif. Mais c'est aussi une donne multidimensionnelle : son décompte se définit selon des référentiels pluriels. Le seul dénominateur commun existant entre ces différents âges, c'est qu'ils servent de repère individuel et collectif. Ainsi, l'âge n'est pas qu'un phénomène chronologique qui se définirait de façon spontanée et évidente. Il se construit en fonction d'un contexte, d'une époque d'une culture. Si la variable âge doit être utilisée comme donnée dans une recherche, il paraît utile de rappeler que cette donnée tronque une partie de la réalité de l'âge : en résumant cette donnée par un chiffre, la variable âge occulte le reflet de l'individu singulier dans sa dimension biologique, sociale et psychologique. En réalité, l'âge, comme beaucoup de données en sciences de gestion, n'est donc pas une variable rêvée, universelle, intemporelle, quantitative et naturellement mathématique.

Les données, qualitatives comme quantitatives, sont donc une représentation d'un phénomène, considéré comme reflétant la réalité, mais la tronquant simultanément. Insistons sur le fait que le terme de « donnée » est un faux ami : rien n'est moins donné qu'une donnée ! La donnée provient d'une construction, d'un instrument de mesure d'attitudes, de comportements ou d'événements par le consultant ou le chercheur.

Pour Huberman et Miles (1991), les données qualitatives se présentent sous forme de mots plutôt que de chiffres (données quantitatives). Selon Evrard *et al.* (1993), les données qualitatives correspondent à des variables mesurées sur des échelles nominales et ordinales (c'est-à-dire non métriques) tandis que les données quantitatives sont collectées avec des échelles d'intervalles et de proportions.

On distingue également les données primaires et secondaires ; ces dernières sont des données produites par les acteurs de l'entreprise ou des institutions, par exemple le bilan social, les feuilles de paie ou les enquêtes Dares. Les données primaires sont produites directement par le consultant ou le chercheur pour les besoins de l'étude.

Plus les données sont riches, de natures différentes et dépendantes du contexte, plus le chercheur affrontera la complexité de toute recherche en ressources humaines. Parallèlement, plus la démarche d'analyse devra être méthodique, itérative et expliquée, qu'elle soit qualitative ou quantitative.

Collecte et méthode d'analyse qualitative

En ce qui concerne le recueil des données qualitatives, généralement deux grands modes sont utilisés en gestion[1] : les entretiens individuels ou les entretiens de groupe, également appelés *focus groups*.

La méthode des entretiens individuels, qui s'appuie sur les travaux de recherche de Carl Rogers, exige de la part de l'interviewer au minimum deux compétences. La première est d'être capable d'une attention positive inconditionnelle vis-à-vis de l'interviewé, c'est-à-dire considérer tout ce que la personne dit comme important. La seconde est l'empathie : être capable de percevoir et de comprendre le cadre de référence, notamment émotionnel, de l'interviewé.

Les entretiens de groupe trouvent leur fondement dans la dynamique des groupes restreints définie par Lewin[2]. L'animateur du groupe doit posséder les mêmes compétences que l'interviewer mais, en plus, il doit savoir faciliter l'expression de tous les membres du groupe et non d'une seule personne, gérer les problèmes de leadership et de parole.

Dans les deux cas, puisque l'objectif est de connaître en profondeur l'univers individuel et social des interviewés, deux règles doivent être respectées par le consultant ou le chercheur :

- expliquer les objectifs de la recherche, le déroulement et les règles de l'entretien individuel ou de groupe ;
- garantir l'anonymat lors de la restitution des données.

Que ce soit pour des entretiens individuels ou de groupe, il faut déterminer un échantillon qui permette d'obtenir des données fiables et valides. Comme l'objectif est d'obtenir les informations les plus riches et variées possibles, la présence dans l'échantillon de personnes très différentes, parfois peu représentatives au sens statistique mais porteuses d'idées, témoins ou leaders d'opinion, est indispensable. Les échantillons doivent être de taille réduite car les entretiens et leur exploitation coûtent cher. Le choix de l'échantillon ne doit pas refléter une représentativité statistique mais la variété des opinions et des attitudes, qui sont conditionnées à la fois par des situations de travail et des caractéristiques personnelles (voir figure 19.1).

Les données qualitatives ont la propriété d'être riches et complexes. Elles permettent en général une analyse en profondeur reposant sur les qualités d'interprétation du chercheur ou du consultant. La démarche d'analyse de ces données doit donc être très structurée et explicite, de la collecte à l'analyse. Les différentes analyses (de contenu, sémantique structurale ou métaphorique, etc.) cherchent toutes à « faire parler un corpus » sous un éclairage différent. Quelle que soit la démarche, les recherches qualitatives sont toutes confrontées à la même problématique : comment exploiter ce matériel qualitatif ? Quelques grandes étapes sont incontournables pour faire face à ce défi complexe :

- La phase de décontextualisation (Deslaurier, 1991) commence par une préanalyse : une lecture flottante permet de déterminer les règles de découpage du corpus en identifiant les catégories pertinentes et les modalités de codage des données. Les données brutes du texte sont résumées et répertoriées, codées, dans une grille d'analyse, dont les règles d'élaboration sont déterminées dans cette étape. Le classement, la catégorisation des données et leur mise en lien appartiennent à la phase de déconstruction de la réalité.

---

1. Nous mettons sciemment de côté l'observation, qui est une méthode souvent utilisée par les chercheurs en gestion mais peu par les consultants.
2. Lewin K. et Faucheux C., *Psychologie dynamique : les relations humaines*, Paris, Presses universitaires de France, 1967.

- La phase de recontextualisation débute par le traitement des données, c'est-à-dire la mise en œuvre des règles d'inférence et d'interprétation. Elles peuvent reposer sur des simples mises en lien ou sur des analyses statistiques (voir ci-après, « Collecte et méthode d'analyse quantitative »). Il s'agit alors de reconstruire la réalité et de vérifier la qualité de cette reconstruction, appelé la validité. Or, les méthodes qualitatives font tout autant appel à la créativité et à l'imagination du chercheur qu'à sa rationalité et à sa rigueur. Il est donc indispensable que l'étude possède deux qualités :
  – La stabilité, qui correspond à une fiabilité intracodeur : le chercheur doit retrouver les mêmes replats en répétant la démarche d'analyse plusieurs fois.
  – La reproductibilité : les mêmes résultats doivent pouvoir être obtenus par un deuxième codeur.

Ces qualités ne peuvent s'obtenir que si le consultant et le chercheur décrivent et rendent compréhensible leur démarche, ce qui augmentera la crédibilité et la performance de la recherche qualitative.

Figure 19.1 – Les critères d'échantillonnage pour obtenir un échantillon contrasté et de petite taille

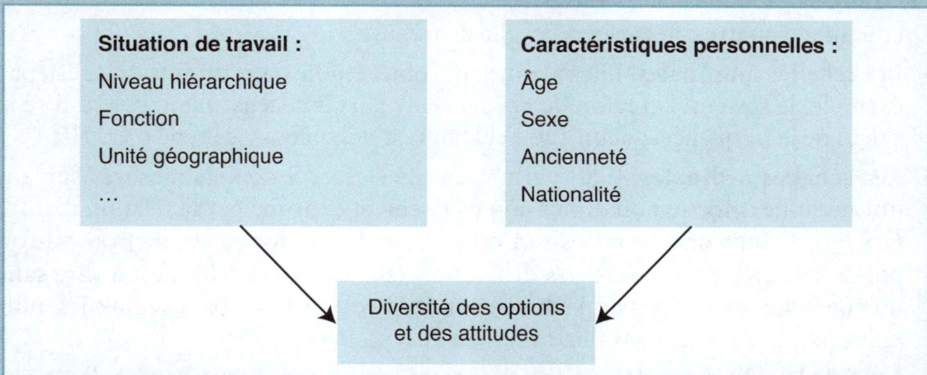

Collecte et méthode d'analyse quantitative

Les données quantitatives utilisées pour résoudre le problème organisationnel posé proviennent généralement de deux sources :

- Des données secondaires fournies par l'entreprise (enquête de satisfaction annuelle, bilan social, entretiens annuels d'évaluation, enquête ergonomique, indicateurs RH, etc.). C'est en fait le résultat de la mesure de la variation de ce que l'on observe. Il revient au consultant ou au chercheur de s'assurer de la fiabilité de ces données avant de les traiter.
- Des réponses à un questionnaire élaboré par le chercheur. Le problème du questionnaire, comme de l'entretien, est que, la plupart du temps, on cherche à mesurer en sciences sociales des attitudes qui ne sont pas directement observables, par exemple la satisfaction. Or, la réponse à une question peut-elle être considérée comme une manifestation observable d'un concept non observable ? Puisque jusqu'à présent aucune autre méthode plus fiable n'a été trouvée, les chercheurs et les consultants ne peuvent que choisir de répondre positivement à cette question, tout en étant conscients de l'hypothèse forte et non validée qui sous-tend leur réponse, et s'assurer de la validité de réponse de leur questionnaire.

Pour construire un questionnaire, il faut d'abord répondre aux questions suivantes : que cherche-t-on à mesurer ? Comment, c'est-à-dire avec quelle échelle de mesure ? Quels traitements effectuer sur les données quantitatives récoltées (voir focus 19.4) ?

La majorité des traitements statistiques s'applique aux variables d'intervalles comme aux variables de proportions. C'est pourquoi ces deux catégories sont parfois regroupées sous le nom de variables « quantitatives » ou de variables « métriques ».

La mise en forme du questionnaire doit répondre à quelques règles, qui sont des conditions nécessaires mais pas suffisantes pour recueillir des données pertinentes et éviter des effets pervers.

Tout d'abord, un questionnaire est composé d'items (questions) qui ne doivent pas contenir de termes vagues, imprécis, ou ambigus. Les questions doivent être plutôt courtes, sans double négation. Le vocabulaire employé doit correspondre au vocabulaire utilisé par les personnes interrogées. Bien évidemment, les questions ne doivent pas être biaisées, c'est-à-dire engendrer des réponses induites.

Focus 19.4

Le choix d'une échelle de mesure

On distingue quatre catégories d'échelle de mesure :

- **Les échelles nominales.** Elles identifient l'objet étudié dans une classe. C'est, par exemple, le sexe ou la région de résidence. À part le recensement, c'est-à-dire le calcul de la fréquence, aucun autre calcul n'est possible sur ce type d'échelle.
- **Les échelles ordinales.** Elles permettent de classer les objets mesurés suivant une certaine direction ou dimension (classement exprimé par la relation d'ordre $C > B > A$) sans que les ratios B/A ou C/A aient une signification et sans qu'on puisse mesurer et comparer les différences $(B - A)$ ou $(C - B)$, c'est-à-dire sans qu'une unité soit définie sur la dimension étudiée. On classe par exemple les individus par niveaux de qualification.
- **Les échelles d'intervalles.** Elles présentent les caractéristiques des échelles ordinales tout en possédant des caractéristiques supplémentaires : les intervalles sont égaux. On peut donc calculer les ratios B/A et C/A, et comparer leurs différences. C'est le cas des échelles de température, par exemple, puisque le choix du zéro est arbitraire.
- **Les échelles de proportions.** Elles possèdent une unité de mesure définie à une constante multiplicative près, correspondant au choix de l'unité, et un zéro naturel correspondant à l'absence du phénomène étudié. On peut effectuer sur les mesures de ce type toutes les opérations mathématiques classiques (addition, soustraction, multiplication, division). La vitesse en est un exemple.

Ensuite, il faut construire le questionnaire de façon logique et cohérente. Il n'existe pas de règles systématiques pour déterminer la succession de questions, mais quelques principes peuvent être suggérés :

- Une progression dans les questions : commencer le questionnaire en posant des questions générales (relativement neutres et faciles) et passer peu à peu à des questions plus difficiles.
- Le plan du questionnaire doit être bâti à partir d'un plan composé de thèmes à aborder et de questions s'inscrivant à l'intérieur de ces thèmes. Des phrases de transition

doivent être formulées de façon à souligner la liaison entre les thèmes et/ou à rendre le questionnaire plus agréable (exemple : nous allons maintenant parler de…).

- Une transparence du questionnaire : celui-ci doit être introduit par une explication sur son objet et son utilisation. L'introduction doit préciser si le questionnaire est anonyme ou non.

La méthode de traitement des données quantitatives dépendra de l'objectif de l'étude :

- **Les méthodes descriptives.** Elles cherchent à identifier pourquoi et comment les variables sont liées les unes aux autres ou si elles peuvent être regroupées en fonction de leur proximité. Si les variables sont d'intervalles ou de rapport, une analyse factorielle en composante principale (ACP) peut être effectuée. Si les variables sont nominales, une analyse factorielle des correspondants (AFC) sera menée. L'ACP et l'AFC sont choisies pour savoir s'il existe une structure sous-jacente aux données analysées. Si les données sont ordinales, une analyse des similarités et des préférences sera utilisée, afin de regrouper les données en un petit nombre d'axes qui reflètent les distances perçues par les répondants entre les variables. Enfin, l'analyse typologique, utilisable pour tout type de données, permet de déterminer si les données peuvent être regroupées en une classe homogène.
- **Les méthodes explicatives.** Elles sont nombreuses et dépendent de la taille de l'échantillon et du type de données : analyse de variance univariée ou multivariée, régression linéaire, régression logistique, équation structurelle, etc.

Quelle que soit l'approche quantitative (descriptive ou explicative), la validité interne de la recherche devra être questionnée. Il s'agit de se demander si les résultats observés sont bien le reflet de la réalité. Par exemple, il faudra non seulement se demander si la relation causale trouvée dépend bien des variables explicatives recensées mais également s'interroger sur la fiabilité et la validité des tests statistiques effectués. Ce questionnement sur la validité doit traverser toutes les phases de la recherche, qu'elle soit qualitative ou quantitative.

Comme les commanditaires, les objectifs et les méthodes ont une influence sur les recommandations des études en ressources humaines. À ce titre, l'auditeur, le conseil, le chercheur, etc., doit avoir non seulement une réflexion sur sa posture et ses motivations, mais également sur les conséquences de son étude sur le terrain et sur les conditions d'appropriation des résultats et des recommandations par l'entité concernée par la recherche.

Résumé

Conduire des études au sein des organisations se focalisant sur les aspects RH nécessite de creuser l'existence d'un problème de gestion par un diagnostic en profondeur. Les méthodes et outils offerts aux praticiens sont nombreux, et il est fondamental de les maîtriser avant d'initier des études RH ou de faire appel à un expert extérieur le cas échéant. La conduite d'études demeure un fort enjeu pour les organisations et la fonction RH en raison de la posture analytique demandée, seule à même de produire des propositions de solutions et des pratiques managériales ancrées dans le terrain et donc susceptibles d'améliorer la performance des organisations.

Bibliographie

Becker H.S., *Les Ficelles du métier – Comment conduire sa recherche en sciences sociales*, La Découverte, 2002.

David A., Hatchuel A. et Laufer R., *Les Nouvelles Fondations des sciences de gestion*, 2e éd., Vuibert, 2008.

Deslauriers J.-P., *Recherche qualitative – Guide pratique*, Montréal, McGraw-Hill, 1991.

Evrard *et al.*, *Market. Études et recherche en marketing*, 3e éd., Dunod, 2003.

Gavard-Perret M.-L., Gotteland D., Haon C. et Jolibert A., *Méthodologie de la recherche : réussir son mémoire ou sa thèse en sciences de gestion*, 2e éd., Pearson, 2012.

Giard V., *Statistiques appliquées à la gestion*, 8e éd., Economica, 2007.

Guerrero S., *Les Outils de l'audit social*, Dunod, 2008.

Jolibert A. et Jourdan P., *Marketing research – Méthodes de recherche et d'études en marketing*, Dunod, 2006.

Quivy R. et Van Campenhoudt L., *Manuel de recherche en sciences sociales*, 4e éd., Dunod, 2011.

Thiétart R.A., *Méthodes de recherche en management*, 3e éd., Dunod, 2007.

Activités

Questions

1. Gérer, c'est analyser, décider, contrôler. Trouvez des domaines d'application de cette notion en dehors des domaines traditionnels des fonctions de l'entreprise.

2. La question de la dénomination de la fonction RH se pose régulièrement. Qu'évoquerait la notion de « direction des relations humaines » ?

3. Quel est l'enjeu des différentes dénominations de la fonction RH ?

4. Pourquoi est-il nécessaire d'avoir une connaissance élargie des sciences humaines pour être un bon professionnel RH ?

Étude de cas

La GRH et l'entreprise

Brandon vient de trouver un stage dans une petite entreprise industrielle de 275 personnes au cœur de ce Sud-Ouest qu'il apprécie tant. Sensibilisé à la question de la localisation des entreprises qui permettent à ces territoires de se développer, il cherche à se faire une idée de la situation, des enjeux et des opportunités de l'entreprise à travers sa situation sociale. Comme l'entreprise n'est pas obligée de réaliser un bilan social, il glane quelques informations éparses.

La fonction RH est occupée par une personne qui a fait toute sa carrière dans l'entreprise, dans différents emplois administratifs, avant de se consacrer entièrement à la fonction. Elle est épaulée par un assistant sur les questions de paie et d'administration. Le titulaire de la fonction va partir en retraite, suivi de peu par son assistant.

Effectif :

– atelier 1 : 72 ;

– atelier 2 : 64 ;

– atelier 3 : 94 ;

– personnel administratif et commercial : 45.

Répartition de l'effectif par classes d'âge :

	Total	Atelier 1	Atelier 2	Atelier 3	Comm. et adm.
20-30 ans	34	7	15	2	10
31-40 ans	80	15	16	34	15
41-50 ans	83	23	17	38	5
> 50 ans	78	27	16	20	15

Résultats d'absentéisme de courte durée :

	Total	Atelier 1	Atelier 2	Atelier 3	Comm. et adm.
2008	6 %	9 %	5 %	6 %	2,6 %
2009	3 %	4 %	3 %	2,5 %	2,45 %
2010	4 %	6 %	3 %	3,8 %	2,8 %
2011	6 %	9 %	4 %	7 %	2 %

Niveau de salaire 100 en 2008 :

	Total	Atelier 1	Atelier 2	Atelier 3	Comm. et adm.
2008	100	100	100	100	100
2009	101,36	102	100,3	102	100,5
2010	102,99	104	101	104	101,5
2011	106,15	107,1	104,3	107,3	104,5

La direction vous donne également le pourcentage d'entretiens annuels effectués et le pourcentage d'atteinte des objectifs :

	Total	Atelier 1	Atelier 2	Atelier 3	Comm. et adm.
Pourcentage d'entretiens annuels		57 %	78 %	52 %	82 %
Pourcentage d'atteinte des objectifs collectifs		82 %	98 %	84 %	100 %

Questions

1. Quels constats intéressants pouvez-vous effectuer à partir de ces données ?
2. De quelles informations aimeriez-vous disposer pour aller plus loin dans votre analyse ?
3. Dans quels domaines vous paraîtrait-il opportun d'agir ?
4. Quels sont les choix à faire par la direction de l'entreprise pour savoir comment s'organiser après le départ en retraite des deux personnes chargées de la fonction RH ?

Chapitre 20

Les systèmes d'information en ressources humaines

François Silva

> **Ce chapitre aborde les questions suivantes :**
> - Comment met-on en place un SIRH ?
> - Pourquoi un processus est-il un élément central dans la mise en place d'un SIRH ?
> - Qu'est-ce qu'un cahier des charges ?
> - Quelles sont les grandes fonctions couvertes par un SIRH ?

Introduction : l'organisation du travail ou la recherche constante des gains de productivité

Toute l'histoire de l'entreprise, depuis la première révolution industrielle, peut se résumer en une constante recherche de gain de productivité. Dans *La Richesse des nations*, Adam Smith expliquait[1] l'émergence de la première révolution industrielle. La création des manufactures correspondit à une nouvelle organisation du travail permettant une spécialisation des tâches. Ainsi, les volumes de production augmentèrent d'une façon considérable avec des ressources identiques, voire réduites.

En deux siècles, la productivité en France a été multipliée par 30, dont 20 au cours du xxe siècle[2]. Toutefois, les gains de productivité n'ont pas été linéaires partout. En particulier, ils furent faibles[3] dans les fonctions administratives. Ce n'est qu'avec le développement de l'informatique que ce secteur a connu des gains de productivité importants[4]. Et ces évolutions ne sont pas terminées. En effet, l'informatisation progressive de toutes les activités dans leur ensemble est loin d'être achevée. C'est ce que l'on appelle le processus de dématérialisation, correspondant à la disparition complète du papier et son remplacement par des supports numériques. Si le développement de la mécanographie constitua une nouvelle étape dans le traitement de l'information jusque dans les années 1970, l'informatique[5] allait permettre d'effectuer des gains de productivité considérables au prix d'une remise à plat complète de l'organisation du travail, de même niveau qu'au moment de la création des manufactures.

Toutes les fonctions administratives ont connu cette évolution, la fonction RH comme les autres. Ce sont des volumes d'information de plus en plus importants qu'elle a eu à gérer. En outre, les organisations sont devenues de plus en plus complexes. Depuis le début des années 1990, nous avons vu une fonction RH qui s'est « outillée ». Ces outils RH se sont

1. Le livre est paru en 1776 !
2. Marchand O. et Thélot C., *Deux Siècles de travail en France*, Nathan, 1997.
3. Tout au moins avec des pourcentages moins importants que dans le processus de production direct.
4. Voir Akoka J. *et al.* (dir.), *Encyclopédie de l'informatique et des systèmes d'informations*, Vuibert, 2008.
5. Terme inventé en 1962 par une contraction d'information et d'automatique.

informatisés avec, en parallèle, l'informatisation d'un certain nombre de processus RH grâce au développement des ERP[6] RH. La fonction RH est maintenant structurée par les systèmes d'information à travers le SIRH. Ainsi sont mis à disposition pour les RRH et/ou l'ensemble des salariés des libres-services, intranets, portails RH : définition de postes, tests, gestion des congés, entretiens individuels, bourses des postes disponibles internes, sites de recrutement, formulaires administratifs… Cela modifie considérablement l'organisation du travail de la fonction RH et les compétences requises pour l'exercer.

Ce traitement automatique de l'information RH se finalise aujourd'hui par une dématérialisation complète des activités de gestion RH. La fonction RH peut sortir d'une logique seulement administrative, ce qui occupait jusqu'à peu une majorité de ses effectifs. Elle peut ainsi offrir plus de valeur ajoutée en étant dans une posture de service mais aussi en proposant plus d'analyse, d'aide à la décision et d'accompagnement au quotidien des salariés par les managers. En effet, la gestion des salariés nécessite un suivi de plus en plus individualisé, et en premier ordre pour les cadres[7]. Cette catégorie a connu, depuis la fin des années 1970, une croissance notable. Maintenant, les entreprises du Cac 40 ont souvent plus de 20 % de cadres parmi leurs salariés. Il est fréquent que dans les entreprises de high-tech et dans les secteurs de recherche et développement et de conception, ce pourcentage dépasse les 50 %. Dans les banques, les cadres représentent plus de 30 % des effectifs.

Figure 20.1 – Évolution de la fonction RH et SIRH

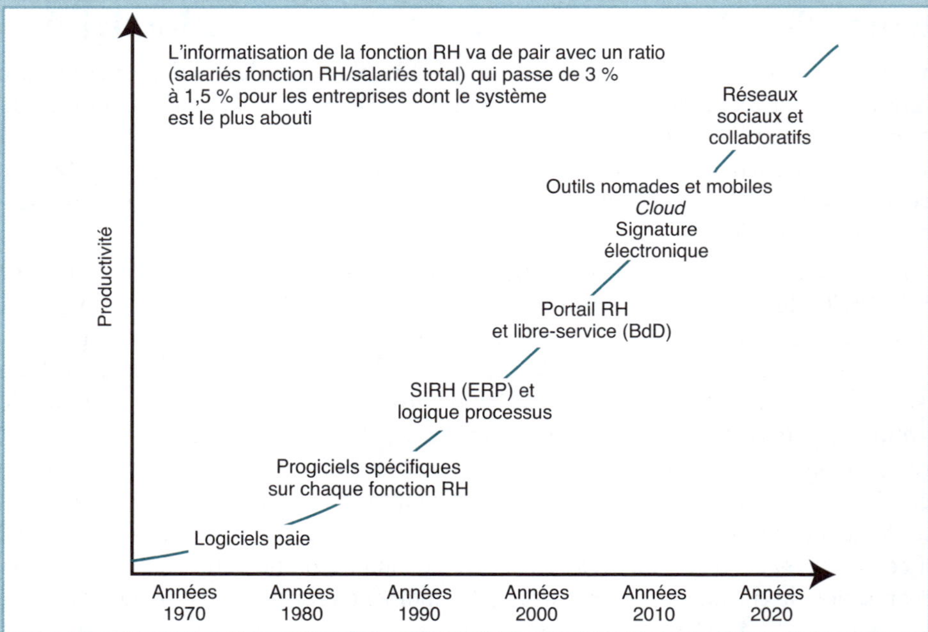

6. Les ERP (*Enterprise Ressource Planning*) ou, en français, PGI (progiciel de gestion intégré) sont des logiciels qui sont apparus dans les années 1990, afin de « gérer l'ensemble des processus opérationnels d'une entreprise, en intégrant l'ensemble des fonctions de cette dernière, comme la gestion des ressources humaines, la gestion comptable, financière, mais aussi la vente, la distribution, l'approvisionnement, le commerce électronique » (définition du *Grand Dictionnaire terminologique*, 2001).

7. Les cadres « encadrants », que les Anglo-Saxons désigent comme managers, représentent en moyenne autour des 10 % de l'ensemble des salariés d'une entreprise. Au-delà, ce sont des professionnels, experts, ayant des compétences liées à l'obtention d'un diplôme bac + 5 (ou bac + 3).

D'une façon générale, ce type de salariés est porteur de compétences qu'il est nécessaire de faire évoluer. Dans le cas contraire, ces cadres se marginaliseraient à terme en devenant incompétents. C'est dans ce contexte que la fonction RH suit attentivement cette population en devenant une gestion des personnes.

1. La reconfiguration des processus RH

La mise en place d'un logiciel va nécessiter de réorganiser le travail. En effet, comme nous l'avons souligné en introduction, les gains de productivité constituent une question centrale pour les organisations depuis les débuts de la révolution industrielle. C'est aussi l'objectif de la mise en place d'un logiciel. Cependant, pour qu'il y ait effectivement des gains de productivité, il va être nécessaire de remettre à plat l'organisation du travail. Ainsi, pour mettre en place un logiciel dans la fonction RH, il va falloir reconfigurer[8] l'organisation du travail. L'efficacité d'un système d'information passe par la mise en place de logiques de processus. C'est pourquoi, après l'automatisation de la production, le tertiaire est entré dans une logique de processus depuis les années 1990.

1.1. La notion de processus

Comment définir un processus, ou *process*, en anglais ? C'est un terme très usité, peut-être souvent de manière abusive. Cette notion a été popularisée par la mise en place des démarches de qualité autour des normes ISO. Étymologiquement, le terme de « processus » vient de « progrès », à savoir « quelque chose qui bouge, qui circule, qui n'est pas statique, mais qui doit s'accomplir dans un certain ordre ». Le processus est un « ensemble des flux d'informations conçues comme actives et organisées dans le temps »[9]. Il est un « développement temporel de phénomènes marquant chacun une étape »[10].

La norme ISO 9001 définit le processus comme un « ensemble d'activités corrélées ou interactives qui transforme des éléments d'entrée en éléments de sortie ».

Les processus intègrent donc plusieurs notions :

- **Le flux.** Il s'agit d'une suite d'activités organisées et devant donc être structurées. Toutefois, pour qu'elles soient structurées et organisées, il est nécessaire de lancer une démarche de réingénierie qui permet la réorganisation de l'activité.
- **La valeur ajoutée.** C'est une question essentielle à chaque étape. Il faut à chaque fois être sûr que l'étape correspond à une transformation, une évolution ou un ajout d'informations. Il doit s'agir d'un ajout supplémentaire par rapport à l'étape précédente, signifiant un apport de valeur ajoutée. Dans tous les cas, il faut valoriser le résultat final.
- **L'information.** À chaque étape, c'est l'information qui est transformée, mais c'est aussi elle qui est véhiculée entre chaque étape. La question de l'information est centrale dans le monde du service et du tertiaire.

8. En anglais, on appelle cela réingénierie.
9. Définition du *Petit Robert*, 2009.
10. Définition du dictionnaire Hachette, 2010.

Focus 20.1

Attention de bien différencier les procédures des processus

En effet, les procédures (qui viennent étymologiquement de « procéder ») concernent le fonctionnement administratif et bureaucratique « traditionnel ». Elles correspondent à « l'ensemble de règles d'organisation d'ordre administratif pour parvenir à un certain résultat. Ce sont des formalités qui doivent être observées, des actes qui doivent être accomplis pour parvenir à une solution juridictionnelle. C'est une série de formalités juridiques qui doivent être remplies »[11]. C'est un « ensemble de règles qu'il faut appliquer strictement, de formalités auxquelles il faut se soumettre, dans une situation déterminée »[12]. Les procédures s'intègrent dans les processus.

La reconfiguration des processus doit permettre de diminuer les délais, de baisser les coûts et d'améliorer la qualité des services rendus. Pour y arriver, il va falloir remettre à plat toute l'organisation dans la mise en œuvre des moyens affectés. En effet, l'efficacité d'une tâche passe par l'optimisation des moyens engagés pour arriver à un résultat.

1.2. La modélisation des processus

Les processus reposent « sur la possibilité de construire une représentation, celle-ci sert de base pour porter une appréciation sur des processus métiers existants, comme pour concevoir des améliorations ou de nouveaux *process* »[13]. C'est la modélisation des processus qui va être mise en place. Ce travail va s'effectuer en deux étapes : une première étape correspondant à un état des lieux et une seconde (s'appuyant justement sur l'existant) proposant l'évolution souhaitée des tâches sur lesquelles le logiciel était installé. L'exemple ci-dessous, de la reconfiguration des processus du recrutement de Danone, expose les deux démarches de modélisation qu'il va falloir effectuer :

- Une première modélisation présente les processus existants.
- Une seconde va consister à travailler sur cette organisation existante en en proposant des évolutions et/ou des changements majeurs.

Ainsi, avec ces processus reconfigurés, la fonction RH offre de meilleurs services RH à travers une gestion des informations RH plus efficaces grâce à leur automatisation. L'objectif est d'accéder à des services ou des informations plus rapidement, voire en temps réel, plus faciles d'utilisation et plus ergonomiques… Souvent même, sans un SIRH, disposer d'informations se révèle tout simplement impossible au regard de la dispersion des sources. Ainsi, aujourd'hui, les tableaux de bord RH n'existent que par les possibilités qu'offre le SIRH comme outil de collecte, de consolidation, de sélection, d'extraction, de traitement de l'information. Avec les tableaux croisés dynamiques, on peut utiliser des données RH comme celles d'autres bases (financières, commerciales, marketing…), ce qui permet de les comparer et surtout de les analyser.

11. Définition du Petit Robert, 2009.
12. Définition du dictionnaire Hachette, 2010.
13. Morley C., Hugues J., Leblanc B. et Hugues O., *Processus métiers et systèmes d'information : évaluation, modélisation, mise en œuvre*, Dunod, 2005.

1.3. Un exemple de réingénierie/réorganisation d'une des fonctions RH : le recrutement des cadres

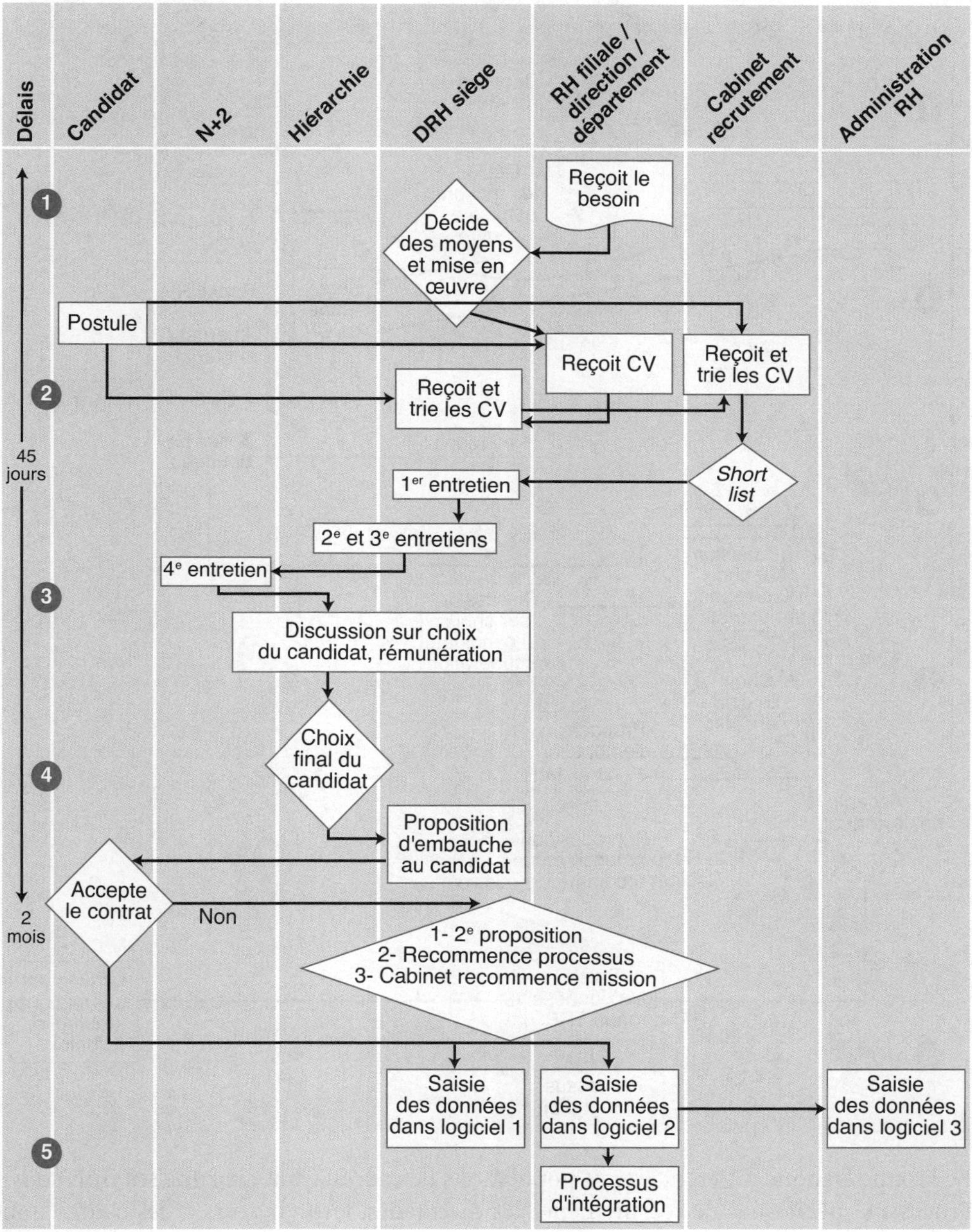

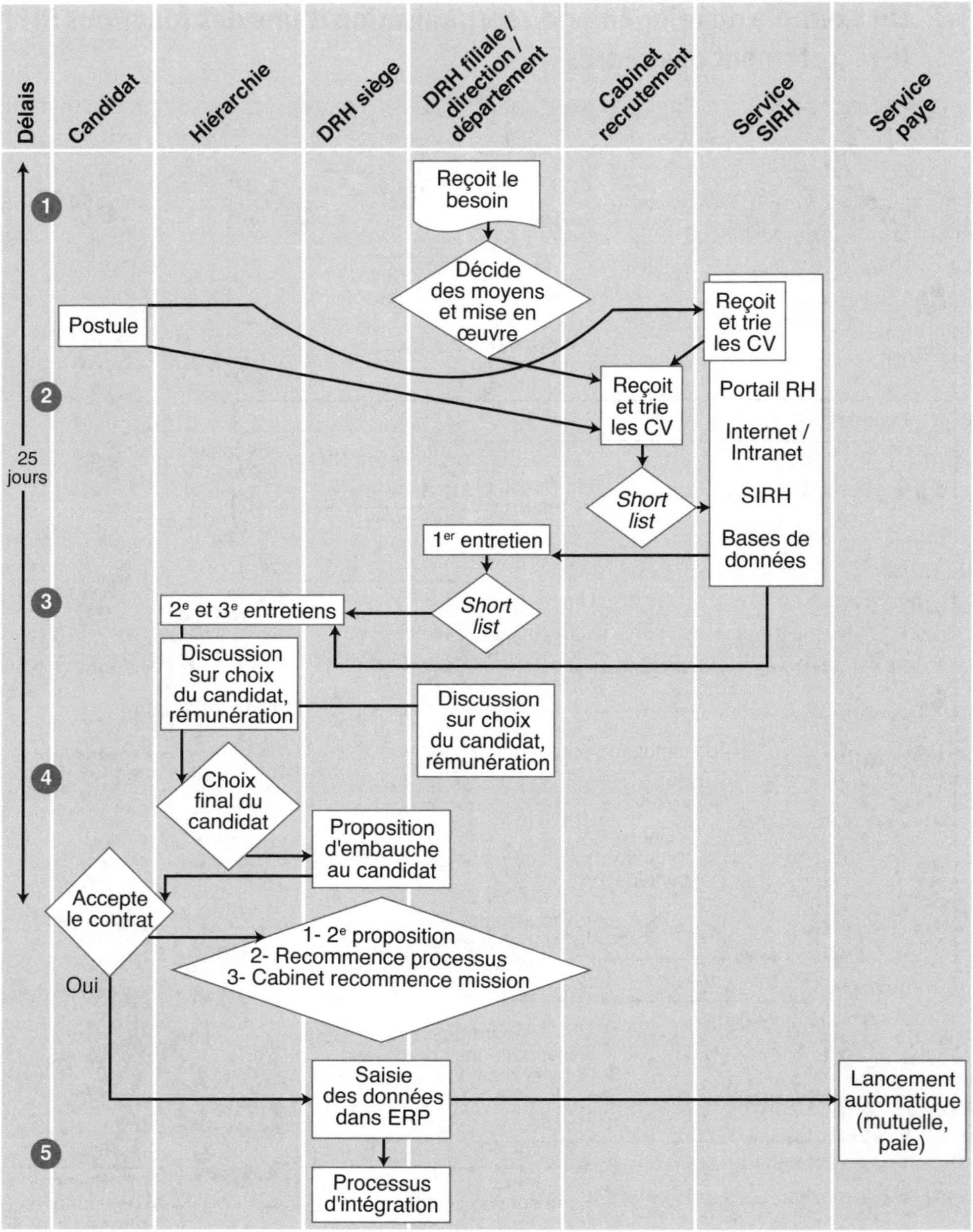

Le groupe Danone différencie trois populations de cadres ayant chacune ses trois sous-processus spécifiques de recrutement : les directeurs, les managers et les cadres non managers. Ils représentent au total plus de 16 000 personnes. En moyenne, ils bougent tous les trois ou quatre ans. Ce sont entre 4 000 et 5 000 postes qui sont chaque année concernés par un mouvement, mais 80 % des recrutements dans ces catégories s'effectuent en interne. Ce sont donc malgré tout près de 1 000 recrutements que Danone effectue en externe pour des postes de cadres. Comme nous l'avons déjà souligné, sans automatisation des informations, la gestion de la mobilité constituerait un travail difficile et nécessiterait beaucoup de personnes.

La reconfiguration des processus chez Danone dans les années 2000 a été l'occasion de repositionner l'organisation des différentes fonctions RH, et leur articulation entre elles, et surtout d'accompagner la stratégie mondiale du groupe. En effet, la croissance du groupe a nécessité de ne plus centraliser les fonctions RH au siège, mais véritablement de permettre à chaque filiale d'acquérir une autonomie et de développer une proximité de la fonction RH avec les opérationnels. Ainsi, la fonction RH du siège ne gère plus directement les recrutements de ses filiales. La petite quarantaine de pays dans lesquels Danone est présent aujourd'hui ne permet plus une centralisation aussi poussée. Le groupe a la volonté de s'implanter dans cette nouvelle décennie dans trois ou quatre pays chaque année. Son internationalisation va donc s'accroître encore. Le bon sens fait comprendre que les filiales sont à même de gérer leur propre recrutement, en raison de la proximité par rapport à la connaissance du pays. Par contre, l'intégration est sous la responsabilité du siège. En effet, le nouveau salarié recruté intègre le groupe Danone et pas seulement une filiale. De fait, un cadre dirigeant a vocation à évoluer entre les différentes entités. Ainsi, il doit intégrer la culture du groupe Danone portée par la DRH siège. Cette intégration correspond bien à la politique mondiale du groupe aujourd'hui.

Dans un premier temps, la recherche de candidats s'effectue en interne à travers la base de données du SIRH. Elle permet de mutualiser entre les différentes filiales les postes disponibles et les personnes susceptibles et désireuses de changer d'affectation. Au regard du grand nombre de pays dans lesquels se trouve Danone, sans SIRH il n'y aurait pas de possibilité de partage d'informations fiables dans des délais raisonnables.

Le recrutement externe commence quand il n'y a pas de candidat en interne.

Si l'on compare le sous-processus de recrutement en externe des managers de la situation antérieure (voir premier schéma de cet encadré) à la situation nouvelle (voir second schéma de cet encadré), la reconfiguration des processus suppose :

- En premier lieu, une décentralisation d'une bonne partie du travail de définition du poste et de gestion des moyens au niveau des services communs qui gèrent le recrutement, relais habituel des managers. C'est une responsabilisation des services communs/RH qui gèrent le service jusqu'à la confirmation de l'embauche.
- Une plus importante responsabilisation de l'encadrement opérationnel en ne demandant plus au $N + 2$ de participer au recrutement. Il gagne ainsi du temps qu'il peut consacrer à d'autres activités.
- La diminution notable des délais, qui vont être raccourcis de plus de moitié par rapport à la situation précédente. Il est important pour le bon fonctionnement de l'entreprise de laisser le moins longtemps possible un poste vacant. De plus, on peut donner une réponse rapide car les bons candidats sont aussi sollicités par d'autres entreprises.
- Enfin, pour accélérer le recrutement, la non-obligation pour le candidat pressenti de passer des tests (cela reste néanmoins conseillé en cas de doute).

Le SIRH donne la possibilité d'accéder plus facilement à des informations plus fiables et plus fluides grâce :

- Au transfert des dossiers des candidats (CV en premier lieu) accompagnés des commentaires permettant de réduire les délais dans le transfert physique du dossier jusqu'alors sous forme de support papier.

- À une gestion des candidatures externes à potentiel à travers une base d'informations mondiales et partagées entre les pays (c'est le *back-office recruitment*). Cela permet de disposer d'un vivier de qualité afin de répondre aux besoins.
- À une publication de l'annonce du poste sur Internet par le responsable développement ressources des services communs du pays. Cela passe néanmoins par le respect d'une charte d'annonces sur Internet qu'il a fallu élaborer.

Soulignons une dimension importante que permet le SIRH : une « fluidification » de l'information entre le manager, sa hiérarchie, les responsables des ressources humaines dont il dépend.

Enfin, avec la mise en place du SIRH pour le recrutement, Danone améliore l'attractivité du groupe vis-à-vis des talents externes et développe un avantage concurrentiel sur le marché pour permettre :

- de diversifier et d'avoir accès à de multiples sources d'informations ;
- d'attirer les talents dans un marché de plus en plus concurrentiel ;
- de donner une image cohérente du groupe Danone en internationalisant et standardisant le processus de recrutement externe de chacune des filiales.

2. La gestion d'un projet SIRH

Afin de faire évoluer les processus, il faut effectuer un travail de réingénierie[14] qui requiert un certain nombre d'étapes, dont la première est d'élaborer un cahier des charges.

C'est la fonction du responsable SIRH[15] (ou de quelqu'un de son équipe), qui coordonne les différentes actions pout mettre en œuvre un SIRH[16]. Pour d'autres logiciels, une démarche de projet est malgré tout nécessaire, obligeant à passer par différentes étapes[17] (voir focus 20.2).

Focus 20.2

Les différentes étapes pour mettre en place un SIRH

1. **Appel d'offres :**
   a. rédiger le cahier des charges ;
   b. répondre au cahier des charges par des éditeurs et des prestataires ;
   c. décider du choix du logiciel.
2. **Mise en place du logiciel :**
   a. accompagner et conduire le changement, dont les actions de formation auprès des futurs utilisateurs ;
   b. analyser les écarts ;
   c. développer les interfaces et ou la migration avec le nouveau logiciel ;
   d. paramétrer les différents modules ;
   e. basculer vers le nouveau logiciel.

14. Hammer M. et Champy J., *Le Reengineering*, Dunod, 1994.
15. Il y a une personne pour cette fonction en moyenne pour 1 250 salariés ; c'est dire si cette fonction n'existe que dans les entreprises importantes.
16. Pour d'autres logiciels concernant des fonctionnalités er périmètres plus réduits, il sera nécessaire malgré tout d'effectuer toutes ces étapes qui seront *a priori* allégées.
17. Nous pourrions également ajouter une étape supplémentaire – il s'agirait alors de l'étape 1 –, qui consisterait en la nomination d'un chef de projet.

2.1. La gestion d'un appel d'offres

Le cœur d'un appel d'offres est l'élaboration d'un cahier des charges, confiée la plupart du temps au responsable SIRH avec le soutien des personnes de la DSI (direction des systèmes d'information) et une forte contribution des utilisateurs (actuels et potentiels). Il faut partir des besoins formulés en premier lieu par les utilisateurs. Il va être nécessaire de redéfinir la façon de travailler de chacune des personnes impliquées. Pour chacune des tâches effectuées, il va falloir réfléchir à son intérêt et à la valeur ajoutée qu'elle apporte : à quoi sert-elle ? où est-elle ?

C'est le début du travail de réingénierie (ou reconfiguration) qui va permettre de proposer à un éditeur de donner une réponse à cette demande en présentant les performances et les fonctionnalités de son logiciel.

Le cahier des charges fait partie d'une procédure – l'appel d'offres –, permettant de donner à des fournisseurs potentiels les mêmes informations et les mêmes conditions de présentation. L'objectif est de faire jouer la concurrence avec transparence, afin d'éviter le favoritisme et les possibilités de corruption. En ce qui concerne les appels d'offres pour les services publics (État ou collectivités locales), il existe des règles très précises – certains diront extrêmement contraignantes –, qu'il est impératif de suivre. Dès qu'un montant dépasse 100 000 €, ce qui est le cas pour les prestations informatiques concernant un SIRH, les délais pour gérer un appel d'offres – de l'élaboration du cahier des charges à la lettre officielle de la Commission des marchés publics de l'État annonçant le choix du prestataire – courent sur une bonne année. Personne ne peut s'en affranchir. Il existe certes des procédures simplifiées, mais qui ne concernent que des situations bien particulières (compléments ou prolongation, limitée dans le temps, d'une prestation déjà en cours).

Le cahier des charges est le document présentant aux prestataires extérieurs pressentis (éditeurs, consultants…) les besoins de l'entreprise, et donc les évolutions qu'elle veut effectuer par rapport à une situation existante actuelle. Ainsi, ces prestataires vont pouvoir répondre en proposant leurs solutions techniques, fonctionnelles et organisationnelles, financières en précisant les moyens qu'ils comptent apporter et les délais de mise en œuvre.

Un cahier des charges a deux volets :

- L'un concerne les fonctionnalités actuelles et futures ; il présente les tâches et les procédures ou processus existants, la façon dont on souhaite les faire évoluer. Cette partie sera rédigée par le responsable SIRH (qui est souvent le chef de projet). Pour bien l'élaborer, il est nécessaire de remettre à plat l'organisation existante. Pour ce faire, il faudra recueillir les informations nécessaires à la bonne compréhension auprès des utilisateurs actuels et futurs. Cela passe par la mise en place d'une conduite de projet, qui requiert un minimum d'implication de ces utilisateurs.
- L'autre concerne les dimensions et l'environnement techniques. Il sera élaboré par la DSI à partir d'informations techniques permettant de bien faire connaître les supports (et les contraintes existantes) sur lesquels fonctionne le système d'information de l'entreprise. Le responsable SIRH est peu impliqué dans la rédaction de cette partie.

À partir de ce cahier des charges, les candidats à la prestation devront proposer des solutions correspondant aux besoins exprimés, ou tout au moins les plus proches possibles. Ces prestataires potentiels devront donc étudier les écarts entre leur produit standard et les demandes définies dans le cahier des charges.

En effet, le logiciel d'un éditeur a toujours besoin d'être modifié ; au mieux, ses paramétrages devront être adaptés à l'organisation dans laquelle on installe le produit. Dans les faits, il y a toujours des différences qui nécessitent des développements informatiques plus ou moins importants (donc onéreux) par rapport au logiciel standard existant. Les mauvais esprits disent que toute l'histoire de l'industrie du logiciel n'est qu'une suite d'ajouts, dans le produit standard, de développements spécifiques demandés (et payés) par des clients. C'est de manière évidente exagéré, mais pas entièrement erroné. Dans tous les cas, des développements spécifiques constituent souvent des surcoûts futurs car, avec de nouvelles versions, il sera nécessaire de les réécrire.

Focus 20.3

Quels prestataires extérieurs ?

Il y a plusieurs types de prestataires extérieurs :

- L'éditeur qui a développé le logiciel proposé et qui en est le propriétaire. Suivant les situations, il peut proposer soit d'offrir seul l'ensemble de la prestation, soit d'être accompagné d'un ou de plusieurs autres prestataires : des éditeurs internationaux tels qu'Oracle, SAP ou ADP, des éditeurs plus nationaux tels qu'HR Access ou Cegid.
- L'intégrateur, souvent une SSII, qui va déployer le logiciel en effectuant le paramétrage et les développements informatiques spécifiques afin de répondre à des besoins particuliers que n'a pas le logiciel. Les personnes travaillant chez un intégrateur ont le plus souvent un profil informatique ; certaines ont une bonne connaissance des métiers RH. Ces intégrateurs sont de grandes sociétés généralistes de consultants, telles que Cap Gemini ou Accenture, disposant d'équipes dédiées au SIRH. Il peut s'agir également de cabinets de consultants plus petits, spécialisés dans les ressources humaines, mais n'ayant pas de couverture nationale.
- Le consultant en organisation et en accompagnement du changement. Son travail s'oriente : soit vers la recherche de gains de productivité, nécessaires à l'organisation, avec la mise en place du SIRH ; soit vers une démarche plus pédagogique visant à accompagner à la fois salariés, managers et responsables du projet, de sorte que la mise en œuvre des nouveaux outils soit dépourvue de freins (ou de dégâts) humains et sociaux. Cela passe par un travail de communication, mais aussi de formation auprès des futurs utilisateurs.

Des actions de sensibilisation sont souvent nécessaires auprès de tous ceux qui peuvent être affectés par ces changements. Ce travail d'explication est essentiel. Ainsi, il y a une dizaine d'années, la mise en place d'un système d'information au ministère des Finances, qui devait accompagner la réorganisation de la Direction des impôts et du Trésor public, n'a été gérée que par un intégrateur (en soutien de l'éditeur choisi). Les conséquences organisationnelles et sociales ont été sous-estimées. Cette situation a exacerbé les relations avec les syndicats et créé une situation conflictuelle majeure qui a entraîné une grève et le départ du… ministre (Christian Sauter). La réforme a été repoussée de quelques années. Ce n'est qu'en 2009 que les deux directions ont enfin pu fusionner avec un système d'information adéquat.

2.2. De l'importance des usagers et des utilisateurs

Comme nous l'avons étudié dans la section 1, les objectifs d'un cahier des charges sont d'identifier clairement les besoins en faisant appel à un certain nombre d'acteurs qui doivent oublier l'organisation actuelle :

- les personnes travaillant sur la fonction en voie d'être reconfigurée ;
- les futurs utilisateurs (salariés, managers…), dans le cas où il y aurait un déploiement de type « portail » et compte tenu du fait que les salariés auront de plus en plus la possibilité d'accéder à des informations personnelles et de les modifier ;
- les responsables de la fonction RH (les RRH constituent un relais de proximité ayant des responsabilités de plus en plus polyvalentes et transversales) ;
- la direction générale quand des questions peuvent toucher à l'organisation générale de l'entreprise ou avoir des incidents sur ses principes.

2.3. Le choix du logiciel et du ou des prestataires

Le choix de l'éditeur est effectué par le comité de pilotage à partir :

- d'un travail de synthèse des réponses d'éditeurs, lesquels sont souvent accompagnés de prestataires pour mettre en place le logiciel ;
- d'une rencontre avec ces prestataires potentiels au cours d'une présentation orale qu'ils effectuent à tour de rôle devant le comité (il faut une demi-journée par éditeur) ;
- d'une démonstration du logiciel proposé (qui peut se faire dans l'entreprise, chez l'éditeur ou chez un de ses clients) ;
- d'une rencontre avec des clients de ces prestataires (avec ou sans le prestataire), afin de voir et comprendre le logiciel fonctionnant dans la réalité « de la vraie vie » professionnelle.

Ces deux dernières étapes n'ont lieu qu'à l'issue d'un premier choix conduisant à établir une *short list* de deux ou trois candidats ayant répondu au plus près des demandes de l'entreprise. Dans tous les cas, ce processus de décision peut prendre du temps (deux mois) et demeure chronophage en réunions pour les personnes du comité de pilotage. C'est pourquoi il faut éviter d'avoir trop d'éditeurs qui répondent (ce qui n'est pas possible pour les appels d'offres de l'État).

L'éditeur choisi, accompagné ou non d'un consultant prestataire de service pour effectuer l'intégration et la conduite de changement/formation, il faudra finaliser cet accord par un contrat qui nécessitera une validation du document par la DSI et, bien évidemment, le juriste de l'entreprise. Ce document contractuel sera souvent l'objet d'âpres négociations. En effet, la nature de la prestation doit être très précise. Toute nouvelle demande du client qui ne serait pas prévue dans le document contractuel sera facturée en supplément. C'est ainsi que le coût final, en fin de projet, peut dépasser du tiers, voire davantage, le montant de l'enveloppe prévue initialement. Ces surcoûts sont dus soit à une mauvaise estimation des besoins au moment de l'élaboration du cahier des charges (travail de définition des besoins fait trop rapidement, mauvaise écoute des utilisateurs…), soit à de nouvelles demandes ou questions qui apparaissent au cours du déploiement.

2.4. Mise en place du logiciel

Cette mise en place s'effectue en plusieurs étapes qui peuvent être concomitantes.

Accompagner et conduire le changement, dont les actions de formation auprès des futurs utilisateurs

C'est un aphorisme de dire qu'un logiciel fonctionne quand ses utilisateurs potentiels l'utilisent effectivement dans leurs activités. Pourtant, que d'efforts pour que ces personnes en aient un usage facile et quotidien ! En effet, la mise en place d'un tel logiciel correspond, comme nous l'avons décrit plus haut, à une réorganisation du travail. C'est, en conséquence, une remise en question des habitudes de travail de chacun. Suivant l'adage, « on sait ce que l'on perd mais on ne sait pas ce que l'on va gagner », les personnes concernées manifestent une inquiétude, voire une franche hostilité. Ce sont des habitudes à changer, mais aussi des difficultés qu'il faudra désormais résoudre différemment avec le nouveau logiciel. Toutes ces appréhensions correspondent à ce que l'on appelle la peur du changement, qui le plus souvent est une attitude tout à fait compréhensible. Cette inquiétude est liée à un manque d'information et de formation. En effet, tout un travail d'explication est nécessaire auprès des utilisateurs potentiels, afin qu'ils soient en mesure de bien comprendre ce qu'ils vont faire de nouveau, ce qui va changer dans leur travail. Comme nous l'avons présenté, il est nécessaire d'être accompagné dans le travail de reconfiguration des processus de ses acteurs actuels et futurs du processus concerné. Qui mieux qu'eux sont à même de savoir ce qu'est leur travail, leurs contraintes ou leurs difficultés ? Il faut déployer une pédagogie. Les personnes les plus à même d'effectuer ce travail sont celles qui ont travaillé sur la reconfiguration des processus. Ce sont donc ces collègues de travail qu'il faut associer en priorité à ce travail de formation et de sensibilisation à ces nouveaux outils.

Analyse des écarts

Avant de mettre en place le logiciel, il faut l'adapter aux besoins de l'organisation. Souvent, cela demande des modifications qui vont nécessiter des développements spécifiques. C'est évidemment un coût supplémentaire pour l'entreprise ; de plus, à chaque nouvelle version du logiciel, il sera nécessaire de déployer les mêmes développements.

Développer les interfaces et/ou la migration avec le nouveau logiciel

De plus en plus, un SIRH intègre différents logiciels. La mise en place d'un nouveau logiciel nécessite donc de développer des interfaces qui vont ainsi permettre d'utiliser les informations générées par d'autres logiciels. Il est aussi possible que les fonctionnalités existant dans le nouveau logiciel, il ne soit plus nécessaire de maintenir l'ancien. Il faudra alors définir les informations/dossiers que l'on souhaite conserver comme historique, ce qui nécessitera un travail de récupération des données qui peut être techniquement assez compliqué.

Paramétrage des différents modules

C'est une activité importante dans la mise en place du logiciel, puisque c'est le choix d'intégrer ou non différentes variables que propose ce logiciel. Par exemple, c'est la possibilité ou non d'intégrer sur la fiche de paie le logo de l'entreprise, de le placer en haut, à gauche, à droite ou au milieu… Il s'agit également de spécifier les options offertes par un logiciel.

Basculement du nouveau logiciel

C'est le moment où le logiciel est effectivement mis à disposition des utilisateurs finaux. Cela a nécessité au préalable une suite de tests et de « recettages »[18] sur chacun des éléments du logiciel. C'est aussi le moment de vérifier si le logiciel proposé est conforme aux attentes formulées dans le cahier des charges. Quand tout cela est validé et que le logiciel fonctionne, on effectue son basculement.

Par exemple, avant de basculer un logiciel de paie, on effectue plusieurs mois de paie en vérifiant à chaque fois si les fiches de paie sont conformes. Pour ce faire, on les compare avec celles produites par le logiciel qui va être abandonné. Quand il n'y a plus d'erreurs et/ou de bogues, on procède au basculement du nouveau logiciel au détriment de l'ancien.

3. La couverture des SIRH

En une décennie, la fonction RH s'est appuyée de plus en plus sur des logiciels dans chacune de ses grandes fonctions. C'est le développement de l'« outillage » de la fonction RH afin de gérer les informations de ses salariés. Nous constatons que l'architecture proposée[19] correspond à deux scénarios :

- un logiciel de type PGI ou ERP intégrant beaucoup de fonctions mais pouvant maintenant être complété par des logiciels d'autres éditeurs de logiciels de niche (dits *best of breed*)[20] ;
- un logiciel « central » correspondant à la paie, qui sera complété pour certains processus par des *best of breed* pouvant couvrir des fonctions très diverses : recrutement, *reporting*, budget de la masse salariale, GTA, formation et compétences, GPEC…

Il faut y ajouter, au moins pour les grandes entreprises, la mise à disposition d'un self-service ou intranet RH qui constitue une interface pour gérer les informations RH traitées par ces différents logiciels.

---

18. C'est une série de tests et vérifications effectués au moment de l'installation d'un logiciel, afin de supprimer bogues, erreurs et blocages dans son utilisation.
19. Certains évoquent plutôt l'urbanisme, expression montrant l'articulation complexe et riche des différents outils et acteurs.
20. Ces *best of breed* se sont développés depuis la fin des années 1990, ce qui signifie littéralement « le meilleur de sa catégorie ». Cela se dit d'une solution logicielle prétendant offrir des fonctions avancées sur un segment de marché bien délimité. Cette notion s'oppose à celle du « tout intégré » développé dans un ERP, logiciel qui propose une couverture fonctionnelle complète, ou tout au moins revendiqué ainsi par l'éditeur. C'est le principe du couteau suisse. Par exemple, sur le marché des SIRH, Oracle à travers sa solution PeopleSoft, propose un « tout intégré » tandis que Horoquartz propose, quant à lui, un logiciel de niche de type *best of breed*, qui ne déploie que la gestion des temps et des activités (GTA) et qui va être en lien étroit avec le logiciel de paie.

Figure 20.2 – Les grandes fonctionnalités couvertes par un SIRH

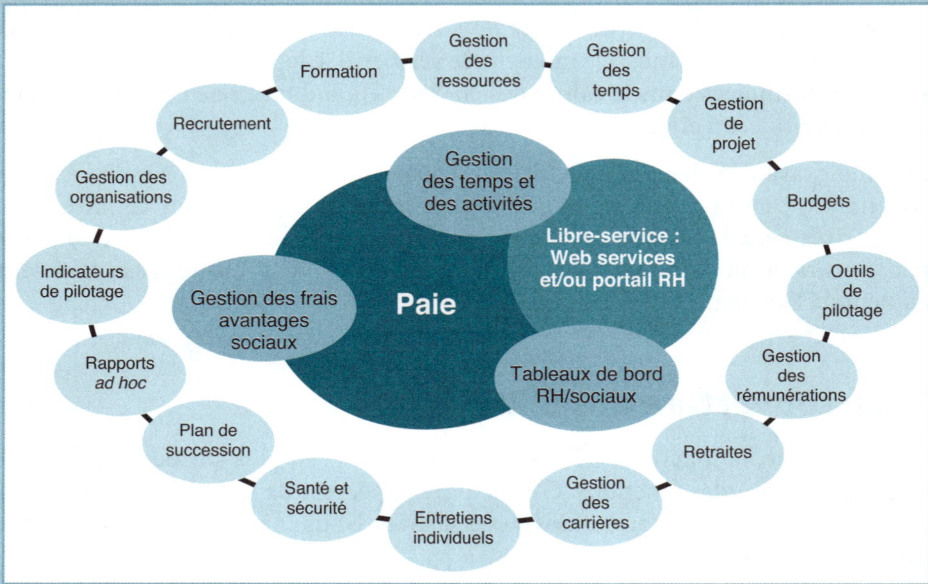

Figure 20.3 – La couverture des grandes fonctions RH par un logiciel et le nombre d'années où les logiciels ont été utilisés

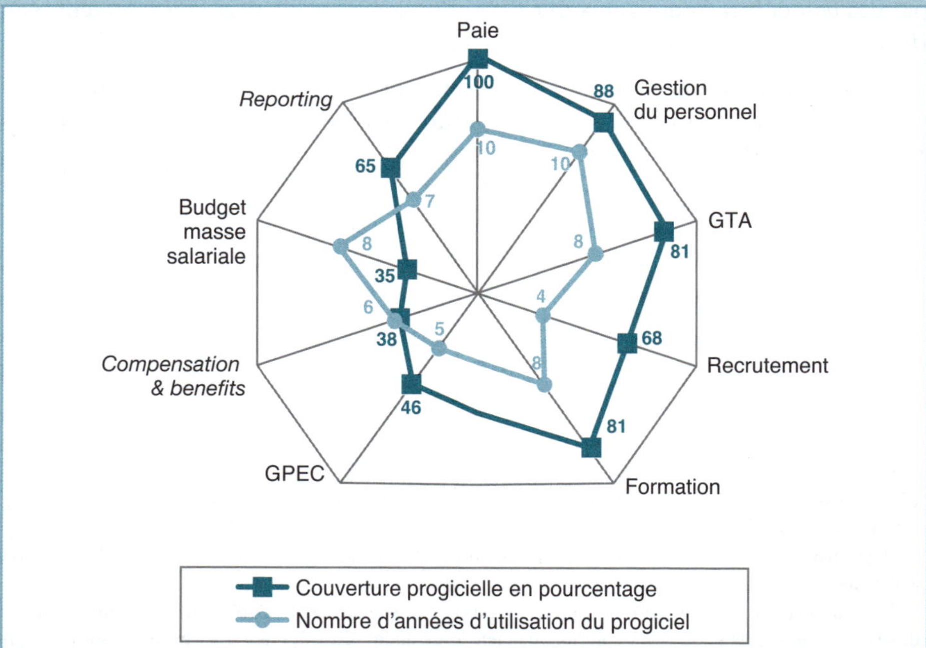

Source : Étude Danaé, octobre 2011 (étude effectuée auprès d'un échantillon d'une centaine d'entreprises) – http://www.danae-conseil.fr/chiffres-cles-2011.pdf

3.1. La paie et la gestion administrative du personnel

Évidemment, la paie est informatisée dans toutes les entreprises. Nous constatons sur la figure 20.3 que le logiciel a été mis en place dans les entreprises en 2000. Effectivement, toutes les entreprises, dans l'inquiétude du bogue, dit de l'an 2000, en avaient profité pour moderniser ou avoir une nouvelle version de leur éditeur. Une fois un logiciel de paie installé, nous remarquons qu'il est utilisé longtemps, ce qui implique bien sûr des mises à jour régulières, voire de nouvelles versions fournies par l'éditeur.

Les grands acteurs du marché ont une offre couvrant conjointement la paie et la gestion administrative du personnel. Toutefois, certaines entreprises n'ont pas toujours le même progiciel pour la paie et la gestion de personnel (ADP et HRA sont utilisés plus fréquemment pour la paie, alors que SAP et Oracle le sont plus fréquemment pour la gestion de personnel).

Si le logiciel de paie intègre la gestion administrative, les entreprises préfèrent souvent utiliser un logiciel de gestion des temps et des activités (GTA) spécifiques. Ce sont des progiciels de niche (ou *best of breed*). En effet, dans les groupes internationaux, il faut différencier un logiciel de gestion administrative pouvant couvrir différents pays avec la paie spécifique pour chacun des pays. Notons malgré tout que les éditeurs internationaux (ADP, Oracle) proposent maintenant des logiciels couvrant la paie de nombreux pays.

3.2. Le recrutement

L'offre des logiciels de recrutement est riche en outils de type *best of breed.*

Ce marché reste peu couvert par les grands éditeurs de solutions généralistes. Néanmoins, ces outils sont peu utilisés.

Par contre, les sites de recrutement[21] se développent et sont souvent installés et gérés par des prestataires. Les CV envoyés par courrier sont des pratiques qui se perdent. De plus en plus souvent, cela passe par des envois dématérialisés. La fonction RH reçoit des candidatures déjà passées par le filtre du prestataire, qui offre ainsi un service appréciable.

Les outils sont peu interfacés avec le SIRH. En général, il s'agit d'outils modernes avec une bonne convivialité, un *workflow*[22] et un outil de requêtes facile à utiliser.

3.3. La formation

Ce sont les activités de gestion qui sont très bien couvertes puisque 9 entreprises sur 10 sont équipées :

- d'une part, de progiciels généralistes (HRA, ADP-GSI, SAP) ;
- d'autre part, d'outils de niche (*best of breed*) comme Inser, Foederis, Open Portal.

Ces logiciels traitent l'ensemble du processus de gestion de la formation, de la demande d'inscription à la facturation du prestataire ; le tout permet ainsi de disposer de toutes les informations pour remplir la déclaration fiscale concernant la formation 8324.

21. Ces sites n'ont pas été traités dans l'étude Danaé.
22. Un *workflow* est le flux d'informations au sein d'une entreprise, généré par un logiciel permettant de transmettre automatiquement de l'information entre des personnes.

3.4. GPEC

C'est dans ce domaine qu'un SIRH est le moins utilisé. Moins d'une entreprise sur deux dispose d'un progiciel de gestion prévisionnelle des emplois et des compétences. Il s'agit de logiciels très spécialisés, en particulier ceux qui essaient de transcrire l'information recueillie sous des formes cartographiées.

Une bonne moitié des entreprises utilisent le même outil pour les recrutements et la mobilité interne. Cela est révélateur de la tendance actuelle à favoriser la mobilité par rapport au recrutement. Les évaluations et la gestion des postes, emplois et compétences font partie des domaines qui vont évoluer en priorité ces prochaines années.

3.5. Le budget de la masse salariale

Une bonne partie des entreprises utilise Excel pour les simulations et la construction du budget de la masse salariale, en raison du caractère très souple, quasiment instantané et souvent très varié de la construction budgétaire.

Dans les autres cas, la gestion des budgets de la masse salariale est couverte par des outils spécialisés, notamment Scénario/RH de Allshare, ou par des progiciels généralistes (SAP, Oracle).

3.6. Le *reporting*

L'éditeur Business Object, ou BO[23], propose un logiciel qui est l'outil le plus utilisé (plus d'un tiers des entreprises utilisent BO pour leur *reporting* social). Ainsi, les informations RH deviennent un élément important dans les prises de décision.

La prédominance de BO est liée entre autres aux partenariats qu'a développés cette entreprise avec les éditeurs (ADP GSI, Pléiades et HRA), tandis que des outils tels qu'Hypérion ou Powerplay sont utilisés dans d'autres domaines de l'entreprise.

3.7. Le portail RH (externe) et libre-service RH (interne)

Il est en augmentation constante depuis 2006. Les sites d'entreprise consacrés aux recrutements (emplois et CV) se sont fortement développés. Ils sont souvent développés et gérés par un prestataire externe.

En interne, ces nouveaux outils sont de plus en plus utilisés pour la gestion de la mobilité interne comme bourse d'emploi et ressources d'information. Suivant la culture d'entreprise, la publication des offres est ouverte à tous les salariés ou au contraire est limitée (aux personnes de la fonction, aux managers…).

Plus d'une entreprise sur deux utilise un libre-service avec les demandes de congés et de RTT. Les autres fonctions (notes de frais, candidatures à un poste en interne, mises à jour du dossier salarié, demandes de formation) sont moins sollicitées (de 40 à 27 % d'utilisation).

---

23. Cet éditeur français a été racheté en 2008 par SAP – http://www.sap.com/france/solutions/sapbusinessobjects/index.epx

Résumé

La mise en place des systèmes d'information a permis de restructurer l'organisation du travail en automatisant l'information et en la mettant en réseau. Elle peut ainsi être distribuée et mise à disposition du plus grand nombre. Dans la fonction RH, le système d'information[24] (SIRH) a restructuré les flux d'information, générant ainsi des gains de productivité considérables en offrant des services RH nouveaux tant pour les salariés, pour les managers que pour la direction générale.

Ainsi, avec un SIRH déployé, la fonction RH, comme toutes les autres fonctions, est maintenant dans des logiques de processus.

Toutefois, pour réorganiser et mettre en place un logiciel, il faut déployer une méthodologie afin de définir et d'optimiser les besoins. Cela passe par la rédaction d'un cahier des charges qui nécessite de décrire l'organisation du travail actuelle et future.

Bibliographie

Akoka J. (coord.), *Encyclopédie de l'informatique et des systèmes d'information*, Dunod, 2008.

Commission SIRH de l'ANDRH, « Livre blanc sur le SIRH », *Revue Personnel*, Éditions ANDRH, juin 2014.

Just B., *Pas de SIRH sans SIRH*, 3e éd., Liaisons, 2012.

Silva F., *Être e-DRH*, Liaisons, 2012.

24. Voir le rapport de la commission SIRH, animé par François Silva, qui fait le point sur l'évolution des SIRH et développe leurs méthodes de mise en œuvre ; « Livre blanc sur le SIRH », par la commission SIRH de l'ANDRH, juin 2014 – http://www.andrh.fr/services/la-revue-personnel

Activités

Étude de cas

Cremic – SIRH

L'entreprise Cremic propose à la grande distribution, aux restaurants et aux boulangeries-pâtisseries de la pâtisserie « traditionnelle » et/ou régionale fabriquée en grande quantité sous un mode industriel. Les produits proposés peuvent varier suivant les régions en fonction du contexte culturel et des traditions afférentes. Elle détient globalement 20 % du marché, mais avec de très grandes disparités régionales. Aucun de ses concurrents n'est leader sur ce marché. La plupart jouent sur les prix. Cremic travaille sur l'innovation, la qualité et le service.

Cremic a quatre établissements, dont deux sont des acquisitions très récentes. L'un est dans le Sud de la France, un second dans le Nord, l'autre dans le Sud-Ouest et enfin un dernier en Alsace. L'entreprise emploie 380 salariés, sans compter les intérimaires qui sont recrutés suivant la charge de travail qui fluctue selon les saisons (fin d'année, différentes fêtes…). Il existe quatre catégories de salariés, avec leurs spécificités, répartis dans les quatre usines : 180 ouvriers, 80 employés dans la gestion et les fonctions supports, 30 chauffeurs/logisticiens pour transporter les produits, 40 commerciaux et 50 personnes cadres et agents de maîtrise.

Cremic appartient au groupe italien Tortital, leader européen de la pâtisserie traditionnelle, qui envisage de développer des synergies avec sa filiale française. Le groupe Tortital souhaite donner à Cremic les moyens de continuer à acquérir, dans les prochaines années, d'autres PME régionales et de poursuivre ainsi son expansion.

Cremic propose à ses clients différents produits : d'une part, des produits génériques fabriqués dans l'ensemble de ses usines et qui sont vendus dans tout l'Hexagone. C'est ce type de produits qu'il faut développer dans les deux nouveaux établissements qui ont rejoint Cremic, ce qui nécessite qu'ils en abandonnent d'autres. D'autre part, chaque établissement fabrique ses propres produits régionaux vendus seulement dans sa région, ayant chacun leur marque spécifique. En effet, chaque région a développé au cours de son histoire des spécialités pâtissières régionales. Ainsi, la pâtisserie du Nord de la France est très différente de celle du Sud. Autant l'une est plus « crémeuse », autant l'autre est plus « biscuit » (croquants, navettes…) pouvant résister à la chaleur. Chaque établissement développe ainsi des gammes différentes liées évidemment à ses spécificités régionales pâtissières. C'est pourquoi il existe dans chaque établissement, à côté de la gamme générique développée partout, des processus de fabrication spécifiques ayant leur aire de ventes spécifiquement régionales. Enfin, notons que beaucoup de produits de pâtisserie ne peuvent être transportés au-delà d'une certaine distance.

La DRH dispose d'un logiciel au siège que l'éditeur ne va plus maintenir. De plus, avec la récente acquisition de ces deux nouvelles entreprises, Cremic a quatre logiciels de paie, un pour chacun des quatre établissements. Notons que les équipes RH, dans ces deux nouveaux établissements, n'étaient affectées jusqu'à présent qu'à des travaux administratifs et de gestion RH de base, ce qui n'est pas le cas des autres établissements. Hormis ces logiciels de paie, Cremic ne dispose d'aucun autre système d'information pour ses ressources humaines.

Le DRH, recruté depuis une année, souhaite mettre en place une véritable politique RH (rémunération, GPEC, formation, mobilité, management, communication…) qui va accompagner la stratégie de développement de Cremic dans le cadre du groupe Tortital. Il s'appuie sur le nouveau directeur général de Cremic, lequel souhaite dynamiser l'entreprise. Concernant le volet SIRH, le DRH a demandé à son adjoint de lui faire des propositions.

Questions

Vous êtes la personne chargée de faire des propositions autour du SIRH :

1. Quelle peut être la stratégie des systèmes d'information RH qu'il vous semble nécessaire de déployer ?
2. Quel devrait être l'intérêt d'une telle stratégie ? Pourriez-vous différencier les usages et l'intérêt suivant les fonctions et les postes ?
3. Quels sont les difficultés et les problèmes qu'il va falloir affronter ?
4. Quelles sont la démarche et la méthodologie que vous proposez de mettre en place ? Quelles étapes et quel rétroplanning allez-vous proposer ?
5. Pensez-vous qu'il faille mettre en place un portail RH ? Quel en est l'intérêt ? Quelles sont les difficultés et les limites dans son développement ?
6. Pourquoi est-il nécessaire de disposer d'un seul et même logiciel de paie ?

Chapitre 21
La GRH, des frontières poreuses

Bérangère Condomines

Ce chapitre aborde les questions suivantes :
- Quelles sont les causes de cette porosité ?
- Quels dispositifs pouvons-nous identifier ?
- Quels sont les éventuels impacts sur la fonction RH ?

Dans le contexte des années 2000 émerge la nécessité de penser la GRH hors des murs[1] de l'entreprise et, plus particulièrement, au-delà de ces frontières traditionnelles :

- **Frontière spatiale.** La notion de **territoire** de l'entreprise et, plus particulièrement, du lieu de travail évolue *via* les phénomènes d'externalisation, de collaboration territoriale (par exemple, mise à disposition de salarié), de revitalisation du bassin d'emploi (art. L. 1233-84 du Code du travail), de télétravail/travail nomade.
- **Frontière temporelle.** Avec la flexibilité des temps (horaires, durées), on observe un double mouvement. D'une part, la gestion durant le temps de travail du hors-temps de travail (par exemple, organisation des vacances) et, d'autre part, la poursuite des activités professionnelles pendant le hors-temps de travail (par exemple, gestion des dossiers le week-end).
- **Frontière sociale – dimension interpersonnelle.** Au sein de l'organisation, les salariés côtoient quotidiennement des dénommés « externes » (intérimaires, consultants, salariés portés, etc.).
- **Frontière sociale – dimension dialogue social.** Le dialogue social tend à intégrer de nouveaux acteurs tels que le territoire et, plus particulièrement, le service public de l'emploi local (par exemple, maisons de l'emploi).
- **Frontière sociale – dimension RSE.** Le champ de la responsabilité s'élargit, afin de considérer l'impact sur son environnement au sens large et, conséquemment, la multitude des parties prenantes externes (par exemple, ONG, associations, riverains, etc.) permettant aux salariés de s'engager dans des projets personnels et professionnels durant le temps de travail ou hors temps de travail[2] (par exemple, congé solidaire, volontariat, mécénat de compétences).

---

1. Dans le cadre de ce chapitre, nous privilégions le terme « hors des murs » au terme « hors sol », en ce sens que l'entreprise est de plus en plus ancrée sur son « territoire ». De ce fait, on observe davantage un phénomène d'interaction ou de capillarité. En revanche, nous aurons recours au terme « hors sol » pour caractériser les travailleurs nomades et les télétravailleurs.
2. Uzan O. et Condomines B., « Coordination, engagement et RSE au cœur de la quête managériale du changement perpétuel », *Congrès de l'ISEOR/AOM – Academy of Management*, Lyon, 14 au 16 juin 2010.

- **Frontière organisationnelle.** Les « nouvelles » formes organisationnelles exacerbent le collectif de travail temporaire (par exemple, **en réseau**, **organique**, **en équipes**, **virtuelle**, **allégée**).
- **Frontière juridique.** L'évolution des pratiques de *corporate governance* et, plus particulièrement, du pouvoir de direction de l'employeur tend vers la conception d'un pouvoir « partagé » (par exemple, groupement d'employeurs).

Cet écosystème d'acteurs, mû par une multitude de projets communs, intègre ainsi différentes parties prenantes internes (dirigeants, actionnaires, salariés, partenaires sociaux) et externes (clients, fournisseurs, sous-traitants, intermédiaires de financement, riverains, ONG, pouvoirs publics territoriaux, chambres de commerce et d'industrie, concurrents, etc.). En préambule, nous identifierons les principaux déterminants de cette porosité de la GRH (section 1). Puis, nous présenterons quelques dispositifs/outils (section 2) et questionnerons les éventuels impacts (section 3).

1. Les déterminants de cette porosité

L'évolution de l'environnement organisationnel dans sa dimension économique, sociale, juridique et technique (TIC) a incité au redimensionnement de la GRH. Ce phénomène s'explique tant par des facteurs internes à l'organisation que par des facteurs externes[3].

1.1. Les facteurs internes

La **volonté d'articuler la GRH et la stratégie** apparaît comme un premier facteur explicatif exacerbant la gestion des compétences au niveau individuel, collectif, organisationnel, stratégique et territorial (voir chapitre 7, « Gérer les compétences et les carrières »). Deux approches sont identifiées :

- une approche *top-down* qui vise à déterminer, développer et mobiliser au bon moment les compétences requises pour accompagner la stratégie ;
- une approche *bottom-up* (voir *Resource Based View*) qui vise à gérer par les compétences en vue de créer de la valeur.

Dans cette perspective, la territorialité des activités est un élément qui tend à être considéré différemment selon les organisations (Uzan *et al.*, 2013) :

- **Une logique d'intégration/différenciation.** Quelles sont les compétences rattachées à mon territoire d'origine (par exemple, savoir-faire local) et en quoi constituent-elles un avantage concurrentiel dans une perspective de conquête de nouveaux territoires ?
- **Une logique d'intégration territoriale ou une logique de coconstruction.** Quelles sont les compétences partagées avec les partenaires ou transférables (par exemple, sous-traitants, PME évoluant sur le même bassin d'emploi, membres du pôle de compétitivité) ?

Le deuxième facteur explicatif fait référence aux **défis RH** à surmonter en réponse aux contraintes économiques, légales, juridiques et sociales (conflit social, image/réputation). Par exemple, les PME/TPE déclarent être confrontées aux problématiques de recrutement et de fidélisation des salariés. La coopération ou la synergie interorganisationnelle

3. Defélix C., Dégruel M., Le Boulaire M. et Retour D., « Territorialisation de la GRH : de nouvelles démarches d'entreprise et une nouvelle GRH ? », *XXI*[e] *Congrès de l'AGRH*, Saint-Malo, 17-19 novembre 2010.

est évoquée pour pallier ces difficultés. Les grandes structures semblent davantage se préoccuper de la gestion des emplois et des compétences, du dialogue social, du climat social exacerbant le rôle du territoire (par exemple, bassin d'emploi, maisons de l'emploi). Quant à la réponse aux besoins ponctuels d'expertise et à la gestion des talents, ce défi tend à être partagé par l'ensemble des acteurs même si sa place relative diminue dans les sondages.

Figure 21.1 – Les thèmes prioritaires

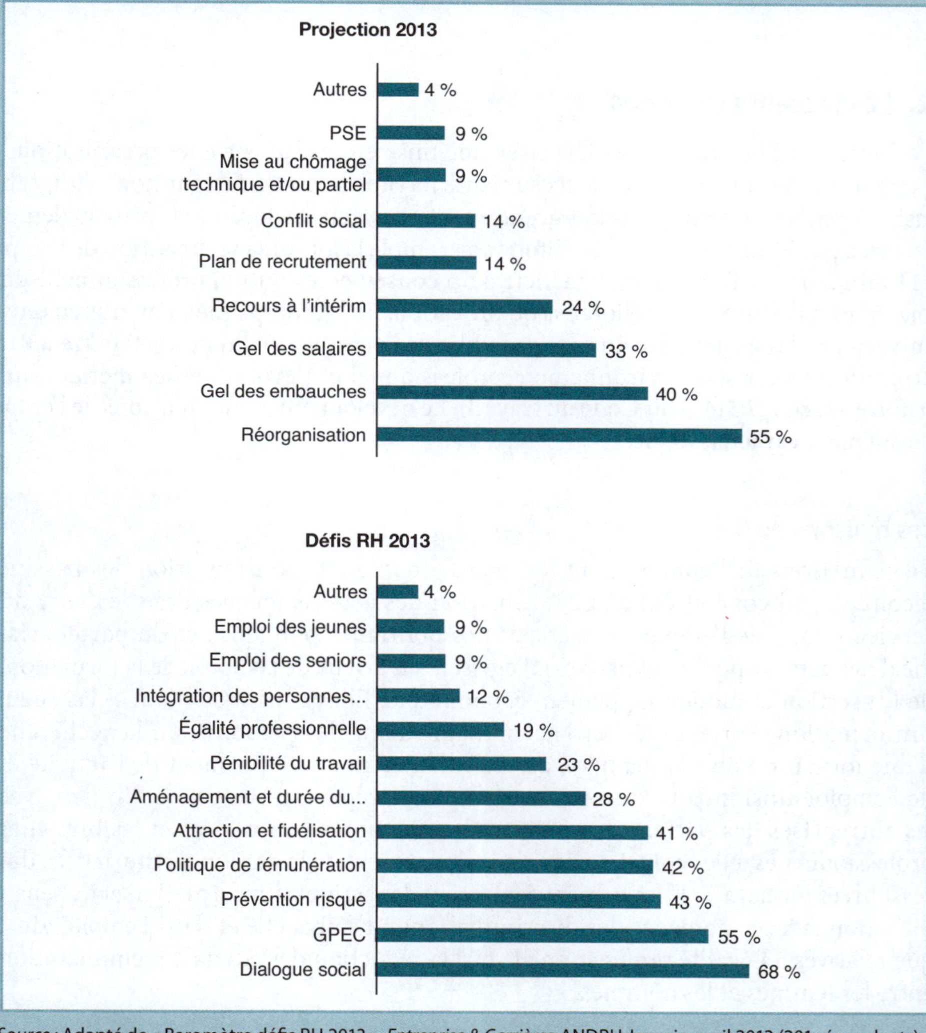

Source : Adapté de « Baromètre défis RH 2013 », *Entreprise & Carrières*-ANDRH-Inergie, avril 2013 (201 répondants).

Les **aspirations des collaborateurs** peuvent être considérées comme le troisième facteur explicatif. Ainsi, les salariés semblent organiser leur parcours professionnel au sein d'un bassin d'emploi donné (voir chapitre 7, « Gérer les compétences et les carrières »). Ce **nomadisme** ancré sur un territoire fait écho aux besoins de coordonner la sphère privée et la sphère professionnelle (par exemple, temps de trajet domicile/travail, reconnaissance des besoins en tant que parents-travailleurs).

Focus 21.1

Le trajet domicile/travail

En moyenne, le trajet domicile/travail (aller simple) dure 22 minutes en province et 36 minutes en région parisienne. Au-delà de 15 minutes, les répondants se déclarent comme non satisfaits par la durée de ce trajet. 72 % de ces derniers seraient prêts à changer de travail pour réduire le temps passé dans les transports.

Source : Étude Ifop pour Metro, « Le regard des actifs sur leur temps de trajet domicile/travail », février 2013 (répondants : 1 125 actifs).

1.2. Les facteurs externes

La volonté de l'État français de favoriser une mise en réseau entre les organisations et les acteurs privés ou publics présents sur leurs territoires est un facteur non négligeable. Ainsi, on observe une implication grandissante des acteurs locaux et, principalement, du service public de l'emploi local. Citons en exemple la loi sur la sécurisation de l'emploi du 14 juin 2013 : « Tout salarié bénéficie d'un conseil en évolution professionnelle dont l'objectif prioritaire est d'améliorer sa qualification. Cet accompagnement, mis en œuvre au niveau local dans le cadre du service public de l'orientation, lui permet [entre autres] d'être informé sur son environnement professionnel et l'évolution des métiers sur le territoire » (art. L. 6314-3 du Code du travail). Le développement des maisons de l'emploi est également caractéristique.

Focus 21.2

Les maisons de l'emploi

« Les maisons de l'emploi, dont le ressort, adapté à la configuration des bassins d'emploi, [...] concourent à la coordination des actions menées dans le cadre du service public de l'emploi et exercent des politiques publiques et du partenariat local des acteurs publics et privés qui agissent en faveur de l'emploi, de la formation, de l'insertion et du développement économique. Elles contribuent à [...] l'accueil, l'information, l'orientation et l'accompagnement des personnes à la recherche d'une formation ou d'un emploi, au maintien et au développement de l'activité et de l'emploi ainsi qu'à l'aide à la création et à la reprise d'entreprise. En lien avec les entreprises, les partenaires sociaux, les chambres consulaires et les branches professionnelles, elles contribuent au développement de la gestion territorialisée des ressources humaines. Elles mènent également des actions d'information et de sensibilisation aux phénomènes des discriminations à l'embauche et dans l'emploi ainsi que relatives à l'égalité professionnelle et à la réduction des écarts de rémunération entre les femmes et les hommes. »

Sources : Les lois de cohésion sociale du 18 janvier 2005 et de réforme de l'organisation du service public de l'emploi du 13 février 2008 (art. L. 5313-1 et s. du Code du travail).

La circulaire DGEFP du 29 juin 2010 relative au développement de la dynamique territoriale de GPEC (gestion prévisionnelle des emplois et des compétences) souligne, outre la notion de GPEC-T (GPEC territoriale), le rôle des interlocuteurs locaux tels que les Direccte. Les Direccte (Directions régionales des entreprises, de la concurrence, de la consommation, du travail et de l'emploi), créées en 2010, regroupent pléthore de services administratifs (par exemple, inspection du travail, services emploi). Elles veillent au respect de la réglementation du travail, à l'animation des politiques d'emploi et au développement de l'activité économique sur des « unités territoriales ».

Enfin, mentionnons le développement des pôles de compétitivité. Par définition, un pôle de compétitivité **rassemble, sur un territoire identifié et sur une thématique ciblée, des entreprises toutes tailles confondues, des laboratoires de recherche et des établissements de formation.** Les pouvoirs publics nationaux et locaux sont étroitement associés. **Le rôle des conseils régionaux, des conseils départementaux (loi du 17 mai 2013) et des élus locaux doit ainsi être souligné.** Plus particulièrement, le Conseil économique, social et environnemental régional (Ceser) remplit une mission de consultation auprès des instances politiques de la région. Il est composé de quatre collèges (les entreprises et activités non salariées, les organisations syndicales de salariés, les organismes et associations participant à la vie collective de la région, des personnalités qualifiées participant au développement régional).

Figure 21.2a – Les pôles de compétitivité

Source : http://www.competitivite.gouv.fr

Figure 21.2b – Les pôles de compétitivité

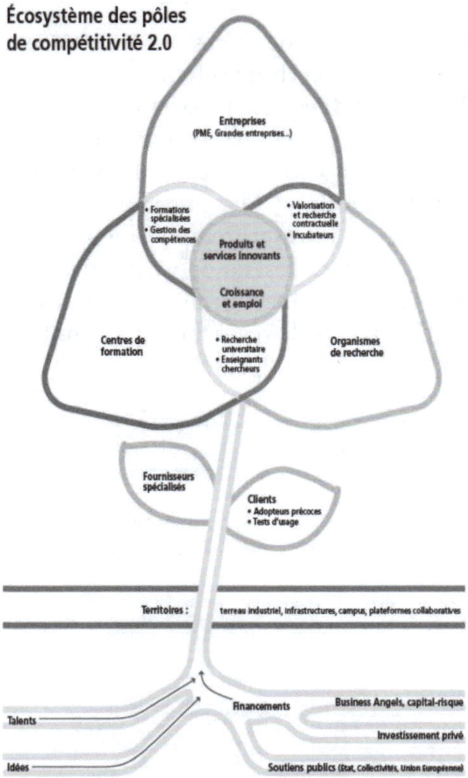

Source : http://www.competitivite.gouv.fr

2. Les différents outils

Cette conception **élargie**[4] ou **étendue** semble contenir trois types de dispositifs, outils ou instruments soulignant tant la pénétration de l'interne par l'externe que la pénétration de l'externe par l'interne : **contractualisé**, **partenarial** et **territorial**.

2.1. Contractualisé

Ce modèle se réfère aux relations contractuelles qu'entretient une entreprise **employeur** avec ses salariés **hors sol** ou avec les entreprises **clientes/utilisatrices**.

Le télétravail

Le télétravail met en exergue la **virtualisation** du lieu de travail communément appelé le **bureau** situé dans les locaux de l'entreprise. Il regroupe différentes formes : le télétravail à domicile et le nomadisme.

4. Cadin L., « Faut-il sortir la GRH de ses frontières ? », dans Besson P. (éd.), *Dedans, dehors – Les nouvelles frontières de l'organisation*, Paris, Vuibert, 1997, p. 65-95.

Conformément à l'article L. 1222-9 du Code du travail, le télétravail « désigne toute forme d'organisation du travail dans laquelle un travail qui aurait également pu être exécuté dans les locaux de l'employeur est effectué par un salarié hors de ces locaux de façon régulière et volontaire en utilisant les technologies de l'information et de la communication dans le cadre d'un contrat de travail ou d'un avenant à celui-ci ». Outre ses obligations de droit commun vis-à-vis de ses salariés, l'employeur est tenu, entre autres, de prendre en charge tous les coûts découlant directement de l'exercice du télétravail et de lui donner priorité pour occuper ou reprendre un poste sans télétravail. En pratique, les accords relatifs à la mise en place du télétravail concernent uniquement le télétravail à domicile.

Or, le nomadisme intra-organisationnel et extra-organisationnel est une forme de télétravail non négligeable au regard du nombre de salariés concernés. Le nomadisme intra-organisationnel fait référence aux collaborateurs dénommés sans bureau (*deskless workers*), par analogie aux sans-abris, qui se déplacent au sein des différents sites organisationnels. Le nomadisme extra-organisationnel, quant à lui, concerne les salariés qui consacrent une partie de leur activité en dehors de leur organisation (par exemple, techniciens d'intervention, consultants, etc.).

Le portage salarial

Le portage salarial est un ensemble de relations contractuelles impliquant un **salarié porté**, rattaché à une **entreprise de portage**, qui effectue une prestation pour le compte d'**entreprises clientes** (art. L. 1251-64 du Code du travail). Au sein de cette relation, deux contrats doivent être établis[5] :

- Un contrat de prestation de services entre la société de portage et l'entreprise **cliente** (pour une durée maximale de trois ans). L'entreprise cliente ne peut recourir au portage salarial que pour des tâches occasionnelles, ponctuelles ou nécessitant une expertise qu'elle ne dispose pas en interne.
- Un contrat de travail entre le salarié porté et la société de portage. Les formalités administratives liées à l'embauche sont effectuées par la société de portage. Le salarié porté s'engage à transmettre des comptes rendus d'activité à la société de portage, assure la prospection de ses clients et négocie avec ces derniers les tarifs des prestations.

La mise à disposition de salariés

Une entreprise **prêteuse** peut mettre à la disposition d'une entreprise **utilisatrice** ses salariés pendant une durée déterminée (art. L. 8241-1 et L. 8241-2 du Code du travail).

Ce prêt de main-d'œuvre nécessite l'accord du salarié concerné, l'élaboration d'une convention de mise à disposition ainsi que l'établissement d'un avenant au contrat de travail. Ce prêt à but non lucratif implique que l'entreprise **prêteuse** facture à l'entreprise **utilisatrice** uniquement les salaires versés, les charges sociales et les frais professionnels remboursés au salarié. Le salarié reste employé par l'entreprise **prêteuse** qui le comptabilise dans ses effectifs (voir chapitre 13, « Administrer le personnel »). Il continue ainsi de bénéficier de l'ensemble des dispositions conventionnelles. Cependant, à sa demande et sous conditions, il peut être rattaché à l'entreprise **utilisatrice**, par exemple pour les élections professionnelles. À l'issue de cette mise à disposition, il retrouve son poste de

5. Accord professionnel du 24 juin 2010 relatif au portage salarial ; arrêté du 24 mai 2013 portant extension de l'accord national professionnel du 24 juin 2010 relatif à l'activité de portage salarial.

travail ou un poste équivalent sans que l'évolution de sa carrière ou sa rémunération ne soit affectée par cette période de prêt.

2.2. Partenarial

Ce modèle sous-tend une mise en commun de certains dispositifs RH au sein d'un réseau d'entreprises partenaires, d'un maillage territorial[6]. Outre les pôles de compétitivité, d'autres formes de réseaux se sont développées.

Le groupement d'employeurs

Un groupement d'employeurs est une structure réunissant plusieurs entreprises **partenaires**, soit sous forme associative soit sous forme de société coopérative (lois du 25 janvier 1985, du 28 juillet 2011 et du 26 octobre 2012).

Le groupement recrute un ou plusieurs salariés, qu'il met ensuite à la disposition des membres en fonction de leurs besoins. Il décharge ainsi les partenaires des formalités liées à l'embauche et permet de bénéficier ponctuellement d'un salarié détenant certaines qualifications (par exemple, comptable, formateur). Toutefois, pendant la durée de la mise à disposition, l'entreprise **partenaire utilisatrice** est responsable des conditions d'exécution du travail (art. L. 1253-12 du Code du travail). De surcroît, lorsque le groupement d'employeurs n'est pas pourvu d'un dispositif d'intéressement, de participation ou d'épargne salariale, le(s) salarié(s) bénéficie(nt) des accords mis en place dans l'entreprise **partenaire utilisatrice**.

Il peut également développer des sessions de formation professionnelle partagées. Il offre plus généralement un appui en matière d'expertise RH auprès des membres partenaires.

Exemple 21.1

Vénétis

Né en 1997, Vénétis (Vannes emplois nouveaux et travail intersociétés) est un groupement d'employeurs qui répond aux besoins de compétences à temps partiel des entreprises adhérentes, en employant des salariés en CDI et à temps partagé. 16 entreprises de tailles différentes et de secteurs variés (Kelt, Michelin, TFE, Délices de Saint-Léonard, Spi Diana, Bic Sport, Navix, la Soprat, Swann, Intermarché…) se sont regroupées. Vénétis, c'est aujourd'hui :

- **une équipe** de 9 personnes au service des acteurs du groupement ;
- **plus de 140 salariés** avec une diversité de métiers ;
- **plus de 260 entreprises** (TPE, PME, ETI et groupes) ;
- **6 territoires** en Morbihan et Loire-Atlantique.

Source : Extrait du site http://www.venetis.fr/ ; consulté le 29 novembre 2013.

Le système productif local/*cluster*/grappe d'entreprises

Le SPL correspond, comme le pôle de compétitivité, à un rapprochement d'entreprises qui tirent parti de leur proximité sur un même territoire, afin d'améliorer leur efficacité économique grâce à une stratégie de mutualisation des moyens et de développement des

6. Nous utilisons le terme « réseau » afin de mettre en exergue les notions de proximité et de maillage qui ne peuvent être restreintes uniquement au critère géographique (organisationnel, institutionnel, etc.).

complémentarités (Datar, Délégation interministérielle à l'aménagement du territoire et à l'attractivité régionale). Il regroupe principalement des PME ou des PMI qui coopèrent, par exemple au niveau de la production, du développement commercial, de la R&D ou de la GRH (par exemple, formation professionnelle).

Quant aux grappes d'entreprises, elles sont constituées et dirigées principalement par des TPE/PME (Datar). Elles ont un fort ancrage territorial et associent, selon les contextes, des grandes entreprises et des acteurs de la formation, de la recherche et de l'innovation. Elles apportent des services concrets aux entreprises, en particulier pour les aider à asseoir leur stratégie sur leurs marchés et à améliorer leur compétitivité. Elles favorisent les coopérations avec les autres acteurs publics et privés, notamment de la formation, de la gestion de l'emploi/des compétences et de l'innovation.

2.3. Territorialisé

Dans cette conception, le territoire[7] est considéré comme une véritable partie prenante. Divers dispositifs semblent tendre vers une gestion territoriale des trajectoires professionnelles. Ainsi, les collaborateurs auraient à leur disposition un ensemble de moyens pour envisager une carrière **nomade** au sein d'un bassin d'emploi.

GTEC ou GPEC territoriale

Impulsée par différents dispositifs juridiques, la GTEC ou GPEC-T (voir tableau 21.1) est conçue pour pallier le manque de connaissances relatives à la main-d'œuvre disponible sur le bassin d'emploi et à l'évolution structurelle/conjoncturelle du territoire d'implantation (ANI du 14 novembre 2008, circulaire du 29 juin 2010).

Par définition (voir chapitre 7, « Gérer les compétences et les carrières »), ce dispositif vise à identifier de façon anticipée les écarts entre les ressources disponibles sur un territoire et les besoins de ce dernier eu égard aux mutations économiques et aux évolutions de l'emploi. Il vise ainsi à appréhender le territoire comme un vivier de compétences. La compétence territoriale est définie comme une « combinaison de ressources géographiquement proches permettant au territoire d'afficher une spécialisation compétitive » (Defélix et Mazzilli, 2009). Cette spécialisation permet de répondre à un enjeu d'attractivité et de fidélisation de la main-d'œuvre sur un territoire donné. Dans cette continuité, la démarche permet l'identification de pôles de mobilité géographique.

Ce dispositif renforce le dialogue social avec les différents acteurs (privés ou publics) évoluant sur le territoire. Nous pouvons évoquer les Edec territoriaux (engagements de développement de l'emploi et des compétences) qui permettent de mener des actions d'accompagnement : parcours de formation interentreprises, mobilités professionnelles interemplois et/ou intersecteurs ou encore parcours de formation pour des publics cibles (par exemple, avec les services publics de l'emploi).

7. Pesqueux Y., « Notion de territoire », *Colloque développement durable, territoires et localisation des entreprises : vers une attractivité durable ?*, Bordeaux, 2011.

Tableau 21.1 – Éléments de différenciation GPEC d'entreprise, territorialisée et territoriale

	GPEC d'entreprise	GPEC territorialisée	GPEC territoriale
Gestion des compétences	Évaluation des compétences Appui sur les projets de l'entreprise Formation, VAE, DIF…	Les compétences sont à attirer, mobiliser, développer (avantage distinctif) Formations, VAE… Mutualisation des moyens (pôles de mobilité…)	Réagencement de compétences Transcompétences Compétences territoriales Appui sur les projets professionnels individuels Formation, VAE… Accompagnement et mutualisation (cellules de reclassement, plateformes…) Edec territoriaux
Acteurs	Acteurs privés dominants (entreprises) Salariés, employeurs	Acteurs privés dominants : entreprises, *clusters* (pôles de compétitivité, GE, SPL…) Salariés, employeurs et territoire	Acteurs publics et territoriaux dominants (SPE, MDE, Direccte, CCI, CC, Pays…) Salariés, employeurs et territoire Acteurs collectifs
Enjeux	Principalement répondre aux besoins définis par la stratégie de l'entreprise en développant l'employabilité des salariés	Compétitivité et innovation des entreprises ou du *cluster* Employabilité dans le cadre du *cluster* « Flexicurité »	Paix sociale et réduction des inégalités sur le territoire Sécurisation des salariés fragilisés Montée des qualifications des salariés au-delà des besoins des employeurs actuels Territorialisation des parcours professionnels Responsabilité politique et sociale des acteurs territoriaux (employabilité) Plus grande efficience des prestations territoriales publiques
Territoire	Lieu de ressources	Territoire « construit » autour de stratégies partenariales d'entreprises	Territoire « prescrit » s'inscrivant dans une politique/stratégie de développement territorial

Source : Adapté de Loubes A. et Bories-Azeau I., « La GPEC élargie au territoire : quelles interfaces ? », *XXIIIe Congrès de l'AGRH*, Nancy, 2012.

Exemple 21.2

Edec territorial Alès-Cévennes

« La création et le développement de ce site [Internet] s'inscrivent dans le cadre de l'Edec (engagements de développement de l'emploi et des compétences) territorial Alès-Cévennes, qui a pour objectif d'anticiper les effets sur l'emploi des mutations économiques et de répondre aux besoins de développement des compétences des salariés comme des entreprises. **Cet accord-cadre territorial a été signé en avril 2011 par la Direccte, les représentants syndicaux de salariés, d'employeurs et des branches, ainsi qu'avec le Pôle Emploi.** »

Source : Extrait de http://www.emploi-formation-ales.com/ ; consulté le 21 octobre 2014.

Pôle de mobilité régional

Le pôle de mobilité régional (PMR) est une structure partagée par plusieurs entreprises évoluant sur le même bassin d'emploi. Les salariés de ces entreprises membres bénéficient d'un dispositif d'accompagnement dans leur démarche volontaire (hors plan de licenciement) de mobilité externe, de création d'entreprises ou de formation-reconversion. Le fonctionnement est généralement paritaire, incluant les partenaires sociaux des membres, l'administration du travail et les acteurs du service public de l'emploi.

Exemple 21.3

Pôle de mobilité régional Provence-Méditerranée

Depuis 2004, un groupe de neuf entreprises de la région Paca a créé un cercle de réflexion. L'objectif est de « capitaliser sur les meilleures pratiques en matière de ressources humaines ». En juin 2010, dans le cadre de la politique de gestion prévisionnelle des emplois et des compétences et de la volonté de sécurisation des parcours professionnels sur le territoire régional, quatre grandes entreprises régionales (CMA CGM, Eurocopter, Lyondellbasell et STMicroelectronics) ont décidé de créer « une structure externe mutualisée d'accompagnement des salariés volontaires dans leur projet professionnel : l'espace Mapp ».

L'espace Mapp est une association à but non lucratif de type loi 1901 qui a pour objet entre autres :

1. « d'offrir aux salariés concernés la mutualisation de moyens des entreprises adhérentes afin de leur permettre de piloter leur évolution professionnelle grâce à un accompagnement de leur projet professionnel personnel en interne ou en externe de l'entreprise » ;
2. « de favoriser la mobilité des salariés entre les entreprises adhérentes, que ce soit pour des missions à caractère temporaire ou des emplois permanents » ;
3. « de mettre en œuvre une plateforme collaborative en ressources humaines pour mutualiser des moyens de prestation conseil ».

Source : Adapté de http://www.espace-mapp.com ; consulté le 13 novembre 2013.

Service territorialisé de ressources humaines

Des plateformes RH tendent à se développer afin de répondre aux besoins des salariés et des dirigeants présents sur le territoire. Elles offrent divers services tels que des séminaires d'informations, des parcours d'accompagnement personnalisé, des outils RH ou des centres de ressources.

Focus 21.3

Plateformes de service RH en Île-de-France

Actuellement, l'Île-de-France comprend six plateformes de service RH pour les TPE/PME. À court terme, la région comprendra 12 à 15 plateformes.

Les structures porteuses sont les maisons de l'emploi (4), le Comité de bassin d'emploi du Sud Val-de-Marnais (1) et la Maison de l'information sur la formation et l'emploi du Nord-Ouest 77 (1).

À titre d'exemple, vous pouvez consulter les offres proposées sur le lien : http://www.cbe-sud94.org/

Source : Séminaire annuel GPECT en Île-de-France du 12 octobre 2012, organisé par la Dirrecte.

3. Les impacts sur la GRH

Ce chapitre tend à souligner une évolution de la fonction RH vers une **G*Territoriale*RH** ou **G*Partenariale*RH** et, plus particulièrement, une **GCo*Responsable*RH**. Certains pourront y voir un effet de mode, d'autres un véritable redimensionnement de la GRH, l'inscrivant dans une conception soit **contractualisée** soit **partenariale**[8]. Dans tous les cas, il semble opportun de questionner les éventuels impacts sur la GRH à trois niveaux : sa politique, son champ d'activité et ses acteurs.

3.1. Sa politique

L'ensemble des politiques RH semblent être impactées. Quelques exemples non exhaustifs peuvent être cités.

Contractualisé :

- l'administration du personnel (contrat de travail…) ;
- sécurité et conditions de travail : par exemple, télétravail.

Partenarial :

- le recrutement *via* le groupement d'employeurs ;
- la formation professionnelle : mutualisation des formations professionnelles, *e-learning*, formation hors temps de travail, etc. ;
- le développement des compétences au travers du partage de connaissances : mécénat de compétences, forums (intra- ou extra-organisationnels), etc. ;
- l'analyse des emplois : par exemple, observatoire de métiers élaboré par les acteurs territoriaux.

Territorialisé :

- le recrutement sur le bassin d'emploi en raison de la proximité avec les centres de recherche, les universités ou les grandes écoles ;
- les pratiques de rémunération : par exemple, référence aux enquêtes salariales élaborées par les acteurs territoriaux ;
- la gestion des mobilités : pôle de mobilité régional, bourses de l'emploi territorial, etc. ;
- dialogue social incluant les acteurs territoriaux.

Focus 21.4

Le recrutement géolocalisé

Sur le marché des *job boards*, la recherche par critères géographiques est proposée par les sites **traditionnels** (par exemple, Apec, CadresOnline, Indeed, MeteoJob, Monster). Pour RegionsJob, la territorialisation constitue sa spécificité. Désormais, de nombreux sites Internet proposent un système de géolocalisation des offres d'emploi et des profils pour les **mobinautes** (accessibles sur smartphone, tablette, mobilier urbain, etc.). Nous pouvons citer en exemples Beepjob, Geojob, JOBaProximite, MappingJob. Les cadres comme les non-cadres peuvent ainsi recevoir les offres d'emploi en fonction de leur localisation à un instant *t*.

8. Voir « RSE, DD, GRH et territoire. Vers de nouveaux modèles de gestion partenariale et territorialisée ? », *Management et Avenir* (cahier spécial), n° 59, février 2013.

3.2. Le champ d'activité

La structuration de la fonction semble désormais reposer sur des choix temporaires de thématiques RH d'intervention intimement liées à des intérêts multiples (parties prenantes internes et externes) et modulables. Le champ d'activité répond ainsi à une exigence de gestion de **communautés temporaires** impliquant une structuration en pôles d'expertise.

3.3. Les acteurs

Conformément à la théorie des parties prenantes (Freeman, 1984), la fonction RH tend à intégrer les acteurs internes (collaborateurs, partenaires sociaux…) et externes (territoires…).

Dans cette perspective, le collaborateur est perçu comme un **partenaire** ou un **acteur** exerçant un rôle social. Le rôle social repose sur la perception d'un ensemble de normes de comportements jugés comme acceptables ou appropriés dans un groupe social (par exemple, ouvrier), dans une fonction (par exemple, manager) ou dans une organisation. Parmi ces comportements attendus, l'adaptabilité aux évolutions devient centrale (par exemple, évolution de son métier, de l'organisation). Le développement des compétences incombe ainsi au salarié et à la fonction RH (voir législation relative à la formation professionnelle et à la GPEC). L'**homme** (avec ses sentiments, sa motivation, ses besoins…) :

- **a** de la ressource (sa compétence…) ;
- **est** une ressource (un capital) ;
- **est coresponsable** de la gestion de cette ressource.

> **Focus 21.5**
>
> **Coresponsabilité**
>
> « […] permettre à chaque salarié d'être acteur de son évolution professionnelle grâce aux entretiens professionnels dont il bénéficie ou aux actions de bilan de compétences ou de validation des acquis de l'expérience auxquelles il participe. Le "passeport formation" et les travaux de l'observatoire prospectif des métiers et des qualifications de sa branche professionnelle doivent permettre à chaque salarié d'être en mesure d'élaborer et de mettre en œuvre un projet professionnel qui tienne compte non seulement des besoins en qualification de son entreprise ou, plus généralement, de ceux du monde économique, mais aussi de sa propre ambition de développer ses connaissances, ses compétences et ses aptitudes professionnelles ».
>
> *Source : ANI du 5 décembre 2003 relatif à l'accès des salariés à la formation tout au long de la vie professionnelle, « Préambule ».*

La porosité susmentionnée exacerbe cette représentation du collaborateur. Le développement de cette coresponsabilité est visible à différents niveaux : opérationnel (management **collaboratif**…), stratégique (formation professionnelle, GPEC-T…) et éthique[9].

Les acteurs opérationnels que sont les spécialistes RH et les responsables hiérarchiques partagent leurs activités avec des acteurs périphériques tels que les centres de bilan de compétences ou les cabinets de consulting. Désormais, de nouveaux acteurs territoriaux les rejoignent (maisons de l'emploi, par exemple). Les acteurs stratégiques traditionnels (DG et DRH) sont

9. Condomines B., « L'évaluation de la performance individuelle au travail : vers une évaluation responsable ? », *Congrès de l'ADERSE*, Paris, 24-25 mars 2011.

également impactés par ce redimensionnement qui laisse émerger de nouveaux acteurs. Dans quelle mesure la GRH peut-elle être impactée par les exigences de ces partenaires ?

- Les dispositifs **contractualisés** mettent en exergue le rôle de l'entreprise **cliente** ou **utilisatrice** de la main-d'œuvre. Cette entreprise **cliente** ou **utilisatrice** influence-t-elle le processus de recrutement ? Favorise-t-elle des formations professionnelles ? Participe-t-elle à l'appréciation des salariés ?
- Les dispositifs **territorialisés** soulignent l'influence des acteurs stratégiques évoluant sur le territoire (service public de l'emploi, entreprises évoluant sur le bassin d'emploi, etc.). *Quid* des formations partagées ? Quelles sont les compétences transférables ?
- Concernant l'approche **partenariale**, quels sont les critères de réussite des réseaux d'entreprises (proximité géographique des acteurs, niveau d'interdépendance entre les acteurs…) ?

Cette analyse des effets sur la politique, le champ d'activité et les acteurs met en exergue deux formes d'impact : la pénétration de l'interne par l'externe et la pénétration de l'externe par l'interne.

Figure 21.3

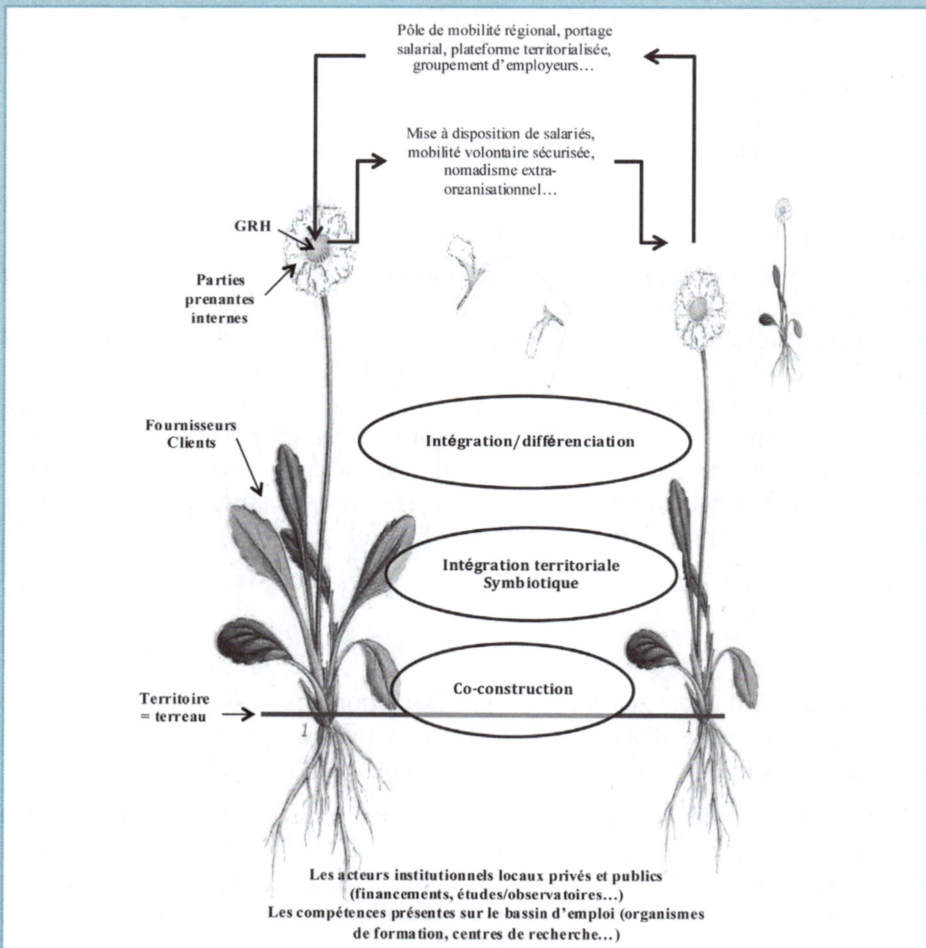

Source : Condomines B.

Résumé

Deux dispositifs sont appréhendés : ceux qui favorisent la pénétration de l'interne par l'externe (par exemple, pôle de mobilité régional, groupement d'employeurs) et ceux qui contribuent à la pénétration de l'externe par l'interne (par exemple, mise à disposition de salariés).

Cette porosité influence la GRH au niveau de sa politique, de son champ d'activité et des acteurs. Cependant, les problématiques posées par ces deux dispositifs sont différentes.

Dans ce contexte, les organisations développent différentes logiques : une logique d'intégration/différenciation (ancrée sur son territoire d'origine ou la quête de nouveaux territoires), une logique d'intégration territoriale (relation symbiotique) ou une logique de coconstruction (Uzan *et al.*, 2013).

Bibliographie

Berthinier-Poncet A., « Gouvernance et innovation dans les clusters à la française. Le rôle stratégique du travail institutionnel », *Revue française de gestion*, vol. 39, n° 232, 2013, p. 119-138.

Besson P., *Dedans, dehors. Les nouvelles frontières de l'organisation*, Paris, Vuibert, 1997.

Calamel L., Defélix C., Mazzilli I. et Retour D., « Les pôles de compétitivité : un point de rupture pour la GRH traditionnelle ? Une analyse des dispositifs RH au sein des douze pôles de la région Rhône-Alpes », *Management et Avenir*, 1, n° 41, 2011, p. 175-193.

Chabault D., Hulin A., Leroy D. et Soparnot R., *La Gestion des ressources humaines au service des réseaux d'innovation*, Paris, L'Harmattan, 2013.

Defélix C. et Mazzilli I., « De l'individu au territoire : la longue marche de la gestion des compétences », dans Retour D., Picq T. et Defélix C. (éd.), *Gestion des compétences. Nouvelles dimensions, nouvelles relations*, Paris, Vuibert, 2009.

Freeman R., *Strategic Management: A Stakeholders Approach*, Londres, Pitman, 1984, 275 p.

Godet M. et Durance P., *La Prospective stratégique, pour les entreprises et les territoires*, Paris, Dunod, 2011.

Ministère de l'Économie, de l'Industrie et de l'Emploi, « Guide d'action de la GPEC territoriale », 2010 – http://www.emploi.gouv.fr/files/files/guide_gpec.pdf

Pecqueur B., « Territoires : le phénomène cluster », *Sciences humaines* (hors-série), 50, 2005, p. 44-47.

Uzan O., Bonneveux E., Bories Azeau I., Condomines B., Delattre M., Houessou B., Hulin A., Loubes A. et Raulet-Croset N., « Le territoire, facteur de contingence des pratiques RSE/DD et GRH des PME ? », Étude comparative interrégionale (France), *Xe Congrès de l'ADERSE*, Brest, 2013.

Activités

Questions

1. Recensez les facteurs qui impactent les frontières de l'entreprise.
2. Définissez la notion de groupement d'employeurs et recherchez sur Internet des exemples.
3. Développez un schéma permettant de mettre en perspective les dispositifs étudiés et leurs impacts sur la GRH.

Étude de cas

Organisation 1 (cas réel, nom fictif)

Robotsensibility est une start-up (SAS) créée en 2009. Elle conçoit et fabrique des dispositifs motorisés de navigation pour les industriels internationaux dans des domaines variés tels que le nucléaire, l'aéronautique ou la médecine. Localisée dans les Yvelines (78), elle se situe au cœur de l'Opticsvalley (www.opticsvalley.org), association qui « agit sur le terrain, irrigue et stimule pour faire de l'Île-de-France un territoire d'innovation toujours plus fertile et créateur d'emplois » (mot du président de l'association). Actuellement, l'organisation comprend 11 salariés. L'embauche d'environ 30 personnes, dont quatre durant l'année en cours, est énoncée par le dirigeant de cette start-up. Les profils en ingénierie (par exemple, intelligence artificielle, électromagnétisme) et en marketing constituent sa cible. Pour ce faire, il utilise la plateforme emploi développée par l'Opticsvalley (www.job-hightech.fr), qui regroupe de nombreux partenaires dont les établissements d'enseignement proches (IUT d'Orsay, université Paris-Sud, ENS Cachan…) et le service public de l'emploi local (élus locaux, Direccte, conseil régional). En tant que membre des pôles de compétitivité Cap Digital (www.cap.digital.com) et Systematic Paris-Région (www.systematic-paris-region.org), cette start-up tire parti d'une visibilité accrue auprès des candidats à l'embauche. Elle bénéficie également des services relatifs à la GRH (recrutement, formation, prêt de main-d'œuvre) ou à la recherche de financement. Ainsi, depuis sa création, elle a joui de nombreux soutiens financiers (Oséo, Fonds européen de développement régional) et techniques (Cap'Tronic). Elle a enfin profité de l'accompagnement de proximité mis en place par la CCI de Versailles (www.entreprises.cci-paris-idf.fr/web/cci78), la communauté d'agglomération et la maison de l'entreprise de Saint-Quentin-en-Yvelines (www.sqyentreprises.com), tant au niveau des formalités (par exemple, montage de dossiers) que des possibilités de mises en contact avec les acteurs locaux (par exemple, entreprises adhérentes, acteurs publics).

Organisation 2 (cas réel, nom fictif)

Fondée en 1994, Lasersfibre est une ETI française (SAS) qui conçoit, développe et commercialise des composants/systèmes optiques pour des applications dans de nombreux domaines (télécom, industrie, médical, surveillance). Dès sa création, elle est acquise par un groupe français. De 1999 à 2001, elle a connu une véritable phase d'expansion en lien avec le développement d'Internet. En 2007, deux experts français dans le domaine acquièrent cette entreprise dont le siège social se situe dans l'Essonne (91). En 2010, ils étendent l'activité en rachetant une organisation canadienne. Depuis le changement d'actionnariat en 2012 par le leader européen dans le domaine, le groupe relocalise sa production en France et acquiert une entreprise française spécialisée dans la fibre optique. Ce groupe compte désormais 230 salariés en France et 200 salariés au Canada. Sa stratégie actuelle de croissance est basée sur « la diversification des produits sur les marchés (hors télécom), une montée dans la chaîne de valeur et la volonté de devenir leader industriel européen de la photonique » (mot du dirigeant). De par sa situation géographique, elle s'inscrit au cœur de l'Opticsvalley (www.opticsvalley.org) dont elle est un membre actif. Elle est également membre du pôle de compétitivité Systematic Paris-Région (www.systematic-paris-region.org) et, plus particulièrement, partie prenante dans six appels à projet.

Questions

1. Identifiez les différents niveaux de conception du territoire (commercialisation, stratégie, production, siège social, valeurs).
2. Après avoir navigué sur les différents sites Internet mentionnés, appréhendez les dispositifs RH. En référence aux deux organisations, quelles sont les différences en termes de conception RH ?

Netographie

Cette liste de sites Web utiles n'est absolument pas exhaustive. Sélection : janvier 2015.

Administration du personnel

www.fonction-publique.gouv.fr – Site du ministère de la Décentralisation et de la Fonction publique

www.agefiph.fr – Site pour l'emploi des personnes handicapées

www.fiphfp.fr – Site pour l'emploi des personnes handicapées dans la fonction publique

http://travail-emploi.gouv.fr – Site du ministère du Travail, de l'Emploi, de la Formation professionnelle et du Dialogue social

www.service-public.fr – Site officiel de l'administration française

www.inrs.fr – Site de l'acteur du dispositif de prévention en France

www.travailler-mieux.gouv.fr – Site du ministère du Travail, de l'Emploi, de la Formation professionnelle et du Dialogue social

www.chsct.com – Site des élus et représentants du personnel, édité par Frédéric Miquel

www.direccte.gouv.fr – Portail des Direccte

www.youtube.com/watch?v=VCLi-QpFBBQ – Documentaire « L 611-1 au cœur de l'inspection du travail »

www.cnil.fr – Site de la Cnil (Commission nationale de l'informatique et des libertés, CNIL)

www.agirc.fr – Fédération du régime de retraite des cadres du secteur privé de l'industrie, du commerce, des services et de l'agriculture

www.arrco.fr – Fédération du régime de retraite complémentaire de l'ensemble des salariés du secteur privé de l'industrie, du commerce, des services et de l'agriculture, cadres compris

www.pole-emploi.fr/accueil – Service public de l'emploi. Pôle emploi accompagne des demandeurs d'emploi dans leur recherche d'emploi et cherche à répondre aux besoins de recrutement des entreprises.

www.cor-retraites.fr – Conseil d'orientation des retraites ; études sur les retraites

www.eurofound.europa.eu – Site de la Fondation européenne pour l'amélioration des conditions de travail ; site en anglais

www.net-entreprises.fr – Site officiel des déclarations sociales

www.opcapl.fr – Les OPCA ont un site par secteur d'activité ; celui-ci concerne les professions libérales

http://travail-emploi.gouv.fr/etudes-recherche-statistiques-de,76/etudes-et-recherche,77/publications-dares,98/ – Site des publications de la Dares

www.urssaf.fr – Site de l'Urssaf ; conseils et documents

Dialogue social

www.metiseurope.eu – Ce site vise à contribuer au débat que suscitent les mutations qui affectent le monde du travail en Europe.

www.clesdusocial.com – Site visant à rendre accessibles et compréhensibles les événements et les faits sociaux. Son ambition est d'être utile aux acteurs du dialogue social, dans l'entreprise et dans la société, et d'apporter des éléments de culture sociale aux non-spécialistes

www.vie-publique.fr – Site destiné à faciliter l'accès des citoyens aux ressources et données utiles pour appréhender les grands sujets qui animent le débat public français

www.istravail.com – Site de l'Institut supérieur du travail

www.labourstart.org/fr – Réseau mondial de solidarité syndicale

http://travail-emploi.gouv.fr – Site du ministère du Travail, de l'Emploi, de la Formation professionnelle et du Dialogue social

www.etuc.org/fr – Site de la CES (Confédération européenne des syndicats)

http://fr.worker-participation.eu/Systemes-nationaux – Site permettant d'accéder à toutes les informations sur le fonctionnement des systèmes de relations professionnelles dans les États membres de l'UE

http://ec.europa.eu/social/main.jsp?catId=329&langId=fr – Site de la Commission européenne

www.cfdt.fr/portail/confederation-j_5 – Site de la CFDT

www.cgt.fr/ – Site de la CGT

www.unsa.org – Site de l'Unsa

www.cfecgc.org – Site de la CFE-CGC

www.force-ouvriere.fr – Site de Force ouvrière

www.solidaires.org – Site de l'union syndicale Solidaires

www.cftc.fr – Site de la CFTC

www.medef.com/medef-tv.html - Mouvement des entreprises de France ; études, discours, livres

www.cgpme.fr – Site de la CGPME

www.upa.fr – Portail de l'artisanat et des petites entreprises

www.etuc.org – Confédération européenne des syndicats

www.ires-fr.org – Institut de recherches économiques et sociales ; études, conseils, statistiques

www.istravail.com – Site d'experts en relations sociales et syndicales

http://travail-emploi.gouv.fr/espaces,770/travail,771 – Site du ministère du Travail, de l'Emploi, de la Formation professionnelle et du Dialogue social

Diversité

www.agefiph.fr – Site pour l'emploi des personnes handicapées

www.defenseurdesdroits.fr/ – Autorité de lutte contre les discriminations et pour l'égalité

www.social-sante.gouv.fr/espaces,770/handicap-exclusion,775 – Site du gouvernement sur le handicap

www.institut-entreprise.fr – Association à but non lucratif, l'Institut de l'entreprise a une triple vocation : être un centre de réflexion, un lieu de rencontre et un pôle de formation

www.21eme-siecle.org – Club se présentant comme un point d'ancrage de la diversité

Rémunérer le travail

www.inegalites.fr – Site de l'Observatoire des inégalités

www.iso.org/iso/fr/home/standards/iso26000.htm?= – ISO 26000 – Responsabilité sociétale

http://legifrance.gouv.fr/affichIDCC.do?idArticle=KALIARTI000005861653&idSectionTA=KALISCTA000005728320&cidTexte=KALITEXT000005684070&idConvention=KALICONT000005635411&dateTexte=29990101 – Exemple d'une convention collective, annexe classifications

http://legifrance.gouv.fr/affichIDCC.do;jsessionid=395BC1FF460EAFA21D5AA69C957353E4.tpdjo13v_1?idSectionTA=KALISCTA000023753678&cidTexte=KALITEXT000005682379&idConvention=KALICONT000005635630 – Exemple d'une convention collective, annexe II : grille de qualification des qualifications professionnelles

http://vosdroits.service-public.fr/particuliers/F461.xhtml – Site officiel de l'administration française

www.insee.fr/fr/methodes/default.asp?page=definitions/remuneration-salaries.htm – Définition de l'Insee

Formation

www.pole-emploi.fr – Service public de l'emploi. Pôle emploi accompagne des demandeurs d'emploi dans leur recherche d'emploi et cherche à répondre aux besoins de recrutement des entreprises.

www.vae.gouv.fr – Portail de la validation des acquis de l'expérience

www.passeportformation.eu – Site dédié au passeport formation

www.travail-emploi.gouv.fr/emplois-d-avenir,2189/ – Site du ministère du Travail, de l'Emploi, de la Formation professionnelle et du Dialogue social

www.cfdt.fr/upload/docs/application/pdf/2013-12/projet_daccord_sur_la_formation_professionnelle_continue_du_14_decembre_2013.pdf – Site de la CFDT : « Accord national interprofessionnel du 14 décembre 2013 relatif à la formation professionnelle »

www.cairn.info/revue-@grh-2011-1-page-39.htm – Article : « Le développement de l'implication organisationnelle par la formation en alternance, un impact durable sur le turnover dans le monde des services »

www.legifrance.gouv.fr/affichTexte.do?cidTexte=JORFTEXT000021312490&categorieLien=id – Loi n° 2009-1437 du 24 novembre 2009 relative à l'orientation et à la formation professionnelle tout au long de la vie

www.formaguide.com – Portail de la formation professionnelle

Évaluation

www.guyleboterf-conseil.com/referencesinterventions.htm – Site du cabinet Guy Le Boterf ; accompagnement à la mise en place et à l'amélioration des dispositifs de gestion, de transmission et de développement des compétences individuelles et collectives

http://centremagellan.univ-lyon3.fr/fr/articles/350-88_1027.pdf – Étude sur les systèmes d'appréciation du personnel

www.vie-publique.fr/actualite/panorama/texte-discussion/projet-loi-relatif-formation-professionnelle-emploi-democratie-sociale.html – Point sur la loi du 5 mars 2014 relative à la formation professionnelle, à l'emploi et à la démocratie sociale

www.vie-publique.fr/actualite/panorama/texte-discussion/projet-loi-relatif-securisation-emploi.html – Point sur la loi du 14 juin 2013 relative à la sécurisation de l'emploi

www.talentstrategyassessment.com – Évaluation des talents en collaboration avec Lumesse

Gestion des compétences et des carrières

www.anact.fr – Site de l'Agence nationale pour l'amélioration des conditions de travail

www.cereq.fr – Site du Centre d'études et de recherches sur les qualifications

http://philippe.zarifian.pagesperso-orange.fr – Blog de Philippe Zarifian

http://careersintheory.wordpress.com – Blog du groupe Careers de l'université de Londres ; site en anglais

http://media2.parisdescartes.fr – Cours en ligne sur la GPEC, par Bérangère Condomines

www.emploi.gouv.fr – Portail des politiques publiques de l'emploi et de la formation professionnelle

www.fonction-publique.gouv.fr/files/files/publications/archives_ressources_humaines/guide_brochure_mobilite_carriere.pdf – Guide « Mise en place du conseiller mobilité-carrière dans les services de l'État »

Généralistes RH

www.reims-ms.fr/agrh – Association francophone de gestion des ressources humaines

www.anfh.fr/andcp – Association nationale des directeurs et cadres de la fonction personnel

www.aunege.org – Université numérique thématique en économie et gestion (enseignements et cas)

www.cerclerh.com – Formations, sondages, moteurs RH, recrutement, études, ateliers

http://exclusiverh.com – Magazine d'actualités sur les RH

www.focusrh.com – Site d'informations très complet ; études, articles, presse, emploi

www.indicerh.net – Site d'informations sur les tendances et les pratiques RH

www.journaldunet.com/management/ressources-humaines – Actualités sur les pratiques RH

www.4tempsdumanagement.com – Actualités sur le management et les pratiques RH, cas filmé et analyse

http://epi.univ-paris1.fr/11222387/0/fiche___pagelibre/&RH=epi-055-MM0002v20-&RF=epi-055-cours – Ressources pédagogiques avec cas et corrections

www.dailymotion.com/newzy-fr – Informations sur l'actualité des entreprises, du management et des RH

www.jeuxonline.info/jeu/Second_Life – Jeux virtuels qui peuvent être utilisés dans des situations RH par des entreprises

www.insee.fr – Études, conseils, statistiques dans tous les domaines, dont l'emploi

www.ilo.org – Organisation internationale du travail et de la solidarité ; site en anglais

www.rhattitude.info – Forum créé par des professionnels de la fonction RH

www.strategie.gouv.fr – Centre d'analyse stratégique et de veille dépendant de l'État

www.successfactors.com – Conseil en solutions informatiques pour la gestion des talents ; site en anglais

Institutionnels RH

www.cci.fr/web/organisation-du-reseau – Site du réseau des chambres de commerce

www.afpa.fr – Organisme de formation, de VAE et de gestion des compétences

www.anact.fr – Diagnostic et conseils sur les conditions de travail

www.andrh.fr – Association nationale des directeurs des ressources humaines

www.pole-emploi.fr – Diffusion d'offres d'emploi, présélection de candidatures

www.entreprises.ccip.fr/web/rh – Portail d'informations des chambres de commerce

www.inrs.fr – Institut national de recherche et de sécurité pour la prévention des accidents du travail et des maladies professionnelles

Juridique

www.editions-legislatives.fr – Site payant sur le droit social

www.efl.fr – Éditions Francis Lefebvre, spécialisées en droit social

www.guide-du-travail.com – Conseils en droit du travail

www.wkf.fr/marque/1-editions-lamy.html – Éditions Lamy, spécialisées en droit social

www.lexinter.net – Droit français et européen

http://europa.eu/index_fr.htm – Portail de l'Union européenne ; les lois, les projets, les politiques économiques

www.journal-officiel.gouv.fr – Site de référence pour les lois et les décrets

www.legifrance.gouv.fr – Site de référence pour les lois et les décrets

http://travail-emploi.gouv.fr/espaces,770/travail,771/ – Site du ministère du Travail, de l'Emploi, de la Formation professionnelle et du Dialogue social ; études, nombreuses informations

Logiciels paie et GRH

www.agirc.fr – Site de la retraite complémentaire des cadres

www.arrco.fr – Site de la retraite complémentaire des non-cadres

www.urssaf.fr – Site de l'Urssaf

www.fr.adp.com – Professionnel de la paie informatisée

www.sage.fr/fr/paie-rh – Professionnel de la paie informatisée

http://rfpaye.grouperf.com – Revue d'information paie

www.soprahr.com – Site de Sopra HR Software. Professionnel des solutions RH

www.oracle.com – Professionnel de la paie informatisée et des solutions RH

http://travail-emploi.gouv.fr/informations-pratiques,89/fiches-pratiques,91/remuneration,113/le-bulletin-de-paie,1026.html – Site du ministère du Travail, de l'Emploi, de la Formation professionnelle et du Dialogue social

http://ec.europa.eu/justice/gender-equality/gender-pay-gap/index_fr.htm – Étude sur l'écart de rémunération entre hommes et femmes dans l'Union européenne

www.cegid.fr/ProfessionComptable/ – Logiciels de gestion d'entreprise, de paie et de RH

www.sap.com – Différents modules dans l'ensemble des thèmes RH sont disponibles : paie, gestion des carrières, évaluation, etc.

www.sopragroup.com – Groupe d'intégration de systèmes informatiques et d'outsourcing

http://triviumsoft.fr/arbre-competences-cartographie.php – Cartographies sur la gestion des compétences

Publications en RH

http://rfg.revuesonline.com – Site de la *Revue française de gestion*

www.anfh.fr/andcp – Publications ANFH

www.cybel.fr – Revue des sciences de gestion

http://eska.fr – Site de la revue Gestion des ressources humaines

www.institut-entreprise.fr – Institut de réflexion qui publie des recherches et rapports en lien avec les domaines de gestion de l'entreprise

www.gestion-2000.com – Site de la revue *Gestion 2000*

www.elsevier.com – Site de la revue *Human Management Review*

www.iseor.com/rsdg.asp – Publication de la revue *Recherches en sciences de gestion*

www.insee.fr – Institut national de la statistique et des études économiques

www.ladocumentationfrancaise.fr – Site de publications et d'informations sur le travail et les RH

www.larsg-revue.com – Publication de *La Revue des sciences de gestion*

www.managementetavenir.net – Site de la revue *Management & Avenir*

www.RFsocial.com – Revue fiduciaire en social ; études, articles, formations

www.strategie-aims.com – Site d'articles et de recherche ; revue *M@n@gement*

www.travail-genre-societes.com – Site de la revue *Travail, genre et société*

www.tivipro.tv/chaine_ressources_humaines.php – Web TV consacrée aux RH

www.wk-rh.fr – Site par abonnement des revues *Liaisons sociales magazine* et *Entreprise & Carrières*

Management au quotidien

www.anact.fr – Site de l'Agence nationale pour l'amélioration des conditions de travail

http://travail-emploi.gouv.fr/etudes-recherche-statistiques-de,76/etudes-et-recherche,77/publications-dares,98/ – Site des publications de la Dares

www.reims-ms.fr/agrh – Site de l'Association francophone de gestion des ressources humaines

Recrutement

http://europass.cedefop.europa.eu – Modèle pour réaliser un CV européen

www.cadremploi.fr – Site de recrutement

www.cadresonline.com – Site de recrutement

www.careerbuilder.fr – Site à destination des entreprises pour créer des pages de recrutement sur Facebook

www.carriereonline.com – Site d'offres d'emploi

www.cvconseils.com – Rédaction de CV et lettres de motivation pour cadres et cadres dirigeants

www.cvland.com – Tests de recrutement et création de CV

www.cyber-emploi-centre.com – Site d'emplois et de formation

www.easy-cv.com – Modèles de CV vidéo, réalisation de CV papier ou en ligne, CV multilingues, lettres de motivation, offres d'emploi

www.keljob.com – Site d'offres d'emploi

www.monster.fr – Site d'offres d'emploi

www.pluscadres.fr – Spécialiste du recrutement et de l'intérim des cadres en Île-de-France et en Rhône-Alpes

www.rhjob.com – Site de recrutement pour les fonctions RH et formation

www.travail-emploi.com – Site d'emplois adapté aux PME

www.ugef.fr – Union des groupements d'employeurs de France

www.youjob.com – Présentation vidéo des recruteurs et des candidats

Réseaux sociaux

www.6nergie.net – Site professionnel pour se faire connaître et rechercher des contacts

www.affinitylab.com – Site anglo-saxon composé d'une communauté de personnes intéressées par l'entrepreneuriat

www.facebook.com – Incontournable pour rechercher des personnes

www.linkedIn.com – Site professionnel de mise en relation

https://myspace.com – Site pour se faire connaître ou créer une communauté

www.mediassociaux-academy.com – Site pour comprendre et utiliser les médias sociaux en tant que recruteur

www.piwie.biz – Univers des rencontres professionnelles dans tous les domaines dont les RH

www.viadeo.com – Rencontres professionnelles

Responsabilité sociale

www.developpement-durable.gouv.fr – Site du ministère de l'Écologie, du Développement durable et de l'Énergie

www.orse.org – Nombreuses informations sur la RSE

www.rsenews.com – Site très complet sur la réglementation et exemples

www.novethic.fr – Filiale de la Caisse des dépôts, centre de recherche sur la RSE

RH à l'international

www.diplomatie.gouv.fr – Portail du ministère des Affaires étrangères et du Développement international

www.expat.org – Portail privé de l'expatriation et de la mobilité internationale

www.france-expatries.com – Portail privé de l'expatriation et de la mobilité internationale

www.diplomatie.gouv.fr/fr/vivre-a-l-etranger – Maison des Français de l'Étranger, site institutionnel de l'expatriation

www.ubifrance.fr – Agence française pour le développement international des entreprises ; conseils, études

Seniors

www.anact.fr – Informations légales et réglementaires.

http://travail-emploi.gouv.fr/espaces,770/retraites,909/rubrique-technique,1113/emploi-des-seniors,599/1242,1242/ – Site du ministère du Travail, de l'Emploi, de la Formation professionnelle et du Dialogue social

www.travaillerapres45ans.fr – Comment sécuriser son emploi ou créer une entreprise après 45 ans

www.senioractu.com – Informations pratiques et conseils pour activités professionnelles

Études RH

www.reims-ms.fr/agrh/ – Site de l'Association francophone de gestion des ressources humaines

www.cairn.info/ – Site de consultation de publications en sciences humaines et sociales de langue française

www.sciencedirect.com – Site de consultation de publications scientifiques ; site en anglais

http://aom.org – Site de l'Academy of Management ; site en anglais

www.auditsocial.org/ – Site de l'Institut international de l'audit social

www.fnege.org – Site de la Fondation nationale pour l'enseignement de la gestion des entreprises

Système d'information RH

http://comparatif-logiciel.com/rh_sirh.php – Site de comparaison de logiciels SIRH

www.volle.com – Site de Michel Volle

www.01net.com – Informations journalistiques sur les actualités des prestataires de SIRH

www.lecerclesirh.over-blog.com – Site d'échanges d'opinion en direction des responsables de SIRH

www.journaldunet.com/solutions/intranet-extranet/sirh – Site d'actualité sur les solutions SIRH mises en place dans les entreprises

GRH, des frontières poreuses

www.ville-emploi.asso.fr – Site de l'Association nationale des collectivités territoriales pour la formation, l'insertion et l'emploi et du réseau national des Maisons de l'emploi (MDE)

www.ugef.fr – Site de l'Union des groupements d'employeurs de France

http://leblogdesgroupementsdemployeurs.blogspot.fr – Blog relatif aux groupements d'employeurs, édité par Cédric Ruellan

www.cci.fr – Portail des chambres de commerce et d'industrie

www.emploi.gouv.fr/contenus/cartographie – Annuaire du service public de l'emploi local

http://competitivite.gouv.fr – Site officiel sur les pôles de compétitivité

www.datar.gouv.fr – Site de la Délégation interministérielle à l'aménagement du territoire et à l'attractivité régionale

Index

D

E

Q

R

S

T

U

V

W

IMPRIMÉ EN ESPAGNE

Imprimé par **GraphyCems**
31132 Villatuerta (Espagne)

Suivant sa politique de développement,
amélioration continue, qualité et gestion de l'environnement,
GraphyCems possède les certifications **ISO 9001**,
ISO 14001 et **FSC** (Forecast Stewardship Council).